步平　王建朗　主编

中国抗日战争史

A HISTORY OF
THE CHINESE WAR OF RESISTANCE AGAINST
JAPANESE AGGRESSION

第一卷
局部抗战

黄道炫　王希亮　著

社会科学文献出版社
SOCIAL SCIENCES ACADEMIC PRESS (CHINA)

序 一

步 平

    2015年是中国人民抗日战争暨世界反法西斯战争胜利70周年，战后70年来，世界发生了深刻的变化，中国的变化更是天翻地覆。在国际舞台上曾经毫无地位可言的中国，在抗战中发展为对战局和世界事务具有举足轻重影响的大国。1949年中华人民共和国的成立，进一步确立了中国在国际社会中的大国地位，进而向对世界有更大贡献的强国迈进。在中国和世界都发生巨大变化的背景下，我们对抗日战争意义的认识以及对战争历史的研究也相应地在深度和广度两个方向上发生着变化。如何通过我们的研究向中国和世界展示这一巨大的变化，是《中国抗日战争史》课题组孜孜以求的目标。

一　抗日战争是中华民族复兴的枢纽

    近代以来，由于政治的腐朽与经济的衰败，中国无法遏止西方列强的侵略与压迫，在一次次的入侵前败下阵来。两次鸦片战争、中法战争、中日甲午战争、八国联军入侵等，都以中国被迫签订不平等条约、丧失国家主权和众多权益为结束，进而引起列强的瓜分狂潮。在西方帝国主义强加的不平等条约体系的束缚下，中国一步一步地沉沦到半殖民地半封建社会的深渊。以至于到抗日战争开始时，中国的国际地位无足轻重，在世界事务中无力发挥作用，没有与强国平等对话的资格，虽然地域广大、人口众多、历史悠久，仍被国际社会视为弱国。

    九一八事变发生时，尽管南京国民政府深知国联在制止日本的侵略扩张方面作用有限，但也只好向国联提出控诉，希望从孤立日本的角度争取到一些外交上的支持。蒋介石曾称："我国民此刻必须上下一致，先以公理对强权，以和平对野蛮，忍辱含愤，暂取逆来顺受态度，以待国际公理之判断。"然而，被国民政府视为国际公理的《九国公约》《非战公约》，并非从维护中国国家利益的立场出发。日本发动全面侵华战争后，国民政府期待国际社会对中国抗战的支援，但是对英、美、法的对日绥靖妥协态度也无可奈何，只能是在军事失利后"苦撑待变"。这些都反映了当时作为弱国的中国外交的窘困。

但是，中华民族从来都有与自己的敌人血战到底的英雄气概！在民族危亡之际，我们的民族没有丧失信心，没有放弃奋斗！在波澜壮阔的全民族抗战中，中华儿女万众一心、众志成城，各党派、各阶级、各阶层、各团体，全中国人民同仇敌忾，共赴国难；中国国民党和中国共产党领导的抗日军队，分别担负着正面战场和敌后战场的作战任务，形成了共同抗击日本侵略者的战略态势；广大港澳同胞、台湾同胞、海外侨胞，与祖国同呼吸、共命运，以各种方式参加和支援祖国人民抗战，不少同胞为国捐躯。中国人民和中华民族的英勇抵抗，大大提升了中国的国际地位，也使全世界反侵略反法西斯阵营认识到了中国抗战的世界意义，从而使中国抗战的国际环境发生了根本性的变化。

1942年1月，26个反法西斯国家在华盛顿签署《联合国家宣言》，中国成为领衔签字的同盟国四强之一。1943年11月，中国出席在开罗召开的中、英、美三国首脑会议，参与规划战后世界蓝图。正是这次会议发表的《开罗宣言》，确立了战后中国收复东北、台湾（包括澎湖列岛）等日占领土的法理依据。这是决定战后世界格局的一次重要国际会议，中国的参加，表明中国开始以大国身份积极参与筹划当时及战后的重大国际事务。特别是在计划、筹备成立联合国的过程中，中国成为主要的发起国和创始国。1945年6月26日《联合国宪章》签字后，中国成为安理会常任理事国。

实现民族复兴是近代以来所有中国人的共同理想，但是也面临无比艰巨的困难。当年，孙中山先生痛感中国积贫积弱、任人宰割的悲惨境况，喊出了"振兴中华"的口号。中国人就是以这样的精神支撑着，在这样的精神感召下，从坎坷的历史中走过来。但坎坷的历史也告诉我们：一盘散沙的社会，不可能在与侵略者的殊死战斗中取得成功；只有我们的自觉和觉醒，才能让侵略者面对的不再是软弱犹豫的对手，而是强大的不可侮辱和不可征服的中华民族。

抗日战争的胜利是近代以来中国第一次取得的对外战争的全面胜利。中华民族在十分艰苦的条件下与侵略者殊死搏斗，成为国际反法西斯战线的重要支撑，因此获得了国际社会的尊重。中国人民的奋斗终于取得了伟大的胜利：列强强加于中国的不平等条约的锁链被解除；中国收回了被日本侵占的土地，台湾也终于回到祖国的怀抱；中国成为联合国的发起国和安理会常任理事国，作为大国登上国际活动的舞台，获得了国际事务话语权，摆脱了弱国的阴影。可以说，抗日战争的胜利从全面意义上完成了近代中国从"沉沦"到"上升"的转变，民族复兴的梦想开始成为现实。

中国国际地位在抗日战争中的改变，是整个中华民族团结起来反抗日本侵略的结果。在日本军队大举入侵，中国面临亡国危险的紧急关头，国共两党捐弃前嫌，建立抗日民族统一战线，全中国人民充分发扬团结奋斗、抵御外侮的爱国主义传统，"前线将士，牺牲流血，各党各派，精诚团结，各界人民，协力救亡"，形成了谋求国家独立解放的不可阻挡的历史潮流。坚持民族团结、反对民族分裂，是在争取民族复兴的过程中最重要的历史经验。中国人民抗日战争的胜利，集中显示了爱国主义和民族团结的蓬勃伟力。

所以说，研究抗日战争如何成为中华民族复兴的枢纽，是我们抗战史研究的首要任务。

二 中国的抗日战争为世界反法西斯战争的最后胜利做出了不可磨灭的贡献

19世纪末，刚刚完成明治维新的日本，就将朝鲜半岛和中国东北划入其"利益线"内，认为只有控制和占领富庶的中国东北，才能进一步实现北进战胜俄国，南进通过"世界最终战争"战胜美国，进而取得世界霸权的目标。所以，中国东北不仅在日本的战略计划中地位举足轻重，而且其命运也为国际社会所关注。

日本占领中国东北后，即开始逐步实施其战略计划，在东北屯兵数十万人，并在中苏边界线上修筑了号称"东方马其诺防线"的要塞群，苏联也明显地感到来自日本的威胁。特别是在1938年和1939年，日本关东军两次在中苏、中蒙交界地区制造大规模军事冲突，即"张鼓峰事件"和"诺门坎事件"。尽管日军进攻被挫败，且日本与苏联后来签订了"中立条约"，但苏联仍在保持西部地区强大军事力量的同时，分出部分主力部队驻守远东。1941年6月22日德国入侵苏联后，要求盟友日本从远东发起攻击以配合，这也为日本实施北进战略带来了机会。但面对这样的局面，关东军和日本军部却在重新检讨进攻苏联的战略。

之所以发生这样的变化，是因为日本军队在占据中国东北及建立傀儡政权后，东北抗日义勇军和抗日联军进行了英勇顽强的抵抗，极大牵制了日本关东军军力。卢沟桥事变发生后，日本不仅不可能如愿以偿地在短期内从中国抽身，相反却陷入了与中国持久作战中难以自拔。由于投入中国战场的日本陆军主力已力不从心，当然不敢贸然把关东军投入对苏作战的新战场。日军参谋总长杉山元称，"日本的大部分兵力现在正用于中国，（北进）实际上办不到"，"帝国目前正在忙于中国事变，而且同英美之间的关系处于微妙阶段，所以以暂不介入（苏德战争）为宜"。

得知日本的战略抉择之后，苏联终于消除了两线作战的顾虑，决定把数十万准备用来对付日本的军队从东线调往西线，集中力量对德作战，从而保证了卫国战争的胜利。苏联十分清楚中国在东方牵制日本军力的作用，给予充分评价。俄罗斯老战士委员会前主席戈沃罗夫曾强调中国对世界反法西斯战争的胜利"做出的重大贡献"，认为中国的抗战在世界的东方战场牵制日本军力，使受到打击的日本不敢进攻苏联，解除了苏联在其东部国界受到的威胁。

1939年9月1日德国入侵波兰，1940年5月德国闪击西欧，英、法、美等国均将战略重点转向欧洲，东南亚及西南太平洋地区遂成为美英等防御的薄弱环节，为日本发动太平洋战争提供了"千载难逢"的机会，于是，"南进论"在日本迅速抬头。

为了实行南进作战，日本亟须尽快结束在中国的战争。但进入战略持久阶段后，中国军民坚持抵抗，历次会战作战激烈，日军始终未能获得决定性进展，大量日本军队仍然被牵制在中国战场。所以，日本军部和中国派遣军都对抽调中国战场的兵力态度犹豫。杉山元认为，立即从中国减少兵力，"这种剧烈的形势变化会产生败战感，将会在国内外产生很大的影响"。中国派遣军则强调以现有兵力对华作战已感吃紧，反对减少兵力。

为此，到1941年初，日本大本营又不得不决定"保持现在的对华压力"到秋天，仍把"处理中国事变"放在第一位。

苏德战争爆发后，日本确定了暂不介入的方针，但同时也计划"向处理中国事变为目标前进，并为确立自存自卫的基础跨出南进的步伐"，"不辞对英美一战"。然而，中国战场的存在仍是日本最大的后顾之忧。日本中国派遣军总司令官畑俊六认为，"仅仅一个中国，日本的力量就很勉强"，"现如两面作战，情况将会越来越困难"。日本首相近卫文麿则认为，中日战争使日本国力消耗，在中国问题还未解决的情况下南进是难以忍受的，主张还是应先解决中国问题，以致在决定对美开战前提出辞职。

可见，在太平洋战争爆发前，中国抗日战场打击和牵制着日本陆军主力和海军部分兵力，使日本迟迟不敢发动太平洋战争。

太平洋战争爆发后，单独抵御日军的中国在得到盟国援助的同时，也承担了更多的国际义务。中国战区面对的日本中国派遣军是实力强大的战略集团，总人数达100万。而驻扎中国东北的日本关东军一直保持着70万左右的兵力，随时可以增援中国派遣军。这一局面凸显了中国抗日战争在太平洋战场乃至东西方两个战场中的地位。

由于中国战区的存在与抵抗，日本陆军初期投入太平洋战场的仅有10个师团，不及中国战场的1/3。而日本在太平洋战场上尽管投入海军的主要力量，但由于缺少陆军配合，在中途岛战役后与盟军的逐岛争夺战中处于劣势；在将近半年的瓜达尔卡纳尔岛争夺战中，日军战败。日本海军攻占澳大利亚遏止美军反攻的作战方案，则因陆军兵力不足而被迫放弃。

瓜岛战役后，日本在太平洋战场转入战略守势，兵力更显捉襟见肘，而因其陆军主力仍在中国战场作战，从而为美军在太平洋的反攻创造了条件。1943年6月，美军在新几内亚东部展开反击，日军由于地面兵力不足节节败退，深感中国战场牵制之苦。日本外相重光葵承认，"假若中国问题趋向解决，帝国的处境将会大大改善"。向哪个方向增兵，一直是日本大本营的两难选择。

1943年10月，日本大本营在太平洋战场兵力吃紧的情况下，决定从中国战场抽调5个师团到太平洋战场，另以5个师团为预备队，但由于在中国战场发动"一号作战"，实际只抽调了3个师团到太平洋战场，同时又向中国战场增加了8个旅团的兵力。日本动用庞大兵力发动"一号作战",虽然打通了大陆交通线,却延长了战线,导致后方兵力进一步空虚。更重要的是,由于把本土和关东军兵力投入"一号作战",大大削弱了太平洋战场的防御力量。中国战场已经与太平洋战场成为一体,形成协同作战的局面。

与此同时,中国在本身承受巨大军事压力的情况下,仍派出远征军协助盟军作战。中国军队在配合盟军行动时,往往承担艰巨的任务,做出了巨大的牺牲。特别是两次滇缅作战,中国军队以巨大的代价,延缓印缅战局的恶化,支援太平洋战场的盟军,并最终取得滇缅反攻的胜利。

1945年7月26日,中国与美国、英国一起,发出敦促日本无条件投降的《波茨坦公告》,接着以反法西斯同盟主要国家的身份成为联合国创始会员国之一和安理会常任理事国,承担起战后国际社会的重要责任。与直到20世纪初仍备受列强欺侮的状态相比,中国的国际地位发生了很大变化,而能够实现这一飞跃,是因为中国的抗日战争从一开始就具有国际意义,中国在抗日战争中付出的极大牺牲和与盟国的协同作战,是对世界反法西斯战争的重要贡献。

三 努力编写展示中国大国地位与作用的抗日战争史

2005年,我刚刚担任中国社会科学院近代史研究所所长不久,时值抗战胜利60周年,在开始酝酿这部书的写作时,我想起前辈所长、抗日战争亲历者刘大年先生在谈到抗日战争时曾说过的:"人们认识历史,有如旅行者观览名山大岳。往往要走出山脚回头望去,方能见出其逶迤势态,灵气所在。"刘大年先生还提出了抗战是中国复兴枢纽的重要命题。我们应当像大年先生那样将自己的体会与时代的发展、国家的命运紧密地联系在一起进行深入思考,在当年的亲历者逐渐远离我们的时候,认真地搜集整理历史资料,尽可能真实地再现历史,尤其应当从更高的视角回望历史,对历史做出我们这代人的评价。我把这一想法与研究所的同事说了,得到大家的积极响应,于是立即成立了课题组,而且得到了中国社会科学院强有力的支持,使"中国抗日战争史"成为院重大课题。这样,以近代史所的研究人员为主,组织了国内著名的抗战史研究学者,共同讨论,形成了《中国抗日战争史》八卷本的研究计划。这一课题立项后,由中日两国政府确定的中日共同历史研究项目同时启动,本课题组的多数成员也参与了中日共同历史研究。共同研究这一课题的开展，对"中国抗日战争史"的研究也有积极的影响。两项工作结合起来，能使研究工作更深入，资料的搜集整理也更完备。

当我们这部《中国抗日战争史》接近完成之际，迎来了抗日战争胜利70周年。习近平总书记在中央政治局集体学习时指出，同中国人民抗日战争的历史地位和历史意义相比，同这场战争对中华民族和世界的影响相比，我们的抗战研究还远远不够，要继续进行深入系统的研究。他强调，要坚持用唯物史观来认识和记述历史，把历史结论建立在翔实准确的史料支撑和深入细致的研究分析的基础之上。要坚持正确方向、把握正确导向，准确把握中国人民抗日战争的历史进程、主流、本质，正确评价重大事件、重要党派、重要人物。要从总体上把握局部抗战和全国性抗战、正面战场和敌后战场、中国人民抗日战争和世界反法西斯战争等重大关系。习近平总书记还在会见台湾人士时指出，国共两党合作建立抗日民族统一战线，全体中华儿女不分党派、民族、阶级、地域，众志成城，同仇敌忾，用鲜血和生命捍卫国家主权和民族尊严。正面战场和敌后战场相互配合、协同作战，都为抗战胜利做出了重要贡献，涌现出一大批气壮山河的抗战英雄。习近平总书记的指示，是我们进行抗战史研究的指导，也是我们写好这部书的指导。

八卷本《中国抗日战争史》最重要的创新在于以下三个方面。

第一，从中华民族复兴的角度，从整个国家、整个民族的角度来思考与撰写。

我们认为，在经历了战争磨炼与时代考验的今天，中国抗日战争史的研究要反映中华民族最重要的历史经验，那就是抗日战争如何成为中国从弱到强的转折点，抗日战争如何成为中华民族复兴的枢纽。也就是说，我们的研究要着重反映中国共产党的中流砥柱作用及其领导下敌后战场的艰苦抗战，也要全面反映包括国民党、国民政府和正面战场的全体中国人的抗战，整个中华民族的抗战，同时应正确处理国共两党之间的摩擦和斗争，集中反映它们之间的团结抗战。当然，国共两党虽然都坚持抗战，但在如何抗战的问题上主张不同，实际做法亦有别。然而国共两党之间的差别和斗争是中国内部的事情。抗日战争时期的内部差别和斗争无论如何是次要的，一致反抗外来侵略才是最重要的，所以我们的抗日战争史要集中反映各阶级、阶层、党派、团体以及全国各族人民英勇抗战的事迹。

从整个国家、整个民族的角度，我们的研究与撰写力图全面反映共产党与国民党既联合同时也相对独立的抗战，全面反映全中国人民在正面战场和敌后战场与日本军队的殊死搏斗，强调构成统一的中国战场的敌后战场和正面战场都是抗日战争不可缺少的重要组成部分，都为抗日战争的胜利做出了重要贡献，是中国在国际社会赢得威信的基本条件。在论述两个战场的贡献时，我们也注意到在抗战中的国内矛盾与斗争，但将其置于适当的位置。

在抗日战争史研究中强调中华民族抗战的作用是十分有意义的。因为作为政治力量分散的弱国，中国能够在抗日战争中取得决定性胜利而重新确立大国地位，能为世界反法西斯战争做出重要贡献，不举全民族之力是不可能的。当时连日本方面也有人意识到：如果日本的对手仅仅是国民党政府，问题也许还好解决，但现在日本与整个中华民族为对手，"则是严重的问题"。所以把研究中华民族团结奋斗作为抗日战争研究的主要方向，对于说明中国从弱到强的转化很有意义。

第二，把抗日战争放在中国近代社会面貌整体发生变化的大背景下进行研究。

对于中国近代历史来说，抗日战争不仅是战争的过程，更是一个重要的历史时期。

近代以来，中国为西方帝国主义强加的不平等条约体系所束缚，一步一步地沉沦到半殖民地半封建社会的深渊。中国人民也掀起过一波又一波的反帝抗争运动，而反抗日本侵略中国的抗争在其中占据着重要地位。1919年，爆发了全国规模的反帝爱国的五四运动，中国社会在经济、政治、思想、文化各方面出现了新的积极向上的因素，出现了半殖民地半封建社会从"沉沦"转而"上升"的趋势。

中国人民抗日战争的胜利，正是中国近代社会由"沉沦"转而"上升"的关键转折，是近代以来民族复兴的枢纽。正如习近平总书记在纪念抗战胜利70周年大会讲话中指出的，"中国人民抗日战争的胜利，是近代以来中国抗击外敌入侵的第一次完全胜利。这一伟大胜利，彻底粉碎了日本军国主义殖民奴役中国的图谋，洗刷了近代以来中国抗击外来侵略屡战屡败的民族耻辱。这一伟大胜利，重新确立了中国在世界上的大国地位，使中国人民赢得了世界上爱好和平人民的尊敬。这一伟大胜利,开辟了中华民族伟大复兴的光明前景,开启了古老中国凤凰涅槃、浴火重生的新征程"。所以,研究抗日战争史,必须对这一时期的中国社会有比较全面的考察。

八卷本的《中国抗日战争史》突破了以往抗战史仅仅以战争为主的叙述方式,力图全面反映抗战时期中国政治、经济、社会、外交以及沦陷区等各方面的变化,从而深刻分析抗战与近代中国历史发展的关系。其中,第一卷反映1931年到1937年全国抗战爆发前的中国社会,特别反映了全国抗战前中国人民对日本侵略的英勇抵抗,以及中国社会各界在咄咄逼人的日本军国主义侵略面前的多方因应。第二卷力图呈现以军事斗争为主的抗日战争的全貌,特别阐述了中华民族英勇不屈的抵抗精神。除这两卷外,对抗战时期的中国政治、军队、外交、经济社会分别以一卷的篇幅予以考察,还用一卷论述当时被日本侵略者占据的沦陷区,最后一卷研究战后遗留问题。

以上内容虽然单独成卷,但各卷之间具有有机联系,主旨都在力图全面反映抗日战争时期中国各方面的状况,说明抗战对中国社会发展尤其是中华民族复兴巨大意义之所在。

第三,立足于抗日战争胜利与中国的国际地位和责任进行研究。

从1945年8月15日日本宣布接受《波茨坦公告》,9月2日日本签署投降书开始,回顾中国人民艰苦卓绝的抗日战争的历史,总结历史的经验与教训,便成为中国人几十年来始终没有停止思考的课题。随着时代的发展变化,我们的思考也在不断深化。从考证各个战斗、战役的成败得失,到分析评价战略决策的提出与制定;从对战争过程和日本战争罪行的具体实证研究,到对抗战精神与中华民族精神关系的历史哲学思考,中国人每个时期对抗战历史的研究都带有那个时代的鲜明印记。在战争结束70年后的今天,在人类社会进入21世纪,中国的国际地位正在发生巨大变化的今天,对抗日战争历史的研究必须与新的国际国内形势结合起来,进行更加深入的面向未来的思考。

抗日战争虽然在1945年结束了,但是与战争责任和战争历史认识有关的问题并没有终结。直到今天,在围绕战争责任和战争历史认识的问题上,我们与日本右翼保守势力的争论、斗争仍在继续,我们一直与日本及世界的进步力量进行着共同的努力。将抗战史结束在 1945 年至少是不够完整的，所以我们在《中国抗日战争史》中特别设置一卷，专门论述战后处置与战争遗留问题，回答社会关注的中日关系等问题。把抗日战争放在近现代中国与东亚的大环境中，视野开阔地处理这一段历史。特别是在抗战胜利后，为了不让历史悲剧重演，中国一方面对惨遭屠杀的无辜亡灵进行纪念，牢固树立人类命运共同体意识，消除偏见和歧视、仇恨和战争；另一方面，与世界各国共同维护以《联合国宪章》宗旨和原则为核心的国际秩序和国际体系，构建以合作共赢为核心的新型国际关系，为推进世界和平与发展的崇高事业而努力。

与诸多学术领域一样，我们的抗日战争史研究深化了与港台地区学者和国外学者的交流。抗日战争是发生在中国与日本两国间的战争，但这一战争又是世界反法西斯战争的重要组成部分，与俄罗斯、美国及欧洲战场上的诸国有密切的联系。只有在充分了解有关国家这一时期历史过程的基础上，在对不同国家学者的各种观点进行深入考察和全面理解的基础上，才能对中国抗日战争的意义有更深刻的认识。

我们与港台地区特别是与台湾地区学者的交流，极大地拓宽了抗日战争史研究的资料范围，两岸学者能够从更广的角度，对抗日战争的历史过程加以考察，描绘中华民族抗日战争的全景。而与参与第二次世界大战国家学者的交流，从中国看世界，从世界看中国，有助于从新的角度理解中国抗日战争的国际意义。同样，与国外包括日本学者的交流也拓展了我们的视野。

历史问题表现在政治判断、民众感情与学术研究三个层面。中国学者与外国学者间就抗日战争史的学术层面的研究早已进行，而且取得了相当丰硕的成果。不同国家的学者进行共同研究，可以开阔眼界，深化相互理解。对于外国学者来说，了解中国民众在那一时期的生活状况和心理状态，了解中国学者观察事物的角度与立场，可以深刻认识日本侵略者作为加害者的责任，总结历史教训，坚定走和平道路。而对于中国学者来说，了解抗日战争时期的世界，包括日本社会，了解外国学者包括日本学者对战争教训的认识，也会对产生战争的社会原因有新的认识。

当然，我们与不同国家的学者对于抗战和二战历史问题的研究是有不同看法的，然而，就有争议的历史认识问题开展共同研究，表明中国在以开放的态度面对世界其他国家学者的研究，以开放的心态包容和接纳外来的不同看法。正是在这个交流过程中，我们既通过对中国抗战国际意义的充分肯定提升了民族自尊心和自豪感，同时也注意到避免狭隘民族主义意识的问题。近代中国在抗击列强侵略与压迫的斗争中产生的民族意识是发愤图强、振兴中华的动力，这将鞭策中华儿女为实现民族复兴而不懈奋斗。今天的中国，早已不是过去的中国，昔日的弱国形象一去不复返了，理性和平、积极向上、自信豁达的国民心态正在形成。因此，抗日战争史的学术研究也应适应时代变化，扩展视野，关注中国确立了在世界上的大国地位之后的国际责任与义务，重视与之相适应的国际责任感与自尊自信，以促进世界的和平与发展为义不容辞的责任。

中国人口占世界人口的1/5，从任何角度看，中国人民的生存利益和发展利益都与全人类共同利益息息相关。特别是在全球化时代的今天，中国已经通过自身的努力，使13亿多的人口在960万平方公里的土地上和谐美好地生活，这本身就是对世界做出的巨大贡献。中国作为国际社会的重要一员，更对捍卫以反法西斯野蛮侵略为本质的二战胜利成果和全人类利益负有责任。所以，抗战胜利后中国复兴的道路具有巨大而深远的意义，其影响不仅在中国国内，而且也正进入全球化时代的国际社会，为世界所瞩目。

最后需要说明的是，八卷本《中国抗日战争史》的编写，从开始至今也已用了九年的时间，而这正是全社会更加关注抗日战争历史的时期，同时也是大量史料公布和披露的时期，既是抗战史研究的极好时期，也是极具挑战的时期。尽管在当今信息大爆炸的时代，任何在资料方面的努力都是相对的，但我们还是努力充分利用近年来新发掘和新披露的资料，尽量发掘或搜集新的档案史料，充分利用国外文献资料，特别是这些年来国外尤其是日本披露的新史料。

学术研究无止境。希望我们的研究能够对过去的研究有新的推进和深化，也希望对未来的抗战史研究和对抗战意义的认识深化起到推动作用。以此与学界共勉！

2015年9月

序 二

王建朗

战争，自从部落、国家形成的那一刻起，便如影随形于人类，成为处理群体或国家冲突的极端手段或终极手段。战争给人类带来灾难，在特定的条件下，战争又蕴藏着起死回生的契机。经历这种灾难，或是走向衰亡，或是获得新生。

战争深刻地影响着近代中国的命运。中国于1840年因鸦片战争而不情愿地迈入近代，此后60年间，又因一系列战争的失败，被迫签订一系列不平等条约。直至1900年中国大败于由当时世界上最强国家组成的八国联军，签订了可称是不平等条约之最的《辛丑和约》，中国彻底陷入半殖民地的深渊。

战争也给了中国重新崛起的机会。这个转折点便是持续了14年的抗日战争。抗战是中国近代以来第一次取得彻底胜利的反侵略战争，它极大地改变了中国的命运，既大大提升了中国在国际上的地位，也改变了中国社会的发展方向。抗日战争被称为"复兴枢纽"，被视为中华民族由深重危机走向伟大复兴的历史转折点。诚如习近平总书记所说，抗战的伟大胜利"重新确立了中国在世界上的大国地位，使中国人民赢得了世界爱好和平人民的尊敬。这一伟大胜利，开辟了中华民族伟大复兴的光明前景，开启了古老中国凤凰涅槃、浴火重生的新征程"。

因此之故，改变中国命运的抗日战争便成为研究者的关注热点。人们努力探讨中国是如何进行这场战争的，中国为何取得了胜利，这场胜利给中国带来何种影响。随着研究的深入，人们将目光移向深层，移向军事战场以外的地方，探讨中国社会在这场战争中所发生的变化，这些变化不仅为抗战的胜利准备了条件,也为中国此后的社会变革奠定了基础。

《中国抗日战争史》的着眼点也正在于此。它不仅着力于客观准确地呈现抗日战争的进程,展现中国抗战对于世界反法西斯战争的贡献,展现中国国际地位逐步提升的过程,还着力研究战争中的社会变化,力图展现社会新因素的出现与增长,探讨抗日战争对此后中国发展的长远影响。

一　抗战的胜利是全民族抗战的胜利,是国际反法西斯同盟的共同胜利

日本是第二次世界大战中最早形成的一块战争策源地。第一次世界大战的硝烟散去不过十余年,日本便迫不及待地要用武力打破一战后建立的世界秩序。1931年9月18日,日本关东军自毁铁路,嫁祸于中国军队,随即向中国守军发起进攻。

中国政府曾将希望寄托于当时世界上最大的国际组织——国际联盟。然而,明哲保身的西方政治家们此时尚未意识到日本对中国东北发动侵略所隐含的意义,未向中国伸出援手。国联的软弱态度使日本对国际社会不再心存忌惮,它向日本发出了一个错误的信号,尝到了甜头的日本从此在侵略的道路上越走越远。

面对国土沦丧,中国人民毅然举起了反抗侵略的旗帜,掀起了此起彼伏的反抗日本侵略的武装斗争。由东北军队与当地民众组成的各地义勇军纷纷成立,给日军以沉重打击。继而兴起的东北抗日联军,发展最盛时编有11军,前仆后继英勇作战。

1937年7月,日本悍然发动全面侵华战争。在空前的民族危机面前,中国各政党、各地方势力、各民族同仇敌忾,共御外侮,形成了全民族团结抗战的新局面。此时的中国,中国共产党和中国国民党是决定国家命运的两大政治力量,两党已经进行了长达十年的国内战争。全国抗战爆发后,两党立即捐弃前嫌。1937年7月中旬,周恩来将《中共中央为公布国共合作宣言》送交蒋介石。9月,国民党中央通讯社发表了这一宣言,第二次国共合作正式形成。抗日民族统一战线的建立,形成了近代以来不曾有过的全民族共同抗敌的新局面,这是抗战得以取得胜利的基本保证。

全面战争爆发之时,中国与日本在国力和军事力量的对比上存在着巨大差距。1937年,中国的工业总产值不到日本的1/4,钢产量不到日本的

1%。日军拥有绝对的装备优势。面对武器装备远胜于自己的敌人，中国军民显示了英勇不屈的民族精神，在很多情况下，中国军民几乎是以血肉之躯奋勇抵抗，以奋不顾身的精神弥补了装备上的劣势，缓解了战场上的危机。从淞沪战役中坚守四行仓库的"八百壮士"，到台儿庄战役中坚守滕县几近全部阵亡的王铭章部队，中国军队浴血奋战，用自己的血肉筑成抵抗侵略的长城。在东部和中部的大中城市基本上都告沦陷后，中国的抵抗并未停止。正面战场终于稳住了战线，与日军展开拉锯战，战争进入相持阶段。

在日军的后方，中国人民的抗日斗争并未停止。中国共产党毅然采取了"敌进我进"的战略，挥师挺进日军后方，领导敌后军民打出了一片新天地，缔造出一个个抗日根据地，使日军的"后方"变成了令其寝食难安的"前方"。日军陷于中国人民战争的汪洋大海之中。敌后抗日力量展开了多种形式的游击战，地道战、地雷战、麻雀战等作战方式，充分体现了装备落后但意志坚定的敌后军民的抗日勇气和智慧。游击战争成为中国人民抵抗日本侵略的一个有效和重要的形式。随着敌后抗日力量不断发展壮大，敌后战场还发起了"百团大战"这样的大规模进攻作战，给日军以沉重打击。

沦陷区民众也开展了各种各样的抵抗活动，既有有组织的地下斗争，也有自发的反抗活动，既有武装斗争，也有非武力的各种形式的抵抗和抵制，有力地冲击了日本沦陷区统治的根基，击穿了日本建立"大东亚共荣圈"的迷梦。台湾民众继续进行着自19世纪末便已开始的反抗日本殖民统治的斗争，在岛内开展了反"皇民化运动"，在大陆则直接投身于抗日战争的各条战线，为抗战做出了独特的贡献。

国共两党的密切合作，正面战场与敌后战场的互相策应，构成了全民族抗战的中坚力量。如果没有正面战场多次大规模作战，敌后战场的开辟和持久将更为艰难；如果没有敌后战场对日伪军的有力打击，正面战场也是难以长久支撑的。两个战场相互支持，相互依存，其作用正如中共中央1943年发表的《为抗战六周年纪念宣言》所指出的那样："这两个战场的作用，是互相援助的，缺少一个，在目前就不能制止法西斯野兽的奔窜，在将来就不能驱逐这个野兽出中国，因此必须增强这两个战场互相援助的作用。"

日军陷于两个战场的夹击之中，顾此而失彼。在全面战争刚刚爆发时，日本流传着"三个月灭亡中国"的说法。然而，仅仅是在淞沪地区，作战便持续了3个月。随着战争规模的扩大，日本不得不一再增兵。1937年，侵华日军为21个师团，到1941年时，日本在华兵力增至40个师团。但日本仍无法改变战争的相持局面，日军深陷于中国的战争泥潭之中。

中国军民在浴血奋战的同时，努力争取国际社会的同情和支持。全国抗战初期，中国便竭力向世界宣传"和平不可分割"的观念，力图影响各国的决策者和公众舆论。中国一再向世界指出"中国作战，不独求民族之解放，不独求领土主权之完整，实乃为全世界各国之共同安全而战也"，"世界和平不可分割，一部分之利害，即全体之利害，故每一国家谋世界之安全，即所以谋自国之安全，不可不相与戮力"。中国力图让世界理解，侵略者的贪欲永无止境，日本必将把侵略扩大到其他国家。因此，中国所担当的不仅是民族自卫的角色，也是世界和平与安全维护者的角色。中国呼吁西方大国及早采取干预行动，制止日本侵略。

在战争初期试图保持中立的英美等国逐渐意识到，日本对中国的侵略不仅威胁到中国的存亡，也是对既有的世界秩序提出了挑战。中国是世界抵抗侵略的前哨，是极具战略价值的抵抗侵略的堡垒。因此，支持中国的抵抗极为重要。太平洋战争爆发前，英美已逐渐走上援华制日的道路，开始向中国提供物资支持，并在开展军事合作方面有所动作。

在对华战争中陷入僵局的日本，认为中国的抵抗得以延续，实因获得美英等国的支持。为了彻底解决中国问题，日本决定孤注一掷，悍然发动太平洋战争，企图迅速摧毁美英在远东的军事能力，摧毁中国的抵抗意志，一举解决东亚问题。日本这一举动，加速了其走向失败的进程。

1941年12月8日，日军铤而走险，对珍珠港美军发起攻击。事变爆发的当日，中国政府立即向美、英、苏三国提出采取共同行动的建议书，提议各友邦尽快建立军事同盟，进行共同作战。次日，中国正式向日本宣战，同时发布向德国和意大利宣战布告，表明了中国誓与盟国共进退的坚定立场。1942年1月1日，26国签署《联合国家宣言》。

国际反法西斯同盟的正式形成，使中国摆脱了孤军奋战的局面，日本侵略者的败局便已注定。此后，中、美、英、苏军队或在同一战场上共同作战，或在不同的战场上展开战略配合，终于迫使日本在1945年8月接受无条件投降。

二　中国为世界反法西斯战争做出重要贡献，是不可或缺的亚洲主战场

第二次世界大战与第一次世界大战显著不同的特点是，它有两个主要的战争策源地——德国与日本，它有两大主要战场——西方战场（又可分欧洲战场、非洲战场、东线与西线等）与东方战场（又可分亚洲大陆战场与太平洋战场）。中国最早举起抵抗侵略的旗帜。

回顾一下，人类走向第二次世界大战的历史有5个重要的时间节点。1931年9月，日军在中国东北发动九一八事变，由此拉开了侵华战争的大幕。1937年7月，日军又挑起卢沟桥事变，发动全面侵华战争。1939年9月，德军入侵波兰，欧洲战争爆发。1941年6月，德军进攻苏联。1941年12月，日军偷袭珍珠港，太平洋战争爆发。这一个个时间节点，标志着战争的逐步升级，越来越多的国家及所有的大国都卷入到这一空前的世界大战的漩涡之中。

由此可以看出，中国是遭受侵略最早的国家，也是抵抗侵略时间最长的国家。其他盟国卷入战争的年限最长不到6年，短则不足4年。中国全国抗战已达8年，整个抗战则达14年之久。漫长的战争，既意味着坚持抵抗的成就，也意味着国力的极大消耗和民众生命的极大牺牲。可以说，中国为世界反法西斯战争做出了巨大贡献，也付出了最大牺牲。

中国的抗战给了反法西斯盟国以巨大支持。连续几年的独立抗战，消耗了日本有生力量，使日本陷于战争泥潭而拔腿不得，延缓了日本发动南进或北进战争的进程，使盟国有了更为充裕的扩充军备的时间。太平洋战争爆发后，中国依然将日本陆军的主力牵制于中国，到日本投降时，日本在中国战区的兵力仍有128万人（这一数字还不包括被牵制在东北的50余万日本关东军）。中国战场的作战，极大地缓解了盟军在东南亚战场和太平洋战场上的压力。

战时美国总统罗斯福的这样一段话清楚地表明了他对中国战场战略价值的认识："假如没有中国，假如中国被打垮了，你想一想有多少师团的日本兵可以因此调到其他方面来作战？他们马上可以打下澳洲，打下印度——他们可以毫不费力地把这些地方打下来，他们并且可以一直冲向中东。"

太平洋战争爆发后，中国军队不仅继续在本土坚持抗战，牵制住日本陆军主力，给盟军以巨大的战略支持，还派遣军队远征境外，直接支援盟军作战，在抗战史上写下了光辉而独特的一页。1942年2月，中国抽调精锐部队组成中国远征军，进入缅甸，与英军协同作战。尽管中国战场此时也急需兵员，但从反法西斯战争大局出发，中国毅然派出十万大军远征缅甸。缅甸防守战中，中国远征军英勇作战。仁安羌救援英军一役，英伦三岛亦为之轰动。

援缅作战失败后，中国军队分路退入云南和印度境内。退往印度的军队经过补充兵员及重新整训，组建了中国驻印军。从1943年末开始，以中国驻印军为主体，盟军发起了缅北反攻战。稍后，重组的中国远征军发起了滇西作战。1945年春，中国驻印军与中国远征军在缅北胜利会师。这一作战也是盟军在亚洲大陆的最早反攻。它不仅打通了中国与盟国间的交通线，也从战略上给印缅战区和太平洋地区的盟军以巨大支持。1944年7月，被牵制在缅甸的日军达10个师团及1个独立混成旅团，大大缓解了美军在太平洋反攻的压力。

中国还积极支持周边国家的抗日活动。中国支持朝鲜人民的抗日活动由来已久，抗战爆发后支持更为系统和公开化。这种支持，既包括政治上的支持、组织上的协调，也包括经济上的资助。朝鲜抵抗力量的政治团体和武装力量在中国的土地上成长壮大。太平洋战争爆发后，中国政府明确提出扶助朝鲜建立独立国家的方针，并积极说服盟国支持。开罗会议上，在中方的坚持下，保证战后朝鲜独立的内容被明确写进了《开罗宣言》。

中国积极支持越南独立运动，在中国境内开办各种训练班，为越南独立运动培训了大批青年骨干，这些青年骨干后来成为独立运动的主要力量。中国积极扶持越南各独立团体在中国境内的活动，并努力居间协调。1942年10月，越南各民族主义团体在柳州联合成立越南革命同盟会，实现了抗日力量的大联合。

从抗日大局出发，中国还努力调解盟国间的纠纷。1942年2月，蒋介石一行出访印度，劝说处于尖锐对立中的印英当局与印度国大党做出妥协。这一出访是近代以来中国最高领导人第一次走出国门，并出面调解他国事务。中方希望印英当局允许印度取得自治领地位，并保证其战后独立，希望国大党暂缓提出立即独立要求，放弃不合作政策。开罗会议时，中方再次提议"中、美、英、苏联合发表宣言,保证印度于战后立即获得自治领地位,并于战后若干年内获得独立",旗帜鲜明地表明了反对殖民主义在战后亚洲继续存在的立场。

三 抗日战争极大地提升了中国的国际地位,中国从国际舞台的边缘进入中心地带

进入近代以来,饱经苦难的中国长久地徘徊于国际政治舞台的边缘地带。对于西方来说,中国只是一个原料产地与产品市场而已,战略上无足轻重。正如美国史学家迈克尔·沙勒所说,在20世纪30年代,一般美国人心目中的中国不外是街头巷尾的洗衣铺、异国情调的餐馆或淡泊寡欲的农民。生活在那里的不过是"我们觉得无足轻重的人们"。抗日战争使世界对中国的观感、对中国战略价值的认识发生了巨大变化。

经历了轴心国德、意、日的凶猛打击后,许多国家(包括一些往昔的强国)沦陷于法西斯铁蹄之下。在东西方战场上继续高举抵抗旗帜,与轴心国做殊死正面较量的军队主要有4支,这就是中国、美国、苏联和英国的军队。他们承载着人类文明的全部期望,其成败决定着今后世界的走向。这四个国家以其抵抗力量的强大和抵抗意志的坚决,被时人称为"四强"。

如前所述,抗战后期中国不仅在本土战场上浴血奋战,还两度遣师境外作战,积极扶持邻国的抗日独立运动,承担起了一个大国的国际责任。中国军民艰苦卓绝的抗战,中国战场在世界反法西斯战争中所显示出来的不可替代的军事价值,中国对国际事务的积极参与,让世界认识到了中国的力量和中国的潜在价值,认识到了中国对于维护世界和平安全的战略意义,中国的国际地位因此而逐步提升。

1942年1月1日,决心共同抗击法西斯侵略的26国发表《联合国家宣言》。这一宣言是国际反法西斯战线正式形成的标志性文献,由美、英、苏、中四国领衔签署。领衔签署如此重要的国际宣言,对近代以来饱尝屈辱的中国可说是史无前例。宣言发表后不久,"四强"一词便开始出现。

近代以来订立的不平等条约是横亘于中国与其他盟国间的一道鸿沟,它使中国在法理上与盟国处于不平等的地位。自1943年1月起,中国陆续与英美等国签订平等新约,废除了列强享有的治外法权、租界、沿海贸易及内河航行等在华特权,在法理上获得了在国际社会的平等地位。中国争

取国家平等的斗争自民国以来已持续30余年,抗战期间终于实现了这一目标,这是中国人民长期争取民族解放斗争的一个重大胜利。无论身处重庆,还是身处延安,人们都举行了隆重的纪念大会来欢庆这一民族的胜利。

1943年10月,中国与美、英、苏共同签署《关于普遍安全的宣言》(即《莫斯科宣言》),对战时和战后世界共同承担起重大责任。宣言的发表,进一步确认了中国作为盟国"四强"之一的地位。次月,在开罗举行了中、美、英三国首脑会议。《开罗宣言》充分地体现了中国人民恢复国家主权和领土完整的愿望,并为台湾回归中国提供了有力的国际保障。会议对战时和战后世界若干重大问题的讨论和决定,对此后世局的发展产生了重大影响。

中国不仅在坚持反侵略战争方面做出重要贡献,还在如何维护反侵略战争的成果方面积极思考,为建立公平合理的战后世界秩序做出了重要贡献。中国政府有关建立战后秩序的考虑,比人们过去所知道的要早得多。1942年中,中国有关方面便已开始提出关于未来国际组织的若干设想。人们认为,国际联盟效率低下,缺乏权威,已不能发挥效用,应该建立新的国际组织。这一组织应拥有更大的权威、更高的效率,能够迅速地对危害世界安全的行为进行强力干预。盟国在这一问题上形成了共识,于是,一个新的国际组织——联合国诞生了。

世界在20多年的时间内先后爆发了两次惨烈的大战,两次大战留给人们的教训是:大国是国际秩序的主导者,战争与和平的责任实系之于有能力发动战争或有能力制止战争的少数大国。因此,大国必须在维护世界秩序中发挥核心作用。中国在1942年便提出了四大核心的思想:"和约成立后,应由中、英、美、苏及其他盟国共同担任和约之执行及战后和平之保障。中、英、美、苏为反侵略之主要国家,既因共同奋斗而再造和平,对于战后执行和约,保障和平,匪但理所当然,且抑责无旁贷。"中国方面的这一构想与盟国不谋而合,它最终被融入《联合国宪章》之中,成为联合国安全架构的一项核心内容。

在谋划战后秩序时,中国与其他三强既有共同主张,又有自己的独立见解,为建立战后新秩序做出了独特贡献。在筹建联合国的过程中,中国将自己视为东方民族以及世界弱小民族的代表,努力争取战后国际关系朝着平等与正义的方向发展。如在讨论战后托管问题时,中国代表团力主非自治领土及托管领土应走向自治与独立,并努力推动将此一主张写进《联合国宪章》。最终,《联合国宪章》明确将民族自决原则列为联合国的宗旨之一,从而为战后的非殖民化进程提供了法理支撑。

联合国的成立及中国成为联合国安理会常任理事国,标志着中国大国地位的体制性确认。它从组织架构上确认中国已进入大国行列,在战后的世界里它将要承担起《联合国宪章》所赋予的巨大责任,行使宪章所赋予的权利。这一权责,全世界只有五国享有。至此,中国在新的国际体系中拥有了一个实实在在的大国席位。这一体制性的安排对中国的国际地位,对中国于国际事务的发言权,影响深远。我们至今仍在受惠于这一历史性的遗产。

可以说,抗日战争不仅是一场抵抗日本侵略的自卫战争,它还是一场具有更广泛意义的民族解放战争,它使中国摆脱了百年来与西方列强之间的不平等关系。在旧的国际体系解体之际,中国积极参与了新的国际体系的创造,并由此而在国际事务中担当了重要角色,从国际舞台的边缘进入中心地带。这一巨大的转折在八年前,即使是对于最大胆的预言家,也是难以想象的。

四 抗日战争促成了中国社会的变革,为人民革命的最终胜利奠定了基础

抗日战争不仅是一场胜利的反抗外敌入侵的战争,它对中国的内政发展也产生了深远的影响。它为数年之后中国共产党所领导的中国革命的胜利,为新中国的建立,奠定了基础。

作为一场民族抵抗战争,抗战需要动员全社会力量参与。国民党政府在全国抗战初期不得不松缓了此前统治的专制程度,事实上承认了各党派的合法地位,并建立了有各种政治势力参与的议政机构——国民参政会。国民参政会具有一定的议政权、建议权和咨询权,虽还称不上是真正意义上的民意机关,但它容纳了各党派的领袖人物和社会精英,为他们提供了一个联络互动、公开发表政见、评论施政得失的场所。对外抵抗战争所造成的特殊政治生态,相对于战前的较为宽松的政治环境,为国内进步力量的成长提供了有利条件。

日本侵华战争以一种极端的形式对中华民族提出了挑战,它既是对中华民族的整体考验,考验她有没有资格继续立于世界民族之林,也是对中

国国内各政治力量的考验,看谁更有资格带领中华民族走出危机,走向复兴。中国的任何政治力量都必须面对这一考验。

中共领导的抗日军队挺进敌后,开辟了抗日战争的另一个战场。在与日伪的斗争中,敌后根据地日益发展壮大。中共以自己的抗战实绩向人民表明,她是一个积极抗日的政党,是一个可以对中国命运负责任的政党。全国抗战爆发前,中共领导下的红军不足5万人,留在南方的游击队万余人。坚持抗战,使中共赢得了民心,壮大了力量。到抗战结束时,中共所领导的军队已发展到约132万人,民兵发展到260余万人,拥有19个大块根据地,面积达95万平方公里。中共党员人数发展到120多万,领导着近1亿人民。这样一支庞大的力量,成为决定中国前途与命运的举足轻重的力量。

中国共产党自身也更为成熟。如果说大革命时期及十年内战时期,中共的领导层和指导思想尚处于不断的选择、磨合和探索阶段的话,抗战时期,中国共产党则已形成稳定的强有力的领导核心,毛泽东成为党的无可争议的领袖。党的思想理论也更加成熟,以毛泽东为主要代表的中国共产党人,形成了一整套切合中国革命实际的新民主主义革命理论。这一正确的理论,指导着中共夺取了抗日战争的胜利,还将指引中共夺取全国胜利。

中国共产党在敌后根据地探索建立了新的政治模式,使各种社会力量和人民群众有了更多参政议政的机会。根据地普遍建立了各级民意机关——参议会,它是一个拥有立法、议政、监督权的民意机关。中共中央要求,在各级民意机关和行政机关中,必须尽力吸收进步分子与中间分子参加,实行政府人员构成的"三三制",即共产党员占1/3,左派进步分子占1/3,中间分子和其他分子占1/3。基层选举制的推行,则让人民群众亲身体验到当家作主的感觉。中国共产党创造的这种一党领导、多方参与的政权形式,较之过去的苏维埃方式更为贴近中国实际,充分调动了各方面的积极性,形成了生机勃勃的政治局面。中国共产党在敌后根据地的成功治理,根据地在民主政治建设与经济、文化各项事业方面的大发展,使中国共产党赢得了民心,且为日后新中国的政权建设提供了有益的借鉴。

与之形成鲜明对照的是,国民党的统治能力呈现出下坡趋势。国民党日益加强的一党专制、各级官僚的腐败无能与鱼肉百姓、不断传出的腐败弊案，使其日益丧失民心。及至1944年日军发动河南战役时，丧失斗志的国民党部队难以组织有效的抵抗，出现了溃败局面。

在国统区，发生了两次大规模的民主宪政运动，尤其是第二次民主宪政运动，浪卷朝野，波及社会各个阶层。无论是在知识界，还是在工商阶层，实行民主政治已经成为各界的共同要求。在这一运动的后期，中国共产党适时提出了改组中央政府、建立联合政府的要求，获得各民主党派和人民群众的积极响应，由此而将国统区的民主运动推进到一个以建立联合政府为目标的新阶段。

对于国共两党的不同气象，就连国民党的盟友美国人也逐渐看了出来。在他们的描述中，与重庆的浓雾笼罩相比，延安则是一片晴朗的天空。跟随美军观察组进入延安的美国外交官谢伟思指出，共产党之所以强大，其原因就在于"人民选举他们自己的地方政府，因而他们更关心保护它们，并且通过他们自己的力量更有力量去实施这种保护"。而对于国统区，谢伟思的观察是，"由于国民党实行自私的政策并拒绝接受进步的批评，它正失去人民对它的尊敬和支持"。另一位美国外交官戴维斯则明白指出："共产党在中国扎下了根，中国的未来不是属于蒋介石的，而是属于他们。"这一预言，仅仅5年后便得到了验证。

2005年，在纪念抗战胜利60周年之际，为综合反映国内抗战史研究的最新成果，并力图在前人研究的基础上有所推进，近代史研究所开始酝酿撰写一部新的抗日战争史。这部著作不仅继续注重抗战军事史的研究，还将注重军事作战以外的中国社会的重大发展和变化。时任近代史研究所所长的步平先生领衔申请中国社会科学院重大项目，获得批准，迄今问世，已有14年之期。

本书分为八卷，14年中，各卷撰写者、撰写内容及卷名都经历了一些调整。其中，第二卷调整较大，原主要撰写者荣维木先生不幸离世后，因完稿时间迫近而所缺内容甚多，课题组延请多位学者赶写此卷。本书各卷的撰写者与卷名最终确定如下：

黄道炫、王希亮　　　　　　第一卷　局部抗战
荣维木等　　　　　　　　　第二卷　战时军事
汪朝光　　　　　　　　　　第三卷　战时政治
陈默、王奇生等　　　　　　第四卷　战时军队

王建朗	第五卷　战时外交
李学通、金以林、吕迅	第六卷　战时经济与社会
臧运祜、王希亮	第七卷　伪政权与沦陷区
步平	第八卷　战后处置与战争遗留问题

14年中，有关中国抗日战争的时间表述发生了一些变化，由通常所说的"八年抗战"调整为"十四年抗战"，将从1931年开始的局部抗战时期与从1937年开始的全国抗战时期统合表述为抗日战争时期。课题组认为，这一改变自有其道理，应高度肯定局部抗战的贡献，但同时认为，局部抗战与全国抗战毕竟有所不同，应依据不同的语境，允许"十四年抗战"与"八年抗战"两说并存。毕竟，在1937年7月前，无论是中国，还是日本，此一时期实行的并非战时体制，而仍是平时体制。就中国国内而言，阶级矛盾依然被视为社会主要矛盾，因此有中国共产党人的土地革命、苏维埃运动，有国民党对苏区的"围剿"和红军的反"围剿"，也才有中共从反蒋抗日、逼蒋抗日到联蒋抗日的政策转变。"局部抗战"和"全国抗战"当然可统合于一个整体的抗战时期之中，但毕竟这是两个在诸多方面有所不同的历史时段。这两个时段既有相当的延续性，又有极大的不同。七七事变之后，中日双方在政治、军事、经济、外交等方面的措施，开始呈现出战争时期所特有的状态。

本书高度重视自九一八事变起的日本侵华、东北地方军人为主的抵抗斗争，以及中共领导的东北抗联艰苦卓绝的抗日斗争。第一卷以整卷篇幅充分论述了局部抗战时期日本侵略的加剧，东北抗战、"一·二八"淞沪抗战、长城抗战、绥远抗战等抵抗日本侵略的作战，国民党及其政府内外政策的变动，中共革命斗争政策的变化，以及国共达成第二次合作、全国抗战局面形成等方面的内容。第二卷至第七卷的论述则以全国抗战时期为主体，对这一时期的军事、政治、外交、经济社会及伪政权与沦陷区等展开系统研究。书中若干地方所使用的抗战时期、抗战初期、抗战前期等用语，皆指全国抗战时期而言。为方便读者，未一一在"抗战"一词之前加置"全国"二字。第八卷对战后对日处置、战争遗留问题的处理及对中日关系的影响，进行了延续性的研究。专置一卷，探讨抗日战争对后世的影响，为此前的抗战史多卷本著作所未见。我们认为，这对于人们深化对战争的认识，定然有所助益。

非常感谢军事科学院的相关领导及诸位审稿专家,他们对书稿提出了中肯的修改意见,使本书的质量得以进一步提升。

非常感谢社会科学文献出版社谢寿光社长、杨群总编辑的鼎力支持,感谢历史学分社编辑团队为本书的编辑和出版付出的心血。没有他们的督促、把关和多方努力,本书即使到现在也很难呈现于读者面前。

本书尚未完稿之时,步平先生和荣维木先生不幸先后离世。两位先生对于推动中国的抗日战争史研究做出了重要贡献,本书亦凝聚着两位先生的心血。尤其是步平先生,作为本书的主编,从选题的提出、全书框架及各卷大纲的确定到对各卷撰写工作的督导,对本书贡献甚巨。本书的面世,是对两位先生最好的纪念。谨以此书寄托我们的怀念。

2019 年 10 月 6 日

目　录

前　言 ……………………………………………………………… 001

第一章　日本对华侵略的发端及扩大 ………………………… 006
　第一节　明治维新后日本的对外扩张 …………………… 006
　第二节　从甲午战争到日俄战争 ………………………… 022
　第三节　"二十一条"与中国现代民族主义的兴起 …… 046
　第四节　国民革命、北伐战争与中日关系的起伏 ……… 060

第二章　九一八事变及其反响 ………………………………… 077
　第一节　九一八事变前的中国与日本 …………………… 077
　第二节　九一八事变发生与东北沦陷 …………………… 097
　第三节　东北人民英勇抗击日本的侵略 ………………… 110

第三章　中国的局部抗战 ……………………………………… 144
　第一节　淞沪抗战 ………………………………………… 144
　第二节　长城抗战 ………………………………………… 173
　第三节　察绥抗战 ………………………………………… 196

第四章　对日政策的调整与国民政府的国家防御计划 ……… 215
　第一节　国民政府的安内攘外政策 ……………………… 215
　第二节　国民政府的对日外交 …………………………… 234

第三节　中苏谋求接触 …………………………………………… 265

　　第四节　国民政府的对日抵抗设想 …………………………… 282

　　第五节　国民政府对西北和西南的筹划 ……………………… 296

第五章　华北事变与中日关系的变化 ……………………………… 309

　　第一节　日本侵略的深入与华北危机 ………………………… 309

　　第二节　日本策动"华北自治" ………………………………… 327

　　第三节　"一二·九"运动与民众抗日浪潮的兴起 …………… 344

　　第四节　国民政府对日政策的变与不变 ……………………… 356

第六章　国共政策的调整与抗日统一战线的建立 ………………… 379

　　第一节　国共政策的调整 ……………………………………… 379

　　第二节　国共寻求直接接触 …………………………………… 400

　　第三节　绥远抗战 ……………………………………………… 414

　　第四节　西安事变 ……………………………………………… 423

　　第五节　国共谈判与第二次国共合作的形成 ………………… 447

主要参考文献 ………………………………………………………… 474

人名索引 ……………………………………………………………… 487

前　言

　　1930 年代中国的对日抵抗，是弱者的奋起，是对之前日本一系列压迫、侵略行动的被迫反应。是日本的压迫逼使中国走上抵抗之路。可以说，中日间战争的爆发，是日本战车失控的逻辑结果。

　　近代工业化带来的坚船利炮造就了空前的强国，使得发达国家可以很小的代价征服远比自己庞大的国度和民族，英国缔造的日不落传奇就是建立在工业化带来的武器、动力等革命性变化的基础之上。同时，工业化造成的资源消耗及超额利润，又为这种征服增添了巨大的动力。明治维新后迅速崛起的日本，很快走上了和西方列强一样的对外扩张之路。而且，近代文明中，与工业化带来的野蛮征服相向而行的民族国家和人类生存权利概念，在日本启蒙阶段并不能占主流，日本本身也不具有能够使之安身立命的文化传承。实力的扩张带来欲望的增长，这种欲望又不受公理和道德的制约，近代日本成为东亚乃至世界的麻烦制造者，在其崛起的那一刻似乎已成宿命。

　　如果从这一基础上看日本此后近百年的历史，其发展趋向就变得不是那么难以理解，拉长时段看，在历史的奇诡和突兀中，可以清晰地看到其脉络所在。概括而言，日本的对外扩张，基本经历了三个时段：甲午战争前，对手是朝鲜及其背后的中国；甲午战后，触角北延，对手是俄国和中国；20 世纪初期，随着其军力的进一步扩张及在国际关系中遭到西方制约，隐隐然以俄、美、中作为主要争战对象。对手变化的背后，是日本争霸野心的不断膨胀。

　　日本地位与实力的变化不仅影响到日本如何看待世界，也影响到世界如何看待日本。日、美同为太平洋大国，美国又向来主张中国"门户开放"，不赞成影响中国领土主权完整的行为，美日围绕远东和太平洋的权益问题开始发生冲突。美国因素的介入，以及中国在辛亥革命尤其国民革命后形势的迅速变化，是一直以本国利益为唯一考量的日本处理国际关系及中日关系的重要考虑因素。1918年6月，日本陆海军确定新的国防方针，陆军的假想敌由原来的俄国、美国、德国、法国顺位变成俄国、美国、中国顺位；海军也将此前的第一假想敌国由英国切换为美国，美、俄成为日本主要的假想对手。

由于地处近邻，日本的崛起使中国备受威胁。1910年8月，日本通过《日韩合并条约》把朝鲜变为殖民地后，中国东北成为其下一个吞并的目标。日本对东北的图谋以及对中国的提防，让中国成为其不断压迫的对象。尽管从对手的分量看，日本显然更加注重美、俄，无论是1923年日本军部制定的《帝国军队用兵纲领》还是1926年制定的《1926年度作战计划》，都把美国作为最重要的敌人；其次是俄国，再次才是中国。但是，对美、俄，日本事实上并不具有真正的攻击能力，更多只是希望在压服中国、独占中国权益的过程中，排除美、俄的力量和干扰。

当然，我们不能把日本制定的作战计划等同于其对外扩张的事实，也不能把日本侵华的行动简单化为一以贯之的逻辑推进。其间还有日本面对中国这样一个大国的权衡，尤其是挑战世界秩序所需付出代价的掂量，当然还有不同政派、不同利益集团在战争选择上的不同态度。重光葵曾谈道："日本已经有统帅部（参谋本部）与内阁两个并立的政府，而且各有各的独立的对外交涉机关。国家意志不统一，发表国家意志由两个机构讲出来，结果没有所得只有招致国家的毁灭。由日本宪法解释、承认的统帅权独立，其所造成的影响是无法估计的。军部的政治力急速增强，以致其行动自满洲事变后逐步扩张，对外交涉头绪多而且变得严重起来。"[①] 不过，无论从日本官方还是民间舆论，乃至从其一路走过的事实看，日本的扩张的确有其一贯的理路，而且这种扩张在举国一致的气氛下，甚至没有受到真正有效制约的可能。日本在中国的战争，表面看，有一系列的偶然，但这种战争的冲动背后是整个日本不断汹涌的战争大潮，这一战争大

---

① 〔日〕重光葵：《日本侵华内幕》，齐福霖等译，解放军出版社，1987，第105页。

潮随着其战争行动的不断升级和成功愈加汹涌澎湃，最后的失控就是冲向珍珠港。

所以，回顾这一段历史，如果斤斤于一些偶然事件，而回避百年来日本战争机器的加速运转，应该不是一种诚实和明智的做法。广为人知的事例便是日本军方与政府乃至天皇间的折冲。从日俄战争起，军方在前面猛冲，政府在后面制约，军方取得成功后，再获得政府和天皇认可、民众拥戴的模式一再重复。九一八事变时，日本内阁和军部都不支持在东北进行大规模军事活动。事变爆发后，军方在得到前方进展顺利的消息后，"认为如果没有接受幕僚的献策，不把事态扩展到今日这样严重的地步而一举解决满蒙问题，则将贻恨百年，徒劳后悔"。① 在这样弹冠相庆的气氛下，关东军的对华强硬和冒险政策被看作是先见之明，备受推崇。尤其是日本驻朝鲜军队不理睬内阁和军部的命令，擅自越过鸭绿江，进入中国东北境内作战，使日本之前辩解的事变是关东军和中国东北军的地方冲突的说法不攻自破，驻朝军这一严重升级战争性质的做法，不仅没有得到制止，而且"驻朝鲜军司令官林铣十郎被誉为'越境将军'而获得了'赫赫威武之名'"。②

1933年，日军进攻长城沿线中国守军，在其越过长城后，英国政府向日本提出警告。日本政府原本就未计划越过长城作战，英国方面的表态使其更加担心向华北扩展军事势力会损害英美在华利益，引起国际纠纷。日本天皇下令，日军自4月21日起逐次撤回长城一线。关东军未向天皇奏准便擅自越过长城进犯滦东，已有违旨之嫌，接到天皇命令后，关东军司令官武藤信义只好下令："在滦东地区作战的部队，迅速撤回长城线。"③ 但是关东军板垣特务机关却以"不要上中国缓兵之计的当"为理由反对停战，关东军在前方也重燃战火。5月6日，日本参谋本部下达《华北方面应急处理方案》，提出用兵的目的是："继续使用武力以加强压制为基调，造成现华北军宪实质性的屈服分解，使满华国界附近的中国军队撤退。"④

---

① 〔日〕片仓衷：《满洲事变机密政略日志》，复旦大学历史系编译《日本帝国主义对外侵略史料选编（1931—1945）》，上海人民出版社，1983，第17页。
② 〔日〕关宽治、岛田俊彦：《满洲事变》，王振锁等译，上海译文出版社，1983，第256页。
③ 日本政府参谋本部编《满洲事变作战经过概要》第2卷，田琪之译，中华书局，1982，第98页。
④ 关东军司令部：《关于停战谈判的日志节录（1933年4月29日—5月22日）》，《日本帝国主义对外侵略史料选编（1931—1945）》，第150页。

日军由此越过长城线并直逼平津，最终迫使中国方面签订《塘沽协定》。

日军前方的这些独断行动，最终都以其成功而得到承认，有关将领不但未受处分，反而因此获得荣誉，结果更加鼓励了军方的冒险和独断行为。当一次次的独断成为现实，而日本因此获益时，即便我们不能由此推测在这里面是不是存在前后方之间的双簧，起码可以说，日本对外政策尤其是战争的火车头已经控制在军方特别是前方将领手中。观察战争爆发，不能简单以日本政府的表态为准，已经无法束缚军人的日本政府，既为军人的鲁莽担忧，内心又不无为他们的大胆庆幸和自豪之意，尤其是军方不断以行动证实自己是对的时候，无论在军人还是国人眼里，政府已经成为软弱的化身。当军队的意旨成为国家意旨时，彻底的利益和利己考量已经毫不掩饰。日本永无餍足的战争机器吞下了一个个果实，胃口随着果实的增多也愈益增大。

回顾日本近百年的扩张史，固然，我们可以从军人的行为中看到横冲直撞，缺乏计划，但这正是开动中的日本战争机器的运行特色，天真地以为这只是军人的偶然，而不从中看到日本战争机器多年形成的独特运行机制，不看到中国面对这种实力至上的运行机制所遭遇的痛苦和折磨，对于1937年开始的这场中日间的全面战争，恐怕很难做出持平而切实的了解。

另一方面，正因为日本是被已经启动的战争机器拖拽前行，所以它的行动的确不是那么有计划，事后看，中日战争的爆发的确和日本军人的鲁莽冲撞与中国日益高涨的民族自卫情绪相互激荡相关。在中国领土上太过顺利的经历使日本军人过高地估计了自己，"膺惩"中国的说法显示了他们攫取资源、获得利益、进一步压缩中国政府活动空间、打击中国抗战意愿的目标。然而，"七七"这一次，他们忽视了弱者的勇气和尊严，忽视了中国民气的积累和爆发，忽视了变化中的国际关系对中国政策的影响，忽视了一个老大民族被逼无奈反抗时的顽强，在被卷入中国的泥潭后，日本的高傲使他们很难停住前进的脚步，而作为征服者，他们又没有吞下整个中国的能力。何况，日本更大的野心还使他们始终不得不面对着美国和苏俄两个可能的更大对手。所以，如果不是仅仅停留在日本的政府文书或军部计划，而是看到日本多年来的行动逻辑，就可以发现，正是中国在七七事变的顽强抵抗，挡住了日本战车的继续轰隆前行，现在我们看到的日本选择在中国有限占领、攫取资源，是他们陷入持久战后不得不遵循的行动准则，而不是相反。

历史是沉重的，更沉重的是，历史的后来者并不能真正面对这种沉重。千万个后来者，踏进的还是同一条河流。

本卷第一、二章由王希亮撰写，黄道炫完成其余部分。

第一章
日本对华侵略的发端及扩大

在近代西方帝国主义殖民侵略及殖民掠夺的浪潮中，德川幕府统治下的日本在美国"佩里来航"的威逼下，被迫敞开锁国的大门。一批最早接受西方思想的中下层武士掀起倒幕尊皇的明治维新运动，建立起带有近代民族国家特色的明治政府。随即，明治政府确立"富国强兵、殖产兴业、文明开化"等三大国策。在整编强化国家军队的同时，以"失之俄美，取之满鲜"的"海外扩张补偿论"作为扩张理念，把侵略目光瞄向朝鲜和中国东北。经过征台和征朝的"试练"，日本尝到海外侵略扩张的甜头，又进一步发动甲午战争和日俄战争，终于把触角伸向中国东北，实现了殖民经营南满并向北满和东蒙扩张的目标，逐渐在中国东北构筑起日本的强势地位，为最后吞并中国东北奠定了基础。

第一节 明治维新后日本的对外扩张

一 明治维新，确立富国强兵国策

1853年，美国海军准将马休·佩里（Matthew Calbraith Perry）率领舰队进入日本江户（今东京）湾的浦贺，要求同日本建立外交关系和进行贸易，此即日本历史上的"黑船事件"。此后，日本迫于美国的压力，与之签订了一系列不平等条约，开放港口并给予美国最惠国待遇，但日本社会内部也开始出现分化，要求改革的中下级武士形成革新势力，提出"尊王攘夷"的口号，以尊奉天皇、赶走外国侵略者为旗帜，形成与德川幕府对抗的局面。其主张得到受海外影响较早的长州（今山口县）、萨摩（今鹿儿岛县）、土佐（今高知县）、肥前（今佐贺县和长崎县）等西南部强藩响应，逐渐形成倒幕势力。

1865年春，长州藩尊王攘夷派领袖高杉晋作提出开港讨幕的策略，与萨摩藩结成秘密军事同盟，武装倒幕。1867年11月8日，天皇下达讨幕密敕。9日幕府将军德川庆喜奏请"奉还大政"。1868年（戊辰年）1月3日，天皇发布"王政复古大号令"，废除幕府，令德川庆喜"辞官纳地"。但德川庆喜随后在大阪宣布"王政复古大号令"为非法，与萨、长两藩为主力的天皇军对抗，戊辰战争由此开始。经过鸟羽、伏见之战，德川庆喜败走江户。天皇军大举东征，又迫使德川庆喜于1868年5月3日交出江户城，至11月初平定东北地区叛乱诸藩。1869年春，天皇军出征北海道，攻下幕府残余势力的最后据点五稜郭（今函馆），戊辰战争结束，日本全境统一。

江户"无血开城"的当日，明治天皇发布了"五条誓文"，表示要"广兴会议，决万机于公论"，"打破历来之陋习，基于天地之公道"，"求知识于世界，大振皇基"等。① 在控制了全国局势后，明治政府着手废藩置县，削除封建藩阀的特权，接着进行地税改革，在一定程度上打破了传统的封建寄生地主经济的桎梏，促进了农村资本主义经济的发展。接着实施了被概括为"文明开化"、"殖产兴业"、"富国强兵"三大国策的更大的改革，即明治维新。

"文明开化"指以西方为楷模，采用西方教育方式，兴办学堂，普及小学六年教育，使"邑无不学之户，家无不学之人"。明治政府同时着手创办大学及各类专门学校，派遣优秀人才出国留学，高薪聘请西方学者来日本任教。这一时期，一批洋学派知识分子站在思想启蒙运动的前列，主张实行思想、社会和教育的变革。如福泽谕吉先后出版了《西洋事情》、《劝学篇》、《文明论概略》等著作，介绍和传播西方的政治、经济、文化，批判儒家思想和封建等级制度，宣扬西方近代"天赋人权"的民主思想；中江兆民、植木枝盛等资产阶级激进民主派则热衷传播西方的民主主义思想，批判专制统治，提倡制定国民参与国家政治的民主宪法，主张人民应该享有思想自由和集会结社的自由等。植木枝盛在他草拟的宪法中提出"政府违背宪法侵犯人民自由权利时，日本国民可以推翻

---

① 〔日〕井上清：《日本历史——"国史"批判》，阎伯纬译，三联书店，1957，第185页。

它，建立新政府"。① 中江兆民也认为："自主的'主'就是'王'的头上钉上一颗钉子！"这一情况说明了明治政府成立不久自由民权运动即蓬勃掀起的思想基础和内在原因。

"殖产兴业"即大力发展资本主义经济。明治政府成立当时，日本还是落后的农业国。为鼓励民间投资建厂，政府采取"官营示范主义"的决策，首先由政府投资军事工业、工矿业以及铁路、银行、邮电等，初具规模后将部分国营企业"转移"给民间，以此办法扶植私人资本主义经济的发展。在民间，鼓励从投资少、盈利快的纺织业入手，先是动用国库资金引进西方技术、设备和人才，再以优惠条件出售给民间，日本实业界巨头涩泽荣一就是依靠政府的支持建立起了国内最大的纺织会社。这样，从1884年到甲午战争爆发的十年间，日本的铁路长度增长了6倍，船舶吨位增长3倍，生丝产量增长1倍，工厂数量从1700余个增长到5900余个，蒸汽机由400台增长到1800台，各家会社的资本额也增长了近两倍，初步实现了资本主义的工业化。

明治维新中最引人瞩目的举措当属"富国强兵"。明治政府在废藩置县的同时，将各藩的兵权收归中央，成立东京、大阪、镇西、东北四个镇（后来扩大到六个镇），抽调各藩精兵充任，其余闲散藩兵解散回乡。同时宣布废除封建武士制度，削除武士的带刀特权，实行征兵制，以社会各界的青壮年作为军队的补充兵源，建立现代化的常备军制度。在中央政府机关，设立陆军部和海军部，统一管辖全国的陆海军部队。1869年8月15日，政府实行官制改革，原来的军务官改为兵部省，任命军务官副知事大村益次郎为兵部大辅（副部长），致力于创建日本近代军制工作。大村益次郎提出了著名的"兵部省前景规划"方案，建立陆海军学校及陆军大学校等军事教育机关，聘请外国人为军事顾问，培养现代化的军事人才，成为"近代日本军队之父"。

本来，独立国家拥有能够抗衡外来侵略的军队是无可非议的。然而，明治政府推行的"富国强兵"举措却有重要的前提，即将那一目标与日本周边的朝鲜半岛、中国大陆密切联系起来。当时，日本并未摆脱西方列强的桎

---

① 《东亚三国的近现代史》共同编写委员会：《东亚三国的近现代史》，社会科学文献出版社，2005，第32页。

梏，尚处于不平等条约的束缚之中，但明治政府确立的"开拓万里波涛，扬国威于四方"的目标，则暴露出建立军事帝国、对外侵略扩张的野心。

1872年10月，为了解决西方各国强加给日本的不平等条约，同时考察和学习西方先进的制度和文化，明治政府派出了以岩仓具视为首的近60人的使节团（包括留学生等）。岩仓一行历时近一年半之久，考察了欧美12个国家，尽管没有实现修改不平等条约的初衷，却是认准了西方"楷模"，决计大踏步地走西方各国的道路。

使节团成员之一的福泽谕吉在赴欧考察过程中，对其所见欧洲的社会经济各种情况都做了深入了解，回国后根据笔记资料撰写了《西洋事情》初编，表达了他对先进文明国家的认识，进而感到作为日本近邻的亚洲的中国、朝鲜的落后与"野蛮"。1885年，福泽发表《脱亚论》一文，阐明了日本要脱离亚洲的思想。他在文章中强调已经走向文明的日本"不幸的是近邻有两个国家，一个叫支那，一个叫朝鲜"，他认为"此两国的共同之处就是不知国家改进之道，在交通便利的现世中对文明事物也并非没有见闻，但却视而不见，不为心动，恋恋于古风旧习，与千百年前的古代无异"。他对于欧洲许多国家不加区分地把日本与中国、朝鲜并列耿耿于怀，认为是"我日本国一大不幸"。所以他呼吁："今日我国之上策，与其坐等邻国开明而共兴亚洲，毋宁不与他们为伍，而与西洋文明共进退；与支那、朝鲜接触时，也不必因为他们是邻国就特别客气，而以西洋人的方式处理即可。与恶人交友就难免恶名，我们要从内心里谢绝亚细亚东方的恶友"。①

福泽谕吉作为日本重要的思想家，他的文章在当时的日本产生了巨大影响。首先，《脱亚论》建立了对中国、朝鲜的强烈的民族差别意识，同时该文主张的"对待支那、朝鲜之办法，只能按西洋人对待此类国家之办法对待之"的原则，也使日本"富国强兵"的国策带上了明显的军国主义侵略扩张的色彩。直到今天，这一思想对日本社会的恶劣影响仍然没有彻底消除。

二 《中日修好条规》的订立及其波折

明治政府成立后即对日本周边区域予以极大关注。1869年12月，明

---

① 福沢諭吉『福沢諭吉全集』第10卷、岩波書店、1960、239—240頁。

治政府拟派遣持强烈征韩主张①的木户孝允出使中国，但木户因忙于纷乱的国事迟迟不能分身。1870年6月，政府又改派外务大丞（相当于司长）柳原前光率队前往中国谈判。当年9月27日，柳原一行经上海转道到达天津，呈上欲同中国"通情好、结和亲"的国书。日本的国书转呈到北京的总理衙门后，王公大臣们不以为然，以"大信不约"四个字作为回答，表示允许照常通商，不必议约。② 柳原一行吃了闭门羹，又去说服李鸿章，表示"惟念我国与中国最为邻近，宜先通好，以冀同心合力"。③ 这番话"打动"了李鸿章，李遂上书总理衙门，力主同日本签约。他认为"日本距中国近而西国远，笼络或为我用，拒绝则为我仇"。④ 于是总理衙门接受了李鸿章的奏请，回复柳原同意日方派特使"明定条约，以垂久远，而固邦交"。⑤ 柳原于是回国复命。

1871年6月11日，明治政府任命大藏卿伊达宗城为钦差全权大臣，柳原前光为副使出使中国。行前，柳原曾照会李鸿章通报行程，请"预为咨部，从优施行"。然而，伊达等人此行并非真正抱有签订平等、友好条约的诚意，而是想效仿西方，以中德条约为蓝本，同西方列强一样，"一体均沾"在华利益，把不平等条约加在中国的头上。清廷同意与日本缔结条约，但不同意日本也获得"一体均沾"的条件。于是在中国方案的基础上，9月13日签订了《中日修好条规》和《中日通商章程》。

两份条约基本是在两国平等协商的前提下产生的，也是中日两国历史上第一份表达相互尊重、互不侵犯、永远和平的对等和友好条约，同西方各国强加给中国的各类不平等条约有着本质的区别。不过此时的李鸿章等中国官员在外交方面尚属"初学者"，他们以为去掉"一体均沾"字样即为平等条约，其实在上述两份条约里还含有领事裁判权、议定关税等内容。

《中日修好条规》计有18条。《中日通商章程》共33款。

《中日修好条规》的主要内容是：确立两国互不侵犯、永久和平的原

---

① 日本武士阶层认为丰臣秀吉两次侵朝失败是"民族的耻辱"，所以一直主张"征韩"、"复仇"。明治维新以后，幕末的"征韩论"被继承下来。
② 王芸生编著《六十年来中国与日本》第1卷，三联书店，2005，第30、31页。
③ 王芸生编著《六十年来中国与日本》第1卷，第31页。
④ 王芸生编著《六十年来中国与日本》第1卷，第35页。
⑤ 王芸生编著《六十年来中国与日本》第1卷，第32页。

则,即"各以礼相待,不可稍有侵越,俾获永久安全";确立了"若他国偶有不公及轻藐之事,一经知照,必须彼此相助,或中善为调处,以敦友谊"的原则,即两国关系带有近代同盟国特征;确立互不干涉内政的原则,即"(两国)政事听己国自主,彼此均不得代谋干预,强请开办。其禁令亦应互相为助,各饬商民,不准诱土人稍有违反";确立互派驻京城使臣,相互开放口岸,互派领事,并相互承认领事裁判权等原则。

《中日通商章程》规定了双方互为开放的口岸,中国方面为上海、镇江、宁波、九江、汉口镇、天津、牛庄、芝罘、广州、汕头、琼州、福州、厦门、台湾、淡水等15处,日本开放的口岸为横滨、箱馆、大阪、神户、新潟、夷港、长崎、筑地等8处。

《中日修好条规》及《中日通商章程》签订后,针对日本国内舆论盛传中日两国订立了攻守同盟的议论,① 美国、法国、德国驻日代理公使均照会日本外务卿副岛种臣咨询此事,表示"惊讶"。②

日本主动派员与中国签订修好条约,本意并非中日世代友好,而是为实施下一步吞并朝鲜的阴谋。所以,当中日签约的内容传到东京,日本外务机关立即指示伊达一行迅速回国复命。参加条约签订的伊达宗城本来也没有与中国结盟的意图,在报告中解释说第二条内容不过是"表示一般友好之情",强调"彼国与他国发生战争之时,不含有我国必须持枪炮去助彼国之意","所谓'不公及轻藐之事,一经知照'等语,如同路见一堆薪火,虑及被风将火星吹扬,需予以知照,经我之手消灭飞火,或告知同居邻居予以相助,免得一薪之火烧亡人家,发生祸事"。③

尽管这样解释,日本政府仍以条约有欠妥之处为由,1872年3月派柳原前光来中国要求改约。5月6日,柳原到达天津,面晤李鸿章,要求删去《中日修好条规》的第二条,并对第八、第十一条也提出了修改意见。李鸿章指责对方的"失信"行为,坚持换约后方可商议改约事宜,并拒绝接受日方的照会,要求柳原将照会原封不动带回。柳原眼见无法回去复

---

① 日本有报道称,"派遣特命全权公使与中国政府签订攻守作战同盟。两国政府的意图,在于同别国交战时互相支援,尤其为应付两国同别国的作战"。见外務省編『日本外交文書』第4巻第1册、日本国際連合協会、1956、171、172頁。
② 外務省編『日本外交文書』第5巻、日本国際連合協会、1954、247頁。
③ 『伊達宗城清国ト議約書類進達』国立公文書館・アジア歴史資料センター、Ref. No. A01000001500。

命，再三恳求，李鸿章才答应留下照会，但拒绝了日方的改约要求。

1873年4月20日，外务卿副岛种臣率柳原前光等到达天津换约，随员中还有极力怂恿和支持日本向中国大陆扩张的美国顾问、曾任美国驻厦门领事的李仙得（C. W. Le Gendre）。是时，东亚的国际社会发生了如琉球漂流民在台湾被杀等影响国家关系的事件，日本国内"征韩论"再度活跃。与此同时，进犯中国台湾的阴谋也在秘密酝酿之中。所以，副岛打着前来"换约"的旗号，更大的阴谋是试探和窥测中国方面对台湾和朝鲜、琉球的态度。

副岛因为衔有特殊使命，在与李鸿章等中国官员会谈时处处留意，故意提及朝鲜等"敏感"问题，观察中方的态度。李鸿章在呈报总理衙门的公函中称，"该使（指副岛）谓朝鲜世与本国对马岛诸侯通商。自国主（指天皇）临政，诸侯撤藩，朝鲜使问遂绝。屡次派人往说，该国置之不理，书词多傲慢。现仍遣使劝喻，冀得永好无嫌，实无侵陵用武之意"。① 此时，李鸿章并没有识破副岛掩耳盗铃的把戏，反而当起"和事佬"，劝说对方"近邻尤要和睦。朝鲜能拒西洋，国小而完，法美皆志不在此。贵国既与西洋通商，若有事于朝鲜，人将谓挟大欺小，殊非美名。况与中国约章不合"。②

在台湾问题上，副岛特派柳原前光到总理衙门探风，获得了中国官员的信息，他在呈给太政大臣三条实美的函件中报告称，"关于台湾'生蕃'处理事件……清朝大臣答：'土蕃之地，为政教禁令所不及，为化外之民'……又问清政府政权是否及于朝鲜，确答：'只要循守册封贡献例行礼节，此外，更于国政无关'"。③ 这些来自中国高级官员的信息，无疑愈发坚定了日本侵台和进犯朝鲜的野心。不仅如此，副岛还享受了清皇帝单独接见的礼遇，而美、法、英、俄、荷等国的公使却是共同觐见。为此，副岛一行甚是得意，高高兴兴回国复命去了。

但是，在日本与中国建交换约的过程中，1871年11月，发生了琉球船民漂流台湾，误入高山族人住地被杀事件。围绕这一事件，日本加快了吞并琉球的步伐，也破坏了与中国的关系。

---

① 王芸生编著《六十年来中国与日本》第1卷，第58页。
② 王芸生编著《六十年来中国与日本》第1卷，第58页。
③ 王芸生编著《六十年来中国与日本》第1卷，第61页。

三 出兵台湾，吞并琉球

1871年11月30日，琉球王国宫古岛的两艘朝贡船离开那霸港驶往中国，途中遭遇暴风随波漂流，其中一艘船漂流到台湾西南海岸的八瑶湾，66名船员登岸后，与牡丹社的少数民族发生误会，结果54人被杀死，12人逃生，进入凤山县受到清政府官员的保护。同年12月11日，又有两艘琉球朝贡船在前往中国途中遭遇飓风，其中一艘漂流到台湾，船上45名船员也受到凤山县的保护，并于翌年2月，由清政府派员将两批琉球漂流民57人送到福州的琉球馆，予以慰问和厚赐后安全送回琉球。

琉球岛民同台湾少数民族的冲突事件，原本属于中国同琉球王国之间的问题。但因日本已处心积虑地欲吞并琉球，故明治政府借此掀起"征讨"台湾、"兴师问罪"的一片喧嚣。鹿儿岛县参事大山纲良立即上书政府，"仗我皇威兴问罪之师，谨请借与军舰，直捣其窟穴，歼其祸首，上扬皇威于海外，下慰岛民之冤魂"。① 鹿儿岛出身的几名政府官员也上书建议"征伐台湾"。然而此时的日本正是"征韩论"猖獗一时之际，西乡隆盛唯恐轻举妄动坏了"征韩大计"，遂一面派出侦探潜入中国，收集中方的情报，进行战事准备；一面同西方列强联络，意在借西方人的力量压迫中国，先把琉球划入日本的版图。

1872年9月，日外务卿会见美国公使德朗（C. E. De Long），露骨地吐露出侵台的野心，声称"台湾也是我国的渴望之地"。德朗则大加赞赏，称"美国向不占有他国土地，但我友邦如占他国领土而有所扩张，则为我所好"。② 之后，德朗又介绍李仙得与副岛见面。李仙得曾率舰队入侵过台湾，与台湾牡丹社的酋长有过交往。李仙得把随身携带的台湾地图、海图、照片等借给副岛，甚至辞去官职，应聘到日本外务省担当次长级的顾问，迎合日本侵略扩张政策，以至被称为"日本外交的恩人"。

到了1873年，明治政府围绕"征韩"或"内治"的纷争白热化，岩仓具视、大久保利通、木户孝允等大员出国考察回国后，向西乡的"征韩"派发起了总攻，"征韩"派遭到惨败，不得已退出政治舞台。"内治"

---

① 『海外出師之議/4 第三号』国立公文書館・アジア歴史資料センター、Ref. No. B03030110300。

② 〔日〕井上清：《日本军国主义》第2册，尚永清译，商务印书馆，1985，第37页。

派重新执掌朝纲，在平定了佐贺之乱及赢得西南战争的胜利后，就迫不及待地一反"内治"高调，开始筹划侵略台湾事宜。

1874年2月6日，日本大臣会议批准了大久保利通、大隈重信二人拟定的《台湾蕃地处分要略》，称"台湾土蕃部落，为清国政府政权所不及之地"，"报复杀害我藩属琉球人民之罪，为日本帝国政府之义务"，并确定了"控制琉球之实权皆在我帝国"的方针。① 4月4日，日本政府任命陆军中将西乡从道为"台湾蕃地事务局都督"，谷干城、赤松则良为参军，大隈重信为"台湾蕃地事务局长官"，"对（台湾）土人杀害我国人问罪"，②并委任美国人李仙得为"台湾蕃地事务局准二等出仕"，随军出征，"参与谋议"。

4月中旬，日本集结3600名征台士兵，另有九艘舰船，其中有美、英两国提供或租借的船只，还有几名美国军官随军担当指挥。5月17日，西乡从道乘英国人售予的"高砂号"旗舰抵达台湾。5月18日，指挥先行到达的日军向台湾发起攻击。5月22日，日军发起总攻。台湾少数民族利用地形优势，以原始武器进行了顽强的阻击。6月1日，日军兵分三路大举进攻牡丹社和高士佛社。在日军猛烈炮火下，台湾少数民族采取游击战术巧与来犯之敌周旋，日军步步受阻，蒙头转向，加之恶疫流行，日本士兵水土不服，损失严重，只好退回驻地待命。

清政府闻知日本向台湾大举用兵分外震惊，一面从福建、广东等地征调万余兵力及军舰防卫台湾，一面派大员赴台与侵略军交涉。李鸿章照会日本，指出"台湾全地素属中国，贵国政府并未与总理衙门商允作何办理，径行命将统兵前往，既与万国公法违背，亦与同治十年所换和约内第一第三两条不合"，要求日方"撤兵回国，以符条约，而固邦交"。③ 7月中旬，日本驻华公使柳原前光抵达北京面晤李鸿章。李指责日方"去年才换和约，今年就起兵来，如此反复，当初何必立约？我从前以君子相待，方请准和约，如何却与我丢脸？可谓不够朋友！"④ 柳原被诘问得支吾尴

---

① 對支功労者伝記編纂会編『對支回顧錄』上卷、大日本教化図書、1936、53、54頁。
② 『西郷都督へ親勅』国立公文書館・アジア歴史資料センター、Ref. No. A03030104200。
③ 『大清叙命头品顶戴兵部尚书闽浙总督部堂李为照会事』国立公文書館・アジア歴史資料センター、Ref. No. B03030110700。
④ 王芸生编著《六十年来中国与日本》第1卷，第79页。

尬，却强词夺理称，"（台湾）蕃地乃贵国化外之地，既已化外，无主之民杀害我人民，所以方兴征蕃之义举"，①坚持"定不撤兵"，使谈判僵持无有进展。消息传到日本国内，舆论纷纷。9月6日，征台积极派大久保以全权大使身份来到中国与总理衙门谈判，要求清廷承认日本侵台是"义举"，赔偿日方军费200万两白银，遭到总理衙门的拒绝。大久保遂使用恫吓手段，以回国为要挟，一面运动英、美、法等国公使出面转圜。英国公使威妥玛（T. F. Wade）面晤恭亲王奕䜣，劝说中国拿出银子"了局"。美国和法国公使也竭力在李鸿章面前吹风，说服李同意对被杀的琉球民"酌议抚恤"。清政府的达官显贵担心双方僵持下去，"情势迫切，若不稍予转机，不独日本铤而走险……且令威妥玛无颜而去"。②是时，10900名清军官兵已经在台湾海防大臣沈葆桢等人统率下登陆台湾，并在澎湖修筑了炮台，铺设了台湾至厦门的海底电线，从德国购买了新式步枪，中国海军军舰的数量也超过侵台日军。中日两军在台湾紧张对峙、剑拔弩张，战事若开，鹿死谁手未必可知。岂料，昏庸的清廷官员竟然在关键时刻退缩，电告沈葆桢"勿遽开仗启衅"，同意拿出银子了结此案，只是在数量上削减到不超过50万两。本来骑虎难下的大久保见中方吐口，也不再计较银子的数量，因为他也担心中日开战，"不但人民有议论，且将受外国之诽谤，蒙意外之损害，终而招致损及我独立主权之大祸"。③

1874年10月31日，中日双方在北京签订了《北京专条》和《会议凭单》。《北京专条》计有三条，分别是："日本国此次所办原为保民义举起见，中国不指以为不是"；"所有遇害难民之家，中国定给抚恤银两。日本所有在该处修道建房等件，中国愿留自用，先行议定筹补银两"；"该处生蕃，中国自宜设法妥为约束，以期永保航客不能再受凶害"。另在《会议凭单》中规定，中方支付难民之家抚恤费10万两，另支付日军道路、房屋修筑费40万两。日军须在1874年12月20日前全部撤出台湾，银两待日军撤出后支付。④

---

① 『台湾征討事件/1 台湾蕃地処分趣旨書第二款』国立公文書館・アジア歴史資料センター、Ref. No. B03030112200。
② 王芸生编著《六十年来中国与日本》第1卷，第96页。
③ 王芸生编著《六十年来中国与日本》第1卷，第94页。
④ 王芸生编著《六十年来中国与日本》第1卷，第98页。

侵台之役是日本明治维新后首次对外发动的侵略战争。战斗中日军死伤573人，并未占到什么便宜。岩仓为此沮丧有加，称"对清廷的关系知之不详，而竟茫然上奏……上则陷圣断于轻率，下则毁誉国威，内则引起物议纷纭，外则招致他国诽讥，可谓有失体统矣"。① 日本事后虽然获得50万两银子的赔偿（约折合671650日元），但远征军的各项耗费竟达760余万日元，② 相当于赔偿额的11倍多。然而，明治政府第一次军事冒险行动毕竟以"胜利"而告结束，它进一步刺激了战争狂人的野心，试探出中国封建朝廷的色厉内荏和大厦将倾的征兆，推进了大陆侵略扩张政策的酝酿和出笼。

日本借发动征台战役之机，完成了对琉球的吞并。

琉球具有悠久历史，深受中国文化影响而"自为一国"。③ 在中国明、清两代，新任琉球王就任之际，都要举行册封仪式，以宣示其合法性。明、清王朝共派出过24回册封使。历次册封使的《使琉球录》是中琉交往及琉球王国研究的可靠史料。1609年2月，萨摩藩藩主岛津家久进攻琉球，7月得到幕府承认并使岛津管辖琉球，致使琉球国一度两属于中国与日本。岛津家久影响力虽不能忽略，但一直到1879年被正式吞并，琉球还是保住了对于日本的独立国地位。

1872年日本通过废藩置县令，将琉球国编入鹿儿岛县，即宣布琉球群岛为日本领土，结束与日本的朝贡关系，封琉球国王尚泰为藩王。为此，琉球摄政、三司官等同日本内务大丞松田道之进行面对面的交涉，反驳了松田所谓琉球"为皇国之版图"，"成所谓地理上之管辖"的说法。松田拒绝听取琉方意见，采取了"使之威服"手段。据《琉球见闻录》记载，其"怒声喝叱，极度苛责，宛如对待三尺儿童"。琉球官员并没有屈服，1875年11月间，抵达东京的池城亲方等人，向日本政府递交请愿书。声明："琉球与中国，有五百余年的恩德情义。断绝之，乃是背恩弃义，废绝为人、为国之道。况且，往古之两属，各国知悉明了，并非重新改为臣事他

---

① 〔日〕井上清：《日本军国主义》第2册，第118页。
② 森克己、沼田次郎编『对外関係史』（体系日本史丛书5）、山川出版社、1978、259页；另一说认为日方军费为771万日元，其中包括兵船购置费410万日元，见〔日〕井上清《日本军国主义》第2册，第118页。
③ 1878年琉球三司官毛凤来和马兼才在东京向西方各国驻日公使递交投诉书，书中强调琉球"自为一国"。

邦。而今亲政，各国交际，专以信义行事，祈望宽洪处置，使彼藩与中国之关系，也不失却信义。"① 总之，琉球王国不愿断绝中琉关系，也不愿改变本国的国体和政体。

琉球王尚泰曾派亲信秘密抵达福州，面见福建布政使，"禀请吁恳详咨，给凭赴部沥情"，② 同时积极争取国际支援。1878年抵达东京的琉球三司官毛凤来和马兼才也向驻日各国公使递交投诉，提出："现今事处危急，唯有仰仗大国劝谕日本，使琉球国一切照旧。阖国臣民，戴德无极。除别备文禀，求大清国钦差大臣及大法兰西国全权公使、大合众国全权公使外，相应具禀，求请恩准施行。"③

这一时期，何如璋受命为首任中国驻日公使，他意识到"琉球既灭，行及朝鲜"，"恐边患无已时"，于是上奏朝廷，主张据理力争，对日进行强硬交涉。但主持外交事务的李鸿章顾忌《北京专条》刚刚签订，今后中日之间能否真正贯彻实施《中日修好条规》尚是未知数，所以主张息事宁人，低调处理。他在给何如璋的信件中说，"琉球朝贡，本无大利，以威力相争，争小国区区之贡，务虚名而勤远略，非唯不暇，亦且无谓"。④

何如璋只好提出处理琉球问题的上中下三策，请中央政府定夺。上策是出动兵舰责问琉球，令其入贡；中策是据理力争，并通报琉球不会坐视不管。此两策均是为了向日本示意中国绝不放弃琉球。下策是求助万国公法和外国公使斡旋。李鸿章很快复函赞同采取下策。函文称，"遣兵船责问，及约琉球人以必救，似皆小题大做，转涉张皇……援公法商会各国公使，申明大义。各使虽未必助我以抑日本，而日人必虑各国生心，不至灭琉国而占其地"。⑤ 从此函文可以看出，李鸿章对解决琉球问题毫无信心，不过是敷衍舆论和应付外派大员而已。

何如璋依朝廷旨意行事，于1878年9月3日会见日本外务卿寺岛宗则，就日本阻止琉球向中国朝贡提出口头抗议。岂料，寺岛的口气更硬，何如璋也不含糊，两个人唇枪舌剑，你来我往，结果是不欢而散。会晤

---

① 「琉球処分」下村富士男編『明治文化資料叢書』第4卷外交編、風間書房、1962、165頁。
② 见故宫博物院编《清光绪朝中日交涉史料》卷1，1932，第21页。
③ 下村富士男編『明治文化資料叢書』第4卷外交編、179—180頁。
④ 王芸生编著《六十年来中国与日本》第1卷，第157页。
⑤ 王芸生编著《六十年来中国与日本》第1卷，第160页。

后，何如璋向日本外务省提交一份措辞强硬的照会，内称，"查琉球国为中国洋面一小岛……自明朝洪武五年臣服中国，封王进贡，列为藩属；惟国中政令许其自治，至今不改……今忽闻贵国禁止琉球进贡我国，我政府闻之，以为日本堂堂大国，谅不肯背邻交，欺弱国，为此不义无情无理之事……务望贵国待琉球以礼，俾琉球国体政体一切率循旧章，并不准阻我贡事，庶足以全友谊，固邻交，不致贻笑于万国"。①

日本方面见何如璋态度强硬，索性抛开何如璋，径直赴北京同软弱的清廷大员交涉，同时派员接管琉球。1879年4月，明治政府任命锅岛直彬为冲绳县令，并宣布实行日本纪元，6月，琉球最后一代国王尚泰被迫迁往东京，琉球王国彻底灭亡。

1879年7月3日，琉球国紫巾官向德宏受国王之命抵达天津求救，叩见李鸿章，泣请中国政府援救琉球，以至"长跪哀号，泣血吁请"，但仍未能改变总理衙门和李鸿章对琉球的处理态度。就在琉球问题难分难解之时，美国前总统格兰特（Ulysses S. Grant，当时译名为"格兰忒"）在环游世界的旅行中到达北京，李鸿章便力请格兰特出面协调。格兰特转道东京后，给中国政府发来函件，其中有明显倾向日本之意，内称，"有一件文书（指何如璋的照会），措语太重，日人心颇不平。如此文不肯撤销，以后恐难商议；如肯先行撤回，则日人悦服，情愿特派大员与中国特派大员妥商办法"。②格兰特的函文不仅偏袒日方，而且对中国外交公使的照会挑肥拣瘦，明显侵犯中国的外交尊严。谁料，总理衙门竟然同意格兰特和日方的无理要求，回复称，"从前所论，可概置勿论"。一句话，就把中国外交大员的合法地位和颜面抛到九霄云外。

1879年12月，自称"日本闲人"的浪人竹添进一受命来华，探听中方风声，与李鸿章笔谈后回国复命。次年3月26日，竹添再来天津，提出"两分琉球"的方案，即将琉球南部接近台湾的宫古、八重山岛划于中国，作为两国的疆界。李鸿章初对此方案颇感兴致，但经向德宏介绍，始知琉球三个大岛群中，唯有南部岛群最为贫瘠，难以自立复国。于是，中方提出"三分琉球"方案，即北部岛群归日本，中部岛群复归琉球，南部岛群

---

① 王芸生编著《六十年来中国与日本》第1卷，第163页。
② 王芸生编著《六十年来中国与日本》第1卷，第176页。

归中国。日方极力反对此方案，交涉又陷于胶着对立的状态。

是时，东北亚局势迷离，危机四伏。俄、英在中国新疆各自扶植傀儡势力，沙俄甚至出兵占据中国领土，左宗棠率大军入疆平叛，中俄关系趋于紧张。鉴于此，清廷采纳张之洞"联日拒俄"的建议，同意日方提出的"两分琉球"及修改《中日通商条约》的方案。1880年，双方草签了协议，只待最后批准生效。然而，随着中俄关系的缓和，一些大员对"两分琉球"的方案产生疑虑，认为此方案根本不能维护琉球的独立，反使中国受到修改后的《中日通商条约》的损害。由于一时间举棋不定，清廷采取"延宕之法"回避批准换文。而此时的日本已经用战舰和大炮打开了朝鲜的大门，强迫其签订不平等条约，继之对其虎视眈眈，极欲攫为己有。中日双方都把目光盯向朝鲜，琉球方案也就搁置一边，不了了之了。

四　"利益线"主张确立日本大陆政策的雏形

日本发动征台之役，趁机吞并琉球，初次尝到了侵略扩张的甜头。在那期间，"征韩论"再度在朝野上下掀起波澜。

1875年4月，在朝鲜釜山负责交涉事宜的日本外务省官员森山茂、广津弘信建议日本政府利用朝鲜国内政局不稳的情况派军舰威胁朝鲜，打开朝鲜的国门。于是，明治政府决定以武力打开朝鲜国门，派军舰"云扬"号等到朝鲜沿海示威。5月25日，由日本海军少佐井上良馨指挥的军舰"云扬"号侵入朝鲜釜山海域，6月12日"第二丁卯"号也驶入釜山海域，两舰借口军事演习，肆意放炮，进行各种挑衅行为，整个釜山为之震动。

9月，"云扬"等三艘日军军舰再次进行威胁朝鲜的军事行动，针对朝鲜西海岸汉江入海口的江华岛。日本军舰驶入江华湾后停泊在月尾岛附近，借口探路和补充淡水进行侦察。在朝鲜炮台对日舰开炮警告后，"云扬"号随即向朝鲜炮台发动猛烈的炮击。21日又偷袭第二炮台，22日从第一炮台登陆，攻占并破坏永宗镇，制造了"云扬号事件"（日本称"江华岛事件"）。

1876年1月，日本全权大使黑田清隆、副使井上馨率领7艘军舰、800余名精锐士兵及30余名文武官员杀气腾腾地驶往朝鲜。2月4日到达江华岛。随即，黑田、井上率领一千人等大摇大摆地进了江华城，还命令舰队发射空炮示威，恫吓朝鲜朝野。

2月14日，朝鲜官方不得已与黑田一行展开了谈判。由于朝鲜朝廷内主和派占上风，国王高宗也赞成"缓和策"，加之李鸿章的书状中也有劝说朝鲜让步之意，2月27日，朝鲜与日本签订了《日朝修好条规》（又称《江华条约》），确定了朝鲜的"开国"。条规强调"朝鲜国自主之邦，保有与日本国平等地位"，其实是为了切断长期以来朝鲜同中国的朝贡关系，进而驱逐在朝鲜的亲中国势力，为全面侵吞朝鲜扫清障碍。

经历了出兵台湾、吞并琉球和迫使朝鲜"开国"，日本的军事力量也有了长足的发展。1878年，陆军省参谋局升格为参谋本部，直属天皇统辖，负有帷幄上奏权，意味着日本的武装力量开始"从国内防卫军转向外征军"，"专门负责对外军事任务"，"成为迫切的紧急课题"。[①] 而军权独立于政权之外直接对天皇负责，预示着有进而要挟或控制政权的可能。1880年11月，参谋本部长山县有朋向天皇呈奏《进邻邦兵备略表》，倾吐其加紧军备的主张，内称"当今兵备之急犹渴之于饮，饥之于食。使其臣民乐生，安于富贵，开畅胆识，振起爱国之志，从进取之计者，非兵力而不能。兵强则民气始可旺……今则安于小康，姑息是事，漫然不察时势之所急，一旦面临势成事迫，则将噬脐无及矣"。[②] 翌年，山县又同陆军卿大山岩联名上奏天皇，提出一个十年为期军费预算增加到245万日元的计划，得到天皇的批准。这样，日本在实施"殖产兴业"的基础上，迅速膨胀军备，并开始着手筹划对外扩张的具体步骤，赤裸裸露出侵略大陆的牙齿。

1887年，参谋本部第二局长小川又次在事先刺探中国的军事、政治、经济等情报后，奉命草拟了《征伐清国策案》，分"彼我形势""作战计划""善后处理"三编策划对中国的进攻、占领和控制。小川主张从1887年起利用五年的准备时间，然后"待可趁之机而攻击之"。这一策划恰好与日本发动甲午战争的时间相符。

几乎在《征伐清国策案》出笼的同时，1887年12月末，日本海军的少壮派军官也制订了"征伐"中国的六套方案，对参加战斗的日军舰队编

[①] 大江志乃夫『日本の参謀本部』中央公論社、1991、32、43頁。

[②] 〔日〕井上清：《日本军国主义》第3册，马黎明译，商务印书馆，1985，第30、31页。

队和数量、各舰船的主攻方向、进攻的主要目标、战斗要达到的目的、陆海军的配合作战、后勤保障等等，都有详尽考虑。

1890年3月，山县有朋就任日本内阁首相，在众议院发表施政方针演说，公开提出"利益线"的歪理，他说："盖国家独立自卫之道有二：一是守卫主权线，二是保护利益线。所谓主权线，国疆是也。利益线则指与我主权线之安危有紧密关系之区域……当今立于列国之间，欲维持一国之独立，惟独守卫主权线，决非充分，亦必须保护其利益线。"① 当年12月，山县又提出《军备意见书》，强调"我方利益线之焦点在于朝鲜"。② "目前急需强化军备，购置军舰和大炮……趁机夺取堪察加和鄂霍次克……促朝鲜奉贡，北割据满洲③，南取台湾和吕宋诸岛，以显示渐次进取之势"。④ 山县有朋的《施政方针演说》和《军备意见书》得到帝国议会和内阁的认可，日本政府立即投入大量财力发展军备，使日本在短短的时间里膨胀成为亚洲军事强国。

山县有朋的"利益线论"具有非同寻常的意义，它既是日本大陆政策的雏形，也是对吉田松阴"补偿论"的"提升"。如果说吉田的"补偿论"是为了补偿"失之俄美"的权益，那么，山县的"利益线论"则披露了日本对中国东北志在必得的野心，也是第一份将中国东北视为日本"利益线"的官方文书。

政策和侵略方案确立后，当务之急是扩军备战。早在1882年12月22日，明治天皇就颁布了《军备扩张诏敕》，决定投入占国家预算30%以上的巨资扩充军队，建设军用海港，建造或购置大型军舰。在军队编制上，按照山县有朋的《军备意见书》，决定以德国军制为楷模，将陆军原来的镇台编制改为师团建制。修改了原来的《征兵令》，扩大征兵范围，除现役兵3年制外，增设预备役（4年）和后备役（5年）。到甲午战争前，部队扩编建成7个师团、14个步兵旅团、7个炮兵联队、2个骑兵大队、6个

---

① 藤村道生『山県有朋』吉川弘文館、1986、138、139頁。
② 藤村道生『山県有朋』、157頁。
③ "满洲"原为满族的族名，但是被20世纪初研究中国东北历史的日本学者望文生义地作为地名，就有了"南满"、"北满"等概念。本卷在叙述的时候仍使用"东北地区"、"东北地区南部"、"东北地区北部"的概念，但不包括引用原文或表述已经约定俗成的概念如"满洲省委"、"南满铁路"等。
④ 古川万太郎『近代日本の大陸政策』東京書籍、1991、199頁。

半工兵大队和6个辎重兵大队，可动员兵力从1882年的3.2万人扩大到12万人。为了培养和训练军事骨干力量，在设立陆军兵学寮和海军兵学寮（后来分别改称陆军士官学校和海军兵学校）的基础上，1883年又设立了一所陆军大学，聘请德国军官充当陆军大学的军事教官。为了扩充海军的实力，从1886年开始建设吴港和佐世保军港，又制定了8年内建造42艘大小战舰的计划。该计划于1890年提前完成，其中有三艘以日本风景区命名的大型战舰。然而，这3艘4200吨级的战舰都不具备能够击穿中国"定远"舰铁甲的巨炮，他们竟冒着炮身旋转或发射时舰舷有可能倾斜的风险，硬是安装了32厘米的巨炮，造成小马拉大车的"奇观"。1893年9月，在英国建造的"吉野"号下水，1894年3月，"秋津洲"号也开始服役。另外，为了对付中国的"定远""镇远"等大型战舰，日本海军还配备了多艘快速巡洋舰，安装12厘米和15厘米的快速炮，准备利用舰船速度和射击速度压制中国的大型战舰。这样，到甲午战争前，日本海军拥有战舰52艘，其中军舰28艘，总吨位57600吨，水雷艇24艘。

1890年3月，明治天皇亲自担任统监，由陆海军高级军官指挥，政府内阁首脑观阵，出动数十艘战舰和三个师团的陆军兵力进行了一场陆海军联合大演习。山雨欲来，大战将临。就在东邻日本磨刀霍霍的严峻时刻，与清政府休戚相关的朝鲜又发生了一连串的事故。

第二节　从甲午战争到日俄战争

一　中日在朝鲜半岛的对立

《日朝修好条规》签订后，朝鲜逐步沦为半殖民地半封建社会。当时，朝廷由闵妃（国王高宗妃）为代表的闵氏集团封建官僚势力掌控，另有一股被称作"保守派"的下野势力，以高宗之父大院君为代表。随着民族危机的加剧、社会矛盾的深化和激烈冲突，朝鲜涌现出以金玉均为代表的一批忧国忧民的知识分子，他们开始探索改革朝鲜、拯救民族的道路，被称为"开化派（党）"。

1882年7月23日，汉城旧五营部分士兵因愤恨朝廷拖欠饷米，揭起了兵变的战旗（壬午兵变）。大院君一伙趁机挑唆兵变士兵袭击后党和别技军日本顾问。混乱中，兵变士兵处决了日本军事顾问堀本礼造少尉，日本公使花房义质在焚毁公使馆后惶惶逃往仁川。日本政府闻讯后立即召开紧急内阁会议，决定趁此"良机"扩大事态，把水搅浑，特派花房义质率领两个中队先行进入朝鲜半岛，命陆军少将高岛鞆之助、海军少将仁礼景范率领舰队随后，另组成混成旅团在福冈集结待命。与此同时，清政府在朝鲜政府请求下，派北洋水师提督丁汝昌率领3艘军舰驶往仁川，另派广东水师提督吴长庆率6营士兵3000余人驰赴汉城。8月10日，丁汝昌率3艘军舰到达仁川。8月25日，吴长庆率部进入汉城。8月16日，日方先行军队也由花房率领进入汉城，强迫高宗签订了《济物浦条约》。

1882年10月4日，中朝两国官员在天津签订了《中朝水陆通商事宜章程》，章程前文强调："中国优待属邦意，不在各国一体均沾之例"。该条约不仅规定了中国与朝鲜的藩属关系，而且赋予清政府超出其他帝国的特殊权益。1883年10月，李鸿章选派原驻美国旧金山领事陈树棠为朝鲜商务委员，德国人穆麟德（Paul George von Möllendorff，原德驻天津领事）与马建忠为朝鲜的内外署顾问。另派袁世凯为帮办，帮助朝鲜训练新军，充实朝鲜的军事实力。另考虑《济物浦条约》规定了日本在朝鲜的驻兵权，清政府颇感不安，遂令吴长庆率领的庆军继续驻扎在朝鲜，确保朝鲜的稳定。

壬午兵变后闵氏集团恢复权势，对清政府的救危扶植感恩戴德，重用亲中国势力的封建官吏，朝纲持续紊乱，民生凋敝，金玉均、朴永孝等"开化党"成员决计借用日本的力量，在朝鲜掀起一场改良主义运动。1882年9月，朴永孝、金玉均以谢罪大使身份赴日，走访日本高官，言明改革意图，日本政府也怂恿开化党联日排清，实现"自主"。朴永孝等人回国后，运动国王聘请日本人牛场卓造、井上角五郎等人为顾问，加快了改革步伐。12月4日，开化党人、邮政总办洪英植以庆祝汉城新建邮局落成为名，宴请各国公使、中国商务委员以及朝廷重臣出席。趁此空虚，金玉均率领一队人马占据昌德宫，挟持高宗和闵妃，除掉闵氏集团大员闵泳穆、闵台镐、韩圭稷等7人，宣布成立以金玉均为首的新政府，此即甲申政变。12月6日晨，朝鲜官员南廷哲跑到清军营哭诉求援。提督吴兆有、总兵张光前、帮办袁世凯等人为避免中日冲突，特修书致日本公使竹添进一，但未得回音。当日晚，吴兆有、袁世凯等人决定起兵保护朝鲜国王，在昌德宫外与日军和开化党新军交火。战斗中日军大尉矶林真三等30余名日兵被打死，金玉均、朴永孝二人逃亡日本，开化党发动的政变和变革运动以"三日天下"宣告失败。

甲申政变被平息后，朝鲜闵氏集团再度执政。12月30日，日本外务卿井上馨率领7艘军舰、2500余士兵抵达仁川，以武力要挟朝鲜在拟订的谈判条件上签字。1885年1月7日，朝鲜政府被迫在《汉城条约》（又称《日朝恢复和平条约》）上签字，主要内容包括"朝鲜致书日本表示谢意"、"赔偿日方损失费11万元"、"限期捉拿杀害日本人的凶手"、"重建公使馆和日本兵营"等。

1885年2月24日，日本政府任命伊藤博文、西乡从道为正、副全权大使，赴天津与清政府谈判甲申政变的善后事宜。谈判从4月3日进行到4月15日，双方在驻兵权问题上产生严重分歧。其间，伊藤博文屡次祭出"罢谈回国"的撒手锏。4月19日，双方终于签订了《天津条约》，主要内容包括：4个月内中日双方撤出驻朝鲜的部队；双方均不派军官训练朝鲜部队，由朝鲜国王聘请其他国家武官；将来如果朝鲜发生变乱等重大事件，中日两国或一国派兵，应先互行文知照，待事定随即撤回，不再留防。《天津条约》的签订虽然没有承认日本的驻兵权，但承认了日本的派兵权，极大地削弱和动摇了长期以来中国与朝鲜的朝贡关系，为9年后日本出兵镇压朝鲜农民起义，发动甲午侵略战争埋下了隐患。

甲申政变平息后没多少年，朝鲜又爆发东学道农民起义。1892年3月29日，东学道第二代教主崔时亨率40余人聚集汉城景福宫前，要求官方为第一代教祖申冤，并打出"驱逐洋倭"的标语牌。朝鲜当局唯恐激怒道众引发民变，派出宣慰使宣布今后决不迫害东学教徒。道众们信以为真，遂各自返乡。然而宣慰使前脚刚刚离开，各地方官员继续前恶，疯狂迫害道众，抢掠道徒财物。古阜郡守赵秉甲还以增收水税为名敛财，农民怨声载道。1894年2月15日，古阜郡东学道头领全琫准率领1000多名农民冲进了郡衙，驱走赵秉甲，占领古阜城。3月29日，起义民众袭击了泰仁县城，然后北上开辟白山一带山区为据点，号召民众群起响应。不数日，起义队伍拥众8000余人，并波及忠清道、庆尚道、京畿道以及黄海道，农民战争势如破竹，李朝朝廷岌岌可危。

李朝当局见起义军来势汹汹，一面委派官员去同起义军谈判，好言劝说起义军罢兵,声称如果起义军不放下武器,中日两国军队都会前来镇压,届时玉石俱焚,国家命运堪忧。起义军被官员的花言巧语打动,6月11日,双方签订了停战协定(《全州和约》),起义军宣布撤出全州,放弃武装斗争,各自返乡。李朝当局用花言巧语稳住起义军后,另一面飞报中国政府,请求清廷急速派兵入朝镇压。朝鲜农民战争的爆发及朝鲜政府的派兵请求使清廷左右为难。是时,金玉均事件刚刚了结,① 中日关系日趋紧张。清政府如果应李朝之邀出兵,按照《天津条约》的规定,必须事先通报日本,倘若日本也出兵渔利,两国军队难免发生冲突,届时骑虎难下,国难必至。所以,李鸿章一直犹豫不决,主张持谨慎态度。然而就在此时,日本驻朝鲜公使馆向清廷投掷了一枚烟幕弹,派书记生郑永邦拜访袁世凯,故意询问袁:"贵国政府为何不迅速出兵?"然后又向袁"透风"说,如果中国方面出兵,日本政府"必无他意"。② 袁世凯立即把郑永邦的"透风"报告给李鸿章。经袁世凯的撺掇和朝鲜政府的恳请,6月4日,李鸿章决定派北洋水师"济远"、"扬威"号赴仁川、汉城保护商民,另抽调直隶提督叶志超、太原总兵聂士成统率淮练劲旅1500人赴朝鲜"戡乱"。6月7日,依照《天津条约》,驻日本公使汪凤藻把中国派兵朝鲜的消息照会给日本,内称,派兵入朝乃"我朝保护属邦旧例……一俟事竣,仍即撤回,不再留防"。③

6月2日,日本驻朝鲜代理公使杉村浚得知朝鲜当局已经正式请求清政府派兵,立即电告国内。当日,日本召开紧急内阁会议,通过了外相陆奥宗光的出兵提案,并决定先派拥有7000人的混成旅团。6月3日,日本继续向袁世凯施放烟幕弹。杉村撺掇袁世凯说,"如果朝鲜政府没有请求援兵的公文,匪徒已到全州,汉城将十分危险,除了兵力防护外,贵国准备采取什么办法?"④ 杉村和郑永邦的谋术如出一辙,都是为了催促中国出兵,以获取日本出兵的机会。

6月5日,日本依照《战时大本营条例》,在参谋本部设立了大本营,

---

① 此前不久,朝鲜当局派刺客把金玉均诱到上海刺杀,清政府应朝鲜政府之请,将金的尸体送归朝鲜,被当局暴尸。日本朝野借此掀起又一轮征朝的喧嚣。
② 藤村道生『日清戦争:東アジア近代史の転換点』岩波書店、1974、54頁。
③ 关捷等主编《中日甲午战争全史》第1卷,吉林人民出版社,2005,第340页。
④ 藤村道生『日清戦争:東アジア近代史の転換点』、56頁。

颁布了天皇敕令，组建了一支以广岛第五师团和第九旅团的两个联队及骑、炮、辎重、卫生等部队编成的混成旅团，任命第五师团长野津道贯中将为指挥官。全旅团7600余人，于6月10日编制完毕，先遣部队则于6月8日、9日相继出发，6月16日，拥有8艘战舰、7600余人的日本陆海军全部集结在仁川、汉城一线。不仅其军事实力远远超过清军，而且控制了朝鲜的有利地形和重要位置。

中国军队出发日是在6月6日，全部人马2465人，军舰3艘，分三批奔赴朝鲜，6月25日，全部到达牙山，比日本军队迟到了10天。

6月10日，日本公使大鸟圭介率领420名海军陆战队员旁若无人般进入汉城，后续舰队也向朝鲜进发。这一动向令朝鲜和清廷暗暗吃惊，唯恐中日两军在朝鲜冲突，发生最不愿看到的情况。

从6月12日开始，袁世凯奉命与大鸟公使就撤兵事宜进行交涉。大鸟强调日本出兵是为了"保护使馆和侨民"，并否认将派8000名士兵进入朝鲜。双方经过初步交涉商定，中国不再向朝鲜增兵，日本也保证进入汉城的使馆护卫兵不超过800人。双方达成协议的第二天，日本混成旅团的800人先头部队在仁川登陆。6月15日，袁世凯与大鸟继续交涉，最后达成了三项协议：一是日本撤回在朝鲜兵力的3/4，同时撤离汉城，留下250名士兵驻扎仁川；二是中国军队撤回4/5，留下400名士兵；三是平息民乱后，中日同时撤回全部兵力。

表面上看，袁世凯与大鸟的撤兵谈判是顺利的，按照这一协议，中日双方的军队很快就可以撤回本土，中日之间自然也就避免了一场战争。然而，这不过是日本玩弄的障眼法。中日双方撤兵协议的墨迹未干，日本就变换新的招数，抛出一个中日"共同改革朝鲜方案"，其目的还是要挑起事端，最终把中国势力从朝鲜排除出去。6月14日，日本内阁通过中日"共同改革朝鲜方案"。6月17日，李鸿章致电驻日本公使汪凤藻，指示其驳回日本的"共同改革朝鲜方案"。6月19日，日本派驻华代理公使小村寿太郎与清廷官员会谈，尽管中国一再申明，干涉朝鲜内政"有激起意外事端，且有导致两国间麻烦之忧"，但日方强词夺理，毫不松口，最后不欢而散。6月21日，日本召开御前会议，做出三项决定：一是"向清国宣布，即使清国不响应日本的提议，驻扎朝鲜的日本军队也决不撤出"；二是迅速向朝鲜增派援军，组成足以粉碎牙山清军的混成旅团；三是指示大鸟公使，

"开战已势不可免,只要曲不在我,不惜利用各种手段制造开战口实"。①

6月24日,驻仁川的日军混成旅团开始向汉城进发,仁川至汉城之间布满了日军,混成旅团的主力则进驻汉城。以军事后盾为背景,日本强行对朝鲜实施所谓的独自"改革方案"。7月10日,在大鸟公使的直接参与下,出台5条27项内政改革方案。7月12日,日本内阁再次召开会议,最终确定了向中国开战的方针,并向小村寿太郎发出训电,令其向中国政府递交"第二次绝交书",内容是,"今后无论有什么不测事件发生,日本方面决不承担任何责任"。②

7月14日,小村起草的"绝交书"照会给清总理衙门,指责"清国政府有意滋事也,则非好事而何乎?嗣后因此即有不测之变,我政府不任其责",③ 完全暴露出侵犯朝鲜和中国的狼子野心。可悲的是,清政府仍把希望寄托在列强的转圜和日本的撤兵上,更没有决一死战的信心、勇气和准备,战端未开,中国已经输掉了一半。

二 中日甲午战争

7月17日,明治天皇主持召开了大本营御前会议,决定于7月25日正式对清军开战。7月19日和7月20日,大鸟公使照会朝鲜政府,强硬要求朝鲜为日本军队建设兵营,同时逼迫朝鲜发表废除中朝间一切约章的声明,下令驱逐中国驻牙山的部队,并限令朝鲜政府于7月22日之前予以答复。进入汉城的日军也开始构筑炮台,据守城门,腾腾杀气弥漫朝鲜京城。

7月23日,日本军队突然包围了朝鲜王宫,拘禁了朝鲜国王和闵妃,抬出大院君"执政",起用亲日派官员。7月25日,按照日本人的旨意,朝鲜亲日派政府宣布"独立",脱离同中国的朝贡关系,废除以往同中国签订的条约,并授权日本驱逐在朝鲜的中国军队。就在这一天,日本海军在丰岛海面偷袭了中国的运兵船,中日甲午战争正式爆发。

7月21日,鉴于日本的步步紧逼和大战将至的明朗局势,李鸿章这才醒悟非增兵朝鲜不可。为了安全起见,他决定以高昂的代价租用英国商船

---

① 藤村道生『日清戦争:東アジア近代史の転換点』、68頁。
② 藤村道生『日清戦争:東アジア近代史の転換点』、79頁。
③ 王芸生编著《六十年来中国与日本》第2卷,三联书店,2005,第54、55页。

"高升""爱仁""飞鲸"号，运送2000名士兵增援牙山。7月22日，北洋水师提督丁汝昌命令"济远""广乙""威远"三舰护送"爱仁"和"飞鲸"号，"操江"号战舰护送"高升"号。然而，北洋水师刚刚出发，就被化装成汉人的日本间谍侦知，消息马上传到日本海军指挥机关。日本联合舰队立即组成一支强大灵活的舰艇编队，迅速隐蔽在中国运输船必经之丰岛海面。7月25日凌晨，中国海军"济远""广乙"两舰驶进日本海军的伏击区。结果，"广乙"舰被击沉，"济远"舰负伤，一批水师官兵英勇殉国。就在丰岛海面两军激战的关头，"操江"号护送"高升"号运兵船驶进战区。日本海军竟然向悬挂英国国旗的"高升"号商船开炮，船上官兵只能以长枪还击。结果"高升"号被击沉，1100多名官兵遇难，"操江"号落入敌手。

7月25日，日军混成旅团3000余人在大岛义昌少将率领下，兵分两路向清军的牙山驻地进犯。7月29日，双方在牙山前沿的安成渡交火，一场小战后清军放弃安成渡退往成欢。日军随即紧逼，双方在成欢摆开战场。清军没有重炮火力支援，外围碉堡接连被日军攻破，虽有一些官兵奋不顾身，终抵不过日军的猛烈攻势，最后以牺牲500余人的代价毙、伤日军官兵近百人，成欢失守，日军占据牙山。成欢战斗后，清军溃不成军，惶惶退到平壤，率军头领叶志超急电朝廷派兵增援，甚至谎报军情，妄称获得"牙山大捷"，"毙敌2000余人"。

8月1日，清政府被迫下诏宣战。同一天，明治天皇也颁发宣战诏书。近代以来日本蓄谋已久的侵犯朝鲜和中国的第一场大战全面爆发。

从7月21日开始，清增援朝鲜的四路大军陆续开拔，总计32营，13500余人。大军尚在途中，李鸿章接到叶志超在牙山"大败日军"的谣传，遂信以为真，马上致电当局报告"好消息"。8月初，清增援部队相继抵达平壤，清廷以叶志超"牙山大捷"之"功绩"，任命其为平壤前敌总指挥。叶志超根本没有心思统率全军备战，相反却千方百计寻找借口脱离战场，甚至"日夜在中军帐挟妓宴乐"，他属下的将校也竞相效仿，"明目张胆宿娼营中，无复以军务为意者"。①

9月中旬，日军分四路逼近平壤，9月15日，日军发动总攻。在平壤

---

① 关捷等主编《中日甲午战争全史》第2卷（上），吉林人民出版社，2005，第350页。

东门和大同江左岸防线，清军将领马玉琨率部英勇阻击，使日军每前进一步都付出血的代价。在船桥里战场，清军以少胜多，毙、伤日军官兵430余人。但是，在两军交战的关键时刻，前敌总指挥叶志超竟然放弃平壤，率领属下临阵脱逃。

牡丹台、玄武门一线，是平壤战役最激烈的战场。清军2900余人，分别由左宝贵和江自康率领。来犯日军却有两个支队、7800余人，敌我兵力悬殊。清军官兵在左宝贵等将领的率领下，奋勇阻敌，毫不示弱。9月15日，牡丹台在寡不敌众的情况下失守。在玄武门指挥的左宝贵抱定必死决心，站在第一线指挥将士奋勇反击，并亲自点燃大炮向日军猛轰。最后，左宝贵身中数弹英勇捐躯。左宝贵牺牲后，群龙无首，清军溃散。几路日军向平壤推进。叶志超一面令人在城头挂起白旗，一面率领亲从渡过鸭绿江逃回九连城。平壤战役以清军惨败而告结束。

丰岛海战结束后，北洋水师尚拥有千吨级以上的军舰10艘，另有南洋水师的6艘，广东水师的3艘，总计19艘战舰。就海军实力而言，并不逊于日本。但中国海军军纪松弛，平素缺乏训练，更缺乏实战经验，加之备受朝廷大吏掣肘，调度指挥失灵，尤其对敌情不明，盲目行动，结果贻误战机，遭到惨败。

9月17日，中日海军在黄海海面遭遇。第一轮炮战中，北洋水师官兵发扬了不怕死的精神，尤其是"致远"号战舰在遭受重创的情况下，全舰官兵由管带邓世昌指挥向敌舰"吉野"号猛冲，准备与敌舰同归于尽。不幸的是，"致远"号在接近敌舰时中弹，邓世昌等200名官兵壮烈殉国。"定远"号旗舰受创，丁汝昌虽负伤，依然裹伤指挥战斗，同"镇远"号配合默契，坚持与敌拼搏，先后重创敌"比睿""西京丸""赤城""松岛"等舰。战斗中，"经远"号以一舰牵制敌四舰，先后中弹百余发，管带林永升等官兵壮烈捐躯，"经远"号沉没海底。是役，日本海军"松岛""赤城""比睿""西京丸"号战舰遭受重创，死伤官兵300余人。北洋水师却损失了5艘战舰，阵亡600余人，从此一蹶不振。

黄海海战结束后，日军把侵略锋芒指向鸭绿江畔，清廷大员不思迎敌之策，反而一味主张罢战求和，甚至撺掇最高当局搬出洋人出面斡旋。结果，英国人提出的"联合干涉"方案不仅没有得到日本的认可，连美、法、德、俄等国也不感兴趣，他们甚至站在日本的立场上，支持日本把战争继续打下去，以图从中渔利，扩大在中国的特权。10月24日，日本集陆海军精锐组成第一军，兵分两路向辽东半岛进犯。短短一周时间，辽东半岛的九连城、凤凰城、岫岩城、草河口等几处要塞相继沦陷，日军几乎控制了辽东半岛的局势。与此同时，日本大本营又组建了第二军，从海路扑到花园口，到11月初，金州、大连湾、旅顺以及复州、熊岳、盖平等重镇相继沦陷。日本侵略军攻占旅顺后，在这里制造了骇人听闻的旅顺大屠杀事件，这也是近代以来日本帝国主义制造的第一起对中国人民的大屠杀惨案。

甲午战争的战火烧到了家门口，清廷上下一片恐慌，代表顽固势力的慈禧太后再也坐不住，急忙打发翁同龢去天津与李鸿章商议，暗示李鸿章出面请洋人调停罢战。英、俄、法、德、美等国公使以"联合仲裁"的方式，出面调停中日战争，提出赔偿军费、国际共保朝鲜独立等条件，但日本早已被胜利冲昏了头脑，提出比洋人更苛刻的三套方案。无奈之下，1894年11月中旬，李鸿章派英籍德国人德璀琳（Gustav von Detring）以中国政府代表身份，前往日本试探口风。日方则派兵库县知事出面，以来使"必须是中国官吏，能完全代表中国政府之人"为由，让德璀琳一行吃了闭门羹。清廷又委派张荫桓、邵友濂为议和全权大臣，日方却要求中国必须派出"具有缔约全权的委员"，否则"不得不宣告此次谈判至此停止"。① 张、邵二人只好回国复命。

1895年3月11日，李鸿章受命为全权大臣，率领李经芳（李鸿章义子，曾任驻日公使）等人踏上赴日旅程。从3月20日开始，双方在马关春帆楼展开谈判。日方代表伊藤博文狮子大开口，提出令李鸿章和清廷大惊失色的苛刻条件，谈判陷入僵局。3月23日，李鸿章一行返回旅馆途中，竟遭到刺客枪击，一粒子弹击中李鸿章的左目下方，李顿时昏迷不醒。中国议和使者遭到暴徒枪击，并没有使日方退让半分，相反，日本大员却竭尽恫吓威逼之能事，坚不松口，步步紧逼。1895年4月17日，李鸿章终于在丧权辱国的《马关条约》上签上了自己的名字，大体内容是：

（1）中国承认朝鲜的独立自主。

（2）中国割让台湾、澎湖列岛、辽东半岛给日本。

---

① 王芸生编著《六十年来中国与日本》第2卷，第215页。

(3) 赔款库平银 2 亿两,分 8 次付清。第一次 5000 万两,在条约批准后的 6 个月内还清;第二次 5000 万两,在条约签字后的一年内还清。余款分 6 次还清。

(4) 割让地的民众,在条约批准互换的两年内,或迁徙,或仍居住当地,两年内未迁徙者视为日本国民。另,条约批准互换两个月后,中日各派人员到台湾,交接清楚。

(5) 中日此前的所有约章作废。以中国与西方各国的条约为本,在新条约未签署前,日本官员、臣民及商业、工艺、行船船只、陆路通商等,与中国最为优待之国礼遇护视一律无异。并增设沙市、重庆、苏州、杭州为通商口岸,日本政府得派领事官驻扎。

(6) 日本船只可在长江航行。日本臣民在中国通商只交纳进口税。

(7) 条约批准 3 个月后,日军撤回国内,但第一次、第二次赔款付清前,允日军驻扎威海卫,并将通商口岸关税作为余款及利息之抵押,此抵押办法未确定前(或余款及利息未付清前),日军不撤出威海卫。

(8) 条约批准后双方交换俘虏。包括释放日本军事间谍及涉嫌被捕之日本臣民。

三 台湾军民揭起抗日义旗

1895 年 5 月 3 日,光绪皇帝在中日互换和约上签上了爱新觉罗·载湉的名字。5 月 8 日,中日两国在芝罘(今烟台)正式换文,从此,日本强加给中国的《马关条约》把台湾葬送了整整半个世纪。

5 月 11 日,日本政府任命桦山资纪为台湾总督。5 月 21 日,桦山资纪督率总督府直属部队一万余人,陆军中将、近卫师团长北白川宫能久亲王率近卫师团的 15000 余人,分头向台湾进发。大敌当前,大战将临,台湾民众处在生死存亡的严峻关头。

在生死攸关的时刻,台湾巡抚属下陈季同提出一个"自主抗日"之策,即名义上宣布台湾"自主",不受《马关条约》的制约,可以与日本周旋,进而保证台湾"永属中国"。他的建议得到台湾团练使丘逢甲以及被誉为"南中名流"的俞明震、李秉瑞、姚文栋等贤士的支持。5 月 15 日,众人来到巡抚衙门,劝说巡抚唐景崧出面主持大计。5 月 16 日,在丘逢甲主持下,绅民大会决定成立"台湾民主国",确定蓝地黄虎旗为"国旗"，设立"总统府"，公推唐景崧为"总统"，刘永福为大将军，丘逢甲为团练使，林维源为议院议长，俞明震、李秉瑞、陈季同分别为内务、军务和外务督办，并通过了《全台绅民致中外文告》。《文告》称：

> 窃我台湾隶大清版图二百余年，近改行省，风会大开，俨然雄峙东南矣。乃上年日本肇衅，遂致失和。朝廷保兵恤民，遣使行成，日本要索台湾，竟有割台之款……绅民愤恨，哭声震天……内外臣工，俱抱不平……查台湾前后山二千余里，生灵千万，打牲防番，家有火器，敢战之士一呼百万，又有防军四万人，岂肯俯首事仇？今已无天可呼，无人可援，台民惟有自主，推戴贤者，权摄台政，事平之后，当再请命中朝，作何办理。……①

5月25日，"台湾民主国"在原巡抚衙门前宣布成立，唐景崧被推举为"总统"，改布政使司为"内政衙门"，营务处为"军务衙门"，筹防局为"外务衙门"。其他地方民事仍由原道、府、厅、县官员照旧办理。然而，原本为权宜之计的"民主国"从成立到灭亡仅仅维持了11天时间。清廷听闻台湾"自主"，唯恐再惹出什么麻烦，急令唐景崧率一干官员"陆续内渡"。6月4日，当日本侵略军登陆淡水的炮声一响，唐景崧乘德国轮船逃回大陆，那面象征着台湾自主抗日的蓝地黄虎旗，尚未来得及被台湾民众周知就飘零落下。

1895年6月2日，中方交割大使李经芳与日本全权大使桦山资纪在台湾淡水的海面上，进行了台湾最后交割的签字仪式，意味着台湾全岛的主权从此被践踏在日本侵略者的铁蹄之下。

在台湾尚未正式交割的5月27日，桦山资纪下达了进攻台湾的命令。当天，日军舰队炮轰基隆的金包里阵地，随即在基隆西北50里的澳底登陆，率领两个营的清军头领曾喜照虚放几枪，率领亲从逃命去了。1500余日军轻易地踏上台湾土地，并分成南北两队摸索前进。当南路日军进抵顶双溪的粗坑河南岸时，守军头领陈登科列队迎击，击毙日军十数人。北路日军闻枪声蜂拥扑来，陈登科见敌势众，率领所部撤往基隆。

---

① 王芸生编著《六十年来中国与日本》第3卷，三联书店，2005，第35、36页。

日军趁势向三貂岭进攻，守卫这里的是徐邦道率领的铭字军前营，徐骁勇善战，指挥所部顽强阻击，使攻山日军颇有伤亡。但在战事最为紧张的时刻，从澳底逃亡的曾喜照部涌到这里，竟把徐部的一部分战士裹挟而去。结果，此通往基隆的要隘落于敌手。

日军登陆的消息传到台北，唐景崧急令属下两个营的粤勇出击，务要死守三貂岭，以待援军。5月30日，粤勇头领吴国华率领400人出发，而日军已经占领三貂岭，并逼近小粗坑。吴国华率部在林中摸索，无意中遇上日军侦察小队。吴部先发制人，击毙日军一名少尉和两名士兵，日军猝不及防，仓皇逃走，吴国华率部追击之时，唐景崧内弟包干臣率领300余人的援军赶到现场，急忙上前去割日军尸体首级，为的是回去请功。结果失去追击日军和夺回三貂岭的机会。

至此，通往基隆的要隘只剩下瑞芳一处。内务督办俞明震急忙增调部队在瑞芳设防，并亲自到前线指挥，但临时增调的部队各有所属，各自为政，根本无法统一协调和统一指挥。所以在瑞芳，虽不乏英勇将士血洒战场，但未能阻挡日军占领瑞芳。这里距基隆只有十余里之遥了。

6月3日，日军兵分三路向基隆发起总攻，日本海军舰队也从海上发炮助威，基隆的东西两个炮台相继被敌炮火摧毁。俞明震指挥各部死阻硬挡，使日军的攻势一时受挫，但终究挡不住日军的凶猛攻势，基隆失守。日军进城后，有两名清兵冒死将敌人弹药库引爆，炸死日军官兵21人，伤21人，两名清兵也壮烈殉国。

基隆失守，台北危殆。为了继续领导台湾民众抗战，俞明震等人力劝唐景崧退守新竹，继续抗日大业。然而，唐景崧原本没有御敌之志，见势不妙躲进了德国洋行，然后乘德船"鸭打"号逃回内陆。① 至此，"台湾民主国"领导的抗日斗争落下了帷幕。

唐景崧逃跑，台北群龙无首，有台北商人辜显荣撺掇士绅礼迎日军入城。后来，辜显荣被日军委以"南进军向导兼斥候"，并获得日本政府颁发的二等勋章，还被举为贵族院议员。

台北失守，台湾抗日大业落在台湾军务帮办刘永福和民军的肩上。6月12日，近卫师团长北白川宫亲王下令向新竹进发。他们没有料到，这

---

① 唐景崧返回大陆后未得任用，朝廷令其"休致回籍"，唐最后在广西老家郁郁而终。

时，吴汤兴、姜绍祖、徐骧等人率领的民军早在各要隘路口为他们设下了死亡的墓场。日军大队长三木一部率领一个中队刚刚渡过淡水河，就遭到民军的袭击，双方激战了半个小时，三木不敢恋战，惶惶向西南方向逃窜。然而民军漫山遍野，越聚越多，将其团团包围在福德坑一带。在危急时刻，当地清军统领余清胜闻知三木部被围，不仅不去征剿，反而派人给三木中队送去粮食和水，要求日方答应他们撤回内地。第二天，余清胜为日军开了一道口子，三木部绝处逢生，逃回台北城，余清胜部佯作追击状，开到台北城外扎营。后来，日军为余清胜准备了船只，还张扬起一面"大清国余大将军还乡之欢送"的横匾，"礼送"他们离开台湾，丢尽了中国人的颜面。

另一路日军佐佐木中队沿铁路线谨慎小心地摸索前进，行至大湖口一带时，被三路民军包抄，一场激战后日军伤亡20多人。周围民众闻到枪声陆续赶来，佐佐木见势不妙下令突围，却被民军围得像铁桶一般。不料停泊在凤山崎海面的日本军舰"秋津洲"发炮应援，佐佐木中队冲出包围圈，但只剩下90多名残兵败卒，有70多人死伤在台湾民军的火力之下。

北白川宫亲王闻报出师不利，急派近一个旅团的精锐组成"新竹支队"向新竹推进，企图利用优势兵力一举占据新竹。6月22日，日军"顺利"占领了新竹。却不知道，他们夺取的不过是一座空城，无数民军已会聚在新竹城外，切断了新竹通往外地的一切交通，并在各要隘路口设置埋伏，等待新竹支队探出头来再行打击。

6月23日，广兴庄义军首领张兆麟、徐子勋等人约会附近民军和青壮突进敌人中坜兵站，焚毁3000余包敌军用物资，击毙日军21人，并夺取了一部分武器弹药。北白川宫亲王急派一队人马前去救援，在大南尾遭到义军的伏击，激战中义军首领潘良等数十人战死，日军也被毙伤30余人。

更激烈的战斗发生在安平的胡家大院，院主人胡嘉猷也是一路义军的首领，率领所部活跃在铁路沿线，让敌人吃尽了苦头。6月28日，日军出动一个大队想把义军的大本营端掉，带队的就是在福德坑被余清胜救出的三木一郎。胡嘉猷避敌锋芒，先是主动撤出大院在外围埋伏，日军一到突发袭击。三木急从兵站调来炮队和工兵队，先令炮队向大院开炮，再令工兵队炸开大院的外墙，然后组织人马向大院冲锋。尽管如此，三木大队还是未能夺下大院，却死伤100余人，损失枪弹7889发、炮弹91发，最后不得不退回驻地。

是役后，胡嘉猷率义军撤往距台北40公里的龙潭陂一带。7月14日，山根信成旅团长率领混成支队前往"剿灭"。其前锋部队刚到达龙潭陂，就遭到埋伏义军的伏击，无法前进。日军大部队随即赶到，向小山村猛烈开炮，龙潭陂几乎被夷为平地。胡嘉猷不得已率领残部撤出战斗。① 山根支队占领龙潭陂后继续南下，在鹦歌南靖厝溪，坊城大队的运粮队38人遭到义军的伏击，35人被击毙，侥幸逃命者只有3人。这支义军头领是三角涌的陈小埤。

日军运粮队几乎全军覆没，北白川宫亲王随即派一支骑兵侦察小队到三角涌一带侦察。结果，这支侦察小队的命运同运粮队一样，途中也遭到了义军的伏击，22人中有19人战死，3人侥幸逃命。其中一人逃进竹林，被一群妇女儿童发现，人们操起石块对他猛追猛打，吓得他连滚带爬，跑了一昼夜竟然又转回原地。直到第二天清晨，日军巡逻队发现他时已经精神失常，此人名小谷三郎。

坊城少佐率领的一路日军，任务是"剿灭"三角涌一带的义军。7月13日清晨，坊城少佐督队行至福德坑末站时，遭到义军伏击。战斗进行了一个上午，坊城大队死伤惨重，陷于全军覆灭的危境之中。山根支队长闻报率支队主力，携带大炮和重火器，兵分两路前往救援。途中被胡嘉猷率领的民军阻截，日军凭借优势火力猛轰狂扫。胡嘉猷所部700余人只剩下百人，不得已撤出战斗。

7月17日晨，日军从三面向大嵙崁发起总攻，驻守在这里的是江国辉率领的当地义军。战斗打响后，日军的炮火猛轰，江部损失惨重，部下劝江撤出战斗，江却视死如归，岿然不动。最后，江国辉不幸被俘，惨死在敌人的刺刀下。冲进大嵙崁的日军兽性大发，竟对无辜民众下了毒手，先后有200余民众包括妇女儿童死于敌手。

坊城大队在山根支队的救援下，突出义军的包围圈。为了扫清南下障碍，山根支队及其他日军先后在龙潭陂、大嵙崁和三角涌一带制造了数起血案。在龙潭陂，他们一次就屠杀了73名无辜。在大嵙崁，他们把抓捕的

---

① 胡嘉猷后来返回广东原籍，其间曾潜回台湾策划反日，事泄遭到通缉，又辗转返回故里。1921年病逝。

群众捆绑起来，押到一处全部用战刀砍死。在三角涌，日军除屠杀民众外，还把这里的建筑、市街焚烧得一干二净，三角涌变成了一片废墟。

从登陆到占领新竹，日军用了两个多月的时间，付出了惨重代价。7月31日，北白川宫亲王把近卫师团司令部迁到新竹，准备亲自指挥总攻尖笔山和头份山。驻守在这一带的义军有徐骧、张兆麟、吴汤兴等部，还有一支新楚军，由清军湘勇、栋军的残部及新招募的士兵混合编成，头领杨紫云[①]。义军总数在7000人左右，但武器落后，许多人还使用大刀、长矛等原始武器。而日军出动人数也在7000上下，而且携带有火炮等重武器，士兵使用的也都是村田式连发步枪。两下对比实力悬殊。

8月8日，一路日军从西面向尖笔山发起攻击。日军先派一队人马试图绕到义军背后两路夹击，但被义军识破，战斗立时打响。日军的后续部队闻到枪声以为中了埋伏，急忙撤退，慌乱中正好闯进徐骧义军的埋伏区，一场血战之后双方互有伤亡。

8月9日，日军继续攻击尖笔山，他们先是用重炮猛轰，尖笔山的义军堡垒、阵地几乎都毁于炮火之中。义军不得不撤出阵地。当天下午，山根旅团长率领1000余日军从小路扑向头份街。杨紫云闻报率领新楚军前往迎敌，但未及还击，许多新楚军弟兄就在日军猛烈炮火下丧生。杨紫云奋不顾身，率领民军冲进敌阵，连续击毙十几名敌人，不料一发炮弹落下来，杨紫云壮烈牺牲。

8月13日，日军出动两个旅团，分别由山根信成少将和川村景明少将率领，向台中的第二道防线苗栗进发。徐骧、吴汤兴等义军利用山形地势构筑了堡垒和散兵阵地。另外，刘永福派得力干将吴彭年率700余黑旗军精锐助阵。日军首先发炮，用猛烈的炮火把义军构筑的堡垒、阵地摧毁，然后发起攻击。在敌人的猛烈攻势下，各路义军无力迎战，第一、二道堡垒接连失守。当日军逼近第三道堡垒时，吴彭年身先士卒，指挥所部用长枪、抬枪顽强阻击，所部官兵阵亡20余人，负伤30余人，给敌人以有力反击。是役后，吴彭年考虑敌强我弱，率领所部撤出阵地，在大甲溪南岸潜伏下来。8月22日，日军步、骑兵各一个中队外加一个工兵小队乘竹筏向南岸而来，在未登岸之际，吴彭年下令开火，敌人措手不及，死伤一

[①] 一说名杨载云。

部,活命的急忙转回北岸,又遭埋伏的徐骧义军一阵弹雨,这伙日军几乎全部被歼。

第二天,日军大队人马前来报复。吴彭年率领黑旗军将士正面迎敌,战斗呈白热化之际,忽闻后路大营被日军侵占,军心立时不稳,吴彭年只好率部撤出战场。原来,黑旗军的副统领李维义临阵脱逃,受吴彭年之命在南岸监视的袁锦清等50人暴露在敌人面前。危难关头,袁锦清等人没有撤退,英勇阻击渡河的日军。他们一次次打烂日军强渡的竹筏,日军一个个翻落下水。但大队日军的竹筏铺满河面强攻强渡,袁锦清部弹尽援绝,最后全部战死。

日军强渡大甲溪后,台中失守,下一个目标便是彰化。为了守住彰化,刘永福从台南增派四个营,协同吴彭年、徐骧等部共守彰化。8月27日,北白川宫亲王下令进攻彰化城外的八卦山,三路人马相继渡过大肚溪,攻击八卦山阵地。吴汤兴、徐骧、吴彭年等人分头把守各险要关隘。日军用猛烈的炮火轰击义军阵地,义军个个毫不退缩,奋勇还击,使日军每前进一步都付出血的代价。日军主力部队在炮火掩护下迭次向义军阵地猛扑,义军各部伤亡惨重,激战中吴汤兴中弹牺牲。吴彭年在组织人马抢夺阵地时也身中数弹落马殉难。只有徐骧率领20余人死命突出。八卦山一役,义军伤亡惨重,日军也遗尸250多具。日军旅团长山根信成少将在八卦山战役后再没有露面。有资料记载,山根在八卦山战斗中被义军击毙。但日本史料却称,山根是在彰化战役时患了风土热,于9月29日不治身亡。不论山根是被义军击毙,抑或是患病身亡,均为非正常死亡,它从另一个侧面表明了台湾军民不屈强虏的坚强意志和大无畏的战斗精神。

八卦山失守,日军占领彰化,台南局势可危。驻守台南的是刘永福率领的黑旗军主力,但内无粮草弹药接济,外无援兵可依,处境十分困难。8月25日,日军总司令桦山资纪致函刘永福,劝其放下武器。刘永福当即回复,谴责日军犯台以来"奸淫焚戮,无所不至"的罪恶之举,表明"本帮办当守效死勿去之义,以守兹土,以保此民。区区之心,如斯而已"。①刘永福把所部编成五个营,提拔干练、果敢人才统军,又联络简成功、简精华、黄荣邦、林义成(又名林少猫)等各路义军,研究御敌方策。9月

---

① 关捷等主编《中日甲午战争全史》第4卷,吉林人民出版社,2005,第371、372页。

初，刘永福命令新提拔的指挥杨泗洪率领黑旗军800人北上，在日军必经的嘉义一带阻敌。

9月3日，日军增援部队开到北斗，几路人马汇成一路向树仔脚进犯。义军各部故意在浊水溪南岸设置迷魂阵，做出向北岸进攻的样子。日军为了先发制人，抢先发起进攻。岂知浊水溪是一条泥沙河，水虽不深但极易陷进泥沙里。日军进了溪底后移动困难，各路义军乘机开火，日军没有占到任何便宜，反而成了义军的活靶子，损失了一部人马。

第二天，天降暴雨，浊水溪暴涨，昨日还是几乎干涸的小溪一夜之间犹如万马奔腾，日军只能望溪兴叹。就这样，从9月初到9月中旬，日军被隔在溪对岸，还不时遭到义军的袭扰，每天都有死伤。而彰化城又正闹瘴疫，因此丧命者不在少数，日军只好龟缩在北斗城里。

鉴于敌我态势，黑旗军指挥杨泗洪决定乘此时机，联合所有义军将来犯之敌一举消灭。9月14日，各部义军数千人渡过浊水溪，在约定的时间里分别向西起北斗、东至二八水的日军发动了总攻。浊水溪北岸日军见义军从四面八方扑来，喊杀声震天，不敢恋战，纷纷夺路向彰化方向逃命。

林少猫率领一队人马把敌人逼进大山，堵住山口瓮中捉鳖，把这伙敌人全部歼灭。杨泗洪更是身先士卒，在追击时腿部被流弹击中，仍不肯下火线，裹伤再追，不料被一颗子弹击中前胸身亡。刘永福闻知杨泗洪阵亡，老泪纵横，心痛不已，"于野外招其魂，以奠之，并厚恤妻子"。台南民众"闻其殒，巷哭罢舂，多有持纸钱麦饭哭祭柩前者"。①

刘永福改任萧三发接替杨泗洪之职。9月16日，日军一个大队在曾我大尉率领下偷袭员林街的义军营地。萧三发事先得到彰化城内线的报告，当日军扑来时，萧三发指挥各部佯作"逃跑"。日军信以为真尾追不舍，一直追进一座大山，满山竹林蔽日。就在曾我犯疑之时，两侧枪声大作，日军官兵没待摸清方向就有十几人丧命，曾我急忙率领残部逃回彰化城，但有30余人被义军活捉。

日军自占领彰化城以来几乎一天也不得安宁，加上瘴疫流行，部队频频减员，再没有力量组织南侵，只能龟缩在彰化城内等待援军。于是，萧三发决定发起反攻彰化城的战斗。从9月23日到9月25日，各路义军连

---

① 关捷等主编《中日甲午战争全史》第4卷，第379页。

续发起攻打彰化的战斗。义军没有重炮，难以摧毁城池。黄荣邦搞来一部牛车，前面蒙上牛革，车上堆积柴草、黄油之类，然后冒死推到南门实行火攻。日军居高临下拼死阻击。牛车被敌炮火击中，义军头领黄荣邦不幸牺牲。林少猫率领一伙人在城下埋设炸药，但被敌人发现，炸毁城池的计划也没有实现，林少猫负伤退出战场。几天下来，义军各部冒着敌人凶猛的炮火，以土枪、步枪与敌短兵相接，敢冲敢打，但伤亡惨重，最后不得不撤出战斗。

日军在彰化一带连连受挫，近卫师团已损失了一半的兵力，只得电请国内增派援军。9月中旬，日军第二师团两万余人奉命进占台北，日军的实力大增。9月29日，北白川宫亲王下达进攻台南的命令，决定倾巢出动，两个师团4万人马分左右两翼向台南进犯。另有日本海军分别在布袋、枋寮登陆，对台南形成了夹击之势。

10月3日，日军凭借优势兵力夺回浊水溪北岸的北斗、南港庄等地。10月5日，近卫师团主力渡过浊水溪。简成功、简精华父子在大莆林摆下战场，与敌展开激战。但因敌火力、兵力均占优势，大莆林不守，日军突进大莆林后放火焚烧民宅，大火烧了一天一夜，大莆林成为一片火海。

10月7日，日军出动14个中队，在大炮掩护下向斗六街和西螺街发起猛攻。萧三发率领500将士死命抵御，终因兵力不济，后继无援，全部战死。至此，通往嘉义的屏障基本被清除，近卫师团司令部迁到大莆林，准备向嘉义城发动总攻。

刘永福特地赶到嘉义城，吩咐王德标等部切不可莽撞硬顶，应多用计谋，巧妙使用地雷，阻敌于城外。10月8日夜，日军刚刚逼近嘉义城，王德标约会简成功父子、林少猫、徐骧等义军首领，在日军营外实行袭扰战术，不时发声呐喊，鸣枪鼓噪，待日军起床时又悄然离去。这样折腾了大半夜，乘机在日军营外埋设了地雷。日军被折腾得筋疲力尽，待进入梦乡时，义军引爆了地雷，一些日军在睡梦中被炸死，没被炸死的钻出营房又遭到义军的一阵弹雨。北白川宫亲王也被义军的地雷炸伤。①

日军恼羞成怒，第二天集中兵力对嘉义城发动了猛烈进攻，嘉义城的官员和义军、民众都上城迎战，但毕竟不抵日军凶猛的攻势，几处城门相

---

① 据日方资料记载，北白川宫亲王是在攻打嘉义时感染瘴疫，1895年10月28日回国后死去。

继不守，大队日军突进城来，嘉义县营官陈开亿、生员杨文豹、武举刘步升及许多义军官兵与城池同殉。

在日军占据嘉义的同时，日本援军第四混成旅团在日本舰队护送下在布袋港登陆。10月18日，日军一个大队在铁线桥遭到义军伏击，死伤40余人。当天下午，又有一队日军与义军遭遇，双方展开激战，有300多名义军官兵阵亡，日军也颇有损失。

日军从布袋登陆后，沿途烧杀抢掠，一位名叫林昆冈的老汉在家乡毁家纾难，竖起义旗，远近18个庄的乡邻纷纷来投，不数日聚起千余人马。10月18日，林昆冈率领人马挺进竹嵩山，恰与一队日军遭遇。这支民军凭借地形熟、善攀缘的特长，在大山里与日军展开游击战，最后，一个小队的日军几乎被全歼。第二天，日军先向大山猛烈开炮，竹林树木一片狼藉，然后发起冲锋。林昆冈面对凶狠的敌人面不改色，一手持棉被裹成的"盾牌"，一手挥刀冲锋，当场砍杀日军一名中尉。但在敌人的猛烈攻势下，林昆冈负伤倒地，民军无力继续支撑，林昆冈吩咐乡亲撤往台南，自己拔刃自尽。后来，他的大儿子也在战斗中英勇牺牲。

日军击溃林昆冈民军后侵入萧垅社村，该村建在一座山沟里，沟底长满刺竹，易于隐蔽，附近几千村民逃到这里避难。日军首先封锁了沟口两头，然后冲进村庄，见人就杀，见房就烧，躲在萧垅社村的男女老幼无一幸免，全部惨死在日军的屠刀下。这就是日军侵台以来制造的最大一起惨案——"萧垅社村大屠杀"。

嘉义失守消息传到台南，刘永福悲愤万分，尤其是身边爱将吴彭年、萧三发、袁锡清、汤仁贵以及义军首领杨泗洪、黄荣邦、朱乃昌等人相继殉国，使他肝胆欲碎。他令人在台南关帝庙为战死英灵设置神位，亲往祭奠，昭示台湾各界民众以烈士为榜样，誓死捍卫自己的家园。

10月18日，乃木希典率领第二师团向台南进发，沿途不断遭到各路义军的袭扰，在曾文溪，黑旗军及义军将士与日军展开最后决战，直至短兵相接，白刃见红。义军首领徐骧英勇捐躯，黑旗军总兵柏正材阵亡，200多名勇士在这里流尽最后一滴血。

日军突破曾水溪后，刘永福情知大势已去。10月15日，刘永福从台南进入安平一线，安顿防御事宜，但见数营官兵连吃饭问题都难以解决，军心不安，自己却毫无办法，陷于一筹莫展的困顿之中。这时，又有两广总督谭钟麟捎信过来,敦促刘永福内渡。在均衡利弊之后,刘永福于10月19日离开安平,当日夜乘英国商船"多利士"号返回厦门。

10月22日清晨,日军进占台南。

10月27日,桦山资纪发表告示宣称,"台湾全岛已全部平定"。

这样,从5月27日桦山资纪下令进攻台湾,到其宣布台湾岛"全部平定",整整用了5个月的时间,日本投入两个精锐师团外加海军舰队,近5万人马,另有2.6万随军役夫,付出包括北白川宫能久亲王、山根信成少将旅团长在内的战、病死4624人的代价才占据了台湾,这个数字比日军在甲午战争中死亡的人数多了近一倍。台湾军民在朝廷弃台、失去后援、孤军奋战的情况下,毅然决然地竖起抗日义旗,以低劣落后的原始武器与强敌周旋,他们向全世界人民显示了中华民族不屈强虏的战斗意志,在中华民族反侵略斗争史册上书写了绚丽悲壮的篇章。

四 日俄战争及日本染指中国东北

甲午战争后,沙皇俄国借干涉还辽威逼日本,并向朝鲜渗透,加紧了远东扩张的步伐。先是俄国向清廷伸出"同情"和"援助"之手,应允以中国海关担保,借给中国4万万法郎,用于对日的第一期赔款和"赎辽"费用。利息以四厘计算,因此又称"四厘借款"。1896年5月,俄国盛情邀请李鸿章参加沙皇尼古拉二世加冕大典,对其予以异乎寻常的热情接待和照顾,目的是构筑一条经中国蒙古和东北地域,然后到达海参崴的铁路,以实现俄国的进一步扩张计划。1896年6月3日,李鸿章与俄国外交大臣洛巴诺夫(Lobanof,旧译罗拔诺夫)、财政大臣维特(S. Witte)签订了《御敌相互援助条约》,即《中俄密约》,应允俄国在"黑龙江、吉林地方接造铁路,以达海参崴"。接着,中俄之间相继签订了《银行合同》、《合办东省铁路公司合同》、《合办东省铁路公司章程》等一系列条约。1898年3月,俄国又逼迫清政府签订了《旅顺大连租地条约》。这样,俄国不仅攫取了中东铁路的筑路权和经营权,还攫取了开矿、采木、占地等特权,甚至曲解条约内容,攫取了中东路沿线的行政权及驻军权。

在外强凌辱、朝廷腐败、百业俱废、民生凋敝的民族灾难面前,有血气的中国民众终于按捺不住满腔悲愤和救国豪情。1900年,山东一带的义和团掀起了轰轰烈烈的"扶清灭洋"运动。尽管这一运动带有盲目排外和迷信落后的色彩,但毕竟显示了中华民族不甘任人宰割的御侮精神。可悲的是,义和团的负面因素恰恰被迂腐、愚昧的官僚政治所欣赏和利用。于是,烧教堂、杀洋人、围使馆、毁铁路的过激运动在京城及凡有洋人的地方蓬勃掀起。如此一来,触犯了西方人制定的游戏规则,英、德、法、美、日、俄、意、奥等八国联军数万余人马闯进北京城,中华民族又遭空前洗劫。

沙皇俄国趁此时机出动15万人马占据了中国东北,他们不仅制造了骇人听闻的"江东六十四屯"、"海兰泡"等一系列惨案,而且驱走中国官吏,建立殖民统治机构,直接对这块地域实行军政统治。沙俄霸占东北赖着不走,引起日本的极度不安,虽经多次谈判,俄国人仍坚持在东北驻军,并坚决拒绝其他外国人进入东北,日俄之间剑拔弩张,一场恶战即将爆发。

从1895年到1904年,日本进行了积极的十年扩军备战,到日俄战前,兵员已扩充到13个师团,拥有现役军人20万之多,海军新建了106艘新式军舰,包括原有的军舰总计152艘,其中铁甲舰6艘,大型巡洋舰6艘。此外,军事部门还在海港城市建造了大型军需仓库,储存各类军用物资器材。此外,日军还派出一批又一批军事间谍以各种身份潜入中国东北的旅顺、边境要塞及俄国西伯利亚地区收集情报。

日本人磨刀霍霍,俄国人也不示弱。1903年8月,沙俄宣布将远东的外贝加尔州、滨海州、萨哈林州、阿穆尔州以及中国境内的"关东州"合并设立远东总督府,任命阿列克赛耶夫(Y. Alekseyev)为远东总督,掌管远东的一切军政外交大权。1903年,哈尔滨至旅顺的中东路支线竣工后,立即着手旅顺、辽阳的军事设施建设,动用大批中国劳工、投入250万卢布修建了坚固的防御工事。中东路全线通车后,俄方宣布,铁路只提供沙俄军队使用,并利用这条铁路每天向中国东北增兵5000人,增兵总数达13.5万人。俄国的太平洋舰队则集结在旅顺口,不时在黄海一带海域进行军事演习。1904年1月,尼古拉二世宣布,日本舰队如果越过朝鲜半岛的38度线,俄国舰队将对其实施攻击。

1904年2月5日,日本向俄国发出了"最后通牒",内称:"日本帝国政府为除去可使日俄关系将来发生纠纷之各种原因计,曾用尽各种和协之手段,竟无效果。帝国政府为远东巩固而恒久之和平计,所提正当无私之提案，既未蒙俄国予以应得之考虑，则日俄之外交关系今已无有价值。是以日本帝国政府业经决定断绝外交关系。"① 翌日，日本驻俄公使栗野率领使馆人员降旗回国。

就这样，日俄两个帝国主义国家为了争夺在中国东北的权益，竟然在中国的领土上展开了一场大战。新兴的日本举全国力量孤注一掷，而沙俄却为国内的资产阶级革命缠身，又顾忌同西方各国的关系，结果，日本以伤亡10万人的代价赢得了这场战争。

在日俄两国议和之前的1905年7月6日，清政府发表声明，分别照会日俄两国，内称："前年贵国与俄（日本）国，两国不幸失和，中国政府深为惋惜。现闻将开和议，复修旧好，中国政府不胜忻幸。但此次失和，曾在中国疆土用武，现在议和条款内，倘有牵涉中国事件，凡此次未经与中国商定者，一概不能承认。业经本部电知出使大臣，照达贵国政府，预为声明"。②

然而，日俄两国及调停国根本没有把中国政府的声明放在眼中。1905年9月5日，日俄两国在朴次茅斯签订了停战条约，主要内容有：

（1）俄国承认日本对朝鲜有"指导、保护、监理"之权，有"政治军事经济上卓绝之利益"。

（2）俄国将旅顺口、大连湾并附近领土领水之租借权，及与该租借权或组成其一部之俄国从清国所获之一切权利特权，让与及特许，及一切公共营造物及财产，概行让与日本。

前条所定者，须商请中国政府允诺。

（3）俄方将长春至旅顺口之铁路及一切支线，并在该地方铁路内所附属之一切权利财产，以及在该处铁路内附属之一切煤矿，或为铁路利益起见所经营之一切煤矿，不受补偿，且以清国政府允许者，均让与日本政府。

（4）俄国将库页岛南部，包括公共建筑及财产，让与日本。

（5）允许日本国民在日本海、鄂霍次克海、白令海之俄国所属沿岸经营渔业。

很明显，这是一份瓜分中国东北的分赃条约。通过这一纸条约，俄国

---

① 王芸生编著《六十年来中国与日本》第4卷，三联书店，2005，第174页。
② 王芸生编著《六十年来中国与日本》第4卷，第199页。

把中国的主权和权益轻易地让给日本。尽管条约中提及需与中国政府协商，然而，帝国主义的强盗逻辑根本不允许弱国为本国权益争辩。当年11月，日本使团进入北京，逼迫清政府签订了《中日会议东三省事宜条约》（正约与附约）。不仅攫取了俄国在中国东北的权益，而且通过"中日合办"的形式攫取了鸭绿江沿岸的森林采伐权；对日开放辽阳、凤凰城、新民屯、铁岭、通江子、法库门、长春、哈尔滨、吉林、宁古塔、珲春、三姓（今依兰）、齐齐哈尔、海拉尔、瑷珲、满洲里等16个城市；应允日本"接续经营"战争时期临时铺设的安东至奉天铁路（安奉线）；以保护铁路为名驻扎铁道守备队等。

1906年6月，日本政府以天皇名义颁布了《关于设立南满洲铁道株式会社之件》的敕令，决定"（日本）政府设立南满洲铁道株式会社，经营满洲地方的铁道事业"；"会社采取株式制（股份制），限日清两国政府及日清两国人所有"；"日本政府得以投资满洲铁道及其他附属财产、煤矿等"。① 敕令还规定政府有监管满铁会社和撤换职员的权力，以及制定各种法令、章程的权限等。

需要指出的是，按照《中俄密约》《朴次茅斯条约》以及《中日会议东三省事宜条约》的规定，尽管俄国承诺将南满铁路让与日本经营，但中国始终持有合办权，上述天皇敕令也明确规定，"限日清两国政府及日清两国人所有"。然而在具体实施时，日本政府却把中国的合法权益排斥在外，单方面成立满铁，单方面吸收日本国内资金，明显违背国际法准则，践踏中国的合法权益。为此，中国政府屡次向日方发出抗议照会。然而日本当局完全不把中国的抗议放在眼里，采取"就地扼杀，不予理睬"的手段，② 旁若无人般展开了具体步骤的运作。1906年12月，满铁会社正式登记注册，被任命的领导层中至少有1/2的人是日本政府高官，其他是兴业银行或三井物产等垄断财阀的高层人物，担当"监事"的也都是日本财界的"大腕"人物，其"国策会社"及殖民地会社的特征极其明显。

---

① 有馬勝良編『満鉄研究資料シリーズ』第1巻（満鉄の設立命令書と定款）、竜渓書舎、1984、20—25頁。是时，关东军并没有从关东都督府军政部中独立出来，第13条款中提及的"关东军司令官"，当指日本在东北（关东）军队的司令官。
② 《日本驻华公使致外务大臣函》（明治38年11月19日），苏崇民：《满铁史》，中华书局，1990，第31页。

从满铁成立到九一八事变爆发，满铁秉承日本当局的旨意，对中国东北进行政治干预、外交制约、情报收集、经济垄断以及文化渗透等。到九一八事变前，满铁所辖的干支线，包括安奉线，全长从1907年的1145.7公里延长到2360.8公里。满铁附属地从成立之初的149.7平方公里扩张到482.9平方公里。① 在附属地居住的日本人数从成立之初的17142人增加到72620人（1922年数字）。满铁社员最初为9088人（1907年数字，其中正式社员2953人，雇员6135人），到1932年，增至18589人（其中正式社员7493人，雇员11096人），② 上述数字还不包括雇用的中国职工。

1912年，满铁投资扩建开发抚顺煤矿，建成日产万吨的大煤田，到1930年，抚顺生产的煤炭达693万吨，纯利润200万日元。1917年，满铁又开始建设鞍山制铁所。到1930年，年产21万吨生铁，利润在50万—100万日元。③ 除大型企业外，满铁对大连港进行了治理扩建，港口占地面积13000公顷，到1926年扩至47200公顷，港湾海面面积达100万公顷，到1930年，实际吞吐量为640万吨，④ 成为国内仅次于上海的第二大港。

此外，满铁还在营口、辽阳、瓦房店、大石桥、公主岭以及满铁沿线进行了一系列以掠夺资源、移民开发为主要目的的投资经营。东北丰富的资源令殖民统治者兴奋不已，称东北为"我帝国的一大宝库"，⑤ 不仅获取了大量国内短缺的战略物资，而且攫取了高额利润，据1930年统计，满铁全年的纯利润为8200万日元。⑥

满铁成立之初还设立一个调查机构，招募大批日本各方面的专业人才，对中国东北的政治、经济、军事、资源、社会、文化，甚至东北地方官员的政治背景、社会关系等都进行了详尽的调查，出版了大批书刊、调查月报等，为日本帝国主义侵吞中国东北提供了充分的情报。后来，满铁调查部的"调查"活动又伸向中国内地，甚至世界各个角落，为日本扩大

---

① 南満州鉄道株式会社総裁室地方部残務整理編『満鉄附属地経営沿革全史』上卷、南満州鉄道株式会社、1939、1049頁。
② 原田勝正『満鉄』岩波書店、1981、81頁。
③ 〔苏〕B. 阿瓦林：《帝国主义在满洲》，北京对外贸易学院教研室译，商务印书馆，1980，第293、294页。
④ 原田勝正『満鉄』、90、91頁；〔苏〕B. 阿瓦林：《帝国主义在满洲》，第295页。
⑤ 原田勝正『満鉄』、90頁。
⑥ 〔苏〕B. 阿瓦林：《帝国主义在满洲》，第330页。

侵略战争充当了马前卒。

日本在东北的殖民统治机构分别有关东厅、关东军和奉天总领事馆。早在日俄战争进行期间，日本侵略军就在中国东北占领区设立了20个军政署，抛开中国地方官府，直接管理占领地的行政及其他事务。1905年10月，"关东总督府"正式在辽阳成立，次年迁到旅顺，改称"关东都督府"。关东都督由现役军人担当，下设民政部和陆军部，并在大连、金州、旅顺设民政署，在普兰店、貔子窝设民政支署。关东都督府陆军部负责统率驻扎满铁沿线的日本军队，按照中俄合办中东铁路的约定，每公里允许配备15名士兵担负护路任务。日本接收南满铁路后，在满铁附属地及铁路沿线驻扎有两个师团，14000余人，后来改设一个师团及6个独立守备大队。师团司令部设在辽阳，铁道守备队司令部设在公主岭，另在旅顺、铁岭、柳树屯、辽阳各驻扎一个联队。

1919年4月，关东都督府改称关东厅，实行军政分离体制，原来的陆军部升格为关东军司令部，任命立花小一郎中将为关东军司令官。这意味着"军事优先"主义成为日本对东北殖民统治的基本方针，①从此，关东军独立于关东厅、外务省（领事馆）和满铁之外，成为一支随时可以发动武力、威胁中国安全、干涉中国内政、侵吞中国领土的军事力量。

第三节 "二十一条"与中国现代民族主义的兴起

一 日本策划"满蒙独立运动"，提出灭亡中国的"二十一条"

1911年10月10日的武昌起义结束了清王朝的统治。然而，跌下权势舞台的清室遗老遗少并不肯俯首充当中华民国的"顺民"，以肃亲王善耆为首的清室贵胄联络内蒙古王公以及良弼、荫昌、铁良等人秘密成立了宗社党，准备东山再起，复辟失去的朝纲，这一阴谋得到了川岛浪速②等日

---

① 古屋哲夫『日露戦争』中央公論社、1966、227頁。
② 川岛浪速，出生于日本长野县，武士后裔，幼年学习汉语，后考入东京外国语学校支那科。中日甲午战争爆发后在第三师团充当翻译，战后被推荐到日本陆军士官学校担当中文教官。1900年义和团运动后随日本先遣军进入北京，开始与肃亲王善耆交往，任新设的警务学堂总监。清朝灭亡后，与善耆策划"满蒙独立运动"，企图把东北和内蒙古划入日本的势力范围。

本浪人的鼓动和支持，也与积极鼓吹中国大陆是日本"利益线"的山县有朋、寺内正毅提出的"南满增兵案"相呼应。虽然"南满增兵案"没有被通过，但川岛决定自己动手，利用东北地方势力和土匪力量把东北从中国的版图中分裂出去。

1912年2月，川岛浪速陪同肃亲王家眷等逃出北京到旅顺，阴谋建立"满蒙独立运动"的中心，日本参谋本部也派员配合川岛。与此同时，在川岛的斡旋下，大仓财阀决定"借款"30余万元，购买武器等军用物资，条件是以东蒙的矿产资源为抵押。日本军人还护送部分内蒙古王公返回内蒙古纠集人马，准备起事。① 日本武官还收买了东北土匪"薄天鬼"。

肃亲王及川岛浪速等人本来想策动在沈阳北大营的东北军起事，并幻想得到东三省总督赵尔巽和关外练兵大臣张作霖的响应，从而宣布东北独立。但其秘密运送武器的行动被赵尔巽发现并破获，而其起事部队进城则因抢劫骚乱被张作霖军队镇压。

此时中国国内开始"南北议和"，日本政府担心参与"满蒙独立"有关活动"于国家不利"，所以改变了支持"满蒙独立运动"的政策，把川岛浪速召至东京，要求其停止活动，但同意永久保障肃亲王的生活，不干涉川岛一派的人部署在满蒙各地。第一次"满蒙独立运动"就这样破产了。但不甘心失败的川岛浪速在1914年8月抛出一份《对支管见》，强调"至少要将满洲的一部或东蒙据为我有"，② 酝酿再次策划"满蒙独立运动"。

1914年6月第一次世界大战爆发，日本当局把大战视为大陆扩张的天佑良机，称之为"大正天佑"。8月15日，日本以英国同盟国的名义向德国发出最后通牒，要求德国必须撤出在日本及中国海面的一切军舰，将胶州湾的租借地全部转让给日本，并要求德国在一周内必须予以答复。

其实，日本同英国的同盟关系只是限于东亚和印度范围内，对其他地区并不负有任何同盟义务。8月4日，英国向德国宣战的当天，驻日本大使曾向日方传达了英国外交大臣葛雷（E. Grey）的电报，内容是，如果英国势力范围的香港、威海卫遭到德国袭击的话，请日本予以援助。可见，英国要求日本参战是有固定前提的。

---

① 会田勉『川岛浪速翁』文粹阁、1936、163页。
② 渡辺竜策『大陸浪人』德间书店、1986、160页。

8月7日，大隈内阁召开紧急内阁会议。外相加藤高明认为，"日本如今不能站在负担同盟国条约义务的立场上，因为按照条文的规定，直到今天尚没有发生命令日本参战的事态"，为此，加藤主张，"一是基于同英国的同盟情谊；二是帝国应该借此时机扫除德国在东洋的据点，在国际上提高日本的地位和利益。从此两点应该断然参战"。①

　　为此，日本再次向英国表明决心参战的理由。英国方面回复称，"如战乱波及东亚，危及英日同盟条约时，英国政府将依据该同盟条款请求日本的援助"，并委婉地取消了此前曾要求日本袭击远东水域德国武装商船的请求。这说明，英国人并不希望日本参战，"意味着撤走了日本参战的跳台"。② 因为事实上，英国在远东一带航行通商的海路并没有受到威胁。然而日本一而再、再而三地强调参战的理由，甚至声称参战的一切准备已经完备，只剩下最后宣战的一纸手续。在这种情况下，英国只好勉强同意日本在征得协约国同意的前提下方可参战，但参战的范围只能限定在胶州湾租借地，不能波及中国海的西部、南部及太平洋，也不能占领德领的南洋诸岛。

　　日本向德国发出最后通牒后，迅速展开同法、荷、美等协约国的外交谈判。8月21日，日本外相加藤在致美国驻日大使的备忘录中信誓旦旦地称："日本要求德国交出胶州湾租借地，目的是返还给中国。日本参与行动绝非为了领土扩张，希望美国政府予以理解"，"保全中国的独立和领土，确保各国工商业方面的机会均等，维持列国的共同利益"云云。③ 但事实又是什么样子呢？

　　8月23日，日本对德宣战。9月2日，日军出动7000余人在山东龙口登陆，这里并非德国的租借地，也未向作为中立国的中国做任何解释，日本侵略军就悍然践踏中国的领土主权，横穿山东半岛，侵占了山东莱州、平度、潍县诸地。日军侵占中国领土后，纵兵抢掠，无恶不作。甚至在平度贴出告示：妨碍日军一切行动者斩；切断电线或倾损者斩；拘送罪犯或告密者重赏；知罪不举、窝藏罪犯者重罚；村民一人犯罪，该村人民尽处

---

① 森克己、沼田次郎编『対外関係史』山川出版社、1978、305、306頁。
② 森克己、沼田次郎编『対外関係史』、306頁。
③ 森克己、沼田次郎编『対外関係史』、307、308頁。

斩刑。在潍县，日军"占据车站，拘捕小工十余人，戳伤华人一名"。① 为此，中国政府提出抗议，要求日本军队"立即撤退该车站之军队，以重信睦"。可是日本政府却强词夺理，称胶济铁路系德国注册，"与华无涉，决非破坏中立，实因中国无力监管德人，只得将该路暂归日本"。②

日本侵略军旁若无人，我行我素，肆意在山东半岛胡作非为。到10月初，整个山东半岛几乎都被日军占领，胶济铁路线及附近矿山也成了日本的"战利品"，被日本全盘接收，甚至驱逐中国工作人员，一体由日本人管理。日本宣战之初曾许诺"把租借地归还中国，无领土野心"，此时早已抛之脑后。

10月10日，日本集中陆海军2万余人，会同英国派驻中国的数千印度兵，联合进攻青岛。驻守青岛的德军只有5000余人，战舰5艘，寡不敌众，11月7日，升起白旗投降，青岛被日本占领。

依据国际惯例，青岛战事结束后日本理应撤兵，恢复中国的主权原状。于是中国政府分别向日、英两国发出声明，内称，"现在战事已终，双方交战国军事设备已完全解除，自无再行使用龙口及胶州湾附近一带为行军地点之需要。所有前此本国划出该区域之通告，自应声明取消，回复原状，相应照会贵公使查照，转达贵国政府，即将贵国现在该区域之军队，如有留在，一律撤退，以符尊重中国中立之意"。日本出兵就是为了吞占中国山东，当然不肯就范，回复称，"中国政府即不取消此通告，日本军队之行动施设，于必要存留期间，依然存续，不能因此通告受何等之影响，亦不能因此而受拘束，特为声明"。③ 这是帝国主义时代强国侵凌弱国的强盗逻辑和辩术，对于弱国来讲，没有任何国际公理或国际法则可言。

日本占据山东，远远没有满足，他们惦念的是在中国攫取更大的权益。1914年11月，日本酝酿成熟灭亡中国的"二十一条"。当年12月3日，日本外相加藤训令驻中国公使日置益，指示其正式向袁世凯政府提交。1915年1月18日，日置益面见袁世凯，将日本的"二十一条"要求正式提交，其主要内容有：

（1）将德国在山东的权益让与日本。

---

① 王芸生编著《六十年来中国与日本》第6卷，三联书店，2005，第52页。
② 王芸生编著《六十年来中国与日本》第6卷，第54页。
③ 王芸生编著《六十年来中国与日本》第6卷，第66页。

（2）凡山东并沿海地带及各岛屿不得租与他国。

（3）允许日本建造烟台（或龙口）接连胶济线之铁路。

（4）开放山东省各主要城市为商埠。

（5）将旅顺大连租借期及南满铁路、安奉铁路租期延至99年。

（6）准许日本臣民在东北南部及东蒙租借建造厂房用地或耕作。

（7）允许日本臣民在南满和东蒙自由往来、经营工商各业。

（8）赋予日本臣民在南满和东蒙的开矿权。

（9）经日本政府同意后，中国政府须应允以下诸项：允许他国人在南满和东蒙建造铁路，或向他国借款；向他国借款时允许以南满和东蒙各项课税为抵押。

（10）如中国政府在南满、东蒙聘请政治、军事、财政顾问，须先同日本政府协商。

（11）将吉（林）长（春）铁路的经营管理委托日本政府，期限为99年。

（12）将汉冶萍公司作为两国合办，未经日本同意，不得擅自处理该公司的一切权利产业。

（13）汉冶萍矿山及附近矿山，非经该公司允许，不得由他人开采。

（14）中国沿海港湾、岛屿不得租借他国。

（15）分别有以下各款：中国中央政府应聘请日本人为政治、财政、军事顾问；承认所在中国的日本医院、寺院、学校的土地所有权；中国地方警察由中日合办，地方警察署须聘请多数日本人；由日本采购中国所需军械的一半以上，或在中国建立中日合办之军械厂，聘日本技师，购日本材料；将武昌至九江、南昌之铁路，以及南昌至杭州、南昌至潮州的各铁路线建造权交与日本；在福建筹办铁路、矿山，整顿海口、船厂，如需外资首先与日本协商；日本在中国有传教权。

上述所谓的"二十一条"，并不是按序列号从1排到21的21条内容，而是划分为五个部分，分别归纳为第一号、第二号、第三号、第四号和第五号条文。每"号"（项）单独成文。其中，第一号包括4款内容，第二号内有7款，第三号2款，第四号1款，第五号7款。这样。各"号"的条款累计起来计21条。

很显然，此"二十一条"纯属狮子大开口，不仅涉及东北和东蒙地域，还包括山东、长江流域以及福建等地；既有政治、军事的无理干涉

（如聘请顾问、购买军械），也有经济利益的豪夺；还有强租中国铁路、港口、矿山，甚至要求延期至99年的条款；另外，也削弱和排斥了其他列强在中国的权益。倘若承认日本提出的"二十一条"，中国无疑彻底沦为日本的殖民地。

日本提出"二十一条"后，也答应给予袁世凯及其政府某些"好处"，诸如"保障大总统的地位及身家安全"，"严厉取缔革命党及中国留日学生。提醒日不慎商人和浪人充分予以注意"，"适当时期审议胶州湾归还问题"，"商讨对大总统及政府要员的叙勋及馈赠等"等，引诱袁世凯政府上钩。在日方不断催促下，袁世凯政府不得已连续召开会议商讨，政府官员也都晓得"二十一条"非同小可，不敢冒天下之大不韪，签署这笔甲午战争以来最大的一宗卖国交易。他们把希望寄托在西方列强的干预之上。

"二十一条"也明显地侵犯了西方国家的利益。英国对日本对长江铁路的要求不满，照会日本"长江铁路中英已有成约，请勿相侵"。但考虑到同日本的同盟关系，并没有表示强烈的异议。美国政府依旧抱着"机会均等"的法宝，美国国务卿分别致电驻中、日公使，声称，"任何条款经中国政府承认……在最惠国待遇之下，美国政府亦将享有其利益"。俄罗斯帝国正陷于同德国的苦战之中，没有精力过问，更无意与日本翻脸。这样，袁世凯政府寄希望洋人干涉的梦想也告落空。

从2月2日开始到5月1日，中日双方进行了25次会议，围绕着每一"号"、每一款争争讲讲，仍无结果。日本政府唯恐夜长梦多，5月7日竟向中国政府提出最后通牒，内中称，"中国政府亦应谅帝国政府之谊，将其他各项，即第一号第二号第三号第四号之各项，及第五号中国关于福建省公文互换之件，照4月26日提出之修正案所记载者，不加以何等之更改，速行应诺。帝国政府兹再重行劝告，对于此劝告，期望中国政府至5月9日午后6时为止，为满足之答复。如到期不受到满足之答复，则帝国政府将执认为必要之手段，合并声明"。① 日本发出最后通牒后，命令在广东、汉口、牛庄及其他中国各地的日本侨民准备撤退，并向陆海军发出做好战斗准备的命令，摆出一副不达目的即动武的架势。

---

① 王芸生编著《六十年来中国与日本》第6卷，第243页。

面对日本的威逼和恫吓，袁世凯政府没有胆量与之对垒。5月9日，竟屈从日本的条件，乖乖地接受了日本的最后通牒。日本乘胜追击，到5月21日，先后强迫中国签订了一系列换文条约或协定，计有《关于山东省之条约》《关于山东事项之换文》《关于山东开埠事项之换文》《关于南满洲及东部内蒙古之条约》《关于旅大、南满、安奉期限之换文》《关于东部内蒙古开埠事项之换文》《关于南满洲开矿事项之换文》《关于南满洲东部内蒙古铁路税课事项之换文》《关于南满洲东部内蒙古条约第二至第五条延期实行之换文》《关于汉冶萍事项之换文》《关于南满洲东部内蒙古接洽警察法令课税之换文》《关于福建问题之换文》及《关于交还胶州湾之换文》等。上述条约和换文涵盖了"二十一条"的主要内容，意味着中国从此将一步步沦为日本独占的殖民地。

消息传出，民心激愤，人们纷纷走上街头，学生罢课、商人罢市、工人罢工，一个大规模的反对"二十一条"、反对日本帝国主义侵略、抵制日货、打倒卖国政府的群众性爱国运动迅速在全国范围内掀起。人们还将日本最后通牒限定的5月9日，定为中华民族的国耻日，以示永不忘却屈辱的历史。

袁世凯签署丧权辱国的"二十一条"，换来的是日本对其称帝的支持。1915年12月13日，袁世凯在北京怀仁堂接受百官的朝贺，大加封赏，宣布1916年改元"洪宪"，并准备于1916年元旦正式登基。

然而，不待袁世凯登基，全国上下就掀起了推翻袁世凯政府的怒潮。1915年12月25日，云南省宣告独立，云南护国军誓师讨袁。接着，贵州、广西也纷纷宣告独立，四川、湖南也是一片危机。在这种态势下，日本担心中国实行帝制后会引起更大的内乱，影响日本大陆政策的推行和实施，于是出尔反尔，联合英、俄、法、意等国公使提出五国干涉帝制的警告。袁世凯见大势已去，又急又恼，被迫宣布取消帝制。6月6日，一心想做洪宪皇帝的袁世凯在全国人民的唾骂声中死去。

就在日本政府向袁世凯政府提出灭亡中国的"二十一条"的时候，大隈内阁于1916年3月7日做出"阁议"，表明要"确保帝国在支那的优越势力，让支那人明了帝国的势力，以此作为日支亲善的基础"，"帝国民间有志之士中，有以排除袁氏为目的而同情并欲通融金钱财务与中国人者，帝国政府对此在不负鼓励责任之同时而默认之，此乃符合上述政策之举"。① 关东都督中村觉大将、参谋长西川虎次郎少将以及独立守备队司令官高山公通少将等人立即将政府旨意传达驻东北的各部队，并照会各日本领事馆，表示对"满蒙独立运动"的支持。参谋本部还派出土井市之进大佐、小矶国昭少佐、青柳腾敏大尉、入江种矩大尉、木泽畅大尉以及参加过第一次"满蒙独立运动"的松井清助大尉等人具体指挥和领导此次"满蒙独立运动"。川岛浪速得知这一切喜出望外，在得到日本参谋本部支持后，他联络内蒙古马贼头目巴布扎布②掀起第二次"满蒙独立运动"。

1916年7月1日，在日军大佐土井市之进的直接参与下，巴布扎布率领号称三千马队的"勤王师扶国军"向沈阳进发，参加过第一次"满蒙独立运动"的"薄天鬼"则打起"勤王师满洲第三军团"的旗号，自封为军团长，密切注视着巴布扎布和东北官方的动向。

但是，巴布扎布的部队出发后不久就在郭家店遭到奉天政府军的包围，川岛浪速请求日本驻军向奉天军求助，巴布扎布才免遭被全歼的命运，在日军组成的"监护队"的保护下溜走。

但1916年9月3日，巴布扎布得到川岛浪速武器与人力的支援，公然违反日方同张作霖的协议，再次涉过东辽河进攻朝阳、怀德、林西。但在怀德遭到驻守的马占山军的抵抗，而巴布扎布又在林西中弹身亡，第二次"满蒙独立运动"又告失败。

袁世凯去世后，黎元洪接任大总统。日本当局转而去扶植黎元洪，所以决定暂时停止"满蒙独立运动"。参谋本部只好服从，命令各军政要员阻止川岛的计划。

两次"满蒙独立运动"虽然失败，但是，日本侵吞中国东北的野心已经昭然若揭。可以说，这两次武装暴乱是九一八事变的先声，也是日本帝国主义侵吞中国东北的大演习。因此，日本朝野将两次"独立运动"的主谋和策划者川岛浪速奉为"满洲建国的先驱者"。③

---

① 〔日〕井上清：《日本帝国主义的形成》，宿久高等译，人民出版社，1984，第322页。
② 巴布扎布是内蒙古卓索图盟土默特左翼旗（今辽宁省阜新县）人，内蒙古草原凶残霸道的土匪头目之一。日俄战争时投身日军，战后当上了彰武县的区官。外蒙古八世活佛哲布尊丹巴"自治"称帝时，巴布扎布纠集几十人北上投靠，被委以"镇东将军"。但巴布扎布不愿受别人摆布，返回内蒙古草原重操旧业，干起打家劫舍的勾当。
③ 黒竜会編『東亜先覚志士記伝』原書房、1966、212頁。

二 巴黎和会与中国五四运动

袁世凯死后，副总统黎元洪继任总统，与内阁总理段祺瑞围绕中国是否参战等问题发生了"府院之争"。段祺瑞在日本支持下几次出走天津，黎元洪下令免去段祺瑞内阁总理之职。段祺瑞不甘，撺掇嫡系各省"独立"。黎元洪无奈，请来"辫帅"张勋进京"调停"。岂料，张勋进京后捧出清废帝溥仪，逼迫黎元洪"奉还大政"，演出了一场复辟闹剧。段祺瑞从日本那里拿到100万元的军费，"名正言顺"在马厂誓师平叛，辫子兵根本上不了阵，几个回合溃不成军，张勋逃进荷兰使馆，其他复辟丑类也顿作鸟兽散，北京城头悬挂了12天的黄龙旗再次被五色旗取代。

段祺瑞重新大权在握，按着日本的旨意与德断交和宣战，并与日本签订了《中日共同防敌军事协定》。该协定包括"陆军协定""海军协定"和"军事协定实施上必要之详细协定"等三个协定，毫不忌讳地把目标指向俄国革命："敌国实力之日见蔓延于俄国境内，其结果将使远东全局之和平及安宁受侵迫之危险，为适应此项情势及实行两国参加此次作战之义务起见，取共同防敌之行动"。① 更紧要的是，日本通过三个协定，可以"合法"开进中国东北各地；中国需为日军提供地形图、情报、军用物资等；必要时，日本军人可以直接"指导"中国军队；日军可以在中国土地架设军用铁路、通信线路等。这些条款等于把中国军队绑在日本的战车上。段祺瑞之所以心甘情愿地依附日本人，期待的是借助日本的力量，并通过参与欧洲大战扩大自己的军事实力，实现"武力统一中国"的迷梦。这便引出"西原借款"来。

西原龟三乃日本寺内正毅内阁总理大臣的亲信，此人并非官界人士，多年经商，因经常为寺内出谋划策，深受寺内的青睐，被日本朝野称作"无冕大臣"。日本扶植段祺瑞重新上台后，急于通过借款形式攫取中国更多的权益，牵线人物便是西原龟三。从1917年开始的两年间，日本以银行团的名义先后贷款给段政府数亿日元。这些贷款均是以中国的资源、海关、筑路、盐务等各业收入以及聘请日本政治、军事、财政顾问为代价获取的，甚至包括中国的军队也在日本军事顾问、军事教官的指挥之下。

---

① 王芸生编著《六十年来中国与日本》第7卷，三联书店，2005，第254页。

1918年11月，第一次世界大战结束。1919年1月18日英、法、美、日等协约国在法国的巴黎召开和会。日本作为战胜国之一派出以西园寺公望为首的庞大的代表团。

　　巴黎和会是帝国主义国家的分赃会议，战胜国各怀鬼胎，千方百计抢占更多的权益。美、英、法、日、意等五大国俨然是和会的会首，一开始成立一个"十人团"，五大国各出两人组成，由他们拿出分赃方案。后来，"十人团"改成"五人会议"，再变为"四巨头会议"，直至"三巨头会议"。

　　日本对西方各国争抢欧洲事务并不感兴趣，而把目标放在远东和中国大陆，更具体的是攫取山东的权益，作为实现其大陆政策的跳板。早在战争尚未停火之时，日本就成立一个日德媾和准备委员会，制定的方针是：战前德国在山东省各种权利及财产的转让；赤道以北德领南洋诸岛的割让及附带各种权利及财产的转让。①

　　对于山东问题，西方各国态度不一。美国主张将山东境内的权益直接归还给中国。英国碍于与日本的同盟关系，而且在战争紧张时期曾私下应允日本对山东的要求，所以不便直截了当地表示赞同或是反对。法国也基本持与英国同样的态度。日本代表团为了达到目的，不惜玩弄手段，利用英、美、法等大国之间的矛盾，拉拢英、法，孤立美国，贬低同样是战胜国的中国。在帝国主义主宰的和会上，中国被视为"四等国"，根本没有讨论决断的机会。即使中国代表在任何场合都坚持强调中国对山东的主权，4月29日，英、美、法三个大国会议还是决定，"德国将按照1898年3月6日与中国所订条约及关于山东省之其他文件，所获得之一切权利所有权及特权，其中以关于胶州领土铁路矿产及海底电线为尤要，放弃以与日本"。② 中国代表闻讯一面汇报国内，一面面谒美国代表威尔逊（T. W. Wilson）、英国代表白尔福（Arthur Balfour），却是不得要领。

　　5月4日，中国代表正式对三国会议提出抗议，内称："大会议何不令一强固之日本放弃其要求，而反令一软弱之中国牺牲其主权？……中国人民闻之，必大失望，大愤怒……要知山东问题，关于四万万人民未来之幸福，而远东之和平与利益皆系于是也。中国代表以为，对于三国会议对山

---

① 高书全等：《中日关系史》第2卷，社会科学文献出版社，2006，第63页。
② 王芸生编著《六十年来中国与日本》第7卷，第311页。

东问题之解决办法，提出正式抗议，乃其职责也。"①

然而，抗议归抗议，1919年6月28日，凡尔赛和约签字，决定将德国在山东的权益让与日本。

为此，中国代表发表声明，郑重宣布："中国全权对于三国会议决定之山东问题之解决办法，不得不表示深切之失望。吾人深以为遗憾，此种失望，全中国人民亦所同感。窃思此种办法似未考虑法理及中国之安宁。中国全权坚持至今，其理由已向三国会议正式提出抗议，希其修正。倘不副吾人之切望，中国全权对于该项条款不得不声明有保留之义务，并请将本全权之上述声明记入议事录中。"②

尽管中国代表拒绝签字，但在各列强帝国的眼里无足轻重。法国总理克里孟梭（Georges Clemenceau）甚至称，"中国终于没有签字，但我却感觉不到有何痛痒"。③

英、法、美等三国会议将山东让与日本的消息很快传回中国，中国各地立时喧嚣起来，人们义愤填膺，怒斥西方列强袒护强盗，愤恨日本恃强凌弱，一个以知识界为先锋的反对日本帝国主义的运动像火山一样迸发。1919年5月4日，北京各大中学校的学生3000多人在天安门广场集会，高呼"外争国权，内惩国贼"的口号，向东交民巷使馆区行进，强烈要求归还中国的山东主权，抗议日本及各帝国主义国家沆瀣一气侵凌弱小国家的无耻行径。游行队伍又涌向亲日派曹汝霖在赵家楼胡同的私宅，痛打了藏在曹宅的驻日公使章宗祥，火烧赵家楼。北洋军阀政府出动军警逮捕了32名学生，更激起学界和社会各界的强烈愤慨。

第二天，北京学界宣布总罢课，更大规模的示威游行及抵制日货行动在城内各个场所展开，北京政府竭尽镇压和破坏之能事，禁止学生集会游行，甚至对学生大打出手，又有一些学生被捕。

北京政府的镇压并没有挡住学生的爱国激情。6月3日和6月4日，又有2000多名学生涌上街头。而且，这一风暴很快蔓延到上海、天津、武汉、广州、济南、长沙等大城市，各界民众纷纷走上街头，掀起抵制日货的浪潮。上海两万名工人也宣布总罢工，山东、天津等地还选派代表进京

---

① 王芸生编著《六十年来中国与日本》第7卷，第321页。
② 王芸生编著《六十年来中国与日本》第7卷，第325页。
③ 吴廷璆编著《日本史》，南开大学出版社，2000，第622页。

向政府交涉，表示了中国人民誓死不屈服强虏的民族意志。

在全国民众强大的舆论和行动的压力下，北京政府被迫释放了在押的学生，宣布罢免曹汝霖、陆宗舆、章宗祥的职务，指示巴黎和会的中国代表拒绝签字。这场近代史上最伟大的青年学生爱国运动取得了初步胜利。

五四运动起因于反对日本强占山东权益，从某种意义上说，从这一时刻开始，意味着中日矛盾从此成为中国与西方列强诸矛盾中的最主要矛盾。一方面，日本加快了大陆政策的实施，侵吞中国东北和中国全境的野心愈发膨胀，中华民族面临着前所未有的危机。另一方面，以反对日本侵略扩张、争取民族独立、维护国家主权为主要特征的中国民族主义运动迅速兴起。反映在知识界，一批爱国知识分子登上思想政治舞台，开始探索和寻求民族独立的道路，他们中的一些人还以苏俄为样板，研究、传播马克思主义，组织起各种形式的学习会、研究会等，为创建中国共产党奠定了思想基础。上海、广州、武汉、长沙等大城市工人阶级的崛起，为中国共产党提供了组织保证。另外，扩展到全国范围的抵制日货、提倡国货运动成为这一时期全民族斗争的主要手段。所以，五四运动既是中华民族走向新民主主义革命的起点，又是抵制日本侵略扩张，维护国家主权和民族独立的民族革命的肇始。

三　凡尔赛 – 华盛顿体制

第一次世界大战后，日本在远东和太平洋地区的势力急剧膨胀，引起美国的警觉和不安，美日之间的矛盾逐渐升温。为了协调远东和太平洋地区的国际关系，限制第一次世界大战后西方各国的军备竞赛，美国提议在华盛顿召开一次国际协调会议，具体协商远东和太平洋地区问题。1921年11月，有美、英、法、意、日、荷、比、葡以及中国参加的华盛顿会议如期召开。中国政府把希望寄托在美国的身上，希望能够通过这次会议解除帝国主义强加给中国的一切不平等条约，所以派出一支132人组成的庞大团队，以驻美公使施肇基为首席代表，顾维钧、王宠惠为全权代表，向会议提出了"十项原则"，内容包括归还山东，废除"二十一条"，退还租界、取消势力范围，关税自主，撤出各国驻华军警等，表示了中国政府恢复主权的意志和希望，同时强调赞同"门户开放，机会均等"的原则，希望能够以此得到美国的支持。然而，在列强主宰世界的帝国主义时代，包括中国政府寄以希望的美国,根本不会给贫穷弱小国家独立和平等的权利。中国提出的"十项原则"并没有获得西方大国的完全支持。美国则另外提出一个"四项原则",其中有:(1)"尊重中国的主权独立及领土与行政完整";(2)"给予中国完全无碍之机会,以维持和巩固一个强有力的政府";(3)保护各国在中国全境商务实业机会均等之原则;(4)不得因中国现在状况乘机营谋特别权利或优先权利,而减少友邦人民的权利。① 很明显,此"四项原则"中有部分内容是针对日本扩张野心的警惕,提醒日本切不可一意孤行,做独霸中国的美梦。此外便是继续唱"门户开放,机会均等"的老调,维护美国的在华利益。1922年1月,华盛顿会议主席、美国国务卿休士(Charles Hughes)又提出一个"在华门户开放案",再次提醒缔约国不得有有碍他国在华从事商务和实业之权利,此案得到各国的赞同。

当会议进行到讨论阶段时,围绕废除领事裁判权、关税自主、撤退外国军警以及废除中日之间的"民四条约"等问题,各列强均从各自国益出发,不肯放弃在华利益,日本反对尤烈,最后,中国的要求和希望实际上被会议否决。只是在山东悬案问题上,由于中国代表的强烈坚持,会议才勉强将山东问题列入讨论议程,但属非正式、无会议主席的"自由讨论",美国只是以观察员的身份参加会议。所以,讨论实际是中日两国的交锋。讨论中,日本坚持接收德国在山东的一切特权,包括胶济铁路的中德合办改为中日合办。中国代表严正指出,日本没有任何资格接收德国在山东的特权,坚持无条件收回胶济铁路及有关权益。双方争辩激烈,并一度中止谈判。待会谈再开时,英美提出一份议案,中国以债券形式偿付胶济路款,15年内付清,其间聘请日本人做车务长,并敦促中国代表,务必在华盛顿会议期间解决山东问题,否则拖延下去无有期日。在这样的情况下,1922年2月4日,中日代表在华盛顿签订了《解决山东问题悬案条约》和《附约》。《条约》计28条,主要内容有:(1)日本将胶州湾租借地归还中国;(2)胶州德国旧租借地内之一切公产移交中国;(3)日本于1922年12月10日移交行政权后的20日内撤出青岛和胶济路驻军;(4)青岛海关交还中国;(5)青岛日人开辟之盐场由中国赎回;(6)青岛至佐世保海底电缆

---

① 汪朝光:《中国近代通史 第六卷 民国的初建(1912—1923)》,江苏人民出版社,2007,第294页。

之一半交还中国；（7）日人所设之电线、电台交与中国，由中国予以补偿；（8）胶济铁路产业于9个月内交还中国。①

上述《条约》和《附约》的签订，意味着自1914年11月日本出兵占据青岛以来的山东悬案问题，历时8年之久，总算画上一个虽不圆满但大体解决的句号。

华盛顿会议上，与会国还先后签订了《五国海军条约》、《四国公约》以及涉及中国问题的《九国关于中国事件应适用各原则及政策之条约》（又称《九国公约》）。《九国公约》表示，"尊重中国之主权独立及领土的与行政的完整"；"各缔约国为更有效的使用开放门户或各国在华商工业机会均等之主义起见，协定彼等将不求取或赞助彼等之国民求取下列各项"：（1）"于中国任何特定地域内，关于商业或经济之发展，为彼等自己利益计，设立任何一般的优先权之协定"；（2）"任何独占权和优先权之足以剥夺任何他国国民经营在华任何合法商业或工业之权利者，或足以剥夺其与中国中央政府或任何地方官宪共同经营任何公共企业之权利者，或为其范围、时效或地理的关系，足以令机会均等主义实际的适用归于无效者"。②毋庸置疑，《九国公约》打着尊重中国主权和领土完整的旗号，要求中国继续"门户开放"，强调各列强在华利益的"机会均等"，其中也暗示对日本独占中国的提防和预警。

尽管华盛顿会议没有采纳中国的"十项原则"，中国依然处在各帝国主义列强的束缚和控制之下，没有从根本上摆脱半殖民地社会的地位，但是它的积极意义在于，从国际公理的角度限制了日本独霸中国的行为，有条件地归还了山东的部分权益，变日本独占为各帝国主义"共管"。华盛顿会议后，1927年，美、英、法、日、意等国又在日内瓦召开了海军裁减军备会议，确定了英、美、日三国海军舰队的比例。1928年8月27日，美、英、德、日等15个国家又签署了《关于废弃战争作为国家政策工具的一般条约》，即《非战公约》，又称《白里安－凯洛格公约》。其中第一条规定，缔约国共同谴责利用战争手段解决国际争端，提出"废弃战争作为实行本国政策的工具"。第二条规定"在处理各国之间的争端或冲突时，不论其性质或起因如

---

① 王芸生编著《六十年来中国与日本》第8卷，第335—347页。
② 王芸生编著《六十年来中国与日本》第8卷，第332、333页。

何，只能用和平方法加以处理或解决"。第三条规定了任何国家只要同意该公约的内容均可加入。①《非战公约》否定了肆意践踏他国主权、侵略他国领土的行径，同时在控制军备竞赛等方面也有积极的意义。1929年7月25日，该公约正式生效，截至1933年，又有48个国家加入该公约，连同缔约时的15个国家，总计63个国家宣布承认和遵守《非战公约》。

从巴黎和会到华盛顿会议，在协约大国的主宰下，通过一系列会议、讨论、谈判，签署了一系列国际法规、条约、条款、条例等，确立了"凡尔赛－华盛顿体制"。从正面意义考量，这是各列强在经历一场祸连欧亚大陆的人类灾难后痛定思痛，理性思考杜绝战争的方法、途径及其可能，一定程度上规范了国际交往的准则，否定了以战争手段解决国际纠纷的极端举措，对于维护第一次世界大战后短暂的国际社会和平起到了一定的作用。但是，"凡尔赛－华盛顿体制"是以美、英、法、日等协约大国的意志及各自利益为前提建立起来的，除德、奥等国受到一定的限制或约束外，殖民地、半殖民地国家的主权和利益仍然遭受列强的肆意践踏。尤其是中国，作为战胜国之一不仅没有分到一杯羹，反而失去山东的利益，其他如各帝国主义国家在中国的驻兵权、领事裁判权、协议关税权、租界特权等也没有为该体制所否定，继续维持着列强在中国的权益。更严重的是，日本对"凡尔赛－华盛顿体制"采取阳奉阴违、只取所需的策略，对日本有利者趋之若鹜，无利者弃如敝屣，尤其是针对中国问题，继续坚持其大陆扩张的国策。就在《非战公约》酝酿和签字期间，日本两次出兵山东；《非战公约》生效后仅仅两年，日本又发动了侵吞中国东北的九一八事变，甚至公然退出国际联盟，宣布"凡尔赛－华盛顿体制"从内部崩溃。事实证明，帝国主义国家试图通过"凡尔赛－华盛顿体制"保持大国势力的均衡，制止战争的设想落空。

第四节 国民革命、北伐战争与中日关系的起伏

一 日本加快侵略中国的步伐，中华民族反帝运动高涨

华盛顿会议后，日本独霸中国的野心受到各帝国主义国家的钳制，不

---

① 世界知识出版社编《国际条约集（1924—1933）》，编者印行，1961，第374页。

得不在表面上有所"收敛",表示要遵从"凡尔赛－华盛顿体制"。同时,中华民族日益高涨的反对帝国主义的运动,也使日本当局不得不变换手法,采取迂回隐蔽的手段,"币原外交"就是这个时期应运而生的产物。"币原外交"打着"协调外交"的幌子,表面上声称不干涉中国的内政,但加紧了对中国的经济侵略和文化侵略。"币原外交"时期,日本对华出口增至5.7亿日元,占中国进口总额的31.06%,居世界各国对华出口的首位。日本在华纺织工业,1919年的产能为33万锭,到1930年增至167万锭,占中国纱锭总数的39.6%。日本对华棉织品输出额,1926年达到1亿日元,比第一次世界大战前增长9倍。对华资本输出也持续猛增,1914年为3.8亿元,到1926年增至17.48亿元,为1914年的4.6倍。①

"币原外交"对于中国内政并非奉行绝对不干涉主义,尤其在中国东北表现得更为突出。

1922年,直、奉两个军阀集团在中原展开第一次直奉战争。直系军阀在英、美势力的支持下击败奉军,张作霖率部退回关外,闭关自守,宣布"独立",自任"东三省保安总司令"。

张作霖原本依靠日本的扶植登上"东北王"宝座。早在日俄战争时,张作霖就与日本人结下了"不解之缘"。辛亥革命后,张作霖凭着钻营和机灵,摇身一变当上北京政府的第二十七师师长。日本于是对他另眼看待,张作霖也不时向日本人表示自己的"亲日之意"。满铁总裁后藤新平曾对张作霖如此评价:"张(作霖)离满洲则无地位,盖以满洲为其唯一之势力范围也。张氏心中惟有权势利欲,别无他种知识。彼认日本在满洲有绝大势力,反对日本,于彼不利,倾向日本,于彼有益。如果利用此特殊之地位,照其心中所认识者而行,则张氏将为满洲专制之王,而日本亦得利用张氏,在满洲为所欲为"。② 这以后,日本人不仅扶植他独揽了奉天大权,而且帮助他控制了吉、黑两省,成为名副其实的"东北王"。

第一次直奉战争奉军败北后,日本当局立即为张作霖"注氧输血",将储存在海参崴的两万支步枪及一部分军火、飞机出售给张作霖。1923年2月,日本当局又把从意大利购买的1.3万支步枪、800颗炸弹、12门大

---

① 吴廷璆:《日本史》,第654页。
② 王芸生编著《六十年来中国与日本》第7卷,第55、56页。

炮转卖给张氏。接着，又将价值368万日元的军械运进奉天城，支持他扩充军队，改善装备。张作霖还派于冲汉东渡日本，请求日本军部协助建设东北兵工厂，得到日方的支持。日方派出一批技术人才协助张作霖扩大兵工厂规模。到1923年8月，东北兵工厂工人达3万人，年可生产野炮200门，重炮100门，月生产步枪1000支，日生产步枪子弹40万发。其生产规模之大、设备之先进和完善，均可称为当时中国之最。① 此外，张作霖还组建了一支拥有3000人、大小军舰21艘的海军，并购买了40架法国飞机，编成"飞龙"、"飞虎"、"飞鹏"、"飞鹰"、"飞豹"五个飞行队，建立起一支军阀集团少有的空军部队。另外，张作霖还聘请了数名日本高级军事顾问为他出谋划策。

日本之所以对张作霖格外青睐，目的只有一个，那就是利用张作霖的地位和身份，将其扶植成受日本控制的傀儡，进而在中国东北攫取更大的权益。

结果张作霖如愿以偿，挥师杀进关内，不仅报了第一次直奉战争失败的一箭之仇，而且控制了北京政权，并把奉系军阀的势力一直延伸到上海和长江流域。就在张作霖踌躇满志之时，他的手下大将郭松龄在滦州揭起了反奉大旗，率领5万精师杀回奉天，这使张作霖大乱阵脚。郭松龄是奉军第三军的副军长，能征善战，治军有方，是奉军中难得的将才，却受到实力派的排挤。再者，郭松龄同情革命，反对内战，对张作霖穷兵黩武、百姓颇受战乱之苦日生不满，遂与冯玉祥等将领订立密约，主张"排除军阀专横，永远消灭战祸"。郭松龄起事后势不可挡，很快占领东北咽喉锦州，然后兵分两路向奉天进军，其主力部队迅速逼近巨流河，占据了白旗堡、新民城，距奉天只一步之遥。张作霖身边除了卫队外无兵可遣，急如热锅蚂蚁，一度甚至准备丢下奉天出逃。

郭松龄倒戈的消息使日本军政各界分外震惊。关东军司令官立即派员去同郭松龄谈判，示意郭松龄在承认张作霖同日本签订的一切协定和条约，保护日本在中国东北的权益的前提下，日方可以给予其"便利"。郭松龄"严词拒绝，甚至拍桌，谈判遂破裂"。② 日本摸清了郭松龄底细，唯

---

① 王铁汉：《东北军事史略》，台北，传记文学出版社，1982，第43页。
② 高书全等：《中日关系史》第2卷，第141页。

恐郭松龄成事后排斥日本在东北的权益，遂打起防止"赤祸"的招牌，屡次电请国内出兵助张。关东厅长官儿玉秀雄、关东军司令官白川义则、驻奉天总领事吉田茂都先后致电国内，陈述其"防止赤患意见"，请求国内立即出兵。满铁总裁也致电外务省，声称如果坐视郭松龄成功，届时"东三省将一任赤化运动之蹂躏，以至更有废除满铁和关东州之虞"，主张对张作霖"予以有形或无形之支持"，"舍此之外别无他策"。① 吉田茂在致外务大臣的函中也称，"为维持我在满洲之地位，进而打破我势进展完全停顿之现状计，援助陷于困境之张作霖，以使之东山再起，决非无益之事"。日本陆相宇垣一成更是一个积极出兵派，他认为，"张作霖在北满的势力和威望不是一朝一夕取得的，而是10多年努力的结晶。今天张倒台，日本将一下子失掉这一方便"，而且，"第二个、第三个冯玉祥的出现，将使赤俄势力弥漫北满，我国的发展将被阻止"。② 就这样，信誓旦旦"不干涉中国内政"的"币原外交"在郭松龄反奉事件爆发后一反常态，露出了武力干涉的凶相。

12月8日，日本内阁做出决议，通过关东军向张、郭两军发出"警告"，声称如果战乱有危及铁路附属地及邻近地区之虞时，日本军"将采取必要措施"。

12月9日，日本关东军将司令部移进奉天，为张作霖坐镇打气。接着向郭松龄部队发出警告，禁止其部队进入营口和满铁沿线30公里之内。

12月15日，日本内阁决定从国内派遣一个混成旅团2500余人，另从朝鲜增调步炮兵1000余人进驻奉天。12月17日，日本援军进入奉天，又发出第二次警告，禁止两军进入距满铁附属地和铁路终点20公里之内。有了日本的保驾，张作霖才从惊魂中镇静过来，在满铁的帮助下，急忙从吉林、黑龙江调集兵马，组成一支7万人的队伍，自任总司令，命杨宇霆为参谋长，张学良为前敌总指挥，兵分三路与郭军在巨流河展开了决战。日军组成一支重炮兵部队随行助阵，日本顾问也上了前线指导作战。

12月22日，奉军三面包围了郭军，日军的重炮兵发挥了作用，郭军在日军的炮火下伤亡惨重。关东军空军部队也狂炸新立屯、新民。一队日

---

① 赵东晖、孙玉玲主编《苦难与斗争十四年》上卷，中国大百科全书出版社，1995，第49—50页。
② 赵东晖、孙玉玲主编《苦难与斗争十四年》上卷，第50页。

军骑兵还焚毁了郭军的弹药库。郭军三面受敌，加之连日作战疲惫不堪，经两昼夜苦战终于不支溃败。郭松龄化装逃往营口，途中不幸被俘，旋即遇害。

事后有媒体评论认为，郭松龄并非败于张作霖，而是败于日本帝国主义。

当然，日本支持张作霖是有苛刻条件的。郭松龄兵逼奉天以后，张作霖急忙派杨宇霆去大连向日本人请援，与日本人签订了《日张密约》，其中有：割让海城以南各县；承认"二十一条"；出让鸭绿江、浑江航行权；中日合办东北铁路、矿山；日本人在东北有居住权、土地所有权，必要时有设置警察之权；等等。

郭松龄事件平息后，日本人催促张作霖兑现密约。张作霖却是时而装聋作哑，时而做些小的让步，总是吊着日本人的胃口。另一方面，张作霖成立东三省交通委员会，策划打虎山到通辽间、吉林到海龙间的铁路建设，届时，打通线可以同四洮线相连，吉海线又同沈海线接续，如果再开发葫芦岛筑港，就形成了与满铁并行的线路，势必影响满铁东西两侧的货物运输量。这使日本人恨得咬牙切齿，施尽各种手段威胁恫吓。这也为后来日本军人策划爆杀张作霖埋下了引线。

在各帝国主义召开华盛顿会议、确立华盛顿体制的前夕，1921年7月，中国共产党成立。中国共产党从诞生之日起，就把打倒帝国主义、封建主义、官僚资本主义作为奋斗的目标。从此，中国社会和中国革命进入一个新的历史时期。

按照清政府最初与日本签订的协议，旅大租借期限为25年，应该到1923年3月27日到期。但是，日本强加给袁世凯政府的"二十一条"中把期限延长到99年。于是，一个以取消"二十一条"、收回旅大权益为中心的民族运动蓬勃掀起，其主要的斗争形式就是抵制日货。而且这场斗争不仅发生在东北，北京、上海、武汉、西安、徐州、广州等许多大城市也掀起了轰轰烈烈的抵制日货运动。在湖南，艺芳女校的师生编写了一首歌谣，内容是："国又穷来兵又弱，赤手空拳待怎生。思量只有一条计，管教日本也寒心。大家莫买日本货，使彼银钱赚不成。日本岛民穷得很，向来贸易做营生。货物若还销不出，民穷财尽困难存"。[①] 上海对日外交市民

---

① 高书全等：《中日关系史》第2卷，第135页。

大会刊登广告，提议"对日采取经济绝交"。几家大公司随即派员赴日，取消订货合同。上海鲜肉业召开紧急会议，决议有关肉类原料概不供应日商。北京各学校师生上街游行演说，盘查封存日货，号召广大民众使用国货。全国上下抵制日货的行动使日本对华贸易及经济活动遭受重大损失。

1925年五卅运动爆发，标志着中华民族抵制日货的斗争进入一个新的历史阶段。1925年2月和4月，上海和青岛相继爆发了日本纱厂中国工人大罢工。当时，日本在华纱厂计有41家，其中上海27家，青岛9家，东北5家，雇用中国工人8.8万余人。中国工人在日本老板的残酷盘剥下，每天做13个小时的苦工，获取的却是最低的工资待遇，还要经常遭受老板、工头的毒打和克扣。1925年2月，上海棉八厂无故开除一名工人，当工人们与老板说理斗争时，资本家竟然勾结军警逮捕拘押工人。工人们忍无可忍，于2月9日举行了大罢工。接着，上海第九、第十三、第十四纱厂的工人也掀起了轰轰烈烈的罢工斗争，罢工潮很快席卷了全上海的日本纱厂界。日本政府借机出动舰队干预，并威胁中国政府予以镇压。5月15日，日本纱厂老板竟然肆无忌惮地枪杀工人代表顾正红。青岛日本纱厂的罢工工人也遭到日本海军和当局的联合镇压，有2名工人被枪杀，轻重伤者十余人。

中日反动派的无耻之举激怒了中国工人。在中国共产党的领导下，1925年5月30日，上海学生2000余人走上街头，高呼打倒日本帝国主义、援助被捕工人等口号，进行示威游行和街头演说。租界巡捕房竟逮捕了100多名学生。于是，上海工人、各界民众万余人涌向巡捕房，要求租界当局释放学生。巡捕房军警竟然向请愿民众开枪，死伤数十人。

五卅惨案激起了上海各界民众的极大愤慨。从6月1日开始，上海举行全市范围的罢工、罢市、罢课，使整个上海工厂停工，电厂停电，轮船停航，电车停运，货物停卸，处于瘫痪状态。五卅惨案也震惊了全国各大中城市，北京、汉口、九江、南京、济南、福州、青岛、天津、唐山、开封、郑州、重庆、成都、杭州、广州、奉天、吉林、哈尔滨、旅顺、大连、安东等数十个城市都掀起了轰轰烈烈的"三罢"斗争。

五卅运动标志着中国人民反对帝国主义的斗争进入一个新的历史阶段，也表明中国民族革命和旧民主主义革命高潮的到来。

二 国民革命、北伐战争与日本出兵山东

第一次世界大战后，随着各帝国主义对中国市场的渗透，日本失去在中国市场的独占地位，出口量减少，商品滞销，带来国内物价上涨、通货膨胀、人民生活水平日趋下降的连锁反应，日本经济陷入前所未有的危机之中。这个时期，又是日本国内民主主义和自由主义思潮空前活跃的时期，西方各种民主主义和自由主义学说被学术界和知识界吸收进来，要求改革专制主义特权统治，打倒阀族、维护宪政的资产阶级民主主义斗争高涨。如东京帝国大学教授美浓部达吉的"天皇机关说"，主张国家主权属于国家，而不属于天皇。还有东京帝国大学副教授吉野作造提倡的"民本主义"，阐述了以民为本的思想，强调国家活动的目标在于为人民谋利益。日本的无产阶级运动以及无政府主义运动也在这个时期兴起，工农运动、学生运动、妇女运动及民间层面的教育改革都出现崭新的局面。

到了1927年，日本金融界又呈现更大的危机，先后有30多家银行倒闭或歇业，一些大型商店也宣告关闭，引发经济萧条，物价腾贵，大批工人失业，国内阶级矛盾日益激化。日本军政界右派势力趁机抨击"护宪派"内阁，攻击政府"软弱"的外交政策，鼓吹不惜动用武力解决所谓的"中国问题"，把金融危机和国内矛盾转嫁到海外。结果，民政党内阁总理若槻礼次郎宣布总辞职，由政友会总裁、陆军大将田中义一上台组阁。田中义一属对华强硬派，一直对"币原外交"持批判立场，主张以强硬手段征服中国，扩张日本在中国的权益。所以，田中上台组阁后即猛烈抨击"币原外交"，强调"中国政局的变化，会引起东亚全局的危机"，公开主张对中国"应进行积极干涉"，"中国共产党之活动，其结果直接影响于日本，及其维持东亚和平之地位，吾人实觉有重大之责任，不能置之不顾"。①

是时，国民革命军的北伐势如破竹，直下上海、南京等重镇。1927年4月12日，北伐军总司令蒋介石在南京发动政变，屠杀共产党人和工人运动领袖，建立南京国民政府，随即继续北上，讨伐奉系军阀，以完成打倒军阀、统一中国的北伐大业。

在北伐军逼近山东之时，刚刚组阁不久的田中内阁以"保护侨民"为

---

① 王芸生编著《六十年来中国与日本》第8卷，第127页。

借口，摈弃了"不干涉中国内政"的币原外交，决定向中国山东派兵，并发表声明称，"在战乱之际，因为得不到中国官宪的充分保护，侨居该地的帝国臣民的生命财产受到重大危害，甚至还发生过毁坏帝国名誉的暴行。因此，在目前华北骚动紧迫之际，难保不会重新爆发此种事件……鉴于战局时刻变化，决定先从驻满部队中调兵约二千人，派到青岛。使用陆军力量进行保护，原为求得侨民的安全，为自卫而采取的万不得已的紧急措施，不但对中国及其人民没有任何非友好的意图，并且对南北两军的任何一方，也不干涉其作战，妨碍其军事行动。帝国政府于此声明，此次派兵实为自卫上不得已的措施"。①

5月30日，关东军第三十三旅团从大连出发开赴青岛。7月8日，田中内阁又决定增派第十师团司令部及第八旅团野炮兵第十二联队第二大队以及铁路班、通讯班等侵入山东。山东的局势立时紧张起来。当年8月13日，蒋介石在内外交困的情况下无奈宣布下野，偕张群等人前往日本，旨在取得日本的支持。北伐军也因此停止了北进。8月底，日本宣布从山东撤兵。可见，日本出兵山东还有救助张作霖的另一层意义。郭松龄反奉时张作霖为了救急，与日本签订了《日张密约》，却一直没有兑现，相反还加紧修筑"满铁并行线"，使得日本军政界格外不满。为了怀柔张作霖，日本出兵挡住北伐军，救了张。日本人以为张作霖一定会感恩戴德，能在"满蒙新五路"及"商租权"等方案上痛痛快快地签字。

田中内阁的强硬外交和出兵山东引发日本国内强硬派的一片叫好声。田中内阁趁势搞了一个更大的举动，从6月27日到7月7日期间，田中内阁在东京外相官邸召开了一次"东方会议"②，出席者有首相兼外相田中义一、政务次官森恪、外务次官出渊胜次、亚洲局长木村锐市、欧美局长堀田正昭、通商局长斋藤良卫、驻华公使芳泽谦吉、驻奉天总领事吉田茂、陆军次官畑英太郎、参谋次长南次郎、军务局长阿部信行、关东军司令官武藤信义以及其他陆海军官员，驻上海、汉口总领事等官员。另外，田中内阁的各部大臣也都列席了会议。

---

① 王芸生编著《六十年来中国与日本》第8卷，第371页。
② 1921年5月，为了在华盛顿会议前讨论和确立日本的对外政策，原敬内阁召开一次东方会议，就山东撤兵、与远东共和国谈判等事宜确定了基本方针，同时出台《关于对张作霖的态度》，决定通过扶植张作霖来推行日本的满蒙政策。此次会议也称第一次东方会议。

东方会议最后形成了八条《对支政策纲领》，主要内容有：

第一，强调日本在中国东北的特殊地位，《纲领》认为，满蒙"在国防及国民生存上有重大利害关系"，日本必须对其予以"特殊的考虑"。这是九一八事变前"满蒙是日本生命线说"的另一个版本。为此，《纲领》毫不避讳地宣称："万一动乱波及满蒙，对我特殊地位和权益有侵害之虞时……须当机立断，采取适当措施。"很明显，其意就是要把中国东北地区从中国的版图中彻底分裂出去，也是凡尔赛－华盛顿体制确立以来，日本侵吞中国东北的国策的公开化。

第二，公开叫嚣要干涉和镇压中国的革命运动，尤其是中国共产党领导的反帝、反封建斗争。声称要对"不逞之徒进行镇压并维持秩序"，"如帝国在华权益及日侨生命财产有被非法侵害之虞时，要酌情断然采取自卫措施，以维护之"。

第三，蓄意在中国东北培植亲日势力。《纲领》的第七条在发表时未予公布，因为其内容太过于露骨。内容是这样的："至于东三省政局之稳定，则有待东三省人本身之努力，方为至善之策。在三省有力者中，对尊重我在满蒙之特殊地位，认真谋求该地方政局之稳定者，帝国政府应予适当支持。"① 事实上，日本在中国东北除了扶植张作霖外，对东北军政商工各界都格外留心，巧言联络地方实力派，施以恩惠，为培植后来的亲日傀儡政权打下了基础。

1928年4月，蒋介石复任国民革命军总司令，决计督军再次北伐。北伐军从徐州一线出击，迅速进据山东，逼近济南。张宗昌、孙传芳等部不堪一击，惶惶败退。5月2日，北伐军占据济南，蒋介石的总司令部也移驻济南城。

北伐军刚刚出师，日本驻济南武官酒井隆就致电参谋总长，提议立即出兵干涉。4月17日，田中内阁召开紧急会议，内阁成员对再次出兵山东没有任何异议，而且，参谋本部还决定派出重兵。4月19日，田中内阁做出第二次出兵山东的决议案，决定派遣驻扎天津的三个步兵中队先行奔赴济南。又增派第六师团经青岛部署在胶济铁路沿线，日军兵力达5000

---

① 日本防卫厅防卫研究所战史室编纂《日本军国主义侵华资料长编——〈大本营陆军部〉摘译》（上），天津市政协编译委员会译校，四川人民出版社，1987，第140页。另见〔日〕井上清《日本军国主义》第3册，马黎明译，商务印书馆，1985，第247、248页。

余人。

4月25日，日军第六师团一部在青岛登陆。中国政府立即发出照会，抗议日本再次出兵山东。然而，4月26日，在斋藤少将率领下，600名日军旁若无人般开进济南。4月28日，日军大部队4000余人进驻济南，在三大马路日本领事馆、五大马路济南医院及日本小学、二大马路日本济南日报社一带构筑工事，架设电网，摆开准备作战的架势。

4月30日，张宗昌弃城逃跑，北伐军一部进入济南城。方振武受任济南卫戍司令，负责维持地方治安。为了避免与日军冲突，北伐军主力部队绕过济南继续北上，城内只驻守少量部队。

日军占领济南一部分城区后，随意开枪杀人。5月1日晨7时，日军在纬十一路饼干厂刺死饥民宋光占。11时，一名市民因母病重求医，在通过三大马路二路口时，被日军开枪射杀。黄昏时分，纬二马路居民李清海到门外小便，被日兵刺死。①

蒋介石进入济南城后，见日军逞凶，随即离去。临行前训令部下"忍辱负重"，并具体指示：不与敌构争，保护（日）侨民，系为国家之故；对于日本人绝对不要开枪；若遇有事时，日本要求枪支，即以枪支与之，要求作俘虏时，即听其捕作俘虏。②然而，日军此次出兵，一开始就抱有寻衅滋事、挑起事端的恶念。日军出兵前，参谋总长就训令第六师团长福田彦助中将，"对中国军队的停战，必须以显扬国军威信并根绝祸因为条件"。5月3日上午，北伐军一名士兵经过日军自己划分的所谓警备区时，日军不分青红皂白开枪将该士兵打死。同时，北伐军第四军团宣传员在南魏家庄张贴标语，日军出面制止，双方争执期间，大队日军扑来，不由分说开枪射击，当场死伤数人。各处日军闻到枪声，索性架起大炮炮轰北伐军营地，然后发起攻击，一时间血肉横飞，尸横满街。这一天，有千余名无辜军民死于非命，另有一营北伐军士兵被日军缴械。

更残忍的是，当天，一队日军无视国际公理，擅自闯进国民党战地政务委员会外交公署，外交处长兼山东特派交涉员蔡公时与闯进署中的日军辩理。日军竟然割去蔡公时的耳、鼻，然后枪杀。外交公署的另外18名工

---

① 王芸生编著《六十年来中国与日本》第8卷，第152页。
② 王芸生编著《六十年来中国与日本》第8卷，第152页。

作人员也被日军剥去衣服捆绑起来，集体枪杀或用刀剑砍死。

国民政府外交部部长黄郛闻讯立往日本领事馆交涉，竟被无理扣留多时，待返回时见警卫员俱被缴械。

5月4日，日军继续在济南城肆意妄为，他们随便杀人，抢劫商店和民财，1600余华人被无理拘禁。

5月5日，日本内阁决定继续增兵，派出第三师团18000余人侵入山东，准备一举占据胶济铁路沿线，抢夺在山东的权益。当天，从大连增援的日军第三十八旅团在青岛登陆。从5月8日起，日军大部队相继侵入济南城，开始发动总攻，到5月10日，有4000余军民死在日军的炮火下。5月11日，蒋介石下令撤出济南。至此，日军先后占据了济南全城、青岛及其附近，津浦路黄河铁桥及泺口，济东之郭店，济西之张庄和党家庄，城南之辛庄及千佛山，博山及胶济路支路沿线，胶济路全线。在此期间，日军飞机还飞抵兖州、泰安一带狂轰滥炸。

济南惨案是日本帝国主义一手制造的侵略中国的罪恶行径，日本却倒打一耙，把责任强加到中国的头上。所以，围绕着济南惨案，中日之间进行了马拉松式的谈判，直到1929年3月，两国才换文达成协议，声明书的内容是："中日两国政府对于去年5月3日济南所发生之事件，鉴于两国国民固有之友谊离开为不幸，悲痛已极；但两国政府与国民，现颇切望增进睦谊；故视此不快之感情，悉成过去，以期两国邦交益臻敦厚。特此声明。"①

这一纸声明把中国军民死6123人、伤1700余人②以及损失无数财产的重大损失一笔勾销，换来的只是日本在签字后的两个月内撤兵。

三 国民政府的"革命外交"与日本的对策

中国共产党成立后，喊出"废除不平等条约"的政治口号，发动民众展开反帝斗争。1924年夏，各大城市掀起了"废除不平等条约"的运动，随之，这场运动逐渐扩展到全国各地。但是，民众性的反帝废约运动并没有获得任何帝国主义国家的回应，唯有苏俄政府成立后，发表了"加拉罕宣言"，宣布放弃沙皇俄国在中国的特权。1924年3月，北京政府与苏联

---

① 王芸生编著《六十年来中国与日本》第8卷，第386页。
② 据国际红十字会济南分会调查统计。

签订《中苏解决悬案大纲协定》，除中东路由中苏合办外，废除沙俄与中国签订的一切公约、条约，同时承认外蒙古为中华民国的一部分，尊重中国的领土主权。

南京国民政府成立后，将废约问题提上日程。1928年6月15日，外交部部长王正廷代表国民政府发表对外声明，通告中外："中国80余年备受不平等条约之束缚，今当中国统一告成之际，当遵正当之手续实行重订新约，以合乎完成平等及相互尊重主权之宗旨。"同年7月7日，又发表了《废约宣言》，内称，"对于一切不平等条约废除，及双方平等互惠主权新约之重订，久已视为当务之急"。同时提出三个原则，分别是：（1）已届满期之条约，当然废除，另订新约；（2）尚未满期者，国民政府当以相当之手续解除而重订之；（3）旧约满期而新约未订者，另订临时办法处理一切。①

国民政府的宣言立即在中外引起强烈反响，各党派、各阶层民众大多支持和响应《废约宣言》，并将其上升到"革命外交"的高度，一度喊得十分响亮。但是，随着各帝国主义国家的"麻木"或不睬，原本代表地主、资产阶级利益的南京国民政府根本不可能实施革命的手段，发动民众采取强硬举措，从而废除一切不平等条约。而实际奉行的是通过外交途径，频繁走访各帝国主义国家，不断阐述中国的主张，达到"修约"或重订新约的目的，概言之，当属修约外交或重订新约外交。

1928年7月，中美之间签订了《整理中美两国关税之条约》，内中虽然还保留美国"享有与其他国平等待遇"的条款，但宣布归还中国的关税自主权，这是修约外交取得的第一个成果，也增进了国民政府上下争取废除不平等条约的信心。随之，条约期满的比利时、西班牙、意大利、葡萄牙、丹麦五国相继与中国重订了新约；条约期未满的英、法、挪威、瑞典、荷兰等国也依照美国的蓝本，与中国订立了新约，上述各国均承认了中国的关税自主权。

围绕领事裁判权问题，国民政府坚持废除所有国家的治外法权，在谈判过程中也得到一些国家的认可，遗憾的是，由于中原大战爆发，随之日本发动九一八事变，本来应该解决的问题滞后，唯一收效是废除了上海公

---

① 转引自杨奎松《中国近代通史　第八卷　内战与危机（1927—1937）》，江苏人民出版社，2007，第93页。

共租界的临时法庭，改由中国司法机关执行。此外，此期间中国政府相继收回了比利时占天津租界，英国占镇江、厦门、威海卫租界等。

在国民政府推行以废约为实质内容的"革命外交"的过程中，最棘手、最难缠的就是日本。从中日甲午战争到九一八事变，日本通过侵略战争、武力恫吓、外交纠缠以及伙同列强共同干涉等一系列手段，先后在中国获取了大量特权或权益。其中，最为突出的是日本所谓的"满蒙权益"，包括本应1923年归还的旅大租借地，南满铁路经营期的延长，满铁附属地的租期，以及治外法权、关税自主权等问题，日本方面采取百般狡辩、一再推诿等手段，为中国政府收回主权设置了许多障碍。早在1925—1926年间，中、日、英、美等国在北京召开特别关税会议，中国代表首先申明收回关税自主权的主张，英国代表则以中国内战频繁，无力保护外国人的生命财产为由，主张中国实现统一后再议，后又提出以中国政府撤销厘金制度（国内通关税）作为交换条件。以"协调外交"为标榜的日本外相币原喜重郎在国会表示，"近年来，支那国民的政治觉醒越来越呈现出明显的特征，历史上的支那逐渐成为过去，取而代之的将是一个新支那，军事权力随着战乱的命运或者兴起，或者垮台，但国民的觉悟一旦焕发决不能消灭……恢复关税自主权的希望便显现出来"。① 表面上看，币原似乎同情中国政府收回关税自主权的主张，实际上不过是他前不久处理"五卅事件"过程的感受而已，但具体涉及日本权益问题时，"币原外交"还是毫不妥协、退让或有半点含糊。所以，日本代表在会议表态时，先是冠冕堂皇地表示一番"同情"、"理解"之意，但话锋一转，却提出实现关税自主权需要"一定时间"，对于中国提出的税率也表示反对，并另外提出两个方案，一是"在公正和合理的基础上确定固定税率"，二是"同中国分别商定差别税率"，并表示倾向于第二种方案。日本代表的理由是，英美等国输入中国的商品多为奢侈品，而日本的输入品主要是普通日常用品，与中国国内企业产生竞争，主张应该按着商品种类分别规定税率。但因会议期间发生郭松龄反奉、冯玉祥兵进北京、段祺瑞政府倒台等一连串事件，北京关税会议无限期延期，导致此次会议不了了之。

---

① 币原喜重郎在第51次议会上的讲话，转引自馬場伸也『満州事変への道』中央公論社、1972、169頁。

1928年前后，在国民政府以废约为实质内容的"革命外交"的斡旋下，美、英、法等国陆续归还了关税自主权，唯有日本一拖再拖。1930年1月，国民政府代表与日本新任驻华公使佐分利贞男初拟了通商关税新提案，前提是日方承认中国关税自主的原则。岂料就在新提案拟定后，佐分利突然莫名其妙地自杀，日本改派小幡酉吉出任驻华公使。小幡曾直接参与强迫中国接受"二十一条"的外交交涉，为此中国政府拒绝承认其公使资格，日本又改派驻上海总领事重光葵代理驻中国公使，中日双方再开谈判。1月24日，日本内阁原则通过了中日关税协定的缔结方针，但"附加了互换税率和取消内国关税的条件"，而且，日方提出议定关税的商品种类应占总输出种类的70%—80%，期限为7—10年，与中国政府的主张颇有差距。双方争争讲讲，直到1930年5月6日才正式在中日新关税条约上签字。协定归还中国的关税自主权，给予日本最惠国待遇，另外，三年内对日本输入商品种类的50%实行议定关税制度。① 实际上还保留着不平等条约中议定关税的内容。

为了敦促日本尽早放弃不平等条约享有的权益，1929年9月5日，国民政府派出司法院副院长张继赴日，就撤废治外法权及日本在满蒙权益问题与币原外相会谈。首先，张继提出撤废治外法权问题，币原先是以列强外交团的意见为盾牌，称："如果本年内（中国的）法典完备，那么，来年的一月一日当断然撤消治外法权"；接着话题一转，称日本撤销治外法权是在"制订并公布有关外国人的权利义务的总则，以及债权物权规则的三年后才逐步撤消了治外法权"。言外之意，撤销日本在中国的治外法权将是遥遥无期。币原认为，中国即使马上制定了法典并宣布实施，"司法官本身必须通晓新法"，"司法官的学识和才能是最重要的"，"如果没有司法独立权，司法官为了保留自己的地位，势必去迎合行政官吏和军阀，外国人自然对中国的法权感到不安，在这种状态下，如果立即撤消治外法权是不可思议的"。币原转弯抹角表达的只有一个意思，那就是不同意撤销治外法权。张继指出，日本在土耳其、波斯的治外法权已经撤销，目前世界各国中日本只在中国继续享有治外法权，这是不公平的。币原却把责任

---

① 日本国際政治学会、太平洋戦争原因研究部編『太平洋戦争への道：開戦外交史1』朝日新聞社、1963、332—334頁。

推给中国，称"近十数年来，中国内乱不断，形式上的统一只是在前年刚刚实现，而土耳其、波斯司法制度已经完备，尤其是中央权力巩固，威令国内，这与中国不能同日而语"。由于币原的层层设防，前堵后截，张继及驻日公使汪荣宝见撤销治外法权问题难以继续会谈下去，遂将重点转向"满洲"问题，这是日本方面最为敏感的问题。所以，中国代表刚一提出"满洲"问题，币原立即一口回绝，称"所谓满洲问题不知所指什么，如果是关东州租借地的归还，或者是满铁的回收，我国绝对视之为问题，不仅当今内阁，（以后的）任何政府也不会有考量的余地，请务必明了和谅解！"张继见币原封口，称自己最近到东北考察，一直走到哈尔滨，发现"东北人民的对日感情极坏，恐怕是贵大臣难以想象"。汪荣宝公使也指出，前任内阁（田中内阁）"给予中国人民的印象是，持有侵略东北的意图"。币原一方面为田中内阁开脱，称"尚不知晓田中内阁确立了什么样的侵略政策"；另一方面口头应允两国应该通过一种方式"约定互不侵犯领土"。① 张继和汪荣宝均表示赞成，事实上，这不过是日本外交部门的缓兵之计而已。结果，此次争取撤销不平等条约的双方会谈未取得任何成果，草草结束。

从张继币原会谈可以看出，即使以"协调外交"著称的币原在"满蒙权益"问题上也是态度强硬，这是日本近代以来"满蒙权益第一主义"的战略方针所决定的，无论是军部、政府、外交机关，还是社会各派右翼势力，无不把"满蒙权益"视同"生命线"。因此，日本所谓的"满蒙权益"问题，是张作霖政权、国民政府以及"易帜"后的张学良所面对的、不可回避的棘手问题。

从 1925 年郭松龄反奉，到张学良继承父业宣布"易帜"，关东军出兵干涉，两次兵侵山东，召开东方会议，爆杀张作霖，其根本目的都在于维护和扩大日本的"满蒙权益"。正如芳泽公使在给田中首相的电报中指出的那样，"张作霖的命运如何，将对东三省政局产生重大影响，作为我国最关键关系的满蒙问题，张作霖及南方政权采取何种态度，乃十分重要"。② 所

---

① 本段中引文均出自『幣原外務大臣張継会談要領』国立公文書館・アジア歴史資料センター、Ref. No. B02030143200。
② 『満蒙懸案解決に関する件』国立公文書館・アジア歴史資料センター、Ref. No. B0203003 4700。

以，在国民政府开展废约运动的过程中，日本在满蒙的权益不仅没有丝毫收缩，相反却逐渐扩大，给双方的外交谈判带来极大的障碍。

1927年7月，按着田中内阁的训示，奉天总领事吉田茂与奉天省长莫德惠进行了交涉谈判，针对满铁平行线问题，要求获得海（龙）（延）吉线、打（虎山）通（辽）线延长线的铺设权，以及在帽儿山设置领事分馆。消息传出，东北民众群情激愤，掀起又一轮反对日本鲸吞东北权益的运动。关东军以及在东北的日本外交机关均表现出强硬的态度，甚至主张以武力解决"满蒙悬案"。在这样的态势下，双方谈判升级到张作霖与满铁社长山本条太郎之间的高层谈判。1927年10月15日，双方签订《张作霖山本协定（密约）》，赋予满铁以下五条铁路的筑路权，分别是敦化—老道沟—图们江岸、长春—大赉、吉林—五常、洮南—索伦、延吉—海林。另外，禁止铺设开通—扶余线，以及打通线以北的延长线。这样，日本又获得满蒙新五路的特权。但由于张作霖最终没有在条约上签字，日本关东军采取极端手段，制造了皇姑屯事件，张作霖死于非命，满蒙新五路也就成为"悬案"，连同收回旅大租界权及撤销治外法权等问题，再次成为中日交涉的焦点。

1929年5月，田中内阁针对中日交涉事宜出台《对满蒙方针案》，其中的"根本方针"是，"满蒙对于帝国具有特殊重大利害关系，该地方实权者若理解我特殊地位，并诚心协力之当予以支持，否则不予支持，此乃我内阁成立以来确定之方针"，"观察张学良之态度，与其他排外风潮雷同，侵害我重大权益，或借口民意履行其当然责务，今支那只是统一之空名，不能回避我国折冲之责任，若无诚意与我协力者，帝国政府当断然采取不支持张学良之态度，遵此方针相机采取具体措置"。在"具体措置"中，列出五项内容，其中有"撤回我国军事顾问""保证满铁运行之方便，凡不便者必须停止""严重抗议支那对打通线等的不法行为""根据条约和契约规定，对诸问题进行积极地策动""京奉线遮断问题"等。①

1930年10月，中日再开谈判，日方代表有田八郎强调，在旅大租界权及满铁附属地驻兵权问题上绝不能退让，另外，对治外法权、内河航行权问题可以做些许让步，除天津、汉口租界外，可以考虑放弃苏州、杭

---

① 『対満蒙方針案』国立公文書館・アジア歴史資料センター、Ref. No. B02030037300。

州、福州、沙市、重庆等地的租界。① 这以后，中日间虽然不断举行各个级别的会谈，但由于日方态度强硬，不仅对原来的不平等条约坚不放弃，而且狮子大开口，继续谋求在满蒙的更大权益，使谈判陷入僵局。进入1931年，关东军军事侵吞东北的锋芒毕露，又相继发生万宝山、中村大尉等事件，日本上下掀起以武力保卫"满蒙生命线"的狂潮，最终挑起了九一八事变，中日间修改不平等条约的交涉彻底失败。

---

① 日本国際政治学会、太平洋戦争原因研究部編『太平洋戦争への道：開戦外交史1』、342、343 頁。

第二章
九一八事变及其反响

20世纪二三十年代资本主义世界的经济危机，严重冲击着日本的经济社会，引发日本国内超国家主义运动的滥觞，"满蒙生命线论"应运而生。经过处心积虑的阴谋策划，日本关东军终于发动了侵吞中国东北的九一八事变。在"不抵抗主义"的意旨下，中国政府抱定以"公理对强权"，寄希望国联及西方大国出面调停或制裁日本。与此同时，日本国内加速了建立军部法西斯独裁体制的进程。在国土沦陷、民族危亡的关头，由东北爱国官兵、知识分子、各界民众组成的东北义勇军冲上抗战第一线，揭开了中国局部抗战的序幕。

第一节 九一八事变前的中国与日本

一 日本制造皇姑屯事件，东北易帜

1928年，日军在山东制造济南事件，一时阻止了北伐军的北伐，但蒋介石下令绕路北上，与冯玉祥、阎锡山部互为犄角，大军兵逼天津、北京一线。

日本当局唯恐南北两军在京津决战波及东北，指令驻中国公使芳泽劝说张作霖退回东北。本来想依靠日本支持，据守北京可以与蒋介石讨价还价的张作霖，没料想日本人打的是退堂鼓，加之芳泽又趁机提出"满蒙悬案"问题，不禁勃然大怒，断然拒绝日本人的劝说。但到后来，自知实力难抵南方军的张作霖还是软了下来，答应退回关外养精蓄锐，伺机再起。他却不知道，日本人已经为他设置了一个死亡陷阱。

5月17日，田中内阁出台《关于维持满洲地方治安的措施方案》，并将要点通报美、英、法、意，内称："不问南方或北方部队，我决心组织

武装部队进入满洲。如奉军早日回师，主动退却与南军隔离，可不必解除武装。无论属于上述何种情况，均应绝对阻止南军进入关外；为维持满洲治安，对武装之南北两军，应公平对待，均不使其进入关外，责成关东军司令官与中国驻屯军协力进行适当处置。为此，将根据需要向该方面增派若干部队。"①

5月18日，日本在给张作霖和蒋介石的备忘录中指出，"战乱扩展至京津地方，如果祸乱波及满洲时，帝国政府为维持满洲治安，将不得不取适当有效之措施"。②同一天，日本参谋本部接到关东军司令官村冈长太郎的报告，要求将第十四师团的半数移驻锦州，混成第四十旅团移驻奉天，并将关东军司令部移至奉天，准备适时解除退回关外的奉军武装，进而一举占据中国东北。"关东军认为当前如不动兵，则将失掉时机，有使帝国声明成为一纸空文之虞"。③但是，关东军如果擅自将兵力移出关东厅或满铁附属地，是违反《朴次茅斯条约》规定的。参谋本部与田中内阁不敢擅做决定，经请示，天皇敕谕，令关东军进驻奉天附属地集结。与此同时，外务省也发出训令，因南方军不会追击奉军出关，所以暂不要解除奉军武装。这样，"参谋本部与外务省的立场呈现微妙的差异"。④

5月20日，5万奉军撤回奉天，在山海关一带还有25万余人待命。如果关东军此时擅自出兵锦州，势必腹背受敌。于是，关东军司令官村冈长太郎一手策划了暗杀张作霖的计划，准备借此"打乱其军队的指挥系统"。⑤村冈把任务指派给关东军参谋竹下义晴中佐，令其同北京公使馆武官建川美次少将、驻天津军司令官铃木一马少将等人具体商议暗杀事宜。竹下找到关东军高级参谋河本大作大佐、尾崎少佐、菅野少佐、川越大尉等人商议。河本等人认为，北京公使馆和天津驻屯军⑥都难以完成此任，

---

① 《日本军国主义侵华资料长编——〈大本营陆军部〉摘译》（上），第154页。
② 《日本军国主义侵华资料长编——〈大本营陆军部〉摘译》（上），第154页。
③ 《日本军国主义侵华资料长编——〈大本营陆军部〉摘译》（上），第155页。
④ 日本国際政治学会、太平洋戦争原因研究部編『太平洋戦争への道：開戦外交史1』、306頁。
⑤ 中央档案馆等编《日本帝国主义侵华档案资料选编 第17卷 河本大作与日军山西"残留"》，中华书局，1995，第33页。
⑥ 1912年，日本将"清国驻屯军"改名为"中国驻屯军"。因该军驻扎华北，通常被人们称为"华北驻屯军"，因其司令部设于天津，又被称为"天津驻屯军"。

莫若由关东军参谋人员去完成。最后，决定利用列车颠覆的办法，地点选在奉天以西30公里的巨流河附近，并派一名工兵中队长前往调查。

工兵中队长调查回来后，经商议，决定选在皇姑屯东一公里的满铁线与奉山线交叉处，由日军独立守备队第四中队长东宫铁男大尉具体负责实施，另有神田泰三中尉和桐野工兵中尉协助，还特意从朝鲜调来一支工兵队，在预定爆炸点的铁桥上安装了脱轨器及日本新研制的黄色烈性炸药，并在距桥墩500米处的瞭望台上安装电动引爆装置，还在附近埋伏一支冲锋队，由荒木五郎率领，计划万一爆炸未得手时，冲锋队冲上去武力解决。一切准备就绪，收集张作霖返回时间和乘坐列车等情报的工作，则由驻北京武官建川美次、田中隆吉和关东军参谋竹下义晴等人具体负责。①

张作霖经历过多次险境，也曾逃脱过日本人的暗杀。在离开北京之前，他也听闻日本人要对他下手。奉天宪兵司令齐恩铭还密电告诉他，"日本人近来不许民众在老道口（满铁与奉山线交叉点）通过，请防备"。张作霖对这些情报不敢掉以轻心，因此也设了一个迷魂阵。先是张扬准备6月1日动身，随后又改为6月2日，连送行的大小官员也忙得团团转，摸不着头脑。直到6月3日1时，张作霖才率领一干人等悄悄钻进北京站，登上当年慈禧太后专用的花车向奉天而去。这列专车计22节，张作霖坐在中间，随行者还有安国军大元帅府和东北政要靳云鹏、潘复、刘哲、莫德惠、阎泽溥、于国翰及日本顾问町野武马。

但是，张作霖的迷魂阵并没有蒙过日本人，他刚刚上车，消息就从北京公使馆传到关东军的参谋部，事先被河本等人派到山海关和新民探听消息的石野芳男、武田丈夫、神田奉之助等人及时把列车通过的时间传递给河本，河本随即通知在现场直接指挥爆炸的东宫铁男。

车行至天津，町野武马下车。到山海关时，黑龙江省督军吴俊升特意上车迎接。6月4日5时30分，专车通过满铁和奉山线交叉处的桥洞时，守候在瞭望台上的东宫铁男立即按动电动引爆装置，只听得轰隆一声巨响，桥梁坍塌，张作霖所在的车厢被炸得粉碎，吴俊升当场丧命，张作霖身负重伤，不过片刻也一命归天。

为了掩人耳目，据河本大作事后供认，事先，他们将秘密逮捕的三名

---

① 《日本帝国主义侵华档案资料选编　第17卷　河本大作与日军山西"残留"》，第33、34页。

中国人押到现场,计划"列车爆炸时将他们同时炸死,这三人预感杀机,企图逃跑被东宫用刺刀杀死,将尸体运到现场,盖上帐篷,并在这些人身上放好伪造的南方派发出的杀死张作霖的书面命令"。① 然而,日本人的拙劣伎俩蒙不住世人的眼睛,张作霖被炸身亡的消息很快在国内外引起轰动,明眼人均明白是日本人的把戏,田中内阁也因为"满洲某重大事件"遭到天皇的质问,不得不宣布总辞职。但军界始终把秘密掩盖下来,最直接的责任者河本大作也不过因"失职行为"被给予"停职一年的处分"了事。

日本关东军制造爆杀张作霖的事件,本来准备趁机解除奉军武装,然后一举占领奉天和整个东北,只是由于日本军政当局政见不一,且张作霖之死牵动了世界舆论,张学良亦冷静地处理态势,不给日本以可乘之机,日本侵略者终于未敢贸然起事。

张作霖死后,年仅27岁的张学良继承父业,就任东三省保安司令,面对的却是一个乱摊子。一方面,他要整理东北军政要务,安抚奉系老臣,排除异己分子,起用少壮派军政干才;还要认真考虑东北与国民政府的关系,是继续打着旧民国的五色旗,还是改旗易帜,服膺中央政府的节制。另一方面,他则要考虑如何应付日本人的纠缠。1928年6月16日,阎锡山派代表告诉张学良,希望张能够"宣言服从三民主义,改挂青天白日旗","改组东三省政府",服从"国民政府命令指挥","东三省各地设立国民党及宣传机关"。② 7月1日,张学良致电蒋介石及南京政府,内称"学良爱乡爱国,不甘后人,决无妨害统一之意"。③ 同年7月,蒋介石进入北京,通过李烈钧向外界发布处理东北问题的三大原则:一是以政治手腕为三省人民谋福利;二是对三省新旧派兼容并顾,不偏于任何方面;三是以公正办法处理东三省政务和军事。④ 怀有强烈民族情结的张学良虽有易帜之心,但迫于日本的咄咄逼人之势,加之刚刚主政,一切内政外交均需审慎处理,因此未明确发布易帜的时间表。

张学良主政后,最敏感的是日本当局。张学良与国民政府7月交涉以后,日本驻奉天总领事林久治郎立即电告内阁,电文称,"南北妥协交涉

---

① 《日本帝国主义侵华档案资料选编 第17卷 河本大作与日军山西"残留"》,第42页。
② 杨奎松:《中国近代通史 第八卷 内战与危机(1927—1937)》,第22页。
③ 毕万闻主编《张学良文集》第1册,新华出版社,1992,第98、99页。
④ 杨奎松:《中国近代通史 第八卷 内战与危机(1927—1937)》,第23页。

一时中止,张作霖葬仪将在8月7日结束。以张学良为首的东三省官员对我国将提出何等特殊要求表示不安,待葬仪结束后,我方应坦率地将一切要求向张学良挑明","在条约上,我方在东三省获有当然的权利……东三省居住有近百万我内鲜人,将来还有倍增的可能,在此特殊地域不可以废弃治外法权……依据大正四年条约(即民四条约——引者注)的土地商租权正遭遇障碍"。① 田中内阁虽然得知张学良未同国民政府达成协议,但刚刚发生的杀害张作霖事件也令其心虚,担心张学良因记恨日本而改旗易帜,所以以政府名义向张学良发出一纸"警告",强调日本在满蒙的"特殊权益",劝阻张学良不可向国民政府"妥协"。1928年7月26日,驻华公使芳泽谦吉致电首相兼外相田中义一,内称,"对张学良的警告已引起各方面的极大轰动,警告是基于久来日本在满洲的特殊关系而发布,其形式、方法、时机乃至精神实质不允许外界的非议,概观眼下日本在支那的行动,依第三国看来,或许过于随便粗暴……然我方之态度,无论在法理上乃至实际上当然有充分之道理,不必忌讳示与世人","张作霖横死后,将我方今后的基本对满政策向外界表明,给第三国以强烈之印象",但是,"当今国民政府不仅难以接受,而且很难断言将来(日本的满蒙权益)能否永续发挥作用,以当今支那政府以及国民的知识道德程度,不难想象(与以往)会是大同小异。因此,鉴于贸易上的重要关系,原则上我对支政策不能不标榜日支亲善,但特殊问题应做例外处理。国民政府及国民对此或产生不快感情,但不必有任何顾虑"。② 这份电文充分表现了日本外交人员的蛮横强硬态度。

1928年8月4日,张学良为父举行葬礼,田中内阁特派林权助为特使前来吊唁,并向张学良颁发一等旭日勋章,表达对张的"示好"之意,目的还是劝阻张学良易帜。8月5日,林久治郎致电田中,称"当地促进南北妥协的气氛日甚浓厚,眼下,张学良在我劝告的压力下继续持消极态度,但外有南方内有舆论的逼迫,处于困惑之立场。目前,他虽然听从我之劝告未揭扬青天白日旗,但如果南方形势继续恶化,张学良早晚排斥我

---

① 『張学良の国民政府への接近と日本の警告』国立公文書館・アジア歴史資料センター、Ref. No. B02030036600。内中"内鲜人"指日本人和朝鲜人。
② 『張学良の国民政府への接近と日本の警告』国立公文書館・アジア歴史資料センター、Ref. No. B02030036600。

之劝告听从南方，或者因进退维谷而下野，若如此，将伤害我帝国之威信，招致支那之轻蔑，为此，必须策定时局变转之紧急对策"，"依在下之见，倘若南方政权对我态度仍然没有好转，张学良迫于压力排斥我警告向南方妥协，揭扬青天白日旗，我方应立即动用武力将其打倒……张学良若不听从我之劝告，无视国际法规惯例，单方面废弃条约，与乱暴的南方政府合作，无论如何，我必须保障条约上的既得权益……并表示不惜使用威力之决心"，"如果张学良下野，我方亦应坚决遵循上述方针，担当东三省主人公之人，必须以不改变上述方针为原则"。① 8月9日，芳泽在电文中也表示了不惜动用武力阻止张学良易帜的态度。可以想见，为了阻碍中国的统一，日本当局态度强硬，施展了各种手段，甚至准备动用武力。另据日张谈判时充当张学良翻译的王家桢回忆，"林久治郎指手画脚，以命令的口吻说：'你（张学良）掌握东北政权，不取得日本的同意，不准你换旗！'……张学良听了勃然变色，说：'这是什么意思？'林权助一看空气太紧张了，于是又把话拉回来，说：'……听说国民政府这帮人都有外国背景，手腕非常毒辣，和他们打交道，得不到什么好处……当然你不必怕他们，我们绝对支持你'……此次会谈历时四个小时，夜十点半散会"。②

出面阻止张学良易帜的不仅有日本官方，日本右翼势力也紧缠着张学良横加阻挠。1928年9月16日，右翼巨头大川周明特意赶到奉天，在奉天特务机关长秦真次少将陪同下拜会了张学良，千方百计劝说张学良不要改旗易帜，应"使满洲脱离国民政府，与日本共同在满洲建立王道国家"，"将在世界史上首写新的一页"云云。③ 然而，张学良有节制地拒绝了大川的劝诱。十天后大川又去拜访张学良，还与其共进晚餐，用了两个多小时软缠硬磨，还是没有动摇张学良易帜的决心。事后，大川对这次拜访记录道："我考虑必须使满洲从支那本土脱离出来，成为特殊的政治区域，所以一言一行均出此目的，也可以把我在奉天的行动说成是满蒙独立运动……日本此前的交涉都流于形式，我的主要目的在于试探张学良，撤消横亘在日本同

---

① 『張学良の国民政府への接近と日本の警告』国立公文書館・アジア歴史資料センター、Ref. No. B02030036600。
② 王家桢：《皇姑屯事件前后的对日外交》，《沈阳文史资料》第11辑，1986，第53页。
③ 山室信一『キメラ―満洲国の肖像』中央公論社、1993、99頁。

东三省之间的精神国界"。①

1931年，大川等人纠集右翼团体策划推翻政党内阁的"三月事件"败露后，大川又成立一个"满洲问题研究室"，组织人手研究"满洲"的历史与现状，以及日本应该采取的方针政策等。大川还先后撰写了《长江与满蒙》《满蒙问题的考察》等文章，宣扬"满洲"自古以来就不是中国领土的歪论，称"不能把满蒙称作支那"，"支那是满蒙的侵略者"，"支那自古就是被异族征服的民族"，"支那的历史就是汉民族的降伏史"，所以，只有长江流域才"属于支那文明"等。大川还在文章中反复强调"满蒙"对于日本的重要地位，"毫无疑义，满蒙从国防、经济角度与日本具有密切的关系，而且，满蒙不单纯是生存的需要，我们还负有确保东洋和平的使命和责任……为了打破白人称霸世界的野心，日本必须维护东亚全体的治安，继承俄国在支那获取的权利，获得对华二十一条要求中必要的正当权利……如果日本从满蒙退却，满洲将同支那本土一样陷于混乱的境地，我国在日清、日俄战争中的牺牲将付诸东流，也不能确保东亚全体的和平，还会导致朝鲜、台湾的失去，这将是亡国之路，日本是否从满蒙退却的问题，是关系到日本兴亡的问题"。②

面对日本人的警告、纠缠甚至恫吓，张学良没有动摇改旗易帜的决心，1928年12月29日，张学良发表易帜通电，内称，"于即日起宣布，遵守三民主义，服从国民政府，改易旗帜"。12月31日，国民政府任命张学良为东北边防军司令长官，张作相、万福麟为副司令长官，分别任命翟文选、张作相、常荫槐、汤玉麟为奉天、吉林、黑龙江、热河省政府主席。东北的易帜，标志着民元以来中国长期分裂的局面实现了形式上的统一。

日本在中国东北制造事端并非偶然，因为这一时期，正是日本国内超国家主义运动兴起的时期。

1920年，日本右翼思想家北一辉撰写了《日本改造法案大纲》，主张日本应该进行"国家革新"，"排除天皇和国民之间贪图私欲的权力者和财阀"，"建立君臣一体的国家"。这种打着"国家社会主义"旗号推行极端民族主义的主张在日本下级军官和士兵中影响很大，因为日本军人主要来

---

① 大塚健洋『大川周明：ある復古革新主義者の思想』中央公論社、1995、148頁。
② 大塚健洋『大川周明：ある復古革新主義者の思想』、150、151頁。

源于农村，而且多是法律规定没有土地继承权的"二男"、"三男"，他们盼望通过"国家改造"获得切身利益。正因为如此，一批"少壮派下级军官"在北一辉国家改造思想的影响下，开始思考"国家维新"和"军队改造"的途径。①

以驻瑞士武官永田铁山、驻苏联武官小畑敏四郎和巡回武官冈村宁次等三人组成的陆军"精英"，号称"三羽鸟"②，他们相继联络了明治天皇的女婿北白川宫亲王、朝香宫亲王等在军队中任职的皇族，组成"巴登巴登集团"。"三羽鸟"在20世纪20年代中期回到日本后，联络陆军士官学校毕业生石原莞尔、东条英机、河本大作、板垣征四郎、矶谷廉介、铃木率道、铃木贞一、土肥原贤二、山下奉文、草场辰巳、根本博、武藤章、田中新一等陆军少佐以上军官成立了"双叶会"。③ 在双叶会的影响下，陆军士官学校第21届到第25届的毕业生也成立了"国策研究会"（"木曜会"）。1929年5月，双叶会和国策研究会联合起来，组成"一夕会"。

另外，陆军下级军官西田税在1927年组织"天剑党"，企图潜伏在军队中与外面的志同道合者秘密联络，策划把权力从国家手中夺取过来。④

1928年3月，一批海军青年军官响应并支持西田税的主张，效仿西田税成立了海军下级军官的法西斯组织"王师会"，也宣称要解决当前的"内忧外患"，扫除垄断政权和政党政治，完成奉戴日本天皇，建设世界联邦国家之"圣业"。

1930年10月，以参谋本部第二部（情报、谍报部）俄国班长桥本欣五郎中佐为首的"樱会"秘密成立。⑤ 桥本欣五郎趁1930年10月1日日本枢密院批准《伦敦海军裁军条约》的时机，伙同大川周明等人，以议会冒犯"天皇统帅权"为借口发动暴乱，制造了流产的1931年"三月事件"。⑥

---

① 天道是『右翼運動100年の軌跡：その抬頭・挫折・混迷』立花書房、1992、36—38頁。
② 日语计数禽类或兔子的量词为"羽"。
③ 若干年后，东条英机成为总理大臣，其他人也都升任陆军大臣、军务局长、作战部长、总司令、方面军司令、参谋长等，占据陆军省中枢和第一线的要职。高橋正衛『二・二六事件：「昭和維新」の思想と行動』中央公論社、1972、145、146頁。
④ 步平、王希亮：《日本右翼问题研究》，社会科学文献出版社，2005，第145页。
⑤ 江口圭一『十五年戦争の開幕』小学館、1982、35頁。
⑥ 楓元夫『震撼の昭和政治50年：その栄光と転落・屈折と回帰の半世紀』日新報道、1975、58頁。

总之，到20世纪30年代时，日本的超国家主义运动在军政当局明里暗里的支持下方兴未艾，直接发展到军事独裁专制政权的成立。

二 中原大战，张学良入关助蒋

张学良通电易帜后，中国形式上实现了统一，然而，地方实力派依然是凭借军事实力各据一方，与南京政府貌合神离，如北方的阎锡山和冯玉祥以及南方的桂系等，对国民政府的政令阳奉阴违，各行其是。在国民党内部，蒋介石、汪精卫、胡汉民三巨头之间，围绕反蒋还是拥蒋的党争也是明来暗去，党内派别林立，纷争不止。

"二次北伐"后，蒋介石平定了北京、天津等华北地区，声势大振，但政令仍然不出江、浙、皖、赣、闽数省，为了实现中央集权之"大业"，蒋介石的首选之策是剥夺地方实力派的权力。因政敌汪精卫当时在国外，于是蒋介石以支持胡汉民的"以党治国"为筹码，把胡拉进自己的营垒，试图先以党权统一党内，进而再图独揽大权之大计。1928年10月8日，国民政府实行改组，确立五院制度，由蒋介石出任国民政府主席兼陆海空军总司令，胡汉民为立法院院长，谭延闿、王宠惠、戴季陶、蔡元培分别为行政、司法、考试、监察院院长，并通过了《训政纲领》和《中华民国政府组织法》，标志着国民政府的训政开始。

1929年1月，蒋介石主持召开军事编遣会议，计划针对冯玉祥的第二集团军、阎锡山的第三集团军、李宗仁的第四集团军以及李济深的第八路军进行编遣，而蒋系的第一集团军几乎不在编遣之列，引起各地方实力派的反感，冯玉祥、阎锡山、李济深等人甚至在会议期间不辞而别，导致编遣会议流产，蒋介石试图通过编遣会议方式"削藩"的目的落空。在胡汉民等党内大佬的支持下，① 蒋介石决定利用军事手段"削藩"，恰在此时，武汉政治分会越权免去湖南省主席鲁涤平的职务，甚至擅自出兵长沙，这为蒋介石惩治桂系提供了一个借口。其实，早在蒋桂未公开撕破脸皮之前，蒋介石为了牵制桂系，就暗中为鲁涤平输送武器弹药，密嘱其反桂。

---

① 1929年3月，在国民党三全大会上，蒋介石支持胡汉民"一党专制"的主张，巩固其"党权"地位。反过来，胡汉民也疏通广东的陈济棠等将领，嘱其在蒋桂开战后"保境安民"，等于撤了桂系的后援。见金以林《国民党高层的派系政治》，社会科学文献出版社，2009，第69、70页。

桂系则反其道而行之，来个先下手为强，以武汉政治分会的名义罢免了鲁涤平，蒋桂矛盾浮出水面。

1929年3月21日，蒋介石发表《关于湘事之声明》，谴责桂系破坏统一的行径，宣布免去李宗仁、白崇禧、李济深的职务，出动第一集团军，自任总指挥，以何应钦为参谋长，向武汉进军，同时命令朱培德的江西部队截断桂系南路，令冯玉祥属下韩复榘所部南下。这样，中国形式上实现统一后的第一场内战——蒋桂战争爆发。蒋介石采取拉拢、分化、瓦解等手段，先是攻陷武汉，收编桂系的武汉守军，随即兵逼广西，利用降军及湖南、广东等势力三面夹击，桂系难以抵挡，几乎全军覆灭，李宗仁、白崇禧、黄绍竑等人无奈弃军逃往香港。

之后，蒋介石趁势强开编遣会议，在北方派冯玉祥、阎锡山缺席的情况下，强制要求各编遣区裁减军队，实行党政分开，遂引起冯、阎的不满。5月15日，冯玉祥部下刘郁芬、孙良诚、韩复榘通电反蒋，推举冯玉祥为"护党救国军"西北总司令，但未及这支反蒋武装成事，蒋介石先收买了韩复榘和石友三，冯玉祥措手不及，不得不通电下野，旋即躲避太原，准备劝说阎锡山联手反蒋。当年10月，冯玉祥"退避二线"，由冯系将领宋哲元通电二次反蒋，蒋介石继续以"银弹战术"分化冯玉祥的第二集团军各部，再派大军应战。宋哲元部军事指挥失控，调度混乱，各行其是，结果稍战即溃。这样，北方冯玉祥系军事集团基本被蒋介石各个击破。

北方派的芥蒂未解，南方张发奎在改组派推动下通电要求汪精卫回国主政，汪精卫、陈公博、唐生智、李宗仁以及广西新主席俞作柏等人通电响应，国民党内掀起新一轮反蒋波澜，又称第二次蒋桂战争（或称粤桂战争）。然而，由改组派发起的张桂联军缺乏统一指挥，又各揣心腹事，结果被蒋介石各个击破。

1929年12月1日，曾协同蒋介石对冯作战的唐生智联络冯部叛将石友三，发表联合反蒋宣言，蒋唐战争爆发。但战事进行不出半月，石友三转而投靠阎锡山。1930年初，唐军分崩离析，唐生智弃军潜入天津租界，余部被蒋介石收编或遣散。

从1928年10月国民政府改组到1929年末，短短一年多的时间里，中原大地就爆发了蒋桂、粤桂、蒋冯（两次）、蒋唐战争，波及山东、河南、陕西、安徽、湖南、湖北、江西、广西、广东数省，各方投入百余万大军，耗损军费无数，百姓罹难及生产力遭到破坏的程度更是难以统计。

进入1930年，蒋介石踌躇满志，在元旦文告中不无得意地称，"叛乱党国之徒，次第削平，从今年起，当可渐现和平曙光"。① 岂料，新年刚过，一场更大的灾难性内战即将爆发，此次站出来发难的是北方派军事巨头阎锡山。在蒋介石与各派新军阀屡开战端的过程中，与阎锡山最具利害关系的是冯玉祥的西北军，与其联手肯定是一支反蒋劲旅，但阎又担心冯系坐大，危及自己的地盘和势力，所以一直是摇摆不定，忽而同意与冯玉祥联手反蒋，忽而又接受国民政府陆海空军副总司令职务，甚至一度软禁冯玉祥，换取向蒋讨价还价的筹码，令冯玉祥"进退维谷，啼笑皆非，心境焦虑，殆难名状"，只好退回陕西自保。②

当然，阎锡山深知蒋介石"削藩"方策之利害，尤其是二次编遣会议已经把刀明显地悬在自己的头上，担心有一天重蹈桂系李宗仁、西北军冯玉祥的覆辙，所以一直在暗中筹划，伺机反蒋。1930年2月10日，阎锡山发出反对国民政府武力统一政策、要求蒋介石下野的"蒸电"。两天后蒋介石强硬地回复，表示武力统一政策"纯因地方反动军人谋危党国所致，革命救国本为义务，非为权利，不容推诿卸责"，③ 拒绝了阎锡山的挑战。双方你来我往，进行了一个月之久的电报战，摆出忧国为民的架势，各抒己见，以争取社会舆论和中间势力。3月初，阎锡山与冯玉祥终于达成"谅解"，改组派和西山派大员汪精卫、陈公博、邹鲁、谢持等人也掺和进来，反蒋大势已经形成。1930年3月11日，西北军将领鹿钟麟领衔发表拥阎反蒋通电，冯部叛将石友三、韩复榘、万选才、孙殿英、刘春荣等人也通电表示服从老帅冯玉祥指挥，接着，桂系李宗仁、白崇禧、黄绍竑以及张发奎、胡宗铎发表联名通电，拥护"百公（阎锡山）为全国陆海空军总司令，总揽军权。焕章（冯玉祥）、汉卿（张学良）两先生，党国干城，勋尤凤著，敬推为副总司令……借以促成整个的党，统一的国，早日实现"。④

1930年4月1日，阎锡山在太原宣誓就任中华民国陆海空军总司令，

---

① 杨奎松：《中国近代通史　第八卷　内战与危机（1927—1937）》，第37页。
② 杨奎松：《中国近代通史　第八卷　内战与危机（1927—1937）》，第36页。
③ 杨奎松：《中国近代通史　第八卷　内战与危机（1927—1937）》，第37页。
④ 张同新：《国民党新军阀混战史略》，黑龙江人民出版社，1982，第338页。

发表通电历数蒋介石罪恶,表明就任斯职的心迹。同日,冯玉祥、李宗仁也分别在潼关和桂平宣誓就任副总司令一职。

随即,阎冯反蒋派以西北军和晋军50万众为主力,编成中华民国军第二、三方面军,开赴陇海、平汉、津浦一线。石友三部为第四方面军,拥众10万人,东进鲁西。桂系和张发奎军为第一方面军,兵力3万余,自南向湘境进发。反蒋派拥众70余万人,摆开了大战的架势。

蒋介石对反蒋派的举动早有警觉和准备,5月1日,蒋介石调集四个军团,在南京誓师"讨逆",中国近代以来前所未有的最大规模的"中原大战"爆发。

战争一开始,蒋军虽然处于主动进攻之势,但在山东遇到西北军的顽强阻击。晋军乘势渡过黄河,占领济南。广西的李宗仁、张发奎又经湘南攻占长沙,蒋军的后路受到威胁。

蒋介石一面命令粤军蔡廷锴等部出师衡阳,威逼广西军的后路。李宗仁、张发奎担心后路被抄,撤出长沙,才解了蒋军的后路之忧。另一方面,蒋介石指挥几路大军北上。8月15日,夺回山东。双方仅在津浦战场就投入60余万人马,伤亡20余万人。

是时,冯玉祥的西北军发起陇海战役,尽管未攻下徐州,却也消耗了蒋军大批有生力量。

阎、冯结成反蒋联盟之初,没有忘记远在东北重兵在握的张学良,所以在筹划人选时给张学良一个副总司令之职。然而,张学良严守中立,既没有通电接受斯职,也没有表示倾向何方,并且于大战爆发之前发表一纸"东电",表达了希望双方罢战图和的心愿。电文称,"回首前尘,国内兵革屡见,环顾中土,民间喘息未苏。……当此之时,若不各捐成见,共息争端,是必元气摧折,根本动摇,而外人之环视我侧者,求其大欲而逞,自亡人亡,不演成灭国亡种之惨状不止……区区之意以为政见不妨磋议,而不可为意气用事之争,武力有时必需,而不可煮豆相煎之剧"。① 当战事进入胶着状态时,双方越发意识到张学良的价值和举足轻重,各色人等纷纷涌到奉天,游说张学良倾向己方。1930年7月,为了避开纠缠,张学良以出席葫芦岛港开工大典为由离开奉天,后经葫芦岛悄悄去了北戴河,以

---

① 张德良等编《东北军史》,辽宁大学出版社,1987,第153页。

图静观局势，计议对策。但张学良的行踪早被双方摸得一清二楚。1930年8月，汪精卫、阎锡山、冯玉祥的代表先后赶到北戴河，游说张学良加入反蒋阵营。张学良难以应对，只是表态称，"本人所处环境不同，当回沈阳与父老前辈共同商量，必求有利于国。本人无论何时何事，皆不自私，而可牺牲一切"。① 汪、阎、冯的代表怏怏而返。

对比反蒋派，蒋介石拉拢张学良的招数以及"付出"更胜一筹。1930年5月3日，是张学良30岁生日（实际是6月3日，为避父忌日更为5月3日），蒋介石派特使前往祝寿，还以蒋介石、宋美龄的私人名义给张发来贺电。葫芦岛港开工典礼时，蒋介石特派大员张群、吴铁城前往剪彩。张学良躲到北戴河时，张群、吴铁城也追随身后百般劝说，大有不说服张决不罢休之势。更重要的是，蒋介石在官爵、金钱方面毫不吝啬，不仅任命张学良为中华民国陆海空军副司令，还委任东北高级军政人员于学忠为天津卫戍司令，王树常为河北省主席，胡若愚为青岛市市长，王家桢为外交部次长，并拨给东北军入关"开拔费"2400万元，这一切远比阎、冯的诱惑实惠得多。当然，不能简单推断张学良入关助蒋是利益驱动，关键还在于张学良厌恶内战，希望尽早解决内部纷争、百姓受苦的局面。1930年9月10日，张学良在沈阳北陵别墅召开高级军政人员会议，他在会上发表了长篇讲话，大意是，"东北地处边陲，日本窥视已久，如欲抵御外侮，必须国内统一"，"南京政府是全国统一的政府，支持这个政府能保证国内的统一"，"阎冯二氏的为人，一向反复无常……目前阎、冯合作，事如有成，二人亦须决裂"，"蒋介石亦系一阴谋的野心家……从马廷福的事变，更可看出他的不顾友谊和不择手段。不过目前国事日非，如非国内统一，更不足以对外，我们从整个大局计，必须从速实现全国统一，早停内战"。② 张学良的这番讲话既表明了他进关助蒋的决心，也吐露出对蒋氏的担心和疑虑。

1930年9月18日，张学良发表"巧电"，电文称，"窃以企图建设，首宜力弭兵争，绥定邦家，要在曲从民意……战端一起，七月于兹，庐里丘墟，人民涂炭，伤心惨目，讵忍详言；战局倘再延长，势必致民命灭

---

① 张德良等编《东北军史》，第159页。
② 于学忠：《东北军第四次入关的经过》，《文史资料选辑》第16辑，中国文史出版社，1988，第88、89页。

绝,国运沦亡……良委身党国,素以爱护民众、维持统一为怀,不忍见各地同胞再罹惨劫……本诸东电所述,与夫民意所归,吁请各方即日罢兵,以纾民困","凡我袍泽,均宜静候中央措置;海内贤达,不妨各抒伟见,共谋长治久安之策;良如有所得,亦必随时献纳,借效壤流。众志成城,时艰共济,庶几人民生活得免流离之苦,国际地位可无堕落之虞,是则区区所企望者也"。①

当日,张学良编成两个军,分别以于学忠、王树常为第一、二军军长,下辖九个旅,两个炮兵团,两个工兵营,一个铁甲车大队,拥众十万人,分三路杀进关内,直指阎、冯军驻守的北平、天津一线。已经精疲力竭、创伤累累的晋军和西北军再也没有力量应战。10月15日,阎锡山、冯玉祥通电下野,太原的中华民国陆海军总司令部也宣告解散。张学良出于支持统一、维护和平的大义,毅然宣布进关助蒋,为制止和结束这场内战,帮助蒋介石渡过难关,立下了汗马功劳。

对此,蒋介石"知恩图报",委任张学良为中华民国陆海空军副司令,令他坐镇北平,执掌半壁江山,张学良犹如一颗政治、军事的新星,耀眼地升腾在中国政治社会的大舞台上。然而,历史的巧合是,在张学良誓师进关一年后,也是9月18日,日本关东军发动了侵吞中国东北的九一八事变。不能不说,东北军的主力进关、东北防御空虚,客观上为日本关东军铤而走险提供了契机。两个"九一八",也许是张学良生涯中最难磨灭的记忆。

三 日本侵吞中国东北的部署与制造事端

张学良继承父业后励精图治,不仅拒绝了日本对中国东北权益贪得无厌的索取,而且加紧"满铁平行线"的修筑,加快葫芦岛港建设,在体制改革、政权建设以及民生、教育等方面也有许多建树,使得日本人分外恼火。1931年1月2日,满铁总裁、政友会众议员松冈洋右在国会公然提出"满蒙生命线论",他说:"满蒙问题关系到我国的存亡问题,是我国民的生命线,无论在国防上、经济上均是如此"。② 不久,松冈又在一篇文章中

---

① 张德良等编《东北军史》,第163页。
② 『第59回帝国議会・衆議院議事録・昭和5.12.26—昭和6.3.27』国立公文書館・アジア歴史資料センター、Ref. No. A07050025300。

公开宣称要保护日本的"满蒙生命线","立足于我国生命线这一点之上,确保和死守满蒙,不必害怕任何国家和个人"。① 这就是九一八事变前日本抛出的"满蒙生命线论",赤裸裸地表明了日本军政当局急欲侵吞中国东北的罪恶心理。

1931年4月,日本陆军参谋本部在情报部长建川美次少将的主持下,召集欧美课长、中国课长以及中国班长、俄国班长等要员开始了侵吞中国东北的具体策划,制定了以解决满蒙问题为要点的《形势判断》。该《判断》提出分三个步骤解决满蒙问题。第一步是建立取代张学良的亲日政权;第二步是把亲日政权从中国的主权下分离出来,建立一个"独立"国家;第三步是实现满蒙的全面占有。该《判断》成文后经陆军三长官会议通过,并呈报天皇批准,然后向各部队做了传达。

进入6月,经陆相南次郎大将批准,陆军省和参谋本部成立了解决满蒙问题秘密委员会,委员长由建川美次担任,成员有陆军省军事课长永田铁山、补任课长冈村宁次,参谋本部编制课长山胁正隆、欧美课长渡久雄、中国课长重藤千秋,因此又称"五课长会议",后来又增添作战课长今村均、编制课长东条英机以及矶谷廉介等三人参加,故称"八课长会议"。6月19日,"八课长会议"制定了《解决满蒙问题方案大纲》,该大纲计有8条,其主要内容有:

(1)"如排日行动仍有发展之势,则应预作最后必须采取军事行动之准备"。

(2)"解决满洲问题,极需取得国内外之理解。陆相应通过阁议努力使各大臣了解当地之现状"。

(3)"对全国国民,尤其对新闻界应使之了解满洲实况"。

(4)"军事行动所需兵力,由作战部与关东军协商制订计划"。

(5)"为取得国内外谅解采取之措施,应以大约一年为期,即明春以前务期周密实施之"。②

可以说,该大纲是日本军事当局决定以军事手段侵吞中国东北的纲领性文件,只是在时间设计上考虑到需要取得各方面的"理解"或"谅解",

---

① 赵东辉等:《苦难与斗争十四年》(上),中国大百科全书出版社,1995,第88、89页。
② 《日本军国主义侵华资料长编——〈大本营陆军部〉摘译》(上),第185、186页。

以一年为期，比关东军实际发动事变的时间推迟了半年多。

关东军图谋中国东北的动作比参谋本部和陆军省还要早。1928年10月，石原莞尔和板垣征四郎就任关东军高级参谋。石原莞尔在以陆军大学教官身份赴德国留学期间，酝酿了"世界最终战论"。他认为，此前欧洲的战争不过是欧洲各民族的决胜战，"不能称之为'世界大战'，第一次世界大战后西洋文明的中心转移到美国，下一场决胜战争将是以日美为中心，这才是真正的世界大战"，"通过这场大战世界才能实现统一，也是迈向和平的第一步"，"即进入八纮一宇的建设期"。所以，必须"以天皇为中心的东亚联盟为基础，首先完成日满支的协同，以此作为国策"。①

1929年7月，石原莞尔、板垣征四郎组织关东军参谋进行了第一次参谋旅行，"考察"了北满的哈尔滨、齐齐哈尔、长春、海拉尔、满洲里、泰来、洮南等地。途中，石原向参谋们兜售了他的"世界最终战论"，并指示关东军司令部兵要地志主任佐久间亮三具体研究占领中国东北后如何统治的问题。石原还在途中纂写了《扭转国运的根本国策——满蒙问题解决案》，内称，"许多日本人都能理解满蒙具有的伟大价值，随着满蒙问题的解决，支那本土的排日问题也将同时熄灭。所以，积极解决满蒙问题不仅是日本的需要，也是为了大多数支那民众"，"从历史的关系来观察，与其说满蒙属于汉民族，莫若说属于日本民族。满蒙问题解决的关键是帝国军队掌握之。解决满蒙问题只有从日本领有这块土地开始才能全面完成"，"倘若对美战争准备完成，不惜开战之前就应断然将满蒙政权控制在我手"，"实行以战养战"。②

在满洲里，石原莞尔还以关东军的名义制定了《关东军满蒙领有计划》，《计划》分"平定""统治""国防"三个部分。在"平定"部分，石原提出要"扫荡军阀官僚，没收其私有财产"，"巧妙地解除支那军的武装"。在"统治"栏下，石原提出设置总督府的构想，位置设在长春或哈尔滨。这是比照日本对朝鲜和台湾的统治手段。在"国防"一栏，石原明确地把中国东北当作日本的"国防线"，策划了对苏作战的兵力部署及作

---

① 石原莞爾『世界最終戦論』新正堂、1942、146、169、171頁。
② 日本国際政治学会、太平洋戦争原因研究部編『太平洋戦争への道：開戦外交史別巻資料編』朝日新聞社、1963、86頁。

战方针等。①

北满参谋旅行结束后，佐久间亮三大尉用了一年时间研制出一份《对满蒙占领地区统治的研究》方案，洋洋200多页，并附有各类图表。这是一份对中国东北进行殖民统治的详尽方案，得到关东军参谋长的首肯。这期间，关东军司令部还制定了《处理满蒙问题方案》《对美战争计划大纲》《作战计划》等一系列纲领性文件。总之，在九一八事变前，无论是日本陆军省、参谋本部，还是关东军，都确立了军事占领中国东北的基本方针，不仅制定了一系列军事占领中国东北的方针、策略，而且对占领后对东北的统治方式、原则都予以了充分的考虑。下一个步骤就是挑起事端，制造发动侵略战争的口实，万宝山事件和中村大尉事件就是其中两起最为典型的事端。

万宝山是距长春65华里的一座小村镇。1931年4月，长农稻田公司经理郝永德租用万宝山三区肖翰林等农户的500垧生地和熟地，租期10年，但契约规定，需经中国县级政府批准，否则视为无效。长农稻田公司是在日本领事馆支持下成立的公司，郝永德租得土地后立即转租给无籍的朝鲜人李升熏等人，而且转租契约未经县政府批准。

4月18日，李升熏以开渠种稻为名，擅自引入百余名朝鲜人到此地，在万宝山农民的土地上挖沟修渠，当地民众多次阻拦，李升熏等人却我行我素，一意孤行。当地农民无奈，只得向长春县政府和市政筹备处投诉。

5月31日，长春县公安局局长率领警察前往现场劝阻，申永钧等6人代表流入此地的朝鲜人具结，表示停止挖渠，并于两日内出境。谁知第二天，这些人变了卦，声称死也不出境，死也不停工。6月3日，日本领事馆的警察以保护韩民为名出面，荷枪实弹"保护"朝鲜人继续施工。中方警察闻讯也到了现场，虽经协调，日方警察仍不理不睬，中方只好通过政府当局与日本领事馆交涉，但依然遭到日方的无理拒绝。

6月4日，日本驻沈阳总领事林久治郎拜会吉林省主席张作相，要求中国政府收回禁止朝鲜人挖渠的成命，甚至威胁称，"形势颇为紧张，我国侨民亦甚激愤，有消息称，倘中国军警不肯撤离，我方驻屯军将出动对

---

① 日本国際政治学会、太平洋戦争原因研究部編『太平洋戦争への道1』朝日新聞社、1963、87—89頁。

抗……事态将恶化到不可收拾之地步"。① 张作相在日方压力下，只好表示先将现场的中国警察撤走，以利于事态的圆满解决。

6月8日，中日双方达成现场联合调查的协议，在未达成最后协议之前，朝鲜人停止挖渠，等待事情的最后解决。但到了6月12日，日本警察又出尔反尔，再次出动"保护"朝鲜人挖渠。到6月下旬，朝鲜人终于在马家哨口筑起一道长30米、高5米的横河坝，不仅阻断了伊通河上下游往来的船只，而且一旦洪水暴发，堤坝被毁，将使数千亩良田被淹。当地的农民愤怒了，在依靠政府得不到解决的无望情况下，决定自己动手解决问题。

7月1日，四五百名当地农民打着"迫不得已，实行正常防御"的大旗去了马家哨口，一气拆毁了堤坝，平了一段沟渠。

7月2日，日本警察四五十人到了现场，与当地农民发生争执。日本警察有恃无恐，欲强行逮捕领头的中国农民，甚至开枪示威，双方僵持了一个小时之久，后来被赶来的中国警察劝阻了事。双方并未发生严重流血冲突。

然而，日本人却把这次事件当作寻衅的最好机会。当天，日本领事馆唆使《朝鲜日报》驻长春记者金利三，捏造朝鲜农民在万宝山被害的假消息。第二天，《朝鲜日报》发行号外，造谣"200多名（朝鲜）同胞与中国800名官兵冲突负伤"，"同胞正处在危机之中"，等等。于是大规模的排华风暴在朝鲜各地掀起。

7月3日，仁川数千名暴徒冲进华人商店、住宅，大打出手，抢掠财物。华人住宅十室九空，损失惨重。接着，京城、釜山、元山、平壤、镇南浦、新义州等十几个城市都掀起了排华风暴。尤其是在平壤，暴徒们手执凶器，见华人就打，见华人住宅就毁，甚至有的华人被"剖腹剜心，肝肠狼藉，虽襁褓小儿亦在所难免，竟至劓鼻割耳"，"所有华侨500余家无一幸免，被暴徒捣毁，抢掠一空"。②

此次排华惨案，华侨死亡142人，受伤546人，失踪91人，财产损失413万元以上，逃难者达6000余人。事后调查，这起排华事件完全是日本人一手策划的，甚至在暴徒中也混有身着朝鲜服的日本人。朝鲜《东亚日报》一名记者经过调查了解了真相，曾对中国驻朝鲜领事馆的官员说，

---

① 赵东辉等：《苦难与斗争十四年》（上），第111页。
② 赵东辉等：《苦难与斗争十四年》（上），第114页。

"行凶之人，均系由某国人自他处雇来专为作此事者"。这里的"某国人"毫无疑义指的是日本人。

1931年5月，在东北兴安屯垦军三团的佘公府驻地，发生了轰动一时的"中村大尉事件"①。这也是日本关东军挑起战火，发动九一八事变的口实之一。

在日本军警荷枪实弹恫吓中国万宝山农民，明目张胆践踏中国主权的闹剧上演之时，日本参谋本部派出部员中村震太郎中尉，打着"考察农业"的旗号潜入兴安屯垦区一带，目的是"收集对苏决战方面以及兴安屯垦地区的作战资料"。②

中村毕业于日本陆军大学，1930年入参谋本部供职，负责兵站业务，是个彻头彻尾的日本军人。中村奉命进入东北后，在关东军司令部新妻少佐和片仓衷参谋的策应下，自称"东京黎明学会主事、农学士"，于5月下旬潜入满洲里，收集了呼伦贝尔地区的各类情报。6月初，中村在齐齐哈尔的昂昂溪网罗开旅店的日军预备役曹长井杉延太郎为助手，另收罗一名白俄人和一名蒙古族人做向导，准备前往兴安屯垦区侦察和收集情报。

兴安屯垦区属于边境军事地区，成立之初东北边防长官公署就曾照会各国领事馆，称"兴安区乃不毛之地……惟恐保护不周，谢绝参观游历，凡外国人要求入区者一律不发护照"。③ 对此，中村一行心知肚明，所以四人均化装成中国人模样，于6月初从泰来出发，沿绰尔河西进，在扎赉特旗短暂停留后继续向绰尔河南岸进发，沿途收集了当地的大量情报。

6月25日，屯垦军三团三营官兵在驻地附近发现中村一行形迹可疑，遂将其带到团部审查。是时，团长关玉衡在外视察军务不在营中，由团副董平舆（后更名董昆吾）询问。中村摆出不可一世的架势，拿出"东京黎明农业学会"的名片，自称是受该会的委派，前来调查索伦山一带的土质、农业等情况，要求屯垦军方立即放行。团副董平舆觉得事情非比寻常，立即向团长关玉衡报告，关连夜赶回团部，经搜查中村一行的携带物品，发现计有：中、日、俄文军用地图各一份；洮索铁路线路图一份；桥

---

① 中村实为中尉，死后晋升大尉。
② 片倉衷「中村震太郎大尉殺害の真犯人」『目撃者が語る昭和史』新人物往来社、1989、71頁。
③ 关玉衡：《中村事件始末》，《文史资料选辑》第76辑，文史资料出版社，1981，第81页。

梁涵洞断面图一份；自绘草图一份；笔记本两册，内中记载了接受日本参谋本部的派遣任务，在东北的活动地域；报告书两份，记载了一路上所闻所见以及与满铁、蒙古公署等头面人物的会晤情况；表册三份，记载着兴安屯垦军的兵力、枪炮种类、口径、官兵数量、将校姓名、驻屯地点、营房情况以及马匹辎重等军事情报。另外还有地域人口、物产、矿藏、风土、水源、地质、气候等记载。此外，还有步枪、手枪各一支，望远镜、罗盘、绘图用具等物。仅从中村一行携带的物品就可以肯定，他们所从事的活动实属军事间谍勾当。

关玉衡返回团部后立即提审中村，中村情知自己的军人身份已经暴露，索性摆起"大日本帝国军人"的架子，甚至自称是"陆军大佐"，态度蛮横暴躁，根本不把中国军人放在眼里，更对自己的军事间谍活动毫不认罪。

于是，关玉衡召集了全团干部开会，讨论如何处置中村一行的间谍案。各军官纷纷表示本屯垦区已明令为外国人禁入区，中村的间谍活动证据确凿，如果上报必定被日方索回，莫如按国际法处理军事间谍的通例就地处决。但为了谨慎起见，关玉衡还是决定再审一次，然后"明正其罪行，公开处置"。①

岂料，在第二次审问时，中村"不仅蛮横如故，更加变本加厉地耍野蛮，与官兵格斗起来，激起士兵怒火"。② 于是，关玉衡下令将中村一行四人秘密处决。然后速将中村的间谍罪证等物呈报兴安屯垦公署督办，并转呈张学良。

7月23日，齐齐哈尔满铁公所副所长佐藤鹤龟人的妻子从一名嫁给中国人的日本妇女口中听说，中村一行被屯垦军第三团的官兵杀死。于是，驻齐齐哈尔的日本领事、满铁公所以及日本特务机关纷纷出动，奉天特务机关长土肥原贤二甚至化装到现场调查，搜查证据，结果从一家当铺里搜出中村所戴的手表，③ 遂作为证据开始向东北官方交涉。8月11日，日本外相币原喜重郎致电驻奉天总领事林久治郎，指示其在同中方交涉时提出四项要求：一是道歉；二是处罚责任者；三是赔偿损失；四是将来之保证。后来，币原又将此四项要求具体化，分别是：由东北地方长官臧式毅

---

① 关玉衡：《中村事件始末》，《文史资料选辑》第76辑，第84页。
② 关玉衡：《中村事件始末》，《文史资料选辑》第76辑，第84—85页。
③ 董昆吾：《中村事件真相》，《文史资料选辑》第3辑，中华书局，1960，第74页。

和荣臻"向关东军司令官以最严肃的形式道歉";"对中村及井杉赔偿金额100442万日元";"对屯垦军团长关玉衡以下责任者处以严刑";"保证解除对日本人到洮索地区事实上之封锁"。① 对于这些有损中国主权,企图迫使中国人民屈服的无理条件,中国东北官方在恐日心理的影响下采取消极搪塞、拖延或避让的办法,日方则步步紧逼,甚至以此为口实,鼓动政府和军方诉诸武力,一举侵吞早就觊觎在心的东北宝地。

8月17日,关东军司令部向日本国内发出所谓的"中村大尉被虐杀事件真相",声称该事件"冒渎帝国军队的威信,是帝国陆军驻满26年来未曾有的事","绝不能漠视此次不祥事件"。在东北的日本满洲青年联盟、大雄峰会等右翼团体还组成了"母国访问团",返回日本四处游说,叫嚣日本的"满蒙生命线"受到"威胁",煽动"武力解决论"。日本陆军省则鼓吹"以'中村大尉事件'为契机,坚定不移地推行大陆政策",甚至出动飞机在列岛上空散发10余万份传单,传单上写道:"呜呼我权益,醒来吧!为了国防!"一些青年军官还涌向靖国神社,为中村举行追悼会,割破皮肤,用鲜血涂抹太阳旗,侵吞中国东北的气焰十分嚣张。

9月13日,为了应付日方的纠缠,荣臻不得不派宪兵司令陈兴亚率领宪兵大张旗鼓地前往兴安屯垦区"拿办"关玉衡。② 9月16日,关不待陈兴亚率领宪兵赶到,着便装径直去了沈阳,暂居东北炮兵总监冯秉权的私宅。第二天,关玉衡详细向东北军政要员汇报了一切,得到军政各界的理解和认同。殊不知就在这时,日本关东军已经剑拔弩张,一场侵吞中国东北的罪恶阴谋终于展开。③

第二节 九一八事变发生与东北沦陷

一 日本关东军制造"柳条湖事件"

1931年9月18日夜10时20分左右,位于东北军第七旅驻地北大营西

---

① 赵东辉等:《"九·一八"全史》第1卷,辽海出版社,2001,第208页。
② 关玉衡进关后投身抗日,中华人民共和国成立后历任黑龙江省政协委员和宁安县政协委员。
③ 日本占据东北后实施报复,逮捕了关玉衡的部下陆鸿勋,将其作为杀害中村的"凶手",处以残忍的剐刑,"零割肢体,为中村祭灵"。见谷振寰《关于中村事件真相补充》,《文史资料选辑》第31辑,中华书局,1962,第299页。

南方向的柳条湖，爆炸声响揭开了日本侵吞中国东北的序幕，爆炸是日本关东军实施的。

按着早已策划的部署，一小队日军在大连通往奉天的南满铁路的柳条湖段制造了既能造成影响但又不破坏铁路的爆炸，目的是伪造东北军破坏南满铁路的现场，以迷惑视听。爆炸后，坐镇沈阳指挥的关东军高级参谋板垣征四郎立即下令独立守备第二大队进攻北大营，步兵第二十九联队攻击沈阳城，命令驻铁岭的独立守备第五大队急速赶到沈阳支援，并报告关东军司令官本庄繁，请第二师团主力立即出动。

这时，驻守东北的中国军队是张学良在宣布易帜后由东北军改编的国防军和省防军。其中国防军的实力相对较强，省防军以保安地方为责，实力较弱。由于国防军大部被调到关内参加中原大战以及对抗原西北军石友三部，所以留在东北的驻军总数虽然有17万人左右，但多是省防军，装备、人数和战斗能力远逊于国防军，东北重镇沈阳只驻有第七旅，加上地方部队总数仅1.5万人左右。由于中央政府方面三番五次告诫东北军政首脑切不可与日军动武，以免难以收拾事态，所以虽然张学良等已经揣测出日本侵略东北的野心，但对日本仍抱有不切合实际的幻想。直到九一八事变爆发前的9月6日，张学良还密电指示辽宁省长臧式毅、东北边防军司令长官公署参谋长荣臻："查现在日方外交渐趋吃紧。应付一切，亟宜力求稳慎。对于日人无论如何寻事，我方务必万万容忍，不可与之反抗，致酿事端。即希望迅速密令各属，切实注意为要。"①

日军向北大营第七旅发起攻击时，旅长王以哲不在营中，三个团长中只有六二〇团团长王铁汉在营中。参谋长赵镇藩向荣臻报告事态请示对策，荣臻传达张学良的指示："不准抵抗，把枪放到库房里，挺着死，大家成仁，为国牺牲！"②赵镇藩只好把上级指示原原本本地传达。于是，只有区区数百人的日军如入无人之境，向坐以待毙的第七旅官兵肆意开枪，霎时血肉横飞，中国的兵营竟然成为日军横行无阻的杀戮场。赵镇藩见状，只好命令进行有限度的抵抗，掩护非战斗人员撤离现场。六二〇团团长王铁汉在事件发生后屡次给旅长王以哲打电话请示，得到的回复也是

---

① 《辽宁文史资料》第18辑，辽宁人民出版社，1986，第57页。
② 《吉林文史资料》第11辑，1985，第6页。

"不抵抗，等待交涉"。所以，200 余名日军步兵便顺利地逼近了六二〇团，日军炮兵也向六二〇团营房轰击。王铁汉回忆："正在准备撤退的时候，敌人步兵 400 余，已向我团第二营开始攻击，我即下令还击，毙伤敌人 40 余名，就在敌人攻击顿挫之际，忍痛撤出北大营，正为 19 日上午 5 时"。①就这样，一个可以驻扎万余官兵的北大营轻易落于敌手。第七旅官兵有 148 人捐躯，成为不抵抗政策的牺牲品，另有 186 人负伤，还有 26 辆乐鳖式战车、112 挺各式机枪、33 门迫击炮和平射炮、1302 支长短枪支，以及大批弹药落于敌手。②另据日方资料记载，关东军仅付出死 2 人、伤 23 人的微弱代价。

与此同时，日军第二十九联队从沈阳满铁附属地向城内发起了进攻。沈阳地方军警也接到不准抵抗命令，所以略事抵抗便散去。东北边防军参谋长荣臻、辽宁省长臧式毅以及第七旅旅长王以哲迭电请示张学良，得到的回答都是"不得抵抗"。无奈之下，王以哲出城寻找溃散部队，荣臻也化装进关，把沈阳城轻易地丢给了日本人。

9 月 19 日凌晨，一面日本旗升起在沈阳城大西门城墙上，日军第二大队控制了内城的南北线。5 时 10 分，第二十九联队的主力以铁甲车开路，占领东城墙的南北线。随即日军进据东北边防军长官公署和辽宁省政府机关，沈阳全城沦陷。

当日军向北大营进攻的同时，关东军司令官本庄繁接到报告，立即下令：

（1）驻辽阳的多门第二师团主力向奉天集中，攻击该地的中国军队。

（2）驻公主岭的独立守备第一大队、驻铁岭的第五大队、驻辽阳的第六大队的两个中队，立即向奉天集中。

（3）驻连山关的独立守备第四大队"扫荡"凤凰城，并占领安东。

（4）驻大石桥的独立守备第三大队占领营口。

（5）驻长春的第三旅团准备攻击长春附近的中国军队。③

同时，向驻朝鲜军司令官林铣十郎中将发出紧急增援的电报。

是时，关东军在中国东北的兵力仅有一个第二师团，下辖两个旅团，

---

① 王铁汉：《东北军略史》，台北，传记文学出版社，1980，第 92—94 页。
② 陈觉编著《九一八后国难痛史》（上），辽宁教育出版社，1991，第 44、45 页。
③ 日本政府参谋本部编《满洲事变作战经过概要》第 1 卷，田琪之译，中华书局，1982，第 4 页。

总兵力1万余人。此外还有六个独立守备队，每个大队900人左右。再加上其他附属部队，日本关东军在东北的总兵力不过两万余人。

9月19日清晨，本庄繁率领司令部人员进入沈阳城，并在城里设置师团司令部，对沈阳城进行实质性的占领。

沈阳城大批公私财产尽陷敌手。仅武器一项，有张作霖父子经营多年、中国国内最为先进的各式飞机262架，另有迫击炮、山炮、野炮等3091门，战车26辆，机枪5864挺，长短枪118206支，以及大批弹药，这些武器全部完好无损地成为关东军的"战利品"。另有财产损失18亿元以上，其中东北边防公署损失3700万元以上，北大营损失399万元以上，海军司令部损失50万元以上，东北讲武堂损失530万元以上。① 东三省官银号的存款、黄金等也遭到哄抢，其中，东三省官银号库存黄金16万斤，张学良寄存于边业银行的7800两黄金和古董书画等被抢一空。中国银行支行被掠白银4000万两。张学良私邸以及辽宁省高级官吏臧式毅、翟文选、荣臻、朱光沐、于珍等人的私财也遭抢掠。②

9月20日，关东军司令官本庄繁发布成立奉天市政公所、履行临时市政的命令，任命土肥原贤二大佐为市长，其他官员也全部由日本人担任，分别是：秘书富村顺一，警务课长鹤冈永太郎，总务课长庵谷忱，财务课长三谷末次郎，卫生课长守田福松，工程、技术、事务课长吉川康。本庄《布告》称，"日军司令官鉴于奉天城附近状况，为增进日支官民之幸福，从9月20日起，在关东军的指导下，依靠日本人实施临时市政"。③

从9月19日开始，驻辽宁各地的日军独立守备队分别向邻近城池发起攻击，当地军警几乎没有抵抗，或投降，或撤走。9月19日当天，营口、安东、凤凰城等重镇被日军侵占。

与此同时，驻长春的日军第三旅团长长谷部照吾下令向长春进犯。

当时的吉林省会设在今吉林市，省主席兼东北边防军驻吉副司令长官张作相因父丧赴锦州未归，军政大权委托副司令长官公署参谋长熙洽代理。熙洽乃清室后裔，曾留学日本陆军士官学校，素有复清情结和亲日倾

---

① 陈觉等：《九一八后国难痛史》（上），第44—71页。
② 参考中央档案馆等编《九·一八事变》，中华书局，1988；李士廉《九一八事变见闻》，《吉林文史资料》第11辑；张福全《辽宁近代经济史》，中国财政经济出版社，1989。
③ 芳井研一解説『満州事変日誌記録』第1冊、不二出版、2009、34頁。

向。9月20日，熙洽主动给本庄繁发电，向日本人送去"秋波"，内称，"此次奉天发生不幸事件深感忧虑，寄希望本着历来之友谊，和平解决事件，当尽力勿使其扩大"。① 与此同时，熙洽紧急召开军政两署重要官员会议，以传达上峰不抵抗指示为名，要求驻省城的部队一律撤至城外数十里"待命"，谎称"为避免冲突，保存实力，中日事件由外交解决"。② 在熙洽的哄骗下，驻吉林省城的第二十五旅两个团及冯占海率领的卫队团撤至城外。

是时，驻守长春外围的南岭有两个团，分别是陆军第二十五旅六七一团和独立炮兵第十九团。另有中东铁路护路军六六三团的一个营，驻守二道沟宽城子。长春城内还有一个营的兵力，总人数在六七千人。

9月19日，一路日军首先进犯二道沟，守军营长傅冠军因事先得到熙洽的不抵抗命令，见日军杀气腾腾地扑来并未下令抵抗，只是上前阻拦。日军竟不由分说一齐射击，傅冠军身负重伤，旋即死去。官兵们这才拿起枪炮还击。战斗一时非常激烈，日军颇有损失，但二营官兵也损失惨重。中午时分，熙洽的不抵抗命令再次传来，二营余部撤出战斗，日军占据二道沟。

在南岭，官兵也接到不抵抗的命令，所以对日军来袭无意抵抗。但是日军气势猖獗，弹雨如注，铺天盖地般向守军阵地洒来。拥有36门大炮的炮兵团被迫开炮，步兵团也进行了还击。日军自出师以来一直如同演习一般轻松，没料到对方开火，而且十分顽强。据参战的日军武田中尉回忆，"战斗从上午十时到下午三时，共用五个小时，而且又是在近距离内展开的激战"，"中队长为打破难局，部署在轻机枪掩护下，登上围墙，冲进敌营。但这时从右前方的枪眼射来一颗子弹，正中中队长的头部，当即壮烈阵亡。接着，芦田少尉、太田伍长、相田上等兵以及士田上等兵等相继倒下"，"在失去中队长的情况下，继续展开手榴弹战，敌军也不示弱"。③ 从此可以看出这场战斗的激烈状况。是役，日军中队长仓本少佐以下38人被击毙，另有30人负重伤。包括二道沟战斗，日军共阵亡66人（其中军官3人），负伤76人（内军官3人），是9月18日夜以来日军伤亡最惨重的

---

① 芳井研一解说『満州事変日誌記録』第1冊、47頁。
② 《吉林文史资料》第11辑，第64页。
③ 中央档案馆等编《九·一八事变》，第197页。

一次。① 9 月 19 日下午，又是熙洽命令停止战斗，南岭守军才撤出阵地，36 门大炮及南岭军营的所有库存武器、设备、设施等都落于敌手。

长春及其周边地区沦陷后，通往省城的大门敞开，而吉林省城又无驻兵，熙洽立即着手投降事宜，命令军署中将参议安玉珍与秘书长张燕卿前往土门岭迎接多门师团，并向多门师团长保证，沿途绝不予阻击或抵抗。9 月 21 日晚 6 时左右，多门师团兵不血刃占领了吉林省城。至此不出三天，东三省三个省会沦陷了两个。

二　中日两国政府对九一八事变的处置

关东军爆破东北南部铁路后不久，驻奉天总领事林久治郎立即致电币原喜重郎外相，称关东军"业已拟定的由满铁沿线各地一起发动积极行动的方针"，"此事件纯属军部的有计划的行为"。② 满铁调查人员当时记录的《满洲事变日志记录》中也记载，"作为冲突的原因，支那兵破坏满铁线路的实情，由于（关东）军方严格保密，欠缺明确"。③ 这一情况说明事件当时日本当局已经意识到关东军是挑起事件的元凶。在 9 月 19 日的日本内阁会议上，币原外相也宣读了外务省获取的对陆军不利的情报，所以内阁会议确定"维持现状，不扩大的方针"。随后，日本陆军部参谋总长金谷范三要求关东军司令官本庄繁"遵从阁议决定"。④

表面上，日本政府最初采取"不扩大方针"，向国际社会发出了"和平解决"的信号，但实际上，日本内阁在做出不扩大决议的同时，却批准了朝鲜军擅自越界的预算经费，昭和天皇也没有对朝鲜军"冒犯统帅权"的行径稍加指责。9 月 24 日，日本政府发表第一次关于"满洲事变"的声明，重复关东军捏造的谎言，指责"中国军队破坏了南满铁路"，肯定关东军为"铲除危险根源"，"有必要先发制人"的举动。⑤

九一八事变爆发的第二天，中国国民政府立即通过驻日公使向日本提出严正抗议，出席国际联盟会议的代表施肇基也迅即向国联报告，并分别

---

① 中央档案馆等编《九·一八事变》，第 197—199 页。
② 林久治郎『満州事変と奉天総領事：林久治郎遺稿』原書房、1978、117 頁。
③ 芳井研一解説『満洲事変日誌記録』第 1 冊、9 頁。
④ 日本国際政治学会、太平洋戦争原因研究部編『太平洋戦争への道：開戦外交史別巻資料編』、114、115 頁。
⑤ 王芸生编著《六十年来中国与日本》第 8 卷，第 246 页。

向《非战公约》各签字国发出通告，要求国联"主持公道"。当日，在国联第65次理事会上，日方代表芳泽谦吉宣读日本政府关于"满洲事件"之声明书，宣称事变不过是一起"地方性事件"，"请理事会不必过分重视"。① 9月21日，中国政府代表又向国联秘书长提交照会，请求国联"根据《盟约》第11条所赋予之权力，立采步骤，阻止情势之扩大……并恢复事前原状，决定中国应得赔偿之性质与数额"。② 9月22日，国联向中日两国发出通牒，"劝告双方避免事态扩大，并立即由两国协商撤兵"，美国国务卿史汀生也向日本驻美大使出渊提出照会，"表示相信日政府不扩大方针，并希望由外务相处理此一事件"。③ 国联与美国的态度更使蒋介石萌生依靠国联协调和列强的压力迫使日本收兵的幻想。9月23日，蒋介石发表演说，表示要"以公理对强权，以和平对野蛮"，"暂取逆来顺受态度，以待国联公理之判决"。同时，国民政府向全国发出通告，内称，"现在政府以此案件诉之国联行政院，以待公理之解决，故希望全国军队对日军避免冲突"。④ 但是在国联会议上，日本外交代表则强调日本在东北的特殊权益，把一切责任推给中国。这证明日本内阁所谓的"不扩大方针"不过是应付世界舆论的权宜之策而已。日本政府不仅没有实施"不扩大方针"，相反却始终被军部牵着走，甚至是一个鼻孔出气。以九一八事变为契机，日本国内掀起了自下而上的超国家主义运动，法西斯军民团体连续制造"三月事件""十月事件""五一五事件"等政变事件，在清除、震慑"不扩大派"的同时，使日本决策层的侵华国策迅速趋同，加速了军权凌驾政权、军权取代政权的法西斯军国体制的进程。事实说明，国民政府的不抵抗方针在客观上也助长了日本的侵略野心。

事变爆发后的第二天，即9月19日，蒋介石在日记中写道："昨晚倭寇无故攻击我沈阳兵工厂，并占领我营房。刻接报已占领我沈阳与长春，并有占领牛庄消息，是其欲乘粤逆叛变之时，内部分裂，而侵略东省矣！……社会无组织，政府不健全，如此民族，以理论，决无存于今日世

---

① 王芸生编著《六十年来中国与日本》第8卷，第241、242页。
② 赵东辉主编《九一八事变与日本外交》（东北沦陷十四年史翻译丛书），东北沦陷十四年史辽宁编写组，1997，第406页。
③ 王芸生编著《六十年来中国与日本》第8卷，第244页。
④ 王芸生编著《六十年来中国与日本》第8卷，第245页。

界之道,而况天灾匪祸相逼而来之时乎!……此时明知危亡在即,亦惟有鞠躬尽瘁,死而后已耳。"9月20日,蒋又在日记中写道:"闻沈阳、长春、营口被倭寇强占以后,心神哀痛,如丧考妣。苟为我祖我宗之子孙,则不收回东省,永无人格矣!小子勉之!内乱平定不遑,故对外交不太注意。卧薪尝胆,教养生聚,忍辱负重,是我今日之事也。"① 上面两则日记基本反映了蒋介石当时的心境,也是他后来制定对日政策的出发点。解析开来,一是对东北沦陷的痛心;二是表示不收回东省,永无人格;三是卧薪尝胆、忍辱负重乃"今日之事也"。正是出于以上三点考虑,9月20日,蒋介石确定了"团结内部,统一中国,抵御倭寇,注重外交,振作精神,唤醒国民,还我东省"的方针,② 即在"统一中国"的前提下,注重外交解决的方针。至少,此时的蒋介石尚无武装抵抗日本侵占东北之打算。

作为国民政府最高领导人的蒋介石之所以出此下策,原因是多方面的。

第一,自1928年"二次北伐"成功到1931年九一八事变,短短的三年时间里,国民党各派势力的争斗一直没有停息,从蒋桂战争到蒋冯战争,从改组派、西山派与北方派的反蒋大联合,到波及半个中国的中原大战,乃至汤山囚胡(汉民)、石友三叛乱、宁粤分裂,中国到处烽火连天,民不聊生,国力凋敝。蒋氏的日记里对此也流露出一二,如"内部分裂","社会无组织,政府不健全","如此民族,决无存于今日世界之道",想必是担心"根基"不稳,唯恐抵抗强敌导致灭顶之灾。

第二,蒋介石集团虽然在内战中屡获胜利,却没有带来想象的中央政令一统天下的结果,尤其在铲除异己的过程中,蒋介石手段施尽,也失去了人心,令各地方实力派人人自危,反蒋派则或者蛰伏窥视,或者暗蓄实力,随时准备卷土重来,蒋政权的统治根基依然十分薄弱。因此,"攘外必先安内"成为蒋氏集团的首选国策。九一八事变爆发后,蒋介石在一次公开讲话中仍然强调,"攘外必先安内,统一方能御侮","未有国不统一而能取胜于外者,故今日之对外,无论用军事方式解决,或用外交方式解决,皆非先求国内统一不为功。盖主战固然须先求国内之统一,即主和亦非求国内之统一,决不能言和。是以不能战,固不能言和,而不统一,更

---

① 杨天石:《找寻真实的蒋介石》,山西人民出版社,2009,第199、200页。
② 杨天石:《找寻真实的蒋介石》,第200页。

不能言和与言战也"。①

第三，自1927年4月12日蒋介石发动政变以来，共产党组织工农武装走向武装反抗国民党反动统治的道路，相继建立起中央苏区及湘赣、湘鄂赣、赣东北、鄂豫皖、湘西等根据地，拥有近百个县，人口达1000余万，红军总数发展到28万余人，无疑成为蒋氏集团谋求全国统一的最大心病之一。所以，到九一八事变爆发前，国民党仍将"剿共大计"列为国事。九一八事变爆发当日，蒋介石正在江西"剿共"前线指挥，立即电告南京政府和张学良，"现非对日作战之时，以平定内乱为第一……发生全国的排日运动时，恐被共产党利用，呈共匪之跋扈，同时对于中日纷争，更有导入一层纷乱之虞……宜隐忍自重，以待机会"。②可见，蒋介石的"剿共"心病之深，当然也就把抵御外侮放在第二位。

第四，对国联和列强调停抱有过高幻想，盼望"三国干涉还辽"的旧梦重演。首先应该指出的是，蒋介石"以公理对强权，以和平对野蛮"的决策是出自"攘外必先安内"的大前提下，在不使用军事抵抗手段的情况下，如何制止日本的侵略行径，依靠国联或大国协调可能是唯一取向。

作为东北最高军政长官，对东北沦陷张学良也难辞其咎。九一八事变之前，关东军咄咄逼人的侵略锋芒世人皆知，张学良更应该是心知肚明，却一再指示东北当局妥协退让，委曲求全。事实上从兵力对比看，当时在东北的关东军全部兵力（包括六个独立守备大队、旅顺重炮兵大队、飞行队、宪兵队以及武装警察、后勤部队等）大约为26000人。东北军的精锐虽然在中原大战时入关，但留在东北的兵力仍有19万人之多，其中辽宁省驻兵6万，吉林省8万，黑龙江省5万。③尤其驻沈阳北大营的第七旅是东北军的劲旅，倘若下令抵抗，至少可以抑制关东军的锋芒，使其不可能轻易占领沈阳，同时几乎兵不血刃占领满铁沿线重要城镇，接着又占领吉林和长春，造成关东军占领大半东北的既成事实。九一八事变后第二天，张学良在北平召集部分将领紧急开会，张学良讲话称，"日人图谋东北，由来已久，这次挑衅的举动，来势很大，可能要兴起大的战争。我们军人的天职，守土有责，本应和他们一拼，不过日军不仅一个联队，它全国的兵力

---

① 杨奎松：《中国近代通史 第八卷 内战与危机（1927—1937）》，第245页。
② 杨奎松：《中国近代通史 第八卷 内战与危机（1927—1937）》，第245页。
③ 张德良等编《东北军史》，第193页。

可以源源而来，绝非我一人及我东北一隅之力所能应付……我们是主张抗战的，但须全国抗战。如能全国抗战，东北军在最前线作战，是义不容辞的……我们避免冲突，不予抵抗……勿使事态扩大，以免兵联祸结，波及全国"。① 张学良的这段讲话表达了他内心深处的担心和顾忌，即，寄希望的是全国抗战，届时东北军首当其冲亦无不可，但决不能以东北军一己之力去硬拼，丢掉东北军的家底。事后在另一个场合，张学良更明确表达了这种想法，他说，"从政治和战略上分析，敌强我弱，假如违令抗日，孤军作战，后继无援，其结果不仅有可能全军玉碎，更为严重的是，惟恐给东北同胞带来战祸……为了避免无谓的牺牲，保存实力，所以我忍辱负重"。② 可见，唯恐东北军"玉碎"该是张学良下令不抵抗的最大心结。

张学良之所以采取不抵抗政策，自然同蒋氏和国民政府的指使和影响不无关系。事变爆发前，蒋介石多次劝诫张学良"现在还不是与日作战的时候"。③ "中村大尉事件"后，蒋介石电邀张学良到石家庄会晤，蒋说，"最近获得可靠情报，日军在东北马上要动手了，我们的力量不足，不能打。我考虑只有提请国际联盟主持正义，和平解决……要你严令东北全军，凡遇到日军进攻，一律不准抵抗，如果我们回击了，事情就不好办了"。④ 监察院院长于右任也给张学良发去电报："中央政府把平定内乱视为其头等职责，东北的同仁必须理解这一国策。"⑤ 对上峰的一连串指示，张学良不敢怠慢，他回顾说："我早令我部官兵对于日军挑衅，不得抵抗，故北大营我军，早已按照命令，收缴武器存于库房。当日军进攻消息传来时，我立刻下令收缴军械，不得还击。"⑥

三 日本军事法西斯国家体制的确立

九一八事变发生后，日本军部把阁议束之高阁，"根本没有命令关东军停止军事行动的打算，反而频频利用密码电报，加速了关东军的行

---

① 洪钫：《九一八事变当时的张学良》，《吉林文史资料》第 11 辑，第 98 页。
② 孙德沛：《不抵抗政策与张学良将军》，《吉林文史资料》第 11 辑，第 108 页。
③ 〔美〕傅虹霖：《张学良的政治生涯》，王海晨、胥波译，辽宁大学出版社，1988，第 81 页。
④ 〔美〕唐德刚、王书君：《口述实录·张学良世纪传奇》，山东友谊出版社，2002，第 422 页。
⑤ 〔美〕傅虹霖：《张学良的政治生涯》，第 81 页。
⑥ 〔美〕傅虹霖：《张学良的政治生涯》，第 81 页。

动"。① 关东军对外侵略扩张的军事行动，则激发了法西斯军人及社会右翼以"国家改造"方式策应军事扩张的狂热。特别是以桥本欣五郎为首的"樱会"，更加受到鼓舞。他们从近卫师团和第一师团联络到 10 个中队、2 个机枪中队，海军的"拔刀队"，西田税的"王师会"，霞浦的轰炸机队，以及大川周明、北一辉、井上日召等民间右翼团体头领等，决议在 1931 年 10 月 29 日行动，推举荒木贞夫中将就任首相，组建军人内阁。但是这一计划被警察和宪兵部门查知，10 月 17 日夜，300 名东京宪兵抓获了 12 名暴动主谋者，他们的计划亦告流产。不过，在军部上层的保护下，主谋者并未受到任何实质性处分。陆军大臣南次郎甚至在阁议上为他们辩解，称"此次一部分现役军官企图的策划，是出于忧国愤世的激情，没有他意，但如果放任容易被外界驱使利用，或做出破坏军规的行为，因此以保护为目的予以收容"。②

"十月事件"后，日本陆军内部的"国家改造派"出现两个派系。一派称作"皇道派"，以中下级青年军官为主，主张通过武装政变的方式实现"国家改造"，有强烈的精神主义和情绪化的倾向。他们对内主张"明征国体"，即实行"天皇亲政"，对天皇周围的重臣进行清查，即"清君侧"；对外主张首先进攻苏联。另一派是"统制派"，以陆军参谋本部的中坚力量为骨干，他们主张以合法手段建立军部霸权，永田铁山、石原莞尔、冈村宁次等人是该派的核心人物。

民间以"血盟团""爱乡塾"为代表的右翼团体也变换手法，一方面继续联络军人法西斯团体随时准备发动暴动，另一方面以清除政党领袖和财阀头目为目的实施"一人一杀"的恐怖手段。1932 年 2 月 9 日，"血盟团"成员小沼正在东京刺杀了民政党领导人、前大藏大臣井上准之助，当即被捕。当年 3 月 5 日，又有三井总公司常务董事长团琢磨倒在"血盟团"成员菱沼五郎的枪口下。两起暗杀事件引起日本当局的惊恐和不安，立即宣布戒严，并对"血盟团"组织成员展开大搜捕。黑泽大二、四元义隆、池袋正钏郎、田中邦雄、田仓利之、森宪二、须田太郎等 14 名成员相继被逮捕。"血盟团"首领井上日召躲进右翼巨头头山满的家中，被当局

---

① 江口圭一『十五年戦争の開幕』、84 頁。
② 天道是『右翼運動 100 年の軌跡：その抬頭・挫折・混迷』、156 頁。

查知，在不得已的情况下向警视厅投案自首。两起财界大员被杀的恶性事件，依照法律理应严惩。然而，凶手及井上等人却在监狱中享受到优厚的待遇。

日本当局对一系列暴乱和恐怖事件的偏袒，刺激了军民界法西斯分子的恣意妄为。1932年5月15日，海军派头目古贺清志、西田税、三上卓和民间右翼头领大川周明、橘孝三郎等人又策划了袭击首相官邸，刺杀犬养毅首相的"五一五事件"。暴动队伍在行动过程中还到处散发传单，上面写道："日本国民们！政治、外交、经济、教育、思想、军事等方面，到处失去皇国日本的姿态！""革新的时机，现在不站出来，日本只有灭亡，拿起武器来！""铲除天皇身边的奸贼！""国民的敌人是政党和财阀，杀掉他们！""抹杀奸贼和特权阶级！""农民们，工人们，全国国民们，保卫祖国日本！"①

暴动被镇压后，虽然事件制造者和参与者纷纷自首或被捕，但各家媒体却将这起明显的暴动事件称作"维新"或"革命"行动，美化事件制造者"动机纯洁"，是"爱国志士"。陆海军大臣都公开站出来为暴动者辩解。司法当局和军法会议对这起恐怖事件制造者采取了宽容甚至庇护的态度，全案罪犯无一人判处死刑，直接负有枪杀首相及其他警卫人员命案的祸首三上卓、古贺清志等海军军官仅仅判处监禁15年，其他陆海军人案犯被判8年到12年不等（分别由陆海军军事法庭审理），还有些人判处缓刑。政府对军部法西斯分子的纵容态度导致暴乱、叛乱事件频发。

在少壮派军人及社会右翼势力不断掀起"国家改造"运动的同时，日本当局强化了对日共及其领导的民众运动的镇压。1932年10月30日，日共在热海召开全国代表大会，东京特高课出动逮捕了日共中央委员长风间丈吉、中央委员岩田义道等数人。根据风间丈吉的口供，警方又先后逮捕了日共著名作家小林多喜二（不久，小林多喜二与岩田义道先后牺牲在警察的酷刑之下），东京地方法院法官尾崎升、司法官试补坂本忠助、东京地方法院书记西馆仁、长崎地方法院法官为成养之助、札幌地方法院法官泷内礼作、山形地方法院鹤冈支部法官福田力之助，以及长崎、山形地方法院的书记三人等。

---

① ねず・まさし『現代史の断面・満州帝国の成立』校倉書房、1990、196、197頁。

在此期间，陆军省、文部省、递信省先后出台《危险思想对策案》《关于思想问题的对策案》以及《关于管理通信印刷物的对策案》等，以图强化对民众思想的监控和统制。斋藤内阁成立由内务、陆军、海军、司法、文部各省次官以及法制局长参加的"思想对策协议委员会"，出台了《思想取缔方策具体案》。陆军部则发布了《国防本意及强化的提倡》，强调为应付紧迫的国际形势，要在外交、经济、财政、政略、国民教化等诸方面，"断然树立（皇国之）根本，将皇国伟大的精神和物资潜力，组织并统制到以国防为目的上来，实行一元化运营"，"铲除无视国家的国际主义、个人主义和自由主义思想"，"变革现行的经济机构"，"促进对非常时局的觉悟"，[①] 鼓吹一切以国防为最高价值和目的，迅速建立举国一致的军国体制。

由于日本政府的高压政策，日共内部出现分裂，日共高级干部佐野学、锅山贞亲以及风间丈吉、田中清玄、三田村四郎、高桥贞树等人先后发表"转向声明"，日本共产党及其领导的工农运动陷入低潮。而各种自由主义力量和反战和平力量，也在军部攻击所谓"天皇机关说"的舆论战中遭到了镇压。

"天皇机关说"是宪法学者美浓部达吉教授早年的学说，即认为天皇的权力是宪法规定的，"统治权应该属于法人国家，天皇作为最高机关行使统治权，其权限受宪法及其他法律的限制"。[②] 美浓部达吉教授的主张本来是得到法学界支持和公认的，成为议会政治和政党政治的法律基础。但是从1935年起，首先由贵族院议员菊池武夫（男爵、陆军中将）发难，攻击美浓部教授的"天皇机关说"是"缓慢的谋反，是明显的叛逆"。[③] 一时间，社会各界围绕"天皇机关说"展开了激烈的争议。

在贵族院、众议院发起攻击的同时，右翼头面人物头山满、西田税、衰田胸喜、桥本彻马、江藤源九郎等人纠集各右翼团体成立了"扑灭机关说同盟"，召开各种形式的声讨大会，掀起了波及全国的"天皇机关说扑灭运动"。接着，军政各界也相继成立"国体维护联合会"、"国体明征达成联盟"等右翼团体，呼吁政府和社会严厉处分美浓部，"铲除自由主义、

---

① 江口圭一『十五年戦争の開幕』、311、312頁。
② 牧野喜久男編『昭和史事典』毎日新聞社1980、243頁。
③ 江口圭一『十五年戦争の開幕』、314頁。

国际主义等消极的旧势力",进行一场"昭和维新的圣战"等。"天皇机关说扑灭运动"标志着日本急速向法西斯军国主义国家体制迈进。

进入1934年,陆军"皇道派"与"统制派"之间的矛盾日趋尖锐,纷争也越加激化。1935年7月,"统制派"成员林铣十郎取代荒木贞夫出任陆军大臣,"皇道派"的另一面旗帜、教育总监真崎甚三郎便成为"统制派"蓄谋拔除的"刺"。1936年2月,"统制派"借其主要成员永田铁山被杀对"皇道派"实施更明显的排挤和报复,两派之间的矛盾白热化。26日凌晨,天降大雪,"皇道派"青年军官村中孝次大尉、安藤辉三大尉、矶部浅一中尉等率领步兵第一、第三联队及近卫步兵第三联队1483名官兵兵分七路,分别向首相及内阁大员的官私邸、陆军大臣官邸、警视厅等要害部门进发,先后杀害了内大臣斋藤实、教育总监渡边锭太郎、大藏大臣高桥是清,击伤前内大臣牧野伸显和侍从长官铃木贯太郎,此即"二二六事件"。

事件发生后,东京警备司令部以天皇名义颁布《紧急敕令》,宣布全城戒严,参谋总长载仁亲王颁布《奉敕命令》,要求叛乱部队各自返回原编制。2月29日,叛乱部队相继缴械投降。以这一事件为契机,"统制派"控制的军部加强了在政治上的发言权。"二二六事件"后,恢复了1913年被废止的现役大、中将充任陆海军大臣的制度,从此,军部可以通过不推荐陆海军大臣人选,或指令大臣辞职等手段要挟内阁,致使内阁崩溃。军权超越政权、军权凌驾政权的军国体制日臻完善,导致后来侵略战争的逐步升级和扩大,在把中国和世界推向战争灾难的同时,也把日本拉进罪恶的深渊。

第三节 东北人民英勇抗击日本的侵略

九一八事变爆发后,东北各地都自发地兴起了抵抗日本侵略者的武装斗争。不甘心忍受日本侵略的原东北军的军人,被迫拿起武器的各地工人、农民、知识分子,各地的民团乃至绿林队伍大刀会、红枪会等都行动起来,虽然并没有严密的组织和统一的领导,但是有抵抗日本侵略的共同目标。这些抗日武装结成广泛的抗日民族统一战线,形成了声势浩大的抗日队伍,即东北义勇军。

一 东北义勇军的兴起与斗争

沈阳沦陷后，辽宁省政府和省军署迁至锦州，由张作相代理东北边防军司令长官（未到任），米春霖代理省主席，荣臻仍为省军署参谋长，形成与关东军对峙局面。关东军派飞机轰炸锦州，恫吓锦州当局和地方民众，同时也企图给表示"不扩大"方针的日本政府造成压力。但是对锦州的轰炸也引起了国际舆论的强烈反响，"美国不得不对日本采取断然和攻击的姿态"。①

1931年12月，关东军以"讨匪"为名决定兵犯锦州。12月26日，张学良在国内民众抗日呼声的推动下决定予以抵抗，给参谋长荣臻发出抵抗的电令，并命令辽宁省境的各路武装骚扰关东军后方，配合正规军队作战；又命令热河省主席汤玉麟出兵增援锦州。28日，关东军对锦州发起总攻。锦州外围的东北军各部虽然进行了一些抵抗，但准备不足，士气不振，开战两日后日军就侵占盘山、打虎山等军事要地，军政两署及东北军只得撤进关内。

1932年1月2日夜，辽宁省警务处处长黄显声率领公安总队最后撤出锦州时，沿途收编地方武装和土匪，分发给他们一部分武器，嘱他们继续抗日。另外，九一八事变后流亡北平的东北籍爱国人士阎宝航、车向忱、卢广绩、朱庆澜等人在张学良的支持下，成立东北民众抗日救国会和辽吉黑民众后援会，派员潜入敌占区联络地方军警、士绅、联庄会、大刀会及绿林武装，组织他们成立起各种旗号的抗日武装，展开抗日复土斗争，这就是东北义勇军的兴起。

近代以来，辽宁地区曾经历过甲午战争、日俄战争、军阀混战、土匪劫掠等无数次兵灾之蹂躏，为保一方平安，一些地方士绅、实力派纷纷养枪自保，还有些地方自发成立民团、联庄会等组织，以应付乱世。所以，辽宁地区许多人家有枪，各村各庄都有民众自卫组织，这也成为辽宁地区义勇军抗日活动的群众性基础。

1932年1月6日，日军第二十七联队140余人在联队长古贺传太郎中

---

① 〔日〕前田哲男：《从重庆通往伦敦、东京、广岛的道路》，王希亮译，中华书局，2007，第29、30页。

佐率领下占领了锦西县城。锦西县公安局局长苑凤台返回家乡苑家屯，邀集乡亲商讨应敌之策，决定联络周围村屯的民团首领，表达抗日意志，并公推报号"亮山"的绿林首领刘纯启为起义军大队长。7日夜晚，义军派人潜入县城袭击日军。

古贺担心被义军包围在城内不得"施展"，便留下一个小队守卫锦西县城，另派松尾秀治小队长率26人回锦州运输给养，自率50余名骑兵和30名步兵出城"剿匪"，但陷入五六百名义军的埋伏。日军虽然武器精良，但人少势单，只好惶惶向县城方向撤退。当撤至西菜园子一带时，又遇抗日民众的伏击，古贺联队长连同副官米井三郎大尉、机枪队长星野一夫大尉以及野口中尉、石野中尉以下30余人被击毙。古贺残部逃回县城后，包括留守的村上小队只剩下40余人。

当日下午3时左右，松尾小队从锦州领取给养后，押着大车返回县城，途经县城东30余里的钱搭屯时，被1000多名抗日民众包围。激战过后，松尾小队27人全部被歼。这是日军占领锦州后辽西民众给予侵略者的第一次沉重打击。东北救国会创办的《救国旬刊》盛赞辽西爱国民众的义举，文章称，"是役古贺联队全师尽没，我军夺其天皇所赐之大旗一面。本庄（司令官）回国谒天皇时对此事引为奇耻大辱……此实我义勇军最光荣之一页"。① 日本人办的《盛京时报》也做了报道，内称，"骑兵联队古贺中佐所带仅有百骑，9日夜在锦西地方，被兵匪3000余人袭击，卒陷重围，结果古贺中佐（死后晋升大佐）、米井大尉、野口中尉、石野中尉及其下士兵计19名先后战死"。② 日方的史料③及其报道也从另一侧面反映出辽西义勇军力挫强敌的战斗精神。

锦西战斗后，"亮山"刘纯启及许多乡民踊跃投身到抗日义勇军行列，刘纯启被北平救国会委任为第三十四路义勇军司令，继续活跃在抗日斗争的第一线。

除刘纯启部外，经过北平救国会的组织联络，从沈阳郊区到山海关一

---

① 东北救国会：《救国旬刊》第23期，1932年1月10日。
② 《盛京时报》1932年1月12日。
③ 陆军省调查班『锦州政権関内撤退後に於ける兵匪跳梁の情況』（1932年1月29日）、国立公文書館・アジア歴史資料センター、Ref. No. A03023739900；『錦西附近に於て古賀中佐以下戦死の件』（1932年1月11日）、国立公文書館・アジア歴史資料センター、Ref. No. C04011110200。

线，先后组建起54路义勇军（后统一编成东北义勇军第一军团），拥众10万余人。其中，著名的有活跃在新民的耿继周部，黑山的高鹏振部，绥西的郑桂林部，打虎山、黑山一带的于百恩、苏振声部，以及赵大中、王显庭、金子明、贾秉彝、马子丹、李海峰、赵亚洲、宋九龄等部。这些抗日武装在辽西一带出其不意地打击敌人，搅得日本侵略者不得安宁。

1932年3月，潜伏在沈阳伪靖乡安民会的北平救国会工作人员蔡介石等人受救国会之命委任铁岭抗日武装首领赵亚洲、金山好为东北民众抗日义勇军第三十九路军正、副司令，并指示他们伺机攻打沈阳城，相约届时作为内应。赵亚洲立即联络了第九路军的于德霖部、第四路军的耿继周部以及吴三胜、刘海泉、"老北风"（张海天）、项青山等部，计议于3月10日起事。当日凌晨4时许，金山好、于德霖率部包围了沈海车站，缴获一部分伪军警的枪械，然后化装成伪警察骗开小北边门，击毙日伪军警十余人。此后，赵亚洲等部曾多次发动攻打沈阳城的战斗。日伪当局增派兵力加强沈阳城的防守，出动重兵"围剿"抗日义勇军各部，导致千余名义勇军将士被杀害。①

1932年7月，北平救国会派员联络辽西一带的义勇军各部，筹划继续攻打沈阳城的计划，并派员策反城内伪军和公安队，届时里应外合搅乱沈阳城。8月28日夜，沈阳近郊的第二十一路义勇军赵殿良部、第四路义勇军耿继周部以及辽南义勇军一部，总计3000余人，分从东、南、北三面向沈阳城发起攻击，伪公安队林子升部从内部策应，焚毁了日军飞机，破坏了沈阳兵工厂的无线电设施，并击伤伪警察局长齐恩铭。袭击沈阳城的战斗激发了东北民众的抗日热情，对日本的殖民统治也是一次沉重的打击。②

9月1日，赵殿良又联络部分义勇军武装发起二打沈阳城的战斗。据日伪档案资料记载，"袭击大南边门之匪贼约有百名……吹号前进，继续攻城，警察队极力抵抗始将匪等击退。但该匪变转方向往小西门进行"，"袭击大东边门之匪数约600名亦吹号前进……被兵工厂内之野炮击退，贼侧死亡一名，向浑河方面窜去"。③

---

① 李秉刚：《辽宁人民抗日斗争简史》，辽宁人民出版社，1997，第146页。
② 《盛京时报》1932年8月30日。
③ 奉警情第157号，剿匪679号，辽宁省档案馆藏，全宗十四，目录二，卷号七〇（上）。

1932年10月26日，抗日武装还在沈阳机场纵火，烧毁机库1栋、八八式轻型轰炸机2架、八八式侦察机2架、补给车1辆，没收飞机10架，总价值17万日元。①

辽西义勇军数次攻打沈阳城，在敌人重兵把守的大城市点起抗日烈火，体现了中华民族不屈强虏的大无畏精神，也向全世界表明中华民族否认伪国、抵制侵略的正义立场。

九一八事变发生后，一些受日本豢养多年的汉奸也趁机组织汉奸武装，如1931年10月凌印清就在辽南地区拉拢绿林武装张海天、项青山等人，企图袭扰当时东北军政两署所在的锦州。辽宁省警务处处长黄显声派熊飞率领两个公安大队前往平息，对张海天、项青山等绿林头目晓以民族大义，张、项二人即决定投身抗日，并突袭了凌印清的司令部，生擒凌印清及日本顾问仓冈繁、伪军旅长冯仙洲等，召开群众大会将凌印清及日本顾问枪决，大振辽南一带民众的抗日斗志。事后，黄显声分别委任张海天、项青山为东北民众抗日义勇军第一路、第二路司令，率部活跃在辽南的盘山、海城、台安一带。外号"老北风"的张海天率部多次攻打海城，"与日自警团、警察队、守备队等发生激烈市街战，海城日妇人孺子全部，皆避难于野炮队兵营中"。② 这支抗日武装一直坚持到1933年初，最后在日伪军的残酷"围剿"中溃散。

在辽南地区，除了这支抗日武装以外，各地方武装、民团也都在北平救国会的组织下行动起来，编成第二军团，下辖有17路军，外6个独立大队，人数不一，武器也参差不齐。但是，这些民众武装以原始的大刀长矛为武器，与敌人进行了殊死的搏斗。诸如活跃在台安、营口、辽阳、盘山一带的李纯华部，在辽阳的杜界雨、郑经十，本溪的李烈生（即后来的抗日联军将领李兆麟），营口的卢士杰，黑山、台安的郑子丰等。他们都用生命和热血谱写了爱国主义的高亢乐章。

原东北边防军长官公署第五处少将处长高文斌受张学良的委派，收编了辽宁北部与内蒙古交界地区的几支地方武装，组成内蒙抗日军第五军团，于1932年6月兵分两路攻打通辽县城。战斗从拂晓战到下午3时，第

---

① 『飛行機庫火災』国立公文書館・アジア歴史資料センター、Ref. No. C04011477800。
② 北平救国会：《救国旬刊》九一八记念号，1932年9月18日。

五军团一度冲进城内，缴获了一批军用物资，但敌人火力凶猛，第五军团颇有损失，遂撤出城外。7月，高文斌又率部攻打康平，守军弃城逃跑，康平县城回到抗日军的怀抱。8月，高文斌再率部攻打郑家屯，此次战斗虽然未能夺取郑家屯，但大慑了日伪当局，缴获了一批军用物资，也大振了抗日军民的士气。

在辽北蒙边地区，还有一支由原东北军下级军官贾秉彝领导的义勇军，在彰武一带活动，后被北平救国会改编为第十五路抗日义勇军。1932年2月，第十五路军在一次战斗中颇有损失，转移到昌图一带，与另一支义勇军刘翔阁部合成一路，捣毁日伪当局设置在昌图和法库之间辽河岸上的关卡，俘虏伪军200余人，还缴获了一批枪支弹药。贾、刘两部乘胜再战，连克金家镇、通江口等重镇，队伍扩充至3000余人。

在开原一带，还有栾法章、白子峰率领的一支抗日武装，后被北平救国会编成第五路军。该部一度打下开原县城，极大地鼓舞了当地民众抗日救国的斗志。

1932年11月，日本从国内增派了大批援军陆续侵入东北，镇压风起云涌的义勇军抗日热潮。对辽北地区，日军出动一个旅团的兵力，在飞机掩护下向法库、康平一带"扫荡"。高文斌率领的第五军团被击溃，高文斌被俘，其余部辗转撤往热河。刘翔阁也率部进入热河，贾秉彝则率领少数人马在当地继续坚持斗争。后来，这支武装与田霖、英若愚等部义军联合作战，一度收复阜新。但在一次战斗中，田霖壮烈牺牲，其余部后来加入抗日联军，继续抗日大业。

1932年4月21日，在辽东地区的桓仁县，由原东北军团长唐聚五率领的"辽宁民众自卫军"宣告成立。九一八事变爆发不久，负责辽东地区防御的东边镇守使于芷山投降敌人，其部下团长也多数附逆。时为副团长的唐聚五忿于芷山之流的无耻之举，暗暗联络地方军警、士绅和大刀会、红枪会等民众武装，准备揭旗抗日。自卫军成立后，编成19路军，其中著名的有原东北军营长李春润率领的第六路军，原桓仁公安大队长郭景珊率领的第七路军，原凤城县公安局局长邓铁梅率领的第十三路军，以及王凤阁、梁锡福、徐达山、林振清、王彤轩等部，朝鲜独立军总司令梁世风也率领朝鲜志士投身这支抗日武装。

自卫军成立后，一时控制了辽东地区的宽甸、抚顺、本溪、新宾、清原、通化、辑安、临江、柳河、辉南、抚松、长白等县，声势大振。当年8月，张学良电委唐聚五为辽宁省主席兼辽宁自卫军总司令，授中将衔。唐聚五在通化宣誓就职，所部已经扩充到37路军，拥众近10万人。唐聚五又将37路军划分为6个方面军，分别以李春润、孙秀岩、王凤阁、邓铁梅、张宗周、郭景珊等为方面军司令，展开了有声有色的武装抗日斗争。8月18日，李春润率领所部攻打清原，先焚毁南杂木林车站，破坏了敌人的铁路设施，并冲进清原城，毙伤日伪军数十人，还成功地颠覆了敌人的一列列车。

与此同时，王凤阁部发起围攻海龙县城的战斗，将敌人围了两个多月，城内断粮，日军不得不依靠飞机空投。在围攻海龙的同时，另一支队伍两次袭击朝阳镇，使敌人龟缩城里，不敢出城半步。

9月初，孙秀岩率领5000余人攻打山城镇，这是伪军头目于芷山的老巢。于芷山凭借坚固的工事顽强抵抗，日军飞机也来助阵。尽管孙秀岩部没有攻进山城镇，却是大刹了汉奸们的威风，使之龟缩城内不敢与自卫军为敌。

抚顺一带，活跃着由大刀会首领梁锡福率领的第十一路军。1932年9月15日，梁锡福联络附近的抗日武装袭击了抚顺城，捣毁了抚顺10个日本采碳所中的4个，还击毙杨柏堡采碳所的日本所长渡边，焚毁了日本老虎台采碳所的汽油库、发电所、安全灯房等，造成部分采碳所停电停产。

9月16日，日军独立守备队第二大队第二中队在井上清一中尉率领下出动，寻找义勇军报复，他们在搜寻不到义勇军后竟然兽性大发，对义勇军攻击抚顺时路过的平顶山村下了毒手，3000余无辜民众惨死在日军的机枪下，此即骇人听闻的平顶山惨案。这一惨案"在世界上也是罕见的，而且直到战后一直对日本国民隐瞒，满洲国作为'国家'存在的第一天，就浸泡在大屠杀的血泊之中"。①

1932年9月，关东军抽调两个师团、三个旅团共4万余人，以坦克开路，飞机轰炸，对辽宁民众自卫军进行了大规模的"围剿"。在敌强我弱的态势下，自卫军各部相继溃败，李春润等将领英勇牺牲，唐聚五率领残部出关。七七事变后，唐聚五受任东北游击队司令，在长城沿线与八路军

---

① 江口圭一『十五年戦争の開幕』、205頁。

联合作战，1939年5月在反扫荡战斗中壮烈捐躯。

在辽东三角抗区进行抗日活动的主要领导人是邓铁梅、苗可秀等将领。所谓"三角抗区"，指安奉线（今沈阳丹东线）、南满线（今长春大连线）和黄海海岸之间围成的一片地区，包括安东（今丹东）、庄河、东沟、岫岩、凤城等县。

九一八事变后，安东、凤城等重镇很快落于敌手，原凤城县公安局局长邓铁梅潜回凤城附近的顾家堡子，秘密联络地方军警、士绅、学校师生和青年农民，组成一支有200余人的抗日武装，自命名为"东北民众自卫军"。1931年12月26日，邓铁梅率领这支刚刚成立的队伍夜袭了凤凰城，击毙日伪军50余人，捣毁了县衙和监狱，释放50多名被逮捕的爱国人士，还缴获了3挺轻机枪、300多支步枪。消息传出，许多热血青年和爱国人士纷纷来投，队伍很快扩大到3000余人，东北大学学生苗可秀、赵侗等人也投身到邓铁梅的抗日军行列。

邓铁梅将司令部迁至岫岩县的尖山窑，对敌展开了更主动的进攻，先后袭击了庄河、大孤山、卡巴岭、三义庙等敌人据点，扰敌不得安宁。1932年7月1日夜，邓部又发起攻打伪靖安军李寿山的据点龙王庙的战斗。战斗打响后邓部官兵乘夜色杀进镇里，伪军们慌乱之中纷纷逃命，有的慌不择路掉进河里。李寿山等狼狈逃命，钻进大孤山再不敢露头。10月，邓铁梅联络友军刘景文、李子荣等部兵围大孤山一个月之久，直到日军天野旅团出动解围。

三角抗区如火如荼的武装抗日斗争形势使日伪当局如坐针毡。1932年12月，日军出动第二师团主力及独立守备队一部，外有伪军作伥，向三角抗区进行了"扫荡"。义勇军各部损失惨重，有的溃散，有的入关。邓铁梅部也严重减员，决定化整为零，收缩进山，继续坚持武装游击活动。1934年5月，邓铁梅被叛徒出卖被捕。日伪当局对他诱以高官厚禄，劝他为日伪政府效力，邓铁梅坚韧不屈，慨然赴死。

邓铁梅牺牲后，苗可秀收整邓的旧部，并联络一批青年学生组成"少年铁血军"，继续与日伪当局展开不屈不挠的斗争。后来，苗可秀也被捕殉难。阎生堂继承烈士的遗志，继续与日伪军周旋，并同杨靖宇领导的中共抗日武装并肩战斗。1936年冬，阎生堂在一次战斗中壮烈牺牲，他的战友白君实义无反顾地接过烈士的枪，率领铁血军继续打击敌人。1938年冬，白君实不幸被捕。1939年1月，白君实慨然牺牲在敌人的屠刀下。三角抗区前仆后继的战斗精神永远光照日月。

在辽东三角抗区，还有一位抗日英雄的名字直到今天仍然被人们所传颂，他就是王凤阁。王凤阁是通化县人，早年曾参加奉军，后来退役赋闲。九一八事变后，王凤阁在家乡组织起一支以林业工人为主体的抗日武装，被唐聚五编成"辽宁民众自卫军"第十九路军。从此，王凤阁率领这支队伍活跃在通化、柳河、辉南、金川、临江一带，沉重打击了日伪统治势力，成为一支抗日劲旅。当大规模的义勇军抗日活动进入低潮后，王凤阁仍然率领这支队伍坚持抗战，并与杨靖宇率领的人民革命军联合作战。1936年10月，日伪军出动27000余人对通化地区进行联合大"讨伐"，王凤阁率领战士们辗转作战，最后只剩下8个人，不幸被捕。被捕后的王凤阁大义凛然，不为敌人的威胁利诱所动，敌人见劝降不成，便对他下了毒手。1937年4月5日，王凤阁同妻子和四岁的儿子在通化玉皇山下殉国。

九一八事变后，吉黑地区的各界民众愤日寇横行，痛民族危亡，除投身马占山、李杜、王德林等抗日武装外，还有一部分民众自发组织起来，同凶残的日本侵略者进行了不屈不挠的斗争，留下了许多可歌可泣的故事。

如宾县"朝阳队"，首领孙朝阳，字兴周，热河朝阳人，曾任黑龙江省骑兵第二旅营长，后辞军职在阿城一带经商。九一八事变后在宾县拉起一支人马，效仿当时山林队的习惯，报号"朝阳队"，最盛时拥众数千人，在松花江沿岸展开了轰轰烈烈的武装抗日斗争。1932年9月，在冯占海部南下，宾县一度空虚之时，曾率部攻占宾县，部队声势大振，远近一些大刀队、红枪会和绿林武装纷纷来投，也引起中共地下党组织的注意，特派中共党员李启东等人打入该队开展工作，被错误开除党籍的赵尚志也利用同乡关系进入"朝阳队"中，充当马夫。1933年6月，宾县被敌攻破，孙朝阳率领兵马出城与敌周旋。7月15日，在部队遭受日伪军重兵包围，处境困难之时，孙朝阳接受赵尚志的建议，以攻为守，突袭宾县，打开伪县衙和银行，缴获了一批作战物资，严惩了一批汉奸。从此，赵尚志获得孙朝阳的信任，孙特委赵尚志为参谋长，还接受了赵尚志制订的"不扰民""官兵平等""抗战到底"等三条军纪。8月10日，"朝阳队"又去攻打方正，因日伪守军火力凶猛，攻城不果。进入冬季后，

"朝阳队"补给困难，部队出现动摇。1933年10月24日，有日伪特务冒充关内救援会人员混进"朝阳队"，谎骗孙朝阳进关求援，孙信以为真，不听赵尚志等人的劝阻，执意欲去关内求援。赵尚志、李启东无奈，奉上级党的指示，率领7名共产党员脱离"朝阳队"，成立起中共领导下的珠河抗日游击队。孙随特务登车赴哈，下车后即被捕。敌人以伪绥宁地区警备司令为诱饵，劝其投降，孙不为所动，1934年4月在长春英勇殉难。孙朝阳牺牲后，残部由其弟"容易"率领，继续坚持斗争，还一度同中共领导的抗日游击队合作。

在宾县，还有一支由青年进步学生和知识分子组成的抗日组织，领导者是赵濯华。九一八事变前，赵濯华为宾县满井自治区的区长。9月19日，县署召集会议，传达熙洽与日合作的电文。会后，赵濯华立即联络中学校长谭启东、同学邓秀琳等人，商议抗日救国的大策。经过一周的串联、酝酿，赵濯华联络了宾县、阿城、巴彦的一部分同学、好友，决定成立"东北义勇军军事委员会"，发表了抗日宣言，呼吁家乡父老共赴国难，还选派邓秀琳进关联系，敦请政府出兵抗日。其他人则进行发动群众、策动地方武装的活动。宾县抗日政府成立后，赵濯华等人积极参与其中，支持抗日政府的工作，赵濯华还被诚允委任为宾县、延寿、珠河、苇河、方正5县的民政指导员。李杜等义勇军掀起哈尔滨保卫战时，赵濯华受李杜的委派，赴海伦与马占山、谢珂（马占山的参谋长）联系联合军事行动事宜。冯占海部进入宾县后，也委赵濯华为第三支队司令，协助冯部在宾县一带活动。吉林自卫军反攻哈尔滨失败后，赵濯华同关内后援会的代表李向之、康亚夫建立了联系，在哈尔滨道外十道街医院，设立抗日活动的秘密据点，并于1933年7月加入了中国共产党，从此投身到中国共产党领导的抗日救亡运动之中。

在苇河山区，有一支报号"西双胜"的抗日武装，头领名陈子鄂，山东人，据说早年曾加入过义和团，后流入东北啸聚山林，常年活动在苇河的大锅盔山区，以保护木把（伐楷）、收取山林税为业。九一八事变后，在抗日爱国的正义感召下，陈子鄂也拉起人马投身抗日运动，附近小股绺子纷纷来投，诸如"创江南""跨海""孟彪子""北来""小白龙""金山""银山"等，队伍最盛时达数千人，曾攻打过苇河县城。这支抗日武装一直坚持到1934年秋，敌人采取篦梳山林式"讨伐"，"西双胜"部被压出山林，部队在转移到苇河以西的周家营子北山时，陈子鄂不幸中弹牺牲，队伍溃散。

在延寿地区，活跃着两支红枪会，一支由樊山璞率领，樊是河北大名人，原来在家乡参加过红枪会的活动，九一八事变前流入延寿二荒山一带开荒，事变后组织家乡子弟和当地民众三四千人，揭起抗日旗号，吉黑义勇军反攻哈尔滨时，曾配合作战，一度攻占兴隆镇，歼灭伪军一个团。另一支头目被称作张师傅，河北沧州人，原在延寿、宾县一带走街串巷当小炉匠，事变后聚起几千人马在延寿县周边活动，曾攻进延寿城，歼灭驻城日伪军，缴获大批武器弹药。后来，樊山璞也率队投入张师傅帐下，公推张为延寿、珠河、方正三县红枪会的总会长，人称张老师，在上述地区颇有影响。1932年末，红枪会被地方汉奸武装扑灭。

后来名震北满的抗日联军第十军军长汪雅臣，也是早期活跃在这一带的著名首领。汪雅臣是五常县人，成年后做过苦工，当过兵，还一度投身绺子，在"东双胜"手下谋事。九一八事变后，汪雅臣所在的吉林军第三十四团团长投敌，汪不甘为日本人卖命，联合几名弟兄携枪离队钻进山林，又投到已宣称抗日的"东双胜"手下，准备以一腔热血保卫家乡父老不受日本人欺凌。岂知，"东双胜"恶习不改，打着抗日的旗号，仍然为害百姓，汪雅臣一怒之下击毙"东双胜"，自率人马在小芒牛河揭起抗日旗号，报号"双龙"，从此活跃在五常山区，经常袭扰敌人小股武装，并攻打过金马川、向阳山、沙河子、山河屯、冲河等敌人据点，队伍在战斗中不断发展壮大。1934年春，汪雅臣在黑龙沟与赵尚志会面，从此，这支自发组织的抗日武装接受了中国共产党的领导，为了东北和民族的解放前仆后继，英勇奋斗，战功卓著。

此外，还有值得一书的土龙山农民暴动。土龙山原为依兰县的一个区，位于依兰、桦川、勃利三县的交界处。当年，李杜在下江组织抗日时，曾把各地民众武装组织起来，编成保卫团、自卫团等，土龙山地区也编成了一个团，由五保保董谢文东任团长，所以，该地区不仅有抗日的传统和抗日组织，而且民间藏有一部分武器。李杜等抗日武装撤出下江后，日本侵略者为了维持下江，永久占有东北，立即向这一地区进行了武装移民，到1934年，先后有两批日本武装移民侵入土龙山和邻近的孟家岗一带。日本武装移民不仅强抢了农民的土地，而且肆意抢夺百姓财物，危及民众的生活和生命安全。1934年3月8日，在民众的一致呼声下，谢文东、景振清（五保甲长）率领两千多农民奋起暴动，次日，攻进了太平镇，缴获了伪警察署的武装，击毙伪军警十余人。3月10日，日军第十师团第六十三联队长饭冢朝吾大佐、伪警察大队长盖文义等率一小队日军及伪警前来镇压，暴动农民予以痛击，击毙日军饭冢朝吾大佐、铃木少尉和伪警察大队长盖文义，外日军17人、伪军警数人，活命者全部成了俘虏。土龙山暴动震惊中外，产生了深刻的政治影响，连国外的舆论机关也报道了土龙山暴动的消息，它充分反映了东北人民不屈强虏的民族精神。后来，土龙山暴动农民接受了中国共产党的领导，编入东北抗日联军系列。

二 马占山指挥的江桥抗战

九一八事变爆发的消息传到黑龙江省城齐齐哈尔，省城顿呈一片混乱。是时，黑龙江省主席兼东北边防军驻江省副司令长官万福麟因平息石友三之乱率两旅精锐进关，军政大权交给儿子万国宾代理。黑龙江省境剩下兵力三万人左右，计有：负责护路任务的步兵第一旅（实际只两个团），旅长张殿九，驻扎兰屯、昂昂溪一带；步兵第二旅（两个团），旅长苏炳文兼呼伦贝尔警备司令，驻海拉尔；驻黑河的步兵第三旅，旅长马占山。此外，还有两个骑兵旅和一个炮兵团。骑兵第一旅旅长吴松林，驻守克山和拜泉。骑兵第二旅旅长程志远，驻满洲里和扎赉诺尔。炮兵团团长朴炳珊，驻泰安。省城只驻有一个卫队团，团长徐宝珍。这些部队大多是省防军，装备差，战斗力较弱。

日本关东军占据沈阳、吉林以后，一时未敢轻易对黑龙江省城用兵。一来日本的兵力有限，占据东北南部和吉林已觉得力不从心；二来黑龙江省境日本在乡军人、浪人比辽、吉两省人数为少，缺乏可供内应的势力；三来北满铁路为中苏共管，贸然行动担心苏联出面干涉。所以，他们采取"以华制华"的策略，买通洮辽镇守使张海鹏，支援他3000支步枪、20万日元军费以及8车军火，怂恿他引兵犯齐齐哈尔，还答应事成以后由张做黑龙江省主席。

张海鹏一直觊觎黑龙江省主席一职，对张学良委任万福麟为省主席极为不满，所以见机会来到立即痛快应承，下令将洮南七县的警甲以及土匪武装编入正规部队，使原来的四个团兵力扩充到七个支队，拥众1.3万余人后，便于10月2日公然宣布"独立"，自任"边疆保安总司令"，"负责洮辽七县的治安之责"。① 同时他以日本人为后台，秣马厉兵进犯齐齐哈尔。10月13日，张海鹏令团长徐景隆为前锋司令，自己亲率三个团向齐齐哈尔进犯，日军也出动三架飞机为其助阵。10月15日，张海鹏军进抵齐齐哈尔的门户泰来，省城局势骤然紧张起来。

省军署参谋长谢珂排除了企图接收张海鹏进城的一派人的主张，② 以参谋长名义命令卫队团和炮兵团开赴三间房、泰来之间的嫩江桥构筑工事，筹措作战物资，阻击张逆进犯。又急电苏炳文、马占山各派一个团驰援昂昂溪，进行迎战准备。

10月16日，张海鹏军进抵嫩江桥，向江北发起猛烈进攻。黑龙江爱国官兵奋勇还击，战斗甚为激烈。张海鹏的前锋司令徐景隆在指挥战斗时慌不择路，竟踩上地雷一命归天，张逆伪军一哄而散。在泰来督阵的张海鹏闻前锋受挫，收拾兵马准备再战。这时，黑龙江省援军从各地陆续赶来，官兵们士气大增，经一昼夜的激战，张海鹏伪军丢盔卸甲，狼狈逃回洮南。日军唆使伪军出阵的阴谋没有得逞。为了防止敌人再犯，谢珂下令炸毁嫩江桥，并分兵把守北岸，警惕日军的来犯。

黑龙江省爱国官兵虽然击溃了张海鹏伪军，但并没有改变黑龙江省群龙无首、危机在即的局面。10月10日，在北平的张学良电令黑河警备司令兼步兵第三旅旅长马占山为黑龙江省代主席兼军事总指挥，主持黑龙江军政。万福麟也发出电文，严令擅离省城的官员即日返回，否则以弃职罪论处。由此，万国宾、赵仲仁、窦联芳（公安局局长）等官员才返回省城。

马占山接令后立即动身，10月19日晚进入省城。次日，马占山在省府大礼堂宣誓就职，并发出就职电文，内称，"当此国家多难之秋，三省已亡其二，稍有人心者，莫不卧薪尝胆，誓救危亡。虽我黑龙江一隅，尚称一片净土，而张逆海鹏，年逾衰老，不知自爱，乘满洲事变，乃假外人势力，兴兵北犯，窥测龙江……幸我军上下一心，将士用命……敌军遂未克如愿……尔后凡侵入我省境者，誓必决以决战，尚望武将效命疆场，文

---

① 芳井研一解説『満州事変日誌記録』第2册、不二出版、2009、12頁。
② 即省府委员赵仲仁等人的主张，但赵却在张海鹏军抵达齐齐哈尔前跑到哈尔滨躲避。

官筹划一切,群策群力,保守我省疆土"。① 表明了马占山决心守土抗日的意志。

然而,马占山却面临着错综复杂的局势和各方面的压力。

第一,日本侵略者逼迫马占山让位给张海鹏。10月25日,日本驻齐齐哈尔领事清水八百一照会马占山,声称满铁将派员修复嫩江桥,被马占山严词拒绝。同日,清水又率两名日本军官面谒马占山,称辽吉已经与日合作,谅黑龙江以一省之力决难抗衡,劝马把职位让给张海鹏,并应诺赠金500万元助他出国观光。马占山厉声回复:"请转告本庄,如想要黑龙江,可拿血来换!"②

第二,投降派官员围攻马占山,劝其降日。赵仲仁一伙返回省城后,串联一些士绅整天围在马占山的身边,劝他以当年的寿山将军为戒,切勿"私开边衅",③万一惹来麻烦不可收拾。马占山慨然表示:"我是一省之长,受国家重托,虽寸土尺地也不能拱手让敌。倘若我因'轻开边衅'招来灾难,愿学寿山自戕,你们把我的头割下来交由政府发落好了!"④

第三,财政枯竭、兵力不足。马占山到任后,仅接收押在哈尔滨各银行的省府存款8万余元,以及尚未流通的纸币200万元。由于库存枯竭,黑龙江的纸币在哈尔滨也不能流通。商店多闭门迁避,几乎濒临一贫如洗的地步。谢珂在组织御敌时,连"索洋二三百元采购办公物品都不可得"。⑤

在局势险恶、内外交困的严重态势下,马占山没有打退堂鼓,而是力排一切干扰,决心率领全省军民打一场抗日守土的正义战争。为此,他着重部署了下列三件事。

一是调集兵马,做好应敌准备。马占山以黑龙江省代主席和军事总指挥的身份抽调步兵第一、第二旅各一个团开赴江桥前沿,另调骑兵第一、第二旅和炮兵团、卫队团、兴安屯垦军苑崇谷旅(暂编第一旅)组成三道防线,即:嫩江防线,由卫队团长徐宝珍指挥;大兴防线,由吴松林旅长

---

① 徐菉编《马占山将军抗日战》,中北印书局,1933,第11页。
② 袖风:《马占山将军抗战史料》,油印本,1941,第44、45页。
③ 寿山,清黑龙江将军,1900年,沙俄侵犯东北时率领黑龙江军民奋起抗俄,兵败自杀,后来清廷竟指责他"私开边衅"。若干年后平反。
④ 《马占山卫队长杜海山回忆录》,未刊本。
⑤ 虎口余生编《日军侵据东北记》,出版者不详,1931,第156页。

指挥；三间房防线，由苑崇谷旅长指挥。全军兵力12000余人。

二是安抚商民，恢复生业。针对省城人心惶惶、局势不稳和个别官员擅离职守、临阵脱逃的状况，马占山命令朴炳珊为省城警备司令，刘升允为公安局局长，并颁发命令，要求全省军政人员"当此国难方殷，匹夫有责，举凡在职人员各振精神、尽心职务……倘仍如前泄沓不知奋勉，则是自甘放弃、玩忽功令，一经查出定撤惩不贷"。① 经数日苦心经营，省军政两署恢复办公，学校复课，商店陆续开业，省城局势渐呈稳定。

三是悬赏通缉张海鹏，震慑汉奸投降派的气焰。马占山发出布告，指责张海鹏"乘外患紧张之时，勾结外人争夺政权，实为国人所共弃……如能将张贼活擒来辕献俘，或携其首级来献者，在职军人立即加升二级，并奖大洋一万元，百姓赏大洋二万元"。② 布告一出，震慑了一小撮伪军头目，也大刹了投降派鼓吹"和平""对日合作"的邪风。

1931年11月4日，震惊中外的江桥抗战终于打响。这次战斗历时16天，分成两个阶段。

嫩江桥位于洮昂路中段，是通向省城的咽喉，日本侵略者要进犯省城，必须通过这座江桥。11月4日之前，日军就屡派小部队在江桥一带袭扰，并掠走我方三名哨兵。11月4日，日军组成以滨本喜三郎大佐为指挥的嫩江支队，在三列铁甲车、数十门大炮、五架飞机的掩护下向大兴阵地发起猛攻。在前线指挥的马占山当即下令还击，日军的进攻队形很快被击溃。战士们乘势跃出掩体突入敌群。恰在这时，骑兵第一旅来援，日军嫩江支队溃败下去。此役日军伤亡百余人，其中战死者不下30人。支队长滨本又愤又恼，甚至想剖腹自杀，被部下制止。

日军遭受重创，急忙增派步、炮兵五个大队，由第三旅团长长谷部担任嫩江支队的指挥，另有张海鹏伪军助阵，于11月6日拂晓卷土重来。

在日军凶猛的炮火轰击下，江省军队的阵地几成平地。两小时后，日军冲过江桥，形势险恶。江省官兵在敌人面前毫不畏惧，浴血厮杀，终于顶住了敌人凶猛的攻势。到了傍晚，马占山考虑官兵们鏖战三天，伤亡严重，加之大兴阵地又毁，遂下令撤至三间房防线。战斗进入第二阶段。

---

① 《马主席10月27日通告》（1931年10月27日），齐齐哈尔档案馆藏。
② 王鸿宾等：《马占山》，黑龙江人民出版社，1985，第40页。

三间房是洮昂路上的一个小车站，北距齐齐哈尔35公里，是省城的重要门户。三间房防线包括汤池、达官屯、新五屯一线，由苑崇谷旅和步兵第二旅一个团、卫队团负责正面阻敌。骑兵第一旅配属在左右两翼，骑兵第二旅则布防于富拉尔基、昂昂溪一带。

日军在前三天的战斗中也伤亡严重，必须休整待援，所以从11月7日到11月11日之间没有战事。但日军却派出特务机关长林义秀少佐来与马占山交涉。林义秀代表关东军司令官向马占山提出三点要求：第一，马占山下野；第二，撤出驻省城的部队；第三，日军为保证洮昂铁路的安全，有进驻昂昂溪的权力。对于林义秀的三点通告，马占山毫不含糊，慨然回复道：第一，下野并无不可，但须有中国政府之命令；第二，关于退兵一事，在中国土地上我自有权，非日本所能干涉；第三，昂昂溪车站为中苏合营的铁路车站，日本欲进驻，实与日本代表团在国联声明的"无领土野心"一语自相矛盾。

11月11日下午，日军先是出动骑兵500余人，在大炮的掩护下向三间房阵地猛扑，被吴松林旅官兵击溃。随即，大批日军在第十五旅团长天野、第三旅团长长谷部以及两个联队长铃木、森连的指挥下，兵分三路扑来，天上还有十余架飞机狂轰滥炸，三间房阵地顿时硝烟滚滚、碧血殷殷。马占山见前方危急，亲自到一线指挥，官兵们士气大振，顶着日军的炮火和凶猛攻势，拼死决战。到晚8时许，日军不支退去。

11月13日凌晨时分，日军500余人在飞机和铁甲车掩护下向三间房附近的新立屯进犯，双方交战5个小时之久，日军终未能突破我军阵地，不得已撤出战斗。

当天夜里，一股日军在夜幕掩护下偷袭三间房右翼的景星镇，企图绕道攻袭齐齐哈尔的侧背。马占山识破敌人的阴谋，急调昂昂溪的骑兵第二旅阻敌，日军的这一企图又告失败。

11月14日晨，日军又以骑兵袭扰汤池阵地，继以步兵700余人，在飞机掩护下发起猛攻，双方互有伤亡。天大亮后，日军大队人马2000余人分两路围攻汤池，但被我军有力阻击在前沿，不得前进。中午时分，日军撤出战斗。

日军在三间房连战三日，损失严重，不得不暂时休整待援。11月17日夜，从朝鲜开来的日军第八混成旅团赶到战场，遂由日军第二师团长多门二郎指挥，先向三间房正面阵地发起总攻，压迫主阵地无力照应侧翼，同时出动主力猛攻三间房右翼。各阵地的守军鏖战数日，伤亡惨重，只好且战且退坚持到天明。11月18日凌晨，主阵地已落敌手，各残余部队陆续撤往省城齐齐哈尔。

11月19日，鉴于三间房阵地失守，省城已无险可据，尤其是各部连战多日，减员严重，且械弹两亏，又孤军奋战，没有后援。为保存实力，马占山下令撤出省城，省政府转移到克山，其他部队也沿齐克线北撤。至此，江桥抗战结束。

江桥抗战从战斗规模言，在中华民族抗日斗争的史册上算不上大战、恶战，双方投入的总兵力充其量也不过三四万人而已。然而，江桥抗战毕竟是九一八事变以来，留在东北境内的东北爱国军民第一次打响的有组织、大规模的民族自卫战争。在当时国民政府"先安内"政策的贻误下，日本关东军仅以区区几百人兵力就驱走了拥有近万人马的东北军精锐第七旅，占领了沈阳城。随即，在不到一周的时间里，辽宁省的大部分城镇以及吉林省城也落于敌手。尽管日军在进犯途中遭遇过爱国军民自发性的抵抗，但这些抵抗毕竟是无奈的、零散的。唯有马占山将军率领黑龙江爱国军民，在江桥打响了有组织、大规模抗日斗争的第一枪，它的先驱性的抗日义举所产生的深刻影响和现实意义都不可低估。

首先，它振奋了民族御侮精神，推动了抗日救亡运动的发展。江桥抗战的消息传到关内后，全国上下立刻轰动起来。北京大学600余名学生停课去顺承王府请愿，要求张学良出兵抗日、收复失地。上海各大学的师生也组织起请愿团督促政府出兵。他们上陈的"十项要求"之一就是"援助马占山"。杭州、广州、太原、济南、汉口、徐州、厦门、南昌等地爱国师生、各界民众也积极行动起来，一些学生还自发组成"抗日援马团"，奔赴东北要求参加马占山队伍投身抗战。台湾进步人士组成的"台湾遗民会"发表《敬告全国同胞书》，指出，"马占山将军孤旅抗战，屡挫凶锋，屹立塞外，至今不屈，是吾军并非不可战"。[①] 全国各机关、团体、人民群众还主动捐款援马。包括古巴、苏门答腊、印度、巴拿马、新加坡以及南美各地的华侨也踊跃捐款，支援马占山的抗日义举。上海还出产"马占山

---

① 陈觉编著《九一八后国难痛史》（上），第1015页。

牌"香烟，一时成为畅销品。

世界各地的媒体也高度评价马占山，美国的《世界新闻》《纽约晚报》，英国的《先驱报》《字林西报》《泰晤士报》，苏联的《真理报》《消息报》，法国的《法文日报》，德国的《江户报》等都报道了马占山的抗日消息。英国的《每日邮报》和上海美国人办的《密勒氏评论报》还派出记者，到东北采访马占山，扩大了江桥抗战的影响，马占山的名字几乎家喻户晓。

其次，江桥抗战也给予日本侵略军以沉重打击。是役，日本关东军的第二师团几乎倾巢出动，另有从朝鲜派来的混成旅团援军，再加上张海鹏伪军，总兵力不下2万人，而且动用了当时世界最先进的飞机、大炮、铁甲车等重武器。据日本学者考证，1931年11月5日，日军嫩江支队被马军包围，日军战死46人，伤151人，合计197人。随之，第二师团出动主力（5900人）发动总攻，先后战死56人，负伤126人，合计182人。是役日军总计战死102人，负伤277人，另有995人冻伤，[①] 战斗减员当在1400余人（包括轻伤和冻病伤者）。另据日本档案资料记载，江桥抗战结束后不久，为了补充第二师团的战斗减员，1931年12月9日，日本陆军部发布"军调第44号令"，命令"第十四师团抽调280人，分别于12月11日从郡山、新津乘车出发"，"第三师团抽调280人，分别于12月11日、12日两天从新津、东京和名古屋出发"，"第四、五、十、十二、十六师团抽调280人，于12月12日从东京出发"。[②] 上述增援部队总数为840人，作为第二师团的补充兵源奔赴东北，这一数字接近第二师团的战斗减员数量（包括战死者与重伤者，轻伤者除外）。还有的资料吐露，日军"第16步兵联队（即嫩江支队）可能全军覆没"。[③] 综合各方面的资料分析，日军在江桥的伤亡人数（包括冻伤）当在1400人以上，这是日本发动九一八事变以来遭受的最惨重的一次损失。

[①] 江口圭一『十五年戦争の開幕』、91、92頁。
[②] 『第二師団補充人員輸送に関する件』（军调第44号，1931年12月9日）、国立公文書館・アジア歴史資料センター、Ref. No. C01000 2756500。
[③] 参考〔日〕藤原彰《日本近现代史》第3卷，伊文成等译，商务印书馆，1992；〔日〕关宽治等《满洲事变》，王振锁、王家骅译，上海译文出版社，1983。

三　保卫哈尔滨的激战

九一八事变当天，时任东省特别区①行政长官的张景惠正在沈阳，秘密会见了关东军高级参谋板垣征四郎。他表示在日方提供武器弹药，扩充警察部队后立即回哈组织"维持会"，保护日本侨民。9月23日返回哈尔滨后，张景惠与日本总领事大桥忠一、事务官松本益雄（后来任伪国务总理张景惠的秘书）、特务机关长百武晴吉（是时土肥原尚未到任）等频繁接触密谋，于9月27日宣布成立"东省特别区治安维持会"，自任会长，以各机关首脑为常务委员，公开声明脱离中央政府，与日本人合作，开始了投降日本侵略者、分裂中国版图的汉奸活动。

9月30日，张景惠以"维持会"名义布告招募2500名警备队员，委原路警处副处长于镜涛为总队长，并从日本人手中获得2000支步枪、100支马枪、16挺机枪、4门迫击炮及一部分弹药，很快建立起一支拥有3000人的汉奸警察武装。在日军尚未侵入哈尔滨之前，张景惠已积极为侵略者入城扫清了"障碍"。

此时，在锦州的吉林省公署主席张作相经张学良认可，决定在哈尔滨组建抗日政府，统一组织抗日派军民，同投降日军的熙洽伪政权对抗。原吉林省府委员、高等法院院长诚允被任命为代理吉林省主席兼民政厅长，原陆军整理处副监李振声代理驻吉副司令长官，王之佑为省警务处处长兼保卫团总办。诚允一行到达哈尔滨后拜会张景惠，表明张学良与张作相的抗日意图，但张景惠以各种借口反对在哈建立抗日政府，并声称不负保护之责。诚允等无奈，只好移往宾县。经过一番苦心经营，11月12日宣布吉林省临时省政府在宾县正式办公，全省59个县有31个县表示接受临时省政府管辖，同熙洽伪政权断绝关系。诚允还派员联络原东北军的几位将领李杜、冯占海、张治邦等，共策抗日大计，努力维持吉林省半壁江山。这样，在哈尔滨及其周边形成了抗日和投降两大阵营对立的局面。

当时，在哈尔滨及其外围驻扎有吉林军的三个旅，分别是：步兵第二十二旅，旅长赵毅，驻双城；步兵第二十六旅，旅长邢占清，驻哈尔滨；步兵

---

① 民国时期，以哈尔滨为中心的中东铁路沿线狭长地带为东省特别区，与黑龙江、吉林两省并列，共分5个区，特区长官为张景惠。第一区为哈尔滨市的一部分，但市内其他部分分别为吉林省、黑龙江省管辖。

第二十八旅，旅长丁超，兼哈绥镇守使、长绥护路军司令，驻长春至哈尔滨沿线。另外，属于吉林省管辖的还有两个旅驻扎在外，一个是以张作舟为旅长的第二十五旅，驻扎榆树县。另一个是第二十四旅，驻扎依兰，旅长李杜，兼依兰镇守使。哈尔滨的态势引起李杜的关注，他深知，倘若北满重镇哈尔滨落于敌手，东北全境不保，所以事先派副官长马宪章率一个团的兵力向哈尔滨挺进，密切注视敌方的动态，随时准备起兵保卫哈尔滨。

哈尔滨是中东铁路的大本营，而当时长春以北的中东铁路为中苏合办。关东军担心贸然出动会引起苏联方面的干涉，乃采取分三步走的策略。第一步由日本驻哈尔滨特务机关买通白俄无赖制造混乱，制造日军出兵"保护侨民"的借口；第二步是唆使伪军打头阵武装进犯，以试探苏联的态度；第三步就是亲自出马。

9月21日夜，朝鲜银行、哈尔滨日日新闻社、日本驻哈尔滨特务机关以及日本驻哈尔滨总领事馆门前均发生了手榴弹爆炸。除总领事馆门前未炸响外，朝鲜银行支行入口的水泥地面被炸出一个坑，玻璃粉碎；日日新闻社的排字架毁坏，铅字散落四处；特务机关的门前也受到轻度破坏。虽然未伤及人员，却在市民中产生相当震动，一时间谣言四起，人心惶惶，社会秩序混乱一团。日本驻哈尔滨总领事大桥忠一立即发电给奉天总领事林久治郎，声称"我侨民因无力自卫而处境危机，根据形势发展，必要时将请求派兵，望告（关东）军司令官"。在哈的日本满铁事务所、新闻机关、居留民协会、商家等乘机煽风点火，造谣滋事，攻击中国人"排日"，"日侨民的生命受到威胁"，等等。其实，这些都是日本特务机关买通白俄无赖制造的。①

9月25日夜，爆炸事件又在日本人创办的南岗文化协会、居留民协会发生。为呼应这一连串的爆炸事件，9月26日，日军出动一架飞机飞抵哈尔滨上空，散发传单，扬言要保护侨民的安全，制造恐怖气氛。事后查明，这些所谓的"反日活动"，都是由"哈尔滨特务机关长百武晴吉、东京大地震时暗杀大杉荣事件的凶手宪兵大尉甘粕正彦和预备役中尉吉村宗吉等人共同策划的"。② 目的就是制造出兵哈尔滨的口实。

---

① 芳井研一解説『満州事変日誌記録』第1冊、72、73頁。
② 大杉荣是日本无政府主义者，因反对天皇专制受到法西斯分子的嫉恨。

日本特务机关以金钱、武器为诱饵，唆使居住在北满的白俄分子在哈满、哈绥路沿线滋事，在制造出兵"保护侨民"借口的同时，也是向苏联放出"试探性气球"，以此观测苏联的反应。当时的苏联政府奉行"和平外交"路线，虽然对日本入侵东北表示谴责，但态度并不强硬，无意同日本抗衡。这使日本侵略者放下心来，越发大胆地展开了侵犯哈尔滨的切实步骤。1932年1月19日，老牌特务土肥原贤二出任哈尔滨特务机关长，他的任务就是利用哈尔滨社会秩序紊乱的机会，具体操纵在哈日人、汉奸和白俄势力，策应日军向哈尔滨进犯。

1932年1月，投靠日本的熙洽委任于琛澂为吉林"剿匪"军司令，督率伪军4个旅向哈尔滨进犯。中旬，于琛澂的伪军在榆树击溃了张作舟的第二十五旅，随后向哈尔滨扑来。

这时，坐镇哈尔滨的有长绥护路军司令兼哈绥镇守使丁超，他的部队分散部署在长春至哈尔滨沿线。旅长赵毅指挥的步兵第二十二旅驻守双城。所以在哈尔滨只有邢占清指挥的步兵第二十八旅。因丁超在东北军中资格老，邢占清等将领唯丁超的态度是从，对于琛澂伪军来袭未做应战准备。不过，李杜在得到紧急报告后，立即亲率陈东山团进抵哈尔滨郊区宾县附近，与冯占海晤面，决定联合在哈的丁超、邢占清等将领，共同保卫哈尔滨不受侵犯。

在得到丁、邢等将领的赞同后，李、冯二部连夜分乘汽车秘密进入哈市，布防在傅家店、子弹库一带。1月26日，日机飞临哈尔滨上空投掷传单，威胁称李、冯等部如不退出城外，将派大军进攻。27日，于琛澂伪军果然向子弹库冯军阵地进犯。冯部官兵同仇敌忾，奋勇御敌，李杜又率兵从侧面夹击，于琛澂伪军在抗日军的强大攻势下惶惶退去。当天下午，伪军在日军飞机、重炮掩护下又犯哈郊小北屯，但抗日军毫不畏惧，以步枪击落日机一架，击毙日军清水清少佐，大长了抗日军的士气，伪军顿时乱了阵脚。李、冯等部趁势包围了伪军。当天夜里，伪军突围，抗日军一气截杀，斩获甚多。次日，于琛澂伪军不甘失败卷土重来，向南岗极乐寺、文庙一带反扑，又被抗日军打得丢盔卸甲，最后，不得不像丧家之犬惶惶遁去。

当日，李、冯整军进入哈市，全市各界民众夹道欢迎抗日健儿，自事变以来紧张、混乱的社会局面为之一扫。1月31日，在李杜的提议下，在哈抗日将领、各界民众召开"吉林自卫军总司令部"成立大会，公推李杜为总司令，丁超为护路军总司令，王之佑为前敌总指挥，另划分成三个路，分别由冯占海、赵毅（后由张治邦、马宪章接任）、杨耀钧（原丁超部的参谋长）为各路总指挥，统一指挥各抗日部队，共同担负起保卫哈尔滨的重任。会后，"吉林自卫军总司令部"发布了抗日讨逆通电，电文中指出，"在此形势严重之日，正我军人效命疆场之时，赖我方各军深明大义，一致团结，共赴国难，爰组织自卫军，阐明本军卫国卫民之宗旨，望我父老子弟，念国土之垂危，痛沦胥之将及，互相救危，共策进行"。①

李、冯等部进入哈尔滨，日本侵略者格外恐慌、不安和仇视，在哈的日本头面人物土肥原、大桥等频频出动劝说，或利益引诱，或危言恫吓，但抗日军均未为其所动。1月29日，大桥领事拜会丁超，强硬地提出四项要求：第一，哈埠内不准驻扎中国军队；第二，丁、李可以复职，但需张景惠下令和土肥原担保；第三，丁、李必须服从新政府节制；第四，丁、李军即日撤出市区。日方的无理要求遭到抗日派的严词拒绝。1月30日，土肥原又出马，限令抗日军必须在1月31日5时之前撤至城外，否则日军将发起进攻云云。

汉奸张景惠在日本人指使下也频繁活动起来，凭借他在东北军政的老资格，劝说丁、李等与日本人合作，但遭到拒绝。他还奉日本人的命令，准备在市内各建筑物悬挂日本旗，李杜闻讯当即下令，"如有悬挂日本旗者，以军法从事"，② 刹住了投降派的气焰。

与此同时，日军不断出动飞机在哈尔滨上空散发传单，制造紧张空气，威胁恫吓抗日军民，1月31日，竟向香坊一带投弹，炸毁一家商号，气焰十分嚣张。一场更大规模的交战即将来临。

日本侵略者亲自出马犯哈的意图已经十分明显。为了做好应敌准备，李杜、丁超、王之佑渡江在呼海铁路车站与马占山会面，共商保卫哈尔滨的大计，马占山表示支持李、丁等人的抗日举动。在军事部署上，李杜命前敌总指挥王之佑率第二十六旅一部（邢占清的应占斌团）、第二十四旅一部（李杜的陈东山团）和原第二十五旅的残部防守右翼（顾乡屯一带）；

---

① 王希亮：《李杜将军传》，黑龙江人民出版社，1985，第30页。
② 王希亮：《李杜将军传》，第28页。

以丁超的第二十八旅（旅长王瑞华）和邢占清的第二十六旅主力防守中央（南岗、马家沟、秦家岗一带）；李杜自率马宪章团和赵毅的第二十二旅余部防守左翼（上号一带）；另命冯占海部担任迂回敌人侧背的任务。

1月28日，日军第二师团主力开始集结。因运兵需要利用中苏共管的中东铁路，最初，日方对苏联是否出面干涉有所顾忌，经过施放一系列"试探性气球"，见苏方表现并不强硬，所以，征集了4组列车，以长谷部旅团为先行，从长春登车北犯。途中，因第二十二旅事先破坏了部分路段和第二松花江大桥，兵车走走停停，行进迟缓。与此同时，于琛澂也督率5个旅的伪军为虎作伥，其中的刘宝麟旅已进抵双城的十里铺一带，对哈尔滨的门户构成威胁。

1月30日凌晨，赵毅率5个营的兵力轻装急进，将尚在睡梦之中的伪军缴了械，俘敌700余人，伪旅长刘宝麟仅以身免。紧接着，赵毅督队趁势突袭刚刚进入双城车站的日军长谷部旅团的先头部队，日军猝不及防，死伤甚多。但是，赵毅部未及迅速撤出战斗，敌人援军和十余架飞机赶到，暴露在空旷之处的赵毅部遭受重挫，双城随即失守。

双城失守，哈尔滨的门户洞开。2月3日，日军主力在飞机、坦克、重炮的掩护下，向哈尔滨发起猛烈进攻。抗日军官兵在各个战场奋勇反击，浴血厮杀，以沉重的代价顶住了日军的第一天进攻，还击落一架日机。2月4日，日军兵分两路向市区总攻，李杜等亲临前线指挥，几个小时后，防守中央阵地的第二十八旅不支，旅长王瑞华（后附逆）换上袈裟躲进极乐寺，部下团长白文俊投敌。防守南岗的第二十六旅也在敌人猛烈炮火下溃不成军，旅长邢占清率领残部撤往道外。而负责秦家岗一线的警察总队长金世铭早就心怀投敌之意，借势倒转枪口投向敌人的怀抱。只剩下李杜、赵毅、陈东山等部在上号、顾乡屯、道外一带顽强抵抗，尽管李杜、赵毅等身先士卒，李杜甚至把嗓子急哑，几欲与阵地同殉，却是力难回天，2月5日夜，哈尔滨终陷敌手。

哈尔滨保卫战虽然失败，但鼓舞了东北北部地区民众的斗志，重挫了日军的嚣张气焰。是役，抗日军在哈尔滨几乎全歼日军一个中队。另据关东军1932年2月8日的统计报告，日军在哈尔滨投入步兵第四联队、第二十九联队、独立步兵第五联队等兵力，战死31人，其中包括佐藤少佐、阿部大尉、藤井中尉等6名军官，负伤65人（独立步兵第四联队数字未计其内)。①

哈尔滨沦陷后,李杜、丁超率部从马家船口渡江进入方正、延寿、珠河一线,部队士气低落,粮饷弹药供给也出现困难。为了振作士气,鼓舞斗志,"吉林自卫军总司令部"在延寿召开了各部队首脑会议,分析了敌我态势,认为方、延、珠地区北临松花江,南依中东路,地势险要,进可攻,退可守,又有下江13县作为后盾,而且,自卫军尚有四五万人马,可与敌人长期周旋。会议统一了各部官兵的思想,并对各部防区做了部署。决定前敌指挥部设在延寿城内,由第二十二旅驻守;杨质彬的骑兵第三旅和山林警察队驻黑龙宫,负责前方警戒;丁超的部队驻守方正;冯占海部驻会发恒、桶子沟、袁家屯;邢占清部驻夹信镇和元宝镇;李杜则返回依兰筹措粮饷补给。

各部队进入指定防区后,一边整顿军纪、训练部队;一边发动群众,组织民团。不久,李杜筹措了一部分弹药、粮食送到前线,还为前线官兵发了一个月的军饷。下江地区的士绅们也组织起来赴前线劳军,前后方同心协力,一个崭新的抗日局面又重新形成。

就在这时,原吉林军营长王德林在延吉小城子誓师抗日,不数日拥众数千人,相继攻克敦化、蛟河、额穆等重镇,日伪当局为之震惊。同时,江北的马占山也始终是日本侵略者的心腹大患,加上吉林自卫军屯兵哈东,虎视哈埠,使得日本侵略者疲于奔命、兵力不济,于是使出了诱降的缓兵之计。从2月中旬开始,日本人相继派出汉奸孙其昌、李桂林、张恕(丁超的亲家)等人前往哈东游说,劝说自卫军只要与日合作,接受改编,可保留各部队原来建制,发给粮饷,丁超、李杜等官员一律恢复原职,或委以重任,等等。丁超、王之佑对日方的"和谈"颇感兴趣,频频与日方代表晤面。李杜、冯占海等将领则坚决反对与日"和谈"。李杜就明确指出,"条件是取消吉林独立,归还中国,除此之外别无可谈"。但是,丁、王等人一意孤行,继续与日方代表眉来眼去,最后,王之佑竟然随日方代表去哈尔滨"会谈"。结果,一进城就被日军软禁起来,在敌人的软硬兼施下,王之佑无耻地投降了敌人。

---

① 『二月四日より五日に至る哈爾賓附近の戦闘に於ける戦死傷者』国立公文書館・アジア歴史資料センター、Ref. No. A03023743700。

"和谈"阴谋使日本侵略者赢得了喘息时间。3月4日，日伪军兵分三路向哈东压来。延寿的前敌指挥部因王之佑降敌，群龙无首，一片混乱。负责防卫的第二十二旅在双城、哈尔滨保卫战中损失严重，只有陈德才团实力犹存。陈是熙洽的干儿子，乘机鼓动部下排挤和架空旅长赵毅，赵毅愤而出走，陈德才随即投降，延寿沦于敌手。丁超、邢占清率余部撤往下江。

在黑龙宫阵地，日军先以大炮猛轰，然后从两侧夹击。守军杨质彬旅多是由地方民团组成，但官兵们毫不畏惧，沉着迎战，旅长杨质彬更是身先士卒，亲临一线指挥，在黑龙宫阵地死打硬顶，最后，杨质彬中弹殉国，黑龙宫失守。

往袭方正一线的敌人是日军广濑师团的长谷支队，另有伪军李文炳、刘毓昆两个旅。冯占海鉴于左右两翼友军受挫，遂将司令部由一面坡收缩回方正，准备固守方正，并将前沿部队布防于桶子沟、南天门、夹信子、会发恒一线。不久，敌先锋部队李文炳旅气势汹汹扑来，冯占海命部下旅长宫长海在蚂蜒河西岸的李豁牙子店设伏，待李旅进入李豁牙子店，不由分说就打了他一个闷棍。李文炳急忙组织兵力，架起机枪、迫击炮，准备反击，不料，事先按冯占海部署绕到敌后的一支马队突发袭击，李旅腹背受敌，立时乱了阵脚。两路冯军杀进阵中，一顿猛敲狠打，李旅溃不成军，惶惶逃往宾县。但是，由于延寿失守，日伪军腾出兵力扑向方正，首先在会发恒展开了一场鏖战。驻守在这里的是冯部杨树藩支队，杨是阿城人，九一八事变后愤日军横行，聚起乡民揭起抗日义旗，后投入冯占海军中，被委以支队长。杨树藩面对猖獗敌军毫不怯弱，沉着指挥部队抵御，小小的会发恒立时炮火连天，杀声震天。日伪军依仗人多势众，火器精良，迭次发起进攻，杨部将士虽个个英勇，无奈兵少力薄，弹药不济，会发恒终于被攻下一角，双方演成巷战。杨树藩身披数创，仍坚持不下火线。为了守住会发恒，不辜负冯司令的重托，杨树藩决定孤注一掷，率精兵往袭敌军指挥部，希冀生擒敌指挥官，扭转险恶局面。然而，敌指挥部戒备森严，火力凶猛，杨树藩率先冲到敌指挥部的大院前，就在他纵身跃上墙头的一刹那间，一颗手榴弹在他的胸前爆炸，杨树藩为国悲壮献身，会发恒陷于敌手。

会发恒失守，把冯军截成两段，驻守桶子沟的宫长海部陷入敌人重围之中。特别是爱将杨树藩殉国，更使冯占海犹如乱箭穿心，立即点起一队人马，准备亲率出城，夺回会发恒，营救宫长海部。就在这时，几架日机飞来狂轰滥炸，方正城四处火起，哀声震天，冯占海急忙指挥人马救火救危。待敌机退去，冯占海带队杀向会发恒，官兵们高喊着"为杨支队长报仇"的口号，扑向敌阵，双方战至深夜，冯军终于驱走敌军，夺回了会发恒。冯占海不敢怠慢，急令一队人马前往桶子沟救援，自率主力随后跟进。

会发恒失守当日，遁回宾县的李文柄伪军卷土重来，分东西两路卡住了桶子沟口，把宫长海旅困在七八十里长的沟底之中。宫长海几次组织队伍突围都被敌人的密集火力阻回，部队伤亡增加，弹药几乎告罄，又没有粮食，人人饿着肚子勉强支撑着。直到第三天，桶子沟东口突然响起隆隆炮声，接着，人马嘶鸣，枪声如豆。原来，冯占海率领大军赶到。冯、宫两军从沟里沟外夹攻，终于把敌人的阵地冲垮，毙伤敌军不计，缴获步枪3000多支、迫击炮4门、轻重机枪数十挺，冯军转败为胜，转危为安。

3月下旬，日军两个旅团，外伪军九个旅分西、南两路直逼方正。冯军先后在谭先生井子、会发恒、腰屯、高力帽子以及宾县境内的魏家大院等地与敌接战，每战皆有斩获。但由于冯军孤军作战，失去后援，难以维持战局。4月4日，冯占海率部撤出方正转往依兰。

哈东战事后，吉林自卫军各路人马相继撤往下江的依兰、富锦、桦川和绥宁地区的梨树、下城子等地。为了重振抗日官兵的士气，保卫下江不受侵犯，李杜多次组织自卫军营以上军官会议，总结哈尔滨保卫战以来的经验教训，号召各部官兵积极整训部队，团结民众，齐心协力共赴国难。为了筹措粮草，充实军备，他走访、约见下江士绅，动员他们有力出力，有钱出钱，自己还带头把银行存款和经营的面粉公司捐献出来以充军需。同时，他还把下江地区的民团、大刀会、红枪会等群众武装组织起来，编成保卫团，由现役军官统率和训练，负责保卫地方和维持社会秩序。经过李杜的苦心经营，下江地区军民共同抗日的热情高涨，出现了轰轰烈烈的局面。

哈尔滨沦陷以后，马占山在内外交困、失去国民政府支持的困境下，出于"联省自治"的考虑，一度妥协，赴沈阳参加了"四巨头"伪满建国会议，接受了黑龙江省省长兼军政总长等伪职。然而，就任伪职40天后，他又拉起人马再上抗日战场，黑龙江省的抗日义勇军又呈活跃。4月3日，马占山在出走齐齐哈尔途经拜泉时,邀会李杜、丁超的代表在拜泉召开了会议,决定两军联合反攻哈尔滨。双方约定:吉林自卫军沿哈绥路西进,扫荡沿线之敌,然后向哈尔滨推进;黑龙江省义勇军从松花江北进击;另以马占山旧部程志远旅在齐齐哈尔省城牵制敌人的兵力。同时,以绥宁一带的王德林救国军为策应。

拜泉会议后,李杜、丁超在依兰召开了联席会议,决定兵分三路向哈尔滨反击。左路以马宪章为总指挥,王德林为副总指挥,督刘万魁、郭怀堂、陈子鄂三旅之众,从马桥河出发,进击铁岭河、海林、一面坡之敌,然后向哈尔滨推进;中路纵队总指挥杨耀钧,副总指挥邢占清、陈东山,统率李辅堂、李华堂、刘化南等部从依兰出发,经大小罗勒密向方正、夹信子、延寿、珠河等地进攻,然后,兵逼哈尔滨;冯占海为右路军总指挥,宫长海为副总指挥,率本部经方正以北的会发恒、高力帽子向宾县进攻。李杜、丁超坐镇依兰指挥并负责粮草弹药补给。

从4月中下旬开始,吉、黑两省义勇军分别在四个战场打响了反攻哈尔滨的战斗。

一是哈东战场。吉林自卫军的三路大军誓师出征后,左路纵队以刘万魁旅为先锋,首克牡丹江东岸的铁岭河,然后沿哈绥线西进,一路占领横道河子、亚布力,接着克服珠河县境的重镇一面坡。中路纵队按预定路线进发,不数日兵逼珠河。4月29日,中路军对珠河发起攻势,连战8日,于5月7日收复了珠河,歼灭日军200余人,伪军1000余人,中路军也损失2000余人。右路纵队于4月25日收复方正,并粉碎了日伪军的反扑继续西进,连克会发恒、高力帽子、夹板站等重镇。5月5日,又一举攻下宾县,生擒伪山林统带辛青山以下官兵百余人,冯占海乘势兵逼哈郊的上号一带。这样,吉林自卫军的三路大军进展顺利,锋芒直指哈尔滨。

二是江北战场马占山出走省城进入黑河以后,立即着手筹备反攻哈尔滨的武器、弹药、粮草等军用物资,并电令吴松林、邓文、才鸿猷、李云集、李天德等部沿呼兰一线集结兵力,驱逐江北之敌,寻机向哈尔滨反攻。4月中旬,邓文率部突袭松花江北的松浦镇,在当地民众的支持下,截获敌军车5列,将其开到海伦,粉碎了敌人运兵北上的企图。义勇军在江北的活跃,震动了哈埠,日军出动平贺旅团开进松浦,作为哈尔滨的屏障,又对呼兰构成威胁。马占山所部将领吴松林、邓文联络绥化、兰西民军在呼兰河南岸构筑工事,又派人外出筹措弹药,积极做好反攻哈尔滨的准备。4月30日,闻知国联调查团到达哈尔滨,为表示东北人民决不屈服强虏的意志,邓文命才鸿猷、李天德两部进攻松浦,自率主力攻击松花江北的马家船口。战斗打响后,才、李两部迅速将松浦之敌驱至车站票房,然后纵火烧毁敌机车库。邓文一路也在马家船口得手,是役击毙日军少佐奈良本以下54人,残敌匆匆渡江逃回哈埠。与此同时,吴松林部也开至呼兰船口,战局十分有利。

5月15日,马占山督师亲征,赴海伦、绥化前线指挥。同日,邓文也发兵袭击松浦。日平贺旅团有重炮、飞机配合,双方连续厮杀3日,5月17日,敌援军开到,邓文只好收兵进黑小屯待机。江北义军如箭在弦,构成了对哈尔滨的威胁之势。

三是哈西战场。哈西战场以马占山旧部李海青部为主力。李海青出身绿林,骁勇善战,九一八事变后受马占山器重,收罗旧部跟随马占山抗日,被委以军长之职。5月初,为配合各路义勇军反攻哈尔滨,李海青挥师北上,连克肇源、肇州,5月中旬进抵哈尔滨西邻的肇东城下。5月15日,李海青发起攻城,连战8日,终于攻下肇东,击毙伪县长以下多人,击伤伪旅长涂全胜。遂以肇东为大本营,并兵进哈尔滨西部的对青山、满沟一带,队伍也发展到15000余人,成为威胁哈尔滨的又一支生力军。

四是吉敦战场。吉敦战场虽然不对哈尔滨构成直接威胁,但是,它有效地牵制了吉敦一带的日伪军兵力,阻止了敌人向哈绥路用兵,保证了自卫军各路大军的后方安全。担当这个战场主力的是王德林部的救国军。他们先后在汪清、额穆等战场痛击北犯的日军,成功地破坏了日军骚扰哈绥路的企图,并从东南一侧对哈尔滨构成了攻击之势。这样,四路大军兵逼哈埠,给敌人重大威胁。

吉黑义勇军大规模的军事行动震惊了日本侵略者,关东军司令官本庄繁亲自到哈尔滨坐镇指挥。从4月到6月短短两个月的时间里,日军就向吉黑增兵5个师团,对各地的义勇军各个击破,部分军队乘船沿松花江而下突袭自卫军控制的地区,导致自卫军的粮草、被服、军械等落入敌手,在哈尔滨与日军作战的自卫军孤立无援,形势急转直下。5月24日,日军攻克呼兰，28日又占绥化。同时，日军第十、第十四师团从牡丹江回师攻击李海青部，6月初，肇东失守，李海青拉队撤往兰西。日军终于解除了哈尔滨之围。

吉黑义勇军在哈尔滨与侵略者奋战的时候，黑龙江省西北部的海拉尔地区也在海拉尔警备司令兼第二旅旅长、哈满护路军司令苏炳文领导下抵抗着日军的进攻。

海拉尔地处偏远，与苏联比邻，九一八事变后日军不便向那里用兵，便派出一支"国境守备队"，实际暗中监视苏炳文的动向。苏炳文表面上与敌虚与委蛇，暗中联络驻扎兰屯的步兵第一旅长张殿九，计议共同抗日，秘密创办了兵工厂，制造地雷、手雷弹等军火，招募新兵，扩充编制，还建立起一支学生连，派军官进行训练，另外也做好了粮食等战略物资的储备。

1932年9月27日，按着事先预定的计划，苏部旅长吴德林以纪念孔子诞辰为名，邀请日本驻满洲里领事、特务机关长、"国境守备队官员"以及日军曹长以上军官赴宴，届时将其一举扣留。与此同时，苏部两个营的兵力解决了"国境守备队"。海拉尔、博克图、扎兰屯、富拉尔基、满洲里各地的护路军也同时行动，撤下伪满洲国的"国旗"，扬起青天白日旗，宣布与日伪政府决裂。10月1日，海拉尔各界民众4000余人召开了声势浩大的"东北民众救国军"成立誓师大会，会上，苏炳文宣布就任总司令，张殿九为副司令，原黑龙江省军署参谋长谢珂为参谋长，将所部编成两个旅四个团，全军5000余人，并发布了抗日讨逆宣言。

10月3日拂晓，日军出动步骑兵2000余人进攻富拉尔基车站，被守军击退，遗尸12具。6日，日军改乘橡皮船在大炮掩护下强行渡江，救国军官兵据嫩江江堤猛烈还击，击沉日军橡皮船多艘。双方鏖战4个小时之久，日军死伤五六十人仍未能突过江来，只得退去。7日，日军增兵再犯，救国军官兵浴血连日，仍毙伤日军80余人，最后退出富拉尔基阵地。21日，救国军发动反击，战斗了一昼夜，终于突进富拉尔基市街，击伤日军战地指挥原加寿雄少佐，又连续击毙接替指挥的日军军官斋藤实和中岛花。救国军收复富拉尔基。

11月中旬，嫩江封冻，江岸阵地失去效应，日军的坦克、骑兵越过广阔的江面扑向富拉尔基，日军的大炮、飞机也发挥了威力。救国军节节抵御，伤亡惨重，不得已撤至碾子山最后防线。12月1日，日军以铁甲车开路，从北路攻击扎兰屯，切断了碾子山救国军主力的后路后乘车西进。由于海拉尔只剩下学生连和机关后勤人员无力迎敌，苏炳文、张殿九、谢珂，连同数日前来扎兰屯养病的马占山一同进入苏联境内。不久，李杜、王德林等在斗争失利后也撤入苏境。

李杜等人撤入苏境后，陈东山以吉林自卫军代总司令的身份发出通电，① 召集残部，在密山一带继续坚持抗日，一直坚持到1934年初。因敌人重兵"围剿"，又失去任何后援，部队溃散，陈东山也不得不转路进入苏境。② 后来，这支队伍的余部有部分人员被共产党人改造收编，继续战斗在抗日斗争的第一线。

李杜撤入苏境后，其自卫团第九大队长高玉山与日军虚与委蛇，趁1933年1月日军兵犯热河，虎林驻军薄弱的时候揭起抗日义旗，击毙了日本参事官隐岐太郎及警务指导官佐藤重男，宣布成立"国民救国军"。高玉山把旗号打出后，原吉黑义勇军的余部纷纷来投，最盛时拥众两千余人，势力波及虎林、饶河、抚远三县，一度声势大振。到1934年初，因日军集中兵力"围剿"而溃散，高玉山辗转经苏境进入新疆，其余部大多加入了中共领导的饶河游击队及后来的抗联第六军。

四 流亡关内的东北民众的救亡运动

九一八事变后，在东北各地掀起风起云涌的义勇军抗日斗争的同时，不甘当"亡国奴"的许多东北知识分子和青年学生流亡到关内，开展了各种形式的抗日救亡运动。

"国民外交协会"是成立于1929年以收回东北主权，对市民进行爱国主义教育为宗旨的民间组织。九一八事变前，该协会就联合奉天基督教青年会、辽宁省国民常识促进会、辽宁省拒毒联合会等民间进步团体，动员民众掀起"收回旅大和满铁"、"收回领事裁判权"、"抗议日本军队在内地演习"、"禁止日本蚕食满铁附属地"以及抵制日货的运动，并发行《国民外交周报》，声援中国政府的对日交涉，对促进东北民众觉醒、抵制日

---

① 东北民众抗日救亡总会编辑发行《抗日救国》第15—20期合刊，1933年7月15日。
② 陈东山自苏境辗转进入新疆后，被盛世才委为高等顾问，后被盛谋杀。

本侵略势力发挥了积极作用，也因此遭到日本侵略者的忌恨。日本军队占领沈阳后，协会主要负责人阎宝航、金恩祺、卢广绩、车向忱等人趁乱搭乘难民车进关去了北平。他们联络高崇民、王化一等陆续流亡到北平的东北籍人士四五百人，在1931年9月27日成立了"东北民众抗日救国会"，公推31名执行委员，其中有9名常务委员，具体主持日常工作，下设总务、军事、政治三个部。总务部长金恩祺（后卢广绩），副部长卢广绩（后高崇民）；军事部长王化一，副部长彭镇国、熊飞；政治部长阎宝航，副部长车向忱、李梦兴（后霍维周）。

救国会成立后，在发动民众，组织东北义勇军，敦促政府对日抵抗，以及组织后援，安置流亡民众等方面都发挥了积极的作用。

首先，救国会先后派遣车向忱、黄宇宙、宋黎、张雅轩、苗可秀、高鹏、纪亭榭、潘庚祺、魏兴华等人到东北，同留在当地的马占山、唐聚五、邓铁梅、李杜等义勇军将领联系，鼓励他们的抗日义举，有人还携带张学良的手谕，帮助他们解决部分困难。苗可秀、高鹏、纪亭榭等人还直接参加了邓铁梅等部的抗日队伍，成为这些部队的骨干力量。救国会直接派员深入辽宁山区、农村，联络军警人员和地方实力派，组建起五大军区（后称军团）和48路义勇军。其中第一军团司令熊飞、彭镇国，均是救国会领导成员，下辖有耿继周、于百恩、赵殿良、郑桂林等十几路义勇军，在辽西一带展开有声有色的武装抗日斗争，一度给敌伪势力以沉重打击。在辽南，由王化一任军团司令（李纯华任代司令），下辖9个支队，队伍最盛时达3万余人。原东北军团长唐聚五为第三军团司令，在辽东及三角地区展开抗日活动，前述邓铁梅、王凤阁均属第三军团编制。此外，在辽北、辽西一带活动的第四、第五军团也同救国会的组织发动有密切关联。

救国会先后创办有《救国旬刊》、《覆巢月刊》、《东北通讯》等刊物，发布信息，向全国民众介绍东北义勇军的抗日斗争状况，动员与宣传民众投身到抗日救亡运动之中。在国联调查团来东北的时候，救国会更是努力组织人员整理日本侵略东北、违背民意炮制伪满洲国、蹂躏和残害东北民众的罪行资料，通过美国人艾迪（Sherwood Eddy）博士秘密传递到调查团手中。车向忱在国联调查团进入哈尔滨之前，历经艰难和危险，孤身一人前赴黑河，将张学良的密令和救国会的信函直接交到马占山手中，对马占山及其抗日武装给予极大的鼓舞。① 马占山立即发表了致国联调查团的电文，并亲自会见调查团随行记者，向中外表明了东北民众抵御侵略，反对伪国的意志。救国会还组成各种类型的宣传队，分别到平汉铁路沿线以及天津、上海、南京等地宣传东北义勇军的抗日事迹，激发民众的抗日热情。

为呼吁国民政府关注东北局势，出兵收复失地，救国会组成请愿团赴南京请愿。1931 年 11 月，阎宝航、王化一、高崇民、冯庸、卢广绩等带领数百人乘车前往南京。南京政府通知铁路部门禁止请愿团登车，又通过张学良打电话劝阻。但请愿团中的学生们采取卧车的办法强行登车南下。到达上海后，请愿团在上海各爱国团体的支持下，走上街头游行宣传，派代表面谒汪精卫和胡汉民，呼吁抵抗。汪、胡二人对请愿团的要求"不着边际只表示同情"，但又把责任推给张学良。② 11 月 10 日，请愿团到达国民党中央党部后，吴铁城、张继出面接见，只是说些不痛不痒的话。中午时分，请愿团顾不得吃饭，徒步行走两个小时到中央军校见蒋介石，向蒋陈述："东北人民对得起中央，中央有困难，帮助政府抵制了阎、冯，促成中央统一，现在东北有困难，政府应该出兵"。③ 蒋介石只讲了些依靠国联公平解决之类的话。赴南京请愿虽然没有达到迫使国民政府转变不抵抗方针的目的，但一路上宣传了东北民众的抗敌意志，赢得了沿途民众的响应和支持，有些人主动加入请愿团的队伍，极大鼓舞了爱国民众抗日救国的斗志。

九一八事变后，东北大学和东北中学的许多青年学生也流亡到北平，总人数有万人左右。为使学生们继续学习完成学业，同时培养学生们成为救亡运动的骨干力量，救国会在各方面的支持下创办了东北学院，后更名东北中学，由张学良任董事长，王化一为校长，实行学、宿、膳全部免费的制度。同时，在北平也复办起了东北大学。东北大学和东北中学在对学生进行知识教育的同时，还开展了军事训练，组建学生军，随时准备奔赴前线报国杀敌。学校也得到中共的注意和扶植，许多优秀共产党员进入这

---

① 卢广绩：《九一八事变后东北人民的抗日救国活动》，《辽宁文史资料》第 7 辑，辽宁人民出版社，1983，第 14、18 页。
② 卢广绩：《九一八事变后东北人民的抗日救国活动》，《辽宁文史资料》第 7 辑，第 11 页。
③ 卢广绩：《九一八事变后东北人民的抗日救国活动》，《辽宁文史资料》第 7 辑，第 12 页。

些学校，向学生们灌输革命理论，培养了一批优秀人才。宋黎、张希尧、高鹏、纪亭榭、宁匡烈、张雅轩、王一伦等人都是经过东北大学或东北中学的洗礼成长起来的。救国会还创办了一所东北难民教养院，收容难民最多时有四五百人，教养院设有东北难民子弟学校以及小工厂、幼儿园等。

张学良很支持救国会的活动，以"东北问题研究委员会"委员的名义，每月资助救国会常委100元作为生活费，并同意在北平发行爱国奖券，以解决救国会的活动经费，还援助了辽宁义勇军部分枪支弹药等。对东北大学和东北中学的复办，张学良也做出了努力。

除东北民众抗日救国会外，西安事变后，流亡关内的东北爱国人士还成立有东北旅平各界救国联合会，加盟该团体的有东北旅平青年救国会、东北妇女救国联合会、东北人民抗敌会、东北民众抗日救国同盟会、东北四省同学会、东北大学学生自治会、东北中学留平教职员救国会、东北中学校友救国会、黑龙江同乡救亡会、东北大学校友会、图存学会、东北基督教青年团契、东北武装同志抗日救亡先锋队等13个团体。1937年6月，在中共的组织和领导下，东北部分爱国人士成立了东北救亡总会（简称"东总"），由东北籍爱国人士高崇民、阎宝航、车向忱、陈先舟、卢广绩等人为执行委员，栗又文为秘书长，并由刘澜波任党组书记。"东总"成立后，不断扩大组织，又相继成立了山东、河南、华北、太原、成都、陕西等分会，在中国共产党的领导下和周恩来的直接关怀下，在抗日救亡运动中发挥了重要作用。"东总"创办有《反攻》半月刊，由于毅夫、关梦觉任正、副主编，其宗旨是"为中华民族的独立、自由和解放，英勇地、顽强地反攻，旌旗东指，收复失地"。《反攻》热情地向全国民众宣传东北抗日联军和各界民众在日伪统治下勇于牺牲、坚持斗争的英雄事迹，揭露日本帝国主义的战争罪行。"东总"联络和团结原东北军政界爱国人士，组建游击纵队，开赴前线直接投身抗日斗争。"东总"还成立两支"东干队"，经过延安学习和培训，深入到抗日根据地或游击区动员民众，并在后来的东北解放战争中发挥了难以替代的作用。

除上述救亡团体外，曾任黑龙江督军等要职的朱庆澜还邀集社会名流黄炎培、史量才、沈钧儒、邹韬奋、陶行知、查良钊等人，在上海倡议成立了"东北义勇军后援会"，后更名"辽吉黑民众后援会"，东北籍人士查良钊、卢广绩、杨恭时、高仁绂、许克诚、陶苇卿、车向忱、姚棱九、张仙洲等人都参与其中。该会确立的工作任务和宗旨是："调查东北军情"、"援助东北军需"、"抚恤战士遗族"、"宣传东北现实"、"筹划实力应援"等。① 朱庆澜及后援会工作人员奔走各方筹款筹物，对东北义勇军各部进行了力所能及的援助。据不完全统计，仅1932年，后援会援助马占山部21200元（现大洋，下同），苏炳文部10000元，冯占海部17000元，王德林部20000元，唐聚五部15000元，田霖、傅殿臣部10000元，朱霁青部31675元，沈阳义勇军10000元，其他义勇军66246元。② 截至后援会解散，除援助义勇军各部武器弹药、被服器材以及药品外，直接援助东北义勇军1910521元现大洋。③ 冯玉祥成立察哈尔抗日同盟军时，后援会援助冯玉祥10万大洋。冯玉祥解甲退隐泰山时特意立了座"五贤祠"，将朱庆澜奉为五贤之一，还著一首短诗赞之："我昔在察抗日寇，他送军费十万金。不然义旗何能举，将军相助太情深。"④

---

① 李秉刚：《辽宁人民抗日斗争简史》，第208页。
② 《东北义勇军后援会捐款收支第一次总结报告》（1933年2月），中国第二历史档案馆藏件。
③ 李秉刚：《辽宁人民抗日斗争简史》，第209页。
④ 王希亮：《"爱国精诚，环瀛仰敬"——朱庆澜事略》，李剑白等编《抗日英烈传》，中国大百科全书出版社，1995，第46页。

第三章
中国的局部抗战

日军在九一八事变后，继续向中国内地挑衅，中国面临着越来越严重的民族生存危机。急迫的形势，激起全民族对日抵抗的决心，也促使中国政府不得不对日军的持续挑衅做出有限度的抵抗。在此背景下，先后发生淞沪抗战、长城抗战、察绥抗战等局部抵抗战争。这些局部抵抗虽然未能完全阻挡住日军侵略的步伐，但对日军的侵略形成一定程度的阻击，让日军意识到东北不抵抗的局面不会再次上演。这样的局面，对于中日间关系乃至中国国内政局的演变，都有着微妙的影响。

第一节 淞沪抗战

一 日僧事件与日本的蓄意反应

九一八事变后，由于中国方面的不抵抗政策，日本在东北的军事行动异常顺利，这大大刺激了日本的侵略野心。同时，面对日军的侵略，中国民众的反日呼声也日渐高涨，尤其是像上海这样的大都市，反日抗议活动此起彼伏。上海是日本在华经济活动的中心，日在沪侨民达3万人左右，仅日资纺织厂就有30家之多，拥有重大经济和战略利益。由于中国人民对日货的抵制，自1931年9月至12月，上海被抗日会封存和中国商人拒绝起卸的日货价值高达10750万两。到1931年12月，日本商品在上海每月进口货物总值中的比例也由上年的29%锐减至3%。① 日本在上海的经济活动受到沉重打击。

日本在沪侨民对中国民众的反日活动强烈敌视，而日军在东北的迅速

---

① 天津《大公报》1937年2月17日。

进展又使他们憧憬能通过军事行动在上海获得特殊的政治和经济利益。日驻华公使重光葵回忆："日军在满洲军事行动的成功，使日本人的意见逐渐强硬，连过去以稳健派闻名的大会社的分社经理，也和久居上海的日侨一样，主张对这次排日运动应采取断然的态度。"① 从1931年10月到12月，日本侨民数千人连续在沪召开多次会议，声称要以强硬态度对付中国民众的反日抗议，惩罚"不法、暴戾的对日经济绝交及排日侮日思潮"。② 日本侨民的举动得到驻沪日本海军的支持，"上海海军陆战队的军官为了攻击被认作祸源的上海北站附近的排日总部，向海军省请求许可以强力封锁这些地区并奇袭排日总部"。③ 日军军事力量的介入企图，加上12月组成的日本犬养新内阁公开表态要对中国采取最强硬的政策，"对于上海的日本人有如火上浇油"。④

正是在此背景下，1932年1月18日发生日僧事件，成为"一·二八"事变的导火索。

所谓日僧事件，是指在沪的日莲宗和尚与上海三友实业社毛巾厂工人冲突事件。日莲宗是13世纪以僧人日莲为宗师的日本一佛教流派，近世分左右两翼。上海日莲宗是其右翼，与日本极右组织"血盟团"关系密切。日本驻上海特务机关长田中隆吉与川岛芳子密谋，通过制造日莲宗和尚与上海三友实业社工人的冲突，激化事态，挑起日中冲突。田中在战后供认，关东军高级参谋板垣征四郎交给他两万日元，要求其在上海制造事端，"上海有一个叫三友实业公司的毛巾厂。这个公司是非常共产主义的、排日的，是排日的根据地。就托她（川岛芳子——引者注）：'巧妙地利用这个公司的名义来杀死日莲宗的化缘和尚。'果然这样干了"。⑤

1月18日，天崎启升、水上秀雄、藤村国吉、后藤芳平、黑岩浅次郎5人在途经三友实业社时，故意寻衅闹事，与实业社工人发生冲突，"当时

---

① 〔日〕重光葵：《日本侵华内幕》，第44页。
② 日本驻沪总领事馆：《上海的排日运动》，外交史料A·1·1·0·215，第128—129页。转引自陆伟《日本在沪资产阶级与一二八事变——九一八事变前后的上海商工会议所》，《上海党史研究》1997年第4期。
③ 〔日〕重光葵：《日本侵华内幕》，齐福霖等译，第45页。
④ 天津市政协编译委员会编译《重光葵外交回忆录》，知识出版社，1982，第78页。
⑤ 《装甲车与小河网——上海事变的真相》，《日本帝国主义对外侵略史料选编（1931—1945）》，第52页。

流浪到上海的日本浪人立即跑去拔刀相助"，① 使事态扩大。结果，天崎启升、水上秀雄等被殴成重伤，事后日本总领事馆声称，有一人于24日死亡。这就是当时轰动一时的日僧事件。

19日下午，部分日本侨民在虹口日本人俱乐部召开日本居留民大会，要求中国方面严惩殴打日本僧人的凶犯，赔偿损失，向日方道歉。为进一步扩大事态，田中隆吉布置日本宪兵大尉重藤千春组织袭击三友实业社总厂。20日2时许，重藤千春指挥浪人团体"日本青年同志会"30余成员，从虹口潜赴三友社总厂，纵火焚烧厂房，并打死赶来劝阻的公共租界华捕一人，打伤两人，"日人死二伤二"。② 田中后来谈道："这样一来，日华之间必然引起冲突。果然，以后日华之间的空气非常紧张。"③

在田中等人的鼓动下，日本在沪侨民继续积极活动。20日下午，日本侨民千余人在虹口集会和游行示威，殴打值班巡捕，捣毁店铺。随后，集合到日本驻上海总领事馆及海军陆战队请愿，要求"帝国陆海军立即增兵"，"驻上海的帝国官府（总领事及海军陆战队）采取强硬手段"。④

九一八事变后，由于中方的不抵抗，日本对中国的贪欲不断增加，而东北问题在国际上引起的反应也使日本政府希望在其他地方引起事端，转移视线。因此，日僧事件与日本此时的战略要求恰相契合，日本政府尤其是军方借此持续向中国方面施压。19日，日本驻沪总领事村井仓松向上海市政府提出口头抗议，要求缉拿凶手，并声言保留其他各项要求。20日，村井面见上海市市长吴铁城，递交书面抗议，提出四项要求："一、市长须对总领事表示道歉之意。二、加害者之搜查、逮捕、处罚应迅即切实施行。三、对于被害者三名，须予以医药费及抚慰金。四、关于排侮日之非法越轨行动，一概予以取缔，尤其应将上海各界抗日救国委员会以及各种抗日团体即时解散之。"⑤

---

① 天津市政协编译委员会编译《重光葵外交回忆录》，第81页。
② 《行政院秘书处关于日人连日在沪凶殴行人捣毁商店等暴行致外交部函稿》（1932年1月25日），中国第二历史档案馆编《中华民国史档案资料汇编　第五辑第一编　军事》(5)，江苏古籍出版社，1994，第460页。
③ 《装甲车与小河网——上海事变的真相》，《日本帝国主义对外侵略史料选编（1931—1945）》，第52页。
④ 《满洲事变作战经过概要》第1卷，第134页。
⑤ 《上海日总领事为日僧被殴向上海市政府提出的四项要求抄件》（1932年1月20日），《中华民国史档案资料汇编　第五辑第一编　外交》(2)，江苏古籍出版社，1994，第661页。

次日，日本驻华海军第一外遣舰队司令盐泽幸一发表声明，宣称：上海市市长对于日本所提要求，"如不使日人满意，则其所统舰队将取严峻对付行动"。① 24日，日本内阁会议做出决定，责成海军大臣负责向上海增兵，并令驻华公使重光葵速返上海策应。25日，日本海军省和外务省首脑举行联席会议，讨论在上海发动战争的具体方案，决定如中国方面不执行日本的要求，决以实力务期要求之贯彻。26日，海军省召开最高级会议，具体部署向上海增调兵舰和陆战队等作战事宜。随后，日军军舰、飞机、士兵源源开往上海，海军陆战队士兵总计达1800多人。

与日本政府积极行动同时，在沪日人继续大肆活动。1月24日下午，上海日本纱厂联合会通告上海市市长吴铁城，如不制止反日运动，将全面停厂，断绝所雇华工6万名及其家属30万名之生计。1月25日起，聚居闸北、虹口的日本侨民大部分迁往法租界，日本浪人则在海军陆战队司令部集中，全面武装，对闸北火车站、天通庵车站、八字桥一带进行实地侦察。日本海军陆战队在宝山路、天通庵路、江湾路等处设置路障、修建作战工事，并向虬江路、四川路一带租界与华界交接处增派部队。战争如箭在弦上，蓄势待发。

二　国民政府的对策

九一八事变后，面对外敌入侵，国民政府和蒋介石坚持执行对外妥协政策。1931年11月国民党四全大会期间，面对国内高涨的对日抵抗要求，蒋介石坚持认为要抵御外侮，"先要国家统一，力量集中"。② 同月30日他又表示："攘外必先安内，统一方能御侮，未有国不能统一而能取胜于外者。故今日之对外，无论用军事方式解决，或用外交方式解决，皆非先求国内之统一。"③ 1932年1月11日，下野后退居奉化老家的蒋介石在奉化武岭学校纪念周会上发表题为《东北问题与抗日方针》的讲演，系统阐述了其自九一八事变以来所持的退让政策，宣称中国尚无实力可与日本一

---

① 《上海突发事件》，《申报》1932年1月23日。
② 蒋介石：《团结内部抵御外侮》，秦孝仪主编《中华民国重要史料初编——对日抗战时期绪编》（3），中国国民党中央委员会党史委员会，1981，第32页。
③ 《外交为无形之战争》，秦孝仪主编《先总统蒋公思想言论总集》第10卷，中国国民党中央委员会党史委员会，1984，第482页。

战，提出"不绝交、不宣战、不讲和、不订约"，为"今日我国外交惟一之途径"。"四不政策"实际成为此后数年蒋介石与日本周旋的基本方针。这一政策，安内是中心，妥协是主基调，但妥协又有限度，"攘外"、"安内"两者的结合点即在妥协与抵抗、战与和之间保持一种艰难的平衡。"攘外必先安内"，有妥协的成分，也有抵抗的因素，蒋这一政策的复杂成分在一·二八事变中即已有所体现。

日僧事件后，南京政府对日应付明显取尽力妥协态度。当时，蒋介石虽然辞去国民政府主席、行政院院长、陆海空军总司令职，但还是国民党中央执行委员会常委，而且在孙科政府难以为继状况下，已经大有与汪精卫携手，酝酿复出之势。1月22日，蒋介石、汪精卫到南京与国民党中央委员会商。吴铁城报告上海日人暴乱情形后，蒋介石表示："关于对日问题，无论战与和两办法，惟须国内真正实现团结一致。总之金瓯不能有一点缺损，否则殊难对付他人的整个计划。"① 23日，行政院院长孙科致电上海市市长吴铁城，指示："与汪、蒋两先生详商应付上海事件，佥主我方应以保全上海经济中心为前提，对日要求只有采取和缓态度。应即召集各界婉为解说，万不能发生冲突，致使沪市受暴力夺取。至不得已时，可设法使反日运动表面冷静，或使秘密化，不用任何团体名义，俾无所借口。"② 24日，负责处理对外关系事务的中政会特务委员会议讨论国难问题，外交部部长陈友仁提出的对日绝交方针遭否决。27日，国民党召开中央政治会议，决定成立外交委员会，指定蒋作宾为主席兼常务委员，顾孟馀、顾维钧、王正廷、罗文斡为常务委员，规定权限为："一、外委会对政治会议负责，二、外委会对外不发表命令，三、外委会决议案交外交部长执行，四、外交重要方针，外委会须提请政治会议决定之。"③ 28日，国民党再开中央政治会议，决定汪精卫为行政院院长、孙科为立法院院长。同日，朱培德、何应钦致电吴铁城，告知："行政院本日已有复电，意为一切抗日团体，概行取消。"④

---

① 《汪蒋到京后昨午开谈话会》，《中央日报》1932年1月23日。
② 《孙科致吴铁城电》（1932年1月23日），《中华民国史档案资料汇编 第五辑第一编 军事》（5），第467页。
③ 北京师范大学、上海市档案馆编《蒋作宾日记》，江苏古籍出版社，1990，1932年1月27日，第404页。
④ 《朱培德何应钦为取消一切抗日团体致吴铁城密电》（1932年1月28日），《中华民国史档案资料汇编 第五辑第一编 军事》（5），第468页。

尽管国民政府以力避冲突作为交涉主旨，不过和九一八事变时相比，南京政府在上海的态度明显要更加积极。上海是中国最大的工商业都市和经济、金融中心，攸关国民政府经济命脉，距政治中心首都南京也仅数百里之遥，国民政府对此无法坐视不顾。而且，东北不抵抗政策引起的反应也对国民政府形成巨大压力。国民党元老邵元冲在参加中央党部的紧急会议时就提出："所谓不抵抗者，乃不先向人开火攻击，并非武装军人遇敌来袭击至包围缴械时，犹可束手交械而谓之不抵抗主义者。民族主义、国民精神丧失已尽，安怪异族之长驱，如入无人之境也。"① 戴季陶、朱培德在致蒋介石电中更说道："政府只有始终宣示和平，从国际上做工夫，然当地竟无一舍死之人，恐外无以启世界对中国之信赖，内无以立后代儿孙之榜样"。② 对于这些义正词严、无可辩驳的声音，蒋介石不能无动于衷。早在九一八事变后的 9 月 23 日，蒋介石答复熊式辉日本如在上海寻衅应如何应付时即强调："应正当防卫，如日军越轨行动，我军应以武装自卫，可也。"③ 10 月 5 日，再次指示上海驻军"集中配备，俟其进攻即行抵抗"。④ 蒋的这些答复出现在其与地方军事长官的函电中，在当时情况下，应不完全是大言惑众，表明其准备有限抵抗的真实态度。10 月 11 日，宋子文曾向美国驻南京总领事贝克（Willys R. Peck）说：中国军队正在长江以北地区集结，日军如进攻长江流域，中国必将起而制止。⑤ 正由于此，上海出现冲突苗头后，1932 年 1 月 23 日，吴铁城在接受记者采访时表示："中央政府早有命令，如果有人侵入内地领土，决采正常防卫。且沪市治安上之防范，早已有相当准备，苟遇事变，即采必要手段。"⑥

当然，中国方面的抵抗表态还是一种最低限度的姿态，既在表明中国

---

① 王仰清、许映湖标注《邵元冲日记》，上海人民出版社，1996，第 774—775 页。
② 《戴传贤、朱培德呈蒋主席九月哿电》，转引自刘维开《国难期间应变图存问题之研究》，台北，"国史馆"，1995，第 11—12 页。
③ 《蒋主席复熊式辉参谋长指示对日军越规行动我军应以武装自卫电》（1931 年 9 月 23 日），秦孝仪主编《中华民国重要史料初编——对日抗战时期 绪编》（1），第 286 页。
④ 《蒋主席致张群市长指示上海防务电》（1931 年 10 月 6 日），秦孝仪主编《中华民国重要史料初编——对日抗战时期 绪编》（1），第 290 页。
⑤ Foreign Relation of the United States, Diplomatic Papers, 1931, Vol. Ⅲ, The Far East（Washington: U. S. Government Printing Office, 1946），p. 170.
⑥ 《上海市长吴铁城对日交涉经过之谈话》，《革命文献》第 36 辑，台北，中国国民党中央委员会党史料编纂委员会，1965，第 1428 页。

面对军事侵略将迫不得已起而抵抗的立场，也是应付国内舆论的需要，国民政府最期望的目标当然还是寻求妥协。为此，国民政府派张静江等到上海，督促上海市政府以和缓方式处理争端，避免冲突。25日，村井再次面见吴铁城，催促上海市政府即速对其所提四项要求做出答复，否则如有意外发生，应由上海市政府负责。当晚，吴铁城邀集上海各界谈话，各界代表多主张退让以保全地方。上海市当局根据南京中央及地方代表意见，考虑满足村井苍松21日提出的四项要求，以退让避免冲突。

中国方面妥协退让，日方却不依不饶。26日，日本海军当局最高会议决定，如果中国没有诚意解散反日会，海军将在一两天内"出于实力之发动"，并决定在驻沪兵力不足时，派遣第三舰队赴沪。同时占领并确保自吴淞至上海间的航路，拘禁在吴淞口外的中国轮船，以示对中国的"膺惩"。① 27日，村井向上海市政府发出最后通牒，再次就日僧事件所提惩凶、恤伤、道歉和取缔抗日运动四项要求，限中方在24小时内（28日下午6时前）做出答复，否则日军将采取其所认为必要的手段，以实现其要求。当日下午，吴铁城与何应钦、张群、居正、叶楚伧等在市政府会商，决定接受村井所提全部要求。当晚，上海市政府密令取缔上海各界抗日救国联合会及其分会。28日清晨即开始取缔抗日团体，禁止民众抗日集会。下午，上海市政府秘书长俞鸿钧奉命将承诺四项要求的书面答复送达日本领事馆，日本领事当面对此"表示满意但催促切实执行"。②

中方的退让，并未遏阻日本的侵略步伐。当晚8时半，日方以海军第一外遣舰队司令盐泽幸一少将的名义发出公告，宣称："帝国海军鉴于多数邦人住居闸北一带，为维持治安计，将驻日军于该处，以负保安之责。本司令希望中国方面将闸北方面所有中国军队及敌对设施从速撤退。"③ 这实则是宣布攻占闸北、侵略上海的哀的美敦书。这份通牒故意延至当晚11时25分才以信函形式分别送交上海市市长及公安局局长，此时日本海军陆战队已完成队伍集结并开始出发，欲图在中方措手不及的情况下实施突然袭击。

---

① 《日海军省协议沪案方针》，《申报》1932年1月28日。
② 《上海市政府电中执会等日总领事为日僧被殴伤案所提条件之答复表满意》（1932年1月28日），台北"国史馆"审编处编《蒋中正总统文物·革命文献（四）·中日关系史料》，编者印行，2002，第277页。
③ 《上海市政府为日海军进攻闸北致日领事抗议书抄件》（1932年1月29日），《中华民国史档案资料汇编　第五辑第一编　外交》(2)，第666页。

三 第十九路军奋起抵抗

1932年初，驻扎在上海的中国军队是国民革命军第十九路军。

第十九路军前身是粤军第一师（师长邓铿）第四团，团长陈铭枢，蒋光鼐、蔡廷锴、戴戟等分任副团长、警卫团营长、营长。1925年粤军第一师改为国民革命军第四军，李济深为军长，陈铭枢部改编为第十师，陈任师长，蒋光鼐为副师长，蔡廷锴、戴戟分任第二十八团、第三十团团长。北伐战争中，第四军屡有战果，被誉为"铁军"，第十师亦扩编为第十一军，下辖第十师、第二十四师（原第四军独立团扩编）及第二十六师，陈铭枢为军长，蒋光鼐为副军长兼第十师师长，戴戟为第二十四师师长，蔡廷锴为副师长。1927年春，宁汉分裂，陈铭枢、蒋光鼐、戴戟等离开武汉，张发奎接任第十一军军长，蔡廷锴任第十师师长。8月，中国共产党发动南昌起义，第十一军第二十四师及第十师参加，后第十师脱离中共控制，转往福建并重新由陈铭枢组建第十一军，1928年春由闽回粤。1929年编遣会议后，第十一军缩编为1个师和1个独立旅，蒋光鼐为广东编遣区第三师师长，蔡廷锴为第二独立旅旅长。同年秋，两军分别改编为第六十一师和第六十师。1930年中原大战中，北上助蒋介石击败反蒋联军，番号改为第十九路军，由蒋光鼐为总指挥，此为十九路军之由来。1931年4月，陈济棠逼走拥蒋的广东省政府主席陈铭枢。6月，陈铭枢被国民政府任命为"剿匪"军右翼集团军总司令，率十九路军参加对红军的第三次"围剿"。11月，十九路军在江西吉安进行扩编，蒋光鼐为总指挥，蔡廷锴为军长，下辖六十师、六十一师、七十八师，师长分别为蔡廷锴、戴戟、区寿年。九一八事变后，国民政府任命陈铭枢为京沪卫戍司令。11月初，十九路军调防宁沪沿线地区，蒋光鼐、蔡廷锴仍分任总指挥、军长，六十师、六十一师、七十八师师长分别为沈光汉、毛维寿、区寿年。12月，戴戟任淞沪警备司令。

十九路军进驻上海一带后，受民众抗日救亡浪潮的影响，抗日激情高涨。1月15日左右，蒋光鼐、蔡廷锴、戴戟从各方情报判断，日军很可能在上海会有动作。为此，他们计划在淞沪前线防地进行抵抗。所持理由主要是：军队守土有责，如退出上海，不论在真如、南翔或昆山设防抵抗，实际仍等于不抵抗；上海为各国通商大埠，在此抵抗，由于国际观瞻所系，或可减少敌人的横暴行为；上海作战利用街市战可减少敌人飞机大炮之威力，弥补中国军队武器装备的弱点。十九路军的判断得到时任国民政府行政院副院长陈铭枢的肯定。

日僧事件发生后，日本挑衅不断，十九路军不能不筹划应对之策。1932年1月19日，蒋光鼐召集在沪十九路军军官开会，据蔡廷锴回忆，会上决定应付时局的几项方针："一、最近敌人或有骚扰，我军须无形的戒备。二、万一有事发生，第一线兵力之配备若干，区寿年师最低限度死守五天。三、各防区赶紧构筑工事，后方各驻地亦须预选抵抗线。四、六十、六十一两师增援时，须于战斗开始后五日内到达上海附近。五、对上海租界决定态度。六、由明（廿）日起，各部官兵除因公外，一律不准在租界住宿。"① 十九路军进入战斗准备状态。23日，面对日方越来越严重的压迫，陈铭枢、蒋光鼐、蔡廷锴等发表《告十九路军全体官兵同志书》，宣示"要以伟大牺牲精神来战胜一切"。② 同日，十九路军发出关于作战部署的密令，要求"日本军队确实向我驻地部队攻击时，应以全力扑灭之"。③ 十九路军做好了在淞沪地区抵御日军入侵的准备。

1月28日深夜11时10分，日本陆战队一小队不宣而战，由四川北路的陆战队司令部所在地进占中国军队防地天通庵车站。11时30分，日军开始向十九路军展开攻击。蒋光鼐等报告，日军"以天通庵车站为根据，利用战车、机关枪掩护，自虹江路沿宝山路及横滨路、青云路，向我七十八师第六团防区猛袭，放火助势，极为凶猛"。④ 第一五六旅第六团在旅长翁照垣指挥下，奋起反击，激战到次日下午，日军多路进攻被击退。

日军公然进攻中国守军后，蒋光鼐、蔡廷锴、戴戟等立即发表《敬告淞沪民众书》，宣示十九路军坚定抗战的立场，声明："本总指挥、军长、司令愿与我亲爱之淞沪同胞携手努力，维持必要之治安，作最后有秩序之决斗，绝不使日兵在中国土地及淞沪万国具瞻之范围扰及我安居，损及我

---

① 《蔡廷锴自传》（上），黑龙江人民出版社，1982，第273页。
② 《告十九路军全体官兵同志书》，上海社会科学院历史研究所编《"九·一八"—"一·二八"上海军民抗日运动史料》，上海社会科学院出版社，1986，第187页。
③ 《第十九路军下达紧急备战的密令》（1932年1月23日），《中华民国史档案资料汇编 第五辑第一编 军事》（5），第473页。
④ 《蒋光鼐等致何应钦等电》（1932年1月29日），《"一·二八"淞沪抗战史料选》，《历史档案》1984年第4期。

一草一木。"① 十九路军的抵抗行动,得到全国民众的普遍支持,也在一定程度上激发了中央政府抵抗的信心。29日,国民党召开临时中政会,做出三项重要决议:"一、政府迁都洛阳;二、在国民政府下设军事委员会,推蒋介石、冯玉祥、张学良、阎锡山、李宗仁、李济深、何应钦、朱培德、陈绍宽、陈铭枢、唐生智等11人为委员;三、选任宋子文为行政院副院长兼财政部长、罗文幹为外交部部长,批准黄汉梁、陈友仁辞职。"② 随后国民政府通电各省:"中央决定对日政策:一面严密布置国防,抵御侵略;一面运用有效之外交方法,务期不丧国土、不失主权。望各秉此意努力筹备,并切实领导民众全体,须以沉着坚定态度应付危机,严戒嚣张葸缩之习,是为主要。"③

中国政府外交部发表《对淞沪事变宣言》,宣示:"中国当局处此情形,为执行中国主权上应有之权利,不得不采取自卫手段;并对于日本武装军队之攻击,当继续严予抵抗。"④ 蒋介石在当日的日记中写道:"昨日对上海日领要求已承认,彼亦满足,旁晚表示撤兵,及至午夜,彼海军司令忽提要我方让出闸北,乃即冲突。及至今晚战争未息,北车站失而复得,并捕获其铁甲车四架,击落其飞机两架。余决心迁移政府于洛阳,与之决战。将来迁移结果不良时,必归罪余一人,然两害相权实较其轻,否则随时受其危胁,必作城下之盟也。林汪皆赞同余之决心,深夜乃决也,先为林汪筹办渡江安全之法。"⑤

1月30日,蒋介石亲自护送新任国民政府主席林森、行政院长汪精卫等政府首脑渡长江到浦口,乘火车转赴战时首都洛阳。蒋在日记中记下忧愤之情:"今日上午会敬之、益之、墨三,再会党务干部后,即请林、汪二先生过江。林则延缓以为多事,汪夫人亦有难色。余无职责而不能不为负责之事。观此内情,心地之苦,无以复加。然为国为党,又不能不忍痛茹苦以行也……既无职权,又恐其怀疑。又恐各方对其失礼。此时余诚忍

---

① 《敬告淞沪民众书》,《"九·一八"—"一·二八"上海军民抗日运动史料》,第194页。
② 《中央日报》1932年1月30日、31日;《中国国民党中央执行委员会政治会议第26次临时会议速记录》(1932年1月29日),台北中国国民党中央党史馆藏档案,00.1/127。
③ 《行政院转发国民政府对日方策的训令》(1932年1月29日),《中华民国史档案资料汇编 第五辑第一编 外交》(2),第665—666页。
④ 《外交部对淞沪事变宣言》,《革命文献》第36辑,第1500页。
⑤ 《蒋介石日记》,1932年1月29日,美国斯坦福大学胡佛研究所藏(以下不再一一标明藏所)。

耐之时，受屈之时乎？林、汪专车八时开行，余留宿浦口候消息，恐余等离京后，外交与社会军心不安也。"① 30日，蒋介石发表《为一二八事变告全国将士电》，指出："东北事变，肇始至今，中央为避免战祸，保全国脉起见，故不惜忍辱负重，保持和平，期以公理与正义，促倭寇之觉悟。不意我愈忍让，彼愈蛮横，沪案发生，对渠要求，已茹痛接受，而倭寇仍悍然相逼，一再向我：海防军攻击，轰炸民房，掷弹街衢，同胞惨遭蹂躏，国亡即在目前，凡有血气，宁能再忍。我十九路军既起而为忠勇之自卫，我全军革命将士处此国亡种灭、患迫燃眉之时，皆应为国家争人格，为民族求生存，为革命尽责任，抱宁为玉碎，毋为瓦全之决心，以与此破坏和平、蔑弃信义之暴日相周旋。"②

2月1日，蒋介石在徐州主持召开军事委员会会议，商讨对日作战计划，决定将全国划为四个防卫区，并令朱培德以军事委员会的名义发布命令："暴日野心日亟，国联正义难恃。兹为正当防卫起见，划分全国为四防卫区：第一防卫区，其区域为黄河以北，以张学良为司令长官，徐永昌副之；第二防卫区，其区域为黄河以南长江以北，以蒋中正为司令长官，韩复榘副之；第三防卫区，其区域为长江以南及浙闽两省，以何应钦为司令长官，陈铭枢副之；第四防卫区，其区域为两广，以陈济棠为司令长官，白崇禧副之。各司令长官除酌留部队绥靖地方外，均应将防区内兵力集结，以便与暴日相周旋。其布防计划，由各长官拟定具报。此间并已电川湘赣黔鄂陕豫，出兵作总预备队矣。"③ 此前，国民政府拟定的京沪卫戍计划中，对日本在上海方面发动攻击时做出的对应部署是："敌主力由上海附近上陆时，第七十八师联合当地之要塞及其他部队，应尽力妨害其上陆。如敌由租界上陆，应防止其冲出租界，必要时则占领浏河、嘉定、南翔之线，全力拒止。第八十八师即沿沪杭线，第六十师主力即沿京沪线增援，进击而歼灭之。"④

---

① 《蒋介石日记》，1932年1月30日。
② 《蒋委员中正告全国将士电》（1932年1月30日），秦孝仪主编《中华民国重要史料初编——对日抗战时期　绪编》（1），第434—435页。
③ 《军事委员会关于划分防区及任命各区长官致张学良密电》，《中华民国史档案资料汇编　第五辑第一编　军事》（5），第487页。
④ 《国民党政府拟初期京沪警备计划草案》（1932年1月），《中华民国史档案资料汇编　第五辑第一编　军事》（5），第486页。

国民政府及蒋介石的一系列表态与实际措施，表明面对日军的不断挑衅，尤其是其向国民政府核心区域宁沪地区的进犯，中国的抵抗将趋于强烈，日军不战而取已不再可能。不过，中国的抵抗又是有限度的，蒋介石处理事变的基本立场仍是"一面预备交涉，一面积极抵抗"，不愿因上海战事而与日本发生全面战争，竭力将战事限制在局部、有限范围内。这一点，在何应钦29日给各省地方政府的通电中体现得十分明显："中央决定方针，一面从事正当防卫，不以尺土寸地授人，一面仍遵用外交方式，要求各国履行其条约上之责任。查正当防卫之定义，为抵抗紧急不正当之侵略行为。现在日军在沪既要求停战，我方即应沉着应付。否则，'人不犯我，我不犯人'，误用正当防卫转成诱起战争之口实，国际同情亦易随之而失矣。现国联已援用第十五条采取较有效之制裁，是外交方面或有转机之望。并盼各省军政长官深体中央意旨，确切明了正当防卫之意义，即对于此次上海冲突，勿涉嚣张，启日寇借口宣战之机，失国际同情之利。对于外侨，应一体尽力保护，制止借用名目，非法侵害，以靖地方，而利国家。"① 此电仍然竭力将抵抗限制在一定范围内，而且要求各地保持冷静，尽量不要启衅，免予日军借口。

四 列强调停及其失败

日本对上海的军事行动，引起列强尤其是在华拥有较多特殊权益的英国的不安。上海是西方列强在中国的经济中心，集中了英国在华投资的约80%，美国的约60%，法国的约90%，意大利的约70%。上海又有公共租界和法租界，为列强在华势力的集中地。日军在上海的不断挑衅引起列强的关注。早在1月25日，上海局势一触即发的危急关头，国联行政院第66届理事会议在日内瓦召开。中国驻国联首席代表颜惠庆报告上海紧张形势后，来自法国的会议主席保罗·彭古（Paul Boncour）要求中日两国代表速请本国政府，采取各种方法，制止上海危机。② 29日，日军在上海展开进攻后，国民政府紧急照会美、英、法、意、比等《九国公约》签字国，要求《九国公约》各签字国"速采有效之手段，严正制止日本在中国

---

① 《何应钦致各省电》（1932年1月29日），《历史档案》1984年第4期。
② 《一周间国内外大事述评》，《国闻周报》第9卷第6期，1932年2月1日。

领土内之一切军事行动,以及违反该公约之一切其他行动,俾使公约之尊严,与远东之和平,均得维持"。① 国联行政院随即讨论了中国的提案,决定由英、美、法、意、德、西、挪七国驻沪领事联合组成共同委员会,调查上海事变的原因及最新进展,供国联行政院采取进一步行动时参考。与此同时,1月30日,英国命令取消远东军队的返回令,黄浦江中的英国军舰终日升火,处于战备状态。同日,美国驻马尼拉的亚细亚舰队开赴上海。31日,美国海军两艘驱逐舰又分别抵达南京和芜湖。美国国务卿史汀生于29日通过驻日大使福布斯照会日本政府,严厉要求日方立即停止在上海使用武力。

英、美等国增兵上海,并非支持中国军队抵抗日军进攻,而是希望促成中日两国停战,避免上海战火损及其经济利益,也防止日军通过军事行动继续扩张在华权益。因此,在增兵的同时,各国驻沪领事人员积极在中日双方展开调停。29日,美国驻上海总领事克宁翰(E. S. Cunningham)和英国驻上海总领事百利南(J. F. Brenan)共同提出停战建议,日军由于进攻受挫,同意了两国的休战建议,双方达成晚8时停止战斗的协定。31日,克宁翰和百利南再次约请中日双方代表在英国领事馆商讨避免战祸办法。英方提议日军退出越界筑路线及附近地带,中国军队亦稍向后撤,设立由中立国军队保护的中立区,以免冲突。对此,日本总领事村井以"护侨"为由,"当场表示拒绝"。② 最后在英美斡旋下,中日双方达成口头协议,暂时停火3天。

2月2日,鉴于停火期限很快到达,美英分别向中日提出停止军事冲突的照会。同日,美国公使向中日双方送交英、美、法、意4国联合提出的立即停止战争的建议,主要内容是:"一、两国间此后不再有动员或准备之敌对行为;二、在沪中日人员退出彼此接触之地点;三、设立中立区域,分离双方作战人员,以保护公共租界,该区域由中立国军警驻防,各种办法由领事团拟定;四、两国一经接受是项条件后,不先提出要求,或保留根据非战公约及十二月九日国联会议决议案之精神,在中立国观察者

---

① 《国民政府外交部为日军进犯上海致九国公约各签字国照会》(1932年1月29日),《中央日报》1932年1月31日。
② 日本防卫厅防卫研究所战史室编《日本海军在中国作战》,天津市政协编译委员会译,中华书局,1991,第120页。

或参与者协助之下,迅速进行商议,以解决各种悬案之争议。"① 对此,国民政府迅速表态,除将"中立区域"及"中立国"字样改为"和平区域"及"第三国"外,答应"严格遵行"提议。②

对于英美等国的建议,日本政府一方面表示对上海并无领土野心,亦无侵害他国权益之意,不反对在闸北设立中立区;但拒绝提案关于两军从上海境内互相接触之各点撤退的要求,特别是对第五项断然予以拒绝。日本复照声称:"所谓中日各悬案,殆包括满洲问题在内,日本政府视满洲问题与沪案全不相关,满洲问题将依 12 月 10 日国联理事会通过之决议案办理,且不接受中立国视察员之襄助以解决满洲各问题,为日本政府已定之政策,故列强之第五项建议,实不能接受。"③ 同时,日本继续增兵上海。1 月 31 日,日 3 艘巡洋舰开抵上海,运兵 4000 名。2 月 1 日,日邮船运载第一特别陆战队士兵 500 多人在汇山码头登陆。2 日,日本海军中央部决定将在长江一带的海军舰队和新增调的舰船编组为第三舰队,由海军中将野村吉三郎任司令官,代替第一外遣舰队司令盐泽幸一统一指挥进攻上海。同时准备增调陆军第九师团、第二十四混成旅团投入上海。随着日军的不断增兵,日方不断向十九路军挑衅,破坏此前达成的停战三天协议,准备向闸北发动新的攻势。

3 日上午 8 时,日军开始向闸北、八字桥、江湾第十九路军第六十师阵地发起进攻。中国军队沉着应战,击沉日军驱逐舰一艘。4 日,日军发起总攻,在闸北和吴淞集中数千部队,出动飞机、装甲车向十九路军阵地猛攻。十九路军顽强抵抗,在闸北毙伤日军数百人,吴淞炮台虽全遭毁坏,但日军在此登陆的企图也未实现。当日,中方第五军第八十八师先头部队赶到淞沪前线增援。数天的战斗,日军不仅攻击中国军队,还残暴屠杀中国平民,摧毁中国文化设施和建筑,日本驻华公使重光葵提到,日本"在乡军人团、自警团的行动宛如(关东)大地震时自警团杀戮朝鲜人一样,以'便衣队嫌疑'而被处决的已达数百人"。④ 蒋作宾写道:"日军在

---

① 《中华民国外交部工作报告》(1932 年 2 月),中央档案馆等编《九·一八事变》,第 544 页。
② 《国民政府外交部接受英美等国提出停战条件之复照》,《中央日报》1932 年 2 月 5 日。
③ 〔美〕韦罗贝:《中日纠纷与国联》,薛寿衡译,商务印书馆,1937,第 300 页。
④ 「重光致芳沢」(1932 年 2 月 20 日)、臼井勝美『満州事変:戦争と外交と』中央公論社、1978、167 頁。

沪肆行蹂躏,用飞机廿余架炸毁闸北一带交通及文化各机关,居民亦大遭杀戮。"① 李顿调查团在上海时也注意到了日军对中国文化设施的摧毁:"这个地区有另外五大学彻底被摧毁了。上海是中国仅次于北平的重要文化中心,中国人告诉我们这些教育机构的建筑物大约三分之一已经被破坏,并且这些学校的学生都离散了。"②

4日,由于日方参战部队主力逐渐变成陆军,日本陆军制定了上海战争的第一个纲领性文件《上海方面行动指导纲要》,规定这次战争的目的是:"与英美协调,指导使上海附近成为不允许中国军驻扎或侵入之地区,并从速谋其解决"。具体而言,就是要迫使中国军队退至苏州东方湖沼地带以东地区,至少也要退至距离上海租界与吴淞炮台外围20公里地区,退出区域由列国军队防守。《纲要》坚持有限军事行动的原则,规定即使在长江上游出现各种抗日活动的情况下,陆军的军事行动,也"以不扩大至南京以西为原则"。③

5日至6日,中日两军继续在闸北展开激战。双方互有攻防,阵地犬牙交错,日军未能取得实质进展。这时,日第二十四混成旅团1万人陆续到达上海。同时,中国第五军第八十七、八十八师主力也陆续抵达上海。

面对日军的持续压迫,国民政府不得不支持十九路军抗战,并调派第五军增援,而随着战火的扩大,国民政府和蒋介石也愈发担心战争升级为中日全面冲突,十分期望列强从中调解,以将战事控制在一定范围内。2月4日,蒋介石在日记中写道:"今日汪欲赴蚌埠,与之谈外交方针,只要不丧国权,不失寸土,日寇不提难以忍受之条件,则我方即可乘英美干涉之机,与之交涉,不可以各国干涉而我反强硬,致生不利影响也。并明告对日交涉注重其军部之途径。"6日,何应钦致吴铁城电中明确表示:"沪事发生,已近旬日,交通阻隔,金融停滞。上月军费共仅拨到三百二十万元,各地军队已呈绝粮之象,事态若再延展,实有全国崩溃之虞。近日外交形势,未审对我如何,以弟个人观察,能从外交方式,根据英、美调停,早日得以解决,实为计之上者。且吴淞为我长江门户,万一继续进行,日人必以全力破坏,或企图占

---

① 《蒋作宾日记》,1932年1月29日,第404页。
② 《李顿赴华调查中国事件期间致其妻子信件(上)》,《民国档案》2002年第2期。
③ 《日本参谋本部〈满洲事变机密作战日志〉中关于淞沪事变记载》,《革命文献》第36辑,第1678—1679页。

领，彼时门户洞开，战区扩大，以后和战均难，长江流域不堪设想。兄在沪见闻较弟为周，究竟最近英、美态度如何，即祈电示是盼。"①

作为广东出身的政治人物，汪精卫和十九路军及其精神领袖陈铭枢有着千丝万缕的联系，战争开始后，汪对十九路军给予比较积极的支持。2月6日，汪精卫致电十九路军表示："现闻日本目的，在急于攻占闸北，此着关系重大。盖上海一隅，不仅中国所系，亦世界视听所系，吾人牺牲愈烈，则效果愈大。务望激励将士，固守原防，不可轻让尺寸。"② 15日，汪精卫和李济深、冯玉祥、朱培德等联电蒋介石，主张："明令全国从事防卫，严令东北乘机收复失地，并令广州、汕头、青岛等处向日挑衅以分其力，勿使专注上海一隅。真如来电亦如此主张。"③ 颇有点破釜沉舟的意味。汪精卫的这一表态，很容易让人想到代表着国民政府内广东派的立场，不过，如果联系前一天蒋介石的处置看，又不能完全做这样的解读。14日，蒋介石在日记中提到，下令"警军全部加入，如倭军无和平诚意，不肯退让，则与之决战，以此意转告外交当局，令其自动决定方针可也"。④ 可见，无论是汪精卫，还是蒋介石，尽管他们有自己一以贯之的思路，但在瞬息万变的战争形势下，常常会被战场形势的变化所左右。蒋介石14日的决定以及汪精卫15日的表态，应该和这几日日军完成增兵后，对中国态度陡然强硬形成的刺激有关。2月9日，孔祥熙在给何应钦的电报中就谈道："或可运用外交手腕有相机下台之办法，盖必能战而后始可言和。现在此间人心，对日均极愤慨，苦无相当条件，而遇事退让，非惟不能平民愤，且恐起对政府之纠纷。"⑤ 这应该代表了比较多的党政高层人士的想法。

作为全国的军事、行政负责者，蒋、汪都难以承担起全面开战的巨大压力及其后隐藏的风险，如何尽可能争取妥协，在汪精卫这里也仍然是常常思考的方向。此即冯玉祥所认为的："汪先生则是骑墙的，主张一面抵

---

① 《何应钦致吴铁城电》（1932年2月6日），《历史档案》1984年第4期。
② 《汪精卫等致十九路军电》（1932年2月6日），华振中、朱伯康编《十九路军抗日血战史料》，上海书店，1991，第149页。
③ 《汪精卫致蒋介石电》（1932年2月15日），转引自李君山《全面抗战前的中日关系》，台北，文津出版社，2010，第81页。
④ 《蒋介石日记》，1932年2月14日。
⑤ 《孔祥熙关于和战问题复何应钦密电》（1932年2月9日），《中华民国史档案资料汇编 第五辑第一编 外交》（2），第677页。

抗，一面交涉。"① 8日，汪精卫致电蒋介石，道出其与国民政府外交当局对沪战去向的判断："（一）英美法决不肯为中日问题与日开战，情势显然。（二）我国与日单独开战，结果必然战败，割地赔款，仍须媾和。（三）英美法虽不肯与日开战，但亦不肯使日单独得志，必定调停办法，日亦未必绝对拒绝。"基于此，汪精卫提出应对方针为："（一）目前第一在解决上海停战问题，勿使战事扩大，俾从速转入外交途径。（二）上海停战问题如得解决，则再由英美法根据照会第五项，使中日直接交涉。（三）我方应付方针，在确保主权，不屈不挠，而同时不强英美法以所难，亦不予日本以难堪，以期早日解决，勿使军事财政民生陷于绝境。"② 这一主张和蒋可谓殊途同归。12日，蒋介石日记载："上午，与季新兄谈话，彼以冯李之阴谋为可怪，与外交之艰难为可悲，余以决心为党国牺牲之精神勖之，并自愿赴京负责，对军事外交处理一切，彼甚赞成，余乃于晚间由徐南下。"③ 蒋、汪对尽可能寻求与日妥协、结束战争已有谅解。日记中提到的冯玉祥所谓阴谋，当指李济深、冯玉祥的一力主战。冯玉祥日记载："任潮先生一贯主张抗战……我是主战的，是宁为玉碎不为瓦全的。他们为了保存实力，以不战为上策。"④ 在冯玉祥看来，蒋介石的主和，实际在于保存实力；而蒋介石称冯、李主战为阴谋，则不无以冯、李目标在消耗其实力之意，可见无论主战、主和，实力都是政坛中人最易注意到的要害问题。

尽管蒋、汪一再寻求妥协，但面对日军不断增兵的态势，又都不能不设想日军进一步扩大战争乃至继续深入攻击的可能。为此，国民政府甚至计议从江西"剿共"前线撤出军队，向宁沪地区集中。2月6日，汪精卫等致电十九路军总指挥蒋光鼐，表示："日寇志在攻占闸北，我军需死守，不轻让寸土，盖近租界，愈持久，则效果愈大也。若日陆军来压迫我左翼，警卫军正在增援，可无虞也。昨并飞电赣豫两省，抽调劲旅来助。"⑤

---

① 中国第二历史档案馆编《冯玉祥日记》第3册，江苏古籍出版社，1992，1932年2月8日，第575页。
② 《汪兆铭电蒋中正英美法决不肯为中日问题对日开战我单独开战必败》（1932年2月8日），台北"国史馆"藏《蒋中正总统档案》，00202020000015031。以下不再一一标明藏所。
③ 《蒋介石日记》，1932年2月12日。
④ 《冯玉祥日记》第3册，1932年2月9日，第576页。
⑤ 《汪精卫等致蒋光鼐电》（1932年2月6日），华振中、朱伯康编《十九路军抗日血战史料》，第150页。

不过，中枢调动江西兵力的计划进行得并不顺利。6日，江西省主席熊式辉致电何应钦，针对其前一日商调蒋鼎文部的电文表示："事应全局统筹，剜肉而疮莫补，是两败之道也。现赣州、万安、泰和、吉水同时告急，万安、泰和之匪，虽已击退，赣州、吉水尚在相持，江西之兵如何可调？江苏兵力对倭固属不足，江西部队对匪何尝有余？由江西抽出一师赴沪，对倭无致胜之望，对匪有先败之虞。夫倭寇如割肉之痛，赤匪乃烂心之痛，此时两方兼顾，则两方俱不能顾也。"① 拒绝何的调兵要求。2月中旬，蒋介石亲自出马，致电熊式辉："如果局势紧张，或至不能不放弃剿匪计划亦未可知……今大势如此，倘不早有决心，不惟兵心动摇，且恐兵渐化匪，故拟主力撤至赣东者，以其尚可集团，亦可策应，比死钉在匪区或较胜一着也。"② 蒋放弃江西的主张再次遭到赣籍的熊式辉强烈抵制，2月18日，朱绍良、熊式辉在回电中提出："江西剿共计划早已放弃，现在部队只是防区，如将主力撤至赣东，并防区之计划而亦放弃之，恐我军反主为客，将被匪剿。虽众不足恃，牵制保守一隅亦不可得。"③

熊式辉等的反对，应在蒋的意料之中，对熊的回电，蒋批："前电主力集中赣东之原则决行。皓辰。"④ 值得注意的是，原批文中还有"江西暂时放弃"字样，后抹去，应是避免过度刺激江西地方之故。20日，蒋介石回电熊式辉等，坚持撤出主力部队的计划，强调："第十八军与第六第十第八十三各师决调赣东，如不得已时，赣江两岸只可放弃，仅守新淦与抚州以北地区，赣南赤匪决非现在军队所能剿清。"⑤ 但熊在回电中仍然强硬坚持："抽调防区部队，坐视地方沦于匪手，职之立场决不能办。盖为人如此办理，其肉将不足为故乡父老食也。"⑥ 22日，陈铭枢致电蒋介石，

---

① 《熊式辉致何应钦电》（1932年2月6日），《历史档案》1984年第4期。
② 《蒋中正电熊式辉朱绍良上海形势刻决定抵抗到底南昌与开封交通恐中断》（1932年2月16日），《蒋中正总统档案》，002020200019005。
③ 《朱绍良熊式辉电蒋中正江西剿共计划已放弃将主力撤至赣东恐不妥》（1932年2月18日），《蒋中正总统档案》，002020200019006。
④ 《朱绍良熊式辉电蒋中正江西剿共计划已放弃将主力撤至赣东恐不妥》（1932年2月18日），《蒋中正总统档案》，002020200019006。
⑤ 《蒋中正电熊式辉朱绍良第十八军第六第十第八十三各师决调赣东》（1932年2月20日），《蒋中正总统档案》，002020200019007。
⑥ 《熊式辉电蒋中正抽调防共部队使地方沦赤共手职决不能办》（1932年2月27日），《蒋中正总统档案》，002020200019008。

要求:"为持久抵抗之计,务请俯照前记,迅调江西陈、卫、谭各部兼程前来,无论现在前线如何牺牲,亦可达到目的也。"① 可见调动江西部队在蒋、陈之间已经有过计议。面对陈铭枢的催促和熊式辉的反对,蒋介石最终站到了熊式辉一边,他在复电中表示:"陈、卫各部,分防赣西,更非短时日所能集结。军事最重确实,上述办法,以难预期之事,求其适应机急,必至贻误戎机。请仍照在京面定之原计划实行为盼。"② 要求陈铭枢不要再对江西大规模抽调兵力抱有期待。此后,由于淞沪战事趋于缓和,调兵计划未付诸实行,但从何、蒋与熊式辉、陈铭枢的往来交涉中,可清楚看到国民政府捉襟见肘、瞻前顾后的窘境。

五 日军增兵及中国军队的撤退

2月初,日军连攻闸北不下后,7日,改变战术,以陆海军重点进攻吴淞。因吴淞口外停泊着英美军舰,日军向炮台后路的蕴藻浜进攻,凭借火力优势,狂轰滥炸,守军感受压力巨大:"连日作战,以本日为最激烈。"③ 蒋光鼐报告:"敌以海、陆、空军向我吴淞总攻,炮台及散兵壕被毁殆尽,并投烧夷弹,房屋被焚甚多,我军损失极大,在江边之散兵两连,只剩二十余人,血肉横飞,状极惨烈。炮台已失效用,幸赖步兵至死不屈,拼命争持,敌卒不得逞。"④ 日军久攻不下,虚与委蛇,做出欲与中方谈判的姿态。受到日方态度影响,13日,军政部长何应钦致电蒋光鼐等,转达蒋介石的意图:"蒋介公之意,我军进攻,无论如何牺牲,亦不能达到任何目的。在全般计划未定以前,仍取攻势防御为要。"⑤ 罗文干则从对日交涉方面致电蒋光鼐:"介公刻到浦镇,召弟等指示,沪事以十九路军保持十余日来之胜利,能趁此收手,避免再与决战为主:一、如日本确无侵占闸北之企图,双方立即进行停战办法;二、停战条件须双方各自撤退至相当地点,中国军队退出地方由中国警察维持。"⑥

---

① 《陈铭枢致蒋介石电》(1932年2月22日),《历史档案》1984年第4期。
② 《蒋介石复陈铭枢电》(1932年2月22日),《历史档案》1984年第4期。
③ 《第十九路军关于淞沪抗日作战纪要》,《中华民国史档案资料汇编 第五辑第一编 军事》(5),第559页。
④ 《蒋光鼐等致何应钦电》(1932年2月8日),《历史档案》1984年第4期。
⑤ 《何应钦致蒋光鼐等电》(1932年2月13日),《历史档案》1984年第4期。
⑥ 《罗文干等致蒋光鼐等电》(1932年2月13日),《历史档案》1984年第4期。

然而，日方的缓和态度不过是缓兵之计。在向中方表现谈判姿态的同时，日本内阁决定再度增兵，由第九师团统率第二十四混成旅团及其他部队组成"上海派遣军"，以第九师团长植田谦吉中将为司令官。13 日午后，拥有 60 架飞机、50 辆坦克和大批重炮的日军第九师团开始在上海码头登陆，15 日全部登陆完毕。日军在沪总兵力达到 3 万以上。日军增援部队到达后，"态度突变强硬，一味要求我方先行撤退"，① 刚刚出现的一线妥协希望告吹。

2月14日，中国方面被迫做出继续应战部署。国民政府军政部颁布命令，以第八十七、第八十八两师及中央军校教导总队，合编为第五军，由张治中任军长，隶属十九路军总部指挥。原驻防上海未参战的财政部税警总团两个团改编为第八十八师独立旅，一同参战。第五军是国民党军精锐，具有较强战斗力，战役开始不久已经陆续进入战场，此时全军进入战斗，对战役全局发挥重要作用。16 日，中国方面根据第五军全军进入后的态势调整作战部署："右翼指挥官十九军军长蔡廷锴，率所部六十师、六十一师、七十八师及八十八师独立旅王赓部附宪兵团，占领南市、龙华、北新泾、真茹、闸北、江湾之线，保持主力于真茹、大场镇之间，迎击当面之敌，待机出击压迫之于引翔港方面"；"左翼军指挥第五军军长张治中，率八十七师、八十八师及要塞炮兵又及翁旅两团，占领江湾北端庙行镇、蔡家宅、蕴藻浜北岸吴淞之线，主力在杨家行、刘家行之间，迎击由江湾北方地区来犯之敌，乘机出击向殷家镇压迫"；"十八日上午三时完了一切战斗之准备"。②

2月18日晚，日军在完成大规模进攻部署后，向蔡廷锴发出最后通牒，要求中国军队立即停止军事行动，限20日上午7时前撤出第一线。对此，蒋介石在日记中称："殊为可恨，余主张以双方撤兵以前不能有任何条件也。"③ 19 日，上海市政府及蔡廷锴均对此严词拒绝。市政府的答函指出："上海方面严重之形势，均系贵国军队违反公约、公法，任意进攻

---

① 《吴铁城致罗文幹电》(1932 年 2 月 14 日)，"中华民国外交问题研究会"编纂《中日外交史料丛编》(三)《日本侵犯上海与进攻华北》，台北，中国国民党中央委员会党史委员会，1965，第 72 页。

② 《第十九路军关于淞沪抗日作战纪要》，《中华民国史档案资料汇编　第五辑第一编　军事》(5)，第 561—562 页。

③ 《蒋介石日记》，1932 年 2 月 18 日。

吾国领土、惨杀吾国人民所造成，其一切责任，应由贵国负担。"蔡廷锴则表示："本军为中华民国政府所统辖之军队，所有一切，悉遵国民政府之命令。"①

20日清晨，日军出动海陆空军，向吴淞、江湾、闸北展开全线进攻。植田制定的计划是"中央突破"，从闸北至吴淞进行全面攻击，牵制中国军队兵力，重点指向庙行，首先占领该点，切断第五军与十九路军的联系，然后各个击破，向北歼第五军于杨家行和吴淞地区，向南歼十九路军于江湾、闸北地区。按照日军此一进攻部署，第八十八师防守的庙行属日军重点进攻之处，压力巨大，"阵地破坏不堪，官兵伤亡甚众"。②张治中回忆："这天上午9时，我庙行镇以南八十八师五二七团第三营大小麦家宅阵地，惨受敌炮火及飞机轰炸，工事全部被毁，被敌突破一段，营长陈振新当场阵亡。我立即亲率教导总队（缺一营）赴八十八师指挥策应，并令八十七师二五九旅孙元良旅长率部向庙行增援；令守蕴藻浜北岸的宋希濂旅长率他的主力，由纪家桥渡河抄袭敌的侧背；令俞济时师长率部对被敌突破地区反攻。我十九路军六十一师张炎副师长也率兵两团由竹园墩出击。敌被我三面夹击，仓皇溃退，仅一小部残留在金家宅、大小麦家宅一带，顽强抵抗，血战到晚8时半，才把敌包围，完全解决。这一天的庙行战斗的激烈，为开战以来所未有，中外报纸一致认为是沪战中我军战绩的最高峰。"③蒋介石对庙行战果喜形于色，特电嘉许："庙行一役，予日军以重大歼灭，尤属难能可贵。"④在日记中也大加赞誉："今日警卫军第一、二师在庙行镇击破倭寇第九师主力，击毙其三千余人，俘获三四百人，从此士气已稳，阵脚已固，非敌增加三师以上兵力不能击退我军也。"⑤战至22日，新参战的第五军伤亡重大："是役我八十八师损失甚巨，钱旅长伦体陈副旅长普民均重伤。营长伤亡六员。连排长伤亡八九十员。士兵伤亡

---

① 《上海市政府致何应钦等电》（1932年2月19日），《历史档案》1984年第4期。
② 《第十九路军关于淞沪抗日作战纪要》，《中华民国史档案资料汇编 第五辑第一编 军事》（5），第566页。
③ 《张治中回忆录》（上），文史资料出版社，1985，第99—100页。
④ 《蒋介石漾午参电，蒋中正何应钦等电蒋光鼐淞沪抗战期间决定阵地税警宪兵等各团部署调度情形等十六件电文并附来电六件》，《蒋中正总统档案》，002080103013002。
⑤ 《蒋介石日记》，1932年2月22日。

一千余人。八十七师伤亡六百余人。"① 但日军也未能突破中国守军阵地。一直持悲观态度的蒋作宾也在日记中写道:"江湾方面战事甚猛烈,敌以全力来冲,庙行镇等处被我警卫军包围,敌死伤甚多,士气颇馁。植田初至上海即夸大口,三小时内可取得江湾。现连攻数日,均无结果,故急电东京,请增援兵。然我军伤亡亦复不少,幸士气激昂,足与暴日抗耳。"② 25 日,中国守军又击退植田组织的第二次总攻击。

日军连续增兵,进攻亦无起色。日本内阁不得不于 23 日决定再向上海增兵。抽调第十一和十四两师团增援上海,任命陆军大将白川义则为上海派遣军总司令。鉴于日军不断增兵,24 日,陈铭枢、李济深面见蒋介石,请求国民政府调兵增援,蒋虽然此后也在部署调兵,25 日,电催熊式辉:"闻卫立煌军应兄等之留,不能如期开拔,此实不是。务望即令如期开动,勿得延误。"但蒋的基本立场还是:"我方应仍照原定方针,一面交涉一面抵抗,抵抗得有胜利,稍稍退后,即以交涉途径进行,交涉不得胜利,乃再力与决战。是交涉之时,即为我秘密准备抗战之时机也。不过,在此时间不可不少示退让,以表示我确有和平之诚意耳。"③ 25 日,汪精卫在商得蒋介石、何应钦的同意后,拟定了淞沪停战的四项条件:"一、双方须同时撤退;二、日军撤回租界,我军撤至真茹之线;三、撤兵区域由中国警察维持;四、须有第三国有效保证双方各不追击"。④ 这个条件,基本满足了日方要中国从华界撤军的要求。此时,蒋、汪一心希望通过退让使日方满意,从而停止双方的军事对抗。

对于中国方面释出的妥协要求,日军并不领情,继续加紧攻势。26 日,由于日军不断增兵上海,中方伤亡日多,又无增援,蒋光鼐被迫下令主动弃守江湾。中国守军防线开始动摇。29 日,白川率第十一师团先遣兵团到达长江口,日军开始新一轮全线攻击。3 月 1 日,由于第六十一、七十八、八十八三个师已失去战斗力,第七十八师正面阵地被突破,第五军右翼被敌包围,中国守军态势十分被动。张治中报告:"本日敌全线总攻,

---

① 《第五军战斗要报》,《蒋中正总统档案》,002080103014002。
② 《蒋作宾日记》,1932 年 2 月 22 日,第 412 页。
③ 《蒋中正总统档案·事略稿本》第 13 册,第 289、284—285 页。
④ 《汪兆铭签署之停战条件要点》(1932 年 2 月 25 日),中国第二历史档案馆藏外交部档案。转引自余子道《抵抗与妥协的两重奏——"一二八"淞沪抗战》,广西师范大学出版社,1994,第 297 页。

我右翼之七八师正面，即自竹园墩南端至江湾以北阵地，已被突破，职军正面亦在激战中。七丫口上陆之敌，已占浮桥镇，职令宋旅派一部固守茜泾营，主力控置浏河待命。顷蒋总指挥电告，七丫口上陆之敌，以一般观察，其兵力当在一师以上，而我十九路伤亡过大，预备队似被用尽。若日内无强大增援到达，则似应仰体钧旨为保全力量再接再厉之第二步计划。"①面对不利形势，1日夜，蒋光鼐被迫下达总退却令："本路军为避免与敌决战，拟本日午后十一时，将主力黄渡、方泰镇、嘉定、太仓之线撤退，待机转移攻势。"②当日深夜，蒋介石致电张治中，告以："该军及十九路军血战结果，伤亡甚重，既决定撤退，则辎重应由太仓向常熟移动，务望服从蒋总指挥命令为要。"③实际同意了前线的转移计划。

从"一·二八"抗战开始到3月初，十九路军苦战月余，伤亡达8000多人，增援的第五军伤亡也达5000余人。两军总数不满4万，而日军总兵力已达4万以上。2日，中国军队撤至真茹一线。3日，日军进占上海以西嘉定、南翔一带。

中国军队向后退却后，日军展开追击，企图切断中国军队退路。第五军第八十七师在葛隆镇奋勇阻敌，打破了日军阻挡中国军队归路的计划。3日，日本基本达到其战略目标后，在国联召开大会讨论上海问题的同一天向国联宣布停战。

六 《淞沪停战协定》的签订

日本对上海发起进攻后，中国不断向国联提出申诉。同时，英美等也持续展开调停，希望避免在上海继续战事。2月13日，蒋介石致电汪精卫，提到："英使抵沪，其调停之建议如下：一、中国军队退去，上海特别市区域由警察维持，至下月国联调查委员会到沪调查后再定；二、日军退至未战前原防，并退出吴淞所占各地。"④虽然日军在增兵完成后，保持

---

① 《张治中致蒋介石电》（1932年3月1日），《"一·二八"淞沪抗战史料选》，《历史档案》1984年第4期。
② 《蒋光鼐、蔡廷锴下达撤退命令》，《"九·一八"—"一·二八"上海军民抗日运动史料》，第232页。
③ 《蒋中正总统档案·事略稿本》第13册，第331页。
④ 《蒋中正电汪兆铭英使提议我军退出上海区国联调查委员到沪调查再定》（1932年2月13日），《蒋中正总统文物·革命文献（四）·中日关系史料》，第287页。

对中方的武力压迫，使中国不得不继续抵抗，但国民政府谋求妥协的预案从未改变。2月16日，蒋作宾日记写道："渡江与蒋汪等商外交，决定一面抵抗不为所屈，一面谋直接谈判之机会。总期于国有利，浮言空论一律贬除。直接谈判之形式不拘一格，但仍不脱离国际关系，在运用之，以期于成耳。"① 24日蒋介石对汪表示："余仍欲以原定方针，决战胜利后亦即退后，以交涉途径进行，以先示弱与和平之意，而准备仍以抵抗到底也。"② 国民政府和蒋介石的底牌至此清晰可见。

3月3日，国联开会讨论中日上海冲突问题。4日，大会通过决议，建议由中日双方代表及在上海有特别利益关系之列强，"开始磋商，订立办法。此项办法须确定战事之停止，并规定日军之撤退"。③ 5日至8日，国联大会又对九一八事变后"中日冲突"进行了三次公开讨论。各国代表纷纷谴责日本的侵略行径，给中国以同情和支持。11日，大会在中日两国未参加投票情况下，一致通过决议，重申国际联盟的有关规定，再次强调各会员国领土完整、政治独立的原则。决定由19国组成远东委员会，代表大会处理中日纠纷，监督并报告九一八事变以来国联历次决议的执行情况，以实现"停止战争及缔结协定，使上海战争切实停止，并规定日军撤退各事项"。④ 决议虽未明确规定日军撤退的日期，但要求5月1日大会再行集会前必须提出第一次工作报告。对此决议，中国代表颜惠庆于3月13日奉国民政府之命，通知国联大会主席表示接受。日本在其扶植的伪满洲国已经于3月1日成立，东北权益尚需消化背景下，对上海方面也做出准备谈判的姿态，其陆军省发表宣言，一方面表示"决不接受"决议，同时又表示愿意展开停战谈判。

经过英国公使蓝普森（M. W. Lampson）等的积极斡旋，3月14日，中国代表外交部次长郭泰祺与日本驻华公使重光葵在英国驻上海领事馆举行第一次非正式会谈。日本代表提出以"取缔抵制日货及排日活动"为停战谈判的先决条件，中国代表指出，按照国联大会的决议，此次谈判只能

---

① 《蒋作宾日记》，1932年2月16日，第410页。
② 《蒋介石日记》，1932年2月24日。
③ 《国联大会决议案》（1932年3月4日），《中华民国史档案资料汇编 第五辑第一编 外交》（2），第550页。
④ 《中华民国外交部工作报告》（1932年3月），中央档案馆等编《九·一八事变》，第606页。

讨论有关停战及日军撤退问题，不得附有任何政治条件。谈判不欢而散。

17日，19国委员会在日内瓦举行第一次公开会议，讨论上海停战问题。会议主席希孟（M. Hymans）强调，上海停战谈判应当完全遵守国联大会的决议，不得提出任何政治条件。同时，英国公使蓝普森积极活动，调停双方，中日双方代表经过反复磋商，于3月20日达成作为谈判基础的三项原则意见："一、中国军队在未定他办法以前仍住原地，住地由中国军官定之。若有怀疑，由各友邦协助之。二、日本军队退回公共租界及越界筑路内，回复一九三一年十二月廿八日以前之原状。所应谅解者，日本军队太多，须有若干暂时驻扎上述地之附近，所有地点由日本军官定之。若有怀疑，由友邦协助之。三、由英、美、法、意等友邦组织联合委员会，监视并观察中日两国之撤兵及撤兵地秩序之维持。委员会设委员长一人，由会中互选之。"①

3月24日，中日第一次正式停战会议在上海英国领事馆举行。中方首席代表是外交部次长郭泰祺，军事代表为淞沪警备司令戴戟及第十九路军参谋长黄强。日方首席代表为第九师团师团长植田谦吉，军事代表为第三舰队参谋长岛田繁太郎及上海派遣军参谋长田代皖一郎。英国公使蓝普森、美国公使詹森（N. T. Johnson）、法国公使韦礼德（H. A. Wilden）、意大利使馆代办齐亚诺（G. G. Ciano）参加会谈。

会谈一开始，日本代表便不顾会前双方达成的三原则及会谈程序，提出含有政治性质及与停战撤军无关之事项的所谓"停止中日间敌对行为的协定草案"，作为谈判基础。中国代表对日方这一行为及其所提草案表示异议，但为使谈判能够继续进行，同意在其草案基础上进行讨论。双方围绕便衣队问题、日军撤退时间、暂驻之毗连地点、用飞机侦察撤退情形等问题展开激烈争辩。日本在上海迫使中国坐上谈判桌，已经在战略上占取主动，加之英美等国公使居间斡旋，日方同意在四周之内完成第一步撤退，即由战区撤至暂驻之毗连地点。但是，日方代表坚决反对明定日军完成最后撤退的期限，并坚持以所谓保护日人生命财产及恢复地方常态为最后撤退的先决条件。中国代表以日方所提条件纯属政治性质，完全违背了国联决议及21日会前达成的三原则，表示毫无讨论余地，强调："如以地

---

① 《蒋作宾日记》，1932年3月20日，第421页。

方情形为撤兵之标准,则我方决不能容纳。盖日军一日不撤,则常态一日不复,日军早撤,则常态早复,两国感情与通商均可早日回复也。"① 英美公使提出折中方案,希望日军在六个月内撤退完毕,待期满后视地方情形如何再议。中国方面表示:此提议与国联决议精神不相符合,因而不能接受。到4月9日,双方先后举行了14次公开会谈,由于日方拒绝确定撤军的时间表,会谈陷入僵局,并几至破裂。中国方面决定将双方争执提诉国联19国委员会,请求裁决。

4月11日,中国方面将日方破坏上海会谈的情况电告国联,请求国联根据盟约精神及大会之决议案,敦促日本开诚谈判,并确定日军的最后撤退日期,以便会谈早日达成协议。15日,颜惠庆向国联特委会递交照会,提出如下建议:停战后一切战争须停止,且确定日军撤退程序;准备在上海开圆桌会谈;日军完全撤退须有定期,作为停战条件之一,不能接受任何情形之拘束。

根据中国代表的请求,19国委员会4月16日在日内瓦举行会议,讨论日军在上海的撤退时间问题。经过反复磋商,19日会议一致通过决议:要求日军必须在最近期间内完全撤退,在沪的各国共同委员会有权规定日军撤退及恢复常态日期;以上决定必须切实遵行,不得提出任何拘束条件;在日军未于近期内完全从上海撤退以前,国联大会不能认为其决议案已被履行。② 对于这个决议案,日本代表坚决反对,尤其对决议案第十一条规定将日军撤退时间的决定权委托给中立国代表和中、日两国代表组成的共同委员会表示绝对不能容忍,称国联自身违反了3月4日大会决议精神,要求19国委员会进行反省。这就使国联与日本陷入正面冲突的境地。

为缓和同日方的矛盾,19国委员会在上海和日内瓦同时展开频繁交涉,蓝普森等出面斡旋,将第十一条有关条款改为共同委员会对两国履行协定情况有"促令其注意之权",③ 以促使中日双方取得基本一致。4月30日国联重开全体大会,通过了19国委员会拟定的上海停战决议案。决议案共14条,重申依照国联3月两决议案之精神,"日军之撤退应于近在之将

---

① 《1932年中日上海停战会议纪要手稿》,《档案与史学》2000年第5期。
② 《中央日报》1932年4月21日。
③ 《"一·二八"战役中日停战谈判记录(下)》,《民国档案》1991年第2期。

来履行"，决议案"须俟日军完全撤退后始为遵行"。① 决议案还规定了共同委员会监督协定履行的职权范围等事项。中国方面"鉴于国联决议案将对方层层缚住，故虽无固定日期，亦无妨碍"，② 表示接受。日本政府对此予以默认。这样，中日双方都做了部分妥协。

国联大会结束后，上海会谈进展甚速。5月1日，国民政府外交部训令郭泰祺签订淞沪停战协定。2日，日方代表重光葵接到外务省训令，坚持苏州河以南及浦东不准中国军队驻扎。对此，中方表示坚决拒绝，会谈又陷入僵局。蓝普森再次派英国军事代表出面调停，当晚达成协议。中国代表口头声明：在龙华东西一线以北的浦东地区没有中国军队，将来中国当局也无意向该地派兵，但为了维持治安，在必要时保留派遣军队的权力。日本不再提及苏州河以南及浦东中国驻军问题。至此，停战协议基本谈妥。

5月5日，《中日上海停战及日方撤军协定》（即《淞沪停战协定》）由中日双方代表在上海签署，英、美、法、意四国公使作为见证人也在协定上签字。协定规定：从5月5日起，双方军队应"在上海周围，停止一切及各种战斗行为"，日军应在一星期内开始撤退，四星期内撤退完毕，恢复1932年1月28日事变以前之原状；但鉴于须待容纳之日本军队人数，有若干部队可暂时驻扎于上述区域之毗连地点，由英、美、法、意四国代表同中日双方代表组成共同委员会，协助布置撤退之日本军队与接管之中国警察间的移交事宜。③ 协定还包括三个附件，分别规定了中国军队驻扎之具体地点、日本军队暂驻及可使用之地区、共同委员会的组成及权力等。

协定签订后，日方代表宣布日军自5月6日起开始撤退。7日，蒋介石发表《淞沪停战告各将领电》，闭口不提中国军队不得驻兵上海的事实，强调："此次协定成立，实际照国联之决议。关于协定内容，我方所始终坚持者，为限于日军撤退，不得附带政治性质之条件，此点已完全办到。"此前，国内普遍忧心中日有可能达成大规模损害中国权益的协定，蒋介石以此消解公众的担心，聊以自慰。同时，他进一步揭示："中日之根本问题，全在东北土地之得失与主权之存亡。故我政府仍本向来一贯之方针，

---

① 《国联特别委员会决议草案》，《蒋中正总统文物·革命文献（四）·中日关系史料》，第308页。
② 《"一·二八"战役中日停战谈判记录（下）》，《民国档案》1991年第2期。
③ 《中日上海停战及日方撤军协定》，中央档案馆等编《九·一八事变》，第631—632页。

以交涉与抵抗并行，期得最后之解决。"①《淞沪停战协定》的签字，标志着国联调处"一·二八"事变的结束。虽然十九路军的抵抗使中国不再继续九一八事变的"不抵抗"政策，但国民政府对全面抵抗尚不具信心，在此形势下，交涉与抵抗并行是国民政府和蒋汪的真实思路。早在"一·二八"淞沪抗战前夕，银行家陈光甫就判断，政府"对日战无实力，和畏民怒，辱不甘受，外援难恃"，②恰如其分地道出了当时政府的尴尬处境。事实上，局部抵抗，同时寻求妥协，逐渐成为此后国民政府处理对日问题的基本思路。1935年，蒋介石曾如此解释1928年济南事变时留一团象征性守济，后又撤出的举动："这就是我们革命军的战略，第一当然要表示不屈服的革命精神，并且表示济南是日本兵力强占的，而不是中国自己放弃的。第二是要顾到革命的全局，不能牵制北伐的进行。第三是要保全中国军队不作无意义的牺牲。"③不管这是不是济南事变时蒋介石的真实想法，但证诸淞沪抗战的实际，可以看出，这样的做法确实成为蒋介石此后与日本长期周旋的基本理路。

　　淞沪抗战期间，为显示中国的抵抗意志，同时为回应全国要求抵抗的呼声，国民政府曾经组织召开国难会议。先是1931年11月22日，中国国民党第四次全国代表大会通过蔡元培提出的一项临时动议，决定组织"国难会议，以期集思广益，共济时艰"。④ 12月9日，国民党中央政治会议第298次会议议决国难会议的组织大纲，其职责为："决定国难期内外交财政军事及有关于国难一切临时设施方针"，"国难会议议决案，由中政会转送国府执行之"。⑤ 1932年1月15日，行政院召开第四次会议，决定组织国难会议筹备处，由李文范、陈公博、吴铁城等负责办理。18日，国民政府发布命令，定于2月1日在南京举行国难会议，由行政院办理。1月28

---

① 《淞沪停战告各将领电》（1932年5月7日），秦孝仪主编《中华民国重要史料初编——对日抗战时期　绪编》（1），第545页。
② 《总字通函第2号》（1932年1月27日），中国人民银行上海市分行金融研究所编《上海商业储蓄银行史料》，上海人民出版社，1990，第341页。
③ 《敌乎？友乎？——中日关系的检讨》，秦孝仪主编《先总统蒋公思想言论总集》第4卷，第155—156页。
④ 荣孟源主编《中国国民党历次代表大会及中央全会资料》下册，光明日报出版社，1985，第37页。
⑤ 《国难会议》，天津《大公报》1931年12月10日。

日，日本发动了"一·二八"事变。由于国难会员散处各地，淞沪战事引起交通阻隔，经行政院呈请，国民政府同意会议改在2月11日举行。

淞沪抗战爆发后，1月30日国民政府迁都洛阳。3月11日，行政院公布《国难会议组织大纲》，规定"委员由国府就全国各界富有学识经验资望之人士聘任之"。① 国难会议定位于少数名流参加的咨询性质的会议。接着，国民政府又公布了《国难会议议事规则》，规定国民党中执委、国府委员、各院院长及所属各部会的部长、委员长均得出席。会议设置御侮、救灾、绥靖等审查委员会，强调其专业意义。3月23日，国民政府命令于4月7日召开国难会议。

被征聘为国难会员的部分与会者对于国民党限制会议议题的做法极为不满。3月26日，上海会员代表褚辅成等赴南京，与平津代表会商后，就国难会议向行政院长汪精卫申述自己的意见。次日，汪精卫答复，国难会议以讨论御侮、救灾、绥靖为范围。此外问题，非行政院权力所及。4月1日，国难会议上海会员开第四次大会，讨论是否参加国难会议问题。会议认为政府对于国难会议毫无诚意，是否与会，个人可以自行决定。结果绝大多数决定不与会。

4月7日上午10时，国难会议在洛阳开幕。原定的会员520余人，到会者仅144人。汪精卫在开幕词中，一方面强调要振兴民族意识，抵御日本的进攻；另一方面又重申国难会议的范围，强调："在国难会议里讨论御侮、救灾、绥靖各事宜，所以如果是在这范围以内的问题诸君讨论所及，行政院是当然负责答复，但是如果在范围以外的问题，则恕非行政院权限所能负责答复了。"② 但是，国难会议还是通过了要求国民党结束训政、实施宪政、成立民意机关、保障人民各种政治自由等决议，突破了当局对于国难会议议题的限制。这反映了在民族危机空前加深的情况下，抗日救亡成为全民族的神圣使命。同时开放党禁，实行党派合作，停止训政，实施宪政，建立国防政府，开展民众抗日救亡运动，也成为与会多数代表关注的重点。国难会议由于不具有决策意义，其所形成的决议对国民政府不具有约束力，但会上发出的声音还是在国内引起了一定的回响。

---

① 《国难会议组织大纲昨行政院会议通过》，《益世报》1932年3月12日。
② 国难会议秘书处编《国难会议纪录》，台北，文海出版社，1978，第20页。

第二节 长城抗战

一 热河失陷

日本侵占东三省后，侵略欲望愈增。在东三省立足稍稳，又向华北一带发动侵略，制造了热河事件。

热河省位于长城以北，1928年设省，省会承德，辖今河北省东北部及辽宁省西部，地处辽宁、河北、察哈尔省之间，屏障华北，是沟通关内外的咽喉，战略地位十分重要。日军如占领热河，既可随时进窥西蒙和华北，又可切断关内和东北义勇军的联系，巩固其在伪满的阵地。1932年4月，日本关东军司令部制定"热河政策"，规定："对于热河省，暂时以支持汤玉麟，使之从速服从满洲国的统治为首要措施，其次，使之改革省政。"其蚕食步骤是："确定在旧热河省内西剌木伦河以北设立兴安省，以渐进主义为原则。又指导省民（特别是蒙古人），使之歌颂兴安省的行政，或其他省份的保护政策，使其自行服从满洲国的统制。"① 1933年1月，日本外相内田康哉在议会发表演说称："满蒙与中国系以长城为境界者，由历史而言，亦无议论之余地。尤以热河省之属于满洲国之一部者，征诸该国建国之经纬，当可明了。……所谓热河问题，纯粹为满洲国之内部问题。"② 明显表现出欲将热河纳入囊中的企图。日本陆军当局则声明："热河省与旧东北四省之其他三省有不可分之关系。"③

面对日本咄咄逼人的侵略态势，中国方面束手无策。热河省主席汤玉麟原属东北军系统，此时归张学良为首的北平绥靖公署管辖，治热期间，横征暴敛，大开烟禁，以充军饷为名，中饱私囊。军队号称3万，"实则层层侵吞空额"，④ 实际兵力不到2万。汤玉麟面对日本压力和诱引，首鼠

---

① 《对热河政策》（1932年4月4日），《日本帝国主义对外侵略史料选编（1931—1945）》，第139—140页。
② 《内田康哉在日本第64次议会之外交演说》，《国闻周报》第10卷第5期，1933年2月6日。
③ 《日本陆军当局为热河问题声明》，天津《大公报》1933年1月13日。
④ 《黄慕松等关于调查汤玉麟委弃承德经过情形的呈文》，中国社会科学院近代史研究所中华民国史研究室编《长城抗战资料选辑》，中华书局，1989，第43页。

两端，公开表示："如果日本人真有一天来进攻，我只有后退……'九·一八'事变东三省有这么多的军队不能抵抗，我怎好抵抗呢？"① 日军占领东北后，汤玉麟持首鼠两端态度，既派代表参加伪满洲国建国会议，又同张学良保持联系。

热河居于屏障华北的地理要冲，汤玉麟的态度严重威胁到华北地区的安全。鉴于此，1932年年中，蒋介石连电张学良，要其迅速出兵，直接接管热河，强调："以内外情势对热河问题，不得不从速解决，以后治乱关键全在乎此。"② 甚至在日记中表示："接岳军、精卫、汉卿各电，皆称倭寇攻热河，汤玉麟要求补充，而不言求援，其不愿汉卿加兵热河甚明。汉卿之愚鲁怯懦诚非［匪］夷所思，先告汤氏，何异先告倭寇，其罪诚等于卖国矣，痛恨之至，无论其汤与倭有否勾通，张是否借此不进兵热河，余仍照前议，宁可放弃平津，而不能不进兵热河也。"③ 但张对触动汤玉麟这一东北系老人不无顾虑，更担心此举会触动日军，危及平津，未如计采取行动，对此，蒋深为遗憾，在日记中指责："东北义勇军攻击牛庄，断绝南满铁路，各方猛进，倭寇海陆军并发，尚不能抵敌，当此倭寇手足无措之时，正张军收复热河，策应义军最良之机，而张乃犹豫依违，不敢前进，是诚不足与共事也。"④

1932年6月15日，汪精卫与蒋介石在庐山会晤，决定汪精卫赴北平，一面接待国联考察团，一面推动张学良夺取热河。当日蒋在日记中写道："余决心属汉卿先解决汤玉麟，占据热河，一面与东三省各义勇军可以打成一片，一面可以威胁山海关，令倭寇使之不敢窥窃平津，救国御日之道，莫此为要。致函汉卿，督促其实行之。"⑤ 18日，汪精卫抵平，与张学良的交涉并不顺利。张对汪的出兵主张置之不理，并称病不出，陈公博回忆："张汉卿只和汪先生见过一次面。他若装病不出门也罢了，而他夜里偏和宋子文划船游北海。"⑥ 汪精卫回宁后，对张学良及华北局面十分不

---

① 蒋永敬：《"九·一八"事变后的热河防守问题》，《中外杂志》（台北）1995年第5期。
② 《蒋介石复蒋伯诚电》（1932年7月5日），秦孝仪主编《中华民国重要史料初编——对日抗战时期 绪编》（1），第559页。
③ 《蒋介石日记》，1932年7月20日。
④ 《蒋介石日记》，1932年8月8日。
⑤ 《蒋介石日记》，1932年6月15日。
⑥ 陈公博：《苦笑录》，香港大学出版社，1979，第291页。

满。7月17日,关东军联络员石本权四郎被退居热河的东北义勇军绑架,日军趁机进攻朝阳,进逼热河。22日,汪以行政院长名义发表通电:"国难日深,凡我军政长官,应督饬所属,从今努力,共谋捍卫。"① 矛头所指,当为其所认为不思振作的张学良。31日,北平政务委员会发表宣言,含沙射影地宣称:"长期御侮,应以改善内政为根本之图……至军事负责人员,在此国难期中,整理军政,责无旁贷,所有恢复失地,巩固国防诸端,自为全国军人之专责,而华北军人负责尤重,更应遵照中央命令,同心协力,共谋捍卫,精诚团结,生死相依,以身许国,义无反顾。此次本大会全体委员倾诚会商之结果,决定按照上列两项方针,切实施行。"宣言以内政、军事二分,含蓄指称行政院长汪精卫没有调兵权力,汪的通电已经逾越本分。

张学良的态度令汪精卫忍无可忍。在汪、张的电报战中,蒋介石又默不作声,更让汪认为蒋介石有暗中怂恿之嫌。8月6日,汪精卫发出鱼电,公开指责张学良"自去岁放弃沈阳,再失锦州,致三千万人民,数千里土地陷于敌手";痛斥张"未闻出一兵,放一矢,乃欲借抵抗之名,以事聚敛","自一纸宣言抗御外侮以来,所责于财政部者,即筹五百万,至少先交二百万。所责于铁道部者,即筹三百万。昨日则又以每月筹助热河三百万责之行政院矣";声称:"弟诚无似,不能搜刮民脂民膏,以餍兄一人之欲,使兄失望于弟,惟有引咎辞职以谢兄一人,并以明无他。惟望兄亦以辞职谢四万万国人,毋使热河平津为东北锦州之续,则关内之中国幸甚。"② 汪精卫态度如此激烈,和他直接处身与张交涉第一线有关,张的一些要求令他不胜其烦。同时,按照蒋介石的理解,汪氏此举,还有倒张制蒋之意,所以,蒋介石在日记中写道:"以今日消息观察,汪事前与蔡与阎皆有接洽,以倒张为制蒋之本,是诚捣乱分子之甚者也。中央处理,以汪复行政院为宜,否则,只有自任;北方处理,以留张在平为宜,如不能留,则只有以余自任委员长,而以岳军或逸民为参谋长,继持现状,待剿匪成功之后,再问北方之事也。"③ 不过,此时无论在南京中央还是在北

---

① 《行政院长汪兆铭为日军侵热河事件告全国通电》(1932年7月22日),《革命文献》第38辑,台北,中国国民党中央委员会党史史料编纂委员会,1965,第2184页。
② 《汪精卫致张学良鱼电》,《国闻周报》第9卷第32期,1932年8月15日。
③ 《蒋介石日记》,1932年8月12日。

平，蒋介石都无力全面控制，所以只能采取息事宁人的做法，尽力调和。7日，张学良通过张群转达说："汉卿之意，认为无论如何，彼辞职不能为天下人所谅，亦无以解除钧座之困难。"① 表达不愿辞职的意图。8日，蒋介石电宋子文请其劝汪精卫放弃辞职，表示："必俟三省剿共，略告相当段落，能抽出六师以上之兵力，移而向北，足资控制，方可实行。若时机尚未允许，一旦促成北局变化，匪特力难兼顾，无法善后，且恐内部复杂，提挈无人，自告瓦解。徒为倭寇造进可乘之良机耳。三中全会，中不赞成即速召集者，实亦以此。"② 9日，蒋致电张学良称："兄今日所处环境，与中客冬遭遇者无大殊异，不胜同情之感。故之进退大节，诚有悉心考虑之必要。弟中久役鄂中，各方情形，尤其北方实况未能全明，不能即有较当之主张。此间讨论所及，已假拟定三策：一、不辞职而带兵入热抗日。二、辞职而带兵入热抗日。三、辞职而改组北平绥靖公署。亦另电岳军与弟细商，足供参考。请兄权衡得失，取其最有裨于转移大局，并稳占个人立场者，择一而行。要之，当此义勇军得手之时，收复热河实为最上之策。现在剿匪工作紧张，稍纵即逝，将坠前功。中万不能抽身北行。总之，兄事即中事，无论环境如何险恶，情形如何变迁，荣辱成败必始终共。"③ 张学良则通过张群表示可以辞职："此次汉公鉴于外交情势对我之恶化，并深感钧座应付之困难，故不惜牺牲一切，以求有利时局，其态度异常光明坦白，毫无负气之处。"④

汪、张之争，演变到后来，实际变成汪、蒋之争，汪精卫其实更多还是借对张学良的指责，发泄对蒋介石不予以行政全权的不满。13日，蒋介石致书汪精卫时表示："中央与北方诸事，断非一言可决，须详商方不致贻误。天下事大都复杂，而政治尤非简单之事，吾人当此内忧外患之重任，不得不忍耐将事，然又非迅速解决，恐贻大患者，故特请吴先生返沪

---

① 《张群电蒋中正报告与张学良晤谈情形》（1932年8月7日），《蒋中正总统档案》，002080200053116。
② 《蒋中正电宋子文请代达微意务恳汪兆铭回京主政以息谣诼》（1932年8月7日），《蒋中正总统档案》，002080200053118。
③ 《蒋中正总统档案·事略稿本》第16册，第74—76页。
④ 《张群电蒋中正报告与张学良恳商结果》（1932年8月9日），《蒋中正总统档案》，002080200053122。

面述。"① 这样地表态，自然不足以动汪精卫之心。9月，在和蒋介石派去说合的张群谈话时，汪精卫虽然不无自责地表示："鱼电之发，不免鲁莽，然在当时御侮计划既难实现，反受汉卿责难，实有不得不去情势"，不过，根据张群的报告，汪更多还是倾诉了其对蒋的不满：改组派已不存在，但蒋部还认为该派存在，蒋本人则"既拥军权，且为法西斯组织，以冀将来垄断"；华北问题应以能实行抗日为目标，最好将军队收归中央，直接节制指挥，令汉卿暂时离去；《文化日报》"受有立夫津贴"而攻击汪，尤为汪所不满。总体看，"汪非无意复职，但对汉卿及党部问题，颇为注重"。② 看得出来，汪不打算与蒋介石妥协。

蒋汪无法达成一致，辞职风波的结果，汪精卫以称病住院、上山、离国了局，而张学良则由蒋介石移花接木，卸北平绥靖公署主任职，转任新设军事委员会北平分会副委员长，代蒋任委员长。这一结果，汪精卫虽然去职，博得了一定的政治声名；张学良实力未损，但"九一八"以来遭受的舆论压力却更沉重；而出兵热河的国家安危大计，则在张、汪的吵吵嚷嚷和蒋的"捣糨糊"中无疾而终。

1932年下半年，蒋介石一力"剿共"，对热河无所作为，甚至担心张学良在北方与日军发生冲突，因此，"拟致汉卿函，有抵抗精神，而无抵抗形式则可。如徒谋抗争，而实不能抗，反引倭寇急进，及倭寇侵占，而以不抵抗了之，事后又毫无抵抗之精神与准备，此不惟目前之物议，即千秋万世后亦不能为人所深谅也。"③ 张学良对蒋介石这样的态度自是心领神会。然而，日方并不以中国的容让而停止其继续扩张的步伐。12月，日本首先策划进攻榆关，拉开进攻热河的序幕。

榆关即山海关，位于万里长城东端，扼辽冀之咽喉，素有"天下第一关"之称。从1932年下半年开始，关东军积极向奉山路调动，在皇姑屯至山海关的各车站分驻重兵，并派第八师团开抵锦州。12月8日，日军铁甲车以追击义勇军为名，开到山海关站东端长城缺口，突然向城内发炮。事后，日方反诬中国军队开枪射击，称城内藏匿义勇军。得到日军炮轰山

---

① 《蒋中正总统档案·事略稿本》第16册，第127—128页。
② 《张群电蒋中正与汪兆铭晤谈经过及询如何解决汪对张学良及党部问题》(1932年9月16日)，《蒋中正总统档案》，002080200055140。
③ 《蒋介石日记》，1932年11月4日。

海关的消息，蒋介石的判断是："得到倭寇举动，非至强逼直接解决东北问题终了之后，决不肯罢休。困心横虑，无善其后。世人但求苟安，以为承认割让乃可了事。殊不知倭无信义，得寸进尺，今日得满，明日进占平津，据山东，不惟不使中国内部有统一之日，而且必趁机打击政府，伤失领袖信用，必使中国无人可以统一也。于今于此，虽决心牺牲一切只求保全本党，维持政府，以为救国之道。然非至最后，得到相当价值，于党国确有保存把握，则不作无益之牺牲也。"① 这段话前半部分对日军的企图可谓洞若观火，中间大言炎炎声言抵抗，最终的落脚点则仍然是妥协退让。

蒋介石的态度和张学良极力避免与日冲突的宗旨相合，中国方面处理事件的基本原则无疑还是妥协。12月10日，中国军队驻守山海关地区的最高指挥官、临永警备司令何柱国应日本宪兵队长之约，与日方会谈，确定："由中国方面进行赔礼道歉，保证以后取缔一切抗日排日行为和取缔义勇军。"②

中国的妥协只换来日军的暂时停止进攻，日军对山海关乃至关内的觊觎并没有改变。对此，蒋介石虽极欲避免，但也不能不予以正视："倭寇攻热，必不能免，恐不出此三个月之内，其或进占河北，由溥仪或汉奸为傀儡，伪造独立，使中国分立。吾人于此，惟有为国牺牲，尽忠报党，勿使生我与教我者，有所玷辱，万一留有此身，则亦惟有竭力抵抗，巩固中原极小之根据地，以为将来恢复之基。"③ 同时，他密备部队准备北上，致电张学良表示："今日之事，惟有决战，可以挽救民心，虽败犹可图存，否则必为民族千古之罪人。"④ 张学良也召开北平军分会高级将领会议，决定备战方针，着手战斗序列的编组。不过，一旦落实到调兵层面，蒋介石与张学良在华北的控制问题上又潜伏着利益冲突。张学良对中央军北调抱有抵触，担心影响其对华北的统治，而蒋对张这一态度似乎也心知肚明，在做出将部队北调的高姿态后，即以张的态度顺坡下驴，山海关和热河防御仍然是糊里糊涂。

---

① 《蒋介石日记》，1932年12月9日。
② 《满洲事变作战经过概要》第2卷，第65页。
③ 《蒋介石日记》，1932年12月23日。
④ 《蒋介石致张学良电》（1932年12月25日），秦孝仪主编《中华民国重要史料初编——对日抗战时期 绪编》（1），第563页。

1933年1月1日,日军再向山海关发起进攻。根据中方报告,日军"宪兵队自将其门炸毁,并在他处投弹数枚",随后,即以此为由,向山海关中国守军提出四项条件:"(1)南关归日方警戒;(2)撤退南关驻军;(3)撤退南关警察及保安队;(4)撤退城上守兵。"① 2日,日军向山海关发动进攻,参战部队除山海关原驻部队及伪警外,由辽宁绥中增援"步兵3000余人,大炮20余门,日机8架,铁甲车3列"。② 中国驻守山海关的部队只有"不足一团的兵力",③ 虽奋力抵抗,终因寡不敌众,被迫退出山海关。

日军进攻山海关,占领临榆县城,热河危在旦夕。张学良见势不妙,一面紧急向热河增兵,一面请中央军北上增援。此时,蒋介石虽暗下决心,准备对日一战,表示:"倭寇之所最忌者,为我联俄与派兵入热河二事。而其志在得热河,建筑要塞,以防中俄将来联合攻满也。我第一步对俄复交,乃与以第一打击。今复派兵入热,使其不能唾手得热,是其第二打击,总以与俄有关系之点,研究打击方法,先使其精神受协,然后再与接洽。今日前方部队已开进将毕,乃为接洽之时乎?抑待战争结果,再与其接洽乎?然非与之一战,则对内对外倭皆不能解决也。故决与之一战,况未必果败也。"④ 看起来蒋介石似乎已经下定决心,不过,一旦落实到具体行动,仍然是雷声大雨点小。

1月17日,在确知日军将向热河进攻后,张学良致电蒋介石,要求:"调中央军及晋军开赴热东一带,以增实力,而备万一。"⑤ 张要求调中央军和晋军到热河前线,但离热河最近的他自己的东北军则迟迟没有动作。张学良如此,蒋介石也顾左右而言他,致电在北平的宋子文表示:"中央部队如北上为预备队恐友军多虑,以汉卿前嘱伯诚电中,如中央军不加入前不如不来之语,此果为何人之意,其电中并未详明。故未开战以前,中

---

① 《张学良致电蒋介石报告榆关事变经过》(1933年1月3日),秦孝仪主编《中华民国重要史料初编——对日抗战时期 绪编》(1),第568页。
② 《张学良自北平呈冬亥电》(1933年1月2日),秦孝仪主编《中华民国重要史料初编——对日抗战时期 绪编》(1),第566页。
③ 何柱国:《山海关防御战》,《从九一八到七七事变》,中国文史出版社,1987,第410页。
④ 《蒋介石日记》,1933年1月17日。
⑤ 《张学良报告热边情况紧急致蒋介石电》(1933年1月17日),《长城抗战资料选辑》,第26页。

央军不如缓上。"① 以张学良之前推拒中央军北上的言论为托词。大敌当前，蒋、张却斤斤计较得失，都不愿损耗自己的实力，予日军以可乘之机。

随着日军进攻的日渐现实化，蒋介石对在热河作战的确也做了一些部署。1月底，他在日记中写下对日作战计划："本日会商热河方面万一杂牌军溃退至关内当如何收容问题。左翼以多伦、宝昌为据点，中央以黄崖关经三河、香河、杨村至杨柳青为决战线，右翼则固守静海与沧州之线；其次则守长城各口。再其次，则守太行山也。惟守滦河，须以建昌营为左翼据点；守津东则以塘沽、唐山、丰润、遵化、喜峰口之线。守津西则以黄崖与杨村、杨柳青之线也。"② 然而，中央军既然不想北调，所谓的计划只能徒托空言。与此同时，张学良的军事准备也是有头无尾，17日，他报告："我方入热部队只东北军四旅，现已调沈克部赶速前往，俾资援助。但其防线均在凌源凌南一带，大都偏于南部，至东部开鲁、赤峰一带，则全由吉江退回之杂军义勇军热军一部防守。而各军杂处，意见分歧，统率无人，所以一切布置亦未能臻于巩固。"③ 有人观察到："华北军伍纷纷开拔，在平北、平东、北宁线、热河区一带厚集实力。日人颇认其有重大意义。惟传闻我方各部，既无正式命令，亦无具体组织，实有徒张声势、不务实际之嫌。汉卿主任前派员来津，购面二十万袋，一时面价飞腾，不意只买三万袋，即将采办员召回，而面有落价。就此一端，可知当局筹备给养之一斑。显有决而不行、行而不力之意。"④ 另外，华北地区除东北军外，还有宋哲元、商震等不属东北军系统的地方部队，对这些部队，张学良意存排挤，萧振瀛报告："中央接济及自筹、并由铁路提出各款，不下四五百万，而发给宋、商、庞、孙、高五部之开拔费总共不到七万元。兵站至今未设，子弹仅补充二三十粒。"⑤ 诸多方面均无法协调，国民政府的

---

① 《蒋介石致宋子文电》（1933年2月14日），秦孝仪主编《中华民国重要史料初编——对日抗战时期 绪编》（1），第595页。
② 《蒋介石日记》，1933年1月27日。
③ 《张学良电蒋中正报告热边情况》（1933年1月17日），《蒋中正总统档案》，00209020000009006。
④ 《林世则致周铭馨转萧振瀛电》（1933年1月17日），转见李君山《全面抗战前的中日关系》，第127页。
⑤ 《萧振瀛致蒋介石电》（1933年1月29日）。宋、商、庞、孙、高分别为宋哲元、商震、庞炳勋、孙殿英、高桂滋。转见李君山《全面抗战前的中日关系》，第129—130页。

作战准备只能徒托空言。

2月10日，日本关东军司令部向各师团、旅团传达进攻热河的作战计划："使热河省真正成为满洲国的领域，并为消灭扰乱满洲国的祸根即华北张学良势力，创造条件，进而确立满洲国的基础"。① 兵力部署是：第六师团配属骑兵第四旅团，由通辽、彰武、打虎山西向进攻赤峰，而后以一部兵力向西南攻击前进，策应第八师团进攻承德；第八师团由锦州经义县、朝阳、凌源、平泉进攻承德，而后以一部兵力向长城古北口进攻；混成第十四旅团由绥中向西进攻凌源、平泉，策应第八师团，而后南下进攻喜峰口、冷口。预定2月下旬开始进攻。

2月17日，关东军司令官武藤信义正式下达进攻热河的作战命令，定于23日按预定计划开始行动。鉴于日军进攻迫在眉睫，国民政府不得不对华北做出紧急部署。2月9日，国民党中常会决定在新乡设立中央执行委员会华北临时办事处，以张继为主任。2月11日，派代理行政院院长兼财政部部长宋子文、军政部部长何应钦、外交部部长罗文幹等至北平，就近指导应付方针。宋子文在北平发表谈话表示："日军如入侵，我决以全国力量应付。"② 随后，宋赴承德检阅军队，再次重申中央政府"决不放弃热河"的态度。③ 在平期间，宋子文等与张学良拟定了热河保卫战的大致方略，确定作战方针为："华北军以捍卫疆土收复失地之目的，务需确保冀热，巩固平津，以为将来进出辽河流域之根据。集中主力于冀、热东部及平津、察南一带，对由河北沿海登陆及自热河方面侵入之敌，预期各个击破之，并乘机东进，向辽西平原转取攻势。"④ 决定将华北现有驻军编为8个军团和1个预备军团。第一军团于学忠部防守津塘地区，第二军团商震部防守滦东地区，第三军团宋哲元部防守冀北地区，第七军团傅作义部防守察东地区，第八军团杨杰部和预备军团集结于北平附近。第四军团万福麟部第五十三军6个师，第五军团汤玉麟部第五十五军1个师、4个旅，第六军团张作相部第四十一军3个旅及第六十三军、挺进军等共约8万人

---

① 《关东军攻占热河计划》，《满洲事变作战经过概要》第2卷，第71页。
② 《一周间国内外大事述评》，《国闻周报》第10卷第7期，1933年2月20日。
③ 《一周间国内外大事述评》，《国闻周报》第10卷第8期，1933年2月27日。
④ 国民政府参谋本部：《华北抗日战记》第1卷，转见李新总编《中华民国史》第8卷上，中华书局，2011，第144页。

编为两个集团军，直接担任热河省的防守任务。两集团军的作战地域分界线为朝阳、建昌、凌源、平泉至承德的公路。公路以南为第一集团军，张学良自兼总司令；公路以北为第二集团军，张作相任总司令，汤玉麟任副总司令。可以看出，热河防守主要由万福麟、汤玉麟、张作相的第四、第五、第六军团担任。主力实际还是汤玉麟部。

汤玉麟面对日军进攻，斗志薄弱。虽然为向舆论有所交代，曾与张学良联名发表通电，声称："时急势迫，至此已极，舍奋斗无以求生，舍牺牲无以救死，但有一兵一卒，亦必再接再厉。"① 但这只是虚张声势。汤玉麟部崔兴武、董福亭两旅早已秘密和日军接洽，汤却仍委派他们分别驻守开鲁、朝阳前线。

2月23日，关东军开始进攻。北路以开鲁、赤峰，中路以北票、朝阳，南路以凌南、凌源为目标，最终夺取承德。两军在前方接触后，守军明显缺乏斗志，前线阵地各部队在日军进攻下一触即溃。23日，日军占领北票。次日，开鲁守军崔兴武只守一天便撤出阵地。25日，朝阳守军董福亭一部投降，日军占领朝阳。27日，日军分三路总攻热河，一路由开鲁攻赤峰，一路由绥中攻凌南，一路由要路沟攻凌源。28日，占领凌南。3月1日，日军在叶柏寿始遭遇守军顽强抵抗，被迫绕过叶柏寿直攻凌源。3月2日，占领凌源、赤峰。至此，承德门户大开。张学良3月1日电告蒋介石："此次朝阳、开鲁两处失守，并非完全由于敌军之猛攻，实系具有下述原因：（1）朝阳一役系热军中哗变一部，当地人乃起而内应。（2）开鲁一役，亦系战事后，城内人民乘机反动，崔旅不得不退出城外。"② 日军进兵之中屠杀中国民众，日第三十一联队佐藤喜男分队在朝阳向凌源途中，将宿营地"居民无论男女老幼一律杀逐无余"。③

3月3日，日军进至承德附近。刚刚抵达承德负责热河防御的第二集团军总司令张作相见大势已去，撤往古北口。热河省主席汤玉麟不仅没有组织防御，反而下令赤峰附近所属部队撤向半截塔，自己暗地里征集卡车，满载鸦片，率承德地区的部队撤向滦平、丰宁地区。4日，日

---

① 《张学良及汤玉麟通电抗日》，《申报》1933年2月20日。
② 《张学良拟亲赴前方指挥致蒋介石电》，《长城抗战资料选辑》，第33页。
③ 《报告日人惨无人道滥杀无辜上外交部长罗文幹电》，中国国民党中央委员会党史委员会编《宋哲元先生文集》，台北，中国国民党中央党史会，1985，第169页。

军先头分队骑兵第八联队128人不费一枪一弹占领承德。随后,日军席卷热河全境,至3月21日,占领兴隆。热河除热西少数地区外,全境沦于敌手。

热河轻易失陷,全国舆论顿时哗然,南京政府遭受激烈指责,张学良更成众矢之的。孙科发表谈话指出:"战之胜败为兵家常事,然不战而退,实为莫大耻辱。至此次战事之责任问题,凡在前线指挥之汤玉麟等各军事长官,直接负责,自应严予惩处,而张学良身为华北军事最高长官,当然负最大责任。前既一日而失三省,锦州又拱手让人,最近复失榆关,当时国人尚冀张氏戴罪立功,奋发有为,必能坚守热河,与敌一拼,而结果东北四省全丢,所部不战溃退,又复推委责任,为举国所唾骂。为张氏计,唯有从速引咎辞职,以谢国人。"① 甚至有监察委员要求"将张学良明正典刑并严拿汤玉麟一并骈诛"。② 连蒋介石也在日记中承认:"观倭寇攻热之配备,形同儿戏,前敌如稍有布置,则直可供倭寇歼灭无遗也。此种失地,诚不能为天下后世谅也。"③

应该说,对华北以及热河的混乱情形,蒋介石多所了解,但他却以"剿共"为由迟迟不愿北上,其中不无奥妙之处。由于有南京中央和东北军对华北控制权的微妙折冲,蒋在热河问题上可以着力之处并不多,而蒋也不愿为张分担责任,正如张厉生2月底给蒋介石电中说到的:"钧座不北上则已,一经北上,则非一手包办,痛予革除不可。否则徐观军事变化,随机应付,钧座仍可暂缓成行。"④ 在张学良主导华北大局的形势下,战事未明时,蒋北上既于事无补,还可能充当张学良的垫脚石,自然为老于算计的蒋介石所不取。

3月6日,热河败局已定、平津面临日军进一步进攻时,蒋介石终于从江西"剿共"前线北上。蒋介石北上,做出两个动作:一方面致电国民政府称:"热河失守,悲愤填膺,中正决由赣即日北上部署一切",⑤ 指示

---

① 《孙科为热河失陷对记者谈话》,《申报》1933年3月6日。
② 《监察院弹劾张学良、汤玉麟并请国民政府移付惩戒》,《长城抗战资料选辑》,第39页。
③ 《蒋介石日记》,1933年3月4日。
④ 《陈立夫转张厉生致蒋介石电》(1933年2月27日)。
⑤ 《蒋介石为热河失守决即日北上部署一切致林森电》(1933年3月6日),秦孝仪主编《中华民国重要史料初编——对日抗战时期 绪编》(1),第613页。

在冀察地区部队"力图反攻",①"以宋部与万部全力出口,袭取凌源、平泉,以古北口各部反攻承德",② 显示继续抵抗的姿态;另一方面展现全国军事指挥者的实力,紧急抽调中央军3个师北上,参与北方防务。蒋介石此时的北上举措,既无形中与之前华北当局政策做了切割,也宣示了国民政府的抵抗意愿,同时还对张学良形成巨大压力。7日,张学良不得不向国民政府电请辞职。9日,蒋介石在保定与张学良见面,蒋介石日记载:"子文以军队安置甚难,去汉卿甚有难色,汉卿亦不甚愿去职。余与之决定,劝其辞职,且速离平。彼考虑二小时,再行决定,惟总不能去其疑虑,而余之心,亦甚难堪。彼以处置后事相问,余亦不能直说,心更难过,此公私得失成败关头,非断然决生,不能定计。然而人情世故,令人更增惶恐,两害相权,惟有重公轻私,无愧于心而已。"3月12日,南京政府发布命令,批准张学良辞职,任命何应钦兼代北平军分会委员长。此前,蒋介石已致电张学良,答应:"兄行后各机关一如旧状,毫不变更。惟中未到平以前,由敬之兄以部长名义暂代分会委员长职权。部队除照兄意编配外,所有补充团可否拨归寿山部先行补充。"③ 看得出来,围绕着张学良辞职,蒋、张之间实际有私下约定,张学良离开后,东北军的完整保存得到蒋的承诺,这也是张学良离职及次年回国后可以继续掌控东北军的缘由之一。

二 长城抗战

热河失陷后,日军推进至长城沿线各口附近。第八师团位于承德、古北口外地区,混成第十四旅团位于喜峰口外及冷口地区,混成第三十三旅团位于界岭口外和义院口外,第六师团及骑兵第四旅团位于赤峰地区。第八师团主力继续向南推进,先后对古北口、喜峰口等长城重要关口发起攻击。国民政府决定,在长城各口凭借古长城及其周围险峻地势,死守独石口、古北口、喜峰口、冷口等据点,阻止日军继续深入。具体防守计划是:第五十九军傅作义部守独石口;中央军第十七军徐庭瑶部

---

① 《蒋介石致杨杰转宋哲元等电》(1933年3月6日),秦孝仪主编《中华民国重要史料初编——对日抗战时期 绪编》(1),第613页。
② 《蒋介石致杨杰转张学良、何应钦电》(1933年3月6日),秦孝仪主编《中华民国重要史料初编——对日抗战时期 绪编》(1),第614页。
③ 《蒋介石致张学良告以何应钦暂代北平军分会委员长职权电》(1933年3月10日),《长城抗战资料选辑》,第41页。

守古北口；原西北军旧部编成的第二十九军宋哲元部守喜峰口；晋军第三十二军商震部守冷口；由长城撤下来的东北军整编后调北宁线天津以东及冷口以东担任防御，同时命令孙殿英部坚守多伦以东地区，威胁敌后。

第十七军徐庭瑶部原驻徐州、蚌埠一带，2月底接到北调命令后星夜向华北进发，3月10日抵达古北口。古北口为北平到承德的关口古道，是平津之门户，其东长城由南而北，其西长城由北而南，形成正面宽25公里的突出部。古北口正居其中。口北为连绵起伏的燕山，口南便是丘陵和平原，地理位置十分重要。当时，东北军王以哲第六十七军在古北口外的青石梁一带阻击日军。经过4天激战，力竭不支，于3月9日下午向古北口撤退。当日夜，古北口前线阵地又被日军占领。第二天，第十七军第二十五师关麟徵部赶到，在古北口东西两侧部署防御。11日，日军第八师团主力向右翼阵地发起进攻。战至上午10时，东北军何柱国第五十七军第一一二师不支而退。日军迅速占领了古北口关口，并乘胜向第二十五师右翼包围攻击。防御该地的第七十三旅第一四五团因孤立突出被敌包围。师长关麟徵指挥第七十五旅驰援，出古北口东关不远与敌遭遇，双方短兵相接，"战殊惨烈。死守该线之戴团一、三两营及梁团之一营伤亡殆尽"。① 关麟徵负伤，但终将敌击退。关麟徵负伤后，第七十三旅旅长杜聿明代理指挥。12日4时，日军再度发起进攻，战斗更为激烈。至午后3时，右翼第一四五团伤亡殆尽。师属各部与师指挥所联络中断，形成各自为战的状态。守军各部不支，纷纷溃退，古北口被日军占领。到下午5时，师属各部退到南天门左右高地之线，其防御任务由第二师接替。日军占领古北口后停止前进，中日双方暂时形成对峙。

古北口防御中，关麟徵师一部七勇士固守高地，全部殉国。后来，何应钦曾经谈道："二十二年的时候，二十五师在长城南天门作战。在某一天，派七个兵士去固守南天门北端的一个高地，并且官长命令他们，无论如何必须死守，不能放弃这个地方。这七个兵士奉到命令后，便到那个地方去防守。后来日军进攻南天门，以一连精锐的兵去围攻这个高

---

① 《关麟徵电蒋中正古北口激战毙敌甚多职伤当来平住协和医院调养》（1933年3月12日），《蒋中正总统文物·革命文献（四）·中日关系史料》，第353页。

地,这七个兵士奋勇死守,同时因为地形很好,足足支持三天三夜,毕竟众寡悬殊,七个人都打死了,但是围攻的一连日军,也死伤了只剩一个特务长。最后,这个特务长去查看阵地,见这七个人中有一个满身中了不少机关枪弹,手里还拿了上着刺刀的枪,遂用脚试触触他,谁知这个兵士,竟在这奄奄一息的时候,举起刺刀将日军的特务长刺伤,后来日军知道这件事,对于这个兵士的英勇,都觉得非常佩服,特别将这七个人的尸首,合葬在他们死守的那个地方,立了一块碑,上面刻'支那七勇士之墓'几个字。听说到现在日军换防的时候,还常常要到那里去凭吊致敬。"① 陈诚谈到长城抗战时,则从战术角度总结道:"据长城抗战经验,我军短射程之旧炮,用作侧射配备隐蔽阵地,待敌接近作奇击最为有效。又攻击时可随调步兵。"②

在进攻古北口的同时,3月9日,日军混成第十四旅团一部向长城上另一关隘喜峰口发起攻击。担任喜峰口一带防御的东北军万福麟部溃不成军,纷纷逃向关内。9日,日军攻占喜峰口第一道关门。前来增援的西北军宋哲元部先头部队在当天黄昏到达喜峰口。宋部"装备差,火力弱,有兵无枪,有枪缺弹,只是每人大刀一把,手榴弹6枚",③ 但战斗意志较强,"本死而后已之精神与倭奴拼命",④ 投入战斗后,稳住了形势。当日夜,第二十九军第二一七团以精壮战士500人组成大刀队,利用夜幕掩护潜入日军所占山头,乘敌不备进行夜袭。黑夜里不用火器攻击,而用大刀砍杀,用刺刀混战。由于两军士兵白刃相接,距离很近,因而日军的飞机、大炮无法使用,双方伤亡惨重,第二十九军大刀队"生还者只三十余人"。⑤ 11日夜,第二十九军再次出动两个旅对敌侧后发起夜袭,"斩敌八百余名,获大炮十八门",⑥ 沉重打击了日军。喜峰口夜战表现出的战斗精

---

① 何应钦:《军队教育的目的和服从命令遵守纪律的重要性》,《何总长应钦言论选集》,第206—207页。
② 《陈诚等电蒋中正敌向平绥路移动图大举犯察绥应即反攻及平津晋绥部署构筑阵地等》(1937年8月12日),《蒋中正总统档案》,00208020000486035。
③ 董升堂:《夜袭喜峰口战后》,《从九一八到七七事变》,第453页。
④ 《宋哲元电蒋中正喜峰口激战敌伤亡甚众现对峙中已准备迁回歼敌》(1933年3月11日),《蒋中正总统文物·革命文献(四)·中日关系史料》,第348页。
⑤ 《朱庆澜为喜峰口抗敌报捷并乞助电》(1933年3月14日),《长城抗战资料选辑》,第50页。
⑥ 《军事委员会在中国国民党四届四中全会关于华北抗日之军事报告》(1934年1月20日),《长城抗战资料选辑》,第140页。

神让一直处于压抑状态的全国民众为之振奋,天津《益世报》称:"喜峰口这几次胜仗,我们叨这班英雄们的光,又抬得起头来了。十九路军淞沪一战,使世界认识了中国人;喜峰口的这几仗,使我们中国人还可以做人。"①日军在遭遇二十九军强大兵力反击后,兵力不足问题暴露,被迫固守等待援兵。14日,宋哲元致电蒋介石:"我喜峰口阵地正面高地之敌,被我痛击,将及黄昏,纷纷向后溃退,现该高地已被我王治邦旅完全占领。"② 喜峰口正面形成对峙状态。

日军见喜峰口正面难觅可乘之机,转向喜峰口后方罗文峪寻求突破。罗文峪在喜峰口西南50公里,为喜峰口后方联络线之侧背,中方在此无重兵把守。3月14日,日军出动第八师团第四旅团及骑兵第八联队,向罗文峪方向进攻。16日始,两军在罗文峪展开激烈拉锯战,战况紧急时,"刘汝明师长亲临火线督率所部拼命抵抗"。③ 战至19日,罗文峪附近日军被迫撤退,"罗文峪北十里内已无敌踪",④ 守军部队向前推进10多公里,日军对喜峰口后方的攻势也被瓦解。

冷口防务原由东北军缪澂流师负责。3月4日,日军混成第十四旅团占领冷口,军委会北平分会当即令在滦河两岸构筑工事的第三十二军商震部实施反击,收复冷口。军长商震遂派第一三九师急行军,奔袭冷口日军,于3月7日凌晨收复冷口。3月19日,日混成第十四旅团集中兵力向冷口发动进攻。守军顽强抵抗,并多次组织反击,经反复激烈的争夺,于22日将日军驱逐至口外10余公里之线。

日军3月初对长城各口的进攻遇挫后,开始整顿并调集部队,把驻守热河北部的第六师团调到长城一线,准备发动更大规模进攻。日军首先选择战斗力较差的晋军防守的冷口为主攻目标。

3月27日,关东军司令官武藤信义下达了首先向长城各口实施全面进攻,而后越过长城向滦东地区进攻的作战命令。4月9日,日军第六师团主力在混成第十四、第三十三旅团配合下,全力向冷口展开进攻,激战至

---

① 《喜峰口的英雄》,《益世报》1933年3月19日。
② 《宋哲元报告进犯喜峰口之敌被击退致蒋介石电》,《长城抗战资料选辑》,第48页。
③ 《宋哲元报告日军进犯罗文峪一带被我军击退电》,《长城抗战资料选辑》,第53页。
④ 《报告罗文峪、山查峪战况呈蒋委员长电》(1933年3月19日),《宋哲元先生文集》,第167页。

11日,"因受优势敌军之压迫及多数敌军之猛烈轰炸",① 第三十二军阵地被突破,全军撤退至滦河西岸。冷口遂告失陷。日军突破这个缺口后,立刻向纵深扩展,分兵占领滦河上游的迁安,威胁滦河西岸守军阵地侧背。主力则绕到喜峰口后面,对防守喜峰口的宋哲元军形成前后夹击的态势。二十九军腹背受敌,不得不转移阵地,随即撤至通州以东沿运河布防。对此,蒋介石在日记中写道:"灰真二日,冷口方面战斗激烈,商军受创,此皆疏忽之过也。此时为党国计,对倭事有一段落,则在平津与现地,求决一点。否则,余先下野,国无重心,俾事易为,是亦一策也,欲为待机制倭或以后者为妥也。"②

日军在占领冷口、喜峰口后,对古北口的进攻也在加紧进行。4月中旬以来日军不断向古北口增兵。16日后,日飞机即向古北口、南天门一带进行轰炸侦察,为大规模的军事进攻做准备。20日拂晓,日第十六旅团主力向南天门左侧高地八道楼子守军阵地发起进攻,经激战占领该高地,对南天门中国守军形成瞰制。26日拂晓,日军集中兵力向南天门中央阵地421.3高地进攻。敌炮火将该高地工事夷为平地,而后步兵在坦克车掩护下发起攻击。守军虽奋勇作战,但因兵力、火力悬殊,阵地全毁,作战失去依托,于28日晚撤往南天门以南600米的预备阵地。经过七昼夜的血战,日军付出相当大的代价终于占领南天门阵地,中国军队血战七天,"伤亡三千余人"。③ 至此,中国长城防御全线被突破。

为确保对长城一线的控制,关东军改变"不要在河北省内实施作战行动"④ 的原定部署,4月11日下令:"本军以不使敌人停留于滦东地区为目的,并配合宣传及其他各种工作,急追敌人,予以铁锤的打击。"⑤ 这样,战争便超出了长城的范围,扩展到河北平原。至17日,日军全部占领滦东地区。日军的行动对国民政府形成极大压力,4月16日,蒋介石致电黄绍竑,判断:"以近状观察,倭必攻平津,我军应即速构筑最后决战线。"⑥

---

① 《北平军分会报告冷口失守致军事委员会电》,《长城抗战资料选辑》,第67页。
② 《蒋介石日记》,1933年4月12日。
③ 《徐庭瑶报告所部参加古北口战役经过致蒋介石电》,《长城抗战资料选辑》,第61页。
④ 《关东军攻占热河计划》,《满洲事变作战经过概要》第2卷,第71页。
⑤ 《关东军作战命令第495号》,《关东军参谋部第二课机密作战日志摘要》,《革命文献》第38辑,第2251页。
⑥ 《蒋介石为构筑平津最后决战线致黄绍竑电》,《长城抗战资料选辑》,第71页。

17日，钱大钧致蒋介石电提出："为持久抵抗拒敌再进言，似宜将后方部队除天津酌留必要部队外，开赴滦河遵化第一线，后方督率民夫于最短期间构筑第二第三阵地带。……如是方可步步抵抗。"① 22日，蒋介石致电朱培德等，准备调中央军精锐北上："北方对倭局势，无论为和为战，中央均应加派部队以为缓急之用。若倭于最近期内毅然攻平，则平城一无兵力，如为倭寇随手而得，则以后问题更难措置。中意决调八十八师或与八十七师各派一旅赴平为总预备队，并备为背城借一之计。"②

日军越过长城后，英国政府向日本提出警告。日本政府原本就未计划越过长城作战，因此英国方面的表态使其更加担心这时向华北扩展军事势力会损害英美在华利益，引起国际纠纷。日本天皇下令，日军自4月21日起逐次撤回长城一线。关东军未向天皇奏准便擅自越过长城进犯滦东，已有违旨之嫌，接到天皇命令后，关东军司令官武藤信义只好中止了滦东的军事行动，命令："在滦东地区作战的部队，迅速撤回长城线。"同时强调"要保持威胁华北反抗势力的态势"。③

4月下旬，关东军虽在天皇干预下被迫停止军事进攻，但是关东军板垣特务机关却以"不要上中国缓兵之计的当"为理由反对停战。在北平的永津武官也提出反对意见，要求必须使中国军队向密云以南撤退。日军撤退后，中国军队顺势于4月23日夜开始接收日军放弃的安山、卢龙、迁安、昌黎、抚宁、北戴河等地。④ 中国方面宣传的收复失地使关东军觉得难堪，决定再次进入滦东地区，制订"沿长城线作战"，"迫和为主，内变策动为从"的关内作战方案，并奏请天皇予以认可。中方宣传的夸大，就连蒋介石也有所感，他致电前方痛斥："此次敌兵自动撤退，本非我军战胜之结果，中外共知。我军乃据为通电报捷之资料，如雪片纷飞。内长国人之虚妄，外召友邦之讪笑，致外报竟有我国军人不知耻之讥，实可痛心。应即切实纠正。"⑤

---

① 《钱大钧电蒋中正持久抵抗拒敌再进之战略》（1933年4月17日），《蒋中正总统档案》，002080200077072。
② 《蒋介石为加派部队北上致朱培德、唐生智电》，《长城抗战资料选辑》，第72页。
③ 《满洲事变作战经过概要》第2卷，第98、99页。
④ 《五十三军出击滦东经过概要》，《榆关抗日战史》附录，中国国际宣传社，1943，第123页。
⑤ 《蒋介石致何应钦电》（1933年5月6日），台北"国史馆"等编《蒋中正先生年谱长编》第4册，编者印行，2014，第83页。

5月3日，关东军司令官武藤信义下达命令："决续予敌以铁锤的打击，以挫其挑战的意志。"① 6日，日本参谋本部下达《华北方面应急处理方案》，提出用兵的目的是："继续使用武力以加强压制为基调，造成现华北军宪实质性的屈服分解，使满华国界附近的中国军队撤退。"② 天津特务机关继续进行"内部策动"，夺取平津。如内变不能如期得手，关东军应在有利条件和时机下，从速和中国当局订立停战协定。7日，日军开始进攻，主攻方向是中央军扼守的南天门。日军全力进攻，战斗十分激烈。到15日，中央军的3个师均受重创，"损失第二师约五分二强，八三师约二分一强，廿五师约三分一强；炮四团炮坏十门，重迫炮营炮全坏，共伤亡三千余人"。③ 中央军不得不退至密云，何应钦急调傅作义部第五十九军开往昌平集结，增援中央军。由于密云一线为平原地区，防守不易，中央军在日军攻击下，18日又弃守密云，退向怀柔、顺义一线，与傅作义部协力，在顺义、怀柔以北山地活动。同时，滦东方面中国守军也受到日军压迫，被迫全线后撤。到22日，日军已进至三河附近，并逼近通州、香河，对北平形成三面包围的态势。故都北平已无险可守，危在旦夕。

对于日军的进攻，蒋介石在没有把握的状况下，坚持抵御。5月5日，他在日记中写道："我军固守古北口南天门，倭寇猛攻不克，今又添火炮卅余门，准备续攻，期迫我军向后撤退，划分缓冲地带，如此则自古北口至榆关之内，皆为倭寇铁蹄横行之区更为其俎上之肉矣。明知其最后之必陷落，然非我所能忍自放弃一步也。"但是，这样的态度在没有实力支撑的情况下，其实无济于事。21日，在日军兵锋已迫近平津时，何应钦向蒋提出两个方案："目前我军应付方案有二：（一）以顺义、通州、沿白河右岸，为最后之抗战线，以平、津为据点，在此线上与敌决一死战，不得已时再向永定河撤退。（二）以南口、平、津为据守点，以主力移至永定河右岸，成长久对峙之形势，以待政治外交之解决。但采第一案，则决战之结果如何，殊难预料。万一实力损失过重，将失去控制华北之力量。如采第二案，则目前敌军压迫甚急，我主力能否安全移至永定河，殊无把握，

---

① 《关东军作战命令第503号》，《关东军参谋部第二课机密作战日志摘要》，《革命文献》第38辑，第2263页。
② 《华北方面应急处理方案》，《日本帝国主义对外侵略史料选编（1931—1945）》，第150页。
③ 《俞飞鹏致蒋介石电》（1933年5月15日）。

且恐国人不谅。"① 蒋介石坚持第一个方案,准备在北平背城借一,与日决战。蒋之所以做出如此判断,和他认为日军欲在华北扶植傀儡政权相关。蒋的判断当然不是毫无根据,在日军进攻长城各口同时,日本军部一直策划在华北树立亲日政权。2月中旬,日驻天津特务机关长板垣征四郎开始策动宋哲元、石友三乃至吴佩孚等非中央系的要人反对国民政府,并意图建立傀儡政权。为此,5月11日,蒋曾致电黄郛:"倭寇得寸进尺,求近反远,如无诚意保障,绝不能轻于退让。盖关内再攻,乃其既定之方针,根本决不转移。似此情形,我日望缓和,恐徒劳耳。……倭寇再来压迫,实欲使汉奸得机暴动,造成华北新政权。并非仅欲驱我达相当距离而止也。"② 在蒋看来,如果日本在华北树立伪政权,则中国已退无可退。20日,蒋介石致电何应钦,严厉表示:"如倭方要求在前线有协商,则万不可行。宁可平津陷落而切勿可丧失我国家与军队人格。只要无片纸只字落于敌手,则在后方运用接洽,期图缓和一时,不妨尽心力而为之,但勿允其在前线有所协商。"③ 23日,蒋再电何应钦、黄绍竑,强调:"当此千钧一发之时,只有决心死守南口平津各据点为唯一之办法。"④ 次日,蒋又电何应钦,针对此前蔡元培反对其以故宫作为巷战阵地的做法,严厉表示:"此为党国与我军存亡问题,何可以蔡之电中止。万望星夜积极设备,勿再犹豫。最后必须在故宫城内作核心战争,千万勿延。"⑤ 蒋期望在他主导下,通过在北平这一影响国际观瞻的千年文化古都的抵抗,表明中国坚决抵抗的立场,促成国际积极干涉,使日军知难而退。同时,作为军事指挥者,他对于战局进行中敌我双方的困境会有更多的感知,这或许也是他做出抵抗姿态的原因之一。不过,如蒋介石一贯显示的,与此同时,他也从未放弃与日妥协的谋求,尤其身处北平的何应钦和黄郛等,更是积极与日交涉,终于在大兵压境之际,与日军签订了城下之盟。

---

① 何应钦将军九五纪事长编编辑委员会编《何应钦将军九五纪事长编》(上),台北,黎明文化事业股份公司,1984,第315页。
② 《蒋介石致黄郛电》(1933年5月11日),《蒋中正先生年谱长编》第4册,第88页。
③ 《蒋介石致何应钦五月哿电》(1933年5月20日),《蒋中正总统档案》,00202020000016141。
④ 《蒋介石致何应钦、黄绍竑五月漾电》(1933年5月23日),《蒋中正总统档案》,00202020000016143。
⑤ 《蒋介石致何应钦电》(1933年5月24日),《蒋中正总统档案》,00209020000015185。

三 《塘沽协定》

国民政府在进行局部抵抗的同时，一直在秘密谋求通过交涉达成对日妥协。早在4月中旬，中日之间的秘密谈判就已开始。18日、19日，黄郛、张群在上海与日本驻沪代办根本博会谈。25日，蒋介石日记中记有其对和战问题的思考："今日国势自不能战，当延时以待机，但政府地位与革命立场则又非战不可也"；"故决定如下：甲，对倭为一时缓兵计，望其缓和一时则可，若求其真和或为之议和，为可根本解决，则决不可也。对于华北政治问题，如顺从社会人民公意，解决和战问题与解决组织人选问题则可，若政府有所主张，则决不可也。政府惟有竭力准备，为背城借一之计，抵抗到底，以尽其职责，与改正其政治之现状而已。若于倭赤二问题并论，则赤急于寇，决先灭赤而后灭倭，以对赤之主动尚在于我耳。而且其患莫大也。"① 可见前述蒋的抵抗表态事实上仍是三心二意。国民政府还期望英美出来调停。4月20日，蒋梦麟受何应钦派遣往访英国驻华公使蓝普森，请其安排中日停战谈判。随后，外交部次长刘崇杰作为中国官方代表在北平积极活动，促成英国出面，但英方踟蹰不前，蓝普森表示："本人只可从中斡旋，不愿自动提议"，且明确认为："各国对日劝阻一节，目前恐难做到。"② 宋子文在访美期间，曾于5月中旬会晤美国国务院远东司司长亨贝克（S. K. Hornbeck），提议由美国调停长城一带的中日战事。美方态度消极，项氏条陈国务院，认为："英国前些时曾尝试斡旋，不久即宣告放弃，可见对于此事美国也不宜充作调人。"③ 不过，美方也未完全袖手旁观，5月19日，当北平局势日趋危急时，中国财政部部长宋子文和美国总统罗斯福（F. D. Roosevelt）发表联合公报，宣称：远东之严重发展，"在过去两年中扰乱世界之和平，使两大国军队从事破坏性质之敌对行动。余辈深信此种敌对行动，当可立即停止"。④ 美方的态度，对此后的事态发展，还是发挥了一定作用。

---

① 《蒋介石日记》，1933年4月25日，杂录。
② 《刘崇杰致罗文幹宥电》，《长城抗战资料选辑》，第89—90页。
③ 朱汇森主编《中华民国史事纪要（初稿）》（1933年1至6月份），台北，"中华民国"史料中心，1971，第835页。
④ 《罗斯福、宋子文发表共同宣言》，《申报》1933年5月21日。

5月3日，国民政府根据中央政治会议决议，撤销北平政务委员会，设立行政院驻平政务整理委员会，任命黄郛为委员长。17日，黄郛到达北平，与军事委员会北平分会代理委员长何应钦共同负责对日交涉。对黄郛北上，日本方面的反应是："关东军之急速追击，而造成之内外情势之恶化，已至无法再事拖延之地步，于是授权素有亲日家之称，又非国民党党员之黄郛，北上全权处理华北问题。黄郛之出马，确系中方让步之第一阶段。"① 对此，日方拟定对策："为了以军事上最有利的形势进入谈判，一方面希望第六、第八师团在军事上继续进展，一方面使驻北平武官怂恿中国方面后退。"具体步骤是："利用华北方面的战局正有利进展的状况，因势利导，使敌人不得已提议停战。本军即接受提议，进入谈判。"②

黄郛抵达北平后，20日，北平发生中国青年赵敬时刺杀日领馆卫兵事件。日方借口保护使馆及侨民，由天津驻屯军调兵600名至北平，同时派出飞机在北平上空盘旋示威。21日晚，何应钦在中南海居仁堂召开军事会议，决定由徐庭瑶任北平城防司令，固守北平，其他军政首脑机关南撤河北保定，何应钦甚至打算以军情太紧急，来不及请示为由，将军政机关撤出北平。黄郛也在22日向蒋表示："既往工作，尽付流水。赵敬时案又适逢其会而发生。昨晚，敬之兄召集军事会议，已决定在白河线做最后抵抗……北平既入战区，政整会自无工作余地，现虽尚未成立，拟至必要时即随军事机关转进，或即南旋。"③

22日，汪精卫电告黄郛，要求其继续坚持对日交涉，表示："欲谋停战，须向对方问明条件，由负责长官决定其可答应与否。弟以为除签字于承认伪国，割让四省之条约外，其他条件，皆可答应。且弟决不听兄独任其难，弟必挺身负责。乞速与敬之、季宽、岳军诸兄切实进行为盼。"④ 正在此时，日本参谋本部致电关东军，促其进行停战谈判，条件是日军回撤长城以外，但对长城古北口、喜峰口、冷口、山海关皆须保留进驻之权。

日方做出这样的转圜，是其多方面权衡利害的结果。当时，伪满洲国

---

① 关东军司令部：《华北停战交涉经过概要》，《革命文献》第38辑，第2282页。
② 《关于停战谈判的日志记录》（1934年4月29日—5月22日），《日本帝国主义对外侵略史料选编（1931—1945）》，第151页。
③ 《黄郛致蒋介石、汪精卫养电》，《长城抗战资料选辑》，第97—98页。
④ 《汪精卫致黄郛养电》，《长城抗战资料选辑》，第100页。

刚刚建立，立足未稳，日军不希望战线拉得过长，认为："此次用兵目的，只在以武力压迫中国华北官宪，使其屈膝，引起华中华南解体，至于夺取平津之工作，则宜让诸天津特务机关之内变策动，若内变策动不能如期应手，则关东军司令亦宜在有利条件与时机之下，从速与中国华北当局订结一成文停战协定，所有侵入河北之日军，则宜于保持长城各口有利态势之下，退回长城以北，从事于绥靖满洲国内部之本务。"① 长城抗战期间，中国军队的奋勇抵抗也使其遭受重大损失，日军判断："较中国军队远为劣势的关东军，战斗力殆已用尽，因此，必须乘胜于最短时间内导致停战。唯恐予中国军以反击的余裕。"② 日军既无充足实力拿下平津，也对贸然进攻平津，中日关系全面破裂后的局面，缺乏掌控的把握。日本担心："蒋介石对日之不即妥协，实因受西南及反对派之牵制，倘使对日立即妥协，必致促成反蒋运动具体化。就此形势观察，倘我对蒋之苦衷不谅解，则必演成蒋之容共，出全国力以对日。"③ 另外，尽管英美对日本在长城各口的行动没有直接出面干涉，但如果日本立刻侵占华北各省，不能不担心欧美列强做出反应，万一欧美列强基于自身利益出面干预，它势将陷于进退失据的境地。这些促使日军在平津城下再次选择了急刹车。

日方的态度，让何应钦、黄郛看到了交涉的可能。22日晚，黄郛与日方代表中山祥一、永津佐比重彻夜商谈，与日方达成4项停战协议。23日，何应钦答复日代办，对其所提4项条件完全接受。同日，何应钦、黄郛致电蒋、汪，告以："与其放弃平津使傀儡得资以组织伪政府，陷华北于万劫不复，何若协商停战，保全华北，徐图休养生息，以固党国之根基，较为利多害少。众意既归一致，于是遵照汪院长迭电指示之意旨，由应钦答复日代办，对其所提四项条件完全接受……职等为党国、为地方人民着想，惟有牺牲个人，以求顾全大局，是非毁誉，所不计也。"④ 24日，蒋介石在日记中记下这一段经过："倭寇昨忽书面要求停战之表示，并要求敬之派正式任命人员，为停战接洽人，且要求书面划定延庆、昌平、顺

---

① 转见梁敬錞《日本侵略华北史述》，台北，传记文学出版社，1984，第12页。
② 防衛庁防衛研究所戦史室『大本営陸軍部1』朝雲新聞社、1969、337頁。
③ 《蒋介石致何应钦、黄郛艳电》，沈云龙编著《黄膺白先生年谱长编》下册，台北，联经出版事业公司，1976，第567页。
④ 《何应钦报告日方提出停战条件呈中央当局电》，《长城抗战资料选辑》，第101页。

义、宝坻、宁河之线以东,我军不能前进。余前电敬之,只要不使片纸支字,落于倭寇之手,不派军使进入其哨线,为有形之交涉,则余皆可尽心力而为之。今敬之竟接受其全部之要求,虽将在外,可以不受上命,但其违反意旨,关乎前途之交涉,必不利也。惟其心甚苦,敢毅然承当此任,亦甚可嘉。故余复电,仍由余负责,勿使其为难也。一面仍严令其在平城积极备战,以为最后之牺牲,倭寇忽又要求停战,亦未始非见我军决心守城之所致也。"

对于华北前方与日军达成的协议,蒋、汪均表示理解,但期望以不留下文字为争取方向。汪精卫电告国防会议决议:"与对方商洽停战,以不用文字规定为原则。如万不得已,只可作为军事协定,不涉政治,其条件须经中央核准。"① 同时,蒋介石致电何应钦等表示:"事已至此,委曲求全,原非得已,中正自当负责。唯停战而形诸文字,总以为不妥。且将来协议条款,必有种种难堪之苛求,甚或东北三省及热河字样,亦必杂见其中,无异割让之承认,尤为可虑。顾停战协定既非议和条约,最宜题界划清,此则惟赖兄等悉心运用耳。日人狡狯成性,当谈判进行之际,正恐波折层出,必忽软忽硬,乍阴乍阳,必极威迫诱惑之能事。尚盼趁此时机,激励士气,重整阵容,以备最后之牺牲为要。"②

25日,在尚未接获汪、蒋电报时,何应钦已经派遣代表与日方签订关于撤军谈判的"觉书"。27日,黄郛致电蒋介石,针对蒋介石屡屡宣称要做最后牺牲的表态,直截了当地指出:"尊电所谓应下最高无上之决心,以求得国人之谅解一语,则兄尤不能不辩。两年以来,国事败坏至此,其原因全在对内专欲求得国人之谅解,对外误信能得国际之援助,如斯而已矣。最高无上之决心,兄在南昌承允北行时早已下定,无待今日。兄至今尚未就职,弟如要兄依旧留平协赞时局者,希望今后彼此真实地遵守共尝艰苦之旧约,勿专为表面激励之词,使后世单阅电文者,疑爱国者为弟,误国者为兄也。赤手空拳,蹈入危城,内扰外压,感慨万端。"③ 鉴于前方特殊形势,蒋、汪决定授权前方和日军达成协定。28日,汪精卫与蒋介石协商后,致电何应钦、黄郛,指示:"对于河北停战,弟等本不主张文字

---

① 《汪精卫致何应钦、黄郛敬电》,《长城抗战资料选辑》,第102页。
② 《蒋中正总统档案·事略稿本》第20册,第279—280页。
③ 《黄郛致蒋介石感电》,《长城抗战资料选辑》,第105页。

规定,唯前方万不得已之情形,已签订觉书,弟等自当共负责任。关于成文协定,自〔至〕关重要,能避免最好,若不能避免,祈参照国防会议决议:(1)限于军事,不涉政治;(2)不可有放弃长城以北领土之类似文句;(3)先经中央核准。弟等因知前方情形紧张,但觉书签订后,我方不挑战,对方自不进攻,则时间稍宽,从长讨论,宁迟勿错。"①

5月30日,中国全权代表熊斌在白河口的塘沽与日军进行正式停战谈判。31日,他在日方提出的原案上签字,并立即生效。协定主要内容为:(1)中国军队一律迅速撤退至延庆、昌平、高丽营、顺义、通州、香河、宝坻、林亭口、宁河、芦台所连之线以西、以南地区。尔后,不得越过该线,又不作一切挑战扰乱之行为。(2)日本军为证实第一项的实行情形,随时用飞机及其他方法进行监察,中国方面对此应加保护,并给予各种便利。(3)日本军如证实中国军业已遵守第一项规定时,不再越过上述中国军的撤退线继续进行追击,并自动回到大致大城一线。(4)长城线以南,以及第一项所示之线以北、以东地区内的治安维持,由中国方面警察机关担任之,上述警察机关不可利用刺激日军感情的武力团体。②

《塘沽协定》的签订,暂时结束了自山海关抵抗以来长达5个月的长城抗战。日军从此在长城各口设置了有利据点,并在长城以南的冀东和平北的辽阔地带建立起了一个"缓冲地域",对华北形成巨大威胁。当时舆论认为协定"充满战胜国对战败国之形式,狰狞面目,活跃纸上"。③尽管如此,长城抗战仍是"九一八"后、"七七"前中日间进行的规模最大、时间最久的一次武力交锋,最后中国虽退让妥协,但中国政府的抵抗意志得到更为充分的体现,日本此后也不得不有所戒惧。

第三节 察绥抗战

一 冯玉祥重新出山

长城抗战后,鉴于华北形势,冯玉祥发起成立抗日同盟军,在北方一

---

① 《汪精卫致何应钦、黄郛俭电》,《长城抗战资料选辑》,第106页。
② 《协定全文》,天津《大公报》1933年6月1日。
③ 《中日停战协定痛言》,天津《大公报》1933年6月1日。

度掀起波澜。

1930年中原大战，冯玉祥遭受重挫，被迫隐居山西汾阳峪道河，读书自遣。作为一个驰骋政坛数年的实力派人物，冯玉祥内心自不会甘于现实，"表面上似乎悠闲自在，而实际却有着'髀肉复生'之感"。①

作为战败的地方实力派，冯玉祥知道再向南京中央进行武力挑战力有未逮，尽可能在南京政府未能直接控制的北方地区寻找生存空间相对现实一些。正是在此指导思想下，1931年8、9月间，他积极参与、指挥了甘肃雷马之变。

8月25日，在广州国民政府的武力反蒋声中，原西北军将领雷中田等人在兰州发动军事政变，将省主席马鸿宾扣押，由马文车代理主席，雷中田为全省保安总司令。冯玉祥获此消息后，相当兴奋，立即复电雷中田等人，明确要求："甘省须与南京断绝关系，直属广东政府，并发出通电，明白表示。"并鼓励他们："进行一切事宜，应以革命的办法，当机立断，不可稍有迟疑……不可为谣言所惑。"②但雷中田等人因青海马麟、马步芳"尚未联络巩固"，特致电冯玉祥表示"此时通电反蒋时机尚早"，"内地反蒋运动成熟后，请钧座通电甘、青、宁，并甘、青、宁实力派，加以名义，必皆翕然景从"。③冯玉祥无奈，只好接受现实，致函雷中田表示："如因环境关系，暂时不便向广东政府表示，暂缓亦可。"④

雷中田、马文车虽然暂时夺取了甘肃政权，但二人并没有公开宣示反蒋。这同他们的内外处境是有关的。此时甘肃内部"经济万分缺乏"，⑤外部青海"二马"的态度尚不明朗。为了打破僵局，并进一步获得广东方面的财政支持，二人联名致电冯玉祥转报广州国府表示反蒋决心，并汇报今后倒蒋计划："第一步肃清反动部队，统一甘肃；第二步宣布独立，拥护革命政府；第三步会合义师直捣中原。"⑥同时"为适应环境而资联络起

---

① 高树勋、张允荣、邓哲熙：《察哈尔民众抗日同盟军》，《文史资料选辑》第14辑，中华书局，1961，第110页。
② 《冯玉祥致兰州李朝杰、高振邦电》（1931年9月2日），《冯玉祥发电稿本》，台北"国史馆"藏。
③ 《雷中田致冯玉祥电密》（1931年9月6日），《冯玉祥收电稿本》。
④ 《冯玉祥致雷中田函稿》（1931年9月8日），《冯玉祥发函抄本》。
⑤ 《雷中田致冯玉祥电》（1931年8月23日），《冯玉祥收电稿本》。
⑥ 《雷中田、马文车致（广州）国民政府密电》（1931年9月11日），《冯玉祥收电稿本》。

见",恳请广东国民政府"任马麟为青海省政府委员并代主席,马步芳为青海暂编第一师师长,以免观望"。① 三天后,广州国府第二十一次国务会议议决:"特任雷中田为国民革命军甘肃驻军总司令……马步芳为国民革命军甘肃陆军第五师师长。"② 粤方并请冯玉祥转告雷、马:"饷械困难,请求接济等情,业经转国府","至于省府各人选,仍请即与雷、马两同志征定示知,以便转达国府任命。"③ 冯玉祥对雷、马等人的财政要求,也尽其所能予以援助。

11月,蛰居四川已久的吴佩孚久静思动,在四川军阀邓锡侯的支持下,"声称假道甘、陕,前赴北平",趁机入甘。雷中田等人因得不到粤方的有力支持,欲利用吴在西北另开辟新局面,一面致电冯玉祥表示:"此间对吴迷信过深,故此来各方均表欢迎。……如我部即表示反对,恐数日内即生战事,极盼钧座前备两师早日开甘,俾作后援。"④ 一面致电吴佩孚,表示欢迎来兰州"调解甘、青、宁三省纠纷"。⑤ 吴佩孚入兰州后,立即反客为主,先下令释放了马鸿宾,继之公开打出反蒋的旗号。

吴佩孚入甘,更加剧了甘肃政治的混乱状态。蒋介石反复权衡各派力量后,决定利用杨虎城来规复甘肃。10月18日,蒋电令杨虎城:"着即迅令孙师长蔚如率部赴甘。"⑥ 孙蔚如率部入甘后,雷中田、马文车的军事行动迅即以失败告终。对甘肃功败垂成的局面,冯玉祥极为痛心,日记中所谓"日日焦急,事事烦躁",⑦ 是他此时心态的真实写照。

1931年12月,蒋介石下野让冯玉祥看到东山再起的希望。日记中写下"须留心研究"的16件事,作为自己努力的方向:"国防计划";"使倒蒋派不分裂";"须有我们的打算,不可盲目跟人家跑";"须注重客观环境,亦不可硬使人随我们的办法";"找专门人才可,找全才则不可";"经

---

① 《雷中田、马文车致冯玉祥密电》(1931年9月11日),《冯玉祥收电稿本》。
② 《邓仲芝、薛子长、李炘致冯玉祥密电》(1931年9月14日),《冯玉祥收电稿本》。
③ 《北方军政委员会致冯玉祥密电》(1931年9月20日),《冯玉祥收电稿本》。
④ 《雷中田致冯玉祥电》(1931年10月21日),台北"国史馆"藏《阎锡山档案》,16-010103-0137-015。以下不再标明藏所。
⑤ 《吴佩孚电刘存厚等拟日内赴兰州调解》(1931年10月17日),《阎锡山档案》,116-010107-0159-047。
⑥ 《蒋中正总统档案·事略稿本》第12册,第185页。
⑦ 《冯玉祥日记》第3册,1931年11月2日,第518页。

济如何办法,须有打算";"共同经济组织如何";"须为团体经济十分设法";"文化政策、教育机关、新闻机关、文化机关等须有朋友";"华侨方面须注意";"须有朋友到各处参观,交结未露头角之人才";"对有实力者、有人望者,须发生亲密关系";"对假辞色、好影响两语之注意";"极端隐忍,不可过于流露。须十分沉着且找人谈话问话";"为抗日目的努力";"对于处罚人之法律须先自遵守"。① 这些,处处显示出冯玉祥重整旗鼓的雄心壮志。23日,冯玉祥到太原面晤阎锡山。次日,冯、阎联名致电汪精卫、胡汉民、林森,敦促"汪、胡两先生早日入京,共主大计,以示团结弥坚之意"。② 冯玉祥寄希望汪精卫等文人执政,可以给自己在南京政府内留下挥洒的空间,就道赴南京,图有作为。

1932年1月,蒋介石重新上台,这对冯玉祥不啻为一巨大打击。在蒋、汪重组的国民政府中,冯玉祥虽一度出任内政部长,但难有作为。蒋介石日记记有双方此时见面的谈话:"对冯劝告其对军事绝念,而在内政上着力,此时救国当以挽救世道人心为己任。若余等必欲为大官,或任军官,而不在社会、交通、经济、教育上用工,则国亡而身价不保也。最后属其脱卸短衣,着上长衫讽之,彼亦领意也。但心甚不愿,可叹。"③ 蒋介石劝告冯玉祥脱下短衣穿上长衫,当然是要其放下武装,无疑这是蒋介石内心一直希望看到的。不过,这时蒋做出如此坦率的表态,和"一·二八"事变爆发后他的一段日记联系看,或可透视其当时的思路:"决以统一障碍与统一道路为冯李等劝戒之,使其知带兵为统一之障碍,好为领袖不肯下人亦为今日统一之障碍,而学风败坏,青年浪漫不入于共即入于兽,此教育不修;又铁道运输不灵,民生阻绝,此交通不整,皆为今日统一之障碍也。而余意冯为内政,使其组织与改良社会,汪为教育,余为交通部长,则六年之内修成六万里之铁道,中华民族或犹可救也。"④ 蒋介石这里的设想不可谓不良,不过,蒋介石自己后来也没有真的去做交通部部长,如何又可以寄望冯甘于内政部长之职。强人以所难而自许为爱人,蒋介石不可不谓冲动、天真和狡猾交集,他的这一番谈话在冯心中留下什么

---

① 《冯玉祥日记》第3册,1931年12月16日,第548—549页。
② 《冯玉祥选集》中卷,人民出版社,1998,第691页。
③ 《蒋介石日记》,1932年2月3日。
④ 《蒋介石日记》,1932年1月30日。

印象亦可想见。谈话当日，冯日记中没有留下记载，倒是几天后，冯在日记中写道："读明史，见张居正生前声势煊赫，炙手可热，而死后未久，竟被抄家，皆由于过于骄傲自大，专权揽权所致也。"① 其背后的潜台词不言而喻。稍后，冯玉祥更在日记中表示准备给蒋、汪去电，提出三点："第一，我是主张抗日的，我是军人，我应当多少带一点敢死的军队，到前方去打仗杀敌。如恐怕我带旧部不妥，即其他任何军队都行。第二，我身居军委会常务委员的地位，调不动任何部队，真是比坐监牢还不如呢！这样的有职无权，怎么能派遣军队上前方援助十九路军呢？第三，如第一项不允，我所有一切职务，全都辞去，仍作平民。"② 显然，戎马一生的冯玉祥，面对淞沪抗战的新形势，已有髀肉复生之感。

1932年3月，冯玉祥到洛阳参加国民党四届三中全会后，滞留徐州。月底，与韩复榘接触后北上，24日到泰山，在此沉机观变。冯在日记中说："决定在此住一时间，努力充实学问，看时局变化如何，再出而图报国耳。"③ 而蒋则在日记中写道："冯玉祥来电赴泰安养病，其必又要造反也。"④

1932年8月，宋哲元出任察哈尔省主席。宋哲元是冯的老部下，随冯转战20余年。中原大战后，冯失势隐居，宋一直保证冯的生活费用，冯对他寄予一定希望。九一八事变后，宋积极表示抗日，冯认为自己在察省组织抗日活动，宋必定会支持。另外，冯玉祥曾任西北边防督办，南口大战后，也是在西北再次崛起，与西北情缘深厚。宋哲元掌察哈尔，使冯看到了东山再起的机会，他先派邓哲熙前往会见宋哲元，转达自己的意见，在得到宋哲元表示接纳和欢迎的允诺后，于1932年10月9日到达张家口，准备依托宋哲元，筹建武装。对此，蒋介石的反应是："闻冯玉祥由泰安向宣化避嫌，人料其另有作用，余以为其从韩战不利，韩欲求好于中央，故促其离鲁也。彼往宣化、张口，其用心则为捣乱，其结果反利中央也。"⑤

冯玉祥到张家口后，积极争取舆论支持。抵张家口当日，发表通电指出："当局今日果有挽救国难之决心，应于政策上有立决之转变，放弃不

---

① 《冯玉祥日记》第3册，1932年2月11日，第577页。
② 《冯玉祥日记》第3册，1932年2月13日，第578页。
③ 《冯玉祥日记》第3册，1932年3月24日，第600页。
④ 《蒋介石日记》，1932年3月24日。
⑤ 《蒋介石日记》，1932年10月8日。

抵抗主义，及依国联之谬想，速解人民束缚，切实与民众合作，全国动员，抗暴日而收复失地。"① 冯玉祥把抵御日本和反蒋紧密相连，11月1日，在重新印刷的《马电诠释》中，系统阐述其抗日反蒋主张，提出"革命的第一步，就应当推翻蒋氏独裁政府，以防御日本帝国主义"。②

重建武装是发起政治运动的第一要义，冯玉祥对此自不会陌生。此时，大批由东北退到热河的东北军、义勇军，长城抗战失利后，再由热河退到察哈尔。张家口及周围地区除第二十九军的一个留守团外，还驻有东北的冯占海、邓文、李忠义、富春、汲汉东等的抗日义勇军，从热河退到察省的汤玉麟的部队及姚景川的热河地方部队，同时，孙殿英的第四十一军也驻在沙城一带。大批部队云集，察哈尔地方难以供应。南京政府虽然有部分军饷发放，但如何应钦所言："察哈尔方面，冯占海部有万九千人、刘翼飞部有万三千人、汤玉麟部有万六千人。因是间经费支绌，每部仅月发给养十万元，仅免饿殍而已，实不足以振军心。"③ 只有相对正规的部队可以领到军饷，大批的义勇军部队，南京政府不但缺乏妥当的善后措施，相反视其为对后方的扰害，想方设法予以限制、改编、遣散。因此，义勇军急求出路。冯玉祥以抗日相号召，予以同情、收容，双方一拍即合，以义勇军为基础，冯玉祥有了新的力量来源。

这期间，冯玉祥与中共取得联系并不断加强。早在1931年初，冯就与中共地方党组织取得初步联系。冯玉祥在西北活动，西北紧靠外蒙古的地理位置，使冯玉祥对中共及背后的共产国际抱有很大期望，通过中共与共产国际接上关系，是冯玉祥期望的东山再起的重要砝码。在跟中共接触后，他对联共越来越具决心，在日记中这样表态："不论共党何时能成事，只问道理真不真。如此，我为自己不作狗起见，必须起来加入共党，共同奋斗，来打倒吃人的帝国主义，害人的抢掠主义，剥削人的杀人主义。此为最光明、最远大之事业也，不可不急起图之也。"④

召集自己的旧部是冯玉祥重举武装的当然一着。1933年3月25日，冯玉祥致电支应遴，令其率驻山西汾阳军校学员到察："接电后，即按照

---

① 《冯玉祥选集》中卷，第766页。
② 《冯玉祥选集》上卷，人民出版社，1998，第88页。
③ 《何应钦致蒋介石电》（1933年5月7日）。
④ 《冯玉祥日记》第3册，1932年12月24日，第745页。

预定办法，望从速北来，不可游移。"① 4月末该校3000余人抵张家口，随即扩编成师，师长支应遴，所属3个团长均系共产党员，是为冯的基本队伍，拨归佟麟阁指挥。3月1日，原西北军将领方振武，经冯玉祥派人联络后，于上海赶到山西介休，与旧部鲍刚、张人杰共组抗日救国军，声言："以驱除暴日为目的，以收复国土为职志。"② 3月下旬，冯玉祥派高兴亚前赴平津，到北平拜见朱庆澜筹措军费，并探询义勇军情况。此行得到朱庆澜10万元款项支援。随后到天津劝吉鸿昌、石友三赴张家口，并与苏联驻天津总领事洽谈，谋求械弹方面的支援。苏联驻天津总领事拒绝了援助察哈尔军的要求，吉鸿昌赴张家口则告成行。4月上旬方振武率部从介休出发，进入河北省境后，沿太行山东麓前进。其间，蒋介石一再派兵、致电阻拦，虽然方振武一度动摇，以致蒋介石曾致电表示："所部已停止待命，具见尊重军纪，心迹光明，良用嘉慰。现平军分会，已派员点验。嗣后一切维持办法及分配，应候分会主持，祈就近秉承何部长办理可也。"③ 不过最终还是听从冯玉祥的劝说，继续北上，5月20日进入张家口。

与中共联系并向苏联示好是冯玉祥采取的另一重要措施。到察哈尔后，冯玉祥正式向中共北方特科提出，派一批工作干部与他共同筹划军事行动。中共按照冯玉祥的要求，陆续派出武止戈（胡之康）、张存实（张振亚）、许权中、吴化之（吴大龙）、张金刃（张慕陶）、宣侠父、赵力钧等到张家口工作。1933年5月，中共河北省委成立以柯庆施为书记的前线工作委员会，具体领导张家口地区和同盟军中的工作。与此同时，中共北方组织还从陕西、北平等地抽调谢子长、刘仁、阎红彦等到同盟军中工作。这一时期，大约有300名共产党员协助冯玉祥筹建抗日同盟军，他们负责起草抗日同盟军纲领等文件，联络中共影响的武装力量向张家口集中，并向外蒙古联络试图取得苏联援助。

1933年4月下旬，日军在对长城各口继续进犯的同时，开始对察省重镇多伦的进攻。4月25日，伪军部队在日军支持下，从围场出发进犯多伦。5月20日占领多伦。接着，日伪继续南进，5月24日占领沽源，察哈尔全省安危受到巨大威胁。当日，冯玉祥在张垣主持召开全军各地代表会

---

① 《冯玉祥选集》下卷，人民出版社，1998，第48页。
② 《方振武就抗日救国军总指挥通电》，《长城抗战资料选辑》，第161页。
③ 《蒋中正总统档案·事略稿本》第19册，第450页。

议，决定组织察哈尔民众抗日同盟军，推举冯玉祥为总司令。5月26日，冯玉祥与方振武、吉鸿昌等联合通电，宣告建立察哈尔民众抗日同盟军。通电指责："握政府之大权者，以不抵抗而弃三省，以假抵抗而失热河，以不彻底局部抵抗而受挫于淞沪平津。即就此次北方战事而言，全国陆军用之于抗日者不及十分之一，海空军则根本未出动；全国收入用之于抗日者不及二十分之一"。"政府初无抗日决心，始终未尝实行整个作战计划……长城前线不守，敌军迫攻平津，公言将取张垣。不但冀察垂危，黄河以北，悉将不保。当局不作整军反攻之图，转为妥协苟安之计。方以安定民心之词自欺欺人。"宣布将"率领志同道合之战士及民众，结成抗日战线，武装保卫察省，进而收复失地，争取中国独立自由"。① 冯随即派兵进占察哈尔省政府及所属各机关，撤销了代理察省主席许埔职务，逮捕北平军分会任命的警察处处长、公安局局长张九卿，将原警察枪械全部收缴。委任佟麟阁为察省代主席兼民政厅厅长，张允荣为财政厅厅长，吉鸿昌为警备司令兼公安局局长，张砺生为警备副司令。冯自任抗日同盟军总司令。

27日，冯玉祥颁布免除苛捐杂税、释放政治犯和党费不得由国库开支三项通令，并召开有工人、士兵、学生、市民共3000多人参加的民众大会。大会通过武装保卫察哈尔的决议案，成立各界民众联合抗日的团体——察哈尔省御侮救亡会。救亡会由10名执行委员组成，杨波等5位中共党员当选。

二 南京政府对冯的战与和

冯玉祥在察哈尔掀起波澜，令南京政府深感不安。5月20日，蒋介石转给何应钦的报告称："冯某近积极活动，密召地方绅耆示意，召开人民救亡大会，制定御侮大计，推举抗日将才，将以迅雷不及掩耳手段，以促其登台，并以此示意民众，一俟宋哲元回察，乃即群起而挽留，以便共同抗日。云云。"② 7日，何应钦电蒋："对察事，应下迅速解决……倘此时不便对冯，则不用讨伐名义，先派晋军回绥，继派中央军与冯钦哉师入察，如其抵抗，则解决之。"③

---

① 《一周间国内外大事述评》，《国闻周报》第10卷第22期，1933年6月5日。
② 《蒋中正总统档案·事略稿本》第20册，第259—260页。
③ 《何应钦呈蒋介石六月鱼电》（1933年6月7日），《蒋中正总统档案》，00202020000026156。

为遏制冯玉祥，蒋介石、汪精卫采取武力镇压和分化瓦解"双管齐下"的方针。先是通过劝诫让冯知难而退，蒋介石先后派王法勤、黄少谷、王懋功等赴张家口游说，许冯以监察院院长、黄河水利委员会委员长、全国林垦督办等职，企图诱冯玉祥离张，冯不为所动。5月28日，蒋介石还致电黄郛，谈道："察事严重，可否请季宽兄或膺白兄派员前往，切劝其勿对外出丑，保持党国之体面，倘察方有所要求，在可能范围内，亦可与之协商。"① 其实，蒋介石深知，要打消冯玉祥反蒋的念头，绝非易事，因此在劝说的同时，也积极准备武力应对。先是策动紧邻察省的阎锡山、徐永昌担起察省防务，对冯形成掣肘。5月16日，在致蒋伯诚电中说："察省防务，最好由百川兄或次宸挺身出负全责办理，所有在察部队，即由其统一指挥。国家危急至此，合力挽救，亦责无可辞。冯占海等既愿与晋军合作，更可因势利导，收之为用，以减某之势力，而破其阴谋，希与次宸切商速办。凡一切能破坏、消弭察省隐患之方法，尤盼妥筹电告，中必尽力主持也。"② 阎锡山经过观望，发现冯玉祥的举动未形成群起响应之势，察事终难有成后，于6月5日致电蒋介石："焕章此次举动，目下虽于大局无影响，然果与苏俄有关，诚如钧电所示，将酿成北方无穷之大患，自应妥速设法解决。对日军事协定，刻虽签字，而华北善后，困难尚多，为今之计，当先整理军队，划定防区，限制各军兵额，规定军饷数目，务予以剿匪安民之专责，庶可安定军心，抚辑人民。至察绥问题，自应辅助军分会妥善处理，力谋安全，俾免中央两顾之忧。至一切办法，拟着次宸五日赴平，与敬之兄商议。钧座如有意见，请即电平指示。现在内忧外患，均足以动摇国体，苟有利于国家，山莫不惟命是从也。"③ 在拉拢阎锡山的同时，蒋介石还竭力笼络宋哲元，防止其为冯玉祥利用。他在致宋哲元电中谈道："国家危殆至此，稍有人心，岂容自起纷乱，乃塞北乘此时机，不恤与倭寇互为反应，突起风云，以自斩其国脉，无论假借何种名义，恐国人断不能曲恕也。君子爱人以德，兄尚能设法挽救消弭否？中央应如何处置为宜，亦盼妥筹电告。"④ 宋哲元随即公开通电，表示："抗

---

① 《蒋中正总统档案·事略稿本》第20册，第307页。
② 《蒋中正总统档案·事略稿本》第20册，第223—224页。
③ 《蒋中正总统档案·事略稿本》第20册，第395—396页。
④ 《蒋中正总统档案·事略稿本》第20册，第326页。

日贵在力行，不尚高论，若托名抗日，自起纠纷，宁不为仇雠所快，察省当此国难严重时期，陡生事变，职惟知服从钧座，以救危亡，其他非所敢闻问。"①

阎锡山、宋哲元的表态，令蒋介石颇感安慰，的确，自冯玉祥发动后，各地虽有一些响应的声音，但并未形成足以影响南京政权安危的声势。6月4日，蒋介石在日记中写道："上星期，自塘沽军事协定签字之前后，反动者皆急欲借故推倒中央，然人心所趋者，皆在忍辱复仇，故冯方虽在察哈尔发难，而响应之者几无其人，福建蒋蔡虽其本身立场不能不反对停战，然而为陈铭枢情感逼迫，非出其本心也。陈济棠力顾大体，不为反动者所动，而且就南路剿匪军之职，乃可以功抵过矣。鄂东之西北旧军，虽跃跃欲试，但莫敢发动。"② 冯玉祥则在日记中抱怨："西南各省誓为我们后盾，出师讨贼，济我等以饷械。然今只空见电文，政府成立无期，虽知其不能与贼妥协，究何日可以实现助我等以讨贼大军，济我等以饷械？吾等处此环境之下，急不可待也。"③ 这应该是当时真实状态的反映。正因此，蒋处理察省事件，显得比较从容。11日，蒋介石拟定对冯三办法："一、黄河以北之军事政治，悉交冯全权主持，只须保证冯确能秉承中央，一致合作；二、如事实困难，不能保证，则凡与冯夙有交情者，应爱人以德，立即去电劝告，限期离去张垣，奉还察政，以与共党绝缘，最好即赴中央服务；三、如一、二两项均不易或不能办到，唯有根据既定之方针，迅速迈进，以免事势扩大，倭寇乘机，收拾更难。……第一项办法之实现，为中唯一之主张，亦即政治方法和平解决之极则。要之，察事纠纷，日益严重。对外应巩固边防，协同据守；对内应制止火拼，铲除赤化。万不宜迟回瞻顾，以自增优游误国之罪。"④ 12日，何应钦在北平召集宋哲元、庞炳勋等会商，拟定解决察哈尔问题的具体办法：察省主席由宋回任或庞继任；取消冯总司令名义，另就他职；孙殿英任青海屯垦督办随冯离察；冯部由宋哲元负责安顿。会后，宋哲元派代表携方案赴张家口晤冯。14日，冯玉祥向宋哲元代表提出：宋哲元返察；孙殿英开发西北；

---

① 《宋哲元电蒋辟谣》，《申报》1933年6月5日。
② 《蒋介石日记》，1933年6月4日。
③ 《冯玉祥日记》第4册，1932年8月6日，江苏古籍出版社，1992，第146页。
④ 《蒋中正总统档案·事略稿本》第20册，第457—458页。

请予方振武以军事名义；义勇军邓文、李忠义、富春等部由当局统一编制；如宋返察，本人可告退；取消名义，不成问题。对冯玉祥的意见，蒋介石等表示可以接受。17日，行政院驻北平政务整理委员会决定：接受冯的七项意见，命宋哲元回察主政；请中央任冯为全国林垦督办，方振武为会办。同日，北平军分会、政整会发出第二十九军、第四十军开赴察哈尔及宋哲元回察主政的命令。

冯玉祥答应南京政府的条件，其实是缓兵之计，意在延缓南京方面的军事压迫。就在和南京方面谈判的同时，6月15日至19日，察哈尔民众抗日同盟军在张家口召开第一次代表大会，通过《关于民众抗日同盟军纲领决议案》，确定了同盟军的性质、纲领和任务。明确宣称："同盟军为革命军民之联合战线，以外抗暴日，内除国贼为宗旨"，"誓以武力收复失地"，"主张对日断绝国交"，"联合世界反帝国主义共同奋斗，以完成中国之独立自由"，"保障抗日民众集会结社言论出版武装之自由"。① 代表大会还通过了军事问题、财政政策、军队政治工作与协助民众运动和军委会组织大纲等决议案。大会根据军委会组织法，决定组织抗日同盟军军事委员会，作为代表大会闭会期间的最高领导机关，负责处理同盟军的军事、政治、财政、外交等重大事务。选举冯玉祥为军事委员会常务委员会主席兼总司令，徐惟烈任秘书长。会后，编定抗日同盟军序列：第一军，军长佟麟阁，辖两师一旅；第二军，军长吉鸿昌，辖四师；第五军，军长阮玄武，辖两师；第六军，军长张凌云，辖两师；第十六军，军长李忠义，辖三师；第十八军，军长黄守中，辖五师；第五路军，总指挥邓文，辖三师两旅；第六路军，总指挥刘桂堂；骑兵挺进军，总指挥孙良诚，辖两军；察哈尔自卫军，军长张砺生，辖三师及两支队；抗日救国军，总指挥方振武，辖两军；蒙古军，辖三军；总部直辖各部队，辖五团。全军约8万人。同时任命方振武为北路前敌总司令，吉鸿昌为北路前敌总指挥，率军收复察东各地。

20日，冯玉祥与宋哲元代表再次晤谈时，明确表示，不愿放弃抗日换高官，绝不取消同盟军，离开张家口。宋哲元返察计划中止。对冯的举动，何应钦的观察是："查冯近日表示可取消抗日各名义云云，臆系缓兵之计，意在掩护其组织。倘再有二三月之时间，彼辈将所有召集之数万匪

---

① 转引自《冯玉祥与抗日同盟军》，河北人民出版社，1985，第196—203页。

军稍加训练,更参照赤匪之组织办法,则华北大局殊可虑也。"①

同盟军成立后,立即在察省展开军事行动。6月21日,北路同盟军编成3个梯队:邓文为左翼第一梯队,从左卫出发;李忠义部为右翼第二梯队,从旧万全出发;周义宣部为第三梯队,从张家口出发。各部分头北上。22日,先头部队迫近康保,经过几个小时的战斗,伪军崔兴五部向东败逃。同盟军进驻康保。

23日,北路同盟军兵分两路,左路军吉鸿昌指挥邓文、张凌云、张砺生自卫军一部向宝昌进攻,右路军李忠义部进攻沽源。30日,两路军分别迫近宝、沽。7月1日,驻宝昌的伪军张海鹏、崔兴五两部被击溃,残敌弃城逃往多伦,抗日同盟军占领宝昌。沽源伪军刘桂堂慑于抗日同盟军的声势,派人向吉鸿昌接洽投诚。沽源亦被收复。

攻下宝昌、沽源后,同盟军随即向多伦挺进。多伦位于滦河上游、内兴安岭西口,元朝时属"上都",明朝时属"开平卫",清朝时设多伦诺尔厅,是口北三厅之一;1913年改多伦县。多伦是察、绥、热之间的交通枢纽,具有重要的政治、军事、经济战略地位,历来为兵家必争之地,日军视其为保卫伪满洲国西境安全的重要孔道。伪军李守信部万余人、日军顾问及一部在此驻守。7月4日,吉鸿昌率邓文、李忠义等部迫近多伦。7日,下达总攻击令。中路李忠义部由黄土滩子一带发起攻击,左路张凌云部由黄土厂包抄敌军后背,右路刘桂堂部由土窑洼截断敌军归路,吉鸿昌、邓文两部为总预备队。经过3日激战,伪军伤亡甚重,被迫退入城内,据城顽抗。12日,同盟军再度发起全线进攻,从南、北、西三门冲入城内,巷战肉搏3个小时之久。日、伪军不支,自东门逃往热河。多伦光复。在收复察东四县的战斗中,共毙伤日、伪军1000多名,俘虏数百名。同盟军也伤亡1600多名,4名团长受重伤。收复多伦的消息传出后,南京方面竭力否认,指其乃取自伪军之手,对此,《大公报》在短评中说,多伦"事实上是开过火的,日本电报说打了四天,伪军李某退到热河。所以官方所说的妥协收编,也不见得全是真相。"②

同盟军占领多伦,引起日本方面强烈反应。同盟军成立之初,日军鉴

---

① 《军委会转抄何应钦关于张家口召开民众抗日同盟代表大会情形电致行政院公函》(1933年6月30日),《中华民国史档案资料汇编 第五辑第一编 军事》(5),第705页。
② 天津《大公报》1933年7月20日。

于其以反蒋抗日为宗旨,采取观望态度,不无借同盟军的反蒋要求,打击南京中央势力之意,此时,日方则认为同盟军占领多伦侵犯了日方利益,迅即向同盟军提出抗议,威胁"三日内不退出多伦,将使多伦张垣为焦土"。① 日驻承德第八师团一部随即往热察边境调动。

为缓和日方压力,冯玉祥在严词拒绝关东军抗议同时,派人设法与日方秘密接洽,提出多伦退兵问题。7月16日,冯玉祥在日记中写道:"与余伯春密谈,令去津接洽要以三点为引证:一、在抗日恶劣环境,必须与日本缓和,同时,日本、我方各有获益。赤化纯系南京造谣,绝不瞒藏。……三、早已与日本以默合,松室系同盟军所属,部分师长释放,更可证明绝非虚谈。"② 17日,日军两个旅团由围场向多伦进发,伪军张海鹏、崔兴五部同时进犯多伦、沽源。冯玉祥驻北平、天津代表分别向日军表示,同盟军除留少数兵力于多伦外,其余将全部撤出,希望日伪军不侵入多伦。对此,日军不为所动,坚持要占领多伦。

日方谋划反击,南京中央对冯玉祥也积极准备武力压迫。6月21日,蒋介石致电何应钦、黄郛,敦促速决对察方针:"察事久悬不决,危险实甚……南中一切反动酝酿未能实现,然冯、方与闽港,实息息相通,互相期待,若迁延日久,必中其缓兵狡计。非特华北养痈内溃,愈难收拾,势且使西南亦趋于糜烂。故无论和平步骤能否生效,必须速令明确解答,否则漫漫长夜,纠纷必愈多,窃愿兄等格外注意,并盼速以实况见告也。"③ 30日,蒋介石致电冯玉祥请取消抗日同盟军名义。冯拒绝后,蒋决定对冯采取军事行动。7月3日,蒋介石致电汪精卫,告以:"冯有今日,固早预料,今其赤色旗帜已益鲜明,使中外皆易认识,不为所蔽,则中央处置更易。业已切电敬之,速筹军事之彻底解决办法。"④ 6日,何应钦下令各军向察哈尔挺进:庞炳勋第四十军于8日出发,沿平绥路北进,限9日到达南口,12日到达下花园一带;冯钦哉第九军于10日自沙城出发,限13日到达涿鹿附近;万福霖部、孙德荃师13日前到达沙城及土木堡间集结待

---

① 《冯玉祥日记》第4册,1933年7月24日,第122页。
② 《冯玉祥日记》第4册,1933年7月16日,第107页。
③ 《蒋中正总统档案·事略稿本》第20册,第633页。
④ 《蒋介石关于分别对冯玉祥及阎锡山宋哲元采取军事政治解决办法致汪精卫密电》(1933年7月3日),《中华民国史档案资料汇编 第五辑第一编 军事》(5),第716页。

命；徐庭瑶第二十五师附炮兵一团限13日前集结怀来、康庄间待命；冯占海部13日前集结化稍营待命；何遂第四十五军一部驻防独石口、赤城、延庆，主力集结龙关、赵川堡镇等处待命。① 11日，何应钦报告汪精卫，声称："察省多伦、沽康一带，原为刘桂堂等匪军所盘踞，自刘投诚后，察省境内几无日伪军踪迹。乃冯利用机会，将义军邓文、李忠义等部调往康保、宝昌、多伦等处驻扎。对外则宣传其收复失地，保全察省，冀达其蒙蔽国人，骗取捐款，徐图扩充个人势力之目的。"② 17日，军事委员会将根据蒋的指令制订的完整计划电告汪精卫："对察处理，现定一面令庞（炳勋）、傅（作义）各部，冯（钦哉）、关（麟征）各部进兵；一面由宋（哲元）、庞、秦（德纯）派人劝冯取消名义，奉还察政，离去张垣，另谋安置。双管齐下，大约不久可得相当之解决也。"③ 至7月下旬，国民政府入察部队已达16个师，共15万余人，软硬兼施威逼冯玉祥等取消同盟军。

南京中央的军事逼迫举动，引起全国舆论及各地方实力派的反弹。20日，西南执行部胡汉民、陈济棠、白崇禧等致电南京、北平当局，要求速停入察之师，表示："若仍一味冥顽，抑内媚外，则是自扼其吭，甘心亡国。我西南为党国生存计，为民族前途计，决取断然处置，誓死勿挠也。"④ 22日，全国废止内战同盟会也通电要求："当以政治手腕解决，避免武力，总之国家元气，不可再自斫伤，应留实力以御外侮。"⑤

面对各方面的反弹，南京中央在动武的选择上不得不再做调整。7月25日，蒋介石在日记中写道："对冯逆暂不用兵，对国内军事政治皆守势与忍辱负重，以全力剿匪。对闽粤，皆主退让。剿匪以后一意经营长江各省，循此进行，或有雪耻之望也。"⑥ 28日，蒋、汪发表联合通电，表示：

---

① 《军委会第一厅抄转何应钦调集重兵企图进攻察省抗日同盟军致汪精卫电》（1933年7月6日），《中华民国史档案资料汇编　第五辑第一编　军事》（5），第716—717页。
② 《何应钦请汪精卫注意冯玉祥抗日反蒋行动密电》（1933年7月11日），《中华民国史档案资料汇编　第五辑第一编　军事》（5），第717页。
③ 《军事委员会1933年7月17日致汪精卫电》，中国第二历史档案馆藏。
④ 赵谨三：《察哈尔抗日实录》，转引自王晓荣《国共两党与察哈尔抗日》，人民出版社，2005，第77页。
⑤ 《请勿对察用兵》，《申报》1933年7月23日。
⑥ 《蒋介石日记》，1933年7月25日。

"今日之中国，外患共祸，交相煎迫，舍全国人士精诚团结，一致努力，无以挽救。内部即有问题，惟当屏除意气，认清事理，以求解决。对内用兵之说，非惟不忍言，亦不忍闻。数月以来，察省纠纷，即其一例。"电文对解决察变提出四项原则："一、勿擅立各种军政名义，致使察省脱离中央，妨害统一政令，寖假成为第二傀儡政府。二、勿妨害中央边防计划，致外强中干，沦察省为热河之续。三、勿滥收散军、土匪，重劳民力负担，且为地方秩序之患。四、勿引用共匪头目，煽扬赤焰，贻华北无穷之祸。"① 这一电文实际重新点出南京政府可以接受的政治条件，希望从政治上对冯施加压力，尽可能不战而屈人之兵。30日，冯玉祥复电蒋、汪，反驳蒋、汪的指责，同时表示原则上接受和平解决察省问题。8月1日，与各方均有接触的孙科致函冯玉祥，强调："此庐山集议，汪蒋两公咸本相忍为国之义，宣告全国，力主和平。以先生平昔之爱护宗邦，讵有愿为戎首之理？"指出："窃以为彻底抗日，收复失地，诚为国家民族永久不易之方针。人非汉奸，断无异议。惟时势至此，苟欲急切以达此目的，不顾一切向日挥戈，亦只为血气之勇，于事无裨。盖一则吾国内部未能一致团结，二则国际形势，尚未对日紧张。以吾积弱百年之国，组织散漫，力量分裂，军器窳旧，百业凋残，而暴日则其势方张，组织紧严，力量集中，军器精良，工业猛进，在在均远胜于我，我与继战，内有共乱之垂，外无友邦之助，立图制胜，事岂易期？此为不容否认之事实，忠忧谋国者必当计及，然后图强雪耻，乃有可言也。故区区之愚，以为吾国在此三五年中，首先当全国团结，共为国力之培养与扩充，以取得将来世界大战重要一员之资格，然后以俟国际风云之变迁，庶偿一举雪仇之素愿，此今日第一要者也。"② 劝冯玉祥解甲息争。

同时，南京中央和蒋介石对华北地方实力派采取欲擒故纵方针，蓄意让冯与各派发生冲突，减轻在不得已时南京对冯用兵的阻力。蒋介石致电何应钦判断："一、华北各军对冯多中立观变，中央愈急进，则彼辈愈观望，中央愈和缓，则彼辈愈着急，而以晋阎为尤甚。兄可对阎徐表示：谓各军既持隔岸观火之态度，中央只好力主和平，听冯横行，倘晋绥首受其

---

① 《一周间国内外大事述评》，《国闻周报》第10卷第31期，1933年8月7日。
② 《孙科致冯玉祥函一件》，《民国档案》1992年第2期。

灾，华北牵动，中央不任其咎。凡吾人准备出击之布置，亦勿令阎、徐闻知，当候其自告奋勇，或已起冲突，然后中央出而协助之。二、察冯所谓收复失地，血战多伦，及最近通告日本武官退兵，暨引用共匪，拒绝明轩回任之种种事实，除电汪院长发表谈话，略为揭穿外，兄宜录集此类材料，由平设法公表，以正观听，而转空气。"①

三 同盟军的失败

南京中央在双管齐下，用和战两种方式压迫冯玉祥的同时，还对同盟军将领竭力予以拉拢，希望各个击破。同盟军本来就是各种力量的大联合，背景不同，目标也不尽一致，在南京中央拉拢下，迅速出现分化。方振武的老部下鲍刚首先动摇，在蒋介石以任为旅长并拨发军费的条件诱惑下，拉着队伍离开了抗日同盟军。张人杰亦与蒋介石方面互有默契。另外，蒋介石还对抗日同盟军其他一些将领如冯占海、邓文等拉拢利诱，冯占海将部队拉到蔚县，脱离了抗日同盟军。第五路军总指挥邓文因被怀疑可能叛变，遭到杀害，其部属檀自新随之将部队拉走投靠了何应钦。邓文被杀，同盟军将领人人自危，李忠义、张人杰也先后拉走了队伍。

察哈尔民众抗日同盟军创建时，得到中共北方特科的有力支持，大批中共干部参加了同盟军工作。后来，中共中央对冯失去信任，转而拟掌握同盟军领导权，建立"北方苏维埃"，这也是导致冯玉祥下野，同盟军瓦解的一个重要因素。

在南京中央软硬兼施下，原来答应响应的地方实力派迟迟不见动作，抗日同盟军不得不独力面对南京中央的压力。面对困境，冯玉祥被迫决定妥协。蒋介石在日记中说："察哈尔事，自主停攻而封锁后，冯似软化，虽不易就范，但其效已见。"② 2日，冯玉祥的代表邓哲熙对平津各报记者发表谈话，表示冯绝对主张和平，不愿再见到内战，并希望宋哲元回察主持一切，冯本人进退不成问题。3日，冯玉祥电告庞炳勋："决自本日起结束军事，所有察省军政权，即由中央派员接收。"③ 同时，冯派人与何应钦取得联系，何于4日报告冯代表所提三项条件："1. 察省交回中央，宋或庞

---

① 《蒋中正总统档案·事略稿本》第21册，第367—368页。
② 《蒋介石日记》，1933年8月6日。
③ 沈云龙编著《黄膺白先生年谱长编》下册，第601—602页。

来均极欢迎。2. 军队分别素质由中央设法安置。3. 本人居住任其自由。"①何应钦据此向蒋介石报告，拟定解决察变三项方法："一、即取消民众抗日同盟军总司令名义。二、将张垣、宣化一带部队，暂移驻张北、宝昌、康保。三、察省军政事宜，暂由佟麟阁以剿匪名义负责。"② 4 日，冯玉祥日记中记下其对所部解释的收束军事原因："现察省四面楚歌，各方对察实行经济封锁，借故将交通先行断绝。察省经济状况论实不足养此浩数之兵。昔所如是者尽依赖于外方接济，而接济封锁，外方无法济我矣。故抗日军事暂告段落，一俟吾方经济略有着落，即再重整旗鼓。"③ 5 日，宋哲元与冯玉祥的代表在沙城会晤，双方达成协议，冯玉祥"通电取消名义，此后一概不问"；"冯居处以不在张家口为宜"；"宣化及宣化以南之军队于 6 日移开"；"张家口附近军队除徐、彭两团留驻外，其余悉数于 7 日离张垣"。④ 宋哲元调冯治安师前来张家口。自 6 日起，所有察省军政事宜统由佟麟阁负责，邱山宁协助。6 日，冯玉祥通电全国，表示："原任察省主席宋哲元昨已抵察，兹自本日起，即将察省一切军政事宜，统交由宋主席负责办理。"⑤ 7 日，宋哲元部冯治安师接防张家口。9 日，宋哲元派秦德纯接收察省军政各机关。同日，冯玉祥撤销同盟军总部，交出察省军政大权。14 日，冯玉祥离开张家口，再上泰山隐居。

冯玉祥出走后，8 月 15 日，蒋介石致电何应钦，指示善后办法："冯既离察，多伦伪军自应加紧向日方交涉，早日撤退。惟察省杂军以目下中央及华北财政之关系，万不能再行收编，应即由分会电令宋、庞负责解决，或分两步办理。第一步，先解散平分会所未承认之各部队。第二步，再就分会所已承认者严格编遣，如两种部队联合自保，则断然予以一并解决，切勿稍有游移，否则多兵多累，徒遗地方之大害也。"⑥ 随后，何应钦与宋哲元商议，提出收编方案，该方案将同盟军大部解散，少部收编，对坚持不肯收编或解散的，则分化、收买甚至不惜武力解决。同盟军大部宣

---

① 《何应钦电蒋中正昨冯玉祥派代表提示察省交回中央》（1933 年 8 月 4 日），《蒋中正总统档案》，00208020000111120。
② 《蒋中正总统档案·事略稿本》第 21 册，第 435 页。
③ 《冯玉祥日记》第 4 册，1933 年 8 月 4 日，第 141 页。
④ 《一周间国内外大事述评》，《国闻周报》第 10 卷第 32 期，1933 年 8 月 14 日。
⑤ 《一周间国内外大事述评》，《国闻周报》第 10 卷第 32 期，1933 年 8 月 14 日。
⑥ 《蒋中正总统档案·事略稿本》第 22 册，第 24—25 页。

布接受收编，如张凌云、佟麟阁、檀自新、叱玉岭、唐聚五等部。

方振武、吉鸿昌和中共掌握的部队共万余人拒不接受改编，继续坚持。方、吉二部和中共前委掌握的第二、第五、第十六、第十八师及党政军机关一同转移到张北一带。8月16日，方振武发表通电，宣布就任代理同盟军总司令职。24日，中共前委也在张北二泉井村召开扩大会议，成立以柯庆施、吉鸿昌、张慕陶、宣侠父、许权中等7人为常委的军事委员会，任命吉鸿昌为北路总指挥。会议根据中共中央及河北省委关于集中力量创造红军和新苏区的指示，决定同盟军向南发展，依托保定以西的太行山，依靠河北中部农民运动与中共党组织的良好基础，创建抗日根据地。26日，中共前委领导下的抗日同盟军第五师、第十八师及吉鸿昌部骑兵第三师与手枪队从二泉井子一带西开商都。方振武不同意前委南下路线，遂率部东进至独石口地区。

8月28日，蒋介石致电阎锡山和傅作义，告以同盟军计划，令其展开拦截："张北各部经改编就绪，惟方叔平不受劝告，竟率王中孚部约千余人，逃往独石口。吉鸿昌率其少数共产份子，及支应遴部向商都方面西窜，已派柳师跟踪追剿等语。此种行动，显系有意扰乱华北，且吉部多属共产份子，若商都被其占据，尤恐不易剿除，务希迅派得力部队，分头堵截，协力歼灭，免贻后患为盼。"① 由于宋哲元已经派兵赴商都"堵剿"西进之抗日同盟军，再加上商都守军高树勋、余亚农部又发生动摇，表示愿接受宋哲元改编，拒绝同盟军通过，中共前委所部和吉鸿昌部南进路线受阻。吉鸿昌曾两次西出商都，试图绕道南下，均遭阎锡山、傅作义部堵截。在这种情况下，经过休整后，中共前委与吉鸿昌等军事干部讨论部队去向问题，最终被迫折而向东。9月9日，吉鸿昌所部与第五师、第十八师到达独石口及其附近地区。10日，方振武邀请吉鸿昌到赤城举行云州会议，刘桂堂及热河失陷后失势的汤玉麟参加，决定整编队伍，部队改名为"抗日讨贼军"，推方振武为总司令，公开对抗国民政府。整编后，讨贼军6000多人南下，进攻密云、怀柔，限10月4日攻进北平，试图夺取北平为根据地。中共前委决定暂随方、吉二部出山，再图南下冀中，于是将其掌握的部队分成两部分：一部随方振武部，在长城线以西，经云州沿白河

---

① 《蒋中正总统档案·事略稿本》第22册，第172—173页。

向东南发展；一部随吉鸿昌部，在长城线以东，绕道丰宁，经四海，向南推进。

9月中下旬，讨贼军先后占领丰宁、怀柔、密云等县城，并进占顺义县之高丽营及板桥村。与此同时，中共前委所部与吉鸿昌部曾几次出山，试图南下越过平绥线，均遭拦截，被迫退回山中。10月2日，蒋介石电示何应钦："方、吉各部，最好且诱且迫，使从一定之方向退走。而于此退路，妥为布置，厚集兵力以邀击之。并配置骑兵穷追，昼夜不停，务令悉数歼灭。凡方振武、吉鸿昌、宣侠父、张慕陶等，应一体悬赏缉拿。盖日人深恶方之贪利反复，尤惧吉、宣、张之赤化，断不出而阻挠。我乘其惨败之余，痛剿严追，根本铲除，固可惩一儆百，亦足以树立中央在华北之权威，则一切游动分子，从此即不敢轻言反侧矣。"① 随后，何应钦调集中央军关麟徵部、商震部及原西北军庞炳勋部将讨贼军包围在昌平、大小汤山一带，激战十余日。讨贼军无后援、无补充，最终仅剩四五百人。方振武、吉鸿昌见大势已去，接受北平慈善团体的调停建议，向北平军分会接洽投诚，经北平军分会同意，方振武、吉鸿昌于10月16日下午离开部队。尔后，方、吉二人由商震部护送赴北平。途中先后寻机下车，方振武秘密他往，后流亡香港。吉鸿昌辗转到天津租界，于1934年11月9日被南京政府逮捕，24日在北平就义。所余各部均被缴械。至此，名震一时的察哈尔民众抗日同盟军最后失败。

---

① 《蒋介石致何应钦电指示歼灭方吉各部策略》（1933年10月2日），《蒋中正总统档案》，00209020000019235。

第四章
对日政策的调整与国民政府的国家防御计划

九一八事变后，国民政府的对日政策，始终在抵抗和妥协之间摇摆不定。无论是从国家民族存亡还是自身政权生存角度言，国民政府都意识到日军侵略的巨大威胁，有一定的抵抗侵略的意愿。但是，国民政府鉴于自身实力的不足，对抵抗日军侵略的前景做出悲观的判断，妥协常常成为他们的现实选择。可以说，妥协是国民政府的主基调。只是随着日军的不断进逼，国民政府常常发现自己处于退无可退的境地，因而不得不开始准备实施大规模的抵抗，国家防御计划逐渐提上日程。

第一节 国民政府的安内攘外政策

一 "攘外"：抵抗与妥协

九一八事变后，东三省沦陷，外敌压迫空前严重。面对骤然迫切的攘外任务，1931年11月的国民党四全大会期间，蒋介石再三表示要抵御外侮，"先要国家统一，力量集中"。① 同月30日又指出："攘外必先安内，统一方能御侮，未有国不能统一而能取胜于外者。故今日之对外，无论用军事方式解决，或用外交方式解决，皆非先求国内之统一。"② 在举国抗日气氛高涨，当政者或奔走呼号、声言抵抗，或犹豫迁延、噤口不言时，这一表态反映了蒋介石"攘外必先安内"的强烈信念。是为国民政府在九一

---

① 蒋介石：《团结内部抵御外侮》，秦孝仪主编《中华民国重要史料初编——对日抗战时期绪编》（3），第32页。
② 《外交为无形之战争》，秦孝仪主编《先总统蒋公思想言论总集》第10卷，第482页。

八事变后推行攘外安内政策的张本。

淞沪停战协定签订后,蒋介石全力经营其所认为的安内首务——"剿共"军事,并逐步将"攘外必先安内"作为当时应付内外变局的主要方针。1932年6月,蒋介石主持召开赣、鄂、豫、皖、闽五省"剿共"会议,贯彻"攘外必先安内"思路。12月,在全国内政会议上,再次强调:"'攘外必先安内'是古来立国的一个信条,如果内部不能安定,不但不能抵御外侮,而且是诱致外侮之媒",强调"攘外一定要先安内"。①

在国家领土主权遭受野蛮侵略,民族面临生存危机的背景下,蒋介石和国民政府坚持强调安内,和民众期盼政府维护领土主权、民族尊严的愿望相距太远,对民众心理的打击是相当沉重的。当时有人提出:"我们要救中国,首先要统一,要统一中国,就需要认真对日宣战。"② 强调:"因对外无策,遂益使内部涣散。"③ 认为面对日军的狂暴侵略,只有领导全民奋起抵抗,才能团结统一,充分培养、发挥中国的内部力量。这是一种和"攘外必先安内"针锋相对的主张,认为攘外方能安内、攘外恰是安内的有效媒介。

全民奋起、立即与日本全面作战的主张,对"攘外必先安内"是一个直接的挑战,与普遍的民族情绪更为接近,显然更能获得人们的同情。对这一普遍的民族情绪,蒋介石自然不会毫无了解。1929年他最初提出"攘外必先安内",以攘外为安内之号召时,事实上和这一思路也正有异曲同工之处。当时,蒋对全国形式上的统一刚刚完成,内有地方势力环伺于侧,中共武装崛起四方;外有不平等条约的重重枷锁及日本等列强虎视眈眈,1929年下半年,中苏又在中东路问题上发生争端。内外交困之下,蒋开始屡屡以"反帝"、取消不平等条约为辞,将攘外和安内问题并提。10月,冯玉祥部在西北称兵,同时,中苏关于中东路的争端愈趋紧张。"安内攘外"如何进行,成为时人关注焦点。10月底,蒋介石连续发出"攘外必先安内"的呼吁。26日,蒋发表讨冯文章指出:"此次讨逆之意义,非特安内,实为攘外,盖内奸一日不除,外侮未有一日能免者也。"④ 28日,

---

① 《修明内政与整饬吏治》,秦孝仪主编《先总统蒋公思想言论总集》第10卷,第685页。
② 《抗日旬刊献辞》,《抗日旬刊》第1期,1931年9月。
③ 《全国同胞只有一条路》,天津《大公报》1932年2月2日。
④ 蒋介石:《今日政府之责任与国民之地位》,《中央日报》1929年10月28日。

又通电全国强调:"冯逆玉祥所部宋哲元、石敬亭等,当暴俄入寇之时,竟敢悍然作乱于西北,自古未有国贼在内不先去之,而能外御其侮者。中正谨于本日赴汉督师,安内攘外,皆系于今日之役。在中正奉辞伐罪,誓蕲奸凶,尤望我国人并力一心,同仇敌忾,扫除建设之障碍,造成永久之和平,虽有狡焉思逞之强邻,我亦不难于樽俎之间,以制胜于万里外也。"① 这是蒋氏第一次提出先安内后攘外的口号。②

1929年蒋介石所说的"攘外安内",和人们更熟悉的30年代其大力强调时的内涵不尽相同。此时,安内对象包括共产党,但主要是针对反蒋的地方实力派;攘外则包括所有以不平等态度对华的国家,最主要的又指苏联和日本。攘外安内,安内是绝对的中心,并以武力为基本诉求。与安内相比,攘外还只是虚晃一枪。对蒋而言,外部压力还没有迫切到威胁其生存的程度,应付内部反对派又确需打出对外的旗帜,因此,攘外的宣传意义远大于实际作为。

蒋介石在日本占据中国大片国土,民族危机更显迫切时,重新打起"攘外必先安内"的旗号,所持的理由主要有二:其一是认为中日间的未来战争形势极为严峻,是关系到民族存亡的一战。强调中国由于久经战乱,国力困乏,军事上也毫无准备,尚不具备抵御日军大规模进攻的能力,在国内没有安定统一时来谋攘外,将使自身"处于腹背受敌内外夹攻的境地","在战略上理论上说,都是居于必败之地"。③ 因此,大规模的攘外有待国力的充实和内部的安定。这是"攘外必先安内"的最基本思路,几乎是历史上所有"攘外必先安内"论者必然要提到的话题,虽不完全是无的放矢,值得注意的新鲜内容并不多。

由此引申,蒋的第二点理由是强调大规模的攘外须待最后关头的来临。从九一八事变开始,他对攘外就有所谓最后关头的说明。1931年9月,蒋谈道:"如至国际条约信义一律无效,和平绝望,到忍耐无可忍耐,

---

① 《蒋介石俭电》,《中央日报》1929年10月29日。
② 此前学术界一般认为1931年7月为蒋明确提出"攘外必先安内"的时间。参见陈存恭《从"两广事变"的和平解决探讨"安内攘外"政策》,《抗战前十年国家建设史研讨会论文集》(上),台北,中研院近史所,1984,第437页;严如平、郑则民《蒋介石传稿》,中华书局,1992,第202页。
③ 《革命军的责任是安内与攘外》,秦孝仪主编《先总统蒋公思想言论总集》第11卷,第67页。

且不应忍耐之最后地步,则中央已有最后之决心与最后之准备。"① 1932 年底,他又在日记中写道:"非至最后,得到相当价值,于党国确有保存把握,则不作无益之牺牲也。今日谋国之道,外交固为重要,然内政不固,则外交难言。而内政又非巩固基本地区与强固基本军队不可。故以后未至最后时期,决不放弃基本,以顾其他。无论其为南为北,对内对外,总以剿除长江流域赤匪,整理势力范围内之政治为中心。如至不得已,亦须至赣匪肃清后,乃得牺牲个人,解决东北也。"② 日本发动侵华战争后,蒋介石对日本的侵华野心有较明确的意识和较清醒的判断,认为"彼之处心积虑,乃企图亡我整个之中华民族"。③ 作为最高统治者,他知道,和日本侵略者最后摊牌终究无法避免。

然而,"攘外必先安内"的政策基点毕竟还是立足于先安内。蒋虽屡屡以"最后关头"为辞,表明并宣泄对日本侵略的强烈愤怒和抵抗情绪,但是根据他的说法:"以我陆海空军之备之不能咄嗟充实,必至沿海各地及长江流域,在三日内悉为敌人所蹂躏,全国政治、军事、交通、金融脉络悉断,虽欲屈服而不可得。"④ 抵抗毕竟是为了生存,既然抵抗尚不足以求生存,现实的道路便只能是妥协。抵抗的未来目标和妥协的现实道路在这里悄悄地结合在一起。因此,"最后关头"既是他在日本压迫威胁其整个生存时,将不惜牺牲、全力一战真实想法的体现,又是他退避锋芒、忍耐求和,借以拖延摊牌时间的策略。

蒋介石活用"最后关头"的最明显体现即在忍耐的限度上,1932 年初曾任外交部部长的陈友仁谈道:"蒋氏此种消极政策,如更进一步,难保其不接受日人之要求。"⑤ 对蒋做出悲观的判断。确实,即使在抵抗较为坚决的长城抗战期间,蒋对起而攘外的最后限度也没有明确想法。1932 年 12 月,他在日记中判断:"日倭寇攻热,必不能免,恐不出此三个月之内,其或进占河北,由溥仪或汉奸为傀儡,伪造独立,使中国分立。"对此,其所设想的应付之法是"吾人于此,惟有为国牺牲,尽忠报党,勿使生我

---

① 蒋介石:《一致奋起共救危亡》,秦孝仪主编《中华民国重要史料初编——对日抗战时期绪编》(1),第 282 页。
② 《蒋介石日记》,1932 年 12 月 9 日。
③ 〔日〕古屋奎二:《蒋总统秘录》第 9 册,台北,中央日报社,1977,第 20 页。
④ 蒋介石:《东北问题与对日方针》,上海《民国日报》1932 年 1 月 21 日。
⑤ 《外患危紧中之政局波澜》,天津《大公报》1932 年 1 月 26 日。

与教我者,有所玷辱,万一留有此身,则亦惟有竭力抵抗,巩固中原极小之根据地,以为将来恢复之基"。① 可见,蒋当时对丢失华北甚至中原地区都有心理准备。直到1935年10月,他仍然谈道:"今后的外患,一定日益严重,在大战爆发以前,华北一定多事,甚至树立伪政权都不一定。"② 正是在最后关头限度上的犹豫彷徨,开启了蒋在对日具体交涉时妥协退让的方便之门。

然而,作为民族主义者,在日本的持续压力下,蒋介石的妥协终究是有限度的,"最后关头"的具体界限虽然长时间不明确,但确又是一个不会被忘却的存在。蒋的民族立场,也正是在这一原则问题上得到体现。这一点,具体可从如下几方面理解。

第一,对日妥协以民族及国民政府统治的生存权为限度。蒋坚持认为,对日妥协,是为可能要发生的攘外战争争取时间,赢得生存的必要力量和空间,即以空间换时间,以小空间换大空间,妥协是手段而不是目的。他谈道:"自从'九一八'经过'一二八'以至于长城战役,中正苦心焦虑,都不能定出一个妥当的方案来执行抗日之战。关于如何使国家转败为胜转危为安,我个人总想不出一个比较可行的办法。只有忍辱待时,巩固后方,埋头苦干。"③ 孙科也说:"吾国在此三五年中,首先当全国团结,共为国力之培养与扩充,以取得将来世界大战重要一员之资格,然后以俟国际风云之变迁,庶偿一举雪仇之素愿。"④ 因此,国民政府在对日交涉中尽最大可能坚持不订约、不讲和、不留文字根据,力图以尽可能小的代价换取更充足的准备时间。

第二,在复杂的形势变化中,蒋坚持不挟外力以自重,这一点,事实上也是区分民族主义者的妥协与媚外投降的关键。蒋介石的妥协是在以日本为未来敌人的情况下进行的,虽然出于复杂考虑,他有时也做出各种对日"亲善"举动,但正如日本人观察到的,"蒋介石对日阳表亲善,暗中仍作抗日准备"。⑤ 日本强加的生存危机使其与日本侵略者之间的矛盾事实

---

① 《蒋介石日记》,1932年12月23日。
② 《四川治乱为国家兴亡之关键》,秦孝仪主编《先总统蒋公思想言论总集》第13卷,第479页。
③ 《国府迁渝与抗战前途》,秦孝仪主编《先总统蒋公思想言论总集》第14卷,第653页。
④ 《孙科1933年8月1日致冯玉祥函》,《民国档案》1992年第2期。
⑤ 〔日〕古屋奎二:《蒋总统秘录》第10册,第37页。

上无法调和。尤其是 30 年代中期,他没有理睬日本所谓"共同防共"的诱惑,外与苏联改善邦交,内与中共寻求接触,和日本的期望更背道而驰。

第三,他确有一以贯之的对日抵抗准备的设想和行动。这一点,已有大量的原始资料和研究成果公之于世。救国会领导人沈钧儒等也曾于 1936 年撰文肯定:"五年来,蒋介石先生历次表示埋头苦干,忍辱负重,准备抗日,这是天下所共闻的。"①

第四,某种程度上,蒋的妥协政策也有将其作为尽可能对外减少损失,保存国脉,争取生存空间一种方法的考虑。汪精卫曾就此做过说明:"中国比较日本进步迟了六七十年,中国的国家力量,不能挡住日本的侵略……只能想些办法,使我们退得慢些。""趁着这慢些,腾出一些时间来,在内政上做种种准备工作,以加强我们的抵抗力。"②蒋介石本人也不乏类似的论述,多次提到"安内是攘外的前提……安内即所以攘外,亦即所以救国也"。③他屡屡自比越王勾践,以岳飞、史可法等自励,表示要卧薪尝胆,忍辱负重。他所进行的一系列对日抵抗准备,也证明这种表白并非毫无凭借。虽然这种以羊饲虎政策的实际效果颇值怀疑,但其以一定的代价迟滞日本侵略步伐的用心,确也不能忽略。

进一步分析,"最后关头"的说法从字面上看,和"攘外必先安内"的判断就不完全一致。"攘外必先安内"以安内为攘外的必要前提,"最后关头"则以日本的压迫程度为抵抗的依据,"最后关头"的判断和安内的成败没有必然的联系。这一提法本身就反映了蒋介石的抵抗意愿,和先安内的判断一起从不同方面构成其抵抗与妥协并用、相反相成的对日政策。而从根本上说,"攘外必先安内"不能离开"最后关头"的决心,否则就有可能滑向屈膝投降,"最后关头"本质上也须受到安内的制约,安内的成败,直接关系到"最后关头"限度的判断。

总体看,九一八事变后蒋介石的"攘外必先安内"政策,安内是中心,妥协是主基调,但妥协又有限度,"攘外必先安内"的判断和"最后关头"的提法,两者的结合点即要在妥协与抵抗、战与和之间保持一种艰

---

① 沈钧儒等:《团结御侮的几个基本条件与最低要求》,《生活知识》第 2 卷第 6 期,1936 年 8 月。
② 汪精卫:《最后关头》,《汪精卫先生抗战言论集》,独立出版社,1938,第 8 页。
③ 蒋介石:《爱民的精义与教民的宗旨》,《庐山训练集》,新中国出版社,1947,第 186 页。

难的平衡。"攘外必先安内",有妥协的成分,也有抵抗的因素,在30年代初的中国呈现出十分复杂的内容。

二 政策的复杂运用

政策的原则终究要落实到现实,而且,现实的运用也许比空泛的阐述更能体现其实质。在大方针明确的情况下,政策在具体实施中,其措施和手段常常是多变的,表现出来的内容往往比政策本身更丰富、更复杂。"攘外必先安内"在这一点上表现得至为明显。按照蒋介石自己的解释,"所谓革命外交之不同于通常外交者,即在不被动而能自动,不固执而能因应,应刚则刚,应柔则柔,能伸则伸,当屈则屈,完全以变动不居的方略来实现不可变易的目的"。① 这是从总的方针上谈策略与原则的统一,而事实上,蒋介石对该政策的解释本身就处在一个不断摸索的过程中。

20世纪30年代前期与"攘外必先安内"政策关系最为密切的几大事件是九一八事变、"一·二八"事变和长城抗战。蒋介石虽然在九一八事变后反复强调"攘外必先安内",但在蒋看来,九一八事变的处理并不代表"攘外必先安内"政策的真义,这一判断,和当时华北、东北的特殊情势紧密相关。东北易帜后,国民政府获得对东北的名义控制权,实权则操于张学良之手,尤其1930年张拥兵出关助蒋击破冯、阎后,势力向华北伸展,握东北及华北部分地区财、政、军权于一手,蒋对之更退避三分。日军向东北发动进攻后,蒋对抵抗缺乏信心,哀叹:"内乱不止,叛逆毫无悔祸之心,国民亦无爱国之心,社会无组织,政府不健全,如此民族,以理论决无存在于今日世界之道,而况天灾匪祸相逼而来之时乎。"② 而张学良则在南京中央默许下,指示所部不抵抗,坦言:"余窥透日军拟在满洲有某种行动后,即下令部下倘遇日军进攻,中国军警不得抗拒,须将军械子弹存入库房。当日军进攻消息传来时,余立时又下令收缴枪械,不得作报复行动。"③ 因此,蒋、张事后都有推脱责任之说。蒋的说法是,东北"在号称统一的政府之下失掉,我们应该负责任,不过……在东三省与热

---

① 《敌乎?友乎?——中日关系的检讨》,秦孝仪主编《先总统蒋公思想言论总集》第4卷,第146页。
② 《蒋介石日记》,1931年9月19日。
③ 《张学良9月20日之谈话》,《国闻周报》第8卷第38期,1931年9月28日。

河，过去都没有在革命势力之下统治着，革命的主义不能在东北宣传。照这样说，这回日本占领东北三省和热河，我们是不能负责的"。① 张则在致胡汉民函中暗示："负最终之责任者当别有人在"。② 不过，九一八事变前东北的半独立状态，究竟使蒋有推托的借口。后来他曾谈到自己"于淞沪停战之后，宣布攘外必先安内的政策"，③ 将九一八事变摒于"攘外必先安内"政策之外，此似应别有深意。

相对而言，"一·二八"事变时，"攘外必先安内"政策的真实态度得到比较充分的反映。事变爆发时，蒋虽仍是在野之身，但已实际负起领导全局的军政责任。1月30日，他发出通电，号召全军将士"抱宁为玉碎，毋为瓦全之决心"，与"暴日相周旋"。④ 2月初，令张治中率中央军精锐第五军开赴前线参加战斗。随后又主持召开徐州军事会议，部署对日抵抗，声言如日本不肯撤兵，"我方只有抵抗到底"，军事发展"究至如何程度，均难逆料"。⑤ 表现出一定的抵抗意愿。这些都表明，蒋介石虽以"攘外必先安内"为基本方针，但强调安内并不等于无条件放弃攘外。

当然，和"攘外必先安内"基本立场相应，蒋介石此时并未真正下决心与日本全面作战。战争爆发后他一再表示，只要不丧国权，不失守土，即应趁早收手，"避免再与决战"，⑥ 希望把事变限制在局部范围。为此，他迟迟不愿向上海增兵，避免刺激日方，即使调派第五军参战，也指示"必须让功于十九路军"，"如外间不知我八十七、八十八两师同在苦战，正吾人所求之不得者"，⑦ 用心十分缜密。其精神实质如他后来总结的，是"所谓节节抵抗的消极战术"，⑧ 即以抵抗表明中国领土"不能无代价的

---

① 蒋介石：《对江西"剿共"中路军将领的训话》，《长城抗战史料选辑》，第83页。
② 转引自杨天石《胡汉民的军事倒蒋密谋及胡蒋和解》，《抗日战争研究》1991年第1期。
③ 《苏俄在中国》，秦孝仪主编《先总统蒋公思想言论总集》第9卷，第61页。
④ 《蒋介石告全国将士电》，秦孝仪主编《中华民国重要史料初编——对日抗战时期　绪编》(1)，第435页。
⑤ 《蒋介石1932年2月16日致宋子文电》，秦孝仪主编《中华民国重要史料初编——对日抗战时期　绪编》(1)，第453页。
⑥ 《何应钦转报蒋介石对沪事意见致蔡廷锴等电》，《中华民国史档案资料汇编　第五辑第一编　外交》(2)，第682页。
⑦ 《陈布雷回忆录》，台北，传记文学出版社，1967，第89页。
⑧ 《敌乎？友乎？——中日关系的检讨》，秦孝仪主编《先总统蒋公思想言论总集》第4卷，第156页。

放弃",①而在一定的抵抗后即努力寻求妥协,尽力避免全面冲突。抵抗既有象征性,也有对日警告,使日本知难而退的意味。对蒋而言,这时他还不认为日本有全面威胁其生存的危险,对抵抗收复失地更无信心。因此,无论从威胁程度,抑或他所相信的轻重缓急,安内的重要性都超过攘外,抵抗的目标终究还是要为安内求得时间。

安内是中心,是基本点,攘外必须在可控制的有限范围内进行,起码在20世纪30年代初,这确是蒋介石的政策基点。然而,作为当政者,蒋介石事实上不可能将其决策束缚于一个简单的判断,而必须根据形势随时调整政策,具体的时间、地点、场合,攘外安内的顺序并不是一成不变的。1933年发生的长城抗战,即清晰地体现出其政策的多面性。1933年1月20日,面对日军在山海关的挑衅及对热河的虎视眈眈,蒋介石在日记中写道:"近日甚思赤匪与倭寇二者,必食其一而对其一。如专对倭寇,则恐明末之匪乱,以至覆亡,或为苏俄之克伦斯堪,及土耳其之青年党,画虎不成,贻笑中外。惟以天理与人情推之,则今日之事,应先倭寇而后赤匪也。并不可以正式国际政府自视,而应以革命政府自决,至于成败利钝,则听之而已!"②可见其内心中也并非绝对没有即起而抵抗的冲动。正如日军攻至平津城下时他所表白的,如不奋起抵抗,"不惟世界之大无吾人立足容身之地,且为千秋万世后民族之罪人",③传达出他内心对政权存废、民族兴亡乃至自身千秋毁誉的忧思。

长城抗战是九一八事变后、七七事变前中日间进行的规模最大、时间最久的一次武力交锋,最后虽仍以中国的退让妥协告终,但中国政府的抵抗意志得到更为充分的体现,日本此后也不得不有所戒惧。

从上述一系列事实看,"攘外必先安内"有违背大众意愿、消极抵抗的一面,也有权衡整体国力,在当时形势下不得已的隐衷;有对内镇压和武力反共的迫切要求,也有最后关头准备起而抵抗的决心。在简单的六个字后面,体现着国民政府和蒋介石内外交困局面下应付时局的一种复杂无

---

① 《敌乎?友乎?——中日关系的检讨》,秦孝仪主编《先总统蒋公思想言论总集》第4卷,第156页。
② 《蒋介石日记》,1933年1月20日。
③ 《蒋介石1933年3月6日致张学良、何应钦等电》,秦孝仪主编《中华民国重要史料初编——对日抗战时期 绪编》(1),第614页。

奈的抉择。这些，既影响了抗战大业的迅速展开，又为"攘外必先安内"留下了日后向抗日方向演化的内在因素。而政策中心何时可能转向攘外方面，安内成效的判断至关重要。

三　安内的内涵

"攘外必先安内"政策中，安内始终是这一政策的基本点，而攘外的可能性则取决于安内的判断。因此，安内安什么、怎样安，是"攘外必先安内"政策的核心问题。

20世纪30年代，蒋介石所说的安内，具体看，大致包括如下数层：首先是以武力镇压中共武装，消弭中共的内在威胁，确立国民党的一党专政；其次是驯服党内、国内的反对派，尽力削弱地方实力派，扩展中央统一力量，必要时不惜动用武力；再次为安定社会，充实国力，增强抵御外侮的能力。汪精卫曾将之归纳为三条："一从政治上经济上致力统一，以形成整个的对外体系。二对于赤匪之骚扰后方，牵制兵力，予以扫除，俾无后顾之忧。三尽可能的努力谋物质上之建设，以期抗战力量之增强加大。"① 大致说出了安内的基本内涵。

20世纪30年代前期安内的最主要内容是对付中国共产党。蒋介石对这一点强调最多，也最直接。他多次提到："我们要抗日，必先消灭赤匪，安定国本。"② 在蒋反复灌输宣传下，这一认识一度在国民政府内有相当广泛的市场。张学良表示："不安内，便不能攘外，要安内，必先剿灭赤匪，只有在扑灭赤匪以后，全国上下才能结成一致的对外战线，才能收复失地。"③ 国民党宣传干将刘健群认为："'攘外必先安内'，这是事实。国内社会不安定，政治不上轨道，当然没有力量去抵抗外侮。"④ 国民党人在中共建立苏维埃政府，与其全面对抗背景下，以武力"剿共"为理所当然，并视之为安内的最基本工作，"安内的工作，不止一端，而剿灭赤匪，为一切安内

---

① 汪精卫：《对于黄膺白先生之回忆》，金问泗等：《黄膺白先生故旧感忆录》，台北，文星书店，1962，第169页。
② 蒋介石：《爱民的精义与教民的宗旨》，《庐山训练集》，第186页。
③ 《告将士书》，毕万闻主编《张学良文集》第2册，新华出版社，1992，第729页。
④ 刘健群：《热烈的欢迎与诚恳的希望》，《欢迎蒋委员长剿赤凯旋特刊》，军事委员会政治训练处编印，1933，第1页。

大计的前提，也可以说是一切安内大计的预备工作"。①

安内的另一目标是驯服各反对派，稳固中央政府统治。蒋自上台后，即设法削弱民国以来形成的地方长期割据局面，将权力收归中央，中央与地方间不同程度和规模的对立乃至战争持续不断。比较而言，"攘外必先安内"政策确立后，蒋对国民党内部争端慎用武力。1931年拘胡事件中，当两广方面集合力量，公开宣告反蒋时，蒋即于5月亲往探视胡氏，以示退让。6—9月，又数次发布书告，声明："不愿国境之内，再启战祸。"② 九一八事变后，更明确向粤方示好，派人携其亲笔信南下讲和，为双方实现合作做了铺垫。1933年察哈尔事件，蒋、汪军事与政治并举，达到威逼冯玉祥离开察哈尔同盟军，使同盟军迅速瓦解的目的。两广事变中，蒋虽也时动杀机，但主旨仍在避免使用武力，奔走蒋、桂间调停的刘斐回忆，蒋的真心"是要和"。③ 当时，蒋在有关电文中强调："今日之国事，厥在巩固国本与力避内战"，"中央不但无加兵两广之意思，而且无防备两广之用心"；④ 表示，如粤、桂不主动进犯湘、赣等省，则"亦决不令其他各省军队越入粤、桂"。⑤ 正因此，事变和平解决后，周恩来致蒋介石函中对此予以肯定，表示："先生解决西南事变，渐取停止内战方针，国人对此，稍具好感。"⑥ 由于有日本压迫的民族危机，蒋虽然继续从政治、经济、军事诸方面竭力削弱地方权力，加强中央政府的控制权，但总的看，对党内争端的态度明显和缓。其目标也具两重性，既有集中力量，统一国家的合理要求，也有寻求至上权力的私心。

考虑到攘外"最后关头"的需要，安内的最本质内容实际还应是安定社会、充实国力、培育民族精神，这是在未来民族战争中中国能坚持下来并最终获胜的基础。对此，国民政府也有所注意。蒋介石指出："在今日

---

① 饶荣春：《鄂豫皖剿匪军事的胜利》，《欢迎蒋委员长剿赤凯旋特刊》，第9页。
② 《为吁求和平告全国同胞书》，秦孝仪主编《先总统蒋公思想言论总集》第30卷，第152页。
③ 刘斐：《两广"六一"事变》，《文史资料选辑》第3辑，第26页。
④ 《蒋介石致陈济棠、李宗仁、白崇禧电》（1936年6月），秦孝仪主编《中华民国重要史料初编——对日抗战时期 绪编》（3），第48页。
⑤ 《蒋介石发表对两广事件处理方针》（1936年6月25日），秦孝仪主编《中华民国重要史料初编——对日抗战时期 绪编》（3），第50页。
⑥ 《周恩来关于大敌当前亟应团结御侮致蒋介石信》，中央档案馆编《中国共产党关于西安事变档案史料选编》，中国档案出版社，1997，第141页。

谋国急务，非健全内政、先巩固基本地区及强固基本军队不可。"① 将健全内政作为安内的重要方面。1932年12月国民党四届三中全会通过的《集中国力挽救危亡案》具体阐明了安内的这一层意思，要求尽力达到"全国人力集中，各尽其才，俾得内部相安，共御外侮，及调节中央与地方之关系，消弭一切内战"。② 根据中国对日防御的战略态势，国民党四届四中全会进一步决定将物质建设发展重心放在内地，要求"于经济中心区附近不受外国兵力威胁之区域，确定国防军事中心地"。③ 五全大会又明确提出"兴实学以奠国基""弘教育以培民力""裕经济以厚民生"等"建设国家挽救国难"的十项要计。④ 在财政、金融、交通、精神文化教育等方面采取了一系列措施。安内的这一项内容既是政府责无旁贷的责任，也和民众的强烈愿望相应，基本符合对日作战的需要，显然具有积极意义。

安内的如上三内涵，决定了其既有维护统治、镇压反对力量的私心，也有充实国力、安定社会、准备对日抵抗的要求。客观地说，作为一个全国性政府，提出安内的主张无可非议，在急迫的民族危机背景下，安内更是迫在眉睫的基本诉求。要成功抵御日本侵略，统一国家和充实力量的确不可或缺，这也是包括中共在内的各政治力量的共识："统一之局，迟迟不成，内外人心，惶惑无定，以之对外，如何有力。"⑤ "要抗日就要和平，无和平不能抗日。"⑥ 问题的关键在于，面对国内动荡不安的现实及日本侵略的步步深入，安内究竟应以什么为中心，并应如何实现。

其实，无论就攘外或就安内言，安定社会、充实国力都是最本质、最迫切的，蒋、汪自己承认：救亡图存"治本则莫急于生产建设"。⑦ 但是，恰恰在这一环节上，20世纪30年代前数年的安内实践未见大的成效。当时，

---

① 〔日〕古屋奎二：《蒋总统秘录》第9册，第21页。
② 《集中国力挽救危亡案》，荣孟源主编《中国国民党历次代表大会及中央全会资料》下册，第180页。
③ 《确定今后物质建设根本方针案》，荣孟源主编《中国国民党历次代表大会及中央全会资料》下册，第228页。
④ 《中国国民党第五次全国代表大会宣言》，荣孟源主编《中国国民党历次代表大会及中央全会资料》下册，第293—295页。
⑤ 《明耻教战》，天津《大公报》1931年10月7日。
⑥ 《毛泽东选集》第1卷，人民出版社，1991，第274页。
⑦ 《蒋汪通电》，天津《大公报》1934年11月28日。

每年用于"剿共"及内战的军费开支达全国预算总支出的40%以上,① 建设经费寥寥无几,致使生产建设及国防准备均乏善可陈。造成这一局面,国民政府武力和高压的安内方式不能不负相当责任,这种"一面准备而一面自相消耗"②的安内,使安内相对进步的一面难以真正发挥。应该说,正是在安内的方式上,蒋介石和国民政府的选择有着严重问题。

四 安内的方式

关于安内的方式,早在中国古代社会,即已有人提出,安内不尽为武力,"省刑罚,薄税敛,使民入孝出弟以敬其长上",③ 是更本质的安内。换言之,安内不应只是政府以武力和压制方式消弭反对力量,更应是全体合法社会政治力量间的谐调。政府可以也应该在安内中发挥重要作用,但政府行为同样也应接受安内目标的制约。从本质上说,安内是一个社会政治问题,它有赖于各社会政治力量间的共同努力。压制式的安内既鲜有实效,也难孚众望。实际上,当时国内一个重要的不安定因素,正是蒋介石和国民政府执行的专制、消灭异己政策。

在《假如我是蒋介石》一文中,丁文江曾明白宣示安内的三条道路:立刻完成国民党内部的团结,立刻谋军事首领的合作,立刻与共产党商量休战。④ 这篇文章当时在全国引起很大反响,其中心意思就是安内要求团结。质言之,即所谓"和内始能攘外"。⑤ 大多数人相信,"安内非军事进攻之功,政治之成功在于利用环境,顺应大势"。⑥ 取消一党专政,实行民主政治,充分发挥各党各派及全体人民的力量,才能"一扫数年来因专政而致各派倾轧,陷政府于分裂、软弱的险象"。⑦ 相反,顽固坚持自我中

---

① 参见孔祥熙《敌我财政现状之比较》,《孔庸之先生演讲集》(上),台北,文海出版社,1972,第186页;《十六至三五年度国库支出与物价比较》,中国第二历史档案馆藏国民政府财政部国库署档案,一四九(184)。
② 沈钧儒等:《团结御侮的几个基本条件与最低要求》,《生活知识》第2卷第6期,1936年8月。
③ (明)王鹤鸣:《登坛必究》卷22,《辑夷情说》。
④ 丁文江:《假如我是蒋介石》,《独立评论》第35号,1933年1月。
⑤ 天津《大公报》1932年2月20日。
⑥ 章乃器:《农村破产中之安内问题》,《申报》1933年4月8日。
⑦ 《中国青年党暨国家主义青年团为日军进攻上海告全国国民》,《民声周报》第17期,1932年2月。

心，坚持武力统一政策，很可能"求统一而反致分裂，求救国难而反增加国家的危机"，① 形成"政府怀疑民众，民众也怀疑政府；中央不信任地方，地方也不信任中央；国民党怕被共产党利用，共产党也怕被国民党利用"② 的恶性循环。长期与中央政府同床异梦的两广方面就谈道："两粤极愿服从中央，若能予以保障，使得居一隅之地，努力建设，不致妨碍国家之统一，至所甘愿。但所以不敢遽然表示服从者，诚恐归顺之后，委员长遇有相当机会，即行下手，毫无保障耳。"③ 这虽不无为自己割据开脱之意，但确也道出了安内而内不安的部分症结之所在。

安内政策的最大症结在中共问题。中共的武装反抗，代表了专制统治下被压迫者的正义力量，有强大的群众基础和充足的合理性。而国民政府在中共成立苏维埃政权，与其分庭抗礼情况下，也视军事"剿共"为理所当然。但是，在急迫的民族危机面前，如何尽力化解国内政治冲突，形成统一对外的力量，是政府及社会各政治力量均应予以认真权衡的。国民政府作为国家最高权力代表，尤其有义务、有责任将国内局面向这一方向引导。正是从团结对日的认识出发，当时许多人对武力反共政策颇感不满，强调："'国内问题取决于政治而不取决于武力'是'救亡图存'的基础。"④ 要求以政治方式解决中共问题。虽然当时中共在"左"倾中央领导下实行的一些无助于解决民族危机的"左"倾政策也使一些人深感困惑，但他们还是相信，"以民族作为出发点，无论如何利害错综，然总可以寻得一个一致点"，⑤ 要求政府行动起来，"立刻与共产党商量休战"。⑥ 中共问题能否成功解决，是关系到国家能否真正安定，攘外有无把握的至关重要的大事。舆论的呼吁，虽不一定抓住了问题的症结，但至少提供了如下一种思路，即单纯依靠武力不可能真正解决政治问题，中共问题只能在政治的范围内寻求合理的解决途径。

---

① 胡适：《从民主与独裁的讨论里求得一个共同的政治信仰》，《独立评论》第141号，1935年3月。
② 沈钧儒等：《团结御侮的几个基本条件与最低要求》，《生活知识》第2卷第6期，1936年8月。
③ 《缪云台1935年7月3日致龙云函》，《历史档案》1987年第1期。
④ 吴景超：《中国的政治问题》，《独立评论》第134号，1935年1月。
⑤ 《我们要说的话》，《再生》创刊号，1932年5月。
⑥ 丁文江：《假如我是蒋介石》，《独立评论》第35号，1933年1月。

舆论的强烈呼吁，日本的步步进逼，国内扰攘不宁的现实，国民政府领导人本身认识上所具有的一定弹性，特别是福建事变后国民党内部矛盾的缓和及江西"剿共"军事的初步得手，使蒋介石等对安内的方式、重心及成效的判断逐步发生变化，并于20世纪30年代中期开始较大幅度地调整政策。长城抗战准备阶段，蒋介石曾设想："赤匪剿抚兼施为宜，应晓谕之。"① 可见蒋也并不是没有灵活态度。1934年间，蒋、汪数次联合通电全国，承诺改革政治，修正政策。11月，蒋、汪联名发出感电，为准备召开的国民党四届五中全会定基调，电文指出："今日救国之道，莫要于统一，而实现统一，端在乎和平。"强调"国内问题，取决于政治，不取决于武力"，希望以和平统一"充实国力，树立安内攘外之根基"。同时承诺"决不愿徒袭一党政治之虚名，强为形式上之整齐划一"，表示"中国今日之环境与时代，实无产生意俄政治之必要与可能"。② 感电虽仅为一纸电文，没有实质的约束力，但仍可谓其自"九一八"以来对国事最为积极的一次表态，指示着国民政府总体思路的发展方向。事实上，正是在这一年，蒋介石的政策倾向开始出现微妙调整。

五　政策倾向的调整

由于作为民族主义者的蒋介石和日本侵略者之间矛盾的不可调和，随着日本侵略的步步加深，以及国内形势逐渐向有利于抗日方向发展，"攘外必先安内"政策的重心或迟或早要转向攘外方面。通常我们认为1935年华北事变是导致这一变化的直接原因，这是从日本的压迫一面看，但从蒋介石"攘外必先安内"政策的本身走向看，1934年，这一政策倾向事实上已经开始发生重大调整。这年春夏，随着福建事变的平定及对共军事的初见成效，蒋自认安内已经取得一定成果，对日抵抗逐渐成为他认真思考的问题。

1934年2月，蒋介石在浙江发表讲演，指出："现在我们国家和整个民族，已经到了存亡危急的时候，我们全国的同胞……必须个个人要效法越王勾践的'卧薪尝胆'的精神和'生聚教训'的方法来救国，然后国家才能救转，民族才可复兴！"③ 3月，他对陆军大学学员强调："我们弱国要

---

① 《蒋介石日记》，1933年2月2日。
② 《蒋汪通电》，天津《大公报》1934年11月28日。
③ 《民族复兴之要道》，秦孝仪主编《先总统蒋公思想言论总集》第12卷，第24页。

抵抗强国，不能靠武力而要靠我们的国民尤其是军人的精神和人格。"① 这一系列集中表态，和此前相比，明显更多表现出对日抵抗色彩。

与此同时，蒋介石发起被他视为"救国建国与复兴民族一个最基本最有效的革命运动"②的新生活运动。他指示运动的具体策划者南昌行营设计委员会："吾人今欲使国家乘机转危为安，转弱为强，必在大战之前夕，竭力准备。予以为此种事业大概有两种，一曰明耻教战，即普遍的国民军事训练。一曰交通及基本工业之建设。"③ 此中提到的攘外准备的两种事业，前者包含于新生活运动中，后者即为次年春开展的国民经济建设运动的张本。④

另外，1934年间，他竭力向所属官兵推荐《纪效新书》、《练兵实纪》、《洴澼百金方》等古典军事名著，尤其推重《洴澼百金方》，认为："我们在此时能得到这部书，真好像国家民族得到了一个救星。"⑤ 指示下属"用心研究妥为运用，就可以（找到）抵抗日本最新的方法"。⑥《纪效新书》、《练兵实纪》是明代抗倭大将戚继光有关部队训练的军事著作，包含着戚继光抗倭战争中的经验总结，蒋自称"于戚氏遗书，寝馈与俱。心得之益，独深且多"。⑦《洴澼百金方》是研究中国历代防御战略、战术及其得失的军事著作，为历史上有关国家防御最为全面的著作之一。⑧ 蒋介石反复推荐上述几本著作，反映其在军事上关注的焦点确已有所变化。

尤其值得注意的是，这一时期，"攘外必先安内"的提法也逐渐为"安内攘外"代替。7月，蒋提出："可以拿我近来所提出的一个口号，作为全国国民和军人共同努力的目标，就是'安内攘外'四个字，意思就是

---

① 《将官自强与强兵之要旨》，秦孝仪主编《先总统蒋公思想言论总集》第12卷，第53页。
② 《新生活运动之要义》，张其昀主编《先总统蒋公全集》第1册，台北，中国文化大学，1984，第810页。
③ 《党政军设计之基本原则》，秦孝仪主编《先总统蒋公思想言论总集》第12卷，第100页。
④ 关于设计委员会有关情况，参见邓文仪《冒险犯难记》（上），台北，台湾学生书局，1973，第158—160页。
⑤ 蒋介石：《推进保安工作之要点》（二），《南昌行营召集第二次保安会议记录》，1934年6月编印，第35页。
⑥ 蒋介石：《抵御外侮与复兴民族》，秦孝仪主编《中华民国重要史料初编——对日抗战时期 绪编》（3），第126页。
⑦ 《合印纪效新书、练兵实纪序》，秦孝仪主编《先总统蒋公思想言论总集》第35卷，第165页。
⑧ 参见戚继光《纪效新书》、《练兵实纪》，军事委员会南昌行营编，中华书局，1935；惠麓酒民（袁宫桂）《自卫新知》（原名《洴澼百金方》），军事委员会南昌行营编印，1933。

安内为攘外的唯一前提与必要的准备工作……只要国内真能统一安定，集中力量，攘外就有绝对的把握。"①"安内攘外"实际一直和"攘外必先安内"并同使用，蒋在此特别强调"安内攘外"，应是有所用心的。"攘外必先安内"强调安内，安内可以攘外，但并不必然指向攘外；而"安内攘外"则将安内与攘外并列，坚持安内，又肯定攘外。两者虽仅是字面不同，倾向性的变化却已露征兆。事实上从1934年开始，蒋对"攘外必先安内"已很少使用，即使提到也多从安定社会、充实国力等积极一面来谈。如第二次庐山训练期间就谈道："我们要救国，就要攘外，要攘外就先要安内，先要使整个国家能够彻底做到和平、安定、统一、集中。"② 1935年后，即基本不再出现。其所反映的思路变化，从两次庐山训练中，更可明显看出。

1933年第一次庐山训练，蒋的注目焦点明显指向中国共产党，虽然他也提到，不能驱逐外寇，收回失地，保护国家的领土主权，是中国军人的"奇耻大辱"，"一定要刻骨铭心的记住"，③但他谈论的政治、军事方针，当时主要是针对中共武装的，"一切的设施，皆要以赤匪为对象"。④ 1934年7月，蒋在庐山开办第二期庐山军官训练团，和第一期相比，其注目焦点发生明显变化，已基本没有提及中共武装，主要灌输的是民族意识，包括日本侵华的历史，抵抗侵略的战略战术、必要性与可能性，军队的精神力量等。他手订的训练任务是："唤醒中华民国之国魂，继承中华民族之道统……训练官兵，统御所部，奠定我军人救国保种千古不磨之事业。"⑤明确宣称："我们军人现在要自救救国，要尽到保国卫民的天职，完成御侮兴邦的大业，第一就是要能统一意志团结精神，彻底做到军心统一，军制统一，军令统一！我们此次到军官团来受训的意义，就是如此。"

第二次庐山训练期间，他还先后发表了《抵御外侮与复兴民族》、《民族战争取胜的要诀》、《御侮图存之要诀》等讲演，详细分析了国际国内局势和中日两国的力量对比，指出："我们中国一定有方法有力量，可以来

---

① 蒋介石：《抵御外侮与复兴民族》，秦孝仪主编《中华民国重要史料初编——对日抗战时期　绪编》（3），第142页。
② 蒋介石：《本团学员应有之心得》，《庐山训练集》，第275页。
③ 蒋介石：《现代军人须知》，《庐山训练集》，第46页。
④ 蒋介石：《军官训练团训练的要旨和训练的方法》，《庐山训练集》，第18页。
⑤ 《蒋委员长手订庐山军官团团员首要之任务》，秦孝仪主编《中华民国重要史料初编——对日抗战时期　绪编》（3），第105—106页。

抵抗日本，复兴民族。"① 提出御侮图存的几个要诀，一是要充分发挥民族精神的力量，与敌人作总体战。"对外作战，一切物资武器不是胜利的第一要件，而比物资更见重要的，还是民族的精神，革命的精神。"② 战争的成败，不仅仅取决于武力，经济、教育、内政、外交、统帅、民族精神等因素，起着更关键的作用。二是要在战术上强迫敌人近距离作战，平时"注重运用基本武器和基本战术之基本技能的训练"。③ 三是随时随地加紧备战，决心牺牲。四是自强不息。他强调："我们对外作战从此时此地起，随时随地要战胜敌人，无时无地不是在和敌人作战。比方我们现在在军官团受训练和以后回到部队去训练军队的时候，便已是和敌人作战了。"④ 可以看出，这一时期，蒋介石对所部的要求也开始向抗日的方向转移。参加训练的万耀煌认为："训练的目的则在重振国魂报仇雪耻"。⑤

从第二次庐山训练的内容看，蒋对未来反侵略战争确已做了认真思考，关于御侮图存几要诀的基本思路在后来抗战具体实施中都有体现，当时提出的强迫敌人近距离作战的设想和淞沪战役的发动就不无关系。同时，其对所部的要求也明显向准备抗日方向转移。8月，他在庐山与徐永昌谈话时说："我们现在讲不到整个国防，须就现地现时随时储粮做工，准备与敌各个抵抗，最小限能做到敌人十分之一的力量。"⑥ 同时他更曾告诫部下："中国生死存亡的关头"，已经"临到我们的头上"，"可供我们准备的期间，恐怕最多也只有三年，因此国家民族的兴亡，就完全看我们一般军人，尤其是本团的学员，在这三年内的努力如何"。⑦ 1936年1月，中国驻苏使馆武官邓文仪与中共驻共产国际代表王明会谈时也强调，庐山训练表面针对中共，实际则针对着日本侵略。⑧

---

① 蒋介石：《抵御外侮与复兴民族》，秦孝仪主编《中华民国重要史料初编——对日抗战时期 绪编》(3)，第142页。
② 蒋介石：《民族战争取胜的要诀》，《庐山训练集》，第443页。
③ 蒋介石：《御侮图存之要诀》，《庐山训练集》，第447页。
④ 蒋介石：《民族战争取胜的要诀》，《庐山训练集》，第444页。
⑤ 沈云龙访问，贾廷诗等纪录《万耀煌先生访问纪录》，台北，中研院近代史研究所，1993，第341页。
⑥ 《徐永昌日记》第3册，台北，中研院近代史研究所，1991，第149页。
⑦ 蒋介石：《军事教育的基础》，《庐山训练集》，第388页。
⑧ 潘汉年：《关于与国民党谈判情况给毛泽东等的报告》(1936年11月12日)，《党的文献》1993年第5期。

可以看出,"攘外必先安内"向与其相对应的"安内攘外"转移,1934年前后是一个关键点。"安内攘外"和"攘外必先安内"虽没有绝对的区别,两者间有相当的继承性,但其政策重心的调整还是十分明显的。安内的内涵仍为三点,但重点转向建设;安内的方法向包容性方向有所发展;安内攘外重心则明显向攘外准备方向转移。另外,安内攘外顺序的判断也不再机械地论定先后。正如他在国民党五大上所总结的,民族运动,"对外应向国际为吾民族求独立平等,对内应向民族为吾国家求自立自强"。两个方面"必须同时平衡进展,方有成功之望"。① 从这一意义说,蒋介石后来实施的收束"攘外必先安内"、明确"最后关头"具体领土界限、与中共谋求接触等措施,实际在1934年都已埋下了伏笔。

蒋介石在1934年间开始酝酿重大的政策调整,与其对政策的把握和理解以及国内外形势的发展密不可分。"攘外必先安内"的基本判断是安内而后攘外,政策本身也表现出高度的包容性,因此,随着国内形势的好转,政策趋向的调整也属顺理成章。1935年后,国民政府的攘外准备更大规模地在全国展开,攘外最后关头的具体限度逐渐明确为华北的保全,安内的重心也明显向国家建设的方向转移,这种重心的转变直接促成了1936年中国经济成为20世纪前半段的经济标杆。安内攘外的如上表现,虽然由于"攘外必先安内"所具有的弹性,仍在政策范围之中,但和蒋30年代初强调的"攘外必先安内"内容确实已有相当距离。实质上,全国抗战爆发前两年,国内各政治力量间的冲突已更多地围绕着如何攘外即抗战路线问题进行,西安事变某种程度上即可看作不同抗战观念冲突激化的结果。

当然,蒋介石这时加紧攘外准备,并不意味着其已决心对日作战,也不排除其继续谋求与日妥协。如他自己所说,中国是弱国、穷国,处于被侵略的地位,中国的任务是尽力避免和推延与强大的日本之间的战争,因此,中日关系的主动权"全在乎日本之本身",② 中国的因应终究须以日本的动向为依归。正因此,1935年初,中日间恰恰又开始了一个相互谋求妥协的过程,这看起来似乎和1934年蒋介石政策调整的判断相互冲突。其实,这本身都是"攘外安内"政策的一体两面,一贯的妥协和一贯的抵抗

---

① 蒋介石:《对第五次全国代表大会演讲对外方针》,秦孝仪主编《中华民国重要史料初编——对日抗战时期 绪编》(3),第657页。
② 《蒋昨日与记者谈话》,天津《大公报》1934年11月28日。

是这一政策的两个基点，随着日本压迫的不断加剧及中国对日抵抗准备的逐渐加强，这一政策的总体趋向会向抵抗的方向倾斜，但妥协的要求始终存在。蒋最终走上抗战之路，首先是由日本的步步进逼所致；同时又受到国共关系及国际形势的变化、国内建设的逐步发展、抵御外侮能力的日渐加强以及日益高涨的抗日热潮等诸多因素的综合影响。这是一条漫长而又崎岖的道路。

第二节　国民政府的对日外交

一　国联调查团

国民政府通过妥协在上海停战时，国联对东北的调查正在进行。日军占领东北后，国民政府向国联申诉。1931年12月10日国联大会决议组织调查团赴中国东北，"调查一切能危及国际关系、破坏中日和平，或一切足以影响中日两国友谊之事件"。调查团于1932年1月由英国的李顿（A. G. Lytton）爵士、美国的麦考益（F. R. McCoy）少将、法国的克劳德（Henri Claudel）将军、德国的希尼（Heinrich Schnee）博士、意大利的马柯迪（Aldrovandi-Marescotti）伯爵组成，李顿任团长，因此又称"李顿调查团"。对于英国人李顿任团长的调查团及当时的英日关系，重光葵曾有一个观察："英国在东亚或在国联居主导的地位，当时还抱有日英同盟时代之感情的有力人士在保守党里也为数不少。想设法弥补对华问题的破裂，不仅是日本，英国方面亦有人在。英国在国联调查团调查之后，曾以私人方式派有力的般比使节团来日；为救济中国财政，英国政府派遣财政专家李滋罗斯（F. W. Leith-Ross）赴华之前，先访日本与日本当局协议，要求日本协助。这些措施表明，英国政府仍在注重和日本的关系，还想方设法努力调停日中关系。"[①] 基于此，调查团对日本更多采取宽容态度。

调查团组成后，先于1932年2月29日到日本东京。在此，李顿与日本方面多次会谈，日方在会谈中毫不掩饰其霸占中国东北的企图："我们的利益是非常特殊的。在某种程度上说，中国其它地区的政府管理不当，

---

① 重光葵：《日本侵华内幕》，第65页。

我们可能会漠不关心,但我们不能不关心满洲地区的政府管理不当。由于我们的条约权利,我们在南满铁路中的财产,我们的矿井,我们在这个地区的投资,以及居住在那里的许多朝鲜人和日本人,由于上述所有这些原因,一个有秩序和稳定的政府对我们来说是至关重要的,并且我们将不惜任何代价来获得它。进一步讲,日本在满洲地区具有不同于其它任何国家的战略利益,在资源上也有一种特殊利益,从这个地区,日本可以得到它所需要的原料。日本从满洲获得原料的利益必须得到保证,它的战略地位同样应获保证。"①

3月14日,调查团到上海,26日到南京。在南京,蒋介石与调查团数次会见,并在日记中记有:"晚与李顿谈话,此人理解甚明,似有政治经验也。"②李顿则在给妻子的信中记下他和中方接触后的感受:"中国人不切实际。他们仅仅在幻觉上生活,迄今为止他们没为我们提供一条切实可行的建议。他们非常可怜,像孩子一样,总是故作姿态,憎恨强权和控制,但是离开它又不能做任何事。现在他们非常伤心,而且非常生气,因为他们被羞辱了。几乎所有国家都曾经伤害了他们,他们并没有真正的朋友。当他们温顺的时候,他们受到关照和庇护;当他们桀骜不驯的时候,他们受到惩罚。他们将两者都吞咽下去了。但是中国已开始觉醒并在激励自己。她对国联这一新朋友有一朦胧的希望,认为它比过去任何一个向她讲友谊的国家会给她更大帮助,但是她几乎不信任任何人,正开始认识到她必须自强,否则就要灭亡。"③4月9日,调查团到北平,21日抵沈阳。此后在长春、吉林、哈尔滨、大连、旅顺、锦州等地进行了调查。

10月2日,国联分别在日内瓦(国联总部所在地)、东京、南京同时公布《国联调查团报告书》(亦称《李顿报告书》)。对调查和调查报告,李顿在给妻子的信中透露了其真实心态:"我从没希望说服日本人'放弃'统治满洲的欲望。我仅想让他们考虑'使用的手段',就像 Alexander 所说的那样。如果他们愿意采用世界公认的方式,我认为他们能得到他们所想要的东西,同时也能得到和平。但是如果他们坚持自己做事的方式,他们不可能得到和平,尽管现在没人能够或者愿意阻止他们。如果他们以这种

---

① 《李顿赴华调查中国事件期间日记》,《民国档案》2002年第4期。
② 《蒋介石日记》,1932年3月31日。
③ 《李顿赴华调查中国事件期间致其妻子信件(上)》,《民国档案》2002年第2期。

方式占领满洲，我认为从长远来看那将证明他们是在为自己的帝国掘坟墓。如果他们接受我们将给他们的东西，他们有希望得到想要的果实。尽管中国人被深深地冤枉了，但是他们非常镇静，而且明哲保身。他们看得很远。人们知道满洲毫无疑问是中国的，谁也不能改变这个事实，他们准备承受苦难，并且等待，他们感到时间对他们有利。而另一方面日本人则焦虑不安。他们已经被军方推上了阵。他们不敢让他们的人民知道真相，所以他们不能后退，但是同样害怕前进。时间对他们不利。在日本避开革命的唯一机会就是使他们在满洲的政策获得成功，但是他们不知道如何做到这些。"李顿对日本政局做出悲观判断："如果现在的政府试图抵制军方，后者将扫除他们，发动政变建立一个军方独裁的政府。如果他们跟随军方而没有成功，他们和军方都将被极左派发起的共产主义革命推翻。这是一个令人绝望的处境。"① 实际上，调查团还是对日本做出了妥协，对于调查团的作为，蒋介石在1932年9月曾判断："顾少川与亦云来谈，调查团所想者，皆为理想，而倭寇目的以脱离国联，中日直接交涉，使国际无从干涉，则彼乃可以为所欲为。"②

《国联调查团报告书》除绪言外，共分10章。前8章叙述了九一八事变前整个中国及东北地区的发展状况，中日关于东北的争端，九一八事变及上海事变的经过，伪满洲国的成立，日本在东北的经济利益，中国抵制日货的影响及门户开放政策等，同时叙述分析了错综复杂的国际关系。最后两章提出解决中日事件的原则和方案。报告书肯定东三省是"中国领土不可分之一部"；③ 指出中国军队事变时并无攻击日本军队和危害日人生命财产，因此，日军所采取的行动，不能认为是合法的自卫手段；指责伪满洲国是日本制造的傀儡，它之所以能成立国家，其原因一为日本军队在场，一为日本文武官吏之活动。这些，都是符合事实的。报告书后两章表示：中国东北问题异常复杂，非世界其他地区可以比拟。若恢复"九一八"前的原状，只会使纠纷重现。若维持和承认现时之组织，同样不当，违反现存的国际义务的基本原则，妨碍中、日相互谅解。报告书建议在考

---

① 《李顿赴华调查中国事件期间致其妻子信件（下）》，《民国档案》2002年第3期。
② 《蒋介石日记》，1932年9月3日。
③ 《国联调查团报告书节要》，《蒋中正总统文物·革命文献（四）·中日关系史料》，第150页。

虑苏俄利益、承认日本利益的背景下,"满洲政府之解组应于无背于中国主权及领土完整之范围内,使其享有自治权以求适合该三省之地方情形与特性"。① 中央政府在东北仅享有管理一般条约及外交关系,管理海关、邮政、盐税,任命东北政府行政长官及对行政长官颁发必要训令的权力。其他一切权力归东北自治政府。行政长官得指派相当数额的外国顾问,其中日本人应占重要比例。东三省为无军备区,其治安由外国教练协助组织的特别宪警维持。在新政府成立同时,订立中日条约,保证日本在中国东北的权益,日本的权益至少当与现存的条约或协定相同。报告书所提出的解决办法实际是典型的国际共管方案,在承认中国保有主权的名义下,实际赋予日本在东北大量权益,并以国际力量进入防范中日冲突为由,使英、美、法等大国可以染指中国东北。

《国联调查团报告书》有对日本指责的部分,但由于调查团一开始就没有把改变日本占领东北的事实作为努力的重要目标,因此,不可避免地损害到中国主权。对这一报告,国内反应不完全一致。蒋介石阅读报告后认为:"今日看报告书完,李顿对调停主张,太怕倭寇,但其前八章,调查之本责任则甚公道,余对此主张,有修正或保留之接受,不必拒绝,以弱国图强,非此不可也。"② 张学良作为东北三省的实际控制者,其反应是:"吾人设身处地来想,此问题本极不容易着笔,而报告书竟能作得如此委婉曲折,殊可佩服。虽其中对中国部分有数点不能令吾人满意,但大体上尚周到。报告书立论困难,吾人不能过于苛责。"③ 胡适也对调查报告持肯定态度,认为:"在今日的现状之下,在承认国际调处的原则之下,这些条件如果都能做到,也未尝不是一种解决的途径。我们要认清楚,这个解决方案的目的是取消'满洲国',恢复中国在东三省的主权及行政的完整。如果我们有其他途径可以达到这个目标,我们当然不需求助于国际的调处。"但在中国尚无实力收回东三省的情况下,"如果承认日本在满洲的条约上的利益,和承认满洲的自治权,可以取消'满洲国',可以使中国的主权和行政权重新行使于东三省,我以为这种条件是

---

① 《国联调查团报告书节要》,《蒋中正总统文物·革命文献(四)·中日关系史料》,第163页。
② 《蒋介石日记》,1932年10月9日。
③ 《中外批评》,《外交月报》第1卷第5期,1932年11月。

我们可以考虑的"。①

相比同情的声音，在激愤的情绪之下，反对的声音更加强烈。胡汉民强调："东北问题之最终解决，不在国联，不在所谓公约，而在我国人民最后之自决。主权之确保，非白纸黑字之条文所能胜任，非现时之国联所能负担，能胜任负担者，厥为我国民坚决之意志与抵抗之精神。"② 胡愈之撰文认为："报告书的全文，是处处自相矛盾的。我们如把《报告书》第九章中列举解决中日争端的条件，研究一下，便可发见无数的矛盾。如解决条件中，声明解决方法须'遵照国联公约及九国条约的规定'，但按照第十章所建议满洲自治的办法，显然违反国联公约与《九国条约》中尊重领土主权的规定。第九项说明应谋东三省的对外安全，'防止外来的侵略'，但又不许宗主国在当地设置国防军队。调查团整个建议中，都主张尊重中国主权与领土完整。但又主张中国主权下的满洲，设立'广大范围的自治'，这自治的范围广大到中国政府不能设官收税，中国兵士不能进满洲领土。这样还能称作'主权'，真是国际公法上的一个重大笑柄！"③

国民政府秉持妥协退让立场，不顾舆论的反对声音，基本接受了报告书，指示中国驻国联代表："《李顿报告书》经政府当局审慎考虑后，认为在不妨害中国主权、领土与行政完整之下，有不少部分可按照其原则进行东北问题之磋商。"④ 已经独占东北三省的日本，则认为报告书所给予的权益，远远不能满足要求，因此，持强烈反对的态度。1932年11月21日，日本政府正式向国联提出《帝国政府对李顿报告书的意见书》，声称调查结果"陷于根本之误解"，"使满洲成为变相的国际共管之事，殊为'满洲国'及日本所不能受诺"。⑤

1933年2月，国联准备复会，讨论中日问题。对此，蒋介石的反应是："昨日国联提案，认满州为中国之主权，不承认伪满国，其态度比较优良。且观倭寇是否能变更态度，缓攻热河，至望其变更侵略政策，则决

---

① 胡适：《一个代表世界公论的报告》，《独立评论》第21号，1932年10月9日。
② 《对国联调查团报告书意见》，中国国民党中央委员会党史委员会编《胡汉民先生文集》第2册，编者印行，1978，第514页。
③ 胡愈之：《评国联调查团〈报告书〉》，李良志等编《抗战时评》，河南大学出版社，2005，第35页。
④ 顾维钧：《顾维钧回忆录》第2分册，第67页。
⑤ 转引自陈觉编著《九一八后国难痛史》（下），第1481—1482页。

非其时。"① 21 日，国联特别大会复会。19 国委员会将报告书草案提交大会。24 日，大会对报告书进行表决。出席大会的会员国 44 国，42 国投票赞成，日本 1 国反对，暹罗弃权。报告书通过。3 月 27 日，日本正式宣布退出国联，宣称："帝国政府相信，已再无与国联合作的余地，根据国联章程第一条第三项的规定，帝国通告退出国际联盟。"② 中国政府依靠国联维护东北主权，制裁日本的意图未能实现。

二　国民政府的和日倾向

九一八事变后，对日政策成为国民政府最为头疼的难题。在深切感受到日本侵略所造成的巨大危机的同时，国民政府并没有决心对日全面抵抗，只能在妥协退让的同时，企求从日本方面获得缓和的机会，因此，常常对日本表现出一厢情愿的幻想。事变刚爆发时，国民政府决策层隐隐表现出一种期待，即日本的军事、外交、经济等各界均存在对立，军人的非法行动不久将被日本的稳健势力控制，这样的期待由于最符合国民政府的利益，因此很容易被政府中人所接受，并在一定程度上影响到其对危机的严重性和长期性的判断。1931 年 11 月底，日本两次拒绝国联撤兵决议后，国民政府决策层虽然意识到日本外交"完全为军略所支配，故一切观察判断，应以军事为前提"，却仍然认为，"日本国内反陆军政策之势力并不弱，且部分甚多。惟此时均被军部举国一致之威力所屈服，但至军部政策用尽时，一切反陆军政策之势力，必将继起执政，至此中日间方入纯正外交时期"。③ 中国方面的这种期许随着日本军方势力的不断增大变得越来越渺茫，但国民政府决策层仍然不愿面对现实，而是冀望于日本悔悟之万一，某种程度上，这也是种自我安慰。1932 年 5 月 15 日，日本内阁总理犬养毅被刺，蒋介石在日记中写道："日本军阀击毙其内阁总理犬养毅，并到处发现炸弹，此为倭寇内政一大变动，其乱可立待，以其国民之智识与宪政已上轨道，决不容此'弗意斯党'出现也。惟我国之国防，更应提

---

① 《蒋介石日记》，1933 年 2 月 14 日。
② 《退出国际联盟的通告》（1933 年 3 月 27 日），《日本帝国主义对外侵略史料选编（1931—1945）》，第 221 页。
③ 《特种外交委员会委员长戴传贤上中央政治会议报告》，《国民政府处理九一八事变之重要文献》，台北，近代中国出版社，1992，第 206—208 页。

前恐时不及也。对俄外交当不能放弃外蒙,对日外交不能放弃东三省为标准,至于迟早时日皆有利害也。"① 次日,蒋又记:"'法锡斯蒂'党之条件:一、国民性衰落;二、社会基础不固;三、宪政未上轨道。四、有特出领袖。今日本之国情皆不合此条件,故料日本军人组织此党徒乱其国,其失败必矣。"②

代表着国民政府高层的判断,蒋介石此时不愿相信日本会走上军事法西斯的道路。1932年5月19日,他在讲演中进一步阐发这一看法:"从日本现在的情形看来,很可以明白,他们军人想组一个法西斯蒂党,推倒政党政治,不要政友会等各政党来组织内阁,他们自己却要组织法西斯蒂党。大家当然知道的,日本法西斯蒂党能不能够成功呢?一定不会成功的,因为日本的国家环境和现在世界的情形已不许可,意大利可以成功法西斯蒂,苏俄可以成功共产独裁专政,惟有日本不能独裁;如果他拿法西斯蒂党争夺政权,他一定就要失败,因为一个国家要组织法西斯蒂党,至少要有两个条件:第一,国内民族性不坚强,即民族性很散漫,然后法西斯蒂党的组织才可以成功,使散漫的民族性组织紧张起来。第二个条件是国民教育不普及,一般国民的智识程度不够,所以他一个党能够专政,一个党可以组织智识阶级,强迫的要一般国民受教育。必须这两个条件完备,才可成功法西斯蒂。……日本国内现在的教育程度,早已完全普及,一般国民的智识,同旁的帝国主义国家一样,识字的人已占百分之九十以上,同时民族性的坚强厉害,更为旁的国家所不能比较。"③ 此时,国民政府和蒋介石需要理由说服自己对日妥协,力量的不足、安内的强调,乃至对日本走向的乐观期待,都和其心理上以及现实中的要求相契合。所以,与其说蒋介石和国民政府高层对日判断不准确,不如说他们需要这样判断。

国民政府和蒋介石始终希望能够避免与日本的冲突,尤其淞沪停战协定签订后,中日间短暂的平静更给了他们寻求接触的空间。不过,毕竟日本是此时中国东北的直接占领者,日本对中国生存的巨大威胁又是潜伏在蒋介石心中不可抹去的阴影。国民政府的对日缓和,无论表面说多少理由,实际上主要还是基于实力的判断,即认为实力上难以和日本抗衡,不

---

① 《蒋介石日记》,1932年5月16日。
② 《蒋介石日记》,1932年5月17日。
③ 《军队政治工作方法的改善》,秦孝仪主编《先总统蒋公思想言论总集》第10卷,第574页。

得不尽可能息事宁人，以待来日。1932年初，淞沪抗战爆发前，蒋介石日记中记有："下午见王长春，称荒木甚畏共党，亟愿余主持国事，共同防共，而其商租权是不欲明订，驻军以有限数，不致不能驻兵等语诱余，倭奴卑劣，其亦视余为可欺也，诚不知中国尚有人也。"① 尽管蒋日记所载也未必准确，但他在日记中一眼窥破日本所谓"共同防共"及"有限驻军"的欺诈成分，可以看出，作为政治人物的蒋介石对于国际关系中的尔虞我诈并不是没有了解，不会天真到真的对日本改变对华攫取权益的政策寄予大的期许。蒋介石日记中曾写道："王大桢来谈对日外交颇有心得，彼意以弱国须根据法理，而事实为不得已之事也。"② 大致意思就是作为弱国，须以法理自恃，至于法理真的能有多大效用，只有姑且听之，这或许更是其真实心理的写照。因此，在和日本寻求妥协的同时，国民政府对这种妥协的未来毫无把握，也在努力寻找其他的可能性，当时最现实的方向就是试探着和苏联接触，因为日苏间在远东地区有着潜在的利害冲突。与苏联、日本这两个大国的接触，奇妙地几乎同时展开。

现有研究注意到九一八事变后中国对苏、对日政策上既相互关联又相反相成的倾向，③ 蒋作宾曾在其日记中留下国民政府与日、苏接触的记录：5月19日，中央政治会议外交组决定"对俄方针"，准备与苏复交。当夜，蒋介石和汪精卫宴请蒋作宾，催其速回日本，复任驻日公使。④ 6月6日，中央政治会议决定对苏以先订互不侵犯条约为方针。当日，蒋介石再次催促蒋作宾返日复职，并承诺"赴东若有不足之款可由彼拨"。⑤ 6月中旬，庐山会议在确定对苏"维持现状"的同时，决定禁止各地抵制日货及激烈越轨的反日运动，防止重大事件重演。随后，蒋介石特招蒋作宾上山，于22日、23日、24日三日连续讨论中日问题后，确定"对日总取携手主义"。⑥ 7月5日，蒋作宾"回日使任，其目的在使两国渐渐接近"，因"感情尤关紧要，故特选定日本邮船会社之平安丸"。⑦

---

① 《蒋介石日记》，1932年1月7日。
② 《蒋介石日记》，1932年8月26日。
③ 参见鹿锡俊《1932年中国对苏复交的决策过程》，《近代史研究》2001年第1期。
④ 《蒋作宾日记》，第438页。
⑤ 《蒋作宾日记》，第442页。
⑥ 《蒋作宾日记》，第447页。
⑦ 《蒋作宾日记》，第450页。

伪满洲国问题是此时国民政府与日交涉的重点。1932年3月1日，伪满洲国发表所谓"建国宣言"，9日，溥仪就任执政。得到日本将在东北扶植傀儡政权的消息，南京政府外交部于2月24日和3月10日两次向重光葵公使发出备忘录，提出警告："中国政府绝对不承认该地成立的所谓独立政府是自主政府，绝对不承认让中国人民参加这种傀儡组织。对此，贵政府应负完全责任。"① 对中国方面的交涉，日本政府当时虚与委蛇，重光葵3月21日声称："最近在该地方看到变更行政组织之事，帝国对上述事情毫无所知。然而贵部长就上述事情发出了诽谤帝国政府的态度并追究责任的通知，对此本公使难以理解。总之上述通知各点全然违反事实，不过是臆测，我方完全不能接受。"②

日本虚情假意的表态，使国民政府看到阻止日本承认"满洲国"的一线希望。从7月中旬至9月上旬，蒋作宾在和日方军部、政府、政党等各界要人接触时，反复强调"满洲国"问题的拖延及由此造成的中日纠纷的长期化，"唯一的结局是给第三者以及共产党带来机会"，结果"中国可能赤化，日本亦有共产化之虞"。③ 在国内，蒋介石、汪精卫等核心领导，亦积极配合蒋作宾的工作，改变九一八事变以来拒绝直接交涉的政策，秘密试探同日本进行直接交涉。

但是，南京方面的试探并没有得到日本的积极回应，扶植伪满政权是日本的既定政策，之所以含糊其词，只是窥测时机而已。6月，日本外务省即做出承认"满洲国"的决定。8月25日，近卫文麿转告蒋作宾，在承认"满洲国"问题上日本已无交涉余地。同日，内田外相在国会就承认"满洲国"问题发表"焦土外交"的演说，声称："政府决心迅速承认满洲国，目前正稳步进行准备。待做好准备，不日将承认"。内田进一步强硬表示："帝国政府认为承认满洲国是解决满蒙问题的唯一方法。为了这个问题，可以说具有所谓举国一致，即使举国化为焦土，在贯彻这一主张上也寸步不让的决心。"④ 这一演说所显示的极其强硬的

---

① 《中央日报》1932年3月12日。
② 日本外务省档案馆缩微胶卷，转引自俞辛焞《近代日本外交研究》，天津古籍出版社，2006，第270页。
③ 详见蒋作宾1932年7月25日、8月1日、2日、5日、9月2日日记，《蒋作宾日记》，第455、457—459、468—469页。
④ 日本外务省档案馆缩微胶卷，转引自俞辛焞《近代日本外交研究》，第273页。

姿态，在国际上引起很大震动。27日，日本斋藤实内阁以"阁议"的方式，决定了《从国际关系出发的处理时局的方针》，规定日本要将"对满蒙政策"与"对中国本部政策"分别对待。关于对"中国本部"的政策，具体规定如下："我方要密切注视因近来中国本部的地方政权愈加明显的分立状态而带来的政局演变。对于采取比较稳健态度的政权，应尽可能尊重其立场及体面，或者进而采取善意态度，使其有利于我方"；"在情况允许之时，努力谋求与各地方政权之间实际解决各种案件，并避免发生事端"。① 斋藤内阁的这份"阁议"清楚表明其将伪满洲国从中国本土分离的目标。

9月15日，日本正式宣布承认"满洲国"，从而使7月以来国民政府以"共同反苏反共"为重点的对日说服与接近工作以徒劳告终。对日方毫不妥协的态度，蒋介石只有在日记中自我解嘲："倭寇承认伪满似已确定，但无甚关系，以其果欲取消，则随时皆可取消也。只要我方奋斗与运用得法耳。彼一面以承认伪满为协制，一面以统一问题送秋波，其实倭寇一日不败，中国一日不能统一，即使其承认伪满，于事实无甚关系，故暂置之。"② 即便如此，蒋介石仍继续坚持其既定方针："对日力求缓和，积极准备抵抗，对俄先灭赤匪后准复交。"③ 不过，由于日本方面此时把确立"满洲国"作为第一要务，对国民政府的示意尚难顾及。加之很快发生热河事件、长城抗战，中日关系暂时处于冻结状态。

1933年5月《塘沽协定》签订后，日方迫在弦上的军事压迫暂时缓解，国民政府一直期盼的中日缓和似乎出现一些可能。7月，蒋介石数次在日记中写道："以和日而掩护外交，以交通而掩护军事，以实业而掩护经济，以教育而掩护国防。韬光养晦，秘筹秘谋，以余报国惟一政策也。"④ "对倭以不使其扩大范围为第一目的，对国防以空军为主体，或与陆军并重也。此时惟有以时间为基础，与敌相持在久而不在一时也。"⑤ 无论是基

---

① 日本外务省编《日本外交年表及主要文书》下卷，东京，原书房，1978，第206—210页。转见臧运祜《七七事变以前的日本对华政策及其演变》，《抗日战争研究》2007年第2期。
② 《蒋介石日记》，1932年8月27日。
③ 《蒋介石日记》，1932年8月30日。
④ 《蒋介石日记》，1933年7月14日。
⑤ 《蒋介石日记》，1933年7月21日。

于国际关系的避日考虑,还是基于国内的对日准备,蒋介石认为,力避与日本正面冲突都是符合中国利益、迫不得已的选择。不放弃抵抗准备,当前用力主要又在"和日",成为蒋介石处理对日事务的主要原则。

由于对日存着竭力和缓的想法,对有可能影响这一努力的做法,蒋均不以为然。1933 年 5 月,南京国民政府行政院副院长兼财政部长宋子文到达美国寻求财政经济援助。宋子文在美期间,与罗斯福、赫尔(Cordell Hull)、亨贝克等人进行多次会谈。5 月 19 日,罗斯福与宋子文发表联合声明:"远东两个大国的军队发生敌对性冲突,为使目前世界各国重建政治和平与经济稳定的努力获得成功,我们企望立即停止这种敌对行动。"① 联合声明含蓄地对日本在华北的强横行为提出警告。对此,蒋介石在日记中写道:"子文与罗斯福联名宣言,人以为喜,而余以为忧,以其于国家实际毫无利益也,只有加祸而已,盗虚名而受实祸者,即此之谓也。"② 7 月 19 日,他致电正在欧美访问的宋子文,告以"中央对外政策,现定一面极力缓和暴日之武力压迫,一面切实运用欧美之经济援助,双管齐下,实为救亡复兴之惟一方针。必须分工运用,互相谅解,而两不相妨。"对宋提出的吸收外资,振兴实业的计划,蒋强调:"必须慎密稳妥行之,不可十分激刺日方之嫉忌心,尤不可授之以显然可借之口实,以免为其直接破坏。"③ 对日本的小心翼翼跃然纸上。

1933 年夏、秋,主张对日强硬的外交部部长罗文幹、行政院副院长兼财政部部长宋子文先后去职,外长一职由汪精卫接任,国民政府内和日势力进一步抬头。9 月 6 日,蒋介石及行政院院长汪精卫、立法院院长孙科、财政部部长宋子文等会于庐山,确定对日方针为:"除割让东省、热河,承认伪国,为绝对不可能外,对其他次要问题如税则等仍应与之作相当之周旋,谋适宜之处置,并极力避免一切刺激日方情感之行动及言论。对华北当局,并赋以相当自由之权限,以期应付圆滑。"④ 与此同时,日本在年初通过《塘沽协定》取得在华北的特殊权益后,也处于消化既得利益阶

---

① *Foreign Relations of the United States*, *Diplomatic Papers*, 1933, Vol. Ⅲ, The Far East (Washington, D. C.: U. S. Government Printing Office, 1949), p. 337.
② 《蒋介石日记》,1933 年 5 月 22 日。
③ 《蒋中正总统档案·事略稿本》第 21 册,第 182—183 页。
④ 转引自杨天石《黄郛与〈塘沽协定〉善后交涉》,载氏著《近代中国史事钩沉——海外访史录》,社会科学文献出版社,1998,第 357 页。

段，暂时放松了对中国方面的逼迫，并回应中国政府内部的和日势力，提出"和协外交"，摆出一副亲善姿态，表示愿意与中国改善关系。

受到日本方面的鼓舞，10月30日，汪精卫在国民政府总理纪念周上报告外交，明确宣示对日妥协的立场，表示："中国现在所需要者为建设，而建设之环境，无过于和平，故中国之企望和平，较他国为尤切。然和平云者，平然后和，不平未有能和者也。顾兹所谓平，不仅为国际地位之平等，尤在国力之平等，殆未有国力不平等，而国际地位能平等者。故中国确保和平之方法，无过于充实国力，无依赖心，无徼幸心，盖能与人为敌，始能与人为友。"① 正是在蒋、汪这种指导方针影响下，从1933年下半年开始，中日先是进行了《塘沽协定》后的善后会谈，随后又相继进行了通车、通邮问题交涉。

三 中日善后会谈与通车、通邮问题的交涉

《塘沽协定》签订后，1933年6月17日，北平政务整理委员会正式成立。政整会成立后，围绕着《塘沽协定》的善后问题，中日展开交涉。②

按照《塘沽协定》规定，中日停战后，日军应"自动概归还于长城之线"，中国军队则撤退至延庆、昌平、高丽营、顺义、通州、香河、宝坻、林亭镇、宁河、芦台所连之线以西以南地区。两线之间的中间地带作为非武装区，即所谓"战区"，包括临榆、抚宁、昌黎、遵化、迁安、蓟县、怀柔、密云、顺义、卢龙、滦县、丰润、玉田、乐亭、宁河、兴隆、平谷、通县、香河、宝坻、三河、昌平等22县及都山设治局，由中国警察机关负责维持治安。虽然日军已在6月5日开始向关外移动，却故意寻找借口一再拖延。更有甚者，日军把撤出地区交由伪军李际春部接防，并扶持伪军石友三、郝鹏举等部在冀东进行骚扰，使战区接收工作难以进行。河北省政府主席于学忠致电黄郛、何应钦，陈述接收战区困难时称："即令收回各县，仍然不能行使职权"，要求"暂缓接收，以免徒生枝节"。③ 何应钦、黄郛则报告蒋介石："接收战区，因李际春、石友三各部杂处其间，

---

① 朱汇森主编《中华民国史事纪要（初稿）》（1933年7至12月份），第655—656页。
② 关于这一问题，左双文的《〈塘沽协定〉后蒋介石的对日妥协外交》（《广东社会科学》2010年第6期）一文论述较为详尽，可参阅。
③ 张篷舟主编《近五十年中国与日本》第1卷，四川人民出版社，1985，第179页。

迟迟无法实施。"①

6月22日，黄郛指派殷同、雷寿荣去长春与日本代表小矶国昭、冈村宁次接触商量《塘沽协定》的履行问题，双方初步商定：日本方面禁止无意义之飞行；中国军队不进入地域之难民，其遣归由中国方面自由处理；从伪军李际春部中选择3000—4000人改编为中国警察队，配置于中国军队不进入地区内，以李际春为保安司令，其余作为暂编旅移驻他处；北宁路的接收由中国北宁路局与伪满奉山路局交涉。29日，永津佐比重从长春返回北平，与黄郛、何应钦商定双方派员赴大连开展具体之商议。

6月30日，黄郛、何应钦派殷同、雷寿荣赴大连与日方代表冈村宁次、喜多诚一开始具体商谈。7月2日，大连会谈开始，6日结束，大致达成以下共识：第一，所有战区以内之伪军，2/3遣散，1/3收编为河北省保安队，仍驻滦东；第二，在日军逐渐撤退后，北宁路的芦台至山海关段仍由中国方面管理；第三，自10日起，中方依次接收滦东、平北地区。7月中旬，各县接收开始，因部分县内日军未撤走、伪军盘踞和县境跨越长城线等原因，进展缓慢，有的根本就没有收回。都山设治局，由于在长城线外，日方以长城为伪满洲国的国境，不承认其为战区，强行将其划入热河省，改名青龙县，拒绝让中方接收。

大连会谈除"善后交涉"外，"铁路交涉"也是重要内容之一。铁路交涉有两层含义：一是日军自北宁路沿线撤退，由中方接收并恢复交通，这是符合中方利益的；二是恢复北宁路与已沦陷的奉山路的联络问题，也即关内外的通车问题，这是日方别有用心、亟欲实现的部分。大连会谈确定中方逐步接收北宁路，恢复至榆关事变前状态。

所谓"通车"，即北宁铁路关内段与关外段的通车。北宁铁路（北平—沈阳）以山海关为界，分关内与关外两段，是联结华北与东北地区的重要孔道。九一八事变后，日军占领下的北宁铁路关外段被改称奉山铁路。长城抗战前，北宁铁路平榆段与关外的奉山铁路之间仍然通车，但两段并不直达，客运和货运都在山海关换车。长城抗战期间，日军侵入滦东、滦西，关内的北宁路由山海关至芦台一段全部被日军占领，中国北宁

---

① 《蒋介石、汪精卫与何应钦、黄郛等关于接收战区交涉的来往电报》，《长城抗战资料选辑》，第118页。

铁路局只经营北平至芦台一段。华北停战实现后，北宁铁路关内段由南而北，逐步恢复通车。至 1933 年 8 月 15 日，北平至山海关段全线恢复通车，来往关内外仍在山海关车站换车。日军出于进一步蚕食华北的军事、经济目的及造成"满洲国"事实承认的舆论，逼迫中国进行恢复通车谈判，解决铁道客货运的联运问题。中国方面由于对有可能形成事实上承认"满洲国"的顾忌，加上粤系胡汉民及一般舆论的强烈反对，对谈判持拖延态度。

10 月 20 日，国民政府铁道部正式任命殷同为北宁铁路局局长，27 日到任，开始通车交涉。11 月 2 日，殷汝耕奉命赴榆关与日方商通车及"剿匪"事宜。6 日，日本关东军副参谋长冈村宁次到北平，与黄郛等人谈判。日方提出控制长城各口，以及关内外通车、通商诸项要求，逼迫中方接受，中方则强调，商谈之范围应属于战区善后，"不能涉及政治外交问题"。① 7 日，黄郛等将会谈情形电告蒋介石，蒋、汪于 8 日复电黄郛、何应钦称："虞一虞二两机电均悉……中等彼此讨论之结果，分别核复如次：一、虞二机电所述在事实上法理上不涉及伪国之原则上，可酌量商谈，修改要点，在酌量容认其骨子，而将伪国关系字句彻底删除，此属根本方针，最为扼要。二、北支政权字样，无论换文与否，均极易引起误会，应改称为北平军政当局。三、现在因财长更迭不但设关问题一时无暇谈到，即其他问题，亦受其牵连。在此国内空气紧张之时，希望对方谅解，只于不承认伪国而努力避免中日两方纠纷之原则上交换意见，彼此同意，其它一切细目，暂缓商谈，俟空气转换，再谋进行，较为容易解决。……五、不换文不签字最为重要，能不纪录更好，商议定后，可由两方路局邮局自定规则行之。"② 此电对通车通邮已有接受之意，只是担心国内反对妥协之情绪正十分激昂，希望能选择一个恰当的时机。

11 月 9 日，黄郛、何应钦与日本关东军代表冈村宁次等在北平经 3 天会谈之后，就《塘沽协定》善后处理事宜达成初步协议，日军续驻长城各口，日军希望中方"将不含长城线之长城以南及以西之地域，从速且完全接收"；"华北当局为谋长城内外之交易、交通、通信之设定起见，应派定必要之委员，与关东军所指定之委员，从速逐次协商"。③ 12 月 2 日，日驻

---

① 《中日北平会谈记录》（1933 年 11 月 7 日—11 月 9 日），《长城抗战资料选辑》，第 123 页。
② 《蒋中正总统档案·事略稿本》第 23 册，第 376—378 页。
③ 《中日北平会谈记录》（1933 年 11 月 7 日—11 月 9 日），《长城抗战资料选辑》，第 133 页。

榆关特务机关长仪我诚也到北平见黄郛等，提出榆关交还与通车问题同时解决，5日，双方乃商定大致办法，黄郛等报国民党中央。7日，"接收榆关交涉，中央电请先生仍继续办理，由殷同拟平沈通车办法"。① 由于国民党内部反对与日本直接交涉的声音颇为强烈，通车交涉事实上被迫停顿，难以进行。

1934年4月3日，黄郛离北平南下，准备面见蒋、汪商谈通车通邮等华北外交问题。5日，黄在汉口对记者发表谈话称："通车则纯为技术问题，缘当唐山至榆关铁路收回时，双方口头曾提及此事，以后因国人对此尚多不甚明了，遂又搁置。此次谒晤蒋、汪时，将请示一磋商办法，希望在不承认伪国不割裂四省之原则下交涉，或以路与路为对象，就行车之分配，车之标志，营业之分划等技术问题，订定办法，此在国际亦不乏先例。"② 11日，蒋、汪、黄等在南昌开始磋商华北问题。13日，立法院举行秘密会议，讨论华北外交，对黄郛大加抨击，决定："通车问题，决不可商，日如提议，只有拒绝，庶免有承认伪组织之嫌。"③ 立法院决议通过后，送呈中政会，作为向中央之建议。

立法院的反对声音，使行政机构不得不再次选择退缩。4月14日下午，汪精卫对记者发表书面谈话称："外传之通车通邮问题，实则日本在去年即已提出……惟黄郛至今未与日方谈判"；"所以未谈原因，第一次为闽省战乱发生，我内忧严重，无暇谈及；第二次当本年二三月间，日方提出时，值溥仪僭号，我上下正极愤慨，更不能对日谈判。"④ 对通车谈判予以否认。同日，《北平晨报》发表社论《日本武官与华北问题》，指出："现时日本所亟求解决者，通车通邮二事。通邮之事虽未正式承认，而关外函件已以欠资性质由我邮局代为递送，其交日鲜人者，则恒不付欠资，径取邮件。且日本已设秘密转递关外邮件机关，私相投送，妨害我国主权，悍然不顾。关外之车，现已直达榆关以内，在同一车站换车，本无过分不便……今日车未通已等于通，邮未通亦等于通，则彼必攫取正式之通

---

① 沈云龙编著《黄膺白先生年谱长编》下册，第667页。
② 沈云龙编著《黄膺白先生年谱长编》下册，第721页。
③ 《华北问题与日本声明》，《国闻周报》第11卷第16期，1934年4月23日。
④ 《一周间国内外大事述评》，《国闻周报》第11卷第16期，1934年4月23日。

车通邮，可知醉翁之意不在酒矣！"① 此文认为，日本推动通车通邮，意在用此种方式使伪满洲国的地位合法化。而南京政府让步的实质，则是一种对日的重大妥协。

实际上，在公开做出否定姿态同时，通车通邮谈判一直在持续进行。5月14日，北宁铁路局局长殷同、河北战区行政专员陶尚铭和殷汝耕，与日本武官柴山、奉山路局代表太田、承德日本特务机关长松井等人在榆关会商战区有关问题，达成《通车办法大纲》10条：（1）平沈直达通车，一律拉南满路车头。（2）凡由北平至山海关外之一站，以及由沈阳至山海关内之一站，两路局均不售票。（3）组织平沈通车国际旅行社，办理一切关内外越站之客运货运售票事务。（4）车行次数由技术会议决定，但采用对开方式。（5）车皮之调度用交换方式。（6）客货运价目之清算，用对销及抵补办法。（7）关内外支线之客货运，一律各在起点之站交纳运费。（8）车上不得悬挂任何国旗、布告及足以引起感情冲动之文字。（9）沿站警卫，关内外各自调度。但如有必要时，得要求路局同意，而随时调度之。（10）国际旅行社之组织，由中日双方调派路员办理，总社设榆关，平津沈及沿途各大站设分社。② 办理通车业务的具体机构，形式上由中日双方的民间旅游组织共同组成，中国方面是上海商业储蓄银行主办的中国旅行社，日本方面是日本观光局，共同组办东方旅行社。17日，黄郛电蒋报告，双方已议定，由指定公司照商务方式处理，"凡涉及满洲及直接间接可解释为容认满洲国或其政权存在之处，均绝对避免"；唯对方要求于6月内实现。26日，蒋电黄郛基本认可，并于同日电在京主政的汪精卫，说此事由他以个人名义电30日的中央政治会议提出，由汪出面说明，请中央授汪、蒋处理此事的全权。

30日，汪应蒋之请主持中政会会议。汪精卫、叶楚伧、顾孟馀3人以国民党中央常务委员资格，向会议提议通过通车案，汪精卫还在会上作了报告和说明。会议在不承认伪组织之原则下，正式通过此案，交北平政务整理委员会负责执行。5日，中政会授权蒋介石与汪精卫，"在不承认伪组织及否认伪政权存在原则之下，可与日本交涉关内外通行客车问题"。③ 至

---

① 北平《晨报》1934年4月14日。
② 《一周间国内外大事述评》，《国闻周报》第11卷第22期，1934年6月4日。
③ 《蒋中正总统档案·事略稿本》第26册，第251页。

此,一直处于秘密状态的通邮通车交涉获得合法地位。27日,中国旅行社和日本观光局代表在山海关签订东方旅行社组织合同,该社宣布成立。28日,北宁铁路局在北平正式公布通车方案。7月1日,关内外开始直达通车。通车方案公布后,《大公报》发表社论提出:"中国国家的任何权力机关,既无承认伪国之意识,则无论谁何,有何事态,均不发生事实承认伪国之嫌疑。矧今日公布之通车办法,显然将以第三者名义承办,则更与政府无干,尤不应牵及承认问题,此点关系重要,不可不辨。窃意政府为对日问题,纵有其负责召谤之道,国人尽可批评,独不可以因通车案加以承认伪国之罪名,转助日人张目,此国人所应了解者也。"① 关内外通车,牵涉复杂,国民政府出于和日立场,对日本有曲意逢迎之处,但毕竟不可与承认伪满相提并论。

和关内外通车谈判同为棘手问题的还有关内外通邮。东北地区辽、吉、黑三省的邮政地位十分重要,当时航空邮运尚未发达,海运因轮船班期固定而甚为迟缓,东北作为连接欧亚大陆的陆上交通要道也是国际邮运的重要通道。九一八事变前,东北三省的邮政分属中华邮政的辽宁和吉黑两个邮区。辽宁邮区由辽宁邮政管理局管理,邮务长为意大利人巴力地。吉黑邮区由吉黑邮政管理局管辖,邮务长为英人西密士。两局直接隶属南京行政院交通部邮政总局。三省邮政营业每年有二三百万元的余利,"足为关内贫瘠邮区之营养";每年通过邮局汇入关内的款额达两千一二百万元,是国民政府交通部十分重视的区域,也一直为日人所垂涎。东北沦陷后,三省邮政机关在"我国行政机关多遭占据或封闭"情况下,由巴力地、西密士两邮务长主持,"仍继续维持"。伪满洲国成立后,日人亟谋夺取邮务,初以利诱"要求该两区邮务长签具服从伪国之说明,其均经婉辞谢绝,不为所动"。随后,日方开始公开胁迫:"对于邮务长则故意侮辱,对于各员工则侮辱殴打,数见不鲜,以造成恐怖局面,宪兵且公然宣称,更将逮捕副邮务长刘曜庭及其他高级职员,人员时有生命危险,然犹力图奋斗,当时且有伪邮票即得发行之说。"② 鉴于此,国民政府交通部于7月23日决定将辽宁、吉黑两邮区邮政暂时一律停办。在东三省发行之邮票,

---

① 《通车案今日公布》,天津《大公报》1934年6月28日。
② 《邮政总局等关于"九一八"事变后处理东北邮务经过密呈稿》,《民国档案》1990年第3期。

未经中国邮政局允准者,决不承认。各种信件、包裹如贴用该项伪票,均做欠资处理。由此迫不得已封锁造成的对公众交通上的不便,其责任应由日本政府负之。其后,两邮区3000多名职员在巴力地、西密士等带领下大多撤回关内,仅50多人留在伪满邮政机关。①

交通部停办东北邮务后,亦出现了各种问题,一是封锁后中国往欧美的邮件改经海路,稽延时日,相当不便;二是关内外信件由于封锁的原因,凡关内寄往东北的邮件皆不受理,关外邮件普通中国人收取视为欠资,须再付费,而日人、韩人却照收不误,拒付欠资;三是日方在平津擅设邮递机关,不顾中国外交部抗议,自行投递,名虽禁而实际走私严重,邮政主权遭到破坏。国民政府交通部曾力谋开辟张家口至外蒙古库伦的公路运输,衔接西伯利亚铁道,并开设上海与新疆间的航空邮运,但此两项设想都未实现。故通邮问题无论日方动机如何,中方都需予以解决。1933年10月20日,黄郛在北平致电交通部部长朱家骅,告以日使有吉明到平,"尚未约谈。惟邮政问题,迟早终须谈及。……惟最高原则总待部定,请速拟具见示,以便应付"。21日,朱家骅回电表示"邮政问题,一切情形已与殷君(同)谈过,遵当拟具原则,呈院核定"。②但到11月3日,朱家骅再致电黄郛,告知因高层多数持异议,不赞同关内外通邮,主张仍维持现状,电称:"关于邮政问题,前与殷局长曾详言之,本拟约其继续商讨,适伊因事北返未果。今日国防会议,汪公报告邮、路、税三事后,出席者对于邮政,尤多顾虑,经弟口头报告,正在考虑中之原则要点,众意暂缓讨论,议决邮政仍维现状,倘日人提出时,请公设法婉拒是荷。弟当再行详细研究。"③对通邮问题的难度,蒋也有所了解,坦承:"通邮问题较之通车尤为复杂。"④通邮问题乃暂时搁置。

1934年4月,朱家骅、汪精卫向行政院提出呈文,认为封锁东北邮政已趋失效,日人复乘机播弄,纠纷益甚,呈文提出由关内通往关外及欧洲的来往邮件,"采取由大连日本邮局转寄邮件办法"。朱、汪要求行政院转

---

① 国民政府交通部:《停办东北邮务宣言》,李云汉编《抗战前华北政局史料》,台北,正中书局,1982,第77页。
② 参见沈云龙《从撤邮到通邮——塘沽协定后的中日交涉问题之一》,台北《传记文学》第12卷第4期,1968年4月。
③ 沈云龙编著《黄膺白先生年谱长编》下册,第636页。
④ 《蒋中正总统档案·事略稿本》第26册,台北,"国史馆",2006,第196页。

呈国民党中央政治会议,决定重新处理东北邮政问题的原则和方针。行政院第154次院会根据上述呈文,做出决议如下:"由大连邮局转寄或其他办法者,在不承认伪组织之原则之下,可以酌量赞同。"① 5月15日,朱家骅致电我国出席国联代表顾维钧,希望乘国联咨询委员会讨论国际邮运时,"在不承认主义之下,一并由国联决议办法"②,至经过伪满之国际邮件运费,只能让步与日本清算为止。5月16日,国联咨询委员会讨论英国政府所提伪满洲国要求清算经过满洲邮件之运费案,通过建议三节:"满洲国"非国际邮政公约会员;"满洲国"的交通部不能请求适用国际邮政公约的条款;邮盟会员国的邮件经由满洲而与"满洲国"发生联系时,只能视为机关与机关间之关系而不能视为国与国、政府与政府之关系;倘国联会员国邮政机关致函"满洲国"邮政机关,须于第一次声明只能视作一机关与他机关之交涉,而不能视作一政府与他政府之交涉,且不含有应用国际邮政公约之意。③ 这项建议虽然未能以适当原则连带解决关内外通邮问题,但明确了对伪满洲国否认的立场,使中方在接受通车通邮时有所依循,而可解释为并不意味着对伪国的承认,故5月27日蒋介石给中央政治会议的电报即称:通邮通车问题原来一再拖延,是"深恐自蹈事实上承认伪组织之嫌,致失法律地位耳。今者国联咨询委员会决议通邮原则,已认为基于事实之必要,听由会员国之邮政机关与伪满之邮政机关发生关系。而释为与承认伪国无关";这样再来解决通车通邮问题,就使得原来担心"可解释为承认伪国或其政权存亡之处者,概从避免"。④

1934年8—9月,黄郛南下与蒋、汪等商讨华北局势及应付办法,对通邮问题与蒋达成一致意见。9月28日,中日双方代表正式首次会晤,日方因中方态度坚定,同意在以下两原则前提下进行谈判:第一,根据过去事例与精神,在不涉及承认"满洲国"原则之下,专谈通邮上之技术问题。第二,双方完全以诚意为基础,不为成文之规定。9月29日,通邮谈判正式开始,双方围绕邮票、交换邮件、日戳、邮件的种类四个问题,展

---

① 李云汉编《抗战前华北政局史料》,第84页。
② 李云汉编《抗战前华北政局史料》,第85页。
③ 沈云龙:《从撤邮到通邮——塘沽协定后的中日交涉问题之一》,台北《传记文学》第12卷第4期,1968年4月。
④ 《蒋中正总统档案·事略稿本》第26册,第194—195页。

开激烈的争辩。此次谈判过程更加曲折，不仅与日方争执艰苦，中方内部因中央与华北地方当局在政策上距离较大，也增加了谈判的难度，谈判一度中断。10月24日至11月3日，蒋介石到北平，召见高宗武、余翔麟详询通邮谈判情况，并亲定关于邮票等问题的处理办法。11月10日，双方恢复谈判，但分歧仍大。11日，蒋介石致电汪精卫表示：

> 鄙意此中最大问题，一为通邮交换，不可以总局直接当冲。而应指定一地方邮局为之居间承转。二为邮票花纹种类之制定与变通，必须预经我方之协议。由前言之，无异地方局部之解决，颇与通车办法相类。……今第三者居间或片面设置商业机关承办，既绝不能获得对方之谅解，为打破僵局计，似唯有依此限度与之周旋。①

实际上指示除所提两点为限度外，对诸如邮票使用及双方邮政机关接触方式等方面可对日妥协。21日，中方派外交次长唐有壬专程赴北平坐镇，24日，中方在日方高压下，被迫接受了日方11月14日提出的《关于通邮之申合事项案》7条。25日，由唐有壬回南京将结果报告汪精卫并由汪提出中央政治会议及国防会议说明而获通过。

12月14日，中日双方举行通邮会谈最后一次会议，将所通过的通邮大纲及若干技术上的谅解文字做最后的宣读及文本交换，以为凭信，但依据"不为成文之规定"的原则，双方互不签字。通邮大纲要点如下：在不涉及"满洲国"承认问题原则之下，以上海邮政总局简称甲方，关东军简称乙方。（1）通邮于双方邮政机关间行之，因此在山海关、古北口设转递机关。（2）通邮用之乙方特种邮票，其面上不表示"满洲国"及"满洲"字样，印制四种，使用于函件、明信片、挂号、快信等。（3）邮戳在乙方，则用现用欧文。（4）邮资由邮政业务主管机关各自定之。（5）关于通邮事务之文书（单据在内），尽量标用公历，不表示"满洲国"及"满洲"字样。（6）通邮实施期，为明年1月7日，于同月5日前后公表之，但包裹、汇兑则自同年2月1日起实施。（7）通过西伯利亚之邮件，依据

---

① 《蒋中正总统档案·事略稿本》第27册，台北，"国史馆"，2007，第442—443页。

旧例办理。（8）本办法之变更，须经双方之相互协议。① 12月29日，邮政总局发表通邮公告称："为便利民众起见，将邮件、包裹及汇兑三项业务，由山海关、古北口两转递机关负责承转，所有寄往辽宁、吉林、黑龙江、热河之邮件，如封面书明省名及地名而无伪组织字样者，自二十四年一月十日起，均予收寄转发，其包裹及汇兑则自二月一日起，照章办理，特此通告。"② 通邮谈判卒告结束。

四 敌乎？友乎？

日方对华政策在《塘沽协定》签订后经历了暂时的休整期，但其蚕食政策并未改变。1933年10月，日本斋藤实内阁根据陆军和海军两省的提议，制定了《帝国外交政策》，该文件在有关中国部分，提出要在中"满"之间树立和谐关系，根绝中国的抵制日货运动等内容。11月30日，陆军省对此提出了最后修正案，主张："调整日、满、华经济关系，进而在帝国的指导下实现日满华三国的提携共助，并以此确保东亚和平，为增进世界和平做贡献。"在华北的策略是："利用华北地方的好转机运，促进并加强华北各政权对日关系的转向"；同时，"鉴于国民党政权本质上与帝国不相容，因此，在其痛感需要日中提携并做出一定表现之前，不能过早地对其加以支持；对于其扩大势力特别是进入华北，则必须以适当的手段加以阻止"。陆军省的修正案，强调"支持中国大陆上之分治运动，驱逐国民政府势力于华北之外"，③ 表明了陆军以"华北分治"政策为主的对华强硬政策。1934年4月，日本外务省情报部部长天羽英二发表声明，公然把中国视为日本的保护国，声称："如果中国采取利用其他国家排斥日本、违反东亚和平的措施，或者采取以夷制夷的排外政策，日本就不得不加以反对。另一方面，各国也应该考虑到由满洲事变、上海事变所产生的特殊情况，如果对于中国想采取共同行动，即使在名义上是财政的或技术的援助，必然带有政治意义。如果助长这种形势时，终于将在中国划定势力范围，开国际管理或者瓜分之端。这样不仅给中国带来莫大的不幸，并且对

---

① 李云汉编《抗战前华北政局史料》，第128—129页。
② 《邮政总局关于关内外通邮的通告》（1934年12月），《中华民国史档案资料汇编 第五辑第一编 外交》（2），第856页。
③ 张篷舟主编《近五十年中国与日本》第1卷，第223—224页。

东亚的安全,甚至对日本也会带来严重的后果。因此,日本在原则上不得不对此表示反对";"日本反对各国采取任何形式以导致扰乱东亚和平和秩序的行动。对于维持东亚的和平秩序,日本要和东亚各国,尤其是和中国分担责任。其他外国或国际联盟对于中国实行利己本位政策的时代。已经过去"。① 对天羽声明,国民政府外交部在4月19日发表声明表示:"中国与他国之合作……常限于不属政治之事项",至于军事项目"大都为维持本国之秩序与安宁","他国对中国苟无野心",日本"殊不必有所过虑也"。② 蒋介石则在日记中记下其真实感受:"倭寇虽声明其无妨碍中国独立之意,但其狰狞之状与蛮横举动,必不能因此而至,乃反因之而更速也。"③

1934年7月8日,斋藤实内阁下台,由海军大将冈田启介组阁。冈田内阁完全继承了前届内阁的侵华方针。为了扩军备战,冈田内阁于12月3日宣布,单独废除《华盛顿限制海军军备条约》,并于12月29日由驻美大使斋藤博正式向美国国务卿赫尔发出《废除华盛顿限制海军军备条约通告》,宣布该条约将在1936年12月31日无效。④ 此举旨在摆脱条约对日本战舰吨位的限制。这是日本继退出国联后,在扩军备战道路上迈出的新的一步。接着,12月7日,冈田内阁制定了《对华政策》。该文第一次明确提出了日本对华政策的"本义"是:"①使中国追随帝国的方针,即通过以帝国为中心的日、满、华三国提携共助,确保东亚和平;②扩张我国在中国的商权。"具体措施包括:"引导中国政局的自然演变,使之对我有利","使中国最终处于大势所趋、不得不要求与我接近的境地"。文件分成"一般策略"、"对南京政权策略"、"对华北政权策略"、"对西南及其他地方政权的策略"以及"扩张商权的策略"五个部分阐述其对华方针;规定对南京政权策略的基调是:"最终把南京政权逼到这样一种境地,即该政权的存亡,系于是否表明打开日中关系的诚意。"日本毫不掩饰地将触手伸向中国内部,俨然以中国的控制者自居,声称:"当中国侵犯我方

---

① 《情报部长关于对中国的国际援助问题发表的非正式谈话(天羽声明)》,《日本帝国主义对外侵略史料选编(1931—1945)》,第159—161页。
② 复旦大学历史系中国近代史教研组编《中国近代对外关系史资料选辑(1840—1949)》下卷第1分册,上海人民出版社,1977,第264—265页。
③ 《蒋介石日记》,1934年4月26日。
④ 《废除华盛顿限制海军军备条约通告》,《日本帝国主义对外侵略史料选编(1931—1945)》,第221页。

在华权益时,要基于我方独自的立场,采取必要措施以严肃、公正态度应付之,而且还要注意利用该国内部之争,促使其改变抗日政策";"要积极采取以外交与经济为主的措施,全力排斥各国对中国的援助"。①

面对日本咄咄逼人的野心及中日关系暂时的相对稳定,蒋介石既感觉到巨大的威胁,已经开始酝酿调整此前的对日妥协政策,但在调整中,又不想放弃可能的一点点希望,试图在此之前尽最大努力以妥协的途径将中日关系导向暂时的稳固。蒋介石此时表现出的对日本异常恳切的苦口婆心,不排除正是政策有可能发生重大转变的表征。1934年,蒋介石就国际形势与中日关系连续发表讲演,对中国在日本逼迫下的处境及形势的发展变化路径一一做出剖析。他分析日苏两国在亚洲的战略意图:

> 日本向持之国策有二:一曰北守南进之海洋政策;一曰南守北进之大陆政策。虽其最终目的,皆在于独霸东亚,然以进展之方面与步骤之不同,在国际间之利害关系亦异!简言之,如北守南进,则必与英美发生正面之冲突;南守北进,必与苏俄发生不可避免之强烈斗争。同时苏俄在亚洲之传统的国策,亦有东进与南进两种。如东出满蒙朝鲜,必与日本作战,亦为英美所不能坐视;若南出新疆西藏,或印度缅甸,英国势必死乎!依现在情势而观,日俄两国虽各自并行其两种传统的国策,但因日本之占领东北,进逼俄蒙,苏俄亦不得不尽力经营远东,于是日俄关系乃成东亚局势之核心,世界大战之伏线,虽张弛无时,但势在必战,然目前除非有特殊意外之事件,则又不致爆发。盖苏俄在外交方面虽已准备妥贴,而军事上毕竟准备不足;反之,日本在军事方面虽已准备充足,而外交上又深感孤立也。

在日苏对抗的形势下,日本"一旦与俄开战,不难用实力强占华北及沿海各省,而压迫中国在事实上随日本共同与苏俄为敌。若如此做法,姑无论今日强迫中国政府未必尽如日本人所想象之容易;即中国政府被压迫,亦始终不能达到强迫中国共同作战之目的。盖今日之中国问题,与英美有不

---

① 岛田俊彦・稻叶正夫编『現代史資料8・日中戦争1』みすず書房、2004、22—24頁。转引自臧运祜《七七事变前的日本对华政策》,社会科学文献出版社,2000,第93—94页。

可分之关系，彼要能违前项目的，不仅须能强迫中国，尤须能连带强迫英美也。日本强迫中国在军事力量上固不成问题，如谓其亦有强迫英美能使对俄共同作战之力量，谁敢置信?! 此中困难，日本人固深知之，所以对于强迫中国共同对俄作战之利害得失，或可能性之大小，未能遽尔打算明白，而在打算明白以前，决不敢率尔对俄作战也"。基于此，蒋介石认为，由于中国"各个帝国主义者因利害冲突而勾心斗角之中，与整个局势演变之关键，特别是日本对俄作战一切须取决于对中国之外交一点上，吾人可以认识中国现在所处地位之紧要与外交运用之尽有可能"。①

1934年11月，蒋介石在谈论中日关系时，一方面告诉日本人中国的底线：

> 中国是一个完全自主独立的国家，我们领土和行政的根本原则，绝无放弃的可能，在东亚和平的大理想之下，考虑日本的利益，有时作相当的妥协让步，不一定不可能。可是，在事实上，中国无论如何的希望改善中日关系，无论以如何诚意容纳日本政治家的意见以实行中日亲善的政策，但中国对于日本妥协让步，毕竟有一定的限度，关于这一点，请不要忘记才好。

同时更明确表示中国愿意寻求暂时妥协的立场：

> 中日两国，无论自那一方面看，都应该提携协力，以图亚细亚的繁荣，然而从来所以有互相敌视等不幸的状态，则以日本方面的误解为重大原因之一，殆不俟言。若由狭隘的民族立场而论，中国的复兴的状态，或致引起他国人的疑惑，亦未可知。然而此事并无害于在华日本人的利益，和中日国交的敦睦促进，对于现下中日间的难局，作种种无责任的放言高论，却于中日关系以恶影响，现在事实上中国不能以实力相争，殊为明白。中国并不希望世界大战，因为并不能在大战中觅得安全的出路，这在明了世界情势和东亚大局的人，全都知道

---

① 《东亚大势与中国复兴之道》，秦孝仪主编《先总统蒋公思想言论总集》第12卷，第95—97页。

战争再起的惨祸，决没有期待用一种方策，而希望如斯事态的。①

11月27日，蒋介石在南京对日本大阪新闻记者谈话，明确指出："中国不愿世界有战争，世界之和平，乃东亚之福，亦即中国之利；中国人民不仅不希望世界有战争，亦不愿有此危机。"② 表示中国向来遵守国联盟约，两国应当以道德信义为基础来解决业已存在的问题。

经过一番思索、观察后，1934年底，蒋介石开始在对日关系上采取重大行动，口授《敌乎？友乎？——中日关系的检讨》长文，由陈布雷执笔，用徐道邻名义于次年1月在《外交评论》发表。关于文章的撰著，蒋介石后来回忆：

> 民国二十三年秋，中日局势更趋危急，正进入最后关头，极思设法打开僵局，乃在病榻分章口述，而嘱布雷同志笔录其详，以此为中日两国朝野作最后之忠告，期其警觉，克免同归于尽之浩劫。惟以当时政治关系，不便以布雷名义出之，乃托徐道邻君印行。③

蒋介石在文中传递了与日本改善关系，两国加强合作，避免冲突的强烈愿望，委曲求全地向日本表示："日本人终究不能做我们的敌人，我们中国亦究竟须有与日本携手之必要。"④ 文章首先谈道："我们固然知道中日问题，主动完全在日本，当日本无意缓和时，中国无法单独缓和，但依目前所标榜的'一面抵抗，一面交涉'的政策，实在只足以表示当局的无办法。现在更有一类人，悬想到俄日或美日开战时，乃至第二次世界大战发生时，中国将何以自处，因而有主张中国应绝对不参加战争且实行严守中立的。殊不知战端一启，中国决没有守住中立到底的可能，最可能的立场，大约将不积极的站在那一方面，而是反对那一方面，或者可以说有那一面强迫我们或破坏我们中立的时候，我们便不恤牺牲的反抗他。但这样

---

① 《如何改善中日关系》，秦孝仪主编《先总统蒋公思想言论总集》第13卷，第530—531页。
② 《改善中日问题之道》，秦孝仪主编《先总统蒋公思想言论总集》第38卷，第28页。
③ 《敌乎？友乎？——中日关系的检讨》，秦孝仪主编《先总统蒋公思想言论总集》第4卷，第135页。
④ 《敌乎？友乎？——中日关系的检讨》，秦孝仪主编《先总统蒋公思想言论总集》第4卷，第138页。

仍然是与加入战团无异,这样不能保持中立而处于被逼参加的被动地位,于中国并没有何种的利益,而且必陷于最悲惨的绝境。"① 事实上,"一面抵抗,一面交涉",本身即为蒋介石自淞沪抗战以来一直执行的政策,文中对该政策的批评,意味着蒋介石对这一政策尚不满意,希望和日本之间取得更为明确的谅解。这一思路,仔细检索蒋介石日记,可以发现其来有自,早在1933年蒋介石日记中,他即写道:"倭如与他国开战,吾国应如何自处,以求生存。中立势不可能,附倭义所不许,然参战抗倭,则国家与人民克蒙其危矣。"②

基于此,文章劝告中日两国当局对中日关系做一番检讨,打开僵局,"免得愈走愈趋绝路",以致弄得双方"同归于尽"。文章告诫日本:

> 日本如以任何理由对中国正式用兵,中国的武力比不上日本,必将大受牺牲,这是中国人所不容讳言。但日本的困难,亦即在于此,中国正唯因为没有力量,即是其不可轻侮的力量所在。战争开始,在势力相等的国家,以决战为战事的终结,但在兵力绝对不相等的国家,如日本同中国作战,即无所谓正式的决战,非至日本能占尽中国每一方里之土地,彻底消灭中国之时,不能作为战事的终结。③

文章强调:"只要日本有诚意谋解决,中国只须要求放弃土地侵略,归还东北四省,其他方式,不必拘泥,过去悬案,应以诚意谋互利的解决,一扫国交上的障碍,人民应洞明大义,不作苛求,当局应忍辱负重,掬示忠诚。至于期望国际间发生波澜,以为中国可乘此以求收获,则须知日本战胜非中国之福,日本战败以至于灭亡,也非中国及东亚之福。"劝告日本:"日本所应首先认识者,第一应知有独立的中国,始有东亚人的东亚可言,故第一要义应彻底扶持中国真正的独立,才为日本百年不敝的国策,有独立的中国以平等地位与先进的日本相提携,而后日本为能善用

---

① 《敌乎?友乎?——中日关系的检讨》,秦孝仪主编《先总统蒋公思想言论总集》第4卷,第139—140页。
② 《蒋介石日记》,1933年8月4日。
③ 《敌乎?友乎?——中日关系的检讨》,秦孝仪主编《先总统蒋公思想言论总集》第4卷,第143页。

其在东亚之特殊地位与利益（广田之言），中国亦可发挥其对东亚的使命。第二应知时代变迁，明治当年的政策，不复适用，为彻底更新中日关系，应抛弃武力而注重文化的合作，应舍弃土地侵略而代以互利的经济提携，应唾弃政治控制的企图，而以道义感情与中国相结合。"①

《敌乎？友乎？——中日关系的检讨》这篇文章，蒋介石下了大功夫，也寄予高期待，希望晓之以理动之以情，促进日本方面深刻反省、幡然悔悟。文章也的确引起日本方面一定程度的重视。1935年春，日本《中央公论》、《政经日本》等颇有影响的刊物纷纷发表评论文章，"东洋经济社"也召开"中日亲善问题谈话会"，就文章发表后中日关系可能走向问题展开讨论。1935年1月22日，日本外相广田弘毅在日本国会发表演说，声称：

> 帝国政府极重视东亚诸国之和亲，故期望此等诸国，共同负担东亚和平，及秩序维持之重责，因此帝国政府除策望中国能从速早日安定，并对于东亚之大局能予以觉醒，以使帝国之真挚之期待与之吻合，此点非但衷心所希望，且在我国为求其善邻之实现，并鉴东亚安定力之地位，持有更予努力之方针。而从来两国间多年悬案之各种问题，已见渐次解决，中国国民亦渐能谅解帝国之真意，此种倾向，即帝国政府亦何尝不愿予以容忍，其在我方，除今后更益促进此种倾向，以期其圆满外，并希望中国方面对此予以格外之协力。②

广田施放的"和平"空气，更增加了蒋介石对日本的期待。蒋介石立即于1月27日、28日会见日本公使有吉明，表示："中日应该亲善，是我的信念"，"中日关系如何调整？我不断加以考虑，我认为今日时机已到"。③甚至一厢情愿地在日记中写下自己的期望："倭寇态度似可渐缓和，或有交还东北主权之可能。"④不过，蒋也在日记中提醒自己几点："一、对日外交以日本外务省为主体，不可四出接洽，自乱步骤。二、对日外交应付处

---

① 《敌乎？友乎？——中日关系的检讨》，秦孝仪主编《先总统蒋公思想言论总集》第4卷，第162、164页。
② 《广田演说外交策》，天津《大公报》1935年1月23日。
③ 〔日〕有吉明：《中日关系再检讨》，《民族》第4卷第10期，1936年10月。
④ 《蒋介石日记》，1935年1月31日。

置,不可忘却英美关系与国际立场。三、不可上亚洲主义之当,对日与国际均取敦善。四、对日妥协之限度。"①

2月1日,蒋介石再次升高对日缓和的层级,以对中央社记者谈话的名义提出:"中国素以信义和平为外交标准,冀与任何友邦增进其合作之连系,消弭其仇视之恶因,我政府无时不以至诚示人,俾人亦得其深切之认识,此次日本广田外相在议会所发表对我中国之演词,吾人认为亦具诚意,吾国朝野对此当有深切之谅解。中国人民因迭受刺激,发生一部分反日运动,政府曾不断予以合理的弭止。……中国过去反日之情感,与日本对华优越之态度,皆应共同改正,方为敦友睦邻之道。我全国同胞亦当以堂堂正正之态度,与理智道义之指示,裁制一时冲动及反日行为,以示信谊。余信日本亦能以信义相应也。"② 14日,蒋介石在庐山与日本朝日新闻记者谈话,再次表示:"中日两国不仅在东亚大局上看来有提携之必要,即为世界大局设想,亦非提携不可,因东亚只有中、日两个国家,同时这两个国家亦是世界之重要份子。"③ 15日,日本外务省举行第一次"中日经济提携会议",表示中国方面如彻底制止反日运动,则日方可与中国进行经济合作。对日方接连表现的缓和姿态,蒋、汪经过商议,决定由行政院长汪精卫在中央政治会议上做中日关系的报告,正式表明态度。2月20日,汪精卫在中央政治会议上报告:"读了这次广田的演说,认为和我们素来的主张精神上是大致吻合,中日两国间既有如此的共鸣,加以相互的努力,中日关系,从此可以得到改善的机会,而复归于常轨","我现在坦白的郑重的声明,我们愿以满腔的诚意,以和平的方法和正常的步调,来解决中日间之一切纠纷,务使互相猜忌之心理,与夫互相排挤,互相妨害之言论及行动等,一天一天的消除","中日两国间之根本问题,必可得到合理之解决"。④ 2月19日到3月5日,中国驻国际法庭法官王宠惠乘返海牙任所之便,衔蒋、汪之命,道经日本,与日本首相冈田、外相广田以及朝野人士多次晤谈,探测日本方面对华的真实态度,同时更明确传达中国

---

① 《蒋介石日记》,1935年2月8日。
② 《蒋委员长与中央社记者谈话》,天津《大公报》1935年2月2日。
③ 《所谓中日亲善当以道义为出发点》,秦孝仪主编《先总统蒋公思想言论总集》第38卷,第29页。
④ 《汪精卫在中央政治会议上关于中日关系的谈话》(1935年2月20日),南开大学马列主义教研室中共党史教研组编《华北事变资料选编》,河南人民出版社,1983,第89页。

方面改善中日关系的意向。会见广田外相时，王提出了"中日亲善"的三条原则："（一）中日两国彼此尊重对方在国际法上之完全独立，即完全立于平等地位，如对中国取消一切不平等条约是也。（二）中日两国彼此维持真正友谊，凡非真正友谊行为如破坏统一、扰乱治安或毁谤诬蔑等类之行为，不得施于对方。（三）今后中日两国间之一切事件及问题，均须以平和的外交手段从事解决。"① 王宠惠访日，被认为是中日新一轮接触的开端："中日两国南京交涉调整邦交一案，实源于民国二十四年春王亮畴博士与日本广田外相之会晤。"② 广田外相在日本议会也肯定："一般人或有得毋过信中国对日亲善之疑问，但本人以为中国之转好于对日亲善，实无可疑之余地，中日关系，前此确为恶化，然中国已顿然有好转，实可谓转好者也。"③ 不过，私下里王宠惠本人对这次访问的观感并不良好，4月24日，蒋介石曾在日记中记下王宠惠的访日总结："甲、不许谈东北问题。乙、要求共同防俄，进一步对俄同盟，军事受其统制。丙、要求经济合作，进一步即经济受其统制。是倭所要我者，为土地、军事、经济与民族之生命，其最后则在统制文化，制我民族死命也。"④

5月17日，中日双方同时宣布两国公使馆升格为大使馆，显示两国关系的升级。在此前后，驻日大使蒋作宾与日本广田外相会谈。在6月、7月的会谈中，中方要求日方停止策动"华北自治"，废除对中国的不平等条约；而日方则要求中国承认"满洲国"，如暂时不能承认，也要使与"满洲国"接壤的河北、察哈尔等地与"满洲国"增加人员和经济来往。

6月10日，国民政府颁布《敦睦邦交令》，禁止发表反对日本侵略的爱国言论及组织抗日团体。《新生》杂志发表《闲话皇帝》一文，被日方认为是侮辱天皇，当局即将主编杜重远逮捕，判刑1年零2个月。7月7日，叶楚伧发表谈话，除就"新生事件"向日本表示道歉外，着重说明国民党中央对中日关系一向持诚恳和平态度，向日方大送秋波。蒋介石及国

---

① 《驻日大使蒋作宾自东京报告与广田外相谈话电》（1935年10月8日），秦孝仪主编《中华民国重要史料初编——对日抗战时期 绪编》（3），第640页。
② 《外交部关于中日外交问题的节略》（1936年12月），秦孝仪主编《中华民国史档案资料汇编 第五辑第一编 外交》（2），第926—927页。
③ 《广田在议会关于对华外交的答辩》（1935年2月21日—3月2日），《华北事变资料选编》，第95页。
④ 《蒋介石日记》，1935年4月24日。

民党当局执行的和日政策，引起全国人民的强烈不满，甚至国民党中央内部也时时可听到反对声浪。

9月7日，蒋作宾与广田外相会谈，蒋作宾郑重要求日方履行此前向王宠惠许诺的三项原则，广田外相答以当报告政府详细研究，再行奉答。稍早的8月，日本外务省、陆军省、海军省经多次商议，已达成对华交涉原则，经征求各方意见，10月4日，日本内阁会议正式决定《外、陆、海三相关于对华政策的谅解》，规定了日本对华政策的三项原则。10月7日，广田在与蒋作宾会谈时对这三项原则做了阐述："对于贵国所提三大原则认为应当照办，惟实行顺序，贵国需先同意下列三点。第一点，中国须绝对放弃以夷制夷政策，不得再借欧美势力牵制日本，如仍旧阳与日亲善，阴结欧美以与日仇绝，无亲善之可能。第二点，中日满三国关系须常能保持圆满，始为中日亲善之根本前提，欲达此目的先须中日实行亲善，在日本方面中国能正式承认满洲，方认中国确有诚意，在中国方面或有种种关系有不能即时承认之苦，然无论如何仍对于满洲事实的存在，必须加以尊重。（一）须设法使满洲国与其接近之华北地位［区］不启争端。（二）须设法使满洲国与其接近之华北地位［区］保持密切之经济联络。第三点，防止赤化，须中日共商一有效之方法。赤化运动发源某国，在中国北部边境一带有与日本协议防止赤化之必要。"广田接着表示："以上三点中国政府如能完全同意，日本对于贵国所提三大原则即逐渐商议实行。"① 蒋作宾当时回答："1. 取缔排日言行，已有事实表现。2. 事实上承认满洲一事限于职权，应候请示政府再行答复。3. 防止赤化势力之共同方策中有关方法及地域等需要研究"，"中国将来或不至绝无商量之意"。②

10月8日，蒋作宾向外交部报告了7日与广田的会谈情况。13日，蒋介石得到报告后，急电汪精卫指出：如果广田三原则"为所传要求放弃以夷制夷之外交，尊重伪满与联盟防赤之三条，则形式似较减轻，而其内容即为脱退国联，承认伪国与联盟对俄之变相，亦即实施此内容之第一步也。故其意义深重，不得不郑重考虑。惟弟意我方应立对案之原

---

① 《驻日大使蒋作宾自东京报告与广田外相谈话电》（1935年10月8日），秦孝仪主编《中华民国重要史料初编——对日抗战时期 绪编》（3），第642页。
② 转引自吴相湘《首任驻日大使蒋作宾》，台北《传记文学》第6卷第1期，1965年1月。

则，无论施行何事，欲求其切实有效，必须尊重中国之主权，与不妨碍中国之统一，先使两国国民去其疑窦，恢复情感，方为根本之办法。故对方应先恢复外交之常轨，尤其对于华北之战时状态，更须首先解除，以立两国政府之信义，则事事当可讨论而期其有效也。"蒋同时要求蒋作宾在对日交涉中，"不可现急情之态，此时只有自立自求、不求于人，乃为惟一救国之道"。① 14日蒋在日记中写道："倭之对华国策，其为缓和之先声乎，抑为诱欺之张本乎，但以此范围之内，当与之讨论办法以应之，冀其延缓时间也。"由此可见，蒋介石虽然极力争取对日缓和，但缓和并不是没有限度，一切还以中国主权不受到过度妨碍为宗旨。

10月21日，蒋作宾大使与广田外相在东京会谈。蒋作宾首先宣读了国民政府的文字答复，其中再次复述了9月7日中方提出的三原则、日方10月7日提出的三点要求，并表示如果日本完全实行中方三原则，中国也对于日方三原则表明答复意见。这是中国政府第一次正式以文字照会的形式向日方表示的答复意见。中方以再次明确三原则并要求日方首先实行中方三原则，拒绝了日方的三原则，日方则仍然坚持自己的三原则。因此，此次谈判并无结果，只不过成为中日各自表达立场的机会。时任外交部亚洲司司长的高宗武认为："日本本其一向之策略——崇尚原则，以期可以由此空泛之原则，随意地产生一切他所说不出来的内容。中国则因过去之教训，十分畏惧会上日本人的当，故若无具体内容，则不愿多谈。所以此'广田三原则'之谈判，毫无结果。"②

1936年初，蒋介石在与来华的英国特使李滋罗斯交谈时，谈及其对与日本谈判的看法："过去中国政府把与日本人之间的困难留在地方官员去处理，结果日本步步进逼、对中国蚕食，看来这得不到最终的解决。于是中国政府改变了自己的方针，邀请日本政府通过外交渠道进行谈判。他想使日本人把他们的牌摊在桌面上，他不知道他们究竟想要得到些什么。现在他们只提出了三项总的原则，他的政策将视这些原则如何应用而定。如果日本人的要求是合理的，谈判会继续下去，但是如果他们的要求不合

---

① 《蒋委员长致汪兆铭院长告以蒋大使电文尚未接到及对日方所提三条我方应立对案之原则电》（1935年10月13日），秦孝仪主编《中华民国重要史料初编——对日抗战时期 绪编》（3），第642—643页。
② 高宗武：《日本真相》，湖南教育出版社，2008，第39页。

理,他将拒绝接受并等待事态的发展。"蒋还进一步谈到对日政策及其对日本走向的判断:"他的进一步的政策,在很大程度上取决于他能从各大国那里所得到的援助。各大国都在关注着目前的中日纠纷,例如,一旦海关被侵夺,就会损害中国的信用;但同时也将危及对外债、赔款的担保。有关的大国会无所作为,只让中国去进行这一斗争吗?中国并不想放弃海关,但可能不得不这么做。从更广的角宽来看,中国一直在为世界的其余部分而战斗,起先是反对布尔什维主义,现在是反对日本人。如果现在中国对日本的要求让步,日本将变中国为其控制亚洲的工具。日本已决定要驱除英国在中国的影响,但日本并不满足于对中国的统治。它在苏联边界没有获得领土上的满足,他有理由认为,日本将采取更积极的南进政策。中国将是第一个受害者,但接下来将是荷兰的殖民地,以后就会轮到菲律宾和大英帝国了。"① 这一谈话显示,蒋介石通过妥协改变日本侵略中国政策的厚望基本落空。

第三节 中苏谋求接触

一 中苏复交

日本和苏俄是20世纪上半期在中国东北拥有特殊权益的两个大国。20世纪20年代以来,日本对东北的觊觎直接影响到苏俄的利益,日苏关系十分微妙。日本始终以苏俄为其进占中国东北、独霸远东地区的假想敌,因此有所谓北进计划,谋求通过对苏战争打垮对手,实现其战略目标。苏俄对日本的北进计划高度警惕,对日本在东北攫取权益的做法心存不满,但从自身安全出发,不愿在欧洲遭到德国乃至西方列强敌视状况下,与日本在亚洲发生冲突,在亚洲尽力采取忍让态度。蒋廷黻认为:"自'九·一八'以来,苏俄对日交涉,无一事不退让。中东铁路、库页油田、北海渔权诸问题之解决,无一不出于苏俄之退让。吾人可说苏俄对日之政策,乃不抵抗政策也。惟日人所得之便宜,从苏俄整个国家着想,无关宏旨。故以极少之牺牲即能达其和平之目的。至于侵占苏

---

① 《贾德干致艾登电》(1936年1月16日),《李滋罗斯远东之行和1935—1936年的中英日关系——英国外交档案选译》(中),吴景平译,《民国档案》1989年第4期。

俄土地，有红军在，日人亦不敢轻试。"① 不过，蒋同时也强调："在国际联盟中，苏联代表无一次不协助我国代表。法苏互助条约之限于欧洲系法国之要求，非苏方之所愿，苏方固坚持和平系整个的，非区域性的，以故和平维持之努力亦不能有区域之限制。在中日两国争论中，苏联无一次不完全偏袒我方。"② 这应该是当时的实况。

九一八事变发生后，苏联立即给予严重关注。1931年9月19日晚，苏联副外交人民委员加拉罕（Karakhan）召见日本驻苏大使广田，鉴于事变发生在靠近中东铁路的地区，要求日本政府就此做出解释。25日，苏联外交人民委员李维诺夫（Maxim Litvinov）会见广田，广田称：日本政府决定不扩大军事行动，关于日本军队派往哈尔滨的传闻是荒谬的。李维诺夫对此表示感谢，并希望巩固苏日关系。然而，随着日军在东北军事行动的顺利展开，进一步向东北北部伸展成为日本不可遏止的欲望。为避免与苏联发生冲突，日本向北进攻急需取得苏联不干涉的承诺，而面对日军的进逼，苏联为了自身的安全与利益，再次采取退让政策。10月28日，日本驻苏大使广田奉命向加拉罕询问苏方是否向马占山部派遣教官、提供武器，以及是否打算向中东铁路派出军队。29日，加拉罕约见广田大使并发表声明，对中日冲突采取严格的不干涉政策，表示"黑龙江省的军队过去和现在从未得到苏联的任何武器或军事供应，苏联对满洲冲突中的任何一方并未给予任何支持"。③ 11月20日，李维诺夫在与广田见面时明确表示："苏联政府在与其他国家的关系中一贯实行严格的和平与和平关系的政策。它重视维护和巩固与日本现存的关系，对各国间的冲突奉行严格的不干涉政策。它期待日本政府努力维护现存的两国关系，并在自己的行动和命令中应考虑不要破坏苏联的利益。"④ 苏联的这一态度，蒋作宾曾总结道："俄对于此次事变，必须俟各国均转入漩涡，然后乃乘势以收渔人之利，决不为人先，以首受其祸。"⑤

---

① 《蒋廷黻关于苏联概况、外交政策及中苏关系问题致外交部报告》，《民国档案》1989年第1期。
② 《蒋廷黻关于苏联概况、外交政策及中苏关系问题致外交部报告》，《民国档案》1989年第1期。
③ 《苏联对外政策文件集》第14卷，莫斯科，1968，第626页。
④ 《苏联对外政策文件集》第14卷，第672页。
⑤ 《蒋作宾日记》，1932年2月11日，第409页。

第四章　对日政策的调整与国民政府的国家防御计划 | 267

攻占齐齐哈尔后，哈尔滨成为日军下一攻击目标。哈尔滨是东省特别行政区官署所在地，也是中苏共管的中东铁路的总枢纽，日方对进军哈尔滨态度更加谨慎。日本方面与苏方频繁接触，苏方重申实行"不干涉政策"并提议缔结苏日互不侵犯条约。1932年2月，苏联同意日本利用中东铁路运送军队，违背了苏联前不久不运送中日双方军队的诺言。苏联并以执行"严格的中立政策"为由，拒绝参加国联调查团与国联关于"满洲"问题的常设委员会。3月17日，加拉罕在同中国全权代表莫德惠的谈话中直言不讳地说："我国的政策是警觉地注视事态发展并采取不干预态度。目前，这是唯一正确和可行的政策。"① 随后在与颜惠庆的谈话中他再次强调："从冲突伊始，我们执行的就是严格不干预远东冲突和恪守中立的政策。我们不打算离开这一鲜明的、有目共睹的立场。"② 对此，日外务大臣后来不无感激地谈道："满洲事变当初，苏联政府虽标榜中立与不干涉方针，却同意由中东路运输日本军队，在呼伦贝尔事件时，对救援日本居留民作出了巨大援助。更有甚者，苏联政府鉴于事变之进展，于昭和六年末向我提议缔结互不侵犯条约。"③

虽然苏联对日本不断让步，竭力"保持谨慎态度，不让那些惯于从中渔利的战争挑拨者把我们卷入冲突中去"，④ 但日本对苏联的敌意并没有真正减轻。1931年12月31日，李维诺夫向途经莫斯科的日本外相芳泽提出缔结苏日互不侵犯条约，这一建议在1932年12月13日遭到日本政府的正式拒绝，借口是日本和苏联均为《非战公约》的成员国，没有必要签订日苏互不侵犯条约。1933年4月24日，加拉罕在莫斯科对日本大使又提及苏联执行和平政策，准备同包括日本在内的一切国家都缔结互不侵犯条约。日本沉默了一年之后，再次拒绝了苏联的这一建议。苏联对日缓和外交因此严重受挫。日苏双方都面对着一个现实：由于日苏在远东地区都拥有特殊权益，它们在远东地区的争夺并未因为日军暂时占据东北而告结

---

① 《加拉罕与莫德惠的谈话记录》（1932年3月17日），《〈中苏外交文件〉选译》（上），李玉贞译，《近代史资料》总79号，中国社会科学出版社，1991，第197页。
② 《加拉罕与颜惠庆的谈话记录》（1933年3月27日），《〈中苏外交文件〉选译》（上），李玉贞译，《近代史资料》总79号，第202页。
③ 「第六十四回帝国議会ニ於ケル内田外務大臣演説」（1933年1月21日）、外務省編纂『日本外交文書　昭和期Ⅱ　第2部　第2巻』外務省、1997、4頁。
④ 《斯大林文选》，人民出版社，1962，第220页。

束，对峙将是长期持续的。

日苏间潜在的对立，对于遭受日军侵略的中国而言，是一个可以利用的因素。南京国民政府建立在与苏联反目的基础之上，加上对苏意识形态及国共内战的制约，与苏联关系长期紧张。1929年7月，中苏因中东路武装冲突断绝邦交。国民政府把苏联看成"赤色帝国主义"，苏联则把"中东路事件"视为列强利用国民党政府发动"对苏侵略"的开始，通过共产国际要求中国共产党"变帝国主义战争为国内战争，变帝国主义进攻苏联的战争为拥护苏联的革命战争"。① 九一八事变前，中苏关系可谓降到了冰点。

日军侵华，中苏间面对日本侵略所形成的战略利益关系迅速为国人所注意。1931年9月23日，在国民党中央执行委员会政治会议上，有人即提出："在外交上说，我们现在对俄国还是可以复交的。除俄国之外，没有人会来帮助我们的。这也不是说俄国独厚于中国，因为日本是中俄两国共同的敌人。苏俄远东的利益，是和日本起正面的冲突的。"② 不过，鉴于国民党和苏联在1927年形成的敌对关系，国民党元老多对联俄主张持谨慎态度。9月30日，专为处理东北问题成立的国民党中央政治会议特种外交委员会举行第一次会议，该次会议以讨论对苏问题为重点，李石曾、戴季陶、吴稚晖等纷纷发言。李石曾提出："因日本之压迫而遽然变更既定外交方针，实有从长讨论之必要"。戴季陶随之附和："李委员所谈有二要点。（一）对俄复交事可进行但不必立刻实行，以保留与欧美交涉之作用并为有条件之交涉。（二）积极作与欧美联络之工作，以在经济上联合谋中国经济上之进步为目的，并以对俄复交之空气促其与我接近。"吴稚晖也谈道："对俄太接近是否失英美之同情亦要考虑。"③ 与苏"复交"成为讨论议题，但与会者对立即付诸实施则多不抱乐观。

蒋介石虽然是1927年的反苏首领，但作为一个现实主义的政治领袖，他对外交更多采取实用态度。1928年8月，南京国民政府完成"二次北

---

① 《中央通告第42号》（1929年7月24日），《红旗》第34期，1929年7月27日。
② 《国民党中央执行委员会政治会议第290次会议速记录》（1931年9月23日），刘维开编《国民政府处理九一八事变之重要文献》，台北，近代中国出版社，1992，第181—182页。
③ 《中央政治会议特种外交委员会第1次会议记录》（1931年9月30日），刘维开编《国民政府处理九一八事变之重要文献》，第1—8页。

伐"后,他曾在日记中写道:"晚与吴、李、张、戴、李等会商开会手续。余提议对苏俄外交,应研究。而吴、张、李等即以为不应有此想念,认余为联俄之萌,顿时表示不信之状。呜呼,如此国家与政府,而对俄不准研究,是何心耶。"① 可见,蒋对与苏接触,并不完全从意识形态出发采取一味反对态度。中东路事件后,中苏交恶,蒋介石对苏也失去希望。1931年初,他在日记中写道:"意法战争暴〔爆〕发不远,俄国对远东必从此猛进,美日亦将牵入漩涡,日本必强占东三省。俄必进逼内蒙、新疆,中国至此危殆。但中国如能立国自强,未始非转祸为福之时也。"② 对苏观感相当负面。九一八事变后,蒋对与苏联关系态度复杂,一方面表示"对外美德亲善,俄法妥协,英意联络",③ 准备改善与苏俄关系;另一方面,对与苏复交仍然态度消极。1932年1月10日,蒋针对陈友仁对日绝交的说法提出:"如对日绝交即不能不对俄复交,陈提此案,众皆不察,且多数主张绝交,是诚国家最大危机,此时我国地位若战而不宣,尚犹可言,如绝交即为宣而不战,则国必危亡。以对俄复交,则列强对我不但不助,而且反而助日。故东三省问题未决以前,如对俄复交,则不止断送满蒙,是乃断送全国也。"④ 蒋在此透露了他对中苏复交的两个忧虑:一是担心进一步刺激日本,二是担心列强反对中苏接近。在日记中,他对陈友仁这一主张更是大肆诋毁:"陈友仁声言非对日绝交与对俄复交之外、无办法,是其主张对日绝交者,即为对俄复交之阴谋,显然暴露。陈贼与以家国供牺牲,其肉不足食矣。"⑤

日本对中国压迫的不断加深,尤其是"一·二八"淞沪抗战中国方面表现出的抵抗欲望和能力,使对日抵抗的讨论慢慢浮出水面,而对日抵抗,利用国际因素又是一个不能不考虑的话题。1932年4月,国民党政要孙科公开提出《抗日救国纲领》,要求以彻底抗日为目前外交之主要方针,为此目的,"凡与日本帝国主义利益冲突之国家,均认为我之与国,应与

---

① 《蒋介石日记》,1928年8月1日。
② 《蒋介石日记》,1931年1月5日。
③ 《蒋介石日记》,1932年1月1日。
④ 《蒋介石致何应钦、朱培德、陈果夫电》(1932年1月10日),《蒋中正总统档案》,00202020000014040。
⑤ 《蒋介石日记》,1932年1月24日。

之作切实的互惠的联合"。① 在和新闻记者的谈话中，孙科进一步明确表示："为实现抗日我必须联美联俄"。② 孙科的身份，使其公开表态惹人注目，一定程度上推动着国民政府外交政策的变化。1932年5月11日，行政院第29次会议做出决定："佥以为宜准备对俄复交，当经决议附具意见提请中央政治会议决定。"行政院的这一决定，一方面是对国内要求对苏复交声浪的回应；更重要的，还是对当时复杂外交形势做现实估量后的权宜之举。

不过，中国方面对苏表现出的期待，当时很难得到苏方的明确回应。在中日两国力量悬殊的背景下，苏联作为极有可能被牵扯进冲突的敏感方，对日本保持高度谨慎的态度。维持日苏关系的考量，要远远大于对中苏关系的重视。这是观察这一时期中、日、苏三国关系的基本视角。1932年3月中旬，苏联承认"满洲国"任命的中东路代理督办李绍庚，确认"满洲国"对中东铁路的主权，同意与"满洲国"共同经营中东铁路，还同意"满洲国"在西伯利亚各地开设"领事馆"，甚至同意它在莫斯科设"领事馆"，日方认为这"等于在事实上承认了满洲国"。③ 而且，当中方代表颜惠庆向苏方提出询问时，加拉罕不无傲慢地表示："我们不喜欢就我国执行何种政策问题，听取教训。"④ 4月28日，苏联在土耳其国务总理访苏之际邀请各国外交团出席欢迎宴会，唯独把在莫斯科交涉中东路等问题的中国代表团拒之门外。5月4日，中国代表团致电国民政府外交部，称："苏联对于代表团刻已视同赘疣，若不速决办法恐遭被逐厄运。苏联此项态度似以畏惧日本为主因，同时亦似含有盼我复交之意。"电文提出宜及早对苏复交，至于原先的顾虑，如国际援助、防共问题，电文认为："国际联合会本无实力援我，为世所知，当不至仅因中苏复交助纣为虐，防共工作更属内政问题，尤与复交无涉。"⑤ 行政院随后准备对苏复交的决

---

① 《中央日报》1932年4月25日。
② 《村井致芳泽电》第625号（1932年4月26日），『日本外交文書・満州事変』第2卷第2册、外務省、1980、745頁。
③ 《大桥致芳泽电》第330号（1932年3月24日到），『日本外交文書 昭和期Ⅱ』第2部第1卷、外務省、1995、359頁。
④ 《加拉罕与颜惠庆的谈话记录》（1933年3月27日），《〈中苏外交文件〉选译》（上），李玉贞译，《近代史资料》总79号，第205页。
⑤ 《王曾思致外交部电》（1932年5月4日），转引自《行政院第1016号公函》。

定,正是考虑了报告中提出的这些建议后做出的。

5月15日,国民党中央政治会议决定将行政院提出的复交建议交外交组审查。在国民党中央政治会议讨论对苏复交时,蒋介石也高度关注,这一时期,他先后在日记中表示:"对俄对美外交务勿忽略。"① "对俄外交当不能放弃外蒙,对日外交不能放弃东三省为标准,至于迟早时日皆有利害也。"② 对俄复交问题进入其思考范围。

6月6日,国民党中央政治会议举行第313次会议,决定以先订互不侵犯条约作为对苏复交条件。6月中旬,国民政府通过驻苏代表团专门委员王曾思,在莫斯科试探苏联的意向。王曾思的试探被苏联断然拒绝。22日,出席在日内瓦召开的国际军缩会议的中国首席代表颜惠庆奉命同苏联代表李维诺夫秘密接触。颜惠庆提出中苏可缔结互不侵犯条约,条约一经签署,也就意味着恢复外交关系。李维诺夫随即向苏联政府报告了这一消息,莫斯科的回电对这样一个违反常态的提议表示反对,指出:"苏联政府不反对无条件地复交,此举之后,互不侵犯条约将是复交的自然结果。"③ 强调:"我们两国之间,非常遗憾,至今还没有建立外交关系。我认为实现两国外交关系的正常化同样也是世界和平极为重要的部分,若没有这样的关系,将会大大降低两国协议的重要作用。"不过,李维诺夫同时表示:"一旦中华民国同苏联之间的外交关系得以恢复,我国政府就将准备着手讨论同中华民国缔结互不侵犯条约的问题。"④ 对南京政府先缔约后复交的主张,甚至国内舆论界也认为"殊不近理",因为"国际之事,与交友同。譬如有屏绝往来之两家,倘欲恢复交谊,自须先开始往来,作为相识,然后进一步酬醉交欢,渐成至交。今之主张先签订互不侵犯条约,后恢复国交者,犹之向不知姓名不通往来之邻家,主张先订兰谱而后交朋友也"。⑤

得到李维诺夫的回应后,7月8日,国民政府行政院决定电令颜惠庆

---

① 《蒋介石日记》,1932年5月7日。
② 《蒋介石日记》,1932年5月16日。
③ 《苏联副外交人民委员致李维诺夫的电报》(1932年6月29日),《〈中苏外交文件〉选译》(上),李玉贞译,《近代史资料》总79号,第198页。
④ 《李维诺夫致颜惠庆的信》(1932年7月6日),《苏联对外政策文件集》第15卷,莫斯科,1969,第400—401页。
⑤ 天津《大公报》1932年8月12日。

与李维诺夫在日内瓦先行进行复交手续交涉。汪精卫致电蒋介石,谈道:"今晨行政院秘密会议,讨论中俄复交问题,皆主张即行复交。前在牯岭谈话,尊意以为不宜由我方表示渴望。现李维诺夫既有苏俄准备复交之声明,则情势现有变迁,尊意如何,盼示复。"① 蒋介石在"剿共"前线接到上述报告后,立即回电反对,重申"对俄交涉,请照原定方针,以能否先订互不侵犯条约为标准"。② 行政院的建议因此再次搁浅。

7月8日至13日,国民政府在汪精卫主持下举行了以学者为中心的"专家会议",讨论外交问题。会上,多数人对复交持消极态度,认为对苏复交至多只可减少苏联之对日妥协。7月下旬,蒋介石、汪精卫和国民政府主席林森就此协商,蒋介石日记载:"上午访林主席,与之面谈也。对俄复交事,彼亦主张从缓。"③

9月15日,日本承认"满洲国"。国内要求对日更加积极抵抗的呼声很高,国民党领袖包括蒋介石原来一直抱有的避免刺激日本的想法也再次被证明是一厢情愿。以此为转折,国民政府对苏政策开始做出更大调整。19日,国民政府训令颜惠庆立即就复交问题开始对苏谈判。不过,按照蒋介石9月2日的日记,他一直坚持要将外蒙古问题与中苏关系挂钩:"罗文幹来见,续商对俄事,余见其互不侵犯条约稿,则主张不订,以余之目的,乃在外蒙问题能在不侵犯条约中解决,如不列此条,则于我只有害无利。"④ 所以,国民政府提出的复交计划中,仍然重申:"目下中苏两国间之政治经济及其他关系仍暂照以前1924年5月31日在北平所签订之协定议定书宣言换文及1924年9月20日在奉天签订之协定办理"。⑤ 所谓"在北平所签订之协定议定书宣言换文",即1924年5月中苏建交时缔结的《解决悬案大纲协定》等,其中规定:"苏联政府承认外蒙为完全中华民国之一部分,及尊重在该领土内中国之主权","两缔约国政府互相担任,在各该国境内,不准有为图谋以暴力反对对方政府而成立之各种机关

---

① 《汪兆铭电蒋中正请示对中苏复交之意见》(1932年7月9日),《蒋中正总统档案》,00202020000032049。
② 《汪兆铭电蒋中正请示对中苏复交之意见》(1932年7月9日),《蒋中正总统档案》,00202020000032049。
③ 《蒋介石日记》,1932年7月24日。
④ 《蒋介石日记》,1932年9月2日。
⑤ 国民政府外交部:《复交换文稿》,台北,中国国民党中央委员会党史委员会藏。

或团体之存在及举动,并允诺,彼此不为与对方国公共秩序、社会组织相反对之宣传"。① 9月27日,李维诺夫代表苏联向颜惠庆提出换文,拒绝除恢复两国使领关系外附加任何条件。颜惠庆随即临时提议:关于中俄奉俄协定,"另以密件声明前订条约仍为有效"。李维诺夫对此断然拒绝,强调"如换文涉及复交以外事项即是附有条件,殊难同意"。他并警告说:如中国坚持附有条件而拖延复交,苏联虽无即时承认"满洲国"之意,"但亦不敢为长时间之保证"。

苏联关于承认"满洲国"的表态,让国民政府倍感压力。9月27日,外交部部长罗文幹急电蒋介石,建议同苏联无条件复交。10月5日,国民党中央政治会议第326次会议在长时间研究后,决议"对苏无条件复交"。12月12日,中苏两国正式恢复邦交。中方谈判代表颜惠庆就此发表谈话指出:"余前次代表中国来日内瓦参加军缩会议时,即深觉为和平起见,太平洋岸之二大国实应恢复通常邦交,李维诺夫对余意亦表同情。而在他一方面,中国政府及人民亦深悉复交之举不容再缓。李维诺夫与余既均在日内瓦,实觉为办理此事之绝好机会。李顿调查团报告书中屡次提及苏俄与东三省问题关系,而此间最近又有邀请美国与苏俄参加十九国委员会会议之提议,可见中、俄亟应复交,为一显而易见之事。中国政府与人民极有诚意,欲与彼西北之伟大邻邦造成友好关系,并深信苏俄亦有同样诚意。"② 李维诺夫则谈道:"苏联各族人民过去和现在都对中国人民,对他为保持国家独立和主权而做出的努力,对他力争获得国际平等抱有深厚的同情。"③ 13日,蒋介石在日记中写道:"中俄在日内瓦正式复交,今日中外各报骇然。此着既能如期实现,则雪耻复国之基更增一层矣。长江北岸之共匪既告段落,对俄实现复交,自反步骤与预定者未乱也。如持之以敬,则报国有日矣。"④ 对照中苏复交的曲折进程,蒋介石此言不无自我解嘲之意,可以让蒋介石自我安慰的是,在当时的状况下,中国能够无条件和苏联达成复交,对于阻止苏联承认"满洲国"和苏日进一步接近,尚有

---

① 《解决悬案大纲协定》(1924年5月31日),王铁崖编《中外旧约章汇编》第3册,三联书店,1962,第423—425页。
② 《南京国民政府外交部公报》第5卷第4号,第79页。
③ 《李维诺夫就苏中复交同记者的谈话》(1932年12月12日),《〈中苏外交文件〉选译》(上),李玉贞,《近代史资料》总79号,第200页。
④ 《蒋介石日记》,1932年12月13日。

其战略意义。

二　中苏继续接触

中苏复交后，1933年3月5日，中国新任驻苏大使颜惠庆到莫斯科就任，苏联新任驻华全权代表鲍格莫洛夫亦于1933年4月23日下午抵达上海。中苏两国复交完成。随之，双方开始关于缔结中苏互不侵犯条约的谈判。5月11日，国民政府外交部向苏联提出中苏互不侵犯条约草案11条，草案规定了双方互不侵犯、不得援助进行侵略的第三国、不得参加旨在破坏另一方领土完整或政治独立的协定以及互不干涉内政等义务。草案还规定："如缔约双方之一遭到来自第三国或几个第三国的侵略时，缔约另一方有义务在法律上或事实上不得承认由此侵略行动造成的既成状况。"① 中方希望通过订约使苏联能够承诺不承认日本在中国东北的侵略结果。对此，苏方提出草案7条，其中第1条规定："倘两缔约国之一方受一个或数个第三国侵略时，则两缔约国之另一方须保持中立。"② 苏联坚持的"中立"立场，使中国政府感到失望，长时间未予答复，两国谈判暂时搁置。这一时期，蒋介石对与苏过于接近仍不无顾虑，正如他后来谈到的，当时对联俄主要有两点担心：一是顾虑"使中国重蹈十五年广州之覆辙"，二是搞不清日本究竟是准备南进还是根本就打算北进攻苏，担心联俄抗日，反"促使日本南进"。③

中苏谈判搁浅的同时，苏联与日本开始谈判出售中东路。日军占据东北后，苏联在中东路的运营受到严重影响，产生把中东路卖给日本的想法。1932年初，苏联政府就开始寻找机会，向日方传递这一讯息。中苏复交后，苏联更希望以这样一种方式保持其在中日间的平衡，避免开罪日本。1933年5月2日，苏联外交人民委员李维诺夫正式向日方提出出售中东路的建议。日本政府得悉苏联正式出售中东铁路的消息，提出应以"满洲国"做让售对象，以东京为交涉地点，日本政府扮演居间斡旋的角色。中方得知这一消息后，曾向苏方声明："只有中俄两国，得以处理中东路

---

① 《苏联对外政策文件集》第16卷，第851页。
② 《苏联对外政策文件集》第16卷，第571页。
③ 蒋介石：《苏俄在中国》，台北，中央文物供应社，1957，第71页。

之前途，如有违背协定之任何行为，我方绝不承认。"①5月9日，中华民国政府外交部发表声明："关于中东铁路之地位与管理，中国政府认为仅中、俄两国，享有合法权益。中国在该路之权利，绝不以任何方面之行动，而受丝毫之影响或损害。任何方面无合法地位，或非法占据该路经过之地域者，其行动自更不足以影响中国之权利。关于中东路之一切事宜，应继续依照一九二四年中俄协定，由中俄两国取决，而不容第三者干涉自不待言。任何新订办法，未经中国同意者，自属违犯前项协定，应视为无效，中国政府绝对不予承认。"②

苏联不顾中国方面的反对，继续进行出售交涉。5月，李维诺夫公开表态："十八个月以来，南京政府及其统辖势力已不再是苏联在中东铁路上的实际共营者，由于种种与苏联无关的原因，他们失去行使履行北京协定和奉天协定的权利和义务的可能。根据这些协定，中国政府应派出自己的代表参加铁路理事会，但十八个月来，理事会中一直没有他们的代表。南京政府也没有可能追究关于满洲国当局损害中东铁路权益的控告和采取措施保障铁路的正常营业活动。十八个月来，南京政府没有履行北京协定和奉天协定规定给它的义务，这种情况就使它在形式上和道义上没有权利援引这些协定。"③6月26日，售路谈判在东京举行，出席谈判的有苏联、日本和"满洲国"的代表团。经过一年多的讨价还价，1934年9月19日，苏方代表团表示苏联政府接受日方的建议，以1.4亿日元出售中东铁路。1935年3月22日，售路协定在东京签字。对苏联执意出售中东路的举动，蒋介石当时大为不满，在日记中发泄道："外交政策、倭寇、赤俄、英美三者，倭寇仇我而惧我，如顺之则可交也；赤俄敌我而恨我，其目的不仅倒我，而且必欲灭亡我国也。英美则欲我为之利用，以抵倭俄，但无土地之野心也。以大体论，英美可为与国，倭寇仅为仇国，而赤俄实为中国惟一之敌国也。与国以义待之，仇国以惠施之，惟敌国则无法变更易，惟有

---

① 《中国国民党第五次全国代表大会外交报告》（1935年11月），秦孝仪主编《中华民国重要史料初编——对日抗战时期 绪编》（2），第266—267页。
② 《中国外交部关于苏联出售中东铁路的声明》（1933年5月9日），李嘉谷编《中苏国家关系史资料汇编（1933—1945年）》，社会科学文献出版社，1997，第3页。
③ 《苏联外交人民委员李维诺夫同塔斯社代表的谈话》（1933年5月11日），李嘉谷编《中苏国家关系史资料汇编（1933—1945年）》，第4页。

自强以敌之而已。"① 国民政府外交部则发表声明，宣布："苏联出售东路之举，我方认为不合法，而无任何之拘束力；所有中国在东路一切权益，绝不因此种非法买卖而受丝毫之影响，中国对中东路之一切权利仍予保留。"②

由于中国方面的现实处境，国民政府虽然不满苏联的中立政策，但仍然不得不尽可能争取苏联方面的支持。1933年7月，蒋介石在日记中写道："赤匪不除，无以制俄而攘倭。倭寇不败，无以联倭而攘俄也。"③ 虽然文字上在联俄、联日间犹豫，但事实上联日可能微乎其微，现实的道路只能是尽可能向苏联靠拢。1933年底，美苏建交，苏联战略地位增强。中国方面原来担心的中苏接近影响中美关系不再成为制约因素，而美苏的缓和也使苏日间关系变得更加微妙，中苏接近愈趋可能。1934年3月，中国陆军大学校长杨杰赴苏考察。这是中苏两国复交后军方的首次接触。杨杰赴苏考察期间，受到苏方的热情接待。为这一情势鼓舞，6月22日，蒋介石邀请苏联驻华全权代表鲍格莫洛夫（Bogomolov）共进早餐。席间，蒋介石表示：中国欢迎苏联参加国联，"国联作为争取和平之机构对中国至关重要。苏联加入国联以后，中苏两国将更便于合作"。鲍格莫洛夫询问蒋介石对苏中关系的看法及如何改善中苏关系。蒋介石表示：很难说清楚具体做些什么才能改善苏中关系。从军事观点看，中国是弱国，不能单独采取什么行动。但中国可以保证，中国对苏联就像对友邻一样。倘一国受到威胁，则另一邻国也将受到威胁。倘发生不测，中国将永远支持苏联，并竭尽一切可能证实这种友谊。鲍格莫洛夫赞同蒋介石关于中苏关系可以改善的看法，"苏中两国无论在经济方面，还是在政治方面均无矛盾"。事后，鲍格莫洛夫报告苏联外交人民委员部："同蒋介石的这次谈话基本上证实了我们关于蒋介石的立场已有某些改变的情报。"④

1934年夏，历史学者蒋廷黻准备赴欧洲考察。蒋廷黻是中苏两国复交和改善关系的支持者。中苏复交后他发表文章指出："联络邦交是常态，断

---

① 《蒋介石日记》，1933年6月20日。
② 《中国外交部发言人就苏、伪满中东路买卖成功发表谈话》（1935年3月11日），李嘉谷编《中苏国家关系史资料汇编（1933—1945年）》，第18页。
③ 《蒋介石日记》，1933年7月6日。
④ 《苏联驻华全权代表鲍格莫洛夫致苏联外交人民委员部电》［1933（4）年6月22日］，《中苏国家关系史资料汇编（1933—1945）》，第43—44页。书中标注年份有误，应为1934年。1933年6月22日，蒋介石正在江西抚州"剿共"前线。

绝邦交是变态","我们处于两大强国之间,在平常的时候,就不应该同时两个都得罪。那末,我们在过去这一年之中,一面与一个强邻处生死对抗之中,一面又与第二个强邻彼此不通信问。这是违反了外交的ABC"。他认为,"从中俄复交到中俄合作以抗日是可能的,但非短期内所能实现"。① 蒋廷黻的言论受到蒋介石的重视。7月27日,蒋介石召见蒋廷黻,希望他"尽可能地把时间用在苏联","测探中苏两国合作的可能性"。② 蒋廷黻到达苏联后,向蒋提出加强中苏关系的必要性。10月1日,蒋介石电示孔祥熙:"希兄密告苏驻华鲍使,示以蒋廷黻与中正有深密关系,极为信赖,嘱其转达俄当局,可与蒋开诚洽谈。"③ 8日,鲍格莫洛夫将这一情况报告莫斯科,蒋廷黻以蒋介石私人代表的身份受到苏联政府的热情接待。

1934年10月16日,苏联副外交人民委员斯托莫尼亚科夫与蒋廷黻会面。斯托莫尼亚科夫表示:"苏联政府在对外政策中,从来不以什么社会经济的差异或好恶为准绳。我们从国家利益和苏联政府绝对服从世界利益的角度出发,力求同各国哪怕是与我国政治制度不同的国家维持最和睦的关系。"蒋廷黻则强调:"现阶段中国的对外政策,不能代表也不能反映中国的民族感情,不过,我们应该跨过这个阶段,并且我们大家都坚信它将不会持续太久。在最近两三年里,很多中国活动家向南京政府和蒋介石提出与苏联合作和接近苏联的政策,由于多方面的原因,这些建议没有被我们的政府采纳。但是,至于说蒋介石,只要有合适的时机,他会努力开始同苏联接近。"蒋廷黻转达了据称是蒋介石的态度:"在任何时候、任何条件下,中国绝不会站在日本一方与苏联作对,在一定条件下,中国会同苏联肩并肩地抵御来犯的敌人。"④ 这次会谈,中苏双方对对方的想法都有了初步了解,为此后的深入接触开启了大门。

1935年1月28日,莫洛托夫在第七次苏维埃代表大会上强调:"苏联政府无条件地支持中国的独立、不可侵犯和包括新疆在内的领土主权的完

---

① 蒋廷黻:《中俄复交》,《独立评论》第32号,1932年12月25日。
② 《蒋廷黻回忆录》,台北,传记文学出版社,1979,第153页。
③ 《蒋介石为指派蒋廷黻与苏洽谈事致孔祥熙密电》(1934年10月1日),《中华民国史档案资料汇编 第五辑第一编 外交》(2),第1425页。
④ 《斯托莫尼亚科夫与蒋廷黻的谈话记录》(1934年10月16日),《〈中苏外交文件〉选译》(上),李玉贞译,《近代史资料》总79号,第211—213页。

整。"①2月8日，中国驻英公使郭泰祺在与苏联驻英全权代表谈话中明确告知："中国驻苏大使颜（惠庆）博士将回莫斯科，应将此事看作中国对苏政策的重要转折。"②18日，中国驻苏大使颜惠庆返回莫斯科。4月，蒋介石派亲信邓文仪充任中国驻苏使馆首席武官。邓文仪肩负特殊使命，在苏联进行了多方面的活动，除了同苏联军事当局和各国驻苏武官经常接触外，还与中共驻共产国际代表团王明接触，揭开国共两党秘密谈判的序幕，这都是蒋介石对苏联表示合作诚意的示意。7月初，国民政府行政院副院长兼财政部部长孔祥熙访晤苏联驻华大使鲍格莫洛夫，孔祥熙向苏联介绍了华北的形势：在察哈尔，"日军已经在那里安营扎寨，并要求往宋哲元的军队派遣日本顾问。日本的下一个目标是渗透至绥远，然后开始进攻蒙古"。孔祥熙询问苏联政府是否打算同中国签订互助条约，苏方以"互助条约的签订应以良好关系为先决条件，即在贸易条约、互不侵犯条约都早已成为定局的情况下才能谈及"③为由，予以拒绝。孔并代蒋提出蒋经国回国问题。这一谈话结果，显然低于蒋介石的预期，令其颇为失望，在日记中写道："中华立国之外交方针决不能联日或联俄，须以自立为基矣。否则无论联日或联俄，必致亡国灭种也。"④ 不过，随着形势的发展，苏联这种态度有所缓和。10月9日，孔祥熙询问鲍格莫洛夫，将来"中国被迫武装抗日"，考虑到"通过海路难以获得任何军需物资"，"中国政府能否通过新疆从苏联方面得到军需品？"对此，苏联副外交人民委员斯托莫尼亚科夫于11月15日电告鲍格莫洛夫，请他通知中国政府"苏联政府同意卖给中国军需品"。⑤

10月18日晚，蒋介石亲自到孔宅与鲍格莫洛夫秘密会晤。鲍格莫洛夫对蒋介石表示，苏联主张通过签订贸易协定和互不侵犯条约来改善两国关系。蒋介石肯定地表示赞成缔结贸易协定和互不侵犯条约，而且更进一步地提出，欲以中国军队总司令的身份，"希望有实质性的真正促进中苏亲

---

① 《苏联对外政策文件集》第18卷，莫斯科，1973，第44—45页。
② 《苏联驻英全权代表马伊斯基与中国驻英公使郭泰祺谈话记录》（1935年2月8日），李嘉谷编《中苏国家关系史资料汇编（1933—1945年）》，第48页。
③ 《苏联驻华全权代表鲍格莫洛夫致苏联外交人民委员部的电报》（1935年7月4日），《〈中苏外交文件〉选译》（上），李玉贞译，《近代史资料》总79号，第218—219页。
④ 《蒋介石日记》，1935年7月6日。
⑤ 《苏联对外政策文件集》第18卷，第663页。

密关系并能保障远东和平的协定"。鲍格莫洛夫认为,蒋所暗示的这个协定"指的是秘密军事协定"。由于此事关系过于重大,鲍格莫洛夫当时未予置答,而是反问:"如果日本政府一味要求中国政府缔结反苏军事同盟,中国政府将持什么立场?"蒋的回答是:"中国政府绝不会同意这样的建议。"①

蒋介石的提议应该说正符合苏联人的心意。日本制造华北事变,夺取察哈尔,渗入绥远的行动不仅影响中国华北的安危,同样构成对苏联的威胁。日本方面一面要求南京政府与之缔结反苏军事协定,一面在军事上沿苏蒙边境形成对苏蒙的包围圈,使苏联深为戒惧。12 月 14 日,苏联外交部致电鲍格莫洛夫,积极回应蒋介石的建议:"苏联政府不反对协议,并准备同中国方面具体讨论这个问题。……请将上述内容告知蒋介石。"② 两周后发出的外交指示中,更进一步表示,在弄清蒋介石真实意图的前提下,"应该支持在中国日益强大的主战派,如果中国确实投入抗日解放战争,我们则准备给予力所能及的支援。"另外,苏联方面还高度关注:"如果蒋介石的主要武装力量用于对付中国红军,那么他想怎么安排抗日。我们坚信,蒋介石的军队和中国红军若不实行军事统一战线,就不能真正有效地进行抗击日本侵略的斗争。"苏方表示:"如果蒋介石就此同您谈起他希望我们在他与中国共产党之间调停,以建立抗日统一战线,请您告诉他,我们不能扮演这种角色。但是,他完全可以同中国共产党直接谈判,比如,请您告诉他,您愿意随时给蒋介石或国民党中央委员会的任何代表去莫斯科的签证,不管他前去的目的如何。"③

12 月 19 日,蒋介石再次与鲍格莫洛夫商谈,孔祥熙参加。鲍格莫洛夫向蒋介石转达了苏联政府关于愿意与南京具体谈判军事互助问题的决定。蒋介石表示,很高兴苏联政府愿意与国民政府谈判军事互助协定问题,这反映出苏联政府愿意支持在南京政府领导下建立一个统一的中国,蒋介石针对中共问题特别提出:"他决不反对共产党的存在,并认为共产党象其他政党一样,有权表达自己的见解。但因为共产党以推翻中央政府

---

① 《苏联驻华全权代表鲍格莫洛夫致苏联外交人民委员部的电报》(1935 年 10 月 19 日),《苏联对外政策文件集》第 18 卷,第 537—538 页。
② 《苏联副外交人民委员致苏联政府驻华全权代表鲍格莫洛夫的电报》(1935 年 12 月 14 日),《苏联对外政策文件集》第 18 卷,第 590 页。
③ 《苏联副外交人民委员斯托莫尼亚科夫致苏联政府驻华全权代表鲍格莫洛夫函》(1935 年 12 月 28 日),李嘉谷编《中苏国家关系史资料汇编(1933—1945 年)》,第 52 页。

为号召,所以他不得不采取严厉措施,对此他感到遗憾。……若苏联政府能促进统一,他会很高兴的。"①

1936年1月22日,蒋介石与鲍格莫洛夫再度秘密会晤。鲍格莫洛夫首先传达了莫斯科12月28日来信的主要内容。蒋介石表示愿与苏联"携手对付共同的敌人——日本",希望能得到苏联给予的军事装备和军用物资的援助,并要求同苏联缔结友好条约。鲍格莫洛夫谈道:"如果在可能缔结的条约中,中国对苏联义务很清楚——一旦日本武装侵入我国领土,中国帮助苏联。那么苏联可能对中国承担的义务则不能是同等的。"蒋介石承认,中国政府并不强求苏联帮助中国保卫那些已被日本占领的地区,例如察哈尔的六个县。但是他想,可以签署一个条约,一旦日本企图侵占蒙古、绥远或山西,中苏两国政府根据条约承担互助的义务。蒋介石重点阐述其对红军的态度,表示:"共产党可以公开存在,但是任何一个国家都不能允许一个政党拥有自己的军队。苏联必须利用自己的威望劝说红军承认事实上的政府,那时中国政府就能抗日了"。蒋强烈希望苏联政府就中国红军承认中央政府权威、放弃武装一事向红军施加压力,鲍格莫洛夫则表示,绝不能扮演蒋讲话中说的任何居中调解人角色,"这是中国内政"。②

1936年3月12日,苏联违反1924年签订的《中俄解决悬案大纲协定》关于外蒙古问题的明确规定,与外蒙古私自签订为期10年的《苏蒙互助议定书》,为此,中国外交部向苏联政府提出强烈抗议,两国谈判受到影响。蒋介石在日记中大骂苏联:"苏俄外交之卑劣毒辣,一如乡间之土霸无赖,可恶已极。"③ 国民政府高级官员对苏也不乏抱有疑虑者,商震就建议蒋介石:"对各国外交,首宜对英,万不可近俄。"④

不过,正如苏联观察到的:"近据各种线索获得几件情报,确证蒋介石甚至准备武装抗日。我想,他的确在进行准备,以防万一。但他的主要方针仍然是力图赢得时间,希望改善中国的国防环境和取得外来援助,首

---

① 《苏联政府驻华全权代表鲍格莫洛夫给苏联外交人民委员部的电报》(1935年12月19日),《苏联对外政策文件集》第18卷,第599页。
② 《苏联政府驻华全权代表鲍格莫洛夫致苏联副外交人民委员斯托莫尼亚科夫电》(1936年1月22日),李嘉谷编《中苏国家关系史资料汇编(1933—1945年)》,第53—54页。
③ 《蒋介石日记》,1936年4月3日。
④ 《商震呈蒋中正对日现当采忍辱主义以激起国际同情》(1936年),《蒋中正总统档案》,002080103007002。

先是英、美和国际的援助。当然，同时也希望维持与苏联的最密切的关系，希望利用未来的日苏战争，后者当然是蒋介石和许多中国人的最大希望所在。"① 中国方面此时对苏抱有期待，苏蒙条约引起的不快很快成为过去。此后，鲍格莫洛夫曾与孔祥熙、张群等会谈，中方对双方签订互助条约始终颇为热心，但苏联从国际战略出发，为避免东西两面作战，不愿和中国签订互助条约，承担出兵对日作战的义务，而是希望签订互不侵犯条约，以防止日本拉拢中国对付苏联。中国驻苏大使蒋廷黻11月到达莫斯科后，也和苏方多次接触，回应苏方对于中日谈判的关切，在和李维诺夫的会谈中，强调："外传中日交涉集中于两大问题：一华北问题，二中日共同防共问题。实则第二问题乃交涉之中心。日本所谓防共分两方面：一方面防共产主义之宣传，由中日两国之秘探交换共党活动之消息，且由两国警察合作制止之；另一方面军事之防守，由两国自山海关起至新疆西北角，共同设立军备。我政府认为，二举皆无必要。共党之活动，两国警察能各自制止，无须协助。至于沿边设防，更无对象。"②

西安事变期间，苏联采取了明确反对事变、支持蒋介石重回南京的态度，这对事变的进程产生了十分重大的影响。西安事变后，中苏关系有升温趋势。1937年2月，蒋廷黻在与滞留莫斯科的苏联驻华大使鲍格莫洛夫会谈时提出："远东问题不仅是中日问题，也不仅是苏日问题，是个世界问题，欧西各国及美国均在远东有重要的利益。九一八以后，日本所以能节节得胜的缘故就是因为这些国家互相推诿，不能团结起来，一致对日，日本就能个别对付。中国当然首受其害，中国当然不能希望别国代劳，中国已准备以全力赴之。惟尚不足，愚意中苏应携手，作为反日的核心，然后两国合作，以促进反日的大同盟。"当鲍格莫洛夫询问中苏携手的具体含义是什么时，蒋廷黻明确表示这意味着"政治的及军事的合作"。③ 3月，苏联提出签订太平洋地区公约的想法。4月3日，蒋介石在上海会见鲍格莫洛夫，鲍氏报告："蒋介石主动请我就西安事变期间苏联报刊所持

---

① 《苏联副外交人民委员致鲍格莫洛夫的信》（1936年5月19日），《苏联对外政策文件集》第19卷，第269—270页。
② 《蒋廷黻与李维诺夫谈话记录》（1936年11月19日），《驻苏大使蒋廷黻与苏联外交官员会谈纪录》，《民国档案》1989年第4期。
③ 《蒋廷黻与鲍格莫洛夫大使谈话纪录》（1937年2月16日），《驻苏大使蒋廷黻与苏联外交官员会谈纪录》，《民国档案》1989年第4期。

的态度向苏联政府转达他的谢忱。他说他极为珍视这种态度并向我保证他本人一定想尽一切办法改善苏中关系"。① 4月12日，王宠惠与鲍格莫洛夫在南京就签订太平洋地区公约的设想展开会谈。根据苏联政府的指示，鲍格莫洛夫提出了三点建议：（1）中国政府率先提议太平洋国家参加太平洋区域性公约的谈判，中国政府倡议后，苏联定将全力促成中国政府办理此事。（2）如果太平洋公约不能签署，那准备重新考虑缔结苏中双边互助条约可能性的问题。（3）建议立即开始苏中互不侵犯条约的谈判。王宠惠表示："会在政府中讨论这些建议，也会同蒋介石讨论"。② 正是此一时期，蒋介石在日记中记下其对中苏关系走势的看法："一、对俄先解决外蒙与中国直接洽商独立问题，然后承认其十年后之独立。二、中国在外蒙之宗主权须确立。三、中俄两国协商宣言为永久独立国。"③ 蒙古问题一直是蒋介石对苏交涉中坚持的，此时蒋介石已经准备对苏全面让步。

正当中苏双方为此斟酌时，卢沟桥事变爆发，中国进入全国抗战时期，中苏关系也进入了一个新阶段。

第四节　国民政府的对日抵抗设想

一　蒋介石与国民政府的初期备战

20世纪30年代前后，作为亚洲的新兴大国，日本的扩张意图越来越明显，中国成为其扩张的主要目标。日本的扩张不可避免地会和中国的民族利益相冲突，国民政府为对抗日本愈益明显的侵略行为，不得不逐渐开始对日抵抗准备。这一准备过程，痛苦而艰难，是弱者面对强者时万分无奈而又不得已的挣扎。

蒋介石对日本侵略者的戒惧、反感，由来已久。早在青年时代，他留学日本4年，对日本社会军国主义倾向及武士道精神即有很深印象。1912

---

① 《苏联驻华全权代表致苏联外交人民委员部的电报》（1937年4月3日），《〈中苏外交文件〉选译》（下），李玉贞译，《近代史资料》总80号，中国社会科学出版社，1992，第189页。
② 《苏联驻华全权代表鲍格莫洛夫同中国外交部长王宠惠谈话记录》，《苏联对外政策文件集》第20卷，第167—168页。
③ 《蒋介石日记》，1937年4月23日。

年主编《军声》杂志时，曾指出俄国、日本是中国最危险的敌人，其所设想的对付办法为：

> 倘日本果有占据南满之野心，已为吾外交家目力之所能达，则吾须于此开战前发挥敏捷之手段，乘近东多事之机会，与暴俄利害相反之英德意奥诸国，竭力联络，再与先进共和国之美法，相互缔交，然后放弃南满于无形之中，则干涉不起，牵制无由，垂涎既断，争竞自息，而利益均沾之祸，亦可消灭于冥冥之间，吾乃并力北向锐意攻敌，姑待房巢扫荡，蒙匪敉平，则东隅之失，不难桑榆之收，岂其区区岛国，竟敢永久占据南满，以冒天下之大不韪哉！①

1927年南京国民政府建立后，从现实主义立场出发，蒋介石亟谋求得日本政府谅解，下野后东渡日本寻求与日方合作，但日本在中国寻求扩张权益的本性使他不寒而栗，与日本合作的愿望也成泡影。

1928年济南事件强烈地刺激了蒋介石的自尊，日军横蛮无忌，在中国领土上烧杀抢掠的残忍行为，深深激发了他内心中的民族感情。激动之余，他甚至向刚刚在政争中被逼迫出走的汪精卫、胡汉民、孙科等发出邀请，表示：

> 我之国土，彼占领之，而不许我居住与通过也；我之人民，彼屠戮之，我瞠目直视而无如之何也；我之军队，彼侮辱之，虐杀之，我欲采自卫之手段而不可能也。彼为戎首，乃谓其曲在我，我欲玉碎，又非环境所许，国尚未亡，而痛苦实逾于亡国之民矣！中正数月以来，深感同志离散之痛，遭兹事变，益信非吾党领袖密切团结，无以救党国之沦亡，因于椎心泣血之余，作最诚恳之呼吁，诸同志鉴其诚而翻然归来，党国之幸也。②

---

① 《征蒙作战刍议》，秦孝仪主编《先总统蒋公思想言论总集》第35卷，第41页。
② 《蒋介石致谭延闿转胡汉民、汪精卫、李石曾、孙科、伍朝枢等呼吁团结救国电》（1928年5月12日），秦孝仪主编《中华民国重要史料初编——对日抗战时期 绪编》（1），第146页。

虽然时过境迁，他很快就把这些抛诸脑后，但当时所表现出的愤怒，确实反映了其内心受到的深深触动。在此后南京国民政府拟定的国防计划中，明确将日本圈定为假想敌，认定："由外交之现势，地理之地位，历史之事迹而判断，将来与我发生战争公算较多之预想敌国，首为陆、海相接而有满蒙问题、山东问题及其他多数利害冲突问题之日本。"① 这既是对事实的承认，也是吸取济南事变的殷鉴。

九一八事变和"一·二八"事变，总体上看，蒋介石执行了对日妥协政策，但是日本对中国侵略的步步加深，也迫使他不得不准备对日防御。从1932年起，蒋介石开始部署东南、长江流域及华北一带的防务，1933年2月，指示："长江沿岸各要塞，如马当、田家镇、武穴各处，不仅派兵，必须构筑防御工事。"② 同年3月长城抗战时，由于担心日本海军入侵长江一线，又指示："长江各要塞，目标太露，易为敌海空军破坏，为扼制敌舰在长江行动，应在苏皖鄂赣各省江岸，分散布置潜伏炮兵……此不仅为此次急用，即为将来计亦应迅速着手。"③ 同年度国民政府参谋本部制定的国防作战计划中表示："不能不于安内同时并预为攘外之准备"，④ 攘外作为"未雨绸缪"之手段，也有所关注。

1933年6月，长城抗战结束不久，蒋介石致电朱培德，令其筹办一次高级军事会议，"对于以后军事整理与建设，应确定方案，按期推行，雪此奇耻"。⑤ 7月25日，蒋介石在庐山召开由朱培德、唐生智、张治中、杨永泰等20余人参加的高级军事会议，决定由军事委员会与参谋本部联合组织警卫执行部，专门负责国防工事的规划与设计，在预想作战区域及内地要点构筑国防工事，加强沿江沿海要塞设备。最后选定华北以济南、保定之线为国防第一线，兖州、安阳之线为第二线，东南以锡澄线为国防线，在南京、武

---

① 《国民政府拟：国防计划与外交政策》（1929年4月），《中华民国史档案资料汇编 第五辑第一编 外交》（1），第43页。
② 《蒋介石致林蔚指示构筑长江沿岸各要塞防御工事电》（1933年2月8日），秦孝仪主编《中华民国重要史料初编——对日抗战时期 绪编》（3），第295页。
③ 《蒋介石指示在苏、皖、赣、鄂各省江岸构筑潜伏炮兵阵地电》（1933年3月1日），秦孝仪主编《中华民国重要史料初编——对日抗战时期 绪编》（3），第295页。
④ 《1933年度国防作战计划》，《民国档案》2006年第4期。
⑤ 《蒋介石致朱培德电》（1933年6月6日），《蒋中正总统档案》，00209010200001110。

汉、徐州、开封、杭州、吴淞等地建筑强固工事。① 从 1933 年底开始，军事委员会秘密从军政各部门及军事院校抽调人员，由德国顾问与军事专家辅导，在京沪杭地区勘测地形，规划修筑防御阵地。对如何发挥德国顾问的作用，蒋介石特电朱培德："德员重在责任与职权，如欲彻底改造军事，必须不留情面，此乃用外员之长处。惟请兄时时注意其处置各事，毋使其过分。至对用客卿之道，礼貌不妨隆优，而是非务须分析，轻重更有分寸，使其心折而感佩。务请体此意而行之。"② 1934 年 2 月，蒋介石要求立即将"东南国防计划，北至海州、徐州、归德，南至温州、漳州之计划制成。"③ 次年，又指示河南省主席刘峙："荥阳、汜水线以西至洛阳、新安之间，北沿黄河，南沿嵩山山脉南麓，应迅作整个防御计划；其他开封、郑州、归德、兰封沿黄河之重要地点，亦应仿此制成局地防战计划与永久工事。"④

1932 年 11 月 1 日，南京国民政府成立国防设计委员会，这是一个专门负责抗战国防总体规划的秘密机构，隶属参谋本部。蒋介石亲自兼任该会委员长，翁文灏任秘书长，钱昌照为副秘书长。从秘密经费中每月拨专款 10 万元作为活动经费。国防设计委员会设立了军事、经济、国际、原料及制造、交通运输、文化教育、人口土地及粮食 7 个组从事调查统计工作，重点对本国的军事、经济、交通运输、资源等情况进行调查统计，并研究开发与国防军事、国防经济有关的工业技术，同时也注意分析国际形势和国际关系的变化。至 1934 年 9 月各项调查统计工作基本就绪，工作重心转向各项具体的国防建设方案的规划，尤其偏重重工业建设和能源开发的设计。先后制定了《工业建设计划》《战时燃料及石油统制计划》《运输动员及统制初步计划》《粮食存储及统制计划》等。国防设计委员会对国情、国力、敌情、敌力的调查与研究，为南京国民政府应付未来对日战争提供了有价值的参考材料。1935 年，国防设计委员会易名为资源委员会。

1933 年 2 月 11 日，国民党中常会审查通过《国防委员会议条例》，条

---

① 《抗战前之军事准备》，《整军建军专题报告》（1946 年），《民国档案》1994 年第 2 期。
② 《蒋中正总统档案·事略稿本》第 26 册，第 77 页。
③ 《蒋介石致贺耀组令于本月内制成东南国防计划电》（1934 年 2 月 13 日），秦孝仪主编《中华民国重要史料初编——对日抗战时期　绪编》（3），第 298 页。
④ 《蒋介石致刘峙指示应迅作防御计划并局部演习电》（1935 年 2 月 12 日），秦孝仪主编《中华民国重要史料初编——对日抗战时期　绪编》（3），第 300 页。

例规定:"国防委员会为全国国防最高决定机关,对中央执行委员会政治会议负责,国防委员会之决议及其行动,应绝对秘密。"① 国防委员会的组建,确定了国家最高的国防指挥机构,成为抗战时期国防最高委员会的雏形。

国民政府的国防建设,特别重视空军的培养和发展。空军是新兴兵种,在近代战争中发挥着越来越重要的作用。国民政府的国防军事,对空军发展予以高度重视。蒋介石曾在日记中写道:"对倭以不使其扩大范围为第一目的,对国防以空军为主体,或与陆军并重也。此时惟有以时间为基础,与敌相持在久而不在一时也。"② 1933 年,军事委员会把航空署之行政、教育、经理等事项收归直辖,并扩充航空署的编制,增设总务、情报、军务、技术等处,使中国的空军进一步得到发展。为"积极准备抗日,挽救危亡",国民政府还在全国开展捐献飞机运动。1933 年 1 月 25 日,国民党中央政治会议通过《关于举办救国飞机捐献案之决议》,要求"全国所有党政机关人员,应以实发薪额若干成,捐助政府,作为购置飞机之用"。为此,特别成立中央飞机捐款收管委员会,由朱培德、何应钦、宋子文等人组成。5 月,蒋介石致电孔祥熙:"弟所知者,飞机则先设立制造厂,拟在徐州、彰德与杭州各设一厂,如英法能承受,则将来英美法三国在以上三地点各分摊一厂。"③

除军事上有所准备外,蒋介石和国民政府在经济及交通建设等方面,也考虑到了国防的需要。蒋介石强调要提高综合国力,加紧重工业尤其是国防工业的建设。1932 年 4 月,他邀集吴稚晖、张静江等到南京,详细讨论国家分期建设计划,初步确定掌握陇海路,努力经营长江流域的方针。1934 年 1 月,国民党召开四届四中全会,决定国民经济发展以内地为中心,规定"于经济中心区附近不受外国兵力威胁之区域,确定国防军事重地"。④ 交通建设方面,加紧修筑陇海路与粤汉路。1932 年 6 月,蒋介石致电铁道部部长顾孟馀,强调:"粤汉路重要与紧急,实比其他铁路为甚。此路不知成于何日,焦急之至。务请设法由北段同时并修,如工程费无现款,

---

① 《蒋中正总统档案·事略稿本》第 18 册,第 392 页。
② 《蒋介石日记》,1933 年 7 月 20 日。
③ 《蒋介石致孔祥熙五月皓电》(1933 年 5 月 19 日),《蒋中正总统档案》,00202020000024015。
④ 转引自蒋纬国《抗日御侮》第 1 卷,台北,黎明文化事业公司,1978,第 93 页。

则叮以庚款为基金，分期发行公债，弟当尽力促成，并期于民国廿四年底通车，则国防尚有可为。"① 显然，这一计划是针对外来侵略的。

根据蒋介石的判断，中日如果开战，由于受到国际国内多方面的制约，日本对华战争很可能会陷于持久。早在1933年1月23日，他就在日记中写道："倭寇目的敌，实在美俄。如其果与我国大规模正式开战，则其无的放矢，虽胜必败，此亦其最大之弱点，故决与之持久战斗也。"另外，在蒋看来，一旦中日爆发战争，战争将是长期的、全方位的，因此，他强调，中国的抵抗准备应从政治、经济、军事、社会、教育等诸方面着手：

> 今日对倭一面交涉之方针，已失其效，惟有抵抗之一面而已，与其坐而待亡，不如抵抗而亡，以留中华民族光荣历史最后之一页，况抵抗决无灭亡之理，而且惟有抵抗为图存之道。惟视我抵抗之方式如何耳。如果局部抵抗或各个抵抗，则适足中敌人各个击破之计，决无幸存之理。要知今世之战争，非仅军事武力之战争，而乃举全国之经济、教育、交通、外交、内政全部政治之战争，即所谓全国总动员是也。而军事之战争不过其中之一小部耳。故今日欲言抵抗到底，百折不回，则非举全国国民之心力、智慧汇集于一点，又应统一全国之内政、财政、兵力、听命于中央，然后方能言彻底之抵抗。故今日欲集中全国之心力，应集中全国人才，政治公诸于国民，使全国国民共同负责，以赴国难。故当提早宣布宪法，召集国民大会，解决国事。如欲统一全国之政治，则非先破除昔往割据封建之习惯不可，更非唤起民众，共同政治不可。故今日图存之道，对日只有抵抗到底，对内只有开放政治，以政权奉还国民之全体，俾得共同负责完成国民革命，与实现三民主义之大业也。②

20世纪30年代，在蒋的言论中，经常出现越王勾践的名字。在蒋看来，中国是弱国，中国的因应终究须以日本的压迫程度为依归。因此，对日抵抗的准备始终和对日妥协是并行的，前后的区别仅在于重心的变化。

---

① 《蒋介石致顾孟馀电指示粤汉铁路北段与南段应同时并修》（1932年6月19日），秦孝仪主编《中华民国重要史料初编——对日抗战时期 绪编》（3），第467页。
② 《蒋介石日记》，1933年3月20日。

而且，蒋的抵抗表态和动作常常是现实刺激的反应。当面临日本残酷压迫时，蒋介石常常会做出愤激的表态和决策；一旦时过境迁，或者日本暂时放松对中国的压迫，蒋就会企求与日妥协。这样的例子常常可以看到。

九一八事变、"一·二八"事变的接连爆发，对蒋介石刺激极大，1932年前半年的时间里，可以多次看到其准备对日抵抗的计划，既有联络德国准备建立大型国防工业的计划："此时对于国防惟有与德国联合，用其人才与物质，并研究对日秘密国防，飞机厂、绿气厂、火药厂、炮工厂、硝酸厂应宜急办也。"① 也有国内交通建设的筹谋："国防计划极望粤汉与同成二铁路能于廿五年（民国）完成，故急思统一广东，然此非可骤而置之，如时间不及，亦惟听之。而江防与浙鲁两省之海防，则应力谋其成，故南自舟山、镇海，北至海州、青岛之海防务须如期谋成也。现时以修理各县城墙与修筑军略重心之交通、马路与防空设备最为要紧也。"② 还有教育和经济的充实："今日之国防，以教育与经济为基础，教育惟有以小学生为基础，童子军为重心，施以爱国、服从、纪律、秩序为方针。应速办童子军、教导队。经济惟有以职业团体为基础，故实业、农、工团体应积极培植与奖励，而币制之统一，不可稍缓，应从速组织研究也。"③ 但是，到了下半年，形势稍有缓和后，蒋的态度就有所变化，在日记中写道："对于国家前途用心横虑，苦思熟考，惟有在合理稳健下，逐步渐进，现在只可做相当自卫防御军备而止，决不能以积极备战为主要任务。此时应积极剿匪，以求社会之安定，发展农业，增加生产，先使民族保育生孽，而求独立，然后再决参战与否。如能故不必急求军备。当在社会主义路线上，谋尽消灭帝国主义，以养成中国社会资本主义，乃是立国大计。如与倭寇竞军备，则适足速亡而已。"④ 不能说蒋的这一看法没有道理，但前后的差别反映其对日态度的游移。

1933年长城事变后一系列协定的被迫签订，无疑对蒋又是一个大的刺激，所以，他再次将对日抵抗准备提上日程。在日记中记有："以和日掩护外交，以交通掩护军事，以实业掩护经济，以教育掩护国防。韬光养

---

① 《蒋介石日记》，1932年4月1日。
② 《蒋介石日记》，1932年4月2日。
③ 《蒋介石日记》，1932年6月17日。
④ 《蒋介石日记》，1932年10月23日。

晦，乃为国家与本人惟一政策也。"① 和"九一八"前后比，蒋这时的对日态度少了一些激愤，多了些谋略，看得出来，对日抵抗在他心中已经植根更深。他对日本小心翼翼，即便宋子文在英美的外交活动，也担心刺激日本，指责道："国家积弱至极，如再用猛补，则反速其亡，子文与欧美派之行动，径行直前，不顾国家之存亡，与革命成败之理，危莫甚也。"② 因此，这时他强调军事的准备："对倭以不使其扩大范围为第一目的，对国防以空军为主体，或与陆军并重也。此时惟有以时间为基础，与敌相持在久而不在一时也。"③ 但更强调国力的全面健全："御侮抗日决非以武力可与之竞赛，亦非以外力可以牵制，此时惟有在内政社会教育制度中，即国民军事教育与团练保甲中，切实办理行之五年，由小而大，则或有万一之效也。"④ 应该说，新生活运动及国民经济建设运动，就是他完成这一目标的重要一环。

二 新生活运动与凝聚民族精神力量的尝试

1934 年 2 月，蒋介石发起新生活运动。作为其安内攘外政策体现于社会生活的一个部分，新生活运动以恢复中国固有道德，达到"民族复兴"为主要目标，试图从国民生活的衣食住行等基本方面入手，将"礼义廉耻"等中国传统伦理精神，与德意日等国强力控制的统治手段及西方发达国家的某些行为规范、生活方式相混合，以统一思想，规范社会，提升国人的精神文化素质。新生活运动包含着多重意义和目标，从最显性的层面看，它是一场生活革新运动；再深入一层，又包含着复活传统伦理精神的意图；在隐性层面，还有加强思想统治的追求；而和当时的历史背景联系看，它提高民族素质、倡导民族精神的要求，又和正在进行的对日抗战准备不无关系。

新生活运动发起时，蒋介石对中央苏区的包围已经基本完成，战略态势上开始居于主动地位。福建兴起的反蒋运动也告敉平，蒋对全国的控制进一步稳固。在此形势下，蒋介石发起新生活运动，大谈生活革新，颇有

---

① 《蒋介石日记》，1933 年 7 月 14 日。
② 《蒋介石日记》，1933 年 7 月 28 日。
③ 《蒋介石日记》，1933 年 7 月 20 日。
④ 《蒋介石日记》，1933 年 7 月 27 日。

一种危机已过的悠游从容。但是，当我们注意到当时民族危机急迫这一现实时，即可发现，蒋发起的这一运动承担的任务其实并不轻松，如他自己谈到的："就整个国家之前途观之，世界大战必将于最近爆发，国家之存亡兴替，即决于此。吾人今欲使国家能乘机转危为安，转弱为强，必在大战之前夕，竭力准备。但目前因时间之迫促，人才物力之缺乏，与乎国家之迄未统一，一切准备已不能以全国为范围，亦不能百废而皆举，只能在整个国家与民族利益之立场择定条件最完备之区域，集中人才物力准备一切，使成为民族复兴之最坚实的根据地。予以为此种事业大概有两种，一曰明耻教战，即普遍的国民军事训练。一曰交通及基本工业之建设。"①

蒋介石所说的这两种事业具体落实即为其先后发起的新生活运动和国民经济建设运动。

1933年11月，蒋介石在南昌行营成立"党政军调查设计委员会"，下分政治、党务、军事三组，负责制定军事、政治的大政方针。其中政治组的设计任务之一是中国文化的改进。蒋对设计委员会讲话时强调："几年来，我们革命的成绩，只有破坏，没有建设，而政治上不进则退的恶影响，已将过去一切军事胜利，消蚀无余，整个社会的惰性或旧势力，已早将十五年北伐所造成的革命新时势，完全拉转来倒退了，剩下的只是一个比较更支离破碎更腐败黑暗更纷乱贫弱的社会……我们要起死回生，免于灭亡，那只有改革政治，赶紧发挥我们本党的革命力量，将不适于现代生存的旧社会，彻底改造出一个崭新的现代社会来。"为此，他要求调查设计委员会尽心研究，力图"从教育学术和一切文化事业上，将国民心理和社会风气，以至民族的气质性能，使之革新变化，以保根本的挽救危亡，复兴民族"。②

追溯起来，蒋介石的这一设想应该更早就已产生。1932年9月，他曾在日记中写道："近日甚思提倡复兴运动，与民族德性，而以劳力为主，以礼义廉耻为体，以坚苦耐劳为用，以树立纪律、整齐秩序为目标，欲救中国，如不从救人心入手，则缘木而求鱼也。欲救人心，如不从注重德性入手，则亦不能见效。"③ 1933年7月，他更为计划中的运动拟定口号：

---

① 《党政军设计之基本原则》，秦孝仪主编《先总统蒋公思想言论总集》第12卷，第100页。
② 《革命成败的机势和建设工作的方法》，秦孝仪主编《先总统蒋公思想言论总集》第11卷，第611—612、604页。
③ 《蒋介石日记》，1932年9月16日。

"革新教育，改造经济，收回领土，恢复主权。"在蒋看来："御侮抗日决非以武力可与之竞赛，亦非以外力可以牵制，此时惟有在内政社会教育制度中，即国民军事教育与团练保甲中，切实办理行之五年，由小而大，则或有万一之效也。"①

客观而言，面对近代以来中西社会的差距，倡导社会改革，开展生活革新运动，不能不说在相当程度上触及了中国长期以来积贫积弱的病根，而在衣食住行上入手，也不失为渐进式的社会改革的浅近办法。衣食住行的改造，当然应有一个潜在的效仿对象，按照蒋的说法，"新生活运动之意义和内容，可以综合起来说，就是要使全国国民从衣食住行日常生活上表现我们中国礼义廉耻固有的道德习惯来达到行动一致的目的"。② 传统的礼义廉耻观念是蒋在运动中一直强调的中心内容。不过，在蒋的新生活运动观念中，礼义廉耻既有传承传统的内涵，同时也被赋予面对时代的新意，即所谓："'礼义廉耻'，古今立国之常经，然依时间与空间之不同，自各成其新义"。具体而言，"'礼'是规规矩矩的态度，'义'是正正当当的行为，'廉'是清清白白的辨别，'耻'是切切实实的觉悟"。③ 事实上，当蒋大力呼唤新生活的时候，这种和中国人习见的生活方式相对的生活设计是具有浓重的西方意味的，他多次表达要借助、学习西方的意愿，明确指出："我国今日复兴民族，救亡图存，亦惟有模仿外人，实行新生活。"④可以取法的对象他也说得很明确，就是分散中国各地的外国侨民和传教士："在中国内地一般普通外侨，其生活习惯，精神，行动，无不合乎新生活之原则，吾人应取人之长，补我之短，以外侨之生活为新生活之实际模范；并应与各地外侨联络，借其精神、经验之协助，以其生活习惯相观摩，共同推行新运。"⑤

不过，对蒋而言，虽然西方的生活方式值得效法，但其以自由主义为

---

① 《蒋介石日记》，1933年7月12日、7月27日。
② 蒋介石：《新生活运动言论集》，正中书局，1940，第50—51页。
③ 《新生活运动之纲要》，《中华民国史档案资料汇编 第五辑第一编 政治》(5)，第765—766页。
④ 蒋中正：《新运对象与实行方法》，《山西省新生活运动促进会会刊》第3期，1934年12月15日。
⑤ 《新生活运动的意义与推行之方法》，秦孝仪主编《先总统蒋公思想言论总集》第12卷，第137页。

核心价值的思想体系并未进入蒋的视野范围之内,蒋所欲引进的只是其规矩、文明的生活方式,再往外扩展,最多也只能止于道德、知识的范畴:

> 要一个国家和民族复兴不是有怎样大的武力就行,完全在乎一般国民有高尚的知识道德,德国何以能和其它各个强国平等,就是因为他们一般国民的知识道德能和各国国民平等,或许比人家还要好些,我们中国何以至今不能和各国平等,也就是我们一般国民的知识道德不能和人家的国民平等,赶不上他们。所以今后我们要求平等,要想复兴我们的国家和民族,一定要根本上先从提高国民的知识道德这一点来做。①

从蒋介石的上述表态看,西方的生活方式之所以会引起蒋的注意,关键在于其所体现出的强盛国力。对蒋介石而言,当他提出新生活的时候,对应的实际就是新民族,也就是一个复兴的、摆脱当前疲敝状态的国家和民族。从这一新运的现实目标出发,新生活运动致力于民族国家观念的树立,蒋介石强调:"救国必先救民。因为一个国家是由许多许多人民组织而成的,所以我们要救中华民国,就先要救我们四万万同胞。这就是说,我们要救国,一定先要尽力来使全国四万万同胞都能成为健全的现代国民!个个人能够有强烈的国家观念和民族精神,知道国民的本分和对于国家所应尽的责任。并且大家能够相亲相爱团结一致来忠于国家!如果做到这一步,便什么外侮也可以抵御,什么耻辱也可以洗雪!"②

要复兴民族、建设民族国家,就要改变中国传统散漫的生活状态,本着新生活运动所提倡的"智仁勇的精神,以发挥礼义廉耻,从新来创造社会人群的生活基础,此实为中华民族出死入生唯一之关键"。③ 所以蒋介石多次表示:"吾民族能否去病夫之名,能否有复兴之望,要在吾人能否终始努力新生活运动以为断。"④"民族存亡兴衰,抑看新生活运动之

---

① 《新生活运动之要义》,秦孝仪主编《先总统蒋公思想言论总集》第12卷,第73页。
② 《日本之声明与吾人救国要道》,秦孝仪主编《先总统蒋公思想言论总集》第12卷,第199页。
③ 刘经扶:《新生活运动之基点》,《新生活周刊》第1卷第5期,1934年5月28日。
④ 蒋中正:《为新生活运动周年纪念告国人》,《新生活》第2卷第2、3期合刊,1935年1月1日。

成绩如何。"① 发起新生活运动当天,他更在日记中直截了当地表示:"本日到纪念周训话,要社会军事化,学日人洗冷面,吃冷饭,先与其生活求比较,然后再言其他。"②

作为一个具有多重取向的社会运动,新生活运动有着广泛的诉求,但是,民族复兴的目标在其中一直占有着十分重要的地位,而且随着中日形势的日趋紧张,这一点也表现得越来越明显。

新生活运动最初发起时,以规矩、清洁为目标,但在这生活革新中,蒋其实寄予了更多的期许。他期望"从江西省会所在地的南昌这个地方开始,使一般人民都能除旧布新,过一个礼义廉耻的新生活",同时更要求对江西的人心加以"彻底改革",使其成为"一个建设国家复兴民族的基础"。③ 因此,蒋强调:

> 革命即生活形态之改进也。吾国革命之所以迄今尚未成功,即在于全国国民之生活形态始终无所改进。今吾人既欲完成革命,非致力于此不为功,新生活运动即所以先求全国国民于食衣住行四项实际的基本生活能彻底改进之一种社会教育的运动也。此种运动果能普遍收效,使全国国民之基本实际生活能彻底改进成功,则全民之精神必为之焕然一新,而社会国家之进步不可计量,革命之基本工作于以成功,民族复兴之机运可立而待也。④

正因此,在新生活运动的规划和实施中,我们既可以看到革新生活的规矩、清洁、识字、节约、禁烟、禁赌、改革传统习俗等多项活动,还可以发现恢复民族精神、倡用国货等重要内容。无论是蒋介石,还是其他国民党大小官员,乃至一般社会人士,在谈论新生活运动时,都无例外地将其和民族复兴联系在一起。山西解县新运促进会公开提倡土货国货,"规定倡用国货办法,并制定国货商标名称表,俾人民均能知晓……复于街衢

---

① 蒋中正:《新运对象与实行方法》,《山西省新生活运动促进会会刊》第3期,1934年12月15日。
② 《蒋介石日记》,1934年2月19日。
③ 蒋介石:《新生活运动之要义》,《中华民国史档案资料汇编 第五辑第一编 政治》(5),第758页。
④ 《新生活运动发凡》,秦孝仪主编《先总统蒋公思想言论总集》第12卷,第69页。

繁华之处，张贴标语，借以唤醒民众"。① 另外，在新生活运动发起稍后，国民政府暗中主导由王新命等十教授联名发表《中国本位的文化建设宣言》，力挺中国的民族文化建设。这和新生活运动的民族复兴目标相互呼应、一脉相传。

1935年，在新生活运动推行一周年之际，蒋介石感叹新运的成绩进度"未能尽如吾人之所期"，② 又提出了新生活运动的第二步骤，即全面实施《新运纲要》中所提出的"军事化""生产化""艺术化"三大原则。所谓"军事化者：在使一般国民能重秩序，守纪律，一切动作能迅速确实，共同一致。生产化者：在使一般国民能消极的崇尚俭朴，减少消费，爱用国货；积极的更能勤苦工作努力生产，多为社会服务。艺术化者：在使一般国民能尚整齐，爱清洁，一切事物由整洁而自然美观。"③ 1935年4月，新运总会颁布实行新生活三化的初步推行方案，公布《劳动服务团组织大纲》，规定团员每日至少义务劳动一小时。当年各省劳动服务团共有295个，总人数达6.9万余人。湖北省曾组织武昌、汉口市民中18—45岁的男子及公务员、学生等参加工地劳动，工期约30天。绥远军队中组织了新运劳动服务团，参加修筑道路的工程。当年新运总会还提出开展守时、民众识字、体育、开渠、筑路、修桥补路、提倡国货、戒烟戒赌等活动。

1935年11月，南京国民政府发起与新生活运动配套的"国民经济建设运动"。蒋介石在发起运动时，就明确宣示："国民经济建设运动一定要与新生活运动同时并进，相辅相行"，④ 这一运动可以理解为新生活运动"生活生产化"原则的展开，在蒋看来，新生活运动是体，国民经济建设运动则是用。与发起国民经济建设运动同时，大规模的国民军训也在展开，新运组织以劳动服务团为基础，在各层次民众中进行军事训练和编组。平汉铁路全路的新运劳动服务团团员自1935年10月始，每周二、周五下午集中军训两小时。中小学生也以童子团形式展开军训。1936年各省市普遍设立国民军事训练委员会，指导全民军训，南京前后受训民众达25

---

① 《山西省新生活运动促进会会刊》第12期，1935年5月1日。
② 蒋介石：《新运周年纪念告全国同胞书》（1935年2月19日），《中华民国史档案资料汇编　第五辑第一编　政治》(5)，第774页。
③ 《新生活运动的意义与推行之方法》，秦孝仪主编《先总统蒋公思想言论总集》第12卷，第137页。
④ 《民国二十四年全国新生活运动》，新运促进总会，1936，第49页。

万人。国民军训的广泛开展,一定程度上提高了国民军事素质。此外,军事常识宣传活动也着手进行,一些省市新运会举办军事看护训练班,召集各机关女职员、各学校女教师受训,教授基本医护知识。开展这些活动的目的,蒋介石在抗战开始后讲得很清楚:"我从前倡导新生活运动,提倡国民生活军事化,生产化,以及合理化(或是艺术化),希望一致做到整洁简朴、迅速确实的程度,就是因为鉴于国家的危险,要大家有应付非常事变,担当非常责任的准备。"①

新生活运动发起后,客观而言,不能说毫无影响,时人的议论或可作为参考。于右任指出:"抗日战争胜利是全国军民都以同仇敌忾牺牲奋斗的精神,前仆后继英勇抗击所致","这种伟大民族精神表现的一个重要原因就是新生活运动的影响"。② 日本侵华的重要人物石原莞尔则认为:"中国自实行新生活运动后,全国军民的精神振奋亦不可太低估。"③ 当然,作为一种社会运动,希望其取得立竿见影的效果也不现实,社会生活的变化本非一朝一夕所能为功。而且,新运所期望达到的目标确实有其难度,新生活运动要求改变社会环境,振奋民族精神,实现民族复兴,但恶劣的环境本身就制约着其开展与成效,这中间的悖论,恐怕是任何从事社会运动者都不能不面对的。在此状况下,政治力量的推动有时可收事半功倍之效,但国民党政治组织力的欠缺及政治过度介入对运动社会性的侵害,都是蒋介石不能不面对的问题,因此,一方面国民党中央民众训练部要求各地党部"将新运列为党务考绩",④ 另一方面蒋介石又强调:"新生活运动乃是一种社会运动,应当要拿从事社会运动的精神来做,而不能以做政治工作的方法来做。"⑤ 这种自相矛盾的认识和做法,导致新运徘徊于政治与社会之间,实际两头都无法落实。主管新运十余年之久的黄仁霖承认,他自己始终未搞清楚"究竟这一个运动,是一个政府机构,还是一个社团组

---

① 《新生活运动四周年纪念告全国同胞书》,秦孝仪主编《先总统蒋公思想言论总集》第30卷,第252页。
② 于右任:《新生活运动与民族复兴》,《革命文献》第68辑,中国国民党中央委员会党史史料编纂委员会,1975,第123页。
③ 转引自吴相湘《第二次中日战争史》(上),台北,综合月刊社,1973,第22页。
④ 《国民党中央民众训练部通令》,中国第二历史档案馆藏档。
⑤ 《新生活运动三周年纪念告全国同胞书》,《先总统蒋公思想言论总集》第30卷,第208页。

织"。① 这样的困境，大概也是蒋介石始料未及的。

第五节　国民政府对西北和西南的筹划

一　蒋介石视察西北

中日是隔海相望的邻邦，日本是海上强国。所以，在中国对日抵抗的准备中，内地是可以期望的根据地。由于此，西北、西南在中国的对日抵抗战略中地位凸显。早在1932年元旦蒋介石拟定的基本政策中即写道："对西北掌握、西南联络，对南部妥协，对北部亲善，放任。"② 掌握西北是其此时的一个重要方针。③

西北的重要性在九一八事变爆发后逐渐凸显。1931年9月26日，蒋介石便开始考虑"移首都于西北，集中主力于陇海路"。④ 10月3日，蒋与熊式辉讨论备战计划时，表示："余意无论此次对日和与战，而西北实为我政府第二根据地，万一首都陷落，即当迁于洛阳，将来平时亦以洛阳与西安为备都也。"⑤ 11月召开的国民党第四次全国代表大会通过秘密文件《国家建设初期方案》，确定以四年为期的建设纲要，明确指出："东北之举动纯恃西北之开发"，依赖西北"资源支持危局，故宜以国家力量移殖而开发之"。⑥ 1932年"一·二八"事变爆发，日军进攻上海，淞沪告急，严重威胁近在咫尺的国都南京。国民政府遂决定迁都洛阳。3月5日，国民党中央常务委员会通过决议，以洛阳为行都、长安为陪都，定名为西京，建设西北由此成为国民政府思考的重要方向。

西北之所以被提到这样重要的位置，主要基于特殊的战略考虑。日军侵华，中国全境面临威胁。由于日军拥有绝对的海上优势，中国的战略纵深只有指向华中、西北和西南地区。从西北本身地理形势看，绥远和东北

---

① 《黄仁霖回忆录》，台北，传记文学出版社，1984，第64页。
② 《蒋介石日记》，1932年1月1日。
③ 潘晓霞《1934年蒋介石西北之行》（《抗日战争研究》2013年第2期）对1934年蒋介石视察西北论述较为详尽，可参阅。
④ 《蒋介石日记》，1931年9月26日。
⑤ 《蒋介石日记》，1931年10月3日。
⑥ 《国民党四中全会通过国家建设初期方案》（密件），中国第二历史档案馆藏，2/165。转引自刘进《中心与边缘：国民党政权与甘宁青社会》，天津古籍出版社，2004，第304页。

接壤，直接处于国防前线，其他各省相对处于二线，且纵深数千里，有着成为广大后方的基础。同时，西北地区背靠苏联，苏联是当时日本在远东扩张最大的陆上假想敌，日本向西北进犯，多少有点投鼠忌器。张继曾谈道："中俄已恢复邦交，日人要马上到西北是不可能"，"中俄关系如能维持良好，不特西北可以发达，并可借此解决东北问题的"。① 日苏对华态度及其在西北的利益冲突是中国可资利用的外交空间。

1934年4月，宋子文考察西北，带来政府对西北开发更加明确的信息。在兰州各界欢迎大会上，宋子文很明确地表述："西北建设，不是一个地方问题，是整个国家问题。现在沿江海各省已在侵略者炮火之下，我们应当在中华民族发源的西北赶快注重建设"，"中央对于西北建设是十分地重视"。② 10月，在江西"剿共"战事基本尘埃落定之际，蒋介石经武汉到洛阳，直至西安，开始前后为期一个多月的西北之行。

蒋介石首先视察的陕甘宁是西北的纵深后方，蒋在此地首重经济、交通的发展，以图奠定西北作为后方根据地的基础。在陕甘一再考虑"经营西北，速成陇海路"，"西北建设，筹备陇海路与陕川路"。③ 在兰州期间，亲电行政院长汪精卫，指示："陇海路潼西段应即继续展筑至咸阳。"④ 10月底，又电杨虎城，指示："陕南北各公路修筑计划，例如担任之部队名称，自何段起至何段止，与何时开工何时完成，希详告。希兄力督速成勿延。"⑤

蒋介石视察陕甘宁地区，筹划之后可能爆发的对日军事防务自是重要内容。在宁夏期间，蒋介石计划"经营西北与石嘴子前方防务"，声言："见贺兰山之雄伟而不起汉族复兴之念者，非黄帝子孙也。"⑥ 由于陕甘宁地区在西北属于对日二线地区，因此，他更强调建设此地为后方基地。14日，甫到西安，电复监察院院长于右任时就表示："西行入陕，发愿数年，今始克遂，至为快慰。此邦历史悠久，凭借深厚，诚足为复兴民族之根

---

① 张继：《开发西北问题》，《中央周报》第244期，1933年2月6日。
② 民生：《西北在中国建设上之重要性及其开发之方略》，《求实月刊》第1卷第11—12期，1934年9月，第2页。
③ 《蒋介石日记》，1934年10月16日、24日。
④ 《蒋中正总统档案·事略稿本》第28册，第343页。
⑤ 《蒋中正总统档案·事略稿本》第28册，第375页。
⑥ 《蒋介石日记》，1934年10月20日。

基。但只赖天利而未尽人力，不免稍行缺陷耳。"①

陕甘之行完成后，蒋介石到北平检查身体。1934年11月初，起程视察察哈尔、绥远、山西，开始其西北之行的下半期。相比陕甘宁青地区，察、绥、晋更接近国防前线，绥远直接与日本控制的东北地区接壤，因此，在这里，除经济、交通外，蒋更强调其国防前线的意义，同时，察绥一带还有蒙古问题，既涉及边疆问题的处理，又与对日抵抗准备密切相关。

察绥两省地理位置特殊，日军侵占东北后，这里成为中国对日抵抗的军事前线。针对察绥两省的特殊地位，蒋介石视察察绥时，特别强调："现在察哈尔已成国防的最前线，而张北这个地方，更是内蒙一个中心据点，其地位之重要，地形之雄伟，在内蒙也要算第一，因此各位住在此地所负的责任特别重大"，②鼓励前方将士："我们一般同志，尤其是在察绥的各位文武同志，格外要认清这一点，格外要坚定必胜的信念，和牺牲的决心！有我们在此地，就不可有一寸一分的土地再失掉。如果我们都打死了，国家的事情当然不得而知，但是有我们存在一天，一定要固守国土，敌人决不能讨一丝一毫的便宜。"③蒋介石部署的具体抵抗措置，按照徐永昌日记所载，主要有两点："一、大规模种树造林（已有规定确数），以为树林是活长城，可以避飞机挡坦克。二、修路所以代沟垒。其路线为沽源宝昌康保商都陶林绥远公路为第一期，康保张北张家口公路与霍布尔集宁至柴沟堡公路为第二期。"④

日军侵略东北后，不断策动蒙古族王公从事分裂活动，察绥地区也是对抗日军分裂活动的前线。蒋介石此时的边疆问题处理方针，以怀柔为宗旨，具体方略即其1934年初所谓的："国家大事，完全为一实际的力量问题，国际关系，乃纯粹决于实际的利害打算，依此而筹边，在今日情势之下，虽欲不放任，事实上也只能放任。放任自治，则边民乐于自由，习于传统，犹有羁縻笼络之余地。外强中干，则诸族隔于感情，惑于大势，绝无把握统治之可能。即如内蒙德王等要求自治，如政府绝对不许，彼径自投降伪国，我将如何？故予对此次内蒙之要求，力主容纳，并认定唯有宽

---

① 《蒋中正总统档案·事略稿本》第28册，第273页。
② 《英雄之志业何在？》（1934年11月4日），《先总统蒋公思想言论总集》第12卷，第575页。
③ 《唯时势能造英雄》（1934年11月7日），《先总统蒋公思想言论总集》第12卷，第579页。
④ 《徐永昌日记》第3册，1934年11月16日，第204页。

放的自治政策，方可以相当的应付边疆问题。"① 本着这一思路，蒋介石到察绥后，尽力笼络边疆实力人物。11月7日，蒋介石在归绥"见荣王、德王、潘王等蒙人……晚宴蒙王等"，② 联络与蒙古族地方领袖的情感。会面后，云王、德王对记者表示："华北目前处境艰危，经蒋委员长巡视后，相信国防必有办法，前途可抱乐观，余与傅作义、宋哲元均系好友，今后决一致团结，共御外侮。"③ 德王评论："考二百年来，国家实际上之最高领袖，亲至边陲视察者，以蒋为第一人也。"④ 当国力不济、中央相对弱势、外敌觊觎分化时，招抚边疆、拉拢地方应为明智之举。

1934年11月中旬，蒋介石西北行结束。此次考察，地点虽在西北，但蒋始终没有放松对全局的考虑。西北之行尚未结束时，蒋已开始筹划西北、华北、西南、川湘、中央政治经济等整个计划之制定。1934年11月12日，蒋介石在日记中提到，"要注意巡视华北归来应制定进行整个之计划，包括：1.改组中央乎。2.收复西南乎。3.规划川湘黔乎。4.西北准备建设计划。5.华北方针。6.晋察绥蒙之设计。……9.定川方针。10.禁绝鸦片计划"。13日，继续加紧研究"政治全部之设计与方针，粤桂川湘黔蒙、华北与倭俄诸关系"。17日，再次计划："经营西南，再定川湘乎。"在蒋介石心目中，西北、西南越来越成为一个整体，这一思路，如当时边疆研究者所洞见的："西北问题，既因东北失掉而为举国所重视，然而西南问题又将怎样呢？""在此开发西北闹得很起劲的当儿，我们为着中国边疆整个的打算，不得不虑及西南，作一劳永逸之计划。"⑤ 就在蒋介石从西北返回时，西南的大门借红军的西向已经慢慢在向他打开。

二 蒋介石进入西南

蒋介石军事思想中，一贯予川黔以重要地位。早在1917年孙中山南下护法开府广州时，蒋介石提出北伐战略，即以武汉为中心，四川秦晋为必争之地。1921年，他致书陈炯明讨论北伐战略时，再次强调："以后关于

---

① 《中国之边疆问题》（1934年3月7日），《先总统蒋公思想言论总集》第12卷，第108页。
② 《蒋介石日记》，1934年11月7日。
③ 《云德二王返庙》，《申报》1934年11月10日。
④ 文萱：《一月来之西北》，《开发西北》第2卷第5期，1934年11月，第96页。
⑤ 郭曙南：《从开发西北说到西南国防》，《边事研究》创刊号，1934年12月。

全局战略，以时间论，则对蜀当先对吴；以地势论，则先当图蜀而后可以统一长江；若为根本解决中国计，尤当以西北为根据。四川为西北与西南之重心，更不可不急图之。"① 国民政府建立后，四川仍长期为地方实力派所把持，蒋介石没有机会插足。不过，随着形势的变化，蒋介石对西南地区的注意力日渐加强。1933年6月，刘湘派人面见蒋介石，商谈治川计划，蒋介石电告汪精卫："刘湘派员携其治川方案来谈，内容以半年内扫除统一障碍，组织省府，年内剿灭共匪，一年半内划清中央与地方之税收及整缩军队，其意在先灭刘文辉。中以过去先灭阎冯后剿赤匪以为统一可期，其结果相反之意喻之，属其必先剿匪才可统一川局，名正言顺，亦无人能反对之意力说之。总之测其意，似彼已决心，对中正为通告形式，说必无效，川事只有让其自乱而已……如能设法合力灭共，避免二刘之战，使刘湘无法启衅，尤幸也。"② 尽管电文中所言对川事有难以着手之感，但四川的大门其实隐隐然已有向其打开之势，所以8月17日，他在日记中写道："大战未起之前，如何掩护准备，使敌不加注意，其惟经营西北与四川乎！"

1934年2月，国民党中央决议设立西康建省委员会，任命刘文辉为委员长。1935年7月，西康建省委员会在雅安正式成立，西康建省正式提上日程。几乎与此同时，蒋介石对西南的关注与日俱增，1934年6月，他甚至在日记中表示："下任不做总统，亦不做院长，专意建设西南。"③

红军长征进入四川及川陕革命根据地的建立，予蒋介石以千载难逢的时机。1934年11月，四川地方实力派刘湘因无力独自抵御红军，被迫乘轮东下，赴南京向蒋介石求援。双方达成协议，蒋介石帮助刘湘统一四川军政，任命刘湘兼任四川省政府主席，打破防区制，川中各军统一接受刘湘指挥，川军军费和各种武器弹药由中央拨给，并同意刘湘发行巨额公债，偿还历年积欠。刘湘则答应开放四川门户，中央军入川，川省"剿共"事宜由军委会南昌行营参谋团统筹指挥。12月21日，国民政府任命刘湘为四川省政府主席。次年1月，以军事委员会南昌行营第一厅厅长贺

---

① 《致陈炯明纵论全局战略书》（1921年1月21日），《先总统蒋公思想言论总集》第36卷，第356页。
② 《蒋中正电杨永泰请张群转告汪兆铭设法灭共以免刘湘与刘文辉之战》（1933年6月28日），《蒋中正总统档案》，002010200086060。
③ 《蒋介石日记》，1934年6月9日。

国光为首的由78人组成的国民政府军事委员会行营参谋团入川，一面运筹、督导"围剿"红军的作战，一面整理四川的政治、军事，开始经营西南。同时随参谋团入川的还有国民政府军事委员会南昌行营别动队，这是一支由蒋介石直接控制、康泽领导的武装特务部队。南京中央武装力量对四川的渗入，为其进一步进入西南打下了基础。

1935年初，中央红军长征进入贵州，随后，中央军也跟踪进入贵州，南京中央大批部队开始进入西南。这一结局，1934年11月底，在政坛翻滚有年的何其巩曾给蒋介石上书，他提出："赣匪之可虑，不在其窜逃，而在其守险负隅，旷日持久……赣匪倘能在赣川以东，合围而聚歼之，固为上策，否则有计划的网开一面，迫其出窜，然后在追剿中予以节节之击灭，似亦不失为上策中之中策也。"之所以如此判断，何其巩的下文是："赣匪一旦窜逸，则无论跟踪追剿之师，因地留成之师，回防中部北部之师，控制西南一带之师，皆能左右逢源，不虞粘滞，从此大局可期永安。"从地理大势和力量对比看，江西红军的出走，西行几乎是唯一选择，而在何看来："川滇黔三省，拥有七千万以上之人口，形险而地腴，煤盐油矿以及各种金属皆不缺乏，足为国防之最后支撑点。宜乘徐匪猖獗之时，或在赣匪西窜之时，力加经营。即钧座不能亲往，亦宜派遣忠义大员，统率重兵入川。"对何的上述看法，蒋当时批曰："卓见甚是，当存参考。"① 何的上书，或许与蒋不谋而合，1934年底除旧迎新之际，蒋瞻前顾后，在日记中将"追剿"红军、抗日准备与控制西南三者巧妙结合："若为对倭计，以剿匪为掩护抗日之原则言之，避免内战，使倭无隙可乘，并可得众同情，乃仍以亲剿川、黔残匪以为经营西南根据地之张本，亦未始非策也。当再熟筹之！"② 可谓深悉何其巩上书之精髓。

中央军因利乘便进入贵州后，蒋开始部署控制贵州。蒋介石谋黔，最担心的是桂系。1935年2月6日，蒋致电与粤系关系密切的蒋伯诚，告以："黔省境内赤匪肃清，粤桂军无须入黔。以后中央与粤桂各军，无论政治与军事，皆应切实联络，免有误会。"③ 显然，与"追剿"中共相比，

---

① 《何其巩呈蒋中正抗日救国根本大计在于安定北方巩固中部经营西南之意见》（1934年11月25日），《蒋中正总统档案》，002080200194043。
② 《蒋介石日记》，1934年12月29日。
③ 《蒋中正总统档案·事略稿本》第29册，台北，"国史馆"，2007，第272页。

蒋介石更担心的还是桂系入黔。7日，蒋介石致电薛岳，指示："我驻贵阳、贵定各部队，应秘密布置防范，以防万一，桂态殊难测也。王家烈部主力最好令其与中央部队一路前进，使其离黔追剿，与其任务，暂不返黔，但不可稍露形迹，免其畏惧。"①谋黔防桂之心毕露。所以，中央军进入贵州后，以防堵红军为名，集重兵于贵阳附近，既防止桂系与其争夺贵州，又逐步排挤王家烈对贵州的控制。这一点，陈诚当时在致蒋介石电报中说得很清楚："职意伯陵所率之中央部队，固应努力于追剿，以引起地方部队之观感，而资表率，但贵阳仍不可轻于放弃，似可以后方为名，控置一部作为根据，将来西南之军政上裨益必多。钧座总揽全局，示人以公，或不便出此，可否由职秘密示意伯陵办理。"②国民党中央的用心，当时已落入众人眼中，康泽报告刘湘在对部下演说中就直接指斥南京方面私心自用："朱毛据遵义时，中央只口头宣称进兵，实则迟迟不到，现匪已经本军击破，而中央军各面如潮涌来，且进驻肥城，殊令人不解。中国人前学共产党，后学法西斯，只足败事。"③征诸蒋介石的实际作为，刘湘之言，确有所本。

1935年3月2日，蒋介石抵达重庆，开始长达半年之久的西南之行。在此期间，他一面统率部队，督饬"进剿"红军；另一方面，则恩威兼施，力图控制西南。对地方势力较弱的贵州，直接下手进行大改组，4月6日，逼迫贵州省主席王家烈辞职，基本实现对贵州的控制。对川、滇两省，则以渗透为主，继续维持刘湘、龙云的控制权，同时逐渐从军事、经济方面施加影响力，按蒋的说法就是"对湘对川，只统制其经济而已"。④应该说，蒋进入西南，做好了长期打算，甫入四川，即曾表示："我们民国成立已经二十四年，任何事业，都办得没有实效，就是由于我们过去对于任何事情看得太容易，图成的心思太急切，愈想百废俱举，愈

---

① 《蒋中正电薛岳驻贵阳贵定各部队应秘密布置以防万一》（1935年2月7日），《蒋中正总统档案》，002020200029035。
② 《电呈黔省政情并请示方略》（1935年1月14日），《陈诚先生书信集——与蒋中正先生往来函电》（上），台北，"国史馆"，2007，第154页。伯陵即薛岳。
③ 《康泽电蒋中正刘湘往军官团演说称中央军口头宣称进兵却迟迟未到》（1935年2月9日），《蒋中正总统档案》，002080200206035。
④ 《蒋介石日记》，1935年1月31日。

是一事无成。"① 因此，他确定的对川方针是："对川方针，只督其开发公路，协助其整顿军警，不干涉政治。"② 在统一西南过程中，注意缓急相济，水到渠成，较好地控制了节奏。当然，当时的环境也不允许他对西南大规模使用武力。

蒋介石入川前后，实际上已把西南期许为未来的抗战根据地。西南群山环抱，地势险要，北连秦、晋，有秦岭、大巴山脉可作屏障，东有三陕之险，南有云贵高原，且远离入海口，成都平原又素称鱼米之乡，是防御外敌侵略的理想根据地。早在1932年，丁文江就曾以俄国作喻，说道："华北是我们的乌克兰，湖南、江西、四川是我们的乌拉尔——古士奈茨克，云南、贵州是我们的堪察加……我愿我们大家准备到堪察加去！"③ 蒋介石则有更为详尽的说法："四川的土地广大而又肥美，所产的东西，不仅种类繁多，几乎无所不备；而且量多质美，更为别省所不及……尤其是山川形势的雄伟奇峻，格外难得！在一个地区内既有高耸万余尺的名山峻岭，更有纵横数百里的沃野平原，实在是中国各省所仅见。再加以气候之温和，和人民之众多与勤劳优秀，更增加四川之伟大！在人文方面，我可以说四川的文化，也是特别根基深厚。……秦代李冰所筑的都江堰，像这样伟大悠久的水利工程，其他那一个地方都没有的。……四川因为其有如此伟大优良的自然环境与悠久深厚的文化基础，实在是我们中国首屈一指的省分，从前我们在行政区划上有所谓首府或首县，一个国家也应当有首省，四川在天时地利人文各方面，实在不愧为我们中国的首省，天然是复兴民族最好的根据地！"蒋还形象地比喻道："长江是中国的躯干，而四川居长江之上游，又是全国的中部，所以古人论中国形势，以四川为首，荆襄为胸，吴越为尾。我们一个人，如果头脑不健全不安定，整个身体都要受到坏的影响，甚至耳目昏迷，手足失措，最后到死亡为止。国家也正是如此，倘若四川不能安定，不能建设起来，整个国家也就没有富强复兴的希望。所以四川的治乱即中国兴亡之关键。今后四川决不可乱，一乱国家

---

① 《四川应作复兴民族之根据地》，秦孝仪主编《先总统蒋公思想言论总集》第13卷，第116页。
② 《蒋介石日记》，1935年3月4日。
③ 丁文江：《苏俄革命外交史的一页及其教训》，天津《大公报》1932年7月21日。

就要亡！"①

1935年3月4日，蒋抵达重庆两天后，即发表《四川应作复兴民族之根据地》的演讲，谈道："就四川地位而言，不仅是我们革命的一个重要地方，尤其是我们中华民族立国的根据地。无论从那方面讲，条件都很完备。人口之众多，土地之广大，物产之丰富，文化之普及，可说为各省之冠，所以自古即称'天府之国'，处处得天独厚。""要统一国家，完成革命，必须四川同胞先来负起这个责任，如果四川同胞不能负起革命责任来尽力于革命事业，我们整个革命事业，更没有完成之一日！因此四川同胞对于革命的成败与国家民族兴亡存灭的责任非常重大！"② 7月，他在日记中表示："四川之成败得失实为民族兴亡之关键也"。③ 7月9日，蒋介石就对日抗战之防线做出初步规划："对倭以长江以南与平汉线以西地区为主要线，以洛阳、襄樊、荆宜、常德为最后线，而以川黔陕三省为核心……甘滇为后方。"④ 稍后又表示："先定根据地基础，次为设计，三为建设。一俟建设基础完成，其必不战而服也。此时根据既得，应即力图巩固。巩固之道，唯在收拾人心，培养民力而已。"⑤

由于蒋介石对西南抱有建立后方根据地的想法，因此，争取西南地方实力派支持，抚慰三省民众，在稳定中求得西南的统一、发展，可谓其战前一以贯之的既定方针。

整理财政是蒋介石经营四川的一个关键步骤。由于西南地区长期处于地方割据状态，财政、金融十分混乱。蒋介石首先规定自1935年起在四川确立预算制度，同时尽可能以中央财政向四川输血。5月28日，蒋致电孔祥熙，指出："日本在华北似有箭在弦上之势，最近必有举动，彼之目的在扰乱我经济之发展与妨碍我军事之成功。此时我方军事与政治重心全在四川，请兄对于四川经济有关之各种问题，从速解决，并早定川中金融之

---

① 《建设新四川之要道》，秦孝仪主编《先总统蒋公思想言论总集》第13卷，第462—463、464页。
② 《四川应作复兴民族之根据地》，秦孝仪主编《先总统蒋公思想言论总集》第13卷，第113、114页。
③ 《蒋介石日记》，1935年7月6日。
④ 《蒋介石日记》，1935年7月9日。
⑤ 《蒋介石日记》，1935年8月1日。

根本方案，不致发生根本之动摇，如能多解现银入川，以备万一更好。"①月底，他在日记中写道："四川内容复杂，军心不固，后患可忧，当一本既定方针，扶助其中一人主持川局，而中央除整理金融，统一币制，筹备其经济实业之发展以外，对于军事，不宜植势，以示大公。"② 6 月，蒋介石又致电财政部部长孔祥熙，令其发行四川公债 7000 万元，"以为救川救国一线之生机"。蒋指出："此时方针，当重在先定局，再图大局之挽救，故多费几钱，总在国内民间，不算吃亏，切勿作普通事一律看待也。"③ 6 月底，财政部批准发行 7000 万四川善后公债。7 月，行营设立驻川财政监理处，整顿一切税收经征及经费核发事项。9 月 10 日，行营参谋团规定了收销地钞办法，整顿四川币值，使其与全国趋于统一。稍后，财政部又继续采取多种措施整理川省财政，如派员赴川调查烟酒印花税务，调整四川盐务机关等。

整顿财政的同时，西南各省交通、工业建设也逐步展开，国民政府规划 1935 年完成川黔、川鄂、川陕、川湘、川滇五省联合公路。蒋介石停留四川期间，多次要求航空委员会办公厅主任陈庆云、交通部部长朱家骅和德法两国厂方协商，把即将兴建的飞机制造厂厂址选在川、黔两省，而且最好在重庆。6 月 25 日，致电兵工署署长俞大维："凡各兵工厂尚未装成之机器，应暂停止，尽量设法运于川黔两厂。并须秘密陆续运输，不露行迹。望速派妥员来川黔筹备整理。"④ 相当一批兵工厂由此秘密迁往川、黔两省。武器也有内运动作。7 月 2 日，蒋介石电请张学良："预选十五榴重炮一团，每门配足子弹二百发，候令秘密运川使用，但切勿使外人探知，装船地点亦应特别注意为要"。7 日，再次和张商量调重炮团入川，并强调务必秘密行动，不可为外人探知。⑤

打破防区制和开办峨眉训练班，是蒋介石整顿四川军事最主要的举

---

① 《蒋介石致孔祥熙告以我军事与政治重心全在四川请对四川有关问题从速解决电》（1935 年 5 月 28 日），秦孝仪主编《中华民国重要史料初编——对日抗战时期　绪编》（3），第 335 页。
② 《蒋介石日记》，1935 年 5 月 31 日。
③ 《蒋介石致孔祥熙请决定公布发行四川公债七千万元以先定川局电》（1935 年 6 月 2 日），秦孝仪主编《中华民国重要史料初编——对日抗战时期　绪编》（3），第 336 页。
④ 《蒋中正总统档案·事略稿本》第 31 册，第 491 页。
⑤ 《蒋中正总统档案·事略稿本》第 31 册，第 574、619 页。

措。蒋介石到川后，主导成立以实力最强的刘湘为主席的省政府，规定自1936年3月1日起，四川各军月饷由四川善后督办公署统收统支，打破了为害四川近二十年的防区制。1935年7月，蒋介石调集川军营长以上军官及滇黔部分军队与行政人员分期分批到峨眉山受训，他亲自制订学员守则，发表讲演，强化川军军官的国家意识和民族观念，给川军军官灌输最新的军事理论，并以此与西南地区军官建立师生关系，扩大在西南地区的影响。训练的结果，"由于当时一般人对中央——蒋介石有颇高的幻想，由于训练团为地方上所不曾有过的规模，因之，对于受训人员，曾发生了颇大吸引和兴奋作用"。①

随着在西南地区的扎实推进，蒋介石对四川作为未来对外战争根据地的信心不断加强。8月，国民政府德籍顾问法肯豪森（Alexander Von Falkenhausen）曾向蒋介石提出抗日战备建议书，其中提到以"四川为最后防地"，蒋在其上旁批"最后根据地"。② 值得注意的是，这份建议书是蒋与法肯豪森面谈后提出的，本身已包容了蒋的观点，可见蒋此时已有定四川为最后根据地的腹案。当时，包括蒋百里等较严峻的估计尚认为中国的最后抵抗线可能在湖南以东一线，而蒋已注目到四川，其对抗战艰巨性的认识较为充分。10月，蒋又在成都做题为《四川治乱为国家兴亡的关键》的讲演，首先高度肯定四川的地位："从十五年至今也已有十年，我们革命还没有完成，国内还不能安定，而且外患日益严重，这当然有种种复杂的原因，种种环境的关系，但是其中最重大的一点，最紧要的一个关系，就是在四川！我们四川的革命没有成功，整个革命也就不能完成；我们四川没有安定，整个国家当然不能安定。外国人之所以敢于侵略无已，欺侮日甚，也就是因我们过去四川没有统一，以他新式的武备，随时可以捣乱破坏沿江沿海的一切，很容易致我们国家的死命！"进而明确提出："今后的外患，定日益严重，在大战爆发以前，华北一定多事，甚至要树立伪政府都不一定。但是我们可以自信：只要四川能够安定，长江果能统一，腹地能够建设起来，国家一定不会灭亡，而一定可以复兴！日本人无论在东四省或者将来再在华北弄什么伪组织都不相干，都不足以致我们的死命！我们今后不必因为

---

① 康泽等：《康泽自述及其下场》，台北，传记文学出版社，1998，第76页。
② 《德国总顾问法肯豪森关于中国抗日战备之两份建议书》，《民国档案》1991年第2期。

在华北或长江下游出什么乱子，就以为不得了，其实没有什么！只要我们四川能够稳定，国家必可复兴！"①

西南的初步统一，一定程度上增强了蒋介石对抗日本侵略的信心。1935年7月，蒋在日记中表示："渐于自主主动地位。四川之成败得失，实为民族兴亡之关键也。"② 1935年底，在国民党五大政治报告的补充报告中，蒋介石强调："自去年江西剿匪完成之后，匪向西南黔滇川等省逃窜，中央军队也就随着追剿到黔滇川。在今年一月中间，四川、云南、贵州各省政治的进步，在座各位同志没有到过的，或者不完全知道，但是如果到过这三省的，便可以由三省在这一年间的变迁而推知我们国家的进步很快。在去年，西北与川滇黔等省，不仅是政治上不能有建设，就是交通上也有许多障碍。因为今年土匪逃窜到那里，中央军随着跟去追剿，所以那几省的交通，现在可以说已恢复了十分之六。现在新通的或恢复的电报线，也达到我们预定的十分之八。如由长沙到贵阳，由贵阳到成都，由贵阳到昆明都已完成。而由成都到西安的电报线，今年也可以完成。这就是说在十八省全部交通，完全可以通达。关于这些事业的进展，我们自己也没有预先料想到会有这样快。照前面所说，交通进步了，就可以知道我们国家也进步了。四川、贵州等省自中央统一之后，在财政金融方面，都有逐步整理恢复的趋势，而社会经济，也有回复的新机，尤其是向来与中部隔绝不通声气，到今天已是脉络相连，呼吸相通了。我们国家从前因为交通没有统一，不能算具备一个新国家的雏形，而现在我们已经有了新国家的雏形了。"③ 抗战全面爆发后，蒋介石进一步解释道："自从九一八经过一二八以至于长城战役，中正苦心焦虑，都不能定出一个妥当的方案来执行抗日之战。关于如何使国家转败为胜转危为安，我个人总想不出一个比较可行的办法，只有忍辱待时，巩固后方，埋头苦干。但后来终于定下了抗日战争的根本计划。这个根本计划，到什么时候，才定了下来呢？我今天明白告诉各位，就是决定于二十四年入川剿匪之时。到川以后，我才觉得我们抗日之战，一定有

---

① 《四川治乱为国家兴亡的关键》，秦孝仪主编《先总统蒋公思想言论总集》第13卷，第471、480页。
② 《蒋介石日记》，1935年7月6日。
③ 《"第五次全国代表大会政治报告"补充说明》，秦孝仪主编《先总统蒋公思想言论总集》第13卷，第514页。

办法。因为对外作战,首先要有后方根据地。如果没有像四川那样地大物博人力众庶的区域作基础,那我们对抗暴日,只能如一二八时候将中枢退至洛阳为止,而政府所在地,仍不能算作安全。所以自民国二十一年至二十四年入川剿匪之前为止,那时候是绝无对日抗战的把握,一切诽谤,只好暂时忍受,决不能漫无计划的将国家牺牲,真正为国家负责者,断不应该如此。到了二十四年进入四川,这才找到了真正可以持久抗战的后方。所以从那时起,就致力于实行抗战的准备。"① 蒋介石自己所说的这些计划,尽管不可据为信史,但也不完全是自我标榜之词,当时与蒋接触的龙云认为,在抵御外侮、消弭内争方面,蒋"有极诚恳之表示"。②

---

① 《国府迁渝与抗战前途》,秦孝仪主编《先总统蒋公思想言论总集》第 14 卷,第 654 页。
② 《龙云为蒋介石在滇有亟谋统一的表示征询意见电》,云南省档案馆编《国民党军追堵红军长征档案史料选编》(云南部分),档案出版社,1987,第 589 页。

第五章
华北事变与中日关系的变化

1935年的华北事变,是日军不断进逼中国、启动大规模战争链条的关键一环。日军步步进逼中国内地,不断蚕食中国领土,干涉中国行政权力,尽管始作俑者通常是前方将领,但这样的举动事实上意味着日方已经完全无视中国主权,不惜与中方全面开战。面对日军的压迫,中国方面再次选择了妥协退让,这种妥协退让极大损害了国民政府的威望。日军的不断进逼,让国民政府再次尝到妥协的苦果,对日求和的愿望遭到重挫,中日关系进入微妙期。

第一节 日本侵略的深入与华北危机

一 华北事变

南京国民政府以妥协退让迎合日本的要求,采取各种措施,试图改善中日关系,但1935年年中,日本军部却在华北策动了一系列事变,导致中日关系再度恶化。

侵占东北后,日本觊觎华北之心日益旺盛。1934年2月26日,日本外务省拟订《关于日中经济提携的草案》,提出日本对华"经济提携"的具体内容,包括援助华北、华中等地的棉花栽培事业,日清汽船与招商局之间的提携或合并,日中金融联系或设施,等等;并要求在外务省开始研究关于日中"经济提携"的具体政策。6月,日本陆军省、海军省、外务省等三省有关部门开始会商分割华北的策略,12月7日,制定《对华政策》文件,提出日本独占中国的基本方针。文件尤其引人注目地提到华北问题,"希望在华北地区出现南京政权的政令不达的形势","最终要酿成扩张我方权益而不专注于排日的空气,从而导致这样一种局面:即不论华北政权的负责人是谁,都不能无视华北地区的日、满、华特殊关系"。①1935年前后,日本在华北的一系列分离举措,和这一目标正相契合。

日本军部和关东军南侵的基本方针是占领华北,变华北地区为第二个"满洲国"。其方法与侵占东北的赤裸裸出兵不同,而是采取以军事实力为后盾,以政治谋略为先导,通过驱逐中国政府军政势力,选择及扶植亲日的傀儡,策动所谓"华北自治运动",从而达到分离华北,由其实际控制华北的目的。重光葵回忆:"关东军之所以对华北问题有兴趣,不仅在军事方面,而且还在于建设国防国家这点上。政府曾询问关东军,为对抗世界封锁经济的风潮,实现国防资源的自给自足,只靠满洲究竟充分不充分呢?满铁调查部根据宫崎的报告,认为只靠满洲的资源无论如何是不够的,因此绝对需要开发华北资源。关东军以此向军部写了意见。军部首脑中积极从事国防国家建设的人,立即采纳了这个意见。"②

1935年5月3日,伪满洲国的"中央通讯社"记者、天津振报社社长白逾桓和受日本津贴的国权报社社长胡恩溥被刺。日本天津驻屯军称为国民党蓝衣社所为,日本驻华使馆武官高桥坦会见河北省政府代表,提出:"关于白、胡被害事,目下日方极力搜查,但其真相尚未查明。本案虽系发生于日本租界之内,但就天津市全体以至河北全省着眼,仍在主席统制之下,请主席多少感觉责任而以诚意处理。查白、胡二人为亲日亲满者,乃反对亲日亲满之人竟暗用横暴手段将其杀害。此事非常刺激日人神经,吾人认为不能因其亲日亲满而即谓为应加杀害,在吾辈本意且更希望亲日亲满分子日益增加也。此案如仅系个人犯罪行为尚有可说,倘与中国政府或军事机关有关系则实属遗憾之至,不能不照重大事件应付处置。况当此中日政府正努力亲善之时,用此阴险恐怖手段暗地杀人,殊与中日间根本方针大相违背,日方认为不祥事件,请主席加以考虑并请防止未然,务期不再发生同样事件。"③河北省政府则"于详释毫无背景之余,声明督饬协缉,惟力是视,并谓若日方侦察所及,获有确实证据,尽可提出,如在省

---

① 岛田俊彦·稻叶正夫编『现代史资料8·日中战争1』、24页。转引自臧运祜《七七事变前的日本对华政策》,第94页。
② 〔日〕重光葵:《日本侵华内幕》,第64页。
③ 《于学忠致汪兆铭函》(1935年5月22日),中央档案馆等编《日本帝国主义侵华档案资料选编 第2卷 华北事变》,中华书局,2000,第363页。

辖范围以内，必自查实法办。"①

5月中旬，在热河南部活动的抗日义勇军孙永勤部受日军追击退入长城以南的停战区。日军以中国方面庇护孙部为由，要追究中国方面责任。25日，日本天津驻屯军参谋长酒井隆、山海关特务机关长仪我诚也，驻华使馆武官高桥坦会商对华北问题处理方针，决定利用胡、白事件，逐步将东北系及中央系势力彻底驱逐出华北。29日，酒井隆和高桥坦向何应钦提出要求：（1）蒋介石放弃对日二重政策。（2）起码把上述实行机关，即宪兵第三团及类似团体、军事委员会政治训练处、国民党党部及蓝衣社，撤出华北。（3）撤走上述各机关的后盾第二师、第二十五师。（4）罢免事件的直接间接当事者宪兵第三团团长蒋孝先、政治训练处处长曾扩情等，罢免河北省主席于学忠。同时，日方还提出两点战争威胁："（1）对日、满之扰乱行为，如仍以平、津为根据地继续发生，日方认为系破坏停战协定及辛丑条约；停战区域或将扩大至平、津。（2）对于军之关系者，白、胡之暗杀，军认为系中国之排外举动，及向驻屯军之挑战行为。如将来预知或有类此事件之情事，日军为自卫取断然之处置，或再发生庚子事件，或九一八事件，亦不可知。"②

日方提出要求后，辅之以武力威胁。30日，驻天津日军配备装甲车，列队在河北省政府门前示威，日本军机飞临平津上空盘旋。31日，日驻天津总领事川越茂向河北省政府主席于学忠提出书面抗议，以策应军方的行动。在日方压迫下，30日，何应钦致电黄郛，提出初步处理意见："于、张他调，津市公安局长李俊襄免职；分会政训处长曾扩情，宪兵第三团长蒋孝先，团副丁昌，即行他调；（三）河北省党部今后专做内部工作，停止其外部活动。"③6月1日，何应钦发布命令，免去曾扩情、蒋孝先等职务，希望息事宁人。何应钦此时的态度，曾扩情曾回忆道："在日本人这样咄咄逼人、难以理喻的情势之下，如不隐忍屈从，势必兵临城下，其后果将不堪设想。"④

---

① 《于学忠致蒋中正等电》（1935年5月25日），《日本帝国主义侵华档案资料选编 第2卷 华北事变》，第364页。
② 《何应钦致蒋中正、汪兆铭、黄郛电》（1935年5月29日），《中日外交史料丛编》（三）《日军侵犯上海与进攻华北》，第268页。
③ 《何应钦将军九五纪事长编》（上），第399页。
④ 曾扩情：《何梅协定前复兴社在华北的活动》，《文史资料选辑》第14辑，第145页。

除北平直接交涉外，南京政府指示驻日大使蒋作宾与日本政府沟通，希望日本政府节制前方军人。5月31日，蒋作宾在东京访晤日本外相广田弘毅，提出中国方面的妥协方案：（1）于学忠罢免之事系内政问题，决定于近期解决；（2）关于党部及蓝衣社从华北撤退，党部将与省政府一起迁移保定，但蓝衣社中国方面否认其存在；（3）平津地方编入停战地区，中国方面难以承认。蒋作宾恳请广田向日本军方进行疏解。日本政府和军方协商后，6月1日答复蒋作宾说："本问题为关于停战协定内属于军司令官之统帅事项，而非外交事项，故不可移于外交交涉，想应由驻在军部当局处理之也。"① 日本政府实际默认了军方的做法，中国希望日本政府出面抑制日军方的努力失败。

6月3日，汪精卫致电何应钦，转告正在四川的蒋介石发来的电文，内中答应："中央已决定孝侯他调，今不过须想定他调后之位置，故延缓数日。"② 4日，酒井、高桥再度访晤何应钦，询问中方处理意见，何应钦口头答复要点如下：（1）天津发生胡、白暗杀事件，因其事发生在日租界，系地方临时发生事件，我政府不知情。但租界毗连天津市，已严令河北省政府转饬天津市政府共同缉凶。（2）孙永勤部"窜扰"遵化、迁安附近，军分会即令河北省政府命令警团协同"围剿"，业已击溃。已严令河北省政府调查有否受遵化县接济一事，如查有实据，当照律严惩。（3）于学忠已经中央决定他调。（4）蒋孝先、曾扩情等他调。天津市党部早已停止工作，蓝衣社根本无此组织，如有妨害中日亲善之团体，当予取缔。③ 何的答复基本满足了日方的要求，但酒井、高桥又提出了以下新要求：（1）于学忠、张廷谔必须免职；（2）从天津撤走国民党河北省党部，结束天津市党部；（3）调走驻北平的宪兵第三团，撤销北平军分会政训处；（4）解散抗日团体；（5）调走驻平津的第五十一军。对此，何应钦答复："一、四两项业已决定办理，其二、三、五三项可向中央报告，加以考虑。"④

在日方压力下，国民政府继续退让。6月4日，国民政府行政院会议

---

① 《日陆军当局之主张》，北平《晨报》，1935年6月2日。
② 《何应钦将军九五纪事长编》（上），第401页。
③ 《何应钦致阎锡山等电》（1935年6月5日），《阎锡山档案》。
④ 《河北事件双方口头交涉全卷》，《中日外交史料丛编》（三）《日军侵犯上海与进攻华北》，第270页。

决定，改天津市直属行政院，任命亲日分子王克敏为市长，商震为警备司令。6日，国民政府发布命令，免去于学忠的河北省政府主席职务，调任川陕甘边区"剿匪"总司令，河北省政府主席由民政厅长张厚琬代理。① 7日，国民党河北省党部南移保定，天津市党部结束，北平军分会政训处裁撤，宪兵第三团调离北平。8日，国民党临时中央政治会议决定，于学忠的第五十一军及中央军移驻河北省外。同日，何应钦手谕平津军政宪督各机关，严密取缔秘密团体，声称："平津两市、为各国人士荟萃之区，应使中外感情融洽无间，以得增进中外之邦交。着即严令平津两市长、平津卫戍司令、北平宪兵司令，注意严查，如有有害于邦交之秘密结社及秘密团体，务予严加取缔。"②

于学忠的第五十一军系东北军，日军早欲驱其出华北，南京中央也有将于军他调的意图。1934年12月蒋介石在北平时，与黄郛、张学良、于学忠商定，将河北省政府移驻保定，天津市改为行政院直辖市。12月4日，行政院会议就此正式做出决定。但于学忠不愿南迁，河北省政府迟迟未动，第五十一军也未南调。1935年初，黄郛和北平军分会代理委员长何应钦在省府南迁问题上出现不同调。2月16日，何应钦致电蒋介石反对冀府迁保："（一）天津为华北重镇，汉奸、浪人借租界之掩护，伺机思逞，危险程度深于北平，不可无统兵大员坐镇。省府移保后，于必偕行赴保"；"（二）天津市保安队约二千，干部均系于部军官调充。故孝侯有将该部仍归省府直辖，或市府管辖，此次问题骤视之甚小，细考之直接关系天津安危，间接影响华北存亡。盖石友三辈日思夺取天津，成立华北国，两次便衣队扰乱，未遭陷落者，实缘当地保安队与附近驻军协同一致，危机一发时，驻军即换警察衣服入市，共维秩序，若省府移保后，市长既不满人望，又与保安队有阂，紧急时易为汉奸占领。即平时汉奸辈探悉，易起觊觎之心矣"。③ 26日，黄郛致电蒋介石，驳斥何应钦的主张，明言于学忠不欲迁保，关键或在天津税收的利益，"冀察两省及平市协饷均已先后豁

---

① 《于学忠等任免令》（1935年6月6日），南开大学马列主义教研室编《华北事变资料选编》，河南人民出版社，1983，第170页。
② 《何应钦手谕》（1935年6月8日），《华北事变资料选编》，第141页。
③ 《蒋中正总统档案·事略稿本》第29册，台北，"国史馆"，2007，第522—525页。

免,独津市至今向隅,迭请而未能邀准"。① 经过黄郛劝说,蒋介石决定仍令冀府迁保,于学忠也被迫应允。5月25日,于学忠终于在日军威迫下,宣布河北省政府自7月1日迁保定。至30日,又决定提前于6月1日开始迁移。6月3日,于学忠本人亦离津赴保。

中国方面一再退让,日本却得陇望蜀。6月7日,日本天津驻屯军举行扩大的军事会议,决定对北平增兵。9日,酒井和高桥第三度晤见何应钦,又提出四项要求:(1)河北省内一切党部完全取消;(2)撤退第五十一军;(3)中央军必须离开河北省境;(4)禁止全国排外、排日行为。酒井并威胁道:一、二、三项绝无让步的余地,限12日上午答复。② 当日,何应钦接连向在成都的蒋介石和在南京的汪精卫发电报告。此时,焦点在中央军南撤上。长城抗战后,蒋介石令中央军"留三师驻保定及其以南沿平汉路至郑州一带,惟在北平留宪兵二团驻扎"。③ 对中央军南撤,交涉之初,蒋、汪都认为"万难承受"。随着日方的步步进逼,8日,汪精卫致电在四川的蒋介石,提出:"照最近情形,日军部殆将重演一二八之故事,届时强中央军撤退,中央军如不答应,即成冲突。以正义言,只有此途,成败利钝,在所不计。若为顾全着想,则只有对日方口气绝不放松,而即日由军分会以寻常调动军队之形式,命令在平津附近之军队稍为南移,使彼无所借口。"④ 次日,蒋介石复电不同意中央军南调,判断:"中央军如南移,即与迫我放弃平津,乃至放弃华北同一意义",主张"此时应用全力打消其撤退之要求,并宜于京沪平津及东京各方面同时设法斡旋,否则实无以善其后"。⑤ 对蒋的主张,何应钦、汪精卫都不以为然。何应钦电中说:"我方军事经济上与外交一切均无准备,万一战事发动,顷刻之间,即将平津断送,且将牵动京沪及长江一带,国内立致崩溃……目前之计,惟有照汪先生迭电共同负责之主张,即下令将中央军自动调驻豫省,期能

---

① 《黄郛致蒋中正电》(1935年2月26日),《蒋中正总统档案》,00208010300021018。
② 《何应钦致蒋介石电》(1935年6月9日),秦孝仪主编《中华民国重要史料初编——对日抗战时期 绪编》(1),第680页。
③ 《蒋介石致何应钦六月东电》(1933年6月1日),《蒋中正总统档案》,0022020000016152。
④ 《汪精卫致蒋介石电》(1935年6月8日),秦孝仪主编《中华民国重要史料初编——对日抗战时期 绪编》(1),第679页。
⑤ 《蒋介石致汪精卫电》(1935年6月9日),秦孝仪主编《中华民国重要史料初编——对日抗战时期 绪编》(1),第679—680页。

保全平津及国家元气，留作持久抗战之基础。"① 汪精卫则反将一军："如尊意仍主张中央军不可撤退，请即示复，并径复敬之，弟等必取消前议，一意拒战。盖今日拒战、避战，两无万全。拒战固难持久，避战亦恐要求踵至，终至无可逃避之时，故只须吾兄作最后之决定，弟等决无他念也。"② 在何应钦的劝告和汪精卫的反激下，蒋介石也无法继续其高调，未再坚持所谓中央军不调离的立场。

10日，国民党中央在汪精卫主持下召开紧急会议，决定答应日方新要求，会后汪精卫致电何应钦称："今晨中央紧急会议，对于河北省内党部已决议，由秘书处电达。对于全国排日、排外之禁止，已由国府重申明令。对于五十一军及中央军之撤退，无异议。"③ 下午，何应钦约见高桥坦，口头答复日方提出的四项要求，表示：(1) 自即日起开始撤退河北省内的党部。(2) 第五十一军预定从11日开始撤退到河北省外，用火车运输，如因车辆不足或发生故障时，撤退完毕日期，也许要推迟几天。(3) 决定将第二师、第二十五师从河北省撤出。(4) 国民政府决定最近于全国发布命令，禁止排外排日。何应钦提到的禁止排外排日令即国民政府当日发布的《敦睦邻邦令》，内称："中央已屡加申儆，凡我国民，对于友邦，务敦睦谊，不得有排斥及挑拨恶感之言论行为，尤不得以此目的，组织任何团体"，"兹特重申禁令……如有违背，定予严惩"。④ 至此，南京政府可以说全盘接受了日方的要求。

二 何梅协议

尽管南京国民政府接受了日方全部条件，但日本仍然不以此为满足。6月11日，日方将一份由日本天津驻屯军司令官梅津美治郎签署的"觉书"送到北平军分会，要求何应钦签字。"觉书"包括何应钦连续三次答复的全部内容，另增三项附带条件。内容如下：

---

① 《何应钦致汪精卫电》(1935年6月9日)，秦孝仪主编《中华民国重要史料初编——对日抗战时期 绪编》(1)，第681页。
② 《汪精卫致蒋介石电请决定中央军是否从河北撤退》(1935年6月10日)，《蒋中正总统档案》，00209020000016308。
③ 《河北事件双方口头交涉全卷》，《中日外交史料丛编》(三)《日军侵犯上海与进攻华北》，第273页。
④ 天津《大公报》1935年6月11日。

一、中国方面对于日本军曾经承认实行之事项如下：

（一）于学忠及张廷谔一派之罢免；

（二）蒋孝先、丁昌、曾扩情、何一飞之罢免；

（三）宪兵第三团之撤去；

（四）军分会政治训练处及北平军事杂志社之解散；

（五）日本方面所谓蓝衣社、复兴社等有害于中、日两国国交之秘密机关之取缔，并不容许其存在；

（六）河北省内一切党部之撤退，励志社北平支部之撤废；

（七）第五十一军撤退河北省外；

（八）第二十五师撤退河北省外，第二十五师学生训练班之解散；

（九）中国国内一般排外排日之禁止。

二、关于以上诸项之实行，并承认下记附带事项：

（一）与日本方面约定之事项，完全须在约定之期限内实行，更有使中、日关系不良之人员及机关，勿使重新进入。

（二）任命省市等职员时，希望容纳日本方面之希望选用，不使中、日关系或为不良之人物。

（三）关于约定事项之实施，日本方面采取监视及纠察之手段。①

"觉书"的提出，标志着日方对国民政府的逼迫再进一步，即从口头交涉、口头承诺转为索取书面文件。日方希望将此前中方全部口头承诺用书面加以坐实，由华北最高长官何应钦签字，以此对中方实行约束。

自1932年3月国民党四届二中全会后，南京当局和蒋介石在对日交涉中都把力避签订书面屈服条款作为一项既定政策，不订约，不留书面根据，既便于与日本方面讨价还价，取得妥协苟安，又可避免留下出卖主权的把柄，免受国内反对派的攻击，同时也给日后中方改变现有格局留下空间。日方要求中方留下书面材料，触及南京政府的底线，何应钦不得不予以婉拒。12日，何应钦由北平返回南京，与南京中央共商大局。13日，

---

① 龚古今、恽修编《第一次世界大战以来帝国主义侵华文件选辑》，三联书店，1958，第173页。

高桥又到北平军分会，再次提出书面文件，文字内容与前次相同，只是把"觉书"改为"备忘录"，要求中方签字，再遭拒绝。14 日，日军再次进行军事威胁，出动军机沿津浦、平汉两线侦察，驻平日军增至 2400 人，关东军一部也开抵山海关。同日，高桥对外交部驻平交涉员程锡庚声称华北问题能否解决，取决于"觉书"签署与否，日军在长城内外之军事准备，均为预防中国拒绝签署"觉书"后引起严重局面。①

15 日，何应钦在南京召开的国防会议临时会议上报告华北局势。会议决议："此事始终口头交涉，日酒井隆参谋长、高桥坦武官一再声明，由中国自动办理，现中国均已自动办理，且必能如期办妥，是日方意见已完全达到，实无文字规定之必要。我方难以照办，应请日方原谅。"②

中国方面对于"觉书"无法接受的坚决态度，使高桥不得不有所收敛，不再坚持签署"觉书"或"备忘录"，改为要求由何应钦向梅津提交一份书面通告，表示承诺日方所提各项。6 月 21 日，高桥提交一份由他代拟的文稿，全文如下："由北平军分会何委员长送致梅津司令官之通告：6月 9 日酒井参谋长所提出之约定事项，以及有关此等事项之附带事项，吾人一概加以承认，并可望将此等事项及附带事项自动付诸实现。特此通告。"③ 这份代拟稿，已将"觉书"中的日方代表高桥坦改为梅津。"附带事项"仍然要中方予以承认，但不明白列出。

日方的文书虽然字句改得更为隐晦，但和中国方面不立文字的坚持仍有距离。21 日，蒋介石致电何应钦，表示："冀于既去，察宋又撤，党部取消，军队南移，华北实已等于灭亡。此后对日再无迁就之必要，只待其华北伪国之出现，则彼亦别无他计可施。其实此乃时间迟早之问题，而迁就与否，实无关系。故对方如再有要求书面答复之妄举，更应坚决拒绝。""吾人以国力未充之故，不得不撤兵丧权，失地忍辱。此在革命时代，实无所谓，即天下后世亦能深谅，惟所求者仍在始终保持独立民族之人格，只要不遗点滴墨迹于对方之手，即使国亡种灭，亦可安

---

① 《程锡庚六月二十日报告》，《中日外交史料丛编》（三）《日军侵犯上海与进攻华北》，第 263 页。
② 《何应钦将军九五纪事长编》（上），第 416 页。
③ 《河北事件双方口头交涉全卷》，《中日外交史料丛编》（三）《日军侵犯上海与进攻华北》，第 277 页。

心瞑目。"① 不过，蒋的这种最后的坚持事实上也没有贯彻到底，就在发出电报当天，蒋在日记中写道："与其抗战失败而失平津，不如自动撤退免倭借口，以期保全平津而图挽救，此总退却之胜利也。"② 可见，蒋根本没有在平津与日军决一死战的信心。

7月1日，高桥提出备忘录的第二稿，文中内容为："六月九日酒井参谋长所提出之各事项期望，均予承诺且自动加以实施。"二稿将通告改为公函，去掉"附带条款"，换为"期望"，辞意有所缓和。2日，唐有壬在上海以此稿向汪精卫做口头报告。3日，高桥又提出经修改的第三稿，将二稿中的"期望"两字删除。4日，何应钦致电汪精卫："兹由鲍文樾转来高桥交来最后之稿……。可否乞示。"③ 汪精卫于5日复电说："稿文与前次吾辈所商定者大致相同，并同意发出。"④ 8日，鲍文樾奉何应钦之命，将由何署名、以一普通打字信函形式出现的通知送高桥转梅津，通知全文如下：

敬启者，六月九日酒井参谋长所提各事项均承诺之。并自主的期其遂行，特此通知。
此致
梅津司令官阁下

何应钦

中华民国二十四年七月六日⑤

这个措辞含混的复函，被日本人以"何梅协定"定性并予以宣传，一般史书沿袭了这一称呼。

"何梅协定"与通常的外交协定在文件方式上和达成程序上有所不同。

---

① 《蒋介石致何应钦电》（1935年6月21日），《蒋中正总统档案·事略稿本》第31册，第451—452页。
② 《蒋介石日记》，1935年6月22日。
③ 《河北事件双方口头交涉全卷》，《中日外交史料丛编》（三）《日军侵犯上海与进攻华北》，第276页。
④ 《河北事件双方口头交涉全卷》，《中日外交史料丛编》（三）《日军侵犯上海与进攻华北》，第277页。
⑤ 龚古今、恽修编《第一次世界大战以来帝国主义侵华文件选辑》，第174页。

按惯例，协定或条约的签订，往往要经过有关方面的谈判协商，然后把共同遵守的各项条款列入正式换文，经签约各方代表在签字仪式上正式签字。"何梅协定"没有双方共同的正式换文，也没有经双方代表正式共同签署的文件，日方的备忘录由梅津单独签署，中方的通知则由何应钦单独签署，协定的形态很不完备。而且，该"协定"所有内容表面上都针对着中国的行动，形式上并没有与日方直接关联的权益，正因此，在公开场合，中方多次否定这一协定的存在。1935 年 12 月，何应钦以北平军分会职员名义向报界发表声明："日本报纸所载新闻，每称所谓'何梅协定'云云，实系离开事实之名词，因根本无此协定。"[①] 1936 年 1 月 16 日，蒋介石在南京接见全国中等以上学校校长及学生代表，答复学生代表提问时强调："我可以对各位说，绝对没有这个'何梅协定'，这件事怎样讲起来的呢？就是日本向何部长提出要求中国撤退河北境内的中央军队，并撤销所有平、津、冀、察党部和特务机关；何部长回一封极简单的信答复他说：这些事不待你要求，我们中国已经自动办好了。信中只说这几句话而已。但是，他拿了这封信就无中生有，大张其词，说是成立了什么'何梅协定'。"[②] 应该说，何应钦、蒋介石的质疑并非毫无所本，但其言论也不无避重就轻之嫌。无论协定在国际法意义上是否有效成立，中国在华北的退让应无疑义。

三　察东事件

《塘沽协定》签订后，地处华北西北部、与伪满洲国接壤的察哈尔省成为前线省，拱卫河北，屏障平津地区。同时，日本关东军的"内蒙工作"之重点，在《塘沽协定》成立后，也将重心由"经营东蒙"转向"进窥西蒙"。要完成这一目标，察哈尔是其必得之地。长期担任日本外相的重光葵后来回忆：当时日本"对华北工作分为两项，一是内蒙工作，二是华北工作，其目的是在这些地区排除敌视'满洲国'的政权，而建立友好的政权"。[③] 1933 年 7 月 16 日，关东军参谋部提出的所谓《暂行蒙古人指导方针纲要案》中提到，对内蒙古西部地区"主要以和平的文化工作为

[①] 天津《大公报》1935 年 12 月 23 日。
[②] 《中央周报》第 398 期，1936 年 1 月 20 日。
[③] 〔日〕重光葵：《日本侵华内幕》，第 87 页。

主，特别是以经济联系来引导其自发地亲日满……促进成立具有排华色彩的自治政权。"① 为此，日本将多伦县一带改称察东特别自治区，任命李守信为行政长官，军事和行政方面均受关东军多伦特务机关长指挥。多伦从此成为关东军内蒙古工作的据点。1934年1月，日本陆军参谋本部制定《对察施策》，规定以锡林郭勒盟及察东地区为"施策目标"，并按照情况发展，向西扩张其范围。"施策"项目包括军事、交通、贸易、产业、教育、宣传、宗教等各个方面。这些，成为日本在察哈尔行动的重要指针。当日军在华北制造事端的同时，在察哈尔也对中国步步紧逼。

1935年1月4日，关东军在大连召开幕僚会议。与会者有关东军副参谋长板垣征四郎、特务机关长土肥原、伪满军政部最高顾问佐佐木等。会议中心议题是以《塘沽协定》为中心，重新考虑对华政策，决定今后对伪满和华北的方针。会议决定对伪满的方针"由治安第一主义，变为经济第一主义"；对华北的外交方针，"始终企图整个问题之解决，在未达到最后目的以前，则用侧击旁敲办法，逐步前进"。②

日本图谋察哈尔首先体现在对察东的觊觎上。察东指察哈尔东部多伦、沽源、康保、宝昌、张北、昌都六县所辖地区。该地西接绥远，东临热河，是日军西犯的必经之地。1934年底，日方硬指沽源长梁、独石口一线属热河丰宁县境，要求察哈尔省主席、第二十九军军长宋哲元将部队撤至长城以内，这样日军可以控制该地区。宋哲元未理睬日军的无理要求。1935年1月初，驻屯热河的日军第七师团一部开往热、察边境之大滩一带。1月18日，日本关东军司令部发表声明称："关东军以热河安谧以来，人民安居乐业。昭和九年（1934年）后半期，宋哲元部下步骑部队开驻热河丰宁县大滩一带，有碍该县行政。经向中国方面要求守军撤退，并定最后期限，为去年12月31日撤出。届期未见宋军履约，且于本月十二日在长梁附近，配置军事，并袭击当地守卫团。因此日军为维持日满共同防守精神起见，实行驱逐宋军"。③

在发出声明、警告的同时，热河境内日伪军陆续向沽源县长梁、五女

---

① 转引自白拉都格其等编《蒙古民族通史》第五卷下册，内蒙古大学出版社，2002，第444页。

② 《一月来之中国与世界》，《申报月刊》第4卷第2号，1935年2月15日，第123页。

③ 《日伪军竟向沽源活动》，《中央时事周报》第4卷第3期，1935年1月26日，第43页。

河方向运动，承德日军集结丰宁县，先头部队已到大滩一带。日伪军与沽源驻军第二十九军前哨相距仅 40 里，战事一触即发。1 月 19 日，国民政府行政院北平政务整理委员会委员长黄郛到南京，向蒋介石、汪精卫报告华北政局。蒋唯恐事态扩大，竭力将大事化小，指示察东事件应就地解决，"沽源与独石口应固守，但部队不必过多"，授权宋哲元相机处置。①何应钦也指示宋哲元"在长城以外竭力避免冲突，以免日军借口"。② 20日，察省外交特派员岳开先由北平返张家口，奉令访晤日本驻张家口特务机关长松井源之助，商洽察东事件。翌日，岳开先陪同察省民政厅厅长秦德纯再度与松井谈判，表示愿意以让步求得和解。

对中国方面的和解要求，日方一方面虚与委蛇，另一方面加紧军事布置。1 月 22 日下午 6 时许，日方突然派步兵、炮兵千余人，伪军两三千人，装甲车 10 余辆，同时向长梁、五女河、独石口一带进犯。次日上午，日伪军在飞机和地面炮火的配合下，向独石口以北之长城线前进。24 日起，日机连续轰炸独石口、东栅子，造成中国军民伤亡，③ 并在沽源方面增兵千余名，战事进一步扩大。

对日军的突然袭击，中国方面措手不及，在日军的轰炸炮击下，东栅子一带的民团和居民死伤惨重。1 月 25 日，岳开先到北平，向何应钦和宋哲元汇报情况，何、宋即电南京请示，南京随后复电命地方当局交涉解决。当晚，岳开先会晤高桥，做初步交涉。日军一面派松井、高桥应付中国当局，拖延时间，一面继续扩大军事行动。27 日，日军突然占领东栅子，次日又占领沽源县城东的乔家围子、义合城两村，并向石柱子、喜峰岩一带增兵。

此时，日蒙间发生"贝尔湖事件"。1 月 24 日，伪满边防军在贝尔湖北面的哈尔哈庙附近巡逻时，与外蒙古军队发生武装冲突。日蒙冲突后，为防止腹背受敌，日军决定暂停察东行动。28 日，日军撤出东栅子，高桥也一反事件以来的拖延态度，提出双方召开和平会议的具体建议。

---

① 《蒋委员长致何应钦部长指示察东沽源与独石口应固守电》（1935 年 1 月 24 日），秦孝仪主编《中华民国史重要史料初编——对日抗战时期 绪编》（1），第 663—664 页。
② 《何应钦上汪院长蒋委员长电》（1935 年 1 月 20 日），《中日外交史料丛编》（三）《日军侵犯上海与进攻华北》，第 245 页。
③ 《报告东栅子被炸伤亡情形呈行政院长汪兆铭等电》（1935 年 2 月 1 日），《宋哲元先生文集》，第 172 页。

2月2日，谈判在热河省丰宁县大滩镇日军司令部举行。中方代表是第二十九军第三十七师参谋长张樾亭、沽源县长郭增恺、察省政府科长张祖德。日方代表是关东军第七师团第十三旅团长谷实夫、第二十五联队长永见俊德及岩永中佐、松井中佐等。会上，日方代表谷实夫宣称，察东事件是出于误会，现双方均不欲扩大，故日军已撤回原防，希望嗣后不再发生此类事件等。中方代表张樾亭表示，中国方面始终维持和平原则，现日方既已撤退，双方误会即可解除。会议仅历半小时，双方即口头约定解决办法，后称此会谈的结果为"大滩口约"。

2月4日，国民党军委会北平分会公布《大滩口约》，全文如下：

> 据陆军第二十九军军长兼察哈尔省政府主席宋哲元报告，察东事件，经派第二十九军第三十七师参谋长张樾亭，率同随员沽源县长郭增恺、察省政府科长张祖德，于2月2日前往大滩，与日军第七师团第十三旅团长谷实夫、第二十五联队长永见俊德及松井中佐等，于是日上午11时在该处会商，口头约定解决办法如左：察东事件原出于误会，现双方为和平解决起见，日军即返原防，二十九军亦不侵入石头城子、南石柱子、东栅子（长城东侧之村落）之线及其以东之地域。所有前此二十九军所收热河民团之步枪计37支、子弹1500粒，准于本月七日，由沽源县长如数送到大滩，发还热河民团。①

至此，察东战火暂时平息。虽未让日军完全达到占领察东的目的，但中国实际上丧失了对沽源县长城以东地区的控制。

四　张北事件与秦土协议

察东事件后，日本关东军在天津驻屯军的配合下，进一步向察哈尔纵深侵略。1935年5月31日，日本关东军特务机关及三菱公司职员大月桂、大井久、山本信亲等四人，奉机关长盛岛角芳命令，自多伦乘汽车前往张家口。6月5日，因未按规定携带日领的护照而欲进入张北，为中国守军扣留一夜。此事报告地方政府后，宋哲元等采取息事宁人的态度，据当时

---

① 《大滩口约》，《华北事变资料选编》，第72页。

担任二十九军副军长兼察哈尔省政府民政厅厅长的秦德纯回忆:"宋哲元和我商量,将日本人扣押着也不是办法,此次姑准放行,以后不带护照,一律不准通过。"①6日,张北驻军将4名日人放行。日军以此为借口,声称中国军队此举是对日本军人的侮辱。6月11日,日本驻张家口领事桥本和特务机关长松井向察哈尔省政府提出要求:惩办直接负责人,二十九军军长亲自道歉,保证不再发生同类事件,并限在5日内答复,否则日军将自由行动。同日,关东军向沈阳特务机关长土肥原发出指示,要他和天津驻屯军及驻北平武官辅佐协商,要求宋哲元军撤退至黄河以南。

与此同时,日军开始在察东展开武装行动。6月10日,丰宁县参事官一行侵入东栅子,受到中国军队二十九军拦击。次日,伪满警卫部队侵入沽源县小厂村,再次受到二十九军两个连的拦击。24日,二十九军在独石口北与入侵的伪满警卫部队发生冲突,战至次日凌晨,伪军增派骑兵五个中队、步兵一个大队增援,二十九军撤出。

察哈尔省政府接到日方抗议和要求后,感到事态严重,6月12日派省政府民政厅厅长秦德纯由张家口赴北平,向何应钦等报告事件经过和日方要求,并请示应付办法。6月16日,秦德纯与土肥原、松井等在天津商谈张北事件。日方提出四项要求:(1)道歉;(2)第一三二师参谋长撤职;(3)惩办第一三二师军法处长;(4)今后日本人赴内蒙旅行予以便利。秦德纯均应允。土肥原同时声言,要宋哲元去职。

对于此次张北事件,关东军计划如同河北事件压迫于学忠部一样,把宋哲元第二十九军也赶出华北。酒井隆则认为,宋哲元尚有可利用之处,建议将宋留驻平津一带。关东军司令官南次郎请示东京意见,东京方面担心引起国际交涉,倾向酒井隆的意见,命令南次郎再进行会商。南次郎于6月17日召集天津驻屯军参谋长酒井、山海关特务机关长仪我、张家口特务机关长松井等开会,制定了《对宋哲元交涉要领》,决定由在平津的土肥原负责交涉,配合热河军事行动,限两星期内完成。

《对宋哲元交涉要领》的主要内容是:

甲、方针:

---

① 秦德纯:《张北事件及其他》,台北《传记文学》第2卷第2期,1963年2月。

宋哲元军队绝对不许再有不法之行为。

乙、要求：

（一）塘沽协定延长线之长城东面与北面之地域，应作为撤退地区，宋军应移驻长城之西南，所有撤退地域中国军队不得再行侵入。

（二）一切排日机关（如国民党党部、东北宪兵队、蓝衣社之类）应悉解散。

（三）除宋哲元应向日方谢罪外，张北事件之直接负责人，亦应从速实行处罚。

（四）前记交涉，应于两周以内办竣。

丙、交涉：

（一）土肥原应在天津军联络之下，与宋哲元直接交涉。

（二）为使交涉迅得结束，及确认中国实行起见，关东军在热河方面应有一部分之军事行动。

（三）并非直接排日之行为，如山东移民入察等，亦应努力使其停止。①

会后，酒井、松井于18日飞返天津，向土肥原汇报，准备和中国展开谈判。18日，国民政府行政院决定免去宋哲元察省主席职务，并将赵登禹第一三二师调往阳原、蔚县。19日，国防会议决定将免职令公开发表，改派秦德纯代理察省主席。国民政府此举，旨在迎合日本的要求，却不知道日方对此本身即有歧见，而且倾向不压迫宋哲元出察省。

6月20日，土肥原到达北平，23日晚，到秦德纯寓所开始谈判。土肥原提出五条要求：（1）昌平、延庆延长线之东，独石口之北，经龙门西北和张家口之北，至张北之南一线作为撤退区域，宋哲元军应撤至其西南，此后不得侵入；（2）解散一切排日机关；（3）本事件应自6月23日起两周内办结；（4）察省军政最高当局即时实行道歉及责任处罚；（5）停止山东向察哈尔省移民。② 同时，提出六点"要求事项之解说"，要求中方接受：（1）承认日"满"对蒙工作，援助日本特务机关在内蒙之活动，中国停止

---

① 陈鉴波：《中华民国春秋》（上），三民书局，1989，第4版增订本，第693—694页。
② 《秦德纯致何应钦电》（1935年6月24日），《何应钦将军九五纪事长编》（上），第427—428页。

压迫内蒙；（2）协助日本在华北发展经济与发展交通；（3）便利日本人在内蒙旅行并协助进行各种调查；（4）招聘日人为军事、政治顾问；（5）协助日本建立军事设备；（6）用停战区办法维持撤退区域之治安。秦德纯表示向中央政府请示后再做答复。

23日，针对秦德纯的请示，何应钦做出答复：（1）所谓日方在察省之"合法行动"，应改为"合乎条约之行动"。（2）不驻兵区域原则可以设立，其详细由军分会决定；惟须日方在该区域内无军警进入之事。（3）省党部撤退等事，由我方自动酌量办理。（4）不驻兵区域最好不以书面规定，其余任何书面规定，应即拒绝。（5）关于山东移民问题，碍难制止。① 25日，何应钦再电秦德纯，表示："如撤退军队及撤退党部等由我方自动办理，尚不为丧权；如形之文字，则成为两国约定之件，丧权实大，中央不能赞成。"

25日，土肥原为压迫中国方面尽快按日方要求达成协定，要挟将于次日晚离北平返回长春，必须在当日内解决问题。秦德纯一面急电南京请示，一面竭力挽留土肥原。26日深夜，南京最后训令到北平，指示秦德纯对双方商谈，除一两点须稍加修改外，其余均按日方要求办理。

27日，中国方面代表秦德纯、雷寿荣、陈觉生三人与日方代表土肥原、高桥二人以换文方式达成协议，即所谓"秦土协定"。其主要内容是：

一、从日中亲善的角度，为了将来日本方面在察哈尔省内的合法行动不受阻挠，向察哈尔当局提出以下要求：

要求事项：

（一）撤退地区：将驻于昌平和延庆一线的延长线之东，并经独石口之北、龙门西北和张家口之北，至张北之南这一线以北的宋（哲元）部队，调至其西南地区。

（二）解散排日机构。

（三）〔对日〕表示遗憾，并处罚责任人。

（四）从6月23日起，在两星期内完成以上各点。

（五）制止山东移民通过察哈尔省。

---

① 《何应钦致秦德纯电》（1935年6月23日），《何应钦将军九五纪事长编》（上），第427页。

二、此外，作为要求事项的解释：

（一）必须承认日满的对蒙工作，援助特务机关的活动，并且停止移民，停止对蒙古人的压迫。

（二）对日满经济发展和交通开发工作予以协助，例如对张家口——多伦之间，以及其他满洲国——华北之间的汽车和铁路交通，加以援助。

（三）必须对日本人的旅行予以方便，并协助进行各种调查。

（四）〔从日本〕招聘军事及政治顾问。

（五）必须援助日本建立各种军事设备（如机场设备和无线电台的设置等）。

（六）中国军队撤退地区的治安，应根据停战地区所使用的办法予以维持。①

《秦土协定》签订后，第二十九军即按约撤出张北以北地区。协定规定，撤退地区的治安由保安队维持。于是，成立张允荣、卓特巴札布两支保安队分别担任汉民居住区和蒙人居住区的治安维持工作。然而，日方早就觊觎察东一带，对由张允荣部维持第二十九军撤退地区治安也不能容忍。8月5日，松井源之助和张允荣签订《张松协定》，规定汉民地区的治安也由蒙古保安队维持。12月12日，伪蒙军李守信部在日军飞机轰炸的配合下，占领沽源、宝昌、德化、张北、商都等六县，至此日军控制察哈尔全省的2/3以上。

通过"何梅协定"和《秦土协定》，日军实现了将南京政府中央军、中央机关赶出华北的战略目的，并在实际上控制了冀察两省。关于这段时间的历史，当时报章曾谈道："日本对华外交，无论在行动上言论上都已步步逼紧了。军部和官僚的二重外交，已变成官僚仰承军部鼻息的一体外交。在此严重的形势之下，希望我们的当局要有不屈不挠的方针，善为应付。否则，外交前途，恐怕真是不堪设想了。"② 1936年7月13日，第二次汪蒋合作破裂后，再度出洋远游的汪精卫在家书中也有一段很长的自辩，体现其内心的部分想法：

---

① 张篷舟：《近五十年中国与日本》第2卷，第281—282页。
② 纪元：《咄咄逼人之日本对华外交》，《申报月刊》第4卷第2号，1935年2月15日，第8页。

> 数年以来，因剿匪军事关系，南京实际等于空城。我以赤手空拳，支柱其间，最大责任，在使后方不至沦陷，前方军事不至因而扰动，其余皆放在第二着。此是数年以来我对于国家之最大责任，亦即我鞠躬尽瘁之最大贡献。军队之调动，外间不知之，当局者始知之。故知我之苦心者，实在少而又少也。举一、二事以明之。前年（二十三年）六月间，日本藏本失踪，数日未获，日本方面汹汹抗议，一日数至。日本长江舰队纷纷调至下关，有水兵上岸强占南京之消息。其时，我集朱益之、唐孟潇诸军事长官计议，始知南京无兵，仅有军官学校学生三四千人可以临时应战。其时蒋先生在庐山，定于六月十三日左右回京，参加军官学校十年纪念。我一日三电蒋先生，请勿回京。因蒋先生须带兵回始有用，若一人回同堕空城，俱尽无益也。其后藏本寻得，事已平息，我始电蒋先生可以回京，此一事也。去年（二十四年）六月间，日本增兵平津，据何敬之部长报告，一触即发，势如然（燃）眉。其时蒋先生正在成都，不特南京无兵，北京亦将得力军队抽调将尽，而仓猝不能调之使回。其时局面只有两途：一是使平津为九·一八之辽宁；一是造成今日之局面。两者相较，今日之局面固可痛心，较之九·一八之辽宁，尚为差胜（如果以为今日之局面，反不如九·一八之辽宁爽快断送，较为干脆，此另一说，可以不论）。于是我只得负责以造成今日之局面。一时，同志明知故骂者有之，不知而骂者亦有之，我皆不辩，此又一事也。类似之事太多，不遑［胜］枚举。而所以不辩，则由于军事须守秘密故也。①

这些话，真真假假，自不能全信，但某种程度上，倒也的确透露了当政者的一些心声。

第二节　日本策动"华北自治"

一　日本在华北的活动

九一八事变后，拉拢地方政权中有力人物，为日所用，使之脱离南京

---

① 《汪精卫函陈璧君》（1936年7月13日），《西安事变前后汪精卫与陈璧君等来往电函》，《近代史资料》总60号，中国社会科学出版社，1986，第119—120页。

政府，成为日本控制或半控制下的"特殊政权"，是日本一直谋求的目标。日本的这一企图，遭到中国地方军政官员和在野人士中绝大多数人的抵制，也受到南京政府的反对，收效甚微。日本参谋本部承认，虽然有日本的暗中怂恿，"华北的各个实力人物，虽然面临如上所述的形势，但是因为不仅以前的立场和利害关系各不相同，又缺乏独断独行的实力和决心，特别是因为有过以前反蒋运动的痛苦经验，如果没有日满援助的保证而轻举妄动，立刻会受到中央政府的压迫，徒然遭到垮台的危险，所以，没有一个能够作出英明的决断，首先出山，身当难局的人。"[1]

华北事变中，日军通过与何应钦、秦德纯等的交涉，在华北获得更多特殊权益后，对在华北策动自治更加积极，由于中国中央政府对华北的控制严重被削弱，日本的这一企图也有了更多的得逞可能，一些地方势力在日军策动下开始其分离活动。1935年6月27日夜，白坚武在日本人支持下，纠合地方流氓、伪军及日本浪人等300多人，袭击丰台火车站，夺得一辆装甲车，向北进攻。白坚武等计划："1. 请某国空军示威援助，使中国军队不敢抵抗。2. 各反动军队同时发动，使华军首尾不能兼顾。……5. 对夺取平津由白坚武负责，对夺取察东由石友三负责。"[2] 28日晨，叛军进抵北平永定门外时，被北平驻军商震、万福麟等部击败。白坚武逃回天津日租界，15名日本浪人被捕。日本策动、依靠中国地方势力谋求华北自治的武装行动失败。

1935年7月22日，多田骏继梅津美治郎任天津驻屯军司令官。9月24日，多田骏在天津向记者发表声明，宣称："依靠华北民众力量，逐渐使华北明朗化，这是形成日满华共存的基础。但国民党和蒋政权企图予以阻挠，所以，为了把国民党和蒋政权从华北排除出去而行使威力，也是不得已的事情。以此根本主张为根据，我军对华北的态度有以下三点：（一）把反满抗日分子彻底地驱逐出华北；（二）华北经济圈独立（要救济华北的民众，只有使华北财政脱离南京政府的管辖）；（三）通过华北五省的军事合作，防止赤化。为此，必须改变和树立华北政治机构。总之，

---

[1] 日本参谋本部：《华北自治运动的演变》，《华北事变资料选编》，第235—236页。
[2] 《军事委员会北平分会转报石友三等在华北活动情形的密电》（1935年7月9日），《中华民国史档案资料汇编　第五辑第一编　外交》（2），第846页。

必须对组织华北五省联合自治团体的工作予以指导。"① 日本陆军省发言人也表示:"日本陆军以武力驱逐国民党及蒋介石政权于华北之外是不可避免的。"同时还明确宣布了陆军对华政策的三点意见:"(一)驱逐华北的反日反满分子;(二)华北在经济上脱离南京,自行独立;(三)经由华北五省军事的合作,以阻止共产主义的蔓延。"② 天津驻屯军并散发名为《日本对华之基础观念》的小册子,公开鼓吹"华北自治",指责国民政府"虽发表转向亲日之命令,但仍不停止暗里的反日工作。党部蓝衣社残党之蠢动及军事分会之潜行的反满行动自不待言,即如南京政府之实业部、铁道部、财政部等等,亦暗中指导阻止中日提携。此事依据好多实证,已甚明了。"文章谈论中国国民党的恶政,认为正是这种恶政造成了中国共产党的兴起,而国民党在无法解决自己问题的状况下,也不无转向的可能,由于"中国国民党有如上述与苏俄共产党有类似组织形体,与其谓有如我(日本)国人一部分之豫想,穷则转向于亲日,无宁谓为转向于苏俄共产党之可能性,当更大也。据最近消息,已不能断定丝毫无若是之征兆,而况蒋介石有与苏俄结合受其援助,企图妨害帝国政策之证迹,业经明了,是以尤须注意也。"③ 29日,土肥原经与关东军司令官南次郎会商后,发表谈话:"我相信组织一个包括华北五省在内的自治政府,将大有助于和平与秩序的恢复。"④

日本军方这一分离华北之计划,获得新任陆相川岛义之的支持。川岛并据以制成《鼓励华北自主案》,在9月28日举行的内阁会议上获原则通过。10月4日的内阁会议,川岛案与外相广田弘毅之"对华三原则"同时正式通过。主要内容是:

一、使中国方面彻底取缔排日的言论和行动,摆脱依靠欧美的政策,同时,采用对日亲善政策,并在实际上推行该政策,更就具体问题,使其与帝国进行合作。二、虽然最后必须使中国正式承认满洲

---

① 《多田骏声明》(1935年9月24日),《日本帝国主义对外侵略史料选编(1931—1945)》,第178—179页。
② 李云汉:《宋哲元与七七抗战》,第98页。
③ 《日本驻津军司令官多田骏著日本对华之基础观念》,《中华民国史档案资料汇编 第五辑 第一编 外交》(1),第239—241页。
④ 李云汉:《宋哲元与七七抗战》,第98页。

国，但在目前不仅使中国事实上默认满洲国的独立，停止其反满政策，并且使其至少在与满洲国毗连的华北地区，在经济上和文化上与满洲国进行交往和合作。三、鉴于来自外蒙等地的赤化势力的威胁已成为日满华三国的共同威胁，应使中国为排除上述威胁起见，在与外蒙接境地区，对我方所希望的各种措施进行合作。①

按照今井武夫的回忆："土肥原对中国的谋略活动，经常采取的基本方法如下：在中国的某一地区，使土匪或密探惹起骚乱，则中国军队必往弹压，待骚乱扩大，危及日本侨民时，则出动日军予以镇压，这是他的基本手法。"② 这一时期，日本在河北等地策动的多次暴乱事件，都采用这一手法。10月18日，汉奸武宜亭等在河北香河县安抚寨召开"国民自救会"，阴谋发动暴乱。20日，武宜亭及前北平商会会长安厚斋纠众千余人，围困香河县城，要求县长将县城让出，由他们另组"自治政府"。22日，在日军配合下，香河、昌平、武清等县民众2000余人，冲入河北省香河县城，县长出逃，县警被缴械，安自封为县长，实行"自治"。事件发生后，多田骏在天津发表谈话，说香河及其他地区农民要求减税发起"自治运动"与暴动不同，不可进行军事干涉。日武官高桥宣称该县在《塘沽协定》所划定的"非武装区"，不许中国政府派兵进入。当天，河北省政府主席商震命令安次、永清、霸县、静海、武清、通县、昌平等县宣布戒严。同时，与多田在天津连日会商香河事件。28日，冀东战区特警队张庆余部奉令开往香河维持治安，武宜亭逃往天津。香河"自治"遂告流产。

策动地方实力派为日本所用，是日本着手推动"华北自治"的主要途径。日本将中央军、东北军驱逐出平津地区时，关东军一度主张把二十九军也赶出冀察，天津驻屯军参谋长酒井隆则力主二十九军驻平津一带以资利用，获得南次郎的同意。6月底，白坚武叛乱，以冯治安为师长的二十九军三十七师奉命由张垣开往北平，以一部兵力担任北平城市的警卫。二十九军共拥有三十八师、三十七师、一四三师和一三二师等四个步兵师，

---

① 《外、陆、海三相关于对华政策的谅解》（1935年10月4日），《华北事变资料选编》，第217—218页。
② 〔日〕土肥原贤二刊行会编《土肥原秘录》，天津市政协编译组译，中华书局，1980，第31页。

部队在5万人以上；另外还增编有骑兵师、独立旅和保安部队等共2万余人。由此，二十九军成为平津地区最重要的军事力量。有趣的是，早在长城抗战后，蒋介石致何应钦电中就提到："有人建议以宋明轩为卫戍司令，兄意如何？"①何复电谈道："宋本人虽可靠，其本人尚不完全掌握，若一旦与冯勾结，骤然有一部哗变，则妨碍大局。"②蒋同意了何的主张。时过境迁，这一动议在两年后实现于日本人支持之下。

宋哲元驻留平津，得到日军的默许，因此，其与日本间形成某种利害关系。为尽力防止宋哲元完全倒向日方，蒋介石对之也极力拉拢，希望通过宋稳住华北特别是平津的局势。7月，蒋介石电召宋哲元的亲信、二十九军副军长秦德纯赴庐山，向秦表示："日本是实行侵略的国家，其侵略目标，现在华北，但我统一未久，国防准备尚未完成，未便即时与日本全面作战，因此拟将维持华北责任，交由宋明轩军长负责。务须忍辱负重，委曲求全，以便中央迅速完成国防。将来宋军长在北方维持的时间越久，即对国家之贡献越大。只要在不妨碍国家主权领土完整大原则下，妥密应付，中央定予支持。此事仅可密告宋军长，勿向任何人道及为要。"③28日，南京政府任命宋哲元为平津卫戍司令，秦德纯兼察哈尔省政府主席。29日，又命令撤销早就名存实亡的行政院驻北平政务整理委员会。

处身南京中央和日本人之间的宋哲元，采取对双方都尽力应付的态度。10月19日，宋哲元对北平记者发表谈话："余就职后，即本中央睦邻令，努力进行，在不侵犯、平等原则下，与日本交涉，决无文字或口头上之任何秘密文件，外传种种，均系谣言，而不足听。余在张北时，即有'不说骗人话，不做骗人事'之主张，而社会上尤应举诚存真，提倡正义，一切方有希望。"④

11月4日，国民政府宣布实施币制改革，规定各银行所存现银应悉数交由中央银行换取法币。法币与英镑挂钩。币制改革一定程度上削弱了日本对华北经济的渗透，对伪满洲国经济起到孤立作用。日本政府认为中国

---

① 《蒋介石致何应钦六月东电》（1933年6月1日），《蒋中正总统档案》，0022020000016152。
② 《何应钦电蒋介石不宜委宋哲元为平津卫戍司令》（1933年6月3日），《蒋中正总统档案》，00208020000093080。
③ 秦德纯：《秦德纯回忆录》，台北，传记文学出版社，1967，第163页。
④ 李云汉：《宋哲元与七七抗战》，第100页。

这一措施有碍"大陆政策"之推行,坚决予以反对。日本驻华大使馆武官矶谷以谈话形式,表明日本驻华军部对国民政府改革币制之态度,声称:"驻外军部对国民政府此次改革币制断然反对。此并非因对英国之嫉妒或中国将日本除外之琐碎问题而生,乃以中国改革币制,唯将导中国四亿民众于灭亡而然。"①

6日,土肥原自沈阳抵天津,随后,向宋哲元提出两项要求:第一,政治方面,通电宣布成立"华北自治政府",将南京所任命之华北官员,一概罢免,并控制平津及对华北"自治"之言论;第二,经济方面,修筑津石铁路,修改津海关进口税则,便利日货输入,打击英美贸易。这一提议,几乎意味着要宋完全倒向日本。9日,武官高桥坦向宋哲元提出《华北金融紧急防卫要纲》,要求禁止华北现银南运。宋哲元同意了日本这一要求,和河北省主席商震、山东省主席韩复榘一起,下令禁止现银南运。11日,土肥原到北平,向宋哲元正式提出所谓《华北高度自治方案》,明确"自治政权"的名称定为"华北共同防赤委员会",以宋哲元为首领,土肥原为总顾问。"自治"方案的主要内容是:(1)领域为华北五省,推宋哲元为委员长。委员会中聘日本人为顾问。(2)军事由最高委员会主持。截留五省之关税、盐税、统税。(3)为确立"日满支三国"的合作经济而努力,开发矿物资源,振兴棉花栽培。脱离国民政府的白银国有令,通货与日币发生联系。(4)扑灭三民主义与共产主义,代以东洋主义。②

为逼迫宋哲元于11月20日前宣布"自治",16日,关东军下令空军六个中队于11月20日以前进入山海关、绥中、锦州地区待命。战后东京国际军事法庭进行审讯时,证人桑岛主计说:"土肥原在一九三五年十一月十八日扬言,如果华北不宣布自治,他准备派五个日本师团到河北,六个师团到山东。""在这以前,为了支持土肥原的行动,关东军司令南次郎在十一月十二日,对他的军队就发布动员命令,限十五日前作好从长城外向华北进军的准备,并且在十六日动员空军作好在二十日进驻平津地区的

---

① 《日驻华使馆武官矶谷就中国币制改革发表的声明》(1935年11月8日),《华北事变资料选编》,第304页。
② 〔日〕秦郁彦:《日中战争史》,第65页。转引自余子道《长城风云录——从榆关事变到七七抗战》,上海书店出版社,1993,第392页。

准备。"① 对于日军行动的目的,其驻伪满"大使"的解释是:"华北工作的最后目的,在于使华北各省无论在政治上、经济上都完全脱离南京政权而自行独立,但是要尊重其领土权,不加侵害,自不待论。这样,结果将使作为英国借款的担保品——关税余额和铁路收入的价值几乎都减少一半,同时,防止现银集中,可以破坏币制改革的根本条件,借此使南京政府自己放弃这一企图。"②

面对日本的压力,宋哲元采取两面肆应,互为利用,在中间求取发展和巩固自己的方针。对日以部署尚未就绪,由陈觉生、萧振瀛分向土肥原、高桥要求延期实行"自治"。对南京政府,他于请示如何处置日方要求的同时,要求中央给予更大的自主权。11月9日,萧振瀛致电蒋介石报告:"北局急如星火,正竭全力与之逶迤,必须撑过五全会期,以待中央筹决大计。过此以后,恐已不易回旋。"③ 11日,宋哲元乘国民党第五次全国代表大会开幕之际,致电国民党中央,公开要求南京政府开放政权,结束训政,实施宪政,还政于民,集中人才,努力复兴大业。④ 17日,宋哲元致电蒋介石,报告"日方要求:(一)要求地方自治,(二)脱离中央。哲元对此丧权辱国之事,决不去作,已均予拒绝。……但力量薄弱,只能支持一时,不能永久"。宋哲元强调日方以兵力威胁,如何答复其要求刻不容缓,要求蒋介石"速示最后整个方针,或派大员来平指导"。⑤ 19日,宋哲元向南京报告其与日方接触和谈判问题,用以试探蒋介石的态度,电文说:"彼方要求,必须华北脱离中央,另成局面。迭经拒绝,相逼益紧,不得已拟在拥护中央系统之下,与之磋商,以(一)不干涉内政,(二)不侵犯领土主权,(三)平等互惠为限度,作第一步亲善之表示,此外并无任何接洽。"⑥ 对

---

① 《法庭证据第3242和3317A号》,《华北事变资料选编》,第248页。
② 《南[次郎]驻满大使关于促进华北分离工作对广田外相的建议》(1935年11月13日),《华北事变资料选编》,第232页。
③ 《商震等呈蒋中正华北局势及日方阴谋策动》(1935年10月28日),《蒋中正总统档案》,002080103018003。
④ 天津《大公报》1935年11月12日。
⑤ 《宋哲元致蒋介石电》(1935年11月17日),秦孝仪主编《中华民国重要史料初编——对日抗战时期 绪编》(1),第711—712页。
⑥ 《与秦德纯、萧振瀛为日方逼迫华北脱离中央益紧拟在拥护中央系统之下与研商乞示方针致军政部长何应钦电》(1935年11月19日),《宋哲元先生文集》,中国国民党中央委员会党史委员会,1985,第176页。

宋哲元及华北将领内心的盘算，蒋介石一清二楚，他在致何应钦电中说："以中预料，此时日必不要有伪组织，只要华北经济财政与中央断绝，以制中央死命……华北将领只要对中央保全统一面子，而截留一切税收，则亦乐得为之，此势所必然。"①

"华北五省自治"中，宋哲元当日本之冲，阎锡山作为长期控制山西的实力派，则是华北五省的核心人物。为稳住华北，10月13日，蒋介石专程飞赴太原争取阎锡山。蒋在太原与阎晤谈，邀阎南下参加国民党四届六中全会与五全大会，并得到阎的同意。这一消息，对稳住华北政局有积极作用。蒋介石对阎锡山南下出席国民党五大高度评价："百川到京表示共赴国难之决心，其晚节自励，殊为可慰。"② 11月19日，蒋介石在国民党五全大会发表讲演，阐述其对日方针："和平未到完全绝望时期，决不放弃和平；牺牲未到最后关头，决不轻言牺牲。"宣示南京政府在华北问题上将不惜做出巨大牺牲。当天，他在日记中写道："华北自治情势急迫，已到最后关头，运用心力，期其阻止，如天佑中国，当能转危为安也。"③

20日，蒋介石由张群、唐有壬陪同，与日驻华大使有吉明谈话。有吉明威胁："中央如果采取压迫或武力镇压等方法，势必引起纠纷事态和破坏治安，进而还会严重影响与该地有密切关系之日本及满洲国。特别是作为负责满洲国安全之关东军，决不会对此默视不问。此点不得不提醒贵方注意。"对此，蒋明确表示："作为中国，对引起违反国家主权完整、破坏行政统一等之自治制度，绝对不能容许。不过根据连日来华北当局及各团体报告，并无一人希望自治和独立。事态决非如所担心者。""今天和贵大使会见，本拟商谈有关中日邦交改善问题，而首先谈起属于内政问题之华北自治运动等，感到遗憾。"同时蒋也承诺，将取消军委会北平分会，"另派大员坐镇北平，并与贵方就地商讨调整关系"。④ 蒋的表态，一方面明确了中国的态度，即中国统一应得到尊重，不同意日方与中国地方当局直接

---

① 《蒋介石致何应钦电》（1935年10月6日），秦孝仪主编《中华民国重要史料初编——对日抗战时期 绪编》（1），第699页。
② 《蒋介石日记》，1935年10月26日。
③ 《蒋介石日记》，1935年11月19日。
④ 《有吉明致日本外相广田弘毅电》（1935年11月21日），《华北事变资料选编》，第320—321页。

交涉，同时也表示愿意做出让步，与日方谈判华北问题。同日，蒋致电宋哲元，针对宋哲元所谓将与日本在不干涉内政等原则下进行磋商强调："不干涉内政三语，乃国家与国家间之交涉，如据此与之磋商，即与拥护中央系统之原则相抵触，一经开谈，兄等即已超越地方官吏之地位，而将愈为对方所劫持，纠缠靡已，必较现时处境更为苦痛……兄此时宜仍本初旨，坚定应付。"蒋介石表示："中央必当以实力为兄等后盾，决不令兄部独为其难，而与兄等为共同之牺牲也。"① 商震当日报告："顷明轩及土肥原派员催震赴平协商，振瀛既已发表谈话，似明轩与对方早有具体接洽，催震赴平，不外促新组织之实现。"对此，蒋介石复电严厉指出："如平津自由行动降敌求全，则中央决无迁就依违之可能，当下最后之决心。"②

面对中国方面渐趋强硬的态度，11月16日，日本关东军向参谋本部提出出兵山东、不惜与中国开战的建议："南京方面出于自暴自弃，有可能采取武力抗争。河北因有《何梅协定》，预料到我军之反击，中央军不敢入侵。但对宋哲元、韩复榘等将进行各个击破，以消灭华北分离的基础势力。因此，估计中央军大有进入山东之可能。对此如置之不理，势将使我指导华北的工作中途受挫。鉴于华北工作之重要性及华北形势，在南京政权侵犯山东时，帝国应以保护侨民为名，坚决出兵山东。"③ 同时，关东军并要求驻"满洲国"海军部队，向天津、塘沽、山海关派出舰队。对关东军的激进主张，东京方面采谨慎态度，在与中国全面开战的准备尚未就绪，又担心英美干预的状况下，没有同意关东军的增兵要求及其以11月20日为最后期限的威胁。11月18日，日本内阁召开陆、海、外三省会议，针对"华北自治"做出决定：（1）由日本驻华大使有吉明与蒋介石直接交涉，应允许华北实行某种程度的自治；警告蒋介石，如果华北发生纠纷，帝国对中央军之北上，不能漠视。（2）华北自治，事关重大，在各方面舆论一致的基础上始可进行。为此，对实行之日期必须慎重考虑，应与中央联系并经中央同意后决定（中央认为月末为宜）。（3）自治之内容，不应

---

① 《蒋介石致宋哲元电》（1935年11月20日），秦孝仪主编《中华民国重要史料初编——对日抗战时期 绪编》（1），第714页。
② 《蒋介石复电商震告以如平津自由行动中央绝不迁就》（1935年11月20日），秦孝仪主编《中华民国重要史料初编——对日抗战时期 绪编》（1），第715页。
③ 《土肥原秘录》，第48页。

有过多之要求，应循序渐进。① 这一决定在"自治"程度、时间及与中国交涉方式上实际都否决了关东军的建议。

中日两国外交当局达成的妥协，使华北前方压力有所减轻。19日，宋哲元接到蒋介石的电报，告以土肥原并无代表日本政府资格，令宋立即停止与土肥原的谈判。宋哲元当即派萧振瀛将蒋电令通知土肥原，声称不能于20日宣布"自治"。接着，宋哲元为避开土肥原纠缠，以探望母亲、料理家事为由，于19日下午1时秘密离开北平到天津。土肥原逼迫宋哲元于20日宣布"自治"的计划遂告破产。

二 冀察政务委员会的成立

逼迫宋哲元宣布"自治"遭到挫折后，土肥原把目标转向时任蓟密区兼滦榆区行政公署专员的殷汝耕。蓟密和滦榆区是由《塘沽协定》划定的所谓"非武装区"，地处冀东，与伪满相连接，东面和北面毗邻天津、北平两市，具有重要的战略地位。殷汝耕与日本关系特殊。他早年留学日本早稻田大学，妻子日籍，与日本军政界人员关系密切。1932年"一·二八"事变时，殷汝耕以上海市政府参事的身份，参与《淞沪停战协定》的谈判。翌年被黄郛延揽进入北平政务整理委员会，专办对日交涉。出任冀东区域专员后，与日本关系更为密切。

土肥原和殷汝耕接触后，双方对在殷主持区域首先实行"自治"一拍即合。1935年11月23日夜，土肥原与殷汝耕在天津日租界商定"自治"政权的名称、人选、组织大纲、成立日期及成立宣言等。次日，殷汝耕由天津赶回通县，连夜召开蓟密、滦榆两区各县县长及香河、昌平、宝坻三县县长，各保安队长参加的会议，宣布实行"自治"。殷汝耕以"冀东防共自治委员会委员长"的名义，发表"宣言"，宣布："自本日起，脱离中央，宣布自治，树立联省之先声，谋亚之和平。"② 25日，在通县的蓟密区专员公署召开"冀东防共自治委员会"成立大会。殷自任委员长，池宗墨、王厦才、张庆余、张砚田、赵雷、李海天、李允声、殷体新等8人为

---

① 参见张同乐、郭贵儒《华北抗日战争史》第1部第1卷《日本侵略华北政策演变》，河北人民出版社，2012，第176页。

② 《冀东防共自治委员会成立宣言》（1935年11月25日），南开大学历史系、唐山档案馆编《冀东日伪政权》，档案出版社，1992，第5页。

委员。设秘书、保安、外务、民政、财政、建设、教育、税务管理、铁道管理各处。26日，宣布将"冀东防共自治委员会"改为"冀东防共自治政府"，公布组织大纲14条。伪政府设通县，辖滦东战区22县，殷汝耕任政务长官，总揽军政。设参政8人，为池宗墨、王厦才、张庆余、张砚田、赵雷、李海天、李允声、殷体新。伪自治政府下设秘书、保安、外交三处及民政、财政、教育、建设四厅。

国民政府对冀东伪政权的成立做出法理上的反应。11月26日，行政院会议决议："令冀省府将滦榆区专员殷汝耕免职拿办"，"滦榆、蓟密两区专员公署着即撤销"，"电令宋主任、商主席负责维持地方治安"。① 同日，国民政府明令通缉殷汝耕。国民党中央电示河北、北平、天津军政当局，对殷汝耕叛变采取如下方针："（一）对冀东脱离中央行动，绝不承认。（二）平津当局注意不因此事引起战区纠纷。（三）在可能范围内对殷汝耕行动加以注意。并令一切妥慎从事，随时请示，候令办理。"② 行政院会议同时决定如下措施：（1）撤销军事委员会北平分会，其政务由军事委员会直接处理；（2）特派何应钦为行政院驻北平办事长官；（3）特派宋哲元为冀察绥靖主任。

殷汝耕之宣布"自治"，遭到全国民众的反对，在殷汝耕宣布实行"自治"的冀东战区，许多地方官员也纷纷予以抵制。11月27日，临榆、昌黎、乐亭、卢龙、迁安五县县长先后离县赴省，拒绝参加段汝耕的伪政权。接着，昌平、香河、玉田、宁河、顺义、三河、平谷、抚宁等11县县长，也声明决不附逆。英国人观察到，"地方领袖们可能并不喜欢南京政府，但他们更不喜欢，更怕日本人。除了某些商人和失意政客外，从整体看，中国人肯定反对任何分裂。这里并不存在对现政府的普遍不满。英美烟草公司的克利斯蒂安确信，人民所受的压迫是以往20年里最轻的，唯一的黑暗方面，是非战区的居民人数因流浪乞讨而减少"。③

殷汝耕宣布"自治"后，日本方面积极配合。11月24日，南京军政

---

① 《国民党政府行政院会议决议案》（1935年11月26日），《冀东日伪政权》，第31页。
② 中国社会科学院近代史研究所中华民国史研究室编《中华民国史资料丛稿大事记》第21辑，中华书局，1981，第181页。
③ 《贾德干致霍尔电》（1935年11月25日），《李滋罗斯远东之行和1935—1936年的中英日关系——英国外交档案选译》（上），《民国档案》1989年第3期。

部次长陈仪会见日本驻南京武官雨宫巽，要求日方约束自己的行动，日本方面则反过来要求中国撤销北平军事委员会分会。日方进一步施以武力威胁，宣称："关于华北自治运动之推移，具有重大关心并极注目之日陆军中央部，已判明蒋介石对该运动，始终决加弹压，并阻碍纯粹华北人之希望，以华北之军事政治机关，仍与从来同样，视为南京政府之支店，依然欲使其成为对于日本之缓冲地带，但华北系满洲国密接之接壤地带。对其治安维持，具有重大关心之日本，若蒋介石之意向果如所传，中央军确将北上时，决定采取断乎阻止之手段。"① 随后，日方又对冀东伪政权及其放射效应做出策划："自治的区域，以华北五省为目标，不能为扩大地区而操之过急。根据第二项以下的要点，先求逐步完成冀察两省及平津两市的自治，进而使其他三省自然地与之合流。……在冀察政务委员会的自治机能还未充分发挥时，支持冀东自治政府的独立性，如果冀察的自治到达大体上可以信任的时候，尽快使之合流。"② 日方策动"冀东自治政府"的目的还在于促成更大规模上的"华北自治"，所以，冀东伪政权成立后，日军以管制交通为由，出动军队侵占丰台车站和天津车站，逼迫宋哲元须在11月30日前宣布"自治"。

宋哲元此时既希望中央出面担当责任，缓解华北局势，掣肘日本人，又不愿意何应钦出任行政院驻北平办事长官，担心大权旁落，因此，"他对日、蒋的话各听一半，还是采取不偏不倚、两方面都不得罪、借以自保的态度"。③ 25日，宋致电蒋介石报告："现在榆关已陈重兵，各处便衣队亦蠢蠢欲动，种种情形，均较钧座在华北时严重数倍。"④ 27日、29日，他两次电辞冀察绥靖主任一职，以退为进，向南京施加压力，以获取更大权力。30日，宋与萧振瀛、秦德纯会商，再次致电蒋介石，声称："刻下民情愈益愤昂，城乡市镇议论纷纭，倡导自治者有之，主张自决者有之，一一遏抑，既有所不能，徒欲苦撑，亦决非空言所能奏效，哲元德薄能鲜，抚驭无方，综衡形势，似非因势利导，别有以慰民望定民心之有效办法，

---

① 《日军将断然阻止中央军北上》（1935年11月26日），《冀东日伪政权》，第36页。
② 《对中国驻屯军司令官的指示》（1936年1月13日），《冀东日伪政权》，第37页。
③ 《土肥原秘录》，第44页。
④ 《宋哲元呈蒋中正华北日军已陈重兵多处情形严重》（1935年11月25日），《蒋中正总统档案》，002080103016005。

纵外患不计，亦内忧堪虞。哲元职司兹土，见闻较详，心所谓危，不敢不告。"①宋这封电报旨在暗示南京当局，应该在华北成立更具"自治"、"自决"性质的政权机关。以宋为代表的华北地方实力派这一时期的做法，正如日本人所言："他们一方面发表了通电和抽象的政策，试探国内外的意见，一方面又对南京秘密发出'我正受日本的压迫与强迫，应如何处理？'等的电报，努力从事表面上的敷衍，避免首当其冲。"②

蒋介石对宋哲元的态度抱有疑虑，决定派国民政府军政部长何应钦北上，授权何对华北"体察情势，负责处理"。随即研究决定了处理华北问题四项原则，令何到北平后斟酌处理。其内容为："（一）如情势许可，即就任行政院驻平办事长官职，否则参酌西南政务委员会现状，设立冀察政务委员会。（二）冀察政务委员会组织以适合北方特殊情势为标准，其委员由中央委任，并以宋哲元为委员长。（三）冀察一切内政外交军事财政必须保持正常状态，不得超出中央法令范围以外。（四）绝对避免自治名义与独立状态。"③ 28日，他在日记中写下对华北应付办法："一面抗议其倭军在华北之暴行与土肥原之胁迫，一面准备华北自治发表后明示为倭寇以军力所逼成，而规诫华北主管。筹维再四，另无他道。"

当日本不断逼迫中国同意"华北自治"时，英美经过观察、隐忍后终于针对日本的强硬行动做出表态。12月2日，日本策动"华北自治"达到高潮时，英国外交大臣对中国驻英大使郭泰祺表示："英政府对华政策，以九国公约原则为依归"。对华北事变后华北局势的发展，英国政府"甚所关切"，并公开声称，就华北问题，英国"已与美政府有所接洽。在东京亦有表示"。④ 12月5日，美国国务卿赫尔也就中国华北局势向报界发表谈话，他说："中国任何部分之非常发展，应当而且必需地，不仅为中国政府和人民所关心，并且为所有在华有利益的国家所关心。……美国就是

---

① 《宋哲元致蒋介石电》（1935年11月30日），《华北事变资料选编》，第407页。
② 日本参谋本部：《华北自治运动的演变》（1936年1月9日），《日本帝国主义对外侵略史料选编（1931—1945）》，第186页。
③ 《蒋介石于中央政治会议报告处理华北事件之经过》（1935年12月12日），秦孝仪主编《中华民国重要史料初编——对日抗战时期　绪编》（1），第740页。
④ 《郭泰祺以就华北时局实情与英外相晤谈经过致外交部电》（1935年12月2日），秦孝仪主编《中华民国重要史料初编——对日抗战时期　第六编》（2），第107页。

这种国家之一。"赫尔要求日本政府对于其"庄严缔结的条约规定加以尊重"。① 英美的表态多少对日本政府形成制约，影响其尽可能约束前方将领的行动。

日本策动"华北自治"的同时，对华北的大规模走私也在加紧进行。日本在华北的猖獗走私活动，直接威胁了国民政府的财政来源。《塘沽协定》签订后，冀东成了非武装区，为日本在华北走私大开方便之门。特别是 1935 年夏、秋以后，中国海关当局在日本武力威逼下，被迫撤销长城线上的缉私巡逻人员和秦皇岛至芦台沿海一带的缉私巡逻船只，日本在华北的走私活动更加畅行无阻。关于当时日本在华北走私的具体情形，国民政府外交部驻北平特派员 1935 年末的一份报告中有详细记载："自本年七月以来，现银私运出口不独有利可图，且以沿途易于偷漏，遂肆行无忌，辗转勾结，私运人造丝、白糖、卷烟纸、呢绒、布匹等入口，不独避免关税，低价获利，且可换取现银出口，利上加利。此项私运货品分水陆两路，由水路者，率由安东或大连附近，用帆船或汽油船，运至秦皇岛、北戴河附近登岸，改用大车或肩挑，运至秦皇岛或昌黎车站，或由铁路运津，间亦以帆船或汽油船，经由滦河运至滦县装车。"② 国民政府外交部的文件也谈到了这样的状况："近月以来海路方面因日方之干涉，海关控制失效，日鲜籍私贩遂雇用多数民船汽船，乘机从事大规模走私，甚至载重五百吨之轮船，竟亦经营私运。自芦台至秦皇岛一带海岸，现已形成私运船只丛集之区。私货一经起岸，即可随意运输，无虞查缉，并有由各铁路南运分向各地倾销者。至于陆路方面，由秦皇岛经北宁铁路运至天津及内地各处与由津浦输送南运之私货，亦极形充斥，在山海关等处，日鲜私贩均携有武器，关员若加诘问，或将私货扣留，私贩立即群起攒殴，或以武器刺击，将货物强行夺去，以致关员时受重伤，其横行不法，实属骇人听闻。"③ 英国驻华外交官评论："表面上看来，日本官员对天津海关的态度并没有什么不对，但毫无疑问，他们在阻挠海关官员和缉私艇在冀东执行公务，妨碍海关在铁路上检查走私商品。日本政府断然否认他们对冀东的

---

① 世界知识出版社编《中美关系资料汇编》第 1 辑，编者印行，1957，第 480 页。
② 《外交部驻北平特派员程锡庚呈》，《中华民国史档案资料汇编　第五辑第一编　外交》(2)，第 1077 页。
③ 《中国外交部为华北走私对日抗议文》（1936 年 5 月 16 日），《冀东日伪政权》，第 194 页。

公开走私负有责任。冀东走私的发展多少带有偶然性，但目前已被作为向中国人施加压力的有效手段。它损害了南京当局的行政主权，向自治分子提供了大量、稳定的收入，并使日本商品以比其他外国进口商品低得多的税率向中国倾销。"①

日本支持的大规模走私活动给中国带来了严重危害。首先，它沉重打击了中国的民族工业。当时整理的一份资料记载："吾国产业发达幼稚，外货倾销之压迫未绝，而逃税走私货品复大量入境，以特廉之价格，侵入沿海及内地各处，吾国幼稚产业，何能与之抗衡。如四月报载：华商糖庄近二月之营业总额，仅值二十万元，较前猛跌一千万元。私运之糖每包价十五元，国产糖连税每包二十二元，相距过巨，国产糖无法销售，华商糖庄将全濒破产。不仅糖类如此，其他如棉、丝、羊毛等纺织工业，亦均遭打击。"② 其次，走私使国民党政府的税收锐减。关税在国民党政府的财政收入中占有举足轻重的地位。据中国海关当局统计，因华北走私使海关关税蒙受的损失，1935年8月1日至1936年4月30日为2550多万元。1936年4月一个月即损失800万元。如果"每月损失以八百万元计，则每年损失将达一万万元，合税收全部几达三分之一。"③ 对走私的危害，苏联方面曾分析道："在日本武装力量保护下进行的大规模走私活动对于推行蚕食中国的政策具有重大作用。日本军阀利用这种走私活动收到'一箭几雕'的效益：1.把抗日斗争中作为中国统一和巩固因素的财政政策化为乌有。因为海关收入是南京政府预算的根基，这种无与伦比的大规模的走私活动正在破坏中国中央政府的国力根基和生存基础；2.破坏中国工业；3.改变着从日本、英国和其他国家进口的比例，使之有利于日本，从而把越来越广泛的日本各界吸引到他们在中国进行的冒险政策中来。"④

华北民众尤其是文化知识教育界强烈反对日军策动的"华北自治"。11月24日，蒋梦麟、梅贻琦、陆志韦、傅斯年、胡适、任鸿隽、蒋廷黻

---

① 《柯文致艾登电》（1936年4月29日），《李滋罗斯远东之行和1935—1936年的中英日关系——英国外交档案选译》（下），《民国档案》1990年第1期。
② 《日人操纵下之华北走私问题》（1936年5月），《民国档案》1987年第4期。
③ 《日人操纵下之华北走私问题》（1936年5月），《民国档案》1987年第4期。
④ 《苏联副外交人民委员致鲍格莫洛夫的信》（1935年5月19日），《苏联对外政策文件集》第18卷，第269页。

等20余位平津教育界领袖联名通电，声明："我们坚决的反对一切脱离中央和组织特殊政治机构的阴谋的举动，我们要求政府用全国力量，维持国家的领土及行政的完整。"① 12月2日，平津教育界又联名通电，表示："近有假借民意，策动所谓华北自治运动，实行卖国阴谋。天津北平国立学校全体教职员二千六百余人，坚决反对，同时并深信华北全体民众均一致反对此种运动。中华民国为吾人祖先数千年披荆斩棘艰难创造之遗产，中华民族为我四万万共同血统，共同历史，共同语言文化之同胞所组成，绝对不容分裂，大义所在，责无旁贷，吾人当以全力向中央及地方当局请求立即制止此种运动以保领土，而维主权，并盼全国同胞，一致奋起，共救危亡。"②

何应钦北上后，如何处理与宋哲元的关系成为当务之急。12月3日何应钦到达北平，在答记者问中表示："本人奉中央命令，北上视察，就近与宋司令、商主席及各地负责当局协商处理一切临时发生之问题。至于行政院驻平办事长官一职，就否尚未考虑……宋司令来电迎余赴平，河北事件想不难解决。"③ 何的谈话一方面表达倚重宋哲元之意，但还不愿亮出中央的底牌，对是否交权给宋哲元含含糊糊。5日，宋哲元避赴西山，留下书面谈话，称："危疑震荡的华北大局，自何部长来平，统筹大计，已有转危为安的希望，且何部长与韩、商两主席均经晤面，对华北实际情形，既有真切的了解，当然可以得到真正的解决。本人卫戍平津以来，中央曾有令责成商主席负津市治安之责，本人则担任平市方面，而卫戍司令部，近又有准备撤销，本人责任，从此当可减轻，此后一切困难问题，当悉听命何部长负责处理也。"④ 宋的书面谈话明显流露出对南京中央不全面交权的不满及对何应钦权力的猜忌。在中日面临紧张交涉的形势下，宋哲元的表态对中国方面继续与日交涉十分不利。

为避免中方内部的龃龉为日方利用，何应钦决定按照蒋介石的四项原则，尽速处理华北问题。5日夜，何与秦德纯、萧振瀛等彻夜长谈，决定

---

① 《北平教育界同人宣言》（1935年11月24日），《华北事变资料选编》，第381页。
② 《平津教育界宣言、通电》（1935年12月2日），《华北事变资料选编》，第383页。
③ 李云汉：《宋哲元主持华北危局的一段经历》，李云汉编《抗战前华北政局史料》，台北，正中书局，1982，第198页。
④ 《冀察政务委员会成立的过程》，李云汉编《抗战前华北政局史料》，第158页。

成立冀察政务委员会，负责华北事宜。6日，何应钦致电蒋介石，提出："目前必须先使内部一致，然后可言对外，但闻无论采取何种办案，宋必须兼任冀省主席，此为症结所在。"① 同时告诉蒋介石："自治运动势在必行，先以威吓，如不行则用便衣队助以实力……日人所希望之自治，由现在华北实权者干，不许中央置喙。"② 7日，国民政府复电同意成立冀察政务委员会。10日，蒋介石致电阎锡山时解释："敬之在平非办有相当头绪，自不轻离。第默查当前内外情势，恐已不能再事拖延，否则若待其自行爆发，前途必愈不堪。"③ 11日，国民政府任命宋哲元、万福麟、王揖唐、刘哲、李廷玉、贾德耀、胡毓坤、高凌霨、王克敏、萧振瀛、秦德纯、张自忠、程克、门致中、周作民、石敬亭、冷家骥为冀察政务委员会委员，宋任委员长。华北特殊政权的性质已经成立。12月12日，何应钦完成对华北新组织的指导后离开北平南返。同日，国民政府任命宋哲元为河北省主席，原河北省主席商震调任河南省主席。张自忠为察哈尔省主席，萧振瀛为天津市市长。加上先期任命秦德纯为北平市市长，冀察平津二省二市皆为宋哲元二十九军势力范围。

冀察政务委员会表面上看完全隶属于国民党政府。组织大纲规定其为南京国民政府特设的处理冀察和平津政务机构，组成人员由南京政府指派，行动不得超过"中央法令范围"，但实际上这是一个半独立的政权，而且日本对它具有很大的影响。冀察政务委员会的设立是得到日方的同意和谅解后才正式宣布成立的，其成员包括不少亲日派分子，其中有的还是日方点名推荐的。刚成立时的17名委员中，有亲日分子王揖唐、王克敏、贾德耀等7人，后来又增加了齐燮元、汤尔和、曹汝霖等。此外，还有一些亲日分子在冀察政务委员会中被委以重任，如潘毓桂担任政务处长，陈中孚担任外交委员会主任委员，陈觉生担任交通委员会主任委员兼北宁铁路局长。对这一局面，蒋介石自己当时也承认："老实讲，现在中央的权力

---

① 《何应钦致蒋介石电》（1935年12月6日），秦孝仪主编《中华民国重要史料初编——对日抗战时期 绪编》（1），第740页。
② 《何应钦致蒋介石电》（1935年12月6日），《国民政府军事委员会委员长行营秘书长办公室呈华北自治案酝酿始末与何应钦北上折冲情形相关电文汇整》，《蒋中正总统档案》，002080103019001。
③ 《蒋介石致阎锡山电》（1935年12月10日），《阎锡山档案》，116－010101－0108－142。

已经不能在华北行使,事实上华北已经不是受中央统治的地方了!"① 日本方面则表示:"根据报纸或社会上散布的华北运动的印象来说,不无雷声大雨点小之感。但是在混乱的政治漩涡中,该委员会的成立,虽然还有些暧昧不明,而在明朗化方面总是进了一步,对此大体上应该表示满足的意思。"②

冀察政务委员会原定于12月16日成立,后因北平学生游行反对,推迟至12月18日在北平外交大楼内成立。冀察政务委员会名义上避免了华北的直接分离,是国民政府权衡形势的一个重大让步,但仍未能满足日本侵略者的要求,宋哲元直接掌握决策权,对政务委员会内依附日本人的亲日派,"是既不倚重他们,又不得罪他们,而是用羁縻笼络的办法,防止他们捣乱"。③ 1936年1月,日本制定《第一次处理华北纲要》,要求继续推进华北的所谓"自治":"自治的程度。尽量以获得广泛自由为宜,但当前的目标在于使南京政府毫无实行反对日、满政策之余地,当以此为目标予以促进,其他则逐步进行。"④

第三节 "一二·九"运动与民众抗日浪潮的兴起

一 "一二·九"运动

正当日本向华北发动新的侵略,华北形势严重危急的时刻,1935年12月,北平发生了"一二·九"运动。

"一二·九"运动的发生,和当时华北危亡的形势息息相关。在冀察政务委员会即将成立时,华北人民痛感华北的沦亡已迫在眉睫。北平、天津的广大青年学生,对于时局的演变尤为关切。当时影响最大的《大众生活》上一篇天津通讯写道:"这几个月来,当地报纸上常常瞧见'某军于

---

① 《论"政略"与"战略"之运用》,秦孝仪主编《先总统蒋公思想言论总集》第13卷,第558页。
② 日本参谋本部:《华北自治运动的演变》(1936年1月9日),《日本帝国主义对外侵略史料选编(1931—1945)》,第183页。
③ 何基沣等:《"七七事变"纪实》,《文史资料选辑》第1辑,中华书局,1979,第9页。
④ 《日本政府第一次处理华北纲要——对驻屯中国日军司令的指示》(1936年1月13日),《华北事变资料选编》,第253页。

某日起在××一带演习×天'的消息。于是在第二天便瞧见有整队的'友邦'的马兵、步兵、铁甲车、迫击炮,一连串的到华界来,又耀武扬威的向目的地进发。这一带居住的人们,慌张得连饭也吃不下去。""空中,每天总有几次'轧轧'的声音,仰起头就可以瞧清楚翅膀上的标志。它们故意飞得低低的环绕着全空。""于是许多人便担心着不知道还有几天安静饭可以吃?会不会明后天便有一个'亡国奴'的荣衔加到自己头上?"① 一个青年学生写给《大众生活》主编邹韬奋的信中说:"我从南方到了华北还不久,但这环境给我极大的苦楚。我有时烦闷得像胸口塞了一块重铅,有时悲愤得血管像要爆裂,但悲愤有什么用呢?所以还是闷得像胸口塞了一块重铅。""敌人更聪明了,竟不血刃的得了华北二省。他们得寸进尺的野心,固不足异,但我们政府的含垢忍辱,何一至于此?政府当局及学校当局屡次谆谆告诫,要学生安心读书,但是敌人的飞机尽在我们头上掠过,所谓野外演习的炮声震得教室的玻璃窗发抖,机关枪不断的响着在打靶。这一颗颗的子弹,好像每颗都打在我们心上一样的难过。先生,我们能念书吗?"②

出于对民族危亡的深刻忧思,11月1日,北平的燕京大学、清华大学、第一女子中学、师范大学、女子师范学院、法商学院、汇文中学、贝满中学和天津的中西女子中学、汇文中学等10校的学生自治会联合发表《为抗日救国争自由宣言》,"吁请政府,其尊重约法精神,开放言论、集会、结社自由,禁止非法逮捕学生。诚以国势如斯,凡属国民,份应共肩责任,奋起救存;桎梏一日早去,吾民即能早尽一分责任也"。③ 18日,北平大中学校抗日救国学生联合会成立,执行主席是女一中学生郭明秋,秘书长是清华大学学生姚克广(姚依林),他们都是共产党员,学联党团由彭涛领导。

12月6日,北平15所大中学校的学生自治会联合发表通电,谴责国民党政府自九一八事变以来的妥协退让政策,痛陈今日之中国"强敌已入腹心,偷息绝不可得。自治不幸实现,则在'防共自治'名义之下,敌骑

---

① 沈沉:《动荡中的华北一隅》,《大众生活》第1卷第3期,1935年11月。
② 《大众信箱(四)》,《大众生活》第1卷第6期,1935年12月。
③ 《平津十校学生自治会为抗日救国争自由宣言》(1935年11月1日),中共北京市委党史资料征集委员会编《一二九运动》,中共党史资料出版社,1987,第138页。

可以恣意冲撞,即我民族覆亡之时","今日而欲求生路,唯有动员全国抵抗之一途。不战固不得幸生,即一切局部抵御,亦无裨于大局"。① 这时,传来12月9日准备在北平成立冀察政务委员会,以实现所谓华北特殊化的消息。在这紧急时刻,北平学联中共党团果断决定,在12月9日这一天发动一次抗日救国请愿游行。彭涛回忆:"一二九运动用合法斗争,开始有些人不同意,当时意见不一致。我们还是决定开始用请愿的形式,提出停止内战,一致抗日。一二九前夕在燕大开会,这一天到会人数很多,学联主席是郭明秋,各校代表有的同意抗日的口号,不同意停止内战的口号。我们的主张是搞统一战线,把各种力量组织起来,不管哪个力量,是不是国民党的,只要反对日本,反对华北自治,都可以参加。""从一二九运动看到我们对学生估计不足,原估计可能有一千多人跟我们走,但事实是很多中间学生也参加进来了,甚至落后的也参加。"② 之所以如此,关键在当时的空气下,民族危亡成为压在人们尤其是青年学生心头的一块巨石,一旦有人登高一呼,即可以造成万人景从的气势。

12月9日,东北大学、清华大学、燕京大学、北平师范大学、中国大学、北京大学等高等院校和部分中学的学生涌上北平街头,举行声势浩大的抗日救亡游行。数千名学生冲破军警的重重阻挠,汇集在新华门前,向国民党北平当局请愿。学生们提出反对"防共自治"运动,公开宣布中日交涉经过,不得任意捕人,保障地方领土安全,停止一切内战,给予言论、集会、结社、出版自由等六项抗日民主要求。爱国青年学生发出抗日救亡的呼号:"华北之大,已经安放不得一张平静的书桌了。"③ 当这些要求被完全拒绝时,游行指挥部立即决定将请愿改为示威游行。游行青年学生喊出"打倒日本帝国主义""反对冀察政务委员会的成立""反对华北自治""停止内战,一致抗日""武装保卫华北"等口号。游行队伍沿途遭到军警阻挠,30多人被捕,数百人受伤。对学生的游行示威,胡适撰文指出:"一个开明的政府应该努力做到使青年人心悦诚服的爱戴,而不应

---

① 《平津十五个大中学校宣言》,中共北京市委党史资料征集委员会编《一二九运动》,第141页。
② 彭涛:《关于"一二九"运动的回忆》,中共北京市委党史资料征集委员会编《一二九运动》,第314—315页。
③ 《清华大学救国会告全国民众书》,中共北京市委党史资料征集委员会编《一二九运动》,第143页。

该滥用权力去摧残一切能纠正或监督政府的势力。在外患最严重压迫的关头，在一个汉奸遍地的时势，国家最需要的是不畏强御的舆论和不顾利害的民气。我们这个国家今日所缺少的，不是顺民，而是有力量的诤臣义士。因此，近年政府钳制独立舆论和压迫好动的青年的政策，我们都认为国家不幸的事。"①

为抗议政府对学生爱国运动的镇压，在北平学联的领导下，从12月11日起，北平各校学生宣布实行全市总罢课，要求"立即释放被捕同学，严惩刺我民众的军警，禁止逮捕参加救国运动的学生，和撤消封锁各校的军警"。② 12月14日，北平的报纸登载了国民政府决定在12月16日成立冀察政务委员会的消息后，学联立即决定在16日再次发动大规模的示威游行，反对冀察政务委员会的成立。

12月16日，北平部分大中学校学生突破军警阻拦，汇集到天桥广场，召开市民大会。北平各界群众和东北流亡同胞纷纷自动参加，与会者达3万余人。在市民大会上，通过了"不承认冀察政务委员会""反对华北任何傀儡组织""收复东北失地"等决议案。会后，举行大规模的示威游行，再次遭到军警镇压，学生被捕者数十人，受伤者300余人。秦德纯在给阎锡山的电报中对此有叙述："16晨，阜成门外到达少数学生，乘隙入城，声言请愿，当即派警劝说解散。同时清华、燕京两校学生千余名蜂拥出校。正在拦阻之际，又有各大学校学生破门毁垣，相继冲出，气势汹涌，制止不服。"③ 迫于爱国运动的压力，冀察政务委员会被迫延期成立。17日，宋哲元发表告学生书，宣称："冀察政务委员会既系中央之命，当然有应设之必要。哲元本一军人，对政治非所长，然为国为民，不甘落后，一切措施悉以整个国家利益为基准，决不能为少数共党分子之宣传而受影响。最后盼望凡属明大体识大义之学生，应立即觉悟，安心求学，勿再为无益之奔走。其少数共产分子，如仍有规外行动，哲元为维持秩序安定人心，决予以适当之制止。"④

---

① 《为学生运动进一言》，《大公报》1935年12月15日。
② 《北平市各大中学联合罢课宣言》，中共北京市委党史资料征集委员会编《一二九运动》，第146页。
③ 《秦德纯电告阎锡山平市学潮及处理办法》（1935年12月19日），《阎锡山档案》，116-010101-0108-156。
④ 《宋哲元告学生书》，《中央日报》1935年12月18日。

青年学生爱国运动兴起之后,南京和北平当局采取多种办法企图瓦解青年的斗志,如东北大学出"牌示",借口"本期逾限多日,尚未到校注册",① 勒令宋黎等三人退学。同时,国民政府教育部宣布全国各校提前放假。12月23日,蒋介石还亲自下令全国专科以上学校校长和学生代表到南京"聆训"。北平学生对此做了针锋相对的斗争,"三年前之进京听训,已熟稔政府之因循政策,前言既无济于事,此举更何补时艰?况借训导之名,而行欺骗收买之实乎",② 拒不前去。

北平学生的游行示威等活动举行不久,12月20日,中共中央通过共青团号召广大青年:"把反日救国运动扩大起来!到工人中去,到农民中去,到商民中去,到军队中去!唤起他们救国的觉悟,推动他们建立救国的组织。进一步建立各地各界救亡大会和全国救亡大会,实行全民抗日救国大联合。"③ 根据这一指示,为将"一二·九"运动引向深入,在中共北平市委的领导下,平津学生联合会组织了500人左右的南下扩大宣传团,"深入民间,唤起民众,一致抗敌救国"。④ 南下扩大宣传团"徒步七百里,历时三周期。博得了民众的同情,播下了抗日的种子"。⑤ 在平津学生南下扩大宣传前后,上海、济南等地的学生也组织了宣传团到农村扩大宣传。

在宣传团的基础上,1936年2月1日北平成立了中华民族解放先锋队(简称民先队)。在成立宣言中提出其任务和纲领:"我们首要的任务是:一、揭破汉奸及其走狗的阴谋,并打击其种种阴谋的破坏手段;二、联合一切抗日反帝的力量,不分党派地在抗日救亡的旗帜下,一致团结起来。""具体的斗争纲领:(一)动员全国武力,驱逐日本帝国主义者出境;(二)成立各地民众武装自卫组织;(三)成立各界抗日救国会;(四)铲除汉奸卖国贼;(五)没收日本帝国主义者的在华财产及汉奸卖国贼的产业,充作抗日军费;

---

① 宋黎:《中国学生革命运动的来潮——回忆"一二九"运动》,《一二九运动回忆录》第1集,人民出版社,1982,第18页。

② 《平津学联会对时局通电》,《中国现代革命史资料丛刊·一二九运动资料》第1辑,人民出版社,1981,第378页。

③ 《中国共产主义青年团中央委员会为抗日救国告全国各校学生和各界青年同胞宣言》(1935年12月20日),《中国现代史资料丛刊·一二九运动》,人民出版社,1954,第138页。

④ 《华北学生的联合战线》,《中国现代革命史资料丛刊·一二九运动资料》第1辑,第472页。

⑤ 《民族解放先锋队宣言》(1936年2月16日),《北大旬刊》第2、3、4期合刊,1936年4月10日。

(六)联合世界上以平等待我之民族共同抗日;(七)联合全世界弱小民族及被压迫民众共谋解放!"① 民先队是中国共产党领导下,以抗日民主为奋斗目标的先进青年群众组织,刘少奇后来说:"北平民族先锋队,已发展到四五千人,很活动。开始有人看民先也是一个统一战线组织。最近确定他在政治上接受党的领导的青年群众组织,我们不能与各派在民先中来平分领导权,但加入民先不一定相信共产主义,相信宗教的人也可加入,他应成为参加民族运动与一切进步的政治的运动,争取青年本身利益及教育与学习,此组织准备发展到各地,筹备华北的先锋队。"② 民先在最壮大时,一度发展成为拥有2万余人的全国性组织。通过中共的促动,广大青年学生深入农村进行抗日救亡宣传,成为各地抗日救亡运动中的骨干力量。民先队的产生与壮大,对团结广大青年,促进抗日救亡运动起了很大的作用。

"一二·九"运动公开揭露了日本吞并华北进而侵略全中国的阴谋,极大地促进了中华民族的觉醒,标志着中国人民抗日救亡民主运动新高潮的到来。正如毛泽东所指出的,"一二·九"运动是"动员全民族抗战的运动,它准备了抗战的思想,准备了抗战的人心,准备了抗战的干部","将成为中国历史上的一个非常重要的纪念"。③ 当时政府方面所做调查也承认:"一种民众运动之发生必以时代环境为背景,北平市此次学生游行示威,自以华北局势危险为其产生背景此无可讳言者。近自冀察问题发生以后,中央复退出平津,宪兵调回江南,党部取消,政府改组,日人在平津各地肆无忌惮,自由逮捕造成恐怖,尤以平津文化界感受压迫更甚,此给与学生以刺激者一。平津当局既以外交关系,失去统治能力,各地汉奸大肆活动,假借民意,擅立政府,香河事件发生于前,冀东伪府继起于后,华北独立高唱入云,岌岌可危,不可终日,此给与学生以刺激者二。地方当局对外交涉一切内容均禁披露,而实际情形日趋紧张,真象莫明,群情苦闷,此给与学生以刺激者三。埃及大学学生反英民族运动再接再厉

---

① 《民族解放先锋队宣言》(1936年2月16日),《北大旬刊》第2、3、4期合刊,1936年4月10日。
② 《胡服同志给中央的报告——关于目前形势与民族解放运动发展情况》(1936年11月14日),中共中央统战部、中央档案馆编《中共中央抗日民族统一战线文件选编》(中),档案出版社,1985,第306页。
③ 毛泽东:《一二九运动的伟大意义》(1939年12月9日),中共中央文献研究室主编《毛泽东文集》第2卷,人民出版社,1993,第253页。

蓬蓬勃勃，影响所及全世震撼，此给与学生以刺激者四。日人不仅对华北政治经济采取积极政策，即对文化界亦锐意破坏，教授之言论行动常受拘束，失去自由，学生之集会结社者被监视，各校随着时代进展日陷于不安状态之中，此给与学生以刺激者五。学生既痛心国家，愤懑现状，复于学校及己身之前途，发生苍茫空虚之感，学校运命所寄托之国家，及己身前途所寄托之学校阽危如此，而外来之压迫日甚一日，再以埃及学生运动之影响，而十二月九日之请愿与十二月十六日之示威便相继爆发矣。"①

二　全国抗日救亡运动的兴起

"一二·九"运动开展起来后，影响迅速扩及全国各地。从12月11日开始，天津、保定、太原、西安、济南、杭州、上海、武汉、宜昌、成都、重庆、广州、南宁等大中城市，先后爆发学生的抗日集会和示威游行。各地工人在中华全国总工会的号召下，纷纷举行罢工，抗议国民党政府对日妥协和镇压抗日运动，支援学生斗争。广州、上海的工人召开大会，发表通电，要求对日宣战。12月12日，沈钧儒、马相伯、邹韬奋、章乃器等280余人发表《上海文化界救国运动宣言》。宣言指出：国难日亟，东北四省沦亡之后，华北五省又在朝不保夕的危机之下了。宣言呼吁："因为华北事件的教训，我们应该进一步的觉悟！与其到了敌人刀口放在我们的项颈的时候，再下最大的决心，毋宁早日奋起，更有效的保存民族元气，争取民族解放。"② 宣言虽用的是"文化界"的名义，但其实已大大超越这个范围，包括文艺界、教育界、新闻出版界、银行界、法律界、职业界、宗教界等方方面面的许多知名人士，显示出各界爱国人士正在抗日救亡的旗帜下联合起来的趋势。

各界联合推动抗日潮流的组织形式就是救国联合会。沙千里回忆："群众的抗日救亡运动在开始阶段，是处于一种自发状态的，斗争也是分散的。虽然在一定的时候为了进行斗争，也有一些串连，但没有固定的形式把大家联系起来。为了某一件事而进行的斗争结束之后，这种联系也就终止了。随着抗日救亡运动的发展，为了更有力的同日本帝国主义和国民

---

① 《关于北平学生"一二九""一二一六"反日示威运动的调查报告》（1936年1月18日），中共北京市委党史资料征集委员会编《一二九运动》，第398—399页。
② 《上海文化界救国运动宣言》，《大众生活》第1卷第6期，1935年12月。

党反动派进行斗争，大家感到需要一个固定的形式把群众的力量统一组织起来。这样，在中国共产党的影响、推动和领导之下，在千百万民众抗日救亡运动的高潮中，上海各方面的救国会先后成立。"①12月27日，上海文化界救国会成立，推选马相伯、沈钧儒、邹韬奋、章乃器、陶行知、李公朴、王造时、史良、顾名、沈兹九等35人为执行委员，并发表第二次救国运动宣言。宣言指出，"在当前严重的危机下，全国大众已超过了忍耐的限度，目下全国学生的爱国救亡的高潮，明显的是全国大众一致奋起救亡图存的先导。这一爱国运动正在开展中，钢铁般的民族阵线，将由全国大众自动建立起来，形成不可侮的巨力。可惜，我们的政府未见及此，爱国运动正在被军警摧残……我们现在要先组织自己，用集团的力量，来负担我们时代的任务"。② 在此前后，先后成立的还有史良等发起的上海妇女救国会，沈钧儒等领导组织的大学教授救国会，沙千里发起的上海职业界救国会，陶行知发起的国难教育社，陈波儿等组织的电影界救国会等。1936年1月28日，上海各界救国联合会成立，以沈钧儒、章乃器、李公朴、陶行知、邹韬奋、沙千里、王造时、史良等为执行委员，沈钧儒为主席，组成执行委员会，统一领导上海的抗日救亡运动。在此前后，各地爱国人士和爱国团体也纷纷成立各界救国会，发出通电，出版各种救亡刊物，要求国民党政府保卫领土主权，停止内战，出兵抗日。海外侨胞和在国外留学的学生团体，也通过发表宣言等形式，支持国内人民的爱国行动。这样，局部地区的抗日救亡运动很快扩展为全国规模的群众运动。

在全国救亡运动风起云涌的背景下，1936年5月31日，全国各界救国联合会代表大会开幕，出席代表有50多人，代表上海各界救国联合会和全国各地60多个救亡团体。大会通过了救国会的宣言、章程和《抗日救国初步政治纲领》等重要文件。宣言指出："在这敌寇日深而内部纠纷依然严重的时候，天良未泯的人民都渴望着一个广大的团结，能有一个全国统一的联合救国阵线。为了这种要求，全国各地各界的救国团体代表们在上海开成了全国各界救国联合会成立大会，建立起来一个统一的人民救国阵线。""大会认为救国阵线现阶段的主要任务——促成全国各实力派合作

---

① 沙千里：《漫话救国会》，文史资料出版社，1983，第6页。
② 上海市中共党史学会编《上海抗日救亡运动资料选编》，编者印行，1985，第254—255页。

抗敌的任务，有历史上的重要性。"① 《抗日救国初步政治纲领》提出："救国阵线的共同敌人，是日本帝国主义和汉奸"；"除了汉奸以外，我们在横的方面，坚决的主张各党各派的合作；在纵的方面，诚恳要求社会各阶层分子的合作"。② 大会选举宋庆龄、马相伯、沈钧儒、章乃器、邹韬奋、李公朴、陶行知、王造时、沙千里、史良等40余人为执行委员，沈钧儒等14人为常务委员。从此，全国的抗日救亡运动有了统一的组织和领导，进入了一个新的阶段。

救国会以救国为己任，主张全民团结一致挽救危亡，因此在批评当局对日妥协的同时，对中共也有中肯的建议和批评。7月15日，救国会领袖沈钧儒、章乃器、陶行知、邹韬奋四人联名发表《团结御侮的几个基本条件与最低要求》，对中共倡导的"抗日救国的人民统一战线"不包括国民党蒋介石当局进行了批评和纠正。文章首先赞成中共提出的停止内战，联合各党各派共同抗日救国的主张，同时批评中共抗日民族统一战线不包括蒋介石，指出："抗日救国是关系整个民族生死存亡的大问题，所以只有集合一切人力、财力、智力、物力，实行全面的总动员才能得到最后的胜利。换句话说，抗日救国这一件大事业，绝不是任何党派任何个人所能包办的。"希望中国共产党能够放弃抗日反蒋的主张，要求"红军方面应该立即停止攻袭中央军，以谋和议进行的便利；在红军占领区域内，对富农、地主、商人应该采取宽容态度；在各大城市内，应该竭力避免有些足以削弱抗日力量的劳资冲突。"③

全国抗日运动的高涨，引起南京当局的反制。11月23日，当局在上海逮捕救国会领导人沈钧儒、李公朴、邹韬奋、章乃器、王造时、沙千里、史良等7人，造成"七君子事件"。救国会"七君子"被捕后，《立报》和《华美晚报》没有理会国民党当局不准报道的禁令，于当日在第一版显著位置报道了该事件。随后上海及全国各报相继做了报道。

25日，上海市公安局发表声明，宣称救国会"托名救国，肆意造谣，其用意无非欲削弱人民对于政府之信仰。近日勾结赤匪，妄倡人民阵线，

---

① 《全国各界救国联合会成立大会宣言》，《救亡情报》第6期，1936年6月。
② 《抗日救国初步政治纲领》，《救亡情报》第6期，1936年6月。
③ 《团结御侮的几个基本条件与最低要求》，周天度、孙彩霞编《救国会史料集》，中央编译出版社，2006，第127页。

煽动阶级斗争,更主张推翻国民政府,改组国防政府,种种谬说,均可覆按。政府当局年余以来,曲加优容,苦口劝喻,无如彼等毫不觉悟,竟复由言论而见诸行动,密谋鼓动上海总罢工,以遂其扰乱治安、颠覆政府之企图";"现值绥边剿匪吃紧之际,后方尤应巩固,不得不行使紧急处置,以遏乱萌。国难严重如此,全国上下,正宜一致努力之时,断不容少数偏激分子肆意忘形。至李等被捕后,自当依法审究。该救国会内部,尚有共党分子潜伏,已另派员会同市党部从严彻查,以清奸宄"。①

沈钧儒等7位救国会领导人的被捕,立即在全国引起了轩然大波。国民党当局企图用高压逮捕的方式把救国运动打压下去,却进一步激起了大众的义愤。全国各地的许多爱国报刊纷纷发表消息和评论,各界爱国人士也都发表谈话,呼吁释放"七君子",形成了一场声势浩大的营救运动。

11月26日,宋庆龄以全国各界救国联合会执行委员的身份发表声明,对"七君子"的被捕提出抗议:"任何理智清晰的人士都明白,这种逮捕以及这些罪名都是由于日本帝国主义者的影响所致。全国救国联合会众所昭知的目的,完全是促进政府与人民一致成立联合战线,抵抗日本侵略。恰恰与日本帝国主义的挑拨武断的言词相反,救国会既不袒护共产党,也不反对政府,这些罪名完全是日本帝国主义者故意制造出来的,使中国政府与救国会发生恶感,由是将政府与人民分裂,以遂其阴谋的。"② 同日,冯玉祥应宋庆龄之请,致电蒋介石为"七君子"力争:"章等之热心国事,祥亦素有所闻,尚非如报纸宣传之为共产及捣乱者,且其设立救国会宣传救国,立论容有偏激,其存心可为一般人所谅解。今若羁押,未免引起社会之反感,而为日人挑拨离间之口实。拟请电令释放,以示宽大。若恐有轨外行动,应于释放后,由祥同李协和、孙哲生、陈立夫诸先生招其来京,共同晤谈,化除成见,在中央统一领导之下,为抗日救国努力。"③ 全国各界救国联合会于11月27日发表告当局及国人书,驳斥了当局强加在"七君子"头上的所谓"罪嫌",呼吁:"应集中全国注意力于日本帝国主义之侵略行动,及

---

① 周天度、孙彩霞编《救国会史料集》,第257页。
② 《为沈钧儒等七人被捕声明》(1936年11月26日),《宋庆龄选集》上卷,人民出版社,1992,第157页。
③ 《冯玉祥致蒋介石密电》(1936年11月26日),《宋庆龄冯玉祥等营救七君子电函选》,《民国档案》1985年第2期。

日本帝国主义者对华所有之汉奸活动,勿再以赤诚之爱国者作为罪犯。"① 得到上海救国会"七君子"被捕的消息后,北平市救国学联立即召集紧急会议,决定:"一、罢课两日,以示对被捕诸领袖同情;二、由清华、燕京、北平、中国等十五大学各推代表二人,组成请愿队,代表平市学生界赴京请愿,要求政府立即释放被捕诸领袖,开放民众救国运动,勿中敌人挑拨奸计。"② 旅美华侨、新加坡华侨、全欧华侨以及留英学生等纷纷发表通电表达对"七君子"的支持。一些国际上的知名人士,如罗素(B. A. W. Russell)、杜威(John Dewey)、爱因斯坦(Albert Einstein)等也纷纷发表通电,声援"七君子",希望国民党当局能够尽快予以释放。而对这些来自各方面的质疑声音,国民党方面的态度在蒋介石致冯玉祥电中有所表现:

> 沈钧儒、章乃器等诸人,有为中所素识者,亦有接谈数次者。前更以国家大势与救国要义,向之详加劝导,乃彼等不唯不听,而言论行动反日益乖张,若非存心祸国,亦为左倾幼稚病中毒已深,故尔执迷不悟。近更乘前方剿匪紧张之时,鼓吹人民阵线,摇惑人心,煽动罢工,扰乱秩序。中处迭据确报,沪上罢工,其经费均由章乃器以救国会经费散发每日七千元,是其背景可知。若非迅予制裁,不特破坏秩序,危害国家,即彼等自身,亦必更陷于不可赎之重大罪恶。值此国难严重,固当集中心力爱惜人才。但纲纪不能不明,根本不能不顾,故此时处置,正所以保全彼等,使不至更趋绝路以祸国。中意除依法惩处不令放任外,仍当酌予宽待,以观其后。③

西安事变和平解决后,南京国民政府内外政策有所调整,国民政府一部分要人和司法部部长王用宾、江苏高等法院检察官等都表示,侦查期满后,取消羁押不成问题,不致提起公诉。然而,1937年4月3日,在"七

---

① 《全救会为七领袖无辜被捕告当局及国人书》(1936年11月27日),《救亡情报》第28期,1936年11月。
② 《北平学生奋起营救》,《救亡情报》第28期,1936年11月。
③ 《蒋介石复冯玉祥江电》,《宋庆龄冯玉祥等营救七君子电函选》,《民国档案》1985年第2期。

君子"法定羁押两个月并延押两个月后的最后一天,江苏高等法院检察官以"危害民国为目的,组织团体,并宣传与三民主义不相容之主义"① 为名,罗织了"十大罪状",对沈钧儒、王造时、李公朴、沙千里、章乃器、邹韬奋、史良等7人提起公诉,并扩大此案,通缉陶行知等人。

6月11日和25日,江苏高等法院两次开庭审理"七君子"案。"七君子"决定利用公开审判的机会,宣传自己的主张。根据当时法律,每个被告可以请3个律师辩护,"七君子"每个人都请了3名律师,组成强大的辩护团。在律师协助下,写成两万多字的《沈钧儒等答辩书》,发表在《申报》上,用大量的事实逐一驳斥起诉书中所列举的"十大罪状","要求法院判决无罪,以雪冤狱"。② 庭审中,沈钧儒等慷慨陈词,申述救国无罪,并一一驳斥了审判长及检察官的质询。

6月下旬,宋庆龄、何香凝、胡愈之、胡子婴、沈兹九等16人,为援救"七君子",争取救国自由,发起救国入狱运动,提出:如爱国有罪,愿与沈等同受处罚;如爱国无罪,则与沈等同享自由。宣示:"中国人都有为救国而入狱的勇气。"③ 他们向江苏高等法院具状候传,并于7月7日由宋庆龄率领,亲往苏州请求高等法院羁押。此中情形,宋庆龄等致林森电中有详细记述:"晨间九时余先后谒见同院院长与首席检察官面陈。首席检察官竟不愿理论,中途离席,欲以不理了之。庆龄等愿牺牲个人全部之自由,以明沈等之忠诚。立愿而来,岂能因长官之充耳高居而自罢?唯有留院守候,静待理解处置。时阅整个下午,充耳高居如故。庆龄等本愿入狱,当即准备在院守候彻夜,庶冀翌日或可得以合法之处置。迨至旁晚,忽由夏检察官出见,接受庆龄等所提出之四点,嘱庆龄等一面回沪自将证据检出呈递,即当从事侦查云云。并转告首席检察官及院长亦均同意。庆龄等始于午后七时余离院回沪。"④

全国性的抗议活动,令南京国民政府及蒋介石备感尴尬。6月24日,蒋介石电告国民党中央秘书长叶楚伧不必急审沈钧儒等,"能迟至何时即

---

① 《江苏高等法院检察官起诉书》,周天度、孙彩霞编《救国会史料集》,第326页。
② 沙千里:《漫话救国会》,第61页。
③ 《救国入狱运动宣言》,《上海抗日救亡运动资料选编》,第283页。
④ 《宋庆龄致林森等电》(1937年7月7日),《宋庆龄冯玉祥等营救七君子电函选》,《民国档案》1985年第2期。

延至何时,并决定以各别处置,不必七人连带整个处置"。①"七七"全国抗战爆发后,国内政治形势又有了新的变化,全国团结一致抗战的局面已经形成,蒋介石此时对"七君子"的态度也有了相应改变,由主张镇压转而采取宽容怀柔政策。7月下旬,蒋介石电令江苏高等法院将沈钧儒等开释出狱。7月31日,江苏高等法院裁定将沈钧儒等7人交保释放。"七君子"案最终得以解决。

第四节　国民政府对日政策的变与不变

一　国民政府对日抵抗意愿的加强

九一八事变后,蒋介石和国民政府对日本占据中国领土的事实无法置之不顾,但根据他们的判断,中国暂时又没有足以对日抵抗的实力,因此,极力避免与日本发生正面冲突,尽可能推迟对日摊牌,是蒋介石和国民政府对日的一贯方针,这一方针即便在卢沟桥事变后的一段时间内也没有根本改变。中国最终选择对日抵抗是迫不得已,退无可退,这是中国对日方针截至全国抗战爆发不变的一面。

另一方面,随着日本对华侵略的步步加深,随着中国内部政治、经济的逐渐稳定和转强,蒋介石和国民政府对日抵抗的决心也在不断增强。由于日军已经占领中国东三省并在关内攫取大量权益,严重伤害到中国的主权独立,所以蒋介石和国民政府对日本的抵抗意愿一直存在。因此,1934年,当国民政府"剿共"战争有告一段落的趋向时,蒋介石对外抵抗准备明显加强,而1935年的华北事变又从外部因素方面把蒋介石推向抵抗准备的一面。这是1935年前后,蒋介石和国民政府对日政策变的一面。不过即便如此,变和不变在蒋介石的内心中仍然是不断变换的,并不是向着变的趋势持续推进那么简单,中间存在曲折、徘徊。8月21日,蒋介石在日记中记下其对中日两国未来走向的预测:"一、对中国思不战而屈。二、对华只能威胁分化,制造土匪、汉奸,使其扰乱,而不能真用武力,以征服中国。三、最后用兵进攻。四、中国抵抗。五、受国际干涉围攻。六、倭

---

① 《蒋中正电告叶楚伧不必急审沈钧儒等案》(1937年6月24日),《蒋中正总统档案》,002010200177038。

国内乱革命。七、倭寇失败当在十年之内。"① 这是对中日关系战的判断。一个多月后，他又在日记中写道："倭态渐转和缓方向……此皆主动在我之成效，若操纵适宜，当有转危为安之可能也。"② 日本态度的变化，又使其生出和的希望。

虽然蒋介石和南京国民政府的对日方针很难有确定性的走向，一切必须以日本的动向为依归，但由于日军压迫的步步加深，相应的中国对日逐渐趋于强硬成为不容忽视的趋势。1935年11月12—23日，国民党第五次全国代表大会在南京召开。这次大会面对着民族危机加深、抗日救亡运动高涨、国民党内部分化倾向滋长的新形势，其政策走向对国家未来有着相当大的影响。国难当头，国民党内各派为自身计，都表现出"抛弃前嫌、团结救国"的姿态，地方实力派人物如阎锡山、张学良及隐居泰山的冯玉祥等参加了大会。陈济棠、李宗仁虽不愿到会，但也派代表出席。国民党宣称这是一次团结的"盛会"。

孙科和张继在会上分别代表国民党中央执行委员会和中央监察委员会做党务报告，蒋介石和何应钦代表国民政府做政治报告和军事报告。11月19日蒋介石发表对外关系演说，表示："苟国际演变不斩绝我国生存民族复兴之路，吾人应以整个的国家与民族之利害为主要对象，一切枝节问题，当可为最大之忍耐，复以不侵犯主权为限度，谋各友邦之政治协调，以互惠平等为原则，谋各友邦之经济合作。否则即当听命党国，下最后之决心，中正既不敢自外，亦不甘自逸。质言之，和平未到完全绝望时期，决不放弃和平；牺牲未到最后关头，亦决不轻言牺牲。以个人之牺牲事小，国家之牺牲事大；个人之生命有限，民族之生命无穷也。果能和平有和平之限度，牺牲有牺牲之决心，以抱定最后牺牲之决心，而为和平最大之努力，期达奠定国家复兴民族之目的，深信此必为本党救国建国唯一之大方针也。"③ 这段话的主旨仍在求妥协、避战争。作为一个弱国，这是当时状况下蒋介石无奈的因应之道，同时也表达了若到和平绝望之时与牺牲最后关头，即当下最后之决心的态度。这表明，蒋介石与国民政府开始更严正地面对未来不得已的对日摊牌局面，这是国民党对日政策渐变的重要

---

① 《蒋介石日记》，1935年8月21日。
② 《蒋介石日记》，1935年9月27日。
③ 《蒋介石对外关系讲演词》，《国闻周报》第12卷第46期，1935年11月25日。

一环。大会宣言在有关对日问题中提到："至吾人处此国难严重之时期，所持以应付危局者……以最大之忍耐与决心，保障我国家生存与民族复兴之生路，在和平未至完全绝望之时，决不放弃和平。如国家已至非牺牲不可之时，自必决然牺牲，抱定最后牺牲之决心，对和平为最大之努力。"①大会发表的公开宣言以团结救国相号召，提出"开宪治，修内政，以立民国确实巩固之基础"，承诺"国民大会须于二十五年以内召集之，宪法草案并须悉心修订，俾益臻于完善"。②会后举行的五届一中全会决定次年5月5日公布宪法草案，11月12日召开国民大会，通过宪法，实行宪政。

会议推选胡汉民、汪精卫、蒋介石、冯玉祥等9人为常务委员，组成中央常务委员会，主席胡汉民，副主席蒋介石。会议决定将中央政治会议改为中央政治委员会，为政治之最高指导机关。推选张静江等25人为中央政治委员会委员，汪精卫为主席，蒋介石为副主席。推选林森为国民政府主席。

五全大会后，国民政府人事也做了较大调整，新的国民政府首脑为：国民政府主席林森，行政院院长蒋介石，立法院院长孙科，司法院院长居正，考试院院长戴传贤，监察院院长于右任。军事委员会委员长蒋介石，冯玉祥、阎锡山副之，程潜任参谋总长。这个班子是国民党权力再分配的结果，蒋介石接替在国民党四届六中全会上被刺受伤的汪精卫任行政院院长，军政权力合流，其对政府的影响力进一步加强。蒋介石改组行政院时罗致了王世杰、翁文灏、蒋廷黻等"学界名流"，表现出开明姿态。

随着国民政府对日政策的调整，其在外交活动中也渐趋强硬。1935年11月20日，蒋介石在南京接见日本驻华大使有吉明时，表现了对日交涉的某些新姿态。在双方交谈过程中，蒋介石针对日本在华北策动"自治"指出："所谓华北自治运动多是日方策动，中国方面并无此事"，"作为中国，对引起违反国家主权完整、破坏行政统一等之'自治'制度，绝对不能容许。"③一个多月后，蒋介石在讲述对日政策时明确表示："决不签订

---

① 《中国国民党第五次全国代表大会宣言》（1935年11月23日），荣孟源主编《中国国民党历次代表大会及中央全会资料》下册，第302页。
② 《中国国民党第五次全国代表大会宣言》（1935年11月23日），荣孟源主编《中国国民党历次代表大会及中央全会资料》下册，第299—300页。
③ 《日本驻华大使有吉明向外务大臣广田之第1290号报告》（1935年11月21日），外务省编《日本外交年表并主要文书（1840—1945）》下卷《文书》，第310—311页。

断送主权的条约","如果和平交涉不能成功,最后当然只有一战"。① 12月18日,外交部部长张群在接见中外新闻记者的谈话中表示:"中国决以不侵犯主权为限度,谋友邦之政治协调;以互惠平等为原则,谋友邦之经济合作。抱定最后牺牲之决心,而为和平最大之努力,期达奠定国家复兴民族之目的。"② 张群决定采取主动与日本外交当局谈判的战略,在交涉方式上,继续由两国外交官以外交方式办理,交涉内容则为中日两国关系的整体调整。12月20日,在与有吉明的谈话中,张群表达了这种意向:"自九一八以来迄今四年有余,中日问题始终未能圆满解决,究其原因,不外每遇一事视为一时之解决,未作根本之打算,故迁延迄于今日,贵方未能认识我方之诚意,我方则感受贵方要求无厌,太难应付。此后吾人如不求两国关系根本的调整,将所有纠纷告一段落,则前途不堪设想。"③

1936年1月21日,日本外相广田在议会发表演说,对他的"对华三原则"做了新的解释:(1)中国方面彻底实行取缔反日言行,停止依存欧美的政策,在具体问题上和日本合作;(2)中国方面最后应承认"满洲国",目前暂且对"满洲国"的独立加以默认,至少华北方面与毗连地区的"满洲国"之间,在经济上和文化上互相合作;(3)为排除与外蒙古接连地区的共产主义势力的威胁,中国方面应与日本合作。他还宣称:中国政府"对以上三原则表示了赞成的意思"。④ 第二天南京国民政府外交部发表声明,指出:"广田所谓对华三原则,当系指考年(1935年)九月中广田外相对我蒋大使所提出之三点而言","广田外相演说谓中国业已同意,殊非事实"。⑤

1936年2月初,日本改派有田八郎担任驻华大使,中国派遣许世英为驻日大使。2月19日,日本外务省与陆、海军省共同指示该大使上任后与南京政府继续进行"广田三原则"的谈判。为便利与南京政府的谈判,日

---

① 《蒋介石对全国中等以上学校校长与学生代表讲述对日政策》(1936年1月16日),秦孝仪主编《中华民国重要史料初编——对日抗战时期 绪编》(1),第747页。
② 周开庆编著《一九三六年之中日关系》,台北,学生书局,1985,第33页。
③ 《张群与有吉大使谈话记录》(1935年12月20日),《中华民国史档案资料汇编 第五辑 第一编 外交》(2),第883页。
④ 《日本外交年表及主要文书(1840—1945)》下卷《文书》,第329页。
⑤ 《蒋院长昨自杭返京 外交部发表重要声明否认曾承认广田三原则》,天津《大公报》1936年1月23日。

本外务省决定其驻中国大使馆人员由上海转往南京，驻华大使常驻南京。对日本方面似现缓和的姿态，黄郛的观察是："国内情形外间传说不一，但依弟观察，仍在一面继续努力和平，一面积极准备万一之中。惟日方近来态度与论调，反较缓和。推原其故盖有三因：（一）彼对外有脱退海［军］会［议］之举；（二）对内有改选议会之争；（三）知我稍稍有备，不能如既往之不折一矢、不化一钱，可以虚声恫吓，而偿其野愿，故稍敛其凶焰耳。"①

1936年3月，有田八郎到南京上任后，就调整中日两国关系问题与国民政府外交部部长张群连续会谈四次。日方再次要求中国政府接受"广田三原则"，中方表示不赞成以"广田三原则"作为调整两国关系的基础，并提出：调整中日邦交，"最正当之办法，应自东北问题，庶中国之领土完整得恢复"。"第一步至少限度，亦应先行设法消灭妨碍冀察内蒙行政完整之状态"。② 这次会谈以无结果告终。蒋介石在会谈期间留下的日记中谈到其对谈判的看法："一、倭其少壮派与元老派发斗争结果当归少壮派胜利，我若不于其胜负未决之步求得自立则国危而亡矣。二、倭之压力愈重，则我之抗力愈强，进步并愈速，应以抗战之决心，而与之言和，不能用以柔克刚之法，希冀怠敌而任人宰割。三、在中立原则而不妨碍倭之抗俄程度以内，与之谈判。"③

1936年初，日本发生"二二六"政变，广田弘毅出任内阁总理大臣，加快侵略中国的步伐。四五月间，日本向华北大量增兵。对此，南京国民政府通过多方面渠道表示反对。驻日大使许世英奉命于6月1日约见日本外相有田，"严重诘问日本在华北增兵事，谓中国政府以为日本不应出此"。④ 与此同时，蒋介石在南京与英国经济顾问李滋罗斯会谈时，阐明对日外交的底线："尽管他⑤将采取一切努力来避免同日本的……⑥，但武装抵抗不可避免的时刻正在到来。长城以内各省份与满洲不同，是中国不可

---

① 《黄郛致朱鹤翔函》（1936年2月22日），沈云龙编著《黄膺白先生年谱长编》下册，第946页。
② 天津《大公报》1936年3月20日。
③ 《蒋介石日记》，1936年3月3日。
④ 天津《大公报》1936年6月2日。
⑤ 指蒋介石。
⑥ 此处电文中断。——原注

分割的部分。对冀东、天津、丰台、北平的军事占领代表着入侵,对此应报之以宣战。他的政策曾经是忍耐和抑制全国的抗日情绪,但他确认已达到限度了。华北的海关是关键问题,对海关的任何侵夺或者试图用其他未经财政部同意的机构来取代海关,都将被认为是宣战。他补充说,华北是一个国家的而不是地方的问题,如果宣战,那就是一场民族战争"。①

二 对日国防军事准备

1935年后,由于日本侵略步步加紧,国民政府的备战也相应提速。由于预计对日战争将是持久的举国战争,因此,国民政府的对日抵抗准备包含军事、政治、经济、社会、文化等一系列内容。

从中央层面,国民政府陆续设立国防机构,这既有国家防务机构本身健全的需要,同时由于日本侵略的不断加深,国防机构运作的目标主要指向又是抗击日本的内侵。1935年4月,参谋本部下设的国防设计委员会与兵工署资源司合并,改组成立资源委员会,直属军事委员会。资源委员会及其前身都由蒋介石自任委员长,翁文灏、钱昌照分任正、副秘书长,主持会务。该会掌理人才和物资资源的调查、统计与计划研究,工作重心主要是国防上必需、经济上有统筹之必要、与国防有关联的重工业建设。国民政府资源委员会成立后,拟定重工业建设五年计划,先后拨款筹建20余家大中型企业,虽因战争爆发未能按计划进行,但有些企业取得较好成效;加上上海、南京、武汉、巩县、太原、西安、南昌、株洲等兵工厂的努力生产,解决了一定数量的急用军需品,缓解了战时军用品的缺乏,使部队的装备有所改善。

1935年12月,国民党第五次全国代表大会决议由中央党部设立国民军事训练设计委员会,负责"灌输国民以民族思想,锻炼其体魄能力,教以普通作战技术,及一切动员防卫种种军队上应有之常识"。② 1936年7月13日,国民党五届二中全会通过《国防会议条例》,决定成立国防会议。该会隶属于中央执行委员会,任务是讨论国防方针及关于国防各重要问

---

① 《贺武致艾登电》(1936年5月31日),《李滋罗斯远东之行和1935—1936年的中英日关系——英国外交档案选择》(下),《尼国档案》1990年第1期。
② 《应于中央执行委员会之下设置国民军事训练计划委员会案》(1935年12月22日),荣孟源主编《中国国民党历次代表大会及中央全会资料》下册,第315页。

题。审议事项有：国防方针；国防外交政策；关于国防事业与国家庶政之协进事宜；关于处置国防紧急事变事宜；国家总动员事宜；关于战时之一切组织；其他与国防相关联之重要事宜。① 国防会议议长、副议长各由军事委员会委员长和行政院院长担任。因两机构的长官均为蒋介石，故国防会议由蒋掌管一切。成员包括三部分：一是中央军事机关各长官，包括军事委员会副委员长、参谋总长、军事参议院院长、训练总监、航空委员会委员长；二是行政院各有关部，包括军政、海军、财政、外交、铁道、交通各部；三是由中央特别指定的军政官员，为各地绥靖公署主任、省主席。委员包括阎锡山、冯玉祥、程潜、张群、朱培德、唐生智、孔祥熙、何应钦、李宗仁、白崇禧、陈济棠、余汉谋、刘峙、张学良、宋哲元、韩复榘、顾祝同、刘湘、龙云、杨虎城、傅作义等。② 该会是在全国抗日热情进一步高涨的情况下成立的。

西安事变后，抵抗日本侵略成为趋势。1937年2月，国民党五届三中全会决定设立国防委员会，通过《国防委员会条例》，规定："国防委员会为便利决议之执行，得直接秘密指导国民政府之军事及行政各高级机关，并督促其完成。"③ 这个机构和前已成立的国防会议有很大的不同，具体而言，有如下几点。

第一，国防委员会级别高，为"全国国防最高决定机关，对于中央执行委员会政治委员会负其责任"。④ 第二，国防委员会是一个实权机构。其职权是：国防、外交政策之决定，国防作战方针之决定，国防费用之编制与筹备，国家总动员事项之决定，国防紧急事变之审议，其他与国防有关重要问题之决定。另外，"为便利决议之执行"，直接秘密指导国民政府的军事及行政各高级机关，并督促其完成。第三，组织机构扩大。国防委员会设主席、副主席各一人，以中央政治委员会正、副主席兼任之。成员包

---

① 《国防会议条例》，《国民党政府国防会议等四机构组织史料选》，《民国档案》1985年第1期。
② 《组织国防会议及粤桂两省军事政治之调整案》（1936年7月13日），荣孟源主编《中国国民党历次代表大会及中央全会资料》下册，第414—415页。
③ 《国防委员会条例》，《国民党政府国防会议等四机构组织史料选》，《民国档案》1985年第1期。
④ 《国防委员会条例》，《国民党政府国防会议等四机构组织史料选》，《民国档案》1985年第1期。

括：中央执行委员会常务委员、中央监察委员会常务委员、中央执行委员会常务委员会秘书长、中央政治委员会秘书长、五院院长、行政院秘书长及内政部、外交部、财政部、交通部、铁道部、实业部、教育部各部部长，军事委员会委员长、副委员长，办公厅主任，参谋本部总长，军政部、海军部部长，训练总监部总监，全国经济委员会常务委员。该机构是国民政府党、政、军一元化领导之肇始。

军队是能否有效抵抗日本入侵的关键。南京国民政府成立后，军队来源十分复杂，编制混乱，严重影响到战斗力的发挥，因此，整军成为对日抵抗准备的重要一环。1935年1月26日，蒋介石在南京以军事委员会名义召开全国军事整理会议，并于是年3月12日在武昌行营成立陆军整理处，派驻赣绥靖预备军总指挥陈诚兼任处长，杨杰、周亚卫、俞大维、邹作华、卢致德、郑大章、冯庸为研究委员，分期整理全国陆军，要求四年内整理好60个师。整理的原则是："依国防之目的，统一编制，混合编成，按管区配置，集中训练干部。"① 12月22日，南京国民政府国防会议通过《总顾问法肯豪森整军建议案（一）》，内容分10个方面：（1）扩大步兵团编制。迫击炮每排增至四门，重机枪每连增至八挺；步兵各团配属步兵榴弹炮一连；各步兵团配属战车防御炮一连。（2）统一新兵器。（3）各师速成立一骑兵连。（4）师属炮兵，混合固定编成。（5）工兵营、通信营，宜先各成立一连，余续成。（6）通信队之成立及装备极关重要。（7）部队光学器材及各师设修械所与各兵工厂使用最大制造力。（8）速施兵工署五年计划，设步兵弹厂、炮弹厂、二公分炮弹厂与购十公分五榴弹炮。（9）已缴各种兵器及在部队内之各种旧式火炮，亟须修理易新，并速设立中央修械所及光学器材修理厂。（10）一切购办，尤以通信光学器材，须一律按照教导总队已经试验之制式办理。建议案的几个明显特点是：改革、扩大步兵团的编制，充实步兵战斗力；增进工兵及通信兵，强化炮兵地位，改变单一兵种作战的状况，健全各兵种配置；改革整顿兵器及兵工厂，使其发挥最大效益。

1936年，整军工作开始。针对当时编制混乱，达6种之多的状况，整编部队统一为甲、乙两种编制。甲种采用1936年调整师编制，其性质和各

---

① 《陈诚私人回忆资料（1935—1944）》（上），《民国档案》1987年第1期。

国常备师相同。乙种采用1935年整理师编制,其性质和各国后备师相同,整编后的中国军队编制可以与国际上的军队编制接轨。

两广事变后,南京中央对广东部队和川康部队进行整编。整理了广东10个师、川康26个师9个独立旅。西安事变后,东北军调驻豫、皖等省。1937年6月1日,国民政府在开封召开苏、皖、豫三省整军会议,决定对东北军进行统一整编。会后调整了东北军10个师。已适用调整师编制而未充实的约有5个师。迄全国抗战爆发,国民党政府陆军已整理与未整理部队共计步兵182个师又46个独立旅,骑兵9个师又6个独立旅,加上特种部队,共170余万人。整编后,增加了一批拥有先进武器、设备的新式部队,到1937年上半年,全国共编装甲兵1个团、炮兵4个旅又20个独立团、铁道兵1个团、装甲汽车兵1个团、通信兵2个团、工兵2个团。

由于中日两国的实际战力,中国的对日抵抗必然是防御的一方。建筑、整理防御工事成为对日准备的重要一环。对此,蒋介石曾在出席工兵学校毕业典礼时强调:"我们可以断言,将来的战争,一定是很剧烈的,我们和敌人作战,兵力和一切武器战具,统统不如人家;惟有在工事上特别力求进步,来补救兵力和一切武器战具之不足,操有胜利的把握。"① 这样的说法不一定富有洞见,但起码反映了中国方面对日准备的思路。

国民政府整理建设要塞工作始于1932年"一·二八"淞沪抗战之时。1932年2月,为拱卫首都,防日军舰沿江进犯,军政部成立江阴、镇江、江宁各区要塞实施委员会,主办工事设计、实施事宜,由军务司主持此事;强调在"海岸要点,重要都市及首都,须建筑要塞,先就半永久工事开始,并准备活动之重炮兵"。② 5月,淞沪协定签订之后,国民政府认为"现在外侮亟亟不可终日",制订要塞五年整备计划,计划以北自黄河、南迄甬江的中国中部为中心,以长江为重点,对这一地区要塞实施整理。整理的方针是增加其强度,并辅以相当守备队,重视游动炮兵及水中防御器材的设置,以阻止敌人登陆。为保证战略、政略中心南京之安全,各要塞整备的顺序为:江阴、江宁、乍澉浦、镇江、上海、青岛、龙口、烟台。在经济许可的情况下,计划在五年时间内完成整备。同年12月,为统筹国

---

① 《建立新工兵与抵御外侮》,秦孝仪主编《先总统蒋公思想言论总集》第13卷,第587页。
② 《革命文献》第27辑,台北,中国国民党中央委员会党史史料编纂委员会,1963,第5837页。

防工事,在参谋本部内成立城塞组,组长由参谋本部次长贺耀组兼任。在德国顾问的指导下,首先对江宁、镇江、江阴要塞进行整理。蒋介石要求贺耀组拟定江、海防各要塞整顿的方案与修筑步骤的整个计划,指出:"江海各要塞以江阴与江宁两要塞为中心……可先定一中南西北各区之整个方案与修筑步骤之计划,同时定一各要塞各部计划之图案与详细之方案。如现在无此要塞图案之顾问,则不惜重资另聘,并须从速也。"① 顾虑"长江各要塞,目标太露,易为敌海空军破坏",蒋介石又指示朱培德在苏、皖、赣、鄂各省江岸构筑炮兵阵地,"扼制敌舰在长江行动,应在苏皖赣鄂各省江岸,分散布置潜伏炮兵"。② 此后,各要塞加紧了整备的步伐。不过,由于经费及国民政府的落实能力等原因,至1936年,除了江宁、江阴、镇江以及镇海、虎门等少数要塞在原有基础上加以修筑、修配或增设要塞炮外,大多未能落实。内地要塞,只有武汉的整备在陈诚直接干预下积极开展。武汉要塞的整备和工事构筑于1936年展开,分为"江防""陆防"和对汉口租界工事三部分。陈诚回忆,整备武汉要塞的主要目的是:"(一)对敌潜在的势力;(二)对武汉上下游侵入武汉之敌舰,则巩固江防,以歼灭之;(三)对将来武汉会战,使国军得依武汉要塞为轴,在武汉附近歼灭敌人"。③

1932年日本侵略淞沪时,南京军、政当局曾以南京为中心修筑了一些国防工事。这年所拟定的《沪杭甬区国防准备计划大纲》判断:"两国如正式宣战,敌国为达其速战速决之目的,实有占领江浙经济策源地及攻取我首都之企图。"为此要求:"对于上海方面选定适当地区预为构成永久筑城地带,以期将由上海方面进攻之敌长久拒止并捕捉而歼灭之。"④ 淞沪停战协定签订后,南京国民政府将主要精力放在"剿共"战争中,工事修筑进展缓慢。

对日作战的国防工事大规模构筑应为1935年以后。根据国防战场的划分及中国地理情形和保卫首都计,确定国防工事构筑的基本方针为"以首

---

① 《蒋介石致电贺耀组指示江海各要塞应拟定整个方案与修筑步骤》(1933年10月31日),秦孝仪主编《中华民国重要史料初编——对日抗战时期 绪编》(3),第298页。
② 《蒋介石致电林蔚转朱培德指示在苏、皖、赣、鄂各省江岸构筑潜伏炮兵阵地电》(1933年3月1日),秦孝仪主编《中华民国重要史料初编——对日抗战时期 绪编》(3),第295页。
③ 《陈诚私人回忆资料(1935—1944)》(上),《民国档案》1987年第1期。
④ 《沪杭甬区国防准备计划大纲》(1932年),《蒋中正总统档案》,002080102003003。

都为中心,逐次向国境线推进"。① 即以长江、铁路为轴线,以交通要点为中心而进行。华东以长江下游、津浦南段、沪宁线、沪杭线为轴线,以南京、上海、杭州、徐州为中心,其防御方向为东拒海上来敌、北拒敌由北向南进攻;华中以长江中游、平汉路南段为轴线,以武汉、郑州为中心,其防御方向为东拒敌沿江西上、北拒敌由平汉线南下。华北以津浦路北段、平汉路北段、正太路和平绥路为轴线,以济南、沧州、石家庄、保定、张家口为中心,防御方向为东、北。当时构筑的国防工事主要是用钢骨水泥,按德国、苏联最新规范,根据地形及战术要求等条件,分别构筑永久性、半永久性和临时性3种工事。有的只备建筑材料,待需要时再临时构筑。

1935年日军在华北寻衅,蒋介石于6月27日致电河南省主席刘峙,令其加紧构筑黄河北岸防线和实施洛阳防御计划,指示:"一、黄河北岸以卫河、沁河、洪河三流域皆为重要防线,此时应以征工浚河为名,从速秘密积极筹备浚河,而以卫河尤为重要,今秋开始明春完成。将来新乡为河北岸之唯一据点,全依卫河为屏障也。二、洛阳防御计划,应以巩县东方之汜水虎牢关起,南至登封,北至沁阳为范围","现在应即分期按步实行,不必待中央之批准",要求"本年十月止为初步完成之期,千万勿延"。蒋介石还特别强调备战"行动并须秘密",并具体规定:"凡暴露或交通繁盛之处,最好利用月夜施行,若重要工事之区即应派队驻防,一概不许闲人进其区域以内"。②

国防工事的修筑和国民政府对未来战争的战场估计息息相关。1936年南京政府根据中国的地理形势及国防军备实力,在全国划分了四大战场:北正面战场、晋绥侧面战场、东正面战场、南海岸战场。四大战场之下再区分出不同的作战区域和阵地。北正面战场分为山东区(含潍河、鲁南、鲁西阵地)、冀察区(分平津张、沧保、德石3个阵地)、河南区(分豫北、归兰、汴郑、巩洛4个阵地)、徐海区(分海州、运河、徐州、蚌埠、淮阴5个阵地)。晋绥侧面阵地分为山西区(分晋东、晋北2个阵地)和

---

① 何应钦:《何上将抗战期间军事报告》,《民国丛书》第2编第32册,上海书店出版社,1990年影印版,第6页。
② 《蒋介石指示刘峙从速秘密筹备黄河北岸重要防线及洛阳防御计划电》(1935年6月27日),秦孝仪主编《中华民国重要史料初编——对日抗战时期 绪编》(1),第691页。

绥远区（分绥东、绥北2个阵地）。东正面战场分为江苏区（又分京沪、南通、首都3个阵地）和浙江区（又分沪杭、宁波、温台和京杭间4个阵地）。南海岸战场分为福建区（又分龙延和闽厦2个阵地）和广东区（分为潮汕、雷琼和广惠3个据点）。除上述4个战场之外，还有5个警备区，即陕甘宁青区、湘鄂赣皖区、广西区、滇黔区与川康区。①

1937年，何应钦到各地视察国防工事进展状况，巡视的国防工事计有：首都区、镇江附近、芜湖附近、澄锡线、福苏线、上海附近、嘉善乍浦线、宁波镇海附近。②根据何应钦的报告，1937年2月前第一期国防工事阵地的构筑情况大致是：江浙区分为5个分区，即京沪、沪杭甬、首都南京、江北和徐海分区，大部分已经完成。但江北分区阵地未曾筑成。山东区，分为鲁南、鲁东、鲁北阵地。只有鲁南阵地已经完工，而鲁北、鲁东阵地由山东省自己构筑。冀察区与晋绥区由中央拨款地方构筑大致完成，河南区域内阵地构筑也较迅速，除豫北漳河北岸阵地未曾构筑外，其余大部完成。东南部分如两广、福建等地尚在侦察计划之中。③另外，南京、镇江、江阴、镇海、福州、厦门、汕头、虎门等9个要塞基本完成整建，装备得到充实。据1937年3月的统计，全国总计已成工事4553个。④

国防工事修筑最大的问题是资金，第一期国防工事需款2087万元，而南京政府实际上只拨了717.2万元，仅为预定计划的1/3稍多。阵地道路费需款666万元，而政府实际上仅拨150万元，仅为预定计划的1/4。第二期国防工事预计拨款19950万元，可是1937年初，经费仍无着落。⑤

三　国防作战计划的制定及海空军建设

1932年淞沪抗战后，国民政府参谋本部几乎年年都制定"国防计划"，

---

① 朱汇森主编《中华民国史事纪要（初稿）》（1937年1至6月份），台北，"国史馆"，1985，第121—122页。
② 《何应钦呈蒋中正巡视江南各地区国防工事报告书》（1937年），《蒋中正总统档案》，002080102053006。
③ 何应钦：《何上将抗战期间军事报告》，第7—14页。
④ 《国防各项已完成工程报告表》、《国防各项工程进度报告表》、《已成各项国防工事报告表》、《各地国防工事进展概况报告表》、《道路工程报告表》（1937年3月3日），《蒋中正总统档案》，002080102056002。
⑤ 何应钦：《对五届三中全会军事报告》（1937年2月），秦孝仪主编《中华民国重要史料初编——对日抗战时期　绪编》（3），第361—363页。

军政部及有关各部也断断续续地进行反对外来侵略的战争规划。这些作战计划针对性相当明确，直接指向占领中国广大领土并不断掠取中国权益的日本。1933年的《国防作战计划》在敌情判断中明确指出："暴日乘欧美经济恐慌不暇东顾之时，侵占我辽、吉、黑、热四省，并为确保其既劫得之权利，复图谋控制华北，前虽进逼平津，适值华府招集各国代表谈话及伦敦经济会议开幕之际，为缓和国际舆论起见，遂有停战协定之议划，平东各县为无武装中立地区，预留乘机再犯之余地，设遇国际事变发生，势必再迫平津进占黄河流域，尽量威胁使我屈服，以完成其传统之大陆政策，而依恃此新策源地，希图与世界抗衡。"规定国防方针为："为保全国土完整，维持民族生存起见，应拒止敌人于沿海岸及平津以东、张家口以北地区，不得已时逐次占领预定阵地，作韧强之抗战，随时转移攻势，相机歼灭之。"同时确定最后抵抗线："于第三抵抗线后方之各重要城市淮阴、蚌埠、归德、开封、新乡、沁阳、郑州、巩县、洛阳、温州、宁波、江都、句容、溧水、南平、龙岩等处平时分别依核心式构成永久工事，成为野战军阵地之骨干，为不得已时作最后之抵抗线。"①1935年确定的对日作战方针是："第一期应采取绝对独立战主义，与敌持久抗争，以待时势之进展，再转为攻势，以求最后之胜利。"具体作战方略为："依敌情兵力地形，及两国战斗能力与资产之比较等而定。敌国向我用兵，因国际关系，及国内情态，及物质缺乏等，势必采取积极的速战即决主义，盖恐惹起长期持久战，发生国内之崩溃与意外之变化也"；"我有庞大之土地与人民，无限之资产，足资战争之持久，而国军之训练、兵器、交通、补充等，远不如敌，欲图万全之策，宜用腓利得力大王所用之消耗战略，不与敌求扩大之会战（第一期会战，一旦失利，影响尤大）。务利用天险及阵地攻势，消耗敌人兵力，逐次求敌兵力而击破之。更须利用机动，在有利之时机，转为攻势，以达作战之目的。"②此一时期，虽然有多个计划之制订，但由于国民政府事实上不可能对日做举国抵抗，所以此时的国防计划多属纸上谈兵，既不可能落到实处，制定时也不无应景的意图。

随着中日间关系的日渐紧张，国民政府的对日抵抗准备越来越认真细

---

① 《1933年国防作战计划》，《民国档案》2006年第4期。
② 《国防军中央区作战之研究》（1935年），《蒋中正总统档案》，002080102004001。

致，国防计划的制定也相应得到更多重视。陈诚在 1936 年间曾谈道："就中日问题论，前途终不免于一战，本无疑义，所争者不过如何求得时间上之余裕而已。良以此次日本所提之条件，中国不能接受，日本必受少壮军人之激动，变更其不战而胜之策略，改取军事行动。同时中国如果接受其条件，则非但为民众之所不容，政府本身亦即等于自速其亡。故中日间之关系，今日实已至最严重之阶段，惟日本对于中国，是否即刻采取军事行动，仍有一线研究之余地，即日政府究竟能否抑制少壮军人之冒险横行耳。因此职窃以为今日在军事方面，除如何能健全最高统帅部外，应即就国防之需要，将全国各省切实分区，兼程厘整，且夕有变，则就地予以守土之责，实为无可再缓。"① 国民政府高层的忧思可谓跃然纸上。1936 年制订的《国军军事训练及国防诸准备实施方案》提出："除争夺或保守要点无法避免真面目战斗外，一般应采不规则之游击战术，使敌疲于奔命，相机击破之。"② 年底，参谋本部拟订了《民国二十六年（1937 年）度作战计划》。1937 年 3 月修订完毕。计划分甲、乙两案。这份国防计划较之此前的方案，明显更为具体，也更具针对性，具有了一定的指导意义。

《民国二十六年（1937 年）度作战计划》甲、乙两案分别针对中日战争全面爆发于日苏战争之前及中日战争全面爆发于日苏或日美战争之后而制订。两案中的"敌情判断"均强调："敌国之军备及一切物质上，均较我优势，并掌握绝对制海权，且在我华北造成强大之根据地。故其对我之作战方针，将采取积极之攻势。""敌我两国如已入于正式战争中，惹起俄日或美日战，甚至中俄英美联合对日作战，则敌将以陆空军主力应付俄军，海军主力应付英美，对我者只有一部兵力而已。""在中日战争而演成世界大战之初期，或由俄日或美日战开其端绪，则敌军为略取资源、巩固作战之基础，或将以主力先对我国军取攻势，使在短期内消灭我抵抗之能力与意志。"③

由于方案中规定的战争背景完全不一样，甲、乙两案对"敌情判决"做了不同设想，基于中日战争率先爆发的甲案认为："敌惯以武装恫吓，

---

① 《函呈时弊日亟请迅为根本部署以图挽救危亡》（1936 年 9 月 30 日），何智霖编《陈诚先生书信集——与蒋中正先生往来函电》（上），台北，"国史馆"，2007，第 222 页。
② 《国军军事训练及国防诸准备实施方案》（1936 年），《蒋中正总统档案》，002080102004004。
③ 《国民党政府 1937 年度国防作战计划（甲案）》，《民国档案》1987 年第 4 期。

以达其不战而胜。遂行其外交谈判,以局部军事行动实行其国策。"① 基于中日战争爆发于日苏或日美战争之后的乙案则是:"敌为应付世界战,先必略取资源,巩固其作战之基础,将主力对我国军取攻势,在最短期间内欲消灭国军作战之意志。"②

两案的"作战方针"也不尽相同。甲案是:"国军以捍卫国土,确保民族独立之自由,并收复失地之目的,在山东半岛经海州—长江下游亘杭州湾迤南沿海岸,应根本击灭敌军登陆之企图。在黄河以北地区,应击攘敌人于天津—北平—张家口一线,并乘时机越过长城,采积极之行动歼灭敌军。不得已时,应逐次占领预定阵地,作韧强之作战,随时转移攻势,以求最后之胜利。"③ 乙案则为:"国军以复兴民族、收复失地之目的,于开战初期,以迅雷不及掩耳之手段,于规定同一时间内,将敌在我国以非法所强占领各根据地之实力扑灭之。并在山东半岛经海州及长江下游亘杭州湾迤南沿海岸,应根本扑灭敌军登陆之企图。在华北一带地区应击攘敌人于长城迤北之线,并乘时机,以主力侵入黑山白水之间,采积极之行动,而将敌陆军主力歼灭之。绥远方面国军应积极行动,将敌操纵之伪匪扑灭之,向热河方面前进,以截断敌军后方连络线,俾我主力军作战进展容易。"④

两案的"作战指导要领"有所差异。甲案是:"国军对恃强凌弱轻率暴进之敌军,应有坚决抵抗之意志、必胜之信念。虽守势作战,而随时应发挥攻击精神,挫折敌之企图,以达成国军之目的;于不得已,实行持久战,逐次消耗敌军战斗力,乘机转移攻势。"还特别规定:"作战期间,如赤匪尚未肃清,则内地未列入战斗序列之国军有继续清剿及绥靖警备之责,并统编总预备军待命集中。"⑤ 乙案则为:"开战初期,应以迅雷不及掩耳之手段,将敌在我国以非法占领之各根据地之实力,在规定同一时间内,将其奇袭而扑灭之,俾尔后国军作战进展容易。国军应以大无畏攻击之精神,统一意志,对骄敌实行攻击,挫折其企图,以达成国军复兴民族,以达收复失地之目的。"⑥

---

① 《国民党政府 1937 年度国防作战计划（甲案）》,《民国档案》1987 年第 4 期。
② 《国民党政府 1937 年度国防作战计划（乙案）》,《民国档案》1987 年第 4 期。
③ 《国民党政府 1937 年度国防作战计划（甲案）》,《民国档案》1987 年第 4 期。
④ 《国民党政府 1937 年度国防作战计划（乙案）》,《民国档案》1987 年第 4 期。
⑤ 《国民党政府 1937 年度国防作战计划（甲案）》,《民国档案》1987 年第 4 期。
⑥ 《国民党政府 1937 年度国防作战计划（乙案）》,《民国档案》1987 年第 4 期。

抗战前所制定的海军作战方针为："应避免与敌海军在沿海各地决战，保持我之实力，全力集中长江，协力陆空军之作战。"据此，海军部按照中国国防实情制定了甲、乙两套作战方案，甲套方案是："一、第一、第二舰队于宣战时，借机敏之行动，迅速集中长江。在宣战同时，与我空军及要塞协力，扫荡江内之敌舰，尔后与要塞担任长江下游之警备，并协力陆军之作战。二、第三舰队平时应警备山东半岛沿海岸，务于开战之先，迅速集中长江，担任下游之警备，并协力陆军之作战。三、各舰队于平时应严整战备，以防敌海军不意之袭击。"

乙套方案与甲套方案内容基本相同，但是对于海军作战任务的规定却有微妙变化，即："海军于开战初期，以全部迅速集中于长江，协同陆、空军及要塞扫荡歼灭敌在我长江之（日本）舰队，尔后封锁长江各要口并杭州湾、胶州湾、温州湾，拒止敌之登陆。"①

全国抗战爆发之前，国民政府对海军和空军都有建设，作战能力有了一定的提高，并在抗日战争之初发挥了一定的作用。至全国抗战爆发前夕，全国海、空军实力的情况大致如下。

海军部直属的海军舰队共有5个舰队，即第一舰队（共12艘军舰，吨位为17000余吨），第二舰队（共19艘军舰，吨位为9000余吨），练习舰队（共2艘，吨位为4000余吨），测量舰队（共7艘，吨位为3000吨），巡防舰队（共14艘，吨位为4000余吨），以上连同1937年新增的"平海"巡洋舰、"普安"运输舰、武胜炮艇、"辰字"和"宿字"鱼雷艇，整个直属海军舰队吨位共44000余吨。第三舰队，共14艘舰艇，共140000余吨。广东江防司令部（即前第四舰队）共有大小舰艇约24艘，近8000吨。电雷学校，共2000吨。综合全国海军的舰艇共120多艘，总吨位在6.8万吨左右。

中国的空军从1929年起才正式成为一个军种。九一八事变前，南京国民政府的空军编成8队，每队飞机9架。"一·二八"事变后，国民政府加大建设空军力度，1932年12月国民党四届三中全会上提出："空军应扩充飞机由一千架至一千五百架，尤应于航空机之制造及飞行人材之训练，

---

① 《国民党政府1937年度国防作战计划（甲案）》，《民国档案》1987年第4期。

充分注意,并尽力提倡民营航空事业。"① 1932年9月,军政部航空学校改组为中央航空学校,蒋介石自兼校长。蒋介石在给航空学校的手谕中寄予极高期许,写道:"今日我国之空军,在国防上,已居于第一位之重任,故空军不仅在于空间居于至高无上之地位,而在救国职责上,亦居于独一无二之本位。"② 中央航空学校及洛阳、广州分校分别由美国和意大利顾问担任教练。到1936年,毕业的飞行员生700多人。同时培养出一批机械、照相、轰炸、通信人员。1933年11月,空军主管机关航空署从军政部独立出来,直隶军事委员会。1934年7月,航空署改为航空委员会,负责空军事务,蒋介石兼任委员长,但蒋电文中特意叮嘱此一名义"对外切勿发表"。③ 航空委员会设办公厅,下辖5处17科,另有8个航空队及航空教导总队。1936年5月,航空委员会改组,蒋介石兼委员长,宋美龄任秘书长,设委员6—8人,原中央航校校长周至柔调任航委会主任,原航委会主任陈庆云调任中央航校校长。1937年5月,航委会将全国划分为6个空军区,首先在南昌设立第三军区司令部,以毛邦初为司令官,陈卓林为参谋长,撤销会属航空教导总队。同时航委会再度改组,实行委员制,设委员长、秘书长、常务委员及顾问室、参事室等,蒋介石仍兼航委会委员长,宋美龄任秘书长,周至柔为常务主任委员,黄秉衡、黄光锐为常务委员。至全国抗战爆发前空军有31个中队(其中1936年"粤变"时接收广东空军即达9个中队),编为9个大队,共有机场262处(广西、新疆等地未统计)。④

四 交通和经济金融建设的开展

交通是战争的生命线,"无论前方辎重的输送,后方物资的调集,乃至防空方案的实施和战略战术的运用,都与交通、运输工具,有最密切的关系"。⑤ 南京国民政府成立后,交通建设一直放在很重要的位置,尤其随

---

① 《革命文献》第27辑,第5837页。
② 《蒋介石对航空学校手谕两件》,秦孝仪主编《中华民国重要史料初编——对日抗战时期 绪编》(3),第306页。
③ 《蒋介石致朱培德、贺耀组告以航空署改为航空委员会》(1934年5月13日),秦孝仪主编《中华民国重要史料初编——对日抗战时期 绪编》(3),第311页。
④ 《何应钦部长对五届三中全会军事报告》(1937年2月),秦孝仪主编《中华民国重要史料初编——对日抗战时期 绪编》(3),第380页。
⑤ 公权:《"抗战"与"交通"》,《抗战与交通》第1期,1938年3月。

着日军入侵的步步深入，政府方面更是督饬交通部门加紧铁路、公路的建设，以适应战争的需要。

铁路建设可谓交通业的重中之重。早在1932年蒋介石催筑粤汉、杭甬路时就致电时任铁道部部长的顾孟馀："粤汉路之重要与紧急，实比其他铁路为甚。近闻只由南段韶关修起，而北段尚未准备同时兴修，则此路不知成于何日，焦急之至。务希该部长设法由北段同时并修，如工程费无现款，则可以庚款为基金，分期发行公债，弟当尽力促成，并期于民国二十四年底通车，则国防尚有可为。再杭甬路尚有一段未成，此路甚短，且于沿海国防为东南唯一铁道，如此路果成，则宁波至上海可省数倍兵力。"①1934年6月，国民政府派出徐庭瑶、俞飞鹏等一行21人赴欧洲考察军事、交通，将军事和交通紧密联结。数年的建设，取得相当成效。1936年9月1日，中国中部的干线粤汉路株洲至韶关段456公里建成通车，1937年上半年粤汉路全线贯通；广九线亦于1937年7月接轨，投入使用。华东干线浙赣路，自1929年动工，至1937年9月分别完成杭州—兰溪段、金华—玉山段、玉山—南昌段、南昌—萍乡段，全长903公里；此外，还修建了南京轮渡和钱塘江大桥。在修路的同时，对旧有铁路进行改造。主要是更换铁轨，加固桥梁，添购车辆，改善信号系统等。②据统计，1936年5月，全国共有机车1116辆、货车14580辆、客车2090辆。到1937年5月，机车、货车和客车分别增加了156辆、1762辆和326辆。平汉、京沪、津浦、沪杭甬、浙赣、陇海、粤汉等重要铁路增设军用站台、军用岔道200公里，方便军车的停靠和各种重武器的搬运，大大加强了战时的军运能力。各铁路干线都储备了可供使用一年以上的铁路器材和燃料，并修建了防空壕和地下室。③

1936年底，国民政府制定国防交通建设计划，大力发展公路、铁路等交通设施。从1936年到1937年全国抗战爆发的一年半中，共建成铁路2030公里，平均每年达1353公里，④是1927年至1935年8年间年建筑速

---

① 《蒋中正总统档案·事略稿本》第15册，台北，"国史馆"，2004，第145—146页。
② 中国文化建设协会编《十年来的中国》，商务印书馆，1937，第278页。
③ 张公权：《抗战前后中国铁路建设的奋斗》，台北，传记文学出版社，第122—123页。
④ 金士宣：《铁路与抗战及建设》，商务印书馆，1947，第15页。

度的6.5倍。① 1927年到1937年10年间，不计东三省，共修铁路3793公里，使中国本土铁路达1.2万公里。

公路交通在当时中国具有重要的经济和战略意义。1932—1935年，国民政府辖下的河南、湖北、安徽、江西、福建、湖南、江苏、浙江、陕西、甘肃、四川、贵州等省修筑公路23462公里，② 其中不包括"剿共"战争期间国民党军队修筑的大量简易公路。1935年后，公路修筑重心进一步转向国防战略需要。国民政府将原来的公路网做了加修和延长。到1936年底，各省联络公路已完成2.1万余公里。同时，国民政府亦积极帮助闽、粤、桂、鲁、川、滇、黔等省修建联络公路，共建成6000余公里。1937年4月，南京国民政府又制定了《公路建设五年计划》，拟修筑和改善公路5万公里。至1937年7月，连接各省的公路网已基本形成，计有京闽桂、京黔滇、京川藏、京陕新、京绥、京鲁、冀汴粤、绥川粤、闽湘川、鲁晋宁、浙粤、甘川、陕鄂、川滇等干线21条，支线15条，总里程109500公里，其中砂石路面43521公里，泥土路面65979公里。③ 全国抗战爆发前夕，配合西南抗战根据地的策定，加紧赶修以西南公路系统为主的公路网，初步形成涵盖西南、西北的全国公路网络。这对于全国抗战时期集结和调动兵力、运输物资和供给，都具重要意义。

全国抗战开始之后，国民政府建成的交通系统发挥了相当大的效力，尤以铁路建设成效显著。贯通不久的平汉、粤汉和广九铁路成为全国抗战初期中国重要的陆上通道。当时中国军队80%的补给靠这条路北运。中国从国外购买的全部轻重武器、弹药、器材由香港进口后，再由这条铁路运往东南战场。从七七事变到广州失陷的15个月中，这条铁路共运送部队200余万人、军用物资70余万吨。行车最密时，全线列车达140列，成为维持中国抗战的主要交通线。浙赣、沪杭甬、京沪、苏嘉和津浦铁路的贯通，对东部地区的国防意义亦十分重大。1937年"八一三"淞沪抗战开始之后，京沪杭铁路专开军用列车。淞沪会战3个月，共开列车1346次，运兵50个师，运输辎重5万吨。该路除了向前线运输军用物资外，还向大后

---

① 张公权：《抗战前后中国铁路建设的奋斗》，第93—94页。
② 《军事委员会委员长行营政治工作报告》（1935年11月），秦孝仪主编《中华民国重要史料初编——对日抗战时期 绪编》(3)，第583—584页。
③ 周一士：《中国公路史》，台北，文海出版社，1982，第130页。

方搬迁工厂、学校的人员和物资达几百列车。广州、武汉失守之后,宁波、温州是唯一与铁路连接的港口,西南的锑、钨、桐油、茶叶等农、矿产品由该两处出口,以换取国外的军用品。从1938年初到1939年3月的15个月中,浙赣铁路计开军列1700列,运送部队150万人。① 可以说,如果没有战前的交通建设,中国军队在全国抗战初期的机动性和作战能力将受到极大的影响。对此,蒋介石曾总结道:

> 这几年来,全国公路发展很快,民国二十一年全国各省共有公路七万公里,二十二年增加到七万九千公里,二十三年增加到八万五千公里。此外中央修筑的公路,统苏、皖、赣、鄂、湘、豫各省计之,截至二十四年三月止,已筑成三万多公里,所有路面桥梁涵洞等,一律筑成,可以说是完善的公路。由这些数目字看来,可以知道我们国家的进步;也可以说民国成立二十四年来,以这四年的工作进步最快。
>
> 在交通方面,除公路外,尚有电报线路。自民国二十年到现在止,共计增加九千四百七十一公里,加线三千四百六十八公里。此外修整的线路,如以前原有的线路,已经损坏,现在加以修整的,共有一万九千七百八十八公里。这个数目,也很可观。还有长途电话线路,据二十年九月统计,全国铜质铁质电线,各达一千四百公里。这四年来增加铜线四千五百零四公里,铁线一千三百二十公里,共计增加到五千八百二十四公里。铁路方面这几年来,也有特速进步,除山西省同蒲路系省款营造,及京芜路系商办者不计外,由中央直接经营的,如粤汉路已展筑至三百五十公里,陇海展筑至三百七十五公里,苏嘉路七十公里,浙赣路三百公里。尤其是陇海延长到西安,乃是经过这三年的经营,方始告成的。粤汉路现在也完成了一大半,照目下工程进展的程度计算,预料明年双十节前可以全部通车。所以我们观察过去数年来的交通建设,自民国二十年以后四年间所成就的,比二十年以前所成就的尤多,差不多可以作一个划分的时期。②

---

① 张公权:《抗战前后中国铁路建设的奋斗》,第138、139、142—144页。
② 《"第五次全国代表大会政治报告"补充说明》,秦孝仪主编《先总统蒋公思想言论总集》第13卷,第511—512页。

经济金融建设攸关国家发展，同时也为对日抵抗提供必不可少的物质要素。从 20 世纪 30 年代中期开始，国民政府将经济和国防建设有意识地加以融合。1934 年 1 月召开的国民党四届四中全会通过《确定今后物质建设及心理建设根本方针案》，提出"于经济中心区附近不受外国兵力威胁之区域，确定国防军事中心地"，"全国各大工厂、铁路及电线等项之建设，均应以国防军事计划及国民经济计划为纲领，由政府审定其地点及设备办法"，"国家及私人大工业，今后避免其集中于海口"等一系列建设方针，从而初步拟定了以国防为中心的内地经济建设方向。① 1935 年 12 月，国民党五届一中全会通过《确定国民经济建设实施计划大纲》，规定：基础工业、重大工程建筑，均须择国防后方安全地带来建设。在后方建设基地的选择方面，1932 年至 1934 年间国民政府侧重于西北地区。随着国民党中央对川、黔、滇等西南各省控制的加强，在 1935 年底制定的 1936 年度国防计划大纲草案中，正式确定了建立四川总根据地和以重庆为中心的西南大后方的方案。

　　法币改革是中国在战前推出的最重要的金融改革措施。1935 年 11 月 3 日，国民政府财政部公布《币制改革布告》，宣布实行币制改革，表示："政府为努力自救，复兴经济，必须保全国家命脉所系之通货准备金，以谋货币金融之永久安定。"② 法币改革严格而言是中国内政，但由于法币与英镑挂钩及法币制度对走私形成一定打击，仍使日本为之戒惧。12 月 9 日，日本驻上海使馆附属武官矶谷声明："此案事前既缺乏转变，复缺乏实行人才，又未得各国谅解，恐早晚数个月之内，必发生破绽。而国民政府此次之处置，乃为最不得已之办法。其后决无收拾之道，已属甚明。"③ 对法币改革可谓嫉恨交加。来华帮助中国进行法币改革的李滋罗斯观察：

　　　　除非日本能向中国保证停止接连不断的军事扩张。任何一个中国

---

① 《确定今后物质建设及心理建设根本方针案》，荣孟源主编《中国国民党历次代表大会及中央全会资料》下册，第 228 页。
② 《孔祥熙电蒋中正林森我国必须实施法币政策的原因》（1935 年 11 月 4 日），《蒋中正总统档案》，00209010200010096。
③ 《中央法币改革案及孔祥熙电蒋中正通令公布中央中国交通等银行钞票定为法币及已通电各军政长官切实协助保护实施改良钱币统一发行集中准备办法案等》（1935 年 11 月 3 日—1935 年 12 月 28 日），《蒋中正总统档案》，0020801090006002。

政府都不会接受日本所提出的军事方面的要求，这些要求将导致日本全面的统治，并给我们的贸易带来灾难性的后果。在我看来，日本财政部也许还有外交部可能愿意和我们合作，但因害怕军方而无所事事。如果在此地达成明确的协议，我准备再赴东京寻求日本的合作，但达成我们期望的广泛解决的机会也是微乎其微的。在这样的情况下，任何货币方案都必将遭到日本军方的敌视。可能随时发生事变，导致信心下降。如果在华北建立独立政府，南京政府会面临更大的军事威胁，同时因收入减少将导致预算混乱。①

对法币改革的动因和成效，后来蒋介石曾有回忆：

> 我在民国二十四年视察各省与入川的时候，见到各省各地币制之复杂，真是使人害怕，因此研究到民生之痛苦与社会之黑暗，各种弊端的症结，皆在于此。由此更推想到如果国家对外一有战事，则财政经济更将混乱不堪，直将制国家的死命，所以我国如要实行民生主义，而且能够应付内外一切艰危，惟一要务，就是在财政经济上，必须统一币制，先使法币能畅通全国，乃可使人民不致再受过去剥削的痛苦，而战时亦不致受金融财政纷乱的影响。所以我当时一到四川，除了四川先行撤消防区制而外，同时决定对中央必须贯彻统一全国币制政策，这种统一币制的政策，是几十年来大家都认为非常困难而不能作到的，亦是过去任何财政家所不敢做的，而我们财政当局乃能够依照政府的政策，与总理钱币革命的原则，不避劳怨，百折不回的努力奋斗，到后来，果能彻底完成，因此，我们抗战才能获得今天这样的成效。当我们法币政策推行之初，国内财政界金融界以及各商业银行，当时都以为币制统一以后，必于他们的利益，有很大的损失，在未开始以前，就有很多议论表示完全反对，而且发生了很多的谣言诽谤，几使全国市场心理发生动摇，待到政府颁布命令，彻底实行以后，不仅金融界各银行钱庄，没有受到任何损失，而且其一切营业，

---

① 《李滋罗斯致霍尔电》（1935年10月9日），《李滋罗斯远东之行和1935—1936年的中日关系——英国外交档案选译》（上），《民国档案》1989年第3期。

反而突飞猛进，商务亦格外发达，一切公私经济事业，都能蒸蒸日上，如果拿币制统一前后的情形两相比较，我国在推行币制以后，所有经济实业的发展，实有一日千里之感，这是近年来极显明的一个事实。①

虽然这是当事人的说法，不可深信，但证诸改革后中国金融和经济取得的发展，应该大体尚属事实。

---

① 《建立国家财政经济的基础及推行粮食与土地政策的决心》，秦孝仪主编《先总统蒋公思想言论总集》第18卷，第208—209页。

第六章
国共政策的调整与抗日统一战线的建立

面对愈演愈烈的民族危机，20世纪30年代中期开始，国共都开始了政策调整。中共在共产国际指导下，谋求建立广泛的抗日民族统一战线。国民党也调整其对苏、对共政策，谋求与中共接触。国共政策的调整，缘于民族危机的形势，体现了国民团结对日的呼声。正是在此背景下，1936年发生西安事变。西安事变极大促进了抗日民族统一战线的形成，使国共合作呼之欲出。

第一节　国共政策的调整

一　中共政策的调整

九一八事变后，苏联对南京政府态度的变化，不可能不引起其对中国革命政策的调整。虽然出于对日本反应的顾虑，这种调整进行得小心谨慎，而且在南京政府坚持武力"剿共"的情况下，中共与南京方面的武力对抗之路也不会有任何改变，但微调的迹象其实已经在逐渐显露，1931年11月后任中共驻共产国际代表的王明1945年谈道：

> 在1932年至1935年期间……我逐渐对一些政治问题和组织问题起了些思想上的变化，因而在有些政策问题方面，与当时当权的其它教条主义同志有些原则的分歧，例如在政治上——在1932年春不同意临时中央对上海十九路军抗战是反动性战争的估计，不同意他们反对"工农兵学商联合"的口号；同年冬，代中央写了提议在满洲实行抗日民族统一战线政策致满洲党的信；在1932年—1933年长期向米夫说服和斗争的结果，通过国际致电中央提议修改对富农、土地、工商

业、劳动政策等方面的"左"倾错误,并写了经济政策一文;1934 年底在新条件与新策略等文中提出了建立抗日反蒋的统一战线的口号;1935 年代中央起草八一宣言及写《新形势与新政策》一文等。在组织上——不同意临时中央在白区乱用"右倾机会主义"大帽子,乱打党和团的许多地方组织和干部;不同意临时中央在苏区反"罗明路线",反毛主席及其它同志的斗争等。①

1945 年,王明正处于被痛打的落水狗地位,他的这些表态没有得到多少重视。撇开王明这段话自我表功的成分,可以看出,王明实际上道出了苏联和共产国际在新形势下调整中国革命政策的过程。

1932 年 9 月,在共产国际执委会第 12 次全会上,王明发言提到了民族革命斗争中的统一战线问题。1933 年 1 月,王明先后起草《中华苏维埃临时中央政府、工农红军革命军事委员会宣言》及《给满洲各级党部及全体党员的信——论满洲的状况和我们党的任务》(简称"一·二六"指示信)。前一宣言表示为反对日本帝国主义侵入华北,中华苏维埃政府与工农红军革命军事委员会愿在立即停止进攻苏维埃区域,保证民众的民主权利,武装民众创立义勇军以保卫国家的独立统一与领土完整的条件下,与任何武装部队订立作战协定。② 这一表态区别于此前中共"要兵不要官"的兵运政策,开始突破下层统一战线的框框。后一指示信则明确提出:"我们总策略方针,是一方面尽可能的造成全民族的(计算到特殊的环境)反帝统一战线来聚集和联合一切可能的,虽然是不可靠的动摇的力量,共同的与共同敌人——日本帝国主义及其走狗斗争。另一方面准备进一步的阶级分化及统一战线内部阶级斗争的基础,准备满洲苏维埃革命胜利的前途。"信中强调在执行反日统一战线策略时应高度注意:"坚持和保存自己政治上和组织上的独立性,即无产阶级的政党自由的和不留情的批评和揭穿统一战线内团体中的一切不澈底、动摇、叛变、变节、投降的企图和事实。坚决的无情的反对右倾分子把夺取无产阶级领导权的策略,变为投降和作资产阶级尾巴的一种企图和趋势。但同时要和'左'倾关门主义,及

---

① 《王明致任弼时并转毛泽东信》(1945 年 4 月 20 日)。
② 《中华苏维埃临时中央政府、工农红军革命军事委员会宣言》,《红色中华》第 48 期,1933 年 1 月 28 日。

在政策的实际工作中想跳过现在阶段的企图和趋势宣布无情的战争，因为这可过早的破坏或完全不可能造成现在所规定的必须的统一战线。并且这在客观上实际是帮助日本帝国主义。"①

1934 年前后，王明通过对国内外形势的系统分析，提出了关于中国革命一些不应忽视的新思路。在谈到针对国民党军的兵运工作时，他明确指出："我们现在对于敌人军队提出的任务，已经是夺取敌人军队要比瓦解敌人军队更重要些……在空前未有的民族反帝高潮之下，只要我们作了相当的工作，有时候甚至于简直不充分的工作，就有很大的可能，把这个军队从帝国主义后备军和中国反革命的武装支柱，变成为反对日本和其它帝国主义以及卖国贼底战斗力量。""我们的军事工作，现在当然仍和以前一样，主要的是夺取士兵群众。但是，我们现在同样应当注意在敌人的下级以至中级军官成分当中的工作。譬如，在下级军官和各种军事学校的青年学生当中，有许多是真正热诚的所谓'爱国志士'，他们真正愿意为民族解放与日本及其它帝国主义拼命。"② 王明要求争取中下级军官，并把争取敌人军队看作比瓦解敌人军队更重要的任务，表明中共对国民党军队的判断已在持续发生变化。

1934 年 11 月，王明进一步谈到，在武装保护祖国的旗帜下，中共不仅可以夺取南京部队中的很大一部分中下级军官，而且还有更多的可能："在一定的条件之下，甚至一部分高级将领，在自己军队和广大民众底革命情绪逼迫之下，不能不实行公开的反日反蒋武装行动，同时，就不能不允许共产党和革命组织在他们统治范围内公开宣传和活动自由，结果时常形成很便利的条件，可以使我党不仅有夺取很大部分军队，而且甚至整师整军的队伍到革命运动方面来"；"我们党在敌人军队中工作的目的，已经不仅是在于使之瓦解，而且更多注意于夺取他们到武装挽救祖国斗争方面来"。③

这一时期，国内统一战线做得比较成功的是和十九路军的联络。从 1933 年开始，十九路军在陈铭枢推动下，积极与共产国际和中共中央联

---

① 上海《斗争》第 44 期，1933 年 6 月 10 日。
② 《革命、战争和武装干涉与中国共产党底任务》，余子道、黄美真编选《王明言论选辑》，人民出版社，1982，第 370 页。
③ 《六次战争与红军策略》，余子道、黄美真编选《王明言论选辑》，第 411—412 页。

络。6月，远东局报告："19路军司令蔡廷锴建议，通过廖夫人与共产国际代表机构进行谈判。"① 对此，共产国际反应十分谨慎，强调："不应当与第19路政府军司令进行任何谈判……您应当从中国同志们那里获得信息。如果他们与什么人进行谈判，那么他们只能以中国共产党的名义进行。"② 显然，由于对日本侵华后国际关系变化的认识，共产国际和苏联对如何与南京政府及地方实力派打交道有自己的考虑，不想成为被利用的因素。9月，十九路军蔡廷锴、蒋光鼐在沪与中共中央上海局接触始终不得要领，决然与苏区中央联系，中共中央虽对其动机有所怀疑，猜测："此种行动极有可能系求得一时缓和，等待援兵之狡计"，③ 但仍对与蒋、蔡接触表现出积极态度。长期在中共掌管组织工作的周恩来指示："蒋、蔡代表陈公培即吴明，此人为共党脱党者，常在各派中奔走倒蒋运动，并供给我们相当消息……可由国平前往西芹与吴明面谈，更可探知更多内容"。④ 23日，彭德怀、滕代远、袁国平与蒋、蔡代表陈公培谈判，双方在停战、反蒋态度上基本达成一致，并商定进一步展开接触，停止内战。25日，中央局明确指示："在反日反蒋方面：我们不仅应说不妨碍并予以便利，应声明在进扰福建区域时红军准备实力援助十九路军之作战，在反蒋战斗中，亦已与十九路军作军事之合作过。"强调："应将谈判看成重要之政治举动，而非简单之玩把戏。"⑤

十九路军与中共主动联系，直接目标是解除身边的军事威胁，其实更重要的砝码还是押向苏联。正由于此，他们首先想到的是与共产国际接触。不过，当十九路军直接与中共接触后，共产国际对此并不反对，鉴于中共面临的巨大威胁，从现实生存和需要考虑，远东局同意中共与福建方面达成协议，9月27日，远东局指示："同19路军的谈判应尽快以令人满

---

① 《共产国际执行委员会远东局给皮亚特尼茨基的电报》（1933年6月10日》，中共中央党史研究室第一研究部译《共产国际、联共（布）与中国革命档案资料丛书》第13卷，中共党史出版社，2007，第443页。
② 《共产国际执行委员会政治书记处政治委员会给埃韦特的电报》（1933年6月24日），《共产国际、联共（布）与中国革命档案资料丛书》第13卷，第445页。
③ 《苏区中央局致周恩来、朱德、彭德怀、滕代远电》（1933年9月23日）。
④ 《可派人与十九路军代表面谈——1933年9月22日致项、彭、滕电》，中共中央文献研究室、中国人民解放军军事科学院编《周恩来军事文选》第1卷，人民出版社，1997，第309页。
⑤ 《中央局对谈判之指示》（1933年9月25日），《中央苏区第五次反"围剿"》（上），第132页。

意的方式结束,特别是在与签订停战协定有关的军事问题上"。① 10月24日,远东局报告:"蔡告知,原则上他同意我们的建议。"② 此中提到的建议即为双方签订停战协定。

10月,十九路军全权代表徐名鸿到瑞金与中共首脑会晤。关于谈判的情况,中共方面代表潘汉年1935年10月在共产国际有一个精彩的报告:"10月份他们的代表到来并向我们暗示,他们打算同我们进行认真的谈判时,苏维埃政府责成我作为苏维埃政府的全权代表到汀州同19路军的两位代表谈判。这两位代表表达了同我们进行认真谈判的十分真诚的愿望,甚至表示愿意前往苏维埃中国的首都会见我们中央执委会代表毛泽东同志。但我们中央的某些成员不想让这两位代表进入苏区,因为担心他们是特务。当我给毛泽东同志发去电报后,他不同意这种观点并建议:让他们来。这样,毛泽东同志便把他们请到苏区。他们到达后,毛泽东同志为他们举行了正式宴会。宴会上,毛泽东同志发表了讲话,阐明了以前公布的统一战线的基本方针。两位代表听到毛泽东同志的讲话后很受感动,以至不知说什么好。让他们发言时他们说,'我们以为,毛是半土匪半游击队的头领,我们决没有想到,他竟是这样一位睿智的政治家'。"③

26日,双方代表签订《反日反蒋的初步协定》,规定:双方立即停止军事行动;双方恢复输出输入之商品贸易;福建方面答应赞同福建境内革命的一切组织之活动;双方在上述条件完成后,应于最短期间,另定反日反蒋的具体作战协定。④ 中共与福建十九路军的议和,使中共的战略态势大为改观,不可否认,这是中共统一战线政策的重要成果。

王明关于统一战线问题的认识及中共中央在苏区的实践,事实上已经在相当程度上触及民族抗日统一战线的理论问题,这为共产国际七大期间

---

① 《共产国际执行委员会远东局给中共中央的电报》(1933年9月27日),《共产国际、联共(布)与中国革命档案资料丛书》第13卷,第506页。
② 《共产国际执行委员会远东局给皮亚特尼茨基和共产国际执行委员会东方书记处的电报》(1933年10月24日),《共产国际、联共(布)与中国革命档案资料丛书》第13卷,第559页。
③ 《潘汉年在共产国际执行委员会书记处非常会议上的发言》(1935年10月15日),中共中央党史研究室第一研究部译《共产国际、联共(布)与中国革命档案资料丛书》第15卷,中共党史出版社,2007,第48—49页。
④ 《中华苏维埃共和国临时中央政府及工农红军与福建政府及十九路军反日反蒋的初步协定》,《红色中华》第149期,1934年2月14日。

中共提出建立除少数人之外的各政治力量抗日大联合奠定了基础。王明主持起草的《八一宣言》宣示的统一战线方针，是苏联和共产国际调整中国革命政策的逻辑结果。而作为共产国际执行委员会书记处成员、中国党的代表，王明在中国问题上的看法，对共产国际的政策也应有其重要影响。

华北事变和"一二·九"运动所造成的政治形势及国民政府对日政策的明确调整，进一步刺激着共产国际和中国共产党迅速制定新的斗争策略。1935年7月25日至8月20日，共产国际第七次代表大会在莫斯科召开。季米特洛夫（Dimitrov）在报告中明确说道：赞同中国共产党与"中国一切决心真正救国救民的有组织的力量结成反对日本帝国主义及其走狗的广泛的反帝统一战线"。①8月，以王明为团长的中共驻共产国际代表团根据共产国际七大关于建立反法西斯统一战线的方针，以中华苏维埃政府和中共中央名义发表了《为抗日救国告全体同胞书》（又称《八一宣言》），内中表示："今当我亡国灭种大祸迫在眉睫之时，共产党和苏维埃政府再一次向全体同胞呼吁：无论各党派间在过去和现在有任何政见和利害的不同，无论各界同胞间有任何意见上或利益上的差异，无论各军队间过去和现在有任何敌对行动，大家都应当有'兄弟阋于墙，外御其侮'的真诚觉悟，首先大家都应当停止内战，以便集中一切国力（人力、物力、财力、武力等）去为抗日救国的神圣事业而奋斗。"宣言提出"组织全中国统一的国防政府"和"全中国统一的抗日联军"。当然，这一时期，中共公开文件中对国民政府高层的判断还是悲观的，《八一宣言》就将西安事变的两个主角蒋介石、张学良与汪精卫一起，并列为"卖国贼"。②

1935年11月29日，中共中央召开政治局会议。毛泽东、周恩来因在前方未参加，从共产国际专程返回国内的张浩（即林育英）到会。张闻天在会上的报告中，根据共产国际七大的精神和中国面对的现实，着重谈了抗日民族统一战线问题，指出："在目前形势下，反对日本侵略者的，不仅有工农群众、大学教授以及某些派别的资本家，就是在军阀中间也有人对日本侵略不满意。广大阶层参加到民族战线中，许多人持同情态度或守善意中立，反

---

① 中国社会科学院近代史研究所翻译室编译《共产国际有关中国革命的文献资料》第2辑，中国社会科学出版社，1982，第392页。
② 《中华苏维埃政府、中国共产党中央为抗日救国告全体同胞书》，《中共中央文件选集》第10册，第522—524、519页。

日的基本力量更加广泛。"他强调:"甚至对上层统一战线,我们都要争取。"在结论中,张闻天对建立上层统一战线的问题做了更多的阐述,说:"今天提出统一战线,与过去有很大不同。一九二七年大革命失败后,反革命团结起来向革命进攻,小资产阶级消极或同情反革命,我们的力量散了些。在这些条件下,只能搞下层统一战线,我们的工作集中于工农群众中团结和巩固自己的力量。现在情形不同,整个小资产阶级动摇及同情我们,在军阀中也有分化,有的动摇、中立或对我们同情,我们有坚强的苏维埃、红军及广大的群众拥护,党的力量也比以前加强了。在全国提出的两条道路问题更清楚的提到群众的前面。这样,就更迫切的提出了实行统一战线策略的任务。这个策略是可以实现的,抗日反蒋必须很好的运用这一策略。"①

12月17—25日,中共中央连续在瓦窑堡举行政治局扩大会议。张浩在会上传达了共产国际七大会议的指示精神。会议着重讨论了全国政治形势和党的策略路线、军事战略,批评了认为民族资产阶级不可能和中国工人、农民联合抗日的关门主义倾向和对于革命的急性病。会议通过由张闻天起草的《中共中央关于目前政治形势与党的任务的决议》,确定建立抗日民族统一战线的总政策,规定中共目前阶段的策略路线:"不但要团结一切可能的反日的基本力量,而且要团结一切可能的反日同盟者,是在使全国人民有力出力,有钱出钱,有枪出枪,有知识出知识,不使一个爱国的中国人,不参加到反日的战线上去。这就是党的最广泛的民族统一战线策略的总路线。"决议提出成立国防政府和抗日联军的主张,将中华苏维埃工农共和国改为中华苏维埃人民共和国,宣告:"苏维埃自己不但是代表工人农民的,而且是代表中华民族的。"决议指出当前党内的主要危险是关门主义,为更大胆地运用广泛的统一战线,以争取党的领导权,必须同党内"左"的关门主义倾向做坚决的斗争。"一切愿意为着共产党的主张而奋斗的人,不问他们的阶级出身如何,都可以加入共产党。一切在民族革命与土地革命中的英勇战士,都应该吸收入党,担负党在各方面的工作。"②决议同时强调在统一战线中要保持中国共产党的领导地位,标志着

---

① 《反对日本帝国主义侵略的策略》,中央党史研究室张闻天选集传记组编《张闻天文集》第2卷,中共党史出版社,2012,第12—15页。
② 《中共中央关于目前政治形势与党的任务的决议》,西北中央局:《斗争》第81期,1936年1月。

中国共产党政治路线的重大转变。

12月27日，毛泽东在党的活动分子会议上做《论反对日本帝国主义的策略》的报告。报告一开始就指出：目前形势的基本特点，就是日本帝国主义要变中国为它的殖民地，威胁到了全国人民的生存。在这种时候，敌人的营垒是会发生破裂的，而和民族资产阶级有重新建立统一战线的可能性。他进一步分析道："我们说，时局的特点，是新的民族革命高潮的到来，中国处在新的全国大革命的前夜，这是现时革命形势的特点。这是事实，这是一方面的事实。现在我们又说，帝国主义还是一个严重的力量，革命力量的不平衡状态是一个严重的缺点，要打倒敌人必须准备作持久战，这是现时革命形势的又一个特点。这也是事实，这是又一方面的事实。这两种特点，这两种事实，都一齐跑来教训我们，要求我们适应情况，改变策略，改变我们调动队伍进行战斗的方式。目前的时局，要求我们勇敢地抛弃关门主义，采取广泛的统一战线，防止冒险主义。"[1]

瓦窑堡会议后，中国共产党通过各种渠道大力推行建立抗日民族统一战线的方针和政策，重点对张学良的东北军、杨虎城的西北军进行统战；同时派刘少奇前往华北主持中央北方局。刘少奇到天津后，打通与宋哲元及东北军驻河北部队的关系，策动成立华北各界救国会，提出"武装保卫华北"、"拥护宋（哲元）委员长领导抗日"等口号，扩大中共地下党组织，恢复和建立了中共山东省委、山西省委、河南工委以及华中华南党的组织，还营救了被关在北平军人反省院的一大批共产党员出狱。与此同时，中共中央派冯雪峰等人赴沪，开展对上海文化界的统战工作。中国共产党的这些努力，大大地推动了抗日救国运动向纵深发展。

客观地看，与国民党的联合战线难以离开蒋介石，而且，蒋介石在日本压迫下逐渐表现出的民族主义立场中共领导人也并不陌生，因此，统一战线的现实道路离不开对蒋介石的团结、争取。中共中央实现从反蒋抗日到逼蒋抗日的转变经历了一个不算短暂的过程。1936年3月，博古在致张闻天、毛泽东、周恩来电中，说明蒋介石在南京政府抗日、投降两派中，"尚周旋两者之间之上"，[2] 注意到蒋介石向抗日倾向转变的可能。而张闻

---

[1] 毛泽东：《论反对日本帝国主义的策略》，《毛泽东选集》第1卷，第153页。
[2] 《博古1936年3月2日致张闻天、毛泽东、周恩来电》，《中国共产党关于西安事变档案史料选编》，第31页。

天、毛泽东等则在复电中明确表示:"十分欢迎南京当局觉悟与明智的表示"。① 4月20日,张闻天谈到统一战线时表示:"统一战线的形式是依照各种不同的环境而变化的,概括的说来有:(一)上层的统一战线,(二)下层的统一战线,(三)上层统一战线与下层统一战线的同时并用。但不论那一种形式的统一战线,必须有一定的具体的条件,这些条件应该成为实行统一战线的各方面的共同行动的纲领。"② 25日,中共向包括中国国民党、中国国家主义青年党、中华民族革命大同盟、中华民族解放委员会、中国大众生产党、中国托洛茨基主义者同盟、全国基督教青年会、全国回教徒联合会、全国青帮、红帮、哥老会、理门、全国学生联合会、全国总商会、上海文化界救国会、上海大众生活社、中苏文化协会、黄埔同学会、励志社、复兴社、蒙藏学校等团体、机关发出呼吁:"不管我们相互间有着怎样不相同的主张与信仰,不管我们相互间过去有着怎样的冲突与斗争,然而我们都是大中华民族的子孙,我们都是中国人,抗日救国是我们的共同要求。为抗日救国而大家联合起来,为抗日救国而共赴国难,是所有我们中国人的神圣的义务!"③

1936年5月5日,中共中央发出《停战议和一致抗日》通电,主张"在全国范围,首先在陕甘晋停止内战,双方互派代表,磋商抗日救亡的具体办法"。④ 通电不再把蒋介石称为"蒋贼",而是改称"蒋介石氏",显示对蒋介石的态度有所变化,不过,随后中共中央针对两广事变的指示以及毛泽东给阎锡山的信等都说明中共中央还是坚持抗日反蒋,因此,这种称呼的改变更多还是宣传口号的改变,不是"逼蒋抗日"方针的开始。

6月4日,两广发动反蒋事变。12日,中共以毛泽东、朱德的名义公开发表《中华苏维埃人民共和国中央政府、中国人民红军革命军事委员会为两广出师北上抗日宣言》,对两广事变做了充分肯定,表示:"两广此次高举抗日义旗,出师北上,并要求南京政府立刻出兵一致抗日,义声所

---

① 《张闻天、毛泽东、彭德怀1936年3月2日致博古电》,《中国共产党关于西安事变档案史料选编》,第35页。
② 张闻天:《关于抗日的人民统一战线的几个问题》,《中共中央抗日民族统一战线文件选编》(中),第129页。
③ 《中国共产党中央委员会为创立全国各党各派的抗日人民阵线宣言》,《中共中央文件选集》第11册,第18页。
④ 《停战议和一致抗日通电》,《中共中央文件选集》第11册,第21页。

播,全国人民无不振奋。我们谨代表全苏区抗日人民与抗日红军对两广爱国军人爱国同胞表示敬意与拥护,并首先愿意同两广当局缔结抗日联盟共同奋斗。我们更号召全中国爱国军人自告奋勇,出兵响应,全中国爱国同胞再接再厉,扩大抗日救亡运动,以配合两广的起义,务使此次抗日的军事发动扩大为全国人民武装抗日的神圣的民族革命战争。"① 这一通电显示,中共中央在两广与南京国民政府的冲突中,明确站到两广一边,这招致一直主张中共调整立场的共产国际的不满。不过,同一天,毛泽东在中央政治局会议上发言指出:"我们的口号,我们的重心是抗日,请蒋出兵"。② 并没有完全把蒋置于敌对立场。而中共中央致国民党五届二中全会的信中也表态:"我们现在再一次向你们及全国民众宣言:只要你们立即停止进攻红军和苏区,立即动员全国对日抗战,并实现民主自由与制裁汉奸,我们和红军不独不妨害你们抗日,而且用一切力量援助你们,并愿和你们密切合作。"③ 这一宣言虽然并没有明确把蒋介石包括在内,但既然是针对国民党中央发出的呼吁,应该也不会把蒋排除在外。

7月、8月间,共产国际接连电示中共中央,针对中共在两广事变后的公开表态提出尖锐批评,要求中共放弃"抗日反蒋"、以"西北大联合"对抗南京政府的计划,坚主抗日救国统一战线必须包括蒋介石政府和军队,反对支持各地军阀的反蒋行动。7月23日,季米特洛夫在共产国际执行委员会会议上谈道:"现在中国的任务不是扩大苏区和扩充红军,而是要寻找一些机会、一些途径、一些合适的口号和合适的方法,争取把绝大多数中国人民联合起来反对日本侵略者";"必须在中国创造这样的局面,在蒋介石的军队中,在国民党中造成这样的运动,使蒋介石不得不同意建立这样的抗日统一战线,使蒋介石及南京军队的其他总司令们进一步同意建立共同的抗日统一战线。"④ 8月15日,共产国际致电中共中央,提出:

---

① 《中华苏维埃人民共和国中央政府、中国人民红军革命军事委员会为两广出师北上抗日宣言》,《中共中央文件选集》第11册,第23—24页。
② 中共中央文献研究室编《毛泽东年谱(1893—1949)》(上),中央文献出版社,2002,第551页。
③ 《中共中央致国民党二中全会书》(1936年6月20日),《中共中央抗日民族统一战线文件选编》(中),第168页。
④ 《季米特洛夫在共产国际执行委员会书记处会议上关于中国问题的发言》(1936年7月23日),《共产国际、联共(布)与中国革命档案资料丛书》第15卷,第231、243页。

"把蒋介石和日本侵略者等量齐观是不对的。这个方针在政治上是错误的，因为中国人民的主要敌人是日本帝国主义，在现阶段一切都应服从同日本帝国主义的斗争。此外，不能同时顺利地进行既反对日本侵略者，又反对蒋介石的斗争。也不能认为整个国民党和蒋介石的所有军队都是日本的同盟者。为了对日本进行真正的武装抵抗，还必须有蒋介石军队或者其绝大部分的参加。""中国共产党和红军指挥部有必要正式向国民党和蒋介石提出建议，立即进行关于停止军事行动的谈判，缔结关于共同抗击日本侵略者的具体协议。"①

8月10日，根据共产国际指示，中共中央召开政治局会议。毛泽东在会上做军事、外交两个报告。他首先提出蒋介石的对日态度看起来基本战略没变，不过，"准备抗日、国防会议以至局部的对日作战等战术大部变了。然而战术既大变，将来革命发展更大，将来影响他的战略动摇，也有可能"。"关于南京往来，对我们提出五条件，他们第一种答复说我们分散力量，再对恩来同志的来信，要我们出去，领袖到南京，改组国民政府，促进联俄，从此可看出蒋有动摇的可能。还有一件事，蒋在苏联大使馆谈话，表示还好。"毛泽东着重指出："明显可以看出蒋的策略：过去是让出东三省等，尽量镇压全国革命，现在总方针变了，现在是巩固他的统治；从前和我们无往来，现在有些改变了，现在他也来谈统一战线；他可能改成国防政府，但要他统一指挥，使群众对他改变态度，使日本退步。他想利用这一民族运动，不愿站在敌对地位。在今天，我们该承认南京是一种民族运动的大的力量。我们为要达到真正的抗日，必须经过这种中间的过程。我们可以和他谈判，但我们唯一的要求是真正的抗日。"他强调：在新形势下，当前党的各项任务中，"统一战线应放在第一位"。② 这次政治局会议决定发表一个公开宣言，发一个秘密指示。公开宣言就是《中国共产党致中国国民党书》。秘密指示就是《中央关于逼蒋抗日问题的指示》。

《中国共产党致中国国民党书》8月25日发表，信中郑重宣言："我们赞助建立全中国统一的民主共和国，赞助召集由普选权选举出来的国会，

---

① 《共产国际执行委员会书记处给中共中央书记处的电报》（1936年8月15日），《共产国际、联共（布）与中国革命档案资料丛书》第15卷，第243页。
② 《毛泽东在中共中央政治局会议上的报告记录》（1936年8月10日），转引自金冲及《抗战前夜中共中央战略决策的形成》，《历史研究》2005年第4期。

拥护全国人民和抗日军队的抗日救国代表大会，拥护全国统一的国防政府。我们宣布：在全中国统一的民主共和国建立之时，苏维埃区域即可成为全中国统一的民主共和国的一个组成部分，苏区人民的代表将参加全中国的国会，并在苏区实行与全中国一样的民主制度。"信中呼吁："只有国共的重新合作以及同全国各党各派各界的总合作，才能真正的救亡图存。"正式提出了"国共合作"的主张。① 对这一段时间的演变历程，张闻天、周恩来等致红四方面军电中有扼要说明："中国最大敌人是日本帝国主义，抗日反蒋并提是错误的，我们从二月起开始改变此口号。三月南京有人来接洽，我们提出一般的条件，再往南京。六月、八月南京又有两次来件。八月上旬政治局讨论了对南京的方针……然而，我们的估计还是不足的。八月下旬国际有进一步指示。"② 循着这一变化路径，1936年8月16日，毛泽东在有关电文中指出："因为南京已开始了切实转变，我们政策重心在联蒋抗日"。③

9月1日，中共中央书记处发出关于"逼蒋抗日"问题的党内指示，以求统一全党认识。指示开宗明义地指出："目前中国的主要敌人，是日帝，所以把日帝与蒋介石同等看待是错误的，'抗日反蒋'的口号，也是不适当的。""在日帝继续进攻，全国民族革命运动继续发展的条件之下蒋军全部或其大部有参加抗日的可能。我们的总方针，应是逼蒋抗日。一方面继续揭破他们的每一退让，丧权辱国的言论与行动，另一方面要向他们提议与要求建立抗日的统一战线，订立抗日的协定。我们正在通知他们，共产党中央立刻准备派代表出去，或接受国民党和蒋介石的代表到苏区来，以便进行谈判。"中共承诺："赞助建立全中国统一的民主共和国，赞助召集由普选权选出的全国的国会，拥护全中国统一的国防政府与抗日联军，在全中国民主共和国建立时，苏区可成为统一民主国的一个组成部分，苏区代表将参加全中国的国会，红军将服从统一的军事指挥。"同时表示："在逼蒋抗日的方针下并不放弃同各派反蒋军阀进行抗日的联合。

---

① 《毛泽东文集》第1卷，人民出版社，1993，第429、432页。
② 《张闻天、周恩来等1936年9月8日电》，《中国共产党关于西安事变档案史料选编》，第132页。
③ 《毛泽东1936年8月26日致潘汉年电》，《中国共产党关于西安事变档案史料选编》，第117页。

我们愈能组织南京以外各派军阀走向抗日,我们愈能实现这一方针。对广西方面我们赞成他们的抗日发动,是正确的。但我们更应要求他们在实际行动上表现他们抗日的诚意,主要的给人民以抗日救国的一切民主权利,发动群众的抗日运动。也只有这样,他们才能把抗日运动坚持与扩大出去,才能使抗日运动成为有力的运动。"①

为落实"逼蒋抗日"的方针,中共中央在9月15日、16日举行政治局扩大会议。会议一开始,由张闻天做题为《目前政治形势与一年来民族统一战线问题》的报告。报告对中共在统一战线问题上的立场调整做了集中阐述,指出:中共的基本口号是联合全民族的统一战线,这是十二月决议提出来的,但根据目前的形势,部分口号应有修改。"第一,从前是把抗日反蒋并提的,这是错误的;过去我们对南京政府的估计,说他完全是与冀察政权一样的,这也是错误的;说蒋的力量削弱了,但没有估计蒋仍是抗日的大的力量,这也是错误的。""第二,我们所主张的是'停止一切内战,一致抗日'。我们应反对反蒋战争,不应如从前给上海指示信所说的同情反蒋战争。"这里,自然不包括当蒋介石发动进攻时被迫进行的自卫战争。"第三,我们还主张建立'和平统一的国家'。因为全国人民要求的是一个全国统一的民主共和国。这个共和国目前还是资产阶级的民主共和国。过去说国防政府是各阶级的联盟,但现在看来还是不够的。我们应赞成建立民主共和国,应宣布苏维埃愿成为它组成的一部分。"② 毛泽东在发言中强调:"我们现在要用各种办法,逼蒋抗日,抗日统一战线是一条统一战线,不是两条统一战线。对统一战线工作,我们指出自九一八以来是提出了,然而我们是犯了错误的,我们没有实际进行。在与十九路军虽做了些,但仍是有错误。我们应老实承认这一错误。"周恩来引人注目地提出了"联蒋抗日"的问题。他说:"联蒋抗日是具有重要意义的。""对南京是否全部或大部可参加到抗日方面来,我们应有正确的估计。过去把蒋所代表的力量除外是不对的,我们现在要改变过来。"③

---

① 《中央关于逼蒋抗日问题的指示》,《中共中央文件选集》第11册,第89—90页。
② 张闻天:《目前政治形势与一年来民族统一战线问题》,《张闻天文集》第2卷,第100—101页。
③ 《毛泽东、周恩来在中共中央政治局扩大会议上的发言记录》(1936年9月15日、16日),转引自金冲及《抗战前夜中共中央战略决策的形成》,《历史研究》2005年第4期。

在对外政策逐渐向民族统一战线方向调整时，中共在内部也开始适应统一战线的形势，调整其社会政治政策。1935年12月6日，中共中央颁布《关于改变对富农策略的决定》，对富农阶级属性重新规定，指出在民族革命战争紧迫的形势下，"富农也开始参加反对帝国主义侵掠及豪绅地主军阀官僚的革命斗争，或采取同情与善意的中立态度"。根据这一判断，决定指示，今后在苏区，对于富农只"没收其出租的土地，并取消其高利贷。富农所经营的（包括雇工经营的）土地，商业，以及其他财产则不能没收，苏维埃政府并应保障富农扩大生产（如租佃土地，开辟荒地，雇用工人等）与发展工商业的自由。如某一乡村大多数农民要求平分一切土地时，富农应照普通农民一样，平均分得土地"。①随后，毛泽东签发的命令中除申明上列原则外，又明确指出："除统一累进税外，禁止地方政府对于富农之惩（征）发及特殊税捐。"针对苏区中后期存在的不遵循法律程序任意拘押甚至处死富农的问题，命令强调："富农在违反苏维埃法令时应依法惩治之。"②1936年7月22日，中共中央发出《关于土地政策的指示》，改变地主不分田的过左政策，规定地主土地财产没收后，"仍分给以耕种份地及必需的生产工具和生活资料"，其"数量质量由当地农民多数的意见决定"。同时规定自由职业者、小商人等小业主的土地不没收，生活情况很坏的小地主及原非地主因失去劳动力而不得不出租土地者的土地也不没收。③这一规定，既是中共新的务实的土地政策发展的必然之举，又和抗日统一战线的旗帜密切相关。

中共的政策调整，推动着抗日潮流的高涨。在中共中央做出政策转变前后，国内各政派及不同政治力量也逐渐注意到蒋介石和国民政府的对日抵抗立场。20世纪30年代以来一直与蒋对立的胡汉民于1936年初改变其一贯的反蒋抗日立场，提出："余今日之工作，为如何促进政府之觉悟，并如何团结全国之抗战力量，俾中华民族最后之自救。"④长期对蒋抱批评态度的冯玉祥也认为"介石确有救国之能力及心田"。⑤

---

① 《党中央关于改变对富农策略的决定》，《中共中央文件选集》第10卷，第585—586页。
② 《中华苏维埃共和国中央执行委员会命令（新字第二号）》（1935年12月15日），《红色中华》第245期，1935年12月21日。
③ 《土地政策新的改变》，《红色中华》第291期，1936年8月6日。
④ 《胡汉民先生对国事之谈话》，《胡汉民先生归国后之言论》（二），先导社，1936，第57页。
⑤ 《冯玉祥日记》第4册，1936年12月23日，第858页。

二 国民政府对日政策的进一步变化

当中共和国内各党派在民族危机影响下逐步调整其政策时，国民政府的政策变化也在继续。1936年4月，蒋介石与英国驻华大使贾德干（A. G. M. Cadogan）谈话，针对中国对日方针做出表态："对日本人退让的限度已经到达，中国将不再继续让步。"① 6月两广事变中，国民政府和蒋介石不再在公开场合对抗日立场讳莫如深，蒋致电陈济棠表示："国家处境如斯，已无瓦全之理，中央救亡决心，与兄等初无二致。"② 公开表露其迫不得已将起而抗战的立场。

7月，国民党在南京召开五届二中全会，蒋介石在会上对国民党五全大会确定的对日外交方针做了进一步解释："中央对外交所抱的最低限度，就是保持领土主权的完整，任何国家要来侵扰我们领土主权，我们绝对不能容忍，我们绝对不订立任何侵害我们领土主权的协定，并绝对不容忍任何侵害我们领土主权的事实。再明白些说，假如有人强迫我们签订承认伪国等损害领土主权的时候，就是我们不能容忍的时候，就是我们最后牺牲的时候。"强调："从去年十一月全国代表大会以后，我们如遇有领土主权再被人侵害，如果用尽政治外交方法，而仍不能排除这个侵害，就是要危害到我们国家民族之根本的生存，这就是为我们不容忍的时候，到这时候，我们一定作最后之牺牲。所谓我们的最低限度，就是如此。"③ 蒋介石在此明确表示决不签订承认伪满洲国的协定，并对"牺牲的最后关头"做了"最低限度"的解释。这次中央全会还决定成立蒋介石任议长的国防会议，处理"国防方针及关于国防各重要问题"。④

1936年8月7日，日本由首相、外相、陆相、海相、藏相组成的五相会议制定了《国策基准》，规定："帝国当前应该确立的基本国策，在于外交和国防互相配合，一方面确保帝国在东亚大陆的地位，另一方面

---

① 《贾德干致艾登电》（1936年4月2日），《李滋罗斯远东之行和1935—1936年的中英日关系——英国外交档案选译》（中），《民国档案》1989年第4期。
② 南宁《民国日报》1936年6月13日。
③ 《国闻周报》第13卷第28期，1936年7月20日。
④ 荣孟源主编《中国国民党历次代表大会及中央全会资料》下册，第415—416页。

向南方海洋发展。"① 同日，日本外务、陆军、海军、大藏四省又确定了《帝国外交方针》。11日，根据《帝国外交方针》，外务、陆军、海军、大藏四省制定了《对中国实施的策略》与《第二次处理华北纲要》。主要内容包括在华北建立"防共亲日满的特殊地带"，②诱导南京政府通过缔结防共军事协定，建立日中军事同盟，以及日本向中国派遣政治、军事顾问等，进一步实现对中国的控制，同时规定对华南、西北各省及内蒙古的具体侵略措施。无论是《对中国实施的策略》还是《第二次处理华北纲要》，华北问题都是其关注的焦点，其提出的处理华北问题的要点，在于建立巩固的"防共亲日满"地带，"有利于获得国防资源和扩充交通设备，以防备苏联的入侵"，"对该地区采取从内部领导的方式；同时使南京政权确实承认华北的特殊性，对华北分治不采取牵制行动；进一步给予华北政权以一种特殊的而又总括性的自治权限"。③ 日本这两份文件，除决定进一步实现华北五省"自治"，掠夺华北资源外，还把总目标放到鲸吞全中国上，由此日本进一步加强对中国的压迫，更激起中国人民的反日浪潮。

1936年8月、9月，相继发生中国民众针对日人、日货的成都、北海事件。8月24日，成都几千人将前来筹备设立日本驻成都领事馆的日人居住的大川饭店包围和捣毁，并将两名日人打死。关于此一事件，贺国光曾经报告："此次成都事变，有谓系刘湘所为，加重中央外交困难；有谓系康泽嗾使军训学生所为，俾惩处军政负责长官。经职确实调查，皆非事实。其实成都反日设领运动，先经当局默许，加以策动；原欲借示威阻止岩井西上。不料最后奸人从中捣乱，演成惨案。此乃真相。"④ 9月3日，广东又发生了北海事件，以经营药店为名的一日本间谍被杀死。两次事件发生后，日方做出激烈反应，以致蒋介石致电何应钦指示："京沪汉各地

---

① 《国策基准》（1936年8月7日），《日本帝国主义对外侵略史料选编（1931—1945）》，第136页。
② 《对中国实施的策略》（1936年8月11日），《日本帝国主义对外侵略史料选编（1931—1945）》，第204页。
③ 《第二次处理华北纲要》（1936年8月11日），《日本帝国主义对外侵略史料选编（1931—1945）》，第207页。
④ 《贺国光电蒋介石成都事变调查结果》（1936年9月8日），《蒋中正总统档案》，00209200000017256。

立即准备一切,严备警戒,俾随时抗战为要。"①

为解决上述两事件及中日关系问题,9月8日张群和日本驻南京总领事须磨弥吉郎进行了初步交涉。接着,从9月15日到12月3日,张群与日本驻华大使川越接连进行了7次会谈。在此期间,国民政府外交部亚洲司司长高宗武和须磨也会谈了十多次。

中日会谈一开始,张群即向川越表示,这次交涉既由成都事件引起,就应首先谈判解决成都事件,不要与整个调整两国关系混为一谈,而川越则主张:"蓉案不难解决,但仅解决蓉案仍不能缓和日方空气,须先解决若干政治问题,始可商谈蓉案。"遂提出所谓"(1)取缔排日问题,(2)华北问题,(3)共同防共问题,(4)减低入口税问题,(5)上海福冈间民用航空联络问题,(6)聘用日籍顾问问题,(7)取缔鲜人问题等,要求一并解决,以表示中国方面的诚意"。② 针对上述几个问题,张群阐述了中国政府的立场,拒绝了川越的无理要求。关于"取缔排日"问题,张群说:中国人民的反日情绪,是日本的侵略行为激起来的。"原来,中国国民并非因是日本人之故就恨日本人。最近数年来,中国人民正在遭受苦难,认为是日本造成的,悲愤之余,便起反抗心"。对此,"政府当局能够制止公开的行为,却不可能制止人的感情"。要"除去这种恶感,日本方面要避免以武力干涉或高压手段来对待中国","须表示尊重中国的主权及行政的统一"。关于"华北问题",张群说:"中国本部本无问题,惟因年来日方造成之种种特殊状态,遂有所谓问题。倘日方之真意,不在平等互惠之经济合作,而在华北之政治及财政方面,甚至欲造成独立或半独立之政权,则此种计划,显系破坏中国领土与主权之完整,绝无商讨之余地。"③ 19日,日方以最后通牒方式要求中方承认共同防共、协定关税、聘用日本顾问、开通福冈至上海航空线以及引渡不法朝鲜人等。23日,张群根据蒋介石的指示,向日本提出5条希望条款:"(一)废止淞沪、塘沽停战协定;(二)取消殷汝耕的冀东伪组织;(三)停止走私并不得干涉缉私;(四)华北日军及日机不得

---

① 《蒋中正电何应钦务令京沪汉各地严备警戒随时抗战》(1936年9月24日),《蒋中正总统档案》,002080200269089。
② 《中国国民党五届三中全会外交报告》,秦孝仪主编《中华民国重要史料初编——对日抗战时期 绪编》(3),第690—691页。
③ 《九月二十三日川越张群会谈时张群宣读的文件》,《党史研究资料》1987年第1期。

任意行动及飞行；（五）解散察北及绥东匪军，即蒙古德王及李守信部伪蒙军。"① 这些日本均不予接受。会谈期间，张群一度受到日方很大压力，蒋介石日记记有："一、倭海军司令强我直接商谈北海案，严词拒绝；二、岳军以去就争沪、福冈联航案，见电悲愤，国人毫无定力，稍受威胁乃即闻风披靡，何以为国，此种人格何能主持外交，思之痛心。三、决令先谈防共或经济，缓谈联航也。"② 鉴于双方条件明显没有接近之可能，蒋曾分电各方军政长官何应钦、吴铁城、韩复榘、沈鸿烈、阎锡山、刘峙、周至柔等，要求他们务必做好应变准备，致何应钦电中说："据昨今形势，对方已具一逞之决心，务令京沪汉各地立即准备一切，严密警戒，俾随时抗战为要。"③ 致刘峙电则要求其加紧河南工事；致周至柔电令其迅筑湖南芷江机场，以备万一；同时电询孔祥熙："存沪现银总数如移动，约须几日可运完？"④ 25日，他在日记中写道："对倭方针，在现时非万不得已不可放弃忍痛一时之策略。但应抱定牺牲抗战之决心，所谓忍痛，非屈辱之谓也。盖余始终认定倭寇不敢与我正式战争，不久彼必觅得旋转之途径矣。今川越与张群谈判，形势已等于决裂，且彼只有片面要求，不许我提条件，是则不可忍者。余决回京，亲与川越周旋。"

10月5日，蒋介石回到南京，接外交部报告称，日本要求华北特殊地位、共同防俄及根绝反倭行动与思想，但又表示如不能实行，可暂作悬案，谈判气氛有所缓和。10月8日，蒋介石接见日本谈判代表川越。前一天，蒋在日记中写下其对中日交涉的观察和态度："一、对倭观察不可太乐观，致失于轻躁；二、倭态已改变其威胁之面目，此乃由于本身之渐强，使其不敢侮也。三、倭之侵华、亡华之根本政策虽不可变更，但由余之本身可使阻遏，故亦未始不可转移其方针，此在余人本身强弱之何如耳。"⑤ 会谈中，蒋介石表示："就东亚大局着眼，两国国交之根本调整，在今日实有必要，我方所要求者，重在领土之不受侵害，及主权与行政完

---

① 《中国国民党五届三中全会外交报告》（1937年2月），秦孝仪主编《中华民国重要史料初编——对日抗战时期 绪编》（3），第691—692页。
② 《蒋介石日记》，1936年9月18日。
③ 《蒋介石致何应钦敬电》（1936年9月24日），《蒋中正总统档案》，00202020000026064。
④ 《蒋中正电询孔祥熙存沪现银移动情况》（1936年9月25日），《蒋中正总统档案》，00201020000165062。
⑤ 《蒋介石日记》，1936年10月7日。

整之尊重,故中日间一切问题,应根据绝对平等及互尊领土、主权及行政完整之原则,由外交途径,在和平友善空气中从容协商"。对于成都事件和北海事件,蒋允诺"准备依照国际惯例,即时解决"。蒋并郑重告诉川越:"华北行政必须及早恢复完整。"①

11月10日,鉴于日方在谈判中立场僵硬,谈判破裂危险始终存在,蒋介石致电张群,指示对日交涉破裂时,"宣言须预拟定……其中应以完整华北行政主权为今日调整国交最低之限度,否则非特无调整诚意,且无外交可言。须知今日完整华北之主权,乃为中国生死存亡惟一之关键,故愿准备一切,以期国交早日之调整,虽至任何牺牲亦所不恤"。②此后,蒋再度致电张群,强调:"察绥问题,对外应准备宣言与正式通告各国,即日本亦可在内,其大意以冀察为我国领土,任何人不得干涉,凡非法不正当之任何协定,与未经中央正式承认者,概不发生效力,冀东察绥行政主权,中央必求其彻底完成,虽任何牺牲,亦所不惜。凡遵守国际公约与尊重我国主权与领土之完整者,则中国皆引以为友,中国必照国际公法与一切正式条约,从事进行正式交涉,决不愿有非分之行动,放弃和平之路也。"③其中,既表明了中国不放弃主权的立场,同时也说明中国愿意继续在现有框架下寻求妥协,维持屈辱的和平。

12月3日,双方举行最后一次会谈,川越宣读了事前日本单方面起草的所谓《川越致张群备忘录》。张群当即表示:川越"所朗诵之文件,其内容与历次会谈情形显有不符之处,不特有为我方向未谈及之记载,且对我方重要意见遗漏甚多。其中更有贵大使从未提及之事项"。张群认为这是非友谊的态度,不能接受。④川越不顾张群的反对,将备忘录置于案上,径自离去。国民政府外交部当即将备忘录退回。对此,蒋介石在日记中写道:"倭使川越以其偏面自制之谈话录强要岳军接受,虽我拒绝而后仍置于案上自去,幸即送还其大使馆,此种劣卑伎俩,世界外交上所无,而倭

---

① 《蒋介石接见日本驻华大使川越茂谈话记录》(1936年10月8日),秦孝仪主编《中华民国重要史料初编——对日抗战时期 绪编》(3),第675页。
② 《蒋委员长致张群部长指示交涉破裂时之宣言须预拟定电》(1936年11月10日),秦孝仪主编《中华民国重要史料初编——对日抗战时期 绪编》(1),第680页。
③ 《蒋委员长致张群部长指示察绥问题对外应准备宣言与通告各国电》(1936年11月24日),秦孝仪主编《中华民国重要史料初编——对日抗战时期 绪编》(3),第683页。
④ 《张群、川越会谈记录》(1936年12月3日),《民国档案》1988年第2期。

竟以无耻出之，人格扫地，国焉不亡。"① 第二天，须磨又将此备忘录送到国民政府外交部。正在西安的蒋介石得知此事，电令张群从速发表声明，公布与川越交涉经过，以正视听，并指出："川越备忘录非立即用正式公函退还不可，万不可随意迁就。"② 12月4日，国民政府外交部再次将备忘录退还须磨，并在公函中郑重表示："此件既非过去双方谈话之正确记载，不能作为参证之根据。"③ 7日，国民政府外交部发言人发表谈话，正式公布了张群先后同有田、川越交涉的经过，指出中日两国间的一切问题，在"中国不感受威胁之空气中，可由正当途径，进行合理之解决"。④

张群、川越谈判，日本希望达到压迫中国，让中国继续在主权问题上让步，甚至与其合作对付苏联的目标，中国则坚持了不再对日继续放弃主权的立场。至于成都事件本身，反而并不是讨论的中心问题，双方对此也有谅解。12月30日，中日双方互致照会，中方表示追责、惩凶、道歉、赔偿，日方则予以认可："认为本事件已经解决。"⑤

日本一面企图在谈判中迫使南京国民政府就范，一面继续诉诸武力扩大侵略。北平近郊的丰台和华北的前方阵地绥远成为日军寻衅的两个主要地点。丰台位于北平南郊，是连接北宁线和平汉线的交通枢纽，战略地位极其重要，日军必欲据之而后快。1935年11月日本策动"华北自治"期间，出动宪兵强占了丰台火车站，日军开始进驻丰台。1936年4月17日，日本内阁决定向华北增兵6000人，5月15日首批新增日军3000人抵达平津。新增日军在塘沽港登陆后，在通县暂驻，6月底转驻丰台。26日，日军借故和驻丰台的二十九军部队发生械斗，逼迫宋哲元道歉，并将原驻军调走换防。7月，丰台日军增加到2000人。二十九军在此只有1个营的兵力，两军营房相距300米左右。日军亟谋逼走二十九军，完全控制丰台，以此扼住北平的南出口。

---

① 《蒋介石日记》，1936年12月3日。
② 《蒋介石指示张群立即退还川越茂备忘录》（1936年12月5日），秦孝仪主编《中华民国重要史料初编——对日抗战时期 绪编》(3)，第688页。
③ 《有关张群川越会谈的几个文件》，《党史研究资料》1987年第1期。
④ 《外交部发言人发表谈话说明调整中日关系之交涉经过》（1936年12月7日），秦孝仪主编《中华民国重要史料初编——对日抗战时期 绪编》(3)，第689—690页。
⑤ 《驻华日使馆为成都事件致外交部复照》（1936年12月30日），《中华民国史档案资料汇编 第五辑第一编 外交》(2)，第926页。

9月18日，日军再度压迫，与中国军队形成对峙。据《中央日报》报道："双方军队于十八日下午列队行军，相遇于丰台正阳街，因彼此不肯让路，日骑马军官三人，突向我军队伍冲去，我士兵数人被马踏伤，连长孙香亭亦被日军掳去，于是形势严重。双方乃相继增加军队，造成对峙状态。丰台附近大井村地方，双方军队相遇，日即开枪，我方亦还击，结果我士兵二人及民众一人受伤，旋即各自退去。丰台我军营部被日军包围，双方均攀登屋顶，相隔仅一屋脊，彼此对峙十余小时。日军并在各房屋顶堆集沙袋，架设机枪，商民闭户，惶恐万状。所有电话亦均被日军割断，无辜民众，遭日军逮捕殴辱者颇多，故丰台一度成恐慌世界。"① 19日，在日军逼迫下，中国军队被迫移防丰台东南赵王庄、新林庄，日军控制丰台车站。

1936年2月，日本关东军扶植蒙古王公德穆楚克栋鲁普成立伪蒙古军政府。8月间，日军由热河开抵张北，伪蒙军李守信部进犯绥东陶林。15日，伪军进犯集宁等地。绥远省主席兼三十五军军长傅作义指挥所部予以反击，伪军图谋均未得逞。国民政府于9月18日明令嘉奖傅"剿匪安民，厥功优伟"。蒋介石于10月18日表示中日交涉，"政府始终本既定方针，守必要限度，以竭诚周旋；而河北省内行政完整之恢复，察北、绥东匪祸之取缔，在我方尤为必要。总之，中国外交，决以自主精神拥护国家，此种立场绝对不变"。②对傅作义在察北、绥东反击日伪军给予精神和实际的支持，揭开绥远抗战的序幕。12月9日，西安事变前夕，博戈莫洛夫与季米特洛夫谈到对中国局势的看法："1.日本对中国的侵略将继续下去；2.南京不会再作出重大的领土让步；3.中国将对日作战；4.统一战线运动正在迅速发展；5.蒋介石将在对日本开战前夕并同苏联协商后才下决心同共产党和解。"③

西安事变和平解决及国民党五届三中全会后，国共内战基本停止。1937年上半年，国民党五届三中全会所确定的一些积极原则逐渐得到贯彻，南京国民政府对日抗战的准备工作有了新的进展，全国局势朝着团结

---

① 《丰台事件已解决》，《中央日报》1936年9月20日。
② 《一周间国内外大事述评》，《国闻周报》第13卷第44期，1936年11月9日。
③ 〔保〕季米特洛夫：《季米特洛夫日记选编》，马细谱等译，广西师范大学出版社，2002，第49页。

抗日的方向前进。6月11日，蒋介石确定川康整军方案，22日，军政部长何应钦将此方案电达川康"绥靖"主任刘湘。25日，刘湘致电蒋介石、何应钦，表示接受川康整军方案，国民政府军事委员会实现了对川军的完全控制。29日，军委会颁发《川康军事整理委员会组织大纲》，派何应钦为川康军事整理委员会主任委员，负责川康整军事宜。川康各军于1937年8月10日以前整编完毕。大后方川军的效忠对全国一致抗战的实现有不同寻常的意义。

第二节　国共寻求直接接触

一　国共在莫斯科的试探

1934年秋，随着中共第五次反"围剿"遭遇失败，蒋介石在江南核心区域获得基本统一，对中共的担心大大减轻。1934年9月6日，蒋在日记中写道："预定：一、进剿至石城、宁都与长汀一线，当可告一段落，以后即用少数部队迫近，与飞机轰炸当可了事。二、用政治方法招降收编，无妨乎。"① 不管蒋介石的招降想法对中共而言显得多么荒唐，但应该是他当时的真实想法。正因此，随着红军西走，离其核心区域越来越远，蒋介石与中共接触的想法越来越强。

和地方实力派一样，蒋介石和中共寻求接触，应该说，和苏联也有密切关系。对于未来可能的对日盟友苏联，寻求其谅解一直是国民政府的重要话题。因此，当蒋介石表现出对中共一定程度上的灵活态度时，苏联就成了其体现这一方针的舞台。这一方面是因为中共驻共产国际代表团驻莫斯科，而且同样表现出了统一战线的灵活态度，同时，在苏联的眼皮底下做出灵活的姿态，对争取苏联的同情也大有裨益。这就是两党最初接触的舞台会定格在莫斯科的原因。

1935年4月，蒋介石派他的亲信侍从邓文仪去莫斯科，担任中国驻苏联大使馆武官。除武官的任务外，邓文仪的另一重要使命就是与中共驻共产国际代表团建立联系，并为谋求与中共秘密谈判做准备。

---

① 《蒋介石日记》，1934年9月6日。

1935年夏，共产国际七大召开。七大决议和中共代表团的发言都显示了建立广泛统一战线的趋势，这使蒋介石更加感受到国共和解的可能，因此加紧寻找与中共谈判的线索。蒋介石特派国民党中央常委陈立夫和中央委员、亲信张冲一起秘密出使苏联。12月24日，陈立夫受命化名李融清，张冲受命化名江帆南，秘密前往欧洲，计划先到法国马赛，然后乘火车抵达德国首都柏林，在这里住下，伺机再往莫斯科。

陈立夫的行动虽严格保密，但还是被日本方面获悉。日本报纸登出新闻，说陈立夫去苏联是蒋介石打共产牌和苏俄牌，以此向蒋施加压力。日本对陈立夫行动的曝光，令蒋介石不得不十分慎重，过早泄露和共产党接触的消息将打乱其先军事后政治的反共部署，造成军心不稳、阵脚动乱。同时，打苏联这张牌，很可能会得罪英、美等国，再加上苏联此时从本国利益出发，也不愿公开得罪日本，对陈立夫去莫斯科不冷不热。经过仔细权衡后，蒋介石最终决定取消陈立夫的莫斯科之行，指示陈立夫、张冲立即回国。

陈立夫行动取消后，邓文仪成为蒋介石的唯一棋子。1935年底，邓文仪尚在国内，根据蒋的指示，1936年1月3日邓文仪到达莫斯科，而后直接写信给共产国际执委会秘书处，请其代转中共驻共产国际代表团团长王明，要求见面，但未得消息。邓不得不转而找到中华民族解放行动委员会驻莫斯科的代表胡秋原，请其代为介绍。中共方面同意与邓见面。从1月13日开始，到2月23日，邓文仪与中共代表潘汉年和王明共进行了四次具体商谈。

根据1月13日和17日的谈判纪要，邓文仪在会谈中阐明了他这次来莫斯科的具体使命。邓说：我这次来莫，完全是受蒋先生的委托，要找到王明同志讨论彼此间合作抗日问题。我们曾经在上海、南京等地找过共产党的关系，进行了一周的时间，全无结果。后来，我们曾想到四川和陕北直接去找红军谈判，但事先毫无联系，恐怕进不去。最后蒋先生看到王明同志在共产国际七次大会上的讲演，以及最近在《共产国际》杂志上的文章，即派我来找王明谈判彼此合作的问题。我们在南京曾召集过几次高级干部会议，蒋先生亲自提出统一全国共同抗日的主张，大家全都同意蒋先生的主张，可以说，联合共党的原则是已经决定了。因此，我可以代表蒋先生与你们谈判合作的初步条件，具体的合作条件，双方当然还要请示。①

邓文仪努力劝说共产党接受蒋介石关于苏维埃改制、红军改编的国共合作条件，强调蒋介石赞同国共合作的诚意，与此同时，也反复说明了南京方面联苏抗日的设想。邓文仪介绍，国民政府要抗日的决心已经定了，现在要抗日，非集中起80个师的人马不可，否则必冒日本先发制人的危险，而现在的这80个师的人马，却被红军牵制住了。目前，国内有实力的只有国共两党，假如能联合起来，像1925年的合作，一定有办法。与红军停战之日，即为与日本宣战之时，希望早日与中共方面谈妥。同时，抗日以后武器弹药包括粮食储备和各种物资供应也打不了持久战，非想办法找到援助不可。英美虽然同意援助中国，但离中国太远，并且一旦中日爆发战争，日本会很快占领和封锁中国的海上交通，使中国无法从英美获得军事装备，中国那时唯一的武器来源就是与中国西北地区接壤的苏联。中国并不想无偿获得，而是希望获得武器、弹药等形式的某种信贷。当王明询问国民党方面关于国共谈判的条件时，邓文仪转达了蒋介石的意见：苏维埃政府撤销，红军改编为国民革命军，两党要么恢复1924年至1926年曾经存在过的国共合作形式，要么共产党单独存在。南京政府可提供给红军一定数量的武器和粮食。邓文仪称，南京已经得到情报，日本今年肯定要进攻外蒙古，所以我们更有理由要求苏联与我们合作，让他们帮助我们军火和粮饷，这一点非常重要。邓文仪明确表示，他的任务就在于，要设法说服共产党承认南京政府为中央政府，促成国共两党就合作抗日进行谈判，并经过中共驻莫斯科的代表，了解苏联的真实意图，推动苏联援华。王明阐述了中共方面的意见：红军与国民党联合的初步条件是互相信任和红军与南京军队之间切实停止军事行动。②

中共代表团团长王明在了解邓文仪的想法后，在中共代表团中进行了讨论，并报告共产国际总书记季米特洛夫。依照共产国际的指示，王明表示了愿意谈判的意愿，建议邓文仪和他所代表的那些人同在国内的中共及

---

① 莫斯科俄罗斯当代文献保管与研究中心档案，全宗号495，目录号74，卷宗号276。转引自杨奎松《1936年邓文仪与王明、潘汉年谈判经过及要点》，《党史研究资料》1994年第4期。

② 《王明与邓文仪谈话记录》（1936年1月17日、1936年1月22日），《共产国际、联共（布）与中国革命档案资料丛书》第15卷，第89—97、104—107页。

红军领导人谈判，以求签订停战、共同抗日的具体条件。王明修书三封，分别致毛泽东、王稼祥、朱德，介绍邓文仪前往陕北苏区谈判；潘汉年也以中华苏维埃中央政府人民外交部副部长名义致函蒋介石，代表朱德、毛泽东保证邓文仪进入苏区的人身安全。在1月22日的谈判中，邓文仪对此表示赞成，他告诉王明，已经收到蒋介石的来电，同意他和中共代表一同返回南京进行谈判。双方因此迅速商定，中共代表团派潘汉年为代表，由邓文仪陪同，于25日从莫斯科出发前往海参崴，然后乘俄轮前往上海，再转去南京谈判。①

1月23日，邓文仪突然匆忙求见王明，说明蒋介石紧急来电要他取消与中共代表同去南京谈判的计划，马上改去柏林见李融清（即陈立夫），准备参加李融清所进行的谈判。② 2月中旬，由于陈立夫计划流产，邓文仪回到莫斯科，继续与潘汉年和王明谈判。邓极力说服中共派代表到国内与国民党接触，据其报告："彼方坚持须职缮书面约证始可令潘与王志文归国。职未允。因复文约再商，故潘、王仍未启行。""潘昨又约职晤谈，言明中共代表团对保证人员甚重视，加之见我政府告国民书极为反共，益形疑虑。彼个人向职表示谓不写保证似可另筹办法，如找加仑证明或由职私人具函保证……彼方固深望早有结果云。"邓建议："由职私人备函，仅说明介绍潘归国晋谒立夫先生接洽统一战线问题，予以安全保障，似尚可行。"③ 同日，王明致函毛泽东等，报告国共会谈情况及计划："南京军事委员长介石先生于本年1月曾派驻苏联大使馆武官邓文仪为代表与弟及汉年面谈数次，表示同意我们所提出之抗日救国统一战线的原则。惟对于抗日救国之具体合作办法有待于蒋与诸同志商洽，故决由邓君与汉年同志亲赴南京与蒋面商，并言定再由南京同去苏区与诸同志协商抗日救国的合作具体办法。"④ 王明这

---

① 《王明与邓文仪谈话速记记录》（1936年1月22日），《共产国际、联共（布）与中国革命档案资料丛书》第15卷，第104—107页。
② 《王明与邓文仪谈话速记记录》（1936年1月23日），《共产国际、联共（布）与中国革命档案资料丛书》第15卷，第108—110页。
③ 《邓文仪电蒋中正关于共党问题与俄交涉事》（1936年2月29日），《蒋中正总统档案》，002080104001004。
④ 《王明给毛泽东、朱德和王稼祥的信》（1936年2月23日），《中共党史资料》第29辑，中共党史出版社，1989，第107页。编选者标明时间为1936年1月23日，从双方会谈记录看，应为"2月23日"之误。

封信显然过于乐观，应该只是在与邓文仪会谈中得到的印象，而蒋介石在收到邓的报告后，明显流露不满："电文烦杂句多不通，脑筋理智前后判若两人，可叹！由弟私人备函介绍某归国晋谒立夫予以负责安全之保障字样则可照办，但不可增加其它文字，亦不必另想其它方法。"① 同时又嘱咐："介绍潘某函件不可直接交其本人，应由我方派员带来，或暂不发介绍书亦可。"② 可谓谨慎有加。

2月底，邓文仪与王明等在莫斯科的秘密谈判，以未取得任何实质成果告终。尽管如此，这次谈判是自1927年国共两党关系破裂后的第一次高层接触，加深了两党间的相互了解，为今后进一步谈判奠定了基础。邓文仪后来回忆："受蒋先生之命，回到莫斯科后，除积极筹划开展武馆处的工作外，对于莫斯科与中国有关的俄国高级将领，过去曾在中国担任顾问的人，及中国共产党在莫斯科的代表，曾有相当联系及恳谈，虽则谈话内容多是私人意见，并非正式外交或国共合作抗日的谈判，但有很多意见记录下来，颇可作为政府决策的参考。"③ 值得注意的是，邓文仪报告，谈判中，他和潘汉年还有一些私人间的交换意见，"职宥与潘私人交换意见，彼表示三点：一、谓王明等徒凭国际路线估计时局，对中国图谋情形不甚明了。王认全国统一时机尚未成熟，我政府对外态度仍不明了，对民主运动仍多压迫，故信此时派潘归国接洽必无结果，不如待机为佳。保证文件仅为一种借口。二、谓共党对时局主张已放弃土地政策、阶级斗争，而尽力抗日救国之民族斗争运动。统一战线尤必须求其实行，否则共党必被弃于群众也。三、文件接洽之事，仍可继续进行，但须改变方法。彼私人拟写信与在国内之许叔安，于下月底来京。托人介绍晋晤立夫先生，望职转达与以接谈。并谓其访虽不能完全代表，但于晤谈经过良好，则必促成接洽之事顺利进行。"④ 邓文仪这一报告，颇具意味，邓没有必要伪造其与潘汉年的谈话，因此可以认为内容大致可信，其中传递出中共内部对国共谈

---

① 《蒋中正电邓文仪由其备函介绍某归国晋谒陈立夫予以负责安全字样》（1936年2月），《蒋中正总统档案》，002010200152021。
② 《蒋中正电嘱邓文仪介绍潘某函件应由我方派员带来或暂不发介绍书》（1936年2月），《蒋中正总统档案》，002010200152025。
③ 邓文仪：《冒险犯难记》（下），台北，台湾学生书局，1973，第70页。
④ 《邓文仪电蒋中正关于共党问题与俄交涉事》（1936年2月29日），《蒋中正总统档案》，002080104001004。

判的态度也不尽相同，潘汉年无疑是希望积极促成者，而他坦率、大胆的谈判作风，的确让人印象深刻。

二　国共在国内的继续接触

在派出陈立夫、邓文仪寻找与中共接触路径时，蒋介石又布置宋子文并经他找宋庆龄帮忙寻找与中共和谈的途径。宋子文与宋庆龄商议后，于1936年1月由宋庆龄秘密约见宋子文圣约翰大学同窗学友，原中共临时中央局成员，此时在上海圣彼得教堂以牧师身份潜伏的董健吾。董健吾同意代为居间联络中共，宋子文随即找孔祥熙授权，董化名周继吾，以"财政部西北调查员"身份，前往西北。宋子文还交付董电台密码一份，以转交陕北中共，为日后和谈时联络使用。

1935年11月，陈立夫在蒋介石授意下，安排CC系心腹、铁道部次长曾养甫秘密寻找与中共联络渠道。曾布置下属谌小岑，谌又经过翦伯赞介绍致函北平中国大学教授吕振羽，表示了国共合谈、共同抗日的意图。信中说："近年以来，东邻欺我太盛，惟有'姜府'和'龚府'联姻，方期可同心协力，共谋对策，以保家财，兄如有意作伐，希命驾南来。"① 信中所用全是隐语，"姜府"指国民党蒋介石方面，"龚府"指共产党方面，意即国共两党要合作抗日，相互靠拢。吕振羽设法把这个信息报告了中共北平市委和中共北方局。中共北方局请示中共中央后，派出中共北平市委委员、宣传部部长周小舟去南京和国民党方面接触。1936年1月，周小舟在南京会见了谌小岑。因为周需经中共北方局批准方可谈判，未能与曾养甫谋面便先回北平请示。这使曾非常失望。

2月，宋庆龄、宋子文联络的董健吾到达西安，准备前往陕北。在此，偶遇同样准备前往陕北的张子华。张原任中共临时中央局秘书，谌小岑与其取得联系后推荐给曾养甫，曾请其携带国民政府立法院副院长覃振致林伯渠的亲笔信，到陕北与中共联络。

2月27日，张子华和董健吾经张学良派飞机护送，抵瓦窑堡。董健吾、张子华二人辗转到达陕北瓦窑堡，受到中共领导人林伯渠、李维汉、

---

① 谌小岑：《西安事变前国共两党关于联合抗日问题的一段接触》，《文史资料选辑》第71辑，中华书局，1980，第7页。

吴亮平等的欢迎，当时张闻天、毛泽东等渡过黄河东征山西，留守瓦窑堡的中共中央负责人之一博古接见了他们。在与博古会谈时，董健吾转达蒋介石提出与共产党谈判的原则为："甲，不进攻红军；乙，一致抗日；丙，释放政治犯；丁，武装民众；戊，顷〔倾〕蒋尚有款。"① 张子华向博古详细介绍了国民党内各派对抗日的态度，并出示覃振给林伯渠的信件，信中云："目前吾人所负之责任日趋严重，而环境日益险恶。唯一认识，就是谁敌谁友；唯一办法，就是一抗一联。此乃千钧一发之时机，不容再误者也。"②

博古了解情况后，立即致电张闻天、毛泽东、周恩来等。3月4日，张、毛复电："甲、弟等十分欢迎南京当局之觉悟与明智的表示，为联合全国力量抗日救国，弟等愿与南京当局开始具体实际之谈判。乙、我兄复命南京时望恳切提出弟等之下列意见：（一）停止一切内战，全国武装不分红白，一致抗日；（二）组织国防政府与抗日联军；（三）容许全国主力红军迅速集中河北，首先抵御日寇迈进；（四）释放政治犯，容许人民政治自由；（五）内政与经济上实行初步与必要的改革。"③ 此电有毛泽东、张闻天、彭德怀三人署名，由董健吾携带。张学良特派其六一九团团长高福源于3月5日赴瓦窑堡接董，并护送他返沪。张子华则直接前往山西石楼面见毛、张等，几乎同时，中共北方局派王世英也到石楼汇报周小舟赴南京接触的情况。毛、周等同意派人谈判，仍以五项条件为基准。周恩来交付林伯渠致曾养甫等三封亲笔信，并加派冯雪峰随张子华经洛川赴南京。

在董健吾、张子华去陕北联络的同时，曾养甫等继续与周小舟方面联系，周于3月下旬抵达南京，委派吕振羽为谈判代表，在中共北方局情报部长王世英领导下开展谈判。周小舟交代吕：除苏区地位及军队的独立性之外，其他都可以商量。他还交给吕七封亲笔信，系毛泽东、朱德、周恩来、林伯渠致宋子文、孙科、冯玉祥、程潜、覃振、曾养甫、于右任的。4月初，周小舟离开南京返回北平。

5月12日，陈立夫向曾、谌指示获蒋首肯的与中共谈判之四项条件：

---

① 《博古关于南京来人谈话结果致洛甫、毛泽东等电》（1936年2月27日）。
② 《覃振致林伯渠函》（1936年2月9日）。
③ 《与南京当局谈判意见》（1936年3月4日），中共中央文献研究室编《文献和研究》1985年汇编本，人民出版社，1986，第180页。

"（一）K方欢迎C方的武装队伍参加对日作战；（二）C方武装队伍参加对日作战时，与中央军同等待遇；（三）C方如有政治上的意见，可以通过即将成立的民意机关提出，供中央采择；（四）C方可选择一地区试验其政治经济理想。"① 15日，曾养甫交付吕振羽两封信，转毛、周、彭等，希望中共委派正式代表，最好是周恩来亲自到南京开始实质性会谈。同日，周恩来也给谌小岑写信，邀请曾养甫、谌小岑到陕北谈判，信中说："养甫先生本为旧识，幸代致意。倘愿惠临苏土，商讨大计，至所欢迎。万一曾先生不便亲来，兄能代表贲临，或更纠合同道就便参观，尤所企盼。"②

6月，周小舟再到南京，与曾养甫会谈。至7月2日，双方谈判有相当进展，谌小岑起草了《谈话记录草案》。周小舟与曾养甫在《草案》上签字。这是国共双方签署的第一份谈判文件。该文件按照7月21日"雪夫给中共中央的工作报告"文字记录如下：

（1）KC双方一致确认，为求民族之生存，须立即实现民族革命之联合战线，共同抗日。

（2）为使联合战线之巩固与实现，应先消灭国内现有之矛盾，集中力量。

（3）C方提议组织国防政府和抗日联军，K方在原则上接受此建议，但C方须承认K方之主导权，C方代表认为，K方在原则上接受此建议后，现形势下，应该而且可能成为抗日之主导力量。

（4）在上述三原则之下，尤其在第三点上相互以文件承认后，K方将在事实上以秘密方式停止"围剿"红军，红军亦停止反攻的军事行动，同时，在C方停止反对K方之行动与宣传的条件下，K方承认，立即停止破坏C方之组织，及逮捕C方人员与群众，并于暗中保护爱国运动（指在K方权力范围以内，冀察不在此限度之内），之后，C方公开发表宣言，要求K方一致抗日。

（5）双方于履行第四点要求之后，共同组织一混合委员会，讨论具体实现抗日联合战线之政治形式，及统一经济、军事、外交等问题（例如，

---

① 转引自重庆市政协文史资料研究委员会等编《抗战时期国共合作纪实》（下），重庆出版社，1992，第722页。文中"K"指国民党，"C"指共产党。

② 《致谌小岑信》（1936年5月15日），中共中央统一战线工作部、中共中央文献研究室编《周恩来统一战线文选》，人民出版社，1984，第16页。

在国防政府成立之后，C方须改变苏维埃之政治形式，而统一于国防政府之下），以及联俄诸问题。

《谈话记录草案》签署后，3日，曾养甫、谌小岑又起草了双方协定草案，交陈立夫修改，确定国共和谈之"协定条款"共四条：（1）K方为集中民族革命力量，要求集合愿意参加民族革命之一切武装力量，不论党派，在同一目的下，实现指挥与编制之统一；（2）C方如同意K方上述之主张，应于此时放弃过去政治主张，并以其政治军事全部力量置于统一指挥之下；（3）K方在C方承认全国武装部队应统一指挥与编制的原则上，即行停止"围剿"，并商定其武装部队之驻扎区域，予以其国军同等之待遇；（4）K方在C方决意放弃苏维埃政权的条件下，即以K方为主体，基于民主的原则，改善现政治机构，集中全国人才，充实政府力量，以担负民族革命之任务。

上述协定草案4日由谌小岑交给周小舟带回报中共中央。

在莫斯科未能与邓文仪继续会谈的潘汉年，1936年5月到达香港。7月，国民党方面张冲与潘取得联系，张冲陪同潘汉年经上海抵达南京。关于这一段经过，蒋介石后来回忆："潘汉年代表共产国际，到上海与张冲会商。当时我得到这个报告，对于潘汉年代表共产国际，一直甚为怀疑。但据立夫考验后，知道潘持有他与共产国际通电的密码，及其往来电报无误。我认为此事真伪虚实，对本案不甚重要，故亦未再追问。潘汉年乃到南京，与立夫谈判，政府对于中共所提的条件，为下列四点：（一）遵奉三民主义；（二）服从蒋委员长指挥；（三）取消'红军'，改编为国军；（四）取消苏维埃，改为地方政府。"①

事实上，潘回到国内，在和陈立夫进行了一般性会谈，了解此前接触情况后，即前往陕北，转达共产国际关于中国问题的新精神并取得中共中央对于谈判的指示。8月8日，潘汉年在张学良派人护送下，抵达中共中央所在地保安。在保安，潘汉年向中共中央提供了与共产国际联络的密码、共产国际关于建立全世界反法西斯统一战线的决定，以及在莫斯科、香港、上海、南京与国民党接洽的情况等。10日，潘列席中共中央政治局会议，会议确认"联蒋抗日"政策必须执行，在确保党的领导前提下，可

---

① 《苏俄在中国》，秦孝仪主编《先总统蒋公思想言论总集》第9卷，第67页。

以放弃苏区和红军的名称,实现与蒋介石联合。12日毛、张、周等致电朱德、张国焘等:"认定南京为进行统一战线之必要与主要的对手,应与南京及南京以外之国民党各派,同时地分别地进行谈判。依据过去与南京谈判的基础,在忠实进行抗日准备,实行国内民主与实行停止'围剿'等前提之下,承认与之谈判苏维埃、红军的统一问题。"① 26日,毛致电潘汉年,表示:"因为南京已开始了切实转变,我们政策重心在联蒋抗日";张学良"继续保持与南京的统一是必要的"。② 要求他做好准备,去南京开始谈判。

7月中旬,曾养甫找到已回南京的张子华,告知南京方面希望周恩来立即来宁,举行高层会晤。张子华随即由国民党方面护送返回陕北,并带有曾、谌二人致周恩来的亲笔信和联络密码。8月下旬,张子华抵达陕北。31日,周恩来给曾养甫复信,内称:"国难危急如此,非联合不足以成大举……为促事速成,亟愿与贵方负责代表进行具体谈判",但"弟等外出不易",邀请陈立夫、曾养甫到苏区或陕西华阴会晤。③ 9月1日,周恩来又给陈果夫、陈立夫写信,说:"两先生居贵党中枢,与蒋先生又亲切无间,尚望更进一言,立停军事行动,实行联俄联共,一致抗日。"表示:中共"准备随时与贵方负责代表作具体谈判。现养甫先生函邀面叙,极所欢迎,但甚望两先生能直接与会。如果夫先生公冗不克分身,务望立夫先生不辞劳瘁,以便双方迅作负责之商谈"。④ 张子华携带此信抵达南京。但曾养甫已就任广州市市长。张于20日赴广州,递交周恩来信件之后,曾养甫坚持要求进行实质性谈判,邀请周恩来南下。张子华随即电告陕北。22日,中共中央决定立即派遣潘汉年先到南京谈判。24日,潘汉年携带周恩来的信件和中共中央起草的《国共两党抗日救国协定草案》离开陕北,前往上海。其中,有封信是周恩来写给蒋介石的,信中重申"共产党今日所求者,唯在停止内战、建立抗日统一战线与真正发动抗日战争。内战果能停止,抗战果能实行,抗日自由果能实现,则苏维埃与红军誓将实践其自己宣言,统一于全国抗日政府指挥之下,为驱逐日寇而奋斗到底";并向

---

① 《毛泽东年谱(1893—1949)》(上),第568—569页。
② 《毛泽东关于联蒋抗日问题致潘汉年电》(1936年8月26日),中共中央党史资料征集委员会编《第二次国共合作的形成》,中共党史资料出版社,1989,第117页。
③ 中共中央文献研究室编《周恩来书信选集》,中央文献出版社,1988,第98页。
④ 《周恩来书信选集》,第100—101页。

蒋做出忠告："先生为国民党及南京政府最高领袖，统率全国最多之军队。使抗日无先生，将令日寇之侵略易于实现，此汉奸及亲日派分子所企祷者。先生与国民党之大多数，决不应堕其术中。全国人民及各界抗日团体尝数数以抗日要求先生。先生统率之军队及党政中之抗日分子，亦尝以抗日领袖期诸先生。共产党与红军则亟望先生从过去之误国政策抽身而出，进入于重新合作共同抗日之域，愿先生变为民族英雄，而不愿先生为民族罪人。先生如尚徘徊歧路，依违于抗日亲日两个矛盾政策之间，则日寇益进，先生之声望益损，攘臂而起者大有人在。局部抗战，必将影响全国。先生纵以重兵临之，亦难止其不为抗战怒潮所卷入，而先生又将何以自处耶？"① 27日，毛泽东等致电朱德、张国焘等，谈到与南京谈判的决策："南京内部已起变化，民族资产阶级与上层小资产阶级均与以前不同，所以我们重提国共合作，力求停止内战，以便真正抗日，是当前唯一正确方针。恩来准备出去仍应南京要求，实亦有此必要。因七个月来，往来接洽者均次要代表，非负责人不能正式谈判。"② 两广事变解决前，蒋介石在国共谈判中表现得比较积极，两广事变平定后，蒋介石信心空前高涨，武力解决西北问题成为其重要选项。9月24日，蒋介石判断共产党已处于困难地位，急于寻求妥协，因而采取军事压迫和政治解决双管齐下的办法：一面继续调集军队"围剿"红军，一面仍由曾养甫出面，再次邀请周恩来到香港或广州谈判。

10月8日，张闻天、毛泽东致电朱德、张国焘等，通报中共中央的谈判态度，表示为了推动南京政府抗日，周恩来在确保安全条件下可以飞往广州谈判，"求得在实行抗日与保存苏区、红军等基本条件下成立双方之统一战线"，但先决条件是南京方面"立即暂行停止进攻红军"。③ 同日，陈诚以蒋介石名义致电张学良、杨虎城，要求他们为周恩来南下提供安全保障。16日蒋介石到达西安，中共中央即于17日通知在西安的张子华，请他出面要求蒋派飞机到肤施（延安）接周恩来去西安与蒋谈判。毛、周并

---

① 《周恩来书信选集》，第105—107页。
② 《与南京谈判重提国共合作停止内战》（1936年9月27日），《文献和研究》1985年汇编本，第182—183页。
③ 《争取迅速开始与南京主要代表谈判》（1936年10月8日），《文献和研究》1985年汇编本，第184页。

于 17 日电告朱德、张国焘、彭德怀等:"与南京谈判有急转直下之势,第三次与南京联络之代表十四日回西安,携带国民党条件如下:(一)苏维埃区域可以存在;(二)红军名义不要,改联军,待遇与国军同;(三)共产党代表公开参加国民大会;(四)即派人具体谈判。"为此,中共准备打破此前一直坚持的谈判没有进展不派领导人直接出去谈判的原则,"交涉由蒋派飞机到肤施接恩来到西安与蒋直(接)谈判",① 并乐观谈道:"我应不失时机,善于运用,争取国内和平,转向对日抗战。"②

潘汉年接令后即在南京与陈立夫开始会谈,但陈立夫认为潘汉年不能与其对等,不与谋面。10 月底,毛指示张子华通知曾养甫,给潘以"正式谈判代表"的资格,为周恩来出山过渡。陈立夫考虑后接受了这个意见。11 月 7 日,毛电令潘汉年,立即以"中共正式谈判代表"身份见陈立夫,并向宋庆龄借款 4000 元购置电台直接联络。8 日,蒋介石电示陈立夫,告以:"对某君谈话须说明蒋大使为中所信任且可完全代表中之意,应与提及。"③ 此所谓蒋大使即驻苏大使蒋廷黻,蒋介石显有提醒中共注意中苏关系和国共关系相互关联的意图。10 日,由张冲引荐,潘汉年在上海沧州饭店同陈立夫会面,转交周恩来的书信,并口头转达《国共两党抗日救国协定草案》的八项条件。毛泽东亲自起草的《国共两党抗日救国协定草案》主要包括五点:(1)双方派遣全权代表进行谈判,订立抗日救国协定。(2)双方共同努力,实行对日武装抗战,保卫与恢复全中国之领土与主权,实现全国各党各派各界各军之抗日救国联合战线。(3)必要步骤:①双方立即停止军事敌对行动;②划定红军必需的与适宜的屯驻地区,供给军费、粮食和一切军用品,不得变更共产党在红军中的组织与领导;③改革一切现行政治制度,释放政治犯,不再破坏共产党组织与不再逮捕共产党的人员,共产党停止以武力推翻政府;④召开抗日救国代表大会;⑤建立全国统一的军事指挥机关,红军派人参加,中国共产党承认国民党在此种机关中占主要领导地位;⑥与苏联订立互相协定。(4)两党中央各派出同数之

---

① 《张闻天、毛泽东、周恩来关于国民党提出谈判条件给二、四方面军及彭德怀电》(1936年 10 月 17 日),《中国共产党关于西安事变档案史料选编》,第 158 页。
② 《张闻天、毛泽东、周恩来关于当前统一战线形势给二、四方面军电》(1936 年 10 月 18 日),《中国共产党关于西安事变档案史料选编》,第 159 页。
③ 《蒋中正电示陈立夫对某君谈话须说明蒋廷黻可代表其意》(1936 年 11 月 8 日),《蒋中正总统档案》,002010200167030。

代表组织混合委员会，作为经常接洽与讨论之机关。（5）国共双方保持其政治上、组织上的独立性。① 国民党方面刚刚在宁夏打败红军，其在谈判桌上的态度明显变得强硬，陈立夫按照蒋的意思提出三条：（1）取消对立的政权与军队。（2）红军可以保留三千人之军队，师以上军官一律解职出洋，半年后招回量才录用。党政干部按才分配至国民政府机关。（3）如军队问题依此解决，中共政治上各项要求均好办。② 潘汉年当即一针见血地指出："这是蒋先生站在剿共（立）场的收编条例，不能说是抗日合作的谈判条件。"陈立夫再次要求由周恩来出来谈判，并称蒋答应愿和周面谈。潘汉年断然回答："暂时停战问题不解决，我想他是无法出来的。"③

中共中央在得知国民党方面的情况变化后，电告潘汉年，认为国民党的条件苛刻，中共无法接受，并拒绝派周恩来去南京与蒋介石谈判；另外，为了争取谈判成功，做出重要让步，要潘汉年以此前陈立夫通过曾养甫向中共方面所提的四项原则为基础展开谈判。所谓曾谈四项原则，即：（1）党公开活动；（2）政府继续存在；（3）参加国会；（4）红军改名受蒋指挥，照国民革命军编制与待遇，但不变更红军原有之组织之领导。④

11月19日，潘、陈第二次谈判开始，陈立夫矢口否认曾经提出的四项原则，谈判难以继续。潘汉年报告："据陈先生转告蒋先生意见：（一）红军可缩编至三千人，其余由宁方编遣；（二）师长以上官佐由宁方资遣出洋考察，半年后回国按材录用；（三）可派代表参加国会及在军政机关工作，但须由我方提出适当名单，由彼酌量任用。如以上各点予以解决，至释放在狱中之共党及以后之停止逮捕共党当不成问题云。"⑤ 20日，季米特洛夫致电王明，就国共谈判原则做出概括："我认为完全正确的做法是：（1）必须保持领导的团结一致，保持我们的组织系统、我们的指挥人员，不允许蒋介石和国民党干涉红军的内部事务；（2）同意在建立全国抗日战线和着手采取具体对日作战行动的条件下，成立以蒋介石为总司令的统一

---

① 《国共两党抗日救国协定草案》，《中共中央抗日民族统一战线文件选编》（中），第287—290页。
② 《潘汉年关于与陈立夫二次谈判结果致毛、朱、张、周诸同志电》（1936年11月9日）。
③ 《潘汉年向中共中央的报告记录》（1936年12月10日）。
④ 《与南京谈判的协定原则》（1936年11月12日），《文献和研究》1985年汇编本，第198页。
⑤ 《潘汉年给中央的报告》（1936年11月21日）。

司令部；（3）红军在共同抗日战线的规定地区执行统一司令部的命令；（4）红军保留自己现在的名称，但宣布自己和南京军队一样，是全国救国军的一部分。"①

11月21日，红军在山城堡一举歼灭胡宗南军一个多旅，国民党军对苏区进攻实际停止。此战大胜，中共在谈判桌上立即强硬许多。22日，中共中央致电潘："我只能在保全红军全部组织力量，划定抗日防线的基础上与之谈判"；"从各方面造成停止进攻红军的运动，先酝酿，然后发动，一处发动，到处响应，以此迫蒋停止剿共，此是目前抗日统一战线的中心关键"。② 中共立场强硬，国民党方面态度又趋软化。陈立夫赶紧挽留潘汉年，生怕潘离开南京使和谈终止。而此时蒋介石正督促部下加紧攻打红军，以挽回谈判桌上的被动局面。28日，毛致电彭德怀："潘汉年去南京两次，距离甚远，一时不易成就。我之政策，一方面从人民、从反蒋军阀、从国民党内部造成运动；一方面红军消灭蒋军，双管齐下，迫蒋妥协。"③ 12月1日，毛、朱、张（国焘）、周等代表全体红军致函蒋介石，指责其消灭红军之举，并解释称山城堡一战乃迫不得已自卫，呼吁蒋停止内战，"当机立断，允许吾人之救国要求，化敌为友，共同抗日，则不特吾人之幸，实全国全民族唯一之出路也"。④ 4日，蒋亲自赴西安督战，毛则不断指示刘少奇等向国民党晋绥当局等发出合作抗日呼吁，并于5日亲自致函冯玉祥，希望其劝说蒋停止进攻苏区。⑤ 7日，蒋介石指示陈立夫，找到潘汉年开始第三次会谈，做出一定让步，同意红军大部分不改编，编制也可扩大至3万人，但与中共条件仍然相差太远，双方分歧难以弥合。

12月10日，毛致电潘汉年："红军在彼方忠实与明确地承认其参加抗日救亡之前提下，可以改换抗日番号，划定抗日防地，服从抗日指挥。在这些上面，我们并不坚持形式上的平等，也不须用两个政府出面谈判，但是，

---

① 《季米特洛夫给王明的电报》，（1936年11月20日），《共产国际、联共（布）与中国革命档案资料丛书》第15卷，第262页。
② 《迫蒋停止剿共是目前中心关键》（1936年11月22日），《文献和研究》1985年汇编本，第198—199页。
③ 《毛泽东年谱（1893—1949）》（上），第614页。
④ 《致蒋介石》（1936年12月1日），中共中央文献研究室编《毛泽东书信选集》，人民出版社，1983，第88页。
⑤ 《致冯玉祥》（1936年12月5日），《毛泽东书信选集》，第91页。

必须两党（不是两政府）平等地签订抗日救亡之政治军事。红军不能减少一兵一卒，而且须要扩充之。离开抗日救亡任务，无任何商量余地。"① 同日，毛致电张学良，谈道：南京政府要红军仅留3万人并服从南京。我方根本不同意。蒋氏对外妥协、对内苛求之政策，我方根本拒绝。毛泽东坚定表示："红军仅可在抗日救亡之前提下承认改换抗日番号，划定抗日防地，服从抗日指挥，不能减少一兵一卒并须扩充之，彼方如有诚意，须立即停战并退出苏区"；"我们愿意以战争求和平，绝对不作无原则让步"。②

国共两党经过将近一年的接触、谈判，由于两党多年的分隔，直至西安事变前都没有取得突破性成果。但两党代表的初步接触，打破了两党长期对立的僵局，接通了联系的渠道，为后来实现第二次国共合作共同抗日开拓了道路。

第三节　绥远抗战

内蒙古一直是日军占领东北后觊觎的目标。通过《塘沽协定》，关东军在东蒙的战略目标逐渐实现，开始把重点从"经营东蒙"转移到"进窥西蒙"。关东军侵夺内蒙古西部地区，采取军事进攻和政治诱降两种方法。1936年前，主要是在幕后操纵和指使内蒙古一部分王公进行所谓"内蒙自治"。1933年4月，关东军策动锡林郭勒盟东乌珠穆沁旗、浩济特旗、阿巴嘎旗及外蒙古车臣汗部，于热河赤峰召开所谓"内蒙王族大会"，宣布"脱离中国"，与伪满洲国合流。关东军参谋长小矶国昭、关东军驻承德特务机关长松室孝良等还企图策动察绥分离，建立一个与"满洲国"同等的"蒙古国"。日方的这一企图，按照他们自己的说法，"目的在于使……西部内蒙古民族投靠日满，并阻止与中国共产军及苏联势力范围的外蒙古联系，并在确保满洲国治安的同时，对外蒙古采取怀柔政策，以利于我对苏的作战准备"。③

1935年7月，关东军制定《对内蒙施策要领》，提出全面入侵和控制内蒙古西部的计划，规定："关东军为对苏作战，以及便于准备各项必要

---

① 《毛泽东致张学良转潘汉年的电报》（1936年12月10日）。
② 张家裕主编《毛泽东军事年谱》，广西人民出版社，1994，第160页。
③ 《日本军国主义侵华资料长编——〈大本营陆军部〉摘译》（上），第262页。

工作,并且为便于巩固满洲国之国防与统治,首先设法扩大与加强内蒙的亲日满地区。随同华北工作的进展,使内蒙脱离中央独立。施策重点转向多伦及西苏尼特方面。"① 日军把直接进犯的目标指向察哈尔。1936年初,日军支持的李守信伪蒙军已经侵占了察东的张北、宝昌、康保、尚义、沽源、商都、化德、崇礼等8县,并控制了察东的正蓝、镶白、正白、镶黄、太仆寺等8旗,在张北设立伪司令部。一直策动"内蒙自治"的德王随即与李守信公开合流,在察东成立了"察哈尔盟公署"和"蒙古军总司令部",德王自任总司令,李守信任副总司令。5月12日,德王与李守信等公开在化德(嘉卜寺)成立了所谓"蒙古军政府",德王亲任总裁,掌军政大权,李守信兼参谋部长,并聘日本人村谷彦治郎、山内、稻茨、山本信亲、堀井德五郎等分任主任顾问及军事、财政、外交、教育等顾问。此后,日本关东军和伪蒙军把夺取与察哈尔相邻的绥远省,视为鲸吞中国的下一阶段战略目标。察绥一带局势日趋紧张。②

日军在察绥的举动,对中国中央政府和晋绥地方当局形成极大的震动。5月26日,蒋介石公开任命陈诚为晋陕绥宁四省边区"剿匪"总指挥,"归军事委员会副委员长阎锡山节制指挥",③ 此举意在加强中央对整个西北地区的控制。蒋同时明确要求阎锡山调遣兵力对整个包绥地区增兵布防,亲电阎锡山说明此举对山西安危之利害。电称:"弟意于此省府改组以及四省边区名义发表时,一面应对包绥从速增兵布防,以示决心,则彼必不敢轻窥绥远,至少亦有交涉之地位。否则,彼必待我布置未完,即向绥急进。万一包绥动摇,则晋失屏蔽,虽有天险,亦无以为计。预请当机立断,迅即增防"。④ 28日,蒋介石在日记中写道:"绥远之紧急甚于冀察,应特别注意。"

7月间,因伪蒙军进犯的规模越来越大,中央许诺之防务拨款迟迟不见踪影,原增援山西的中央军关麟徵等部也因两广事变南调离境,晋绥两省顿感兵力捉襟见肘,故阎锡山和绥远省主席傅作义频频向蒋告急,担心

---

① 《日本军国主义侵华资料长编——〈大本营陆军部〉摘译》(上),第264页。
② 关于绥远抗战的研究,杨奎松《蒋介石与1936年绥远抗战》(《抗日战争研究》2001年第4期)论之甚详,可参阅。
③ 《手谕派陈诚为晋陕绥宁四省边区剿匪总指挥》(1936年5月26日),何智霖编《陈诚先生书信集——与蒋中正先生往来函电》(上),第196页。
④ 《蒋中正致阎锡山五月感电》(1936年5月27日),《蒋中正总统档案》,00202020000025130。

"伪蒙图绥"。① 蒋介石这时因应付两广事变，分兵无术，难以驰援晋绥，不得不密电阎锡山，要其克服困难，火速增援傅作义。晋军这时因担心红军重演2月东征山西的战略，很大部分兵力仍旧集中于晋西与陕北，在做两面防御的准备，故其对绥远用兵实难做到全力以赴。阎锡山一方面向蒋介石提出请调中央军援绥，表示："恳钧座早为统筹之计，或命关胡等部逐渐北开，或另指派他部担任援助。总期适时接应，方有胜算可操"；② 另一方面在和南京方面代表谈话时提到："第一步，若仅伪军来犯，晋省准备以廿三个团应付；第二步，若日军暗中，则晋绥力量难于应付。前承钧座允于必要时派卅个团协助，届时当联合此项部队与晋绥军共同应付。惟可虑者，中央军北上时，日方必恐，引起其他问题。并又云：据判断，此事若扩大，日军参加者当有廿万人。"③ 阎的态度依违两可，强调各种困难的目的显然还是希望力避事端。

由于不能得到晋绥将领的赞同，再加上随着8月24日和9月3日先后发生日人被杀的成都事件和北海事件，中日重新走到谈判桌上，察绥进攻计划暂缓。10月8日，蒋介石亲自出面与川越会谈。由于日方态度强硬，会谈并无结果。随后，蒋再次决心在绥远采取行动。10月8日，蒋介石通知阎锡山：日方攻绥在即，王英部骑兵3000人10日内将窜扰绥西，察北伪蒙各军俟王部到达绥西后即会合袭击绥东，要阎务必"严密注意，并切实防范"。④ 12日，蒋介石决定抽调汤恩伯部三个师应援绥远。蒋介石认为，日本政府并没有做好与中国开战的准备，关东军在绥远的行动，不会是大规模的战争行为，更多的还是关东军少数将领的越轨行动。要阻止其弄假成真，中国方面就必须迅速表现出强硬态度，使日方不能不三思而行。21日，蒋致电阎锡山，要求在绥远采取攻势："默察情势，绥远敌在必得，且预料攻绥时期当不出下月初旬，我军不如乘敌准备未完以前，决

---

① 《阎锡山电蒋中正西北作战计划已请陈诚转呈》（1936年7月13日），《阎锡山档案》，116 - 010101 - 0110 - 005。
② 《阎锡山电蒋中正说明日伪军拟于九十月犯绥东》（1936年8月25日），《阎锡山档案》，116 - 010101 - 0110 - 101。
③ 《何应钦电蒋介石报告杨继增与阎锡山商谈情况》（1936年8月25日），《蒋中正总统档案》，00209020000021091。
④ 《蒋中正电阎锡山日方攻绥西计划及王英实力》（1936年10月8日），《阎锡山档案》，116 - 010101 - 0111 - 011。

以优势兵力由平地泉附近向东取积极攻势,并以有力部队由丰镇进至兴和,遮断匪伪南北两路之联络,迅速扑灭匪军,以绝其占领绥远之企图。若此时徘徊莫定,坐令匪势庞大,交通完成,则我处被动地位,终陷不利也。但击破匪军之后,追击不必过远,至绥察边境即可停止,或追击到察边后即行退回绥境原防。并望于一星期内出击,则不致失机。再迟恐反被攻矣。"① 蒋介石断言,此役若能一举击溃匪伪,使日军增援不及,则其侵绥企图,受此打击,一入冬季,至少半年内不能再侵西北。

自10月21日起,中央军汤恩伯部第四师、第八十九师以及所辖第七十二师已开始由陕北清涧、延川一带向府谷、神木方向移动,高桂滋第八十四师各部亦奉命向吴堡、绥德、安定地区转进。蒋并调门炳岳师集结咸阳,随时准备开赴绥远。南京政府援绥部署业已展开。负责援绥计划实施的晋陕甘绥边区"剿匪"总指挥陈诚根据蒋令飞往太原,与阎锡山等会商,劝说晋军将领实行出击。陈诚到后,提出可由汤恩伯部中央军化装成晋军模样袭取张北,另由傅作义部攻取商都。24日,傅作义赴太原,向阎锡山请示有关作战问题。阎同意将驻在绥远的赵承绶部、王靖国部及驻雁北的李服膺部归傅指挥,会同绥军作战。不过,阎锡山等同时也强调,对日行动不宜主动出击,一来担心已经集结甘北的中共红军会重演2月东征山西之局,乘机打着增援绥远抗战的旗号堂而皇之地进入晋绥地区;二来大战一起,晋绥工事、部署准备不周,万一关东军大举介入,红军又近在肘腋,实难料想最后结局。故他们的意见是:"非万不得已不可寻敌。"②

10月底,阎锡山、傅作义等齐集西安和洛阳为蒋介石祝寿,在蒋主持召开的军事会议上,傅作义分析了日军和伪蒙军在绥东的军事部署和侵略企图,强烈地表明了自己抗敌的决心和要求。蒋则说明我不攻敌,敌必攻我,届时我将更加被动的道理。对阎锡山所担心的中共红军背后威胁之事,蒋也详细介绍"剿共"军事形势,保证有十足把握能将红军"围困消灭",断不致给绥远抗战带来麻烦;同时同意傅的请求,允准将第十三军汤恩伯部和骑兵第七师门炳岳部归晋绥方面指挥,并同意南京空军参加绥远抗战。阎、傅返回太原后,蒋于11月2日电示阎:"对进驻百灵庙部队

---

① 《蒋介石致阎锡山电》(1936年10月21日),秦孝仪主编《中华民国重要史料初编——对日抗战时期 绪编》(3),第677—678页。

② 《徐永昌日记》第3册,第484页。

之准备与时期，请详计密示，以备对德王下令。"① 这也表明了攻占百灵庙的决心。

11月上旬，日本关东军在未得东京军部同意的情况下，指挥伪蒙军和其他伪军发起对绥远的进攻。攻绥军以德王和李守信为首的伪蒙军为主力的两个军7个师组成，另外还有以王英为总司令的"大汉义军"4个旅。总兵力2万余人。其作战部署，是以商都和百灵庙为据点，对绥军取外线包围态势，以便南袭归绥，攻取包头、固阳，西攫五原、临河，迫使绥军退守山西。鉴于此，阎锡山不得不同意迅速集结部队准备应付。但他依然坚持要后发制人。傅作义11月7日与赵承绶联名电阎，主张："绥东必出一战已无疑义，推敌袭我之期约为真日，我与其被动应付，不如机先袭击，打破其种种企图，或可戢敌之正式侵犯，似属一主动制胜之策。可否，祈速示遵，以便积极准备。"② 8日，傅作义召开军事会议，决定：绥东一带防务由彭毓斌、董其武两部负责；绥北一带防务，由孙长胜、孙兰峰两部负责；绥西一带防务，由王靖国部负责。13日，傅作义、赵承绶与新任绥东保安司令董其武齐集集宁，同彭毓斌等会商作战部署问题。傅作义做出决策："我们的对策是一条黄瓜打中间——全断。红格尔图就是黄瓜的中间，我们不但要坚守住这个战略要点，还要在这里狠狠地挫败敌人。"③

红格尔图为绥察交界之要冲，人口不过千余，却是绥东北的门户，是商都通往百灵庙的必经之地，又与百灵庙、大庙（锡拉木楞庙）形成掎角之势，具有重要的军事价值，成为日伪由察边西侵绥远的必争之地。敌军目的在于从此打开绥东门户，然后分三路进兵，会师归绥，进而占领绥远。13日，商都伪蒙军开始向兴和傅作义守军发炮袭击。15日，王英部1500余人开始向红格尔图傅作义部守军发动地面进攻。同日傅作义建议："战端既开，我应换得主动或机先制胜之势，对白〔百〕灵庙似应奇袭解决，以除后患，且必要时对商都亦应相机攻下，打破敌之企图。惟此单就作战有利而言，至对整个外交有否顾虑，须加审慎。如蒙准行，职当相机

---

① 《蒋介石致阎锡山电》（1936年11月2日），台北《国史馆馆刊》复刊第6期，1989年6月。
② 《赵承绶等电阎锡山拟主动攻敌以制机先》（1936年11月7日），《阎锡山档案》，116-010101-0111-149。
③ 董其武：《戎马春秋》，中国文史出版社，1986，第91页。

而行。"① 鉴于敌伪已先发制人，正式进犯，阎锡山亦再难犹豫。他随即电告傅作义称："敌已进扰，我应以机先制胜甚是。已转电介公请示。"② 蒋介石则表示："应即令傅主席向百灵庙积极占领，对商都亦可相机进取，对外交决无顾虑，不必犹豫。以弟之意，非于此时乘机占领百灵庙与商都，则绥远不能安定也。"③ 实际上，蒋介石内心早就认为："绥远百灵庙蒙伪匪部增加者倭寇实欲驱王、李各匪向西窜扰，以防共匪东窜之路，其实并不敢攻绥。"④ 所以，蒋对在绥远与日伪打一次有限战争抱有相当信心。

16日，傅作义与赵承绶发出作战命令：由骑兵第一师师长彭毓斌率骑兵4个团，由步兵第二一八旅旅长董其武率领步兵两个团及炮兵一个营，在彭毓斌、董其武统一指挥下，以秘密、迅速的行动，歼击红格尔图附近之敌，并限于17日夜间发起袭击。18日凌晨，傅部发起全线进攻。土城子以北、东西山腰均被傅部步兵攻占。红格尔图之敌残部被迫向北方逃窜，南面之敌亦由东面向北绕道而撤。上午8时许，傅部骑一师师部胜利进入红格尔图镇，红格尔图保卫战宣告结束。此役击毙敌军500余名，俘敌20余名，连同保卫战前期三天之战，共毙敌1000余名。⑤

为坚定阎锡山等抗战决心，17日，蒋介石决定亲自飞往太原。临去太原之前，他又得到正在与川越大使谈判的外交部部长张群的来电，内中提到，日本有田外相及上海大使馆外交官员都明白表示，对察绥事日军并未介入，亦未援助，中国尽可迎击。此一消息自然更加坚定了蒋的信心。17日傍晚，蒋介石飞抵太原，在日记中写下其说服阎锡山的言辞："对阎说明利害，甲、如不向蒙伪匪军出击，则晋绥永无宁日；乙、再延时间则陕北残匪虽不北窜绥，亦必借口抗倭而窜绥远，则赤匪与蒙伪同来，更难应付；丙、对倭外交亦不能进行解决，则人心日渐摇动不安矣。"⑥ 次日上午

---

① 《傅作义致阎锡山电》（1936年11月15日），台北《国史馆馆刊》复刊第6期，1989年6月。
② 《阎锡山电复傅作义已转电蒋中正请制敌机先意见》（1936年11月16日），《阎锡山档案》，116-010101-0119-201。
③ 《蒋介石致阎锡山电》（1936年11月16日），秦孝仪编《西安事变史料》下册，台北，正中书局，1985，第422页。
④ 《蒋介石日记》，1936年11月7日。
⑤ 傅作义：《绥战经过详记》，《内蒙古文史资料》第25辑，1986。
⑥ 《蒋介石日记》，1936年11月17日。

蒋即出席阎锡山主持的会议，详谈日方态度和举行绥远作战之必要，最终确定了彻底解决百灵庙、商都和张北三地之敌的方针。蒋随即电令南京航空委员会主任周至柔使空军做好参战准备，派轰炸机和驱逐机各一大队，以洛阳机场为出发地，在太原或大同加油后参加百灵庙、商都、张北三地之进攻作战。

19日，傅作义电告蒋介石，进攻红格尔图之匪被我击溃后，商都目前已到大部增援部队，故袭击商都时机已失，目前只能先攻百灵庙，再行酌情夺取商都。傅作义进而加紧制订夺取百灵庙的作战计划。蒋则建议同时夺取百灵庙和商都为好。他在给阎锡山的复电中说："对商都与百灵庙二地无论为正攻或佯攻，皆以同时并攻为宜，并须准备充分兵力，而炮兵阵地应预防敌之唐克车在我侧背抄袭，故炮兵掩护阵地与掩护部队又应充实。若能利用夜袭出其不意，则成功之胜算更大，务严令前进部队之行动特别秘密与迅速也。"①

百灵庙位于绥远北部，是内蒙古西部的重镇。当时，德王控制百灵庙于自己势力之下，既把百灵庙作为进行绥远战争的后方基地，又将它视为而后进攻包头的前进基点。此时，驻百灵庙的伪蒙军有3000余人，另有专任指导的日本军官四五十人。

20日，傅作义在归绥召集孙长胜、孙兰峰及袁庆荣，部署作战事宜。23日下午，进击部队发起攻击，夜10时，中央纵队进抵敌蒙古营盘前沿，打响了进攻百灵庙之战的第一枪。24日凌晨，环绕百灵庙的山丘之内，两军展开全面激战。经反复冲杀，傅部于9时30分攻占了敌全部阵地，百灵庙之战胜利结束。百灵庙一役，打死打伤伪军七八百人，俘300余人，夺获炮3门、重机枪5挺、步枪400余支，还缴获弹药一批、面粉2万余袋和大量汽油。傅部以伤亡官兵300余人的代价，取得了战役的全胜。傅作义在与报界的谈话中昂扬表态：

> 绥省被人觊觎，已非一日。自为疆吏，负荷守土卫国之责，御寇平乱，悉为责任分内之事。任何人居此职责，自然发生责任心。本人

---

① 《傅作义致阎锡山电》（1936年11月19日），台北《国史馆馆刊》复刊第6期，1989年6月。

受命主绥以来，平时深察彼形势，夙有态度，一言以蔽之曰：不说硬话，不作软事，应付措施，力求合理。国家领土主权其最高决定之权属于中央，数年来本吏不能稍有主张，御寇卫土，无不秉承中央意旨。此次匪军进犯，性质无异，本人决秉承中央意旨，以尽职守土，态度亦同。至匪军此次被剿，遭受重创，预想必继续进犯，我方态度，简单明白，不使领土主权损失尺寸。①

顺利拿下百灵庙，蒋介石更加相信伪蒙军不堪一击，力主傅作义再接再厉拿下商都和张北，以给伪军致命打击，使其在较长时间里不敢再行骚扰和蚕食绥远，制造内蒙古"独立"。25日，蒋介石电示阎锡山、傅作义，望其乘胜发动对商都的进攻，并表示将派空军协助，预先实施轰炸。阎锡山复电力主谨慎："攻商都兵力不够，且非一二日所能调齐，山意轰炸亦可稍迟举行。"蒋对此毫不妥协，当即电示："商都非速即攻取不可，务望从速部署，最好能于三日内占领，否则绥远决不能安定。弟意南壕堑亦应同时攻取，如何请立复。"② 对此，阎锡山坚持反对，依旧强调各种困难，并且特别指出，以商都所据位置，纵能夺取，占领和固守亦是问题。陈诚致电蒋介石也认为："百公所电不为无故，其对钧座意旨及应负责任之限度，似尚不能彻底明了，拟恳详予指示，并告以决心及将来之企图，使为指导作战之基础。若转为攻势动作，必以中央军队为主体，方易达成完全之任务。现前方部队分占据点过于分散，进攻部署应从新调整，另颁战斗序列，以便作战。因现在绥之中央军已指定归宜生指挥，职不便直接指挥也。"③ 眼见阎锡山等前线指挥官与自己意见分歧，蒋介石亦无可如何。他只能一方面再度派陈诚前往劝说并督阵，一方面再电阎锡山、傅作义，强调："中所希望者在求晋绥安全而已，商都匪巢与南壕堑之匪若不占领扫除，窃恐绥东不能安全，即其飞机扰乱亦无法制止，至于外交问题自当作整个打算。但中料定我军进占商都决无问题，即进占张北时倭寇亦决不敢

---

① 《傅作义对记者发表谈话》（1936年11月23日），天津《大公报》1936年11月24日。
② 《蒋中正致阎锡山宥未机洛电》，何智霖编《陈诚先生书信集——与蒋中正先生往来函电》（上），第229页。
③ 《电呈请详示阎锡山对日作战计划与准备并告以决心及将来之企图》（1936年11月26日），何智霖编《陈诚先生书信集——与蒋中正先生往来函电》（上），第228—229页。

正式起衅,观其政府与昨日雨宫等屡次之声明可以知之。以此种声明即可为外交有力之根据,决非寻常普通之谈话可比也。为外交全盘计,更当收回张北为有利也。"① 但徐永昌等坚持攻商都有弊无利,称:"纵使攻下,所得甚微,万一惹起真面目战争,则有违我忍辱初衷。"② 鉴于此,蒋介石也只好委曲求全了。其29日复电称:"对于此时政略若对察北问题我方已有可进可退之余地,攻守皆可自如,至在外交立场言,当以收回察北为有利也。惟以顾虑引起敌方整个之战争,则准备当须待时,弟意以后战略之攻守当决之于兄,而政略之成败则由弟负其责也。但无论如何,惟须速决为盼。"③

百灵庙之战后,日方也在准备反击。11月29日,田中隆吉和德王在嘉卜寺召开军事会议,决定实行反攻,夺回百灵庙。傅作义等针对敌之企图,先已针对性制定作战方案,决定趁伪军出击之机,将王英伪军和锡拉木楞庙之敌加以分隔,集中绥军主力,予以各个击破,以实现既歼灭敌军,又保卫百灵庙和攻占锡拉木楞庙的目的。12月2日晚,王英伪军千余人从大庙出发,3日凌晨进至百灵庙附近。傅作义所部按预定部署,经过二十几个小时战斗,至4日上午4时余,击毙"大汉义军"副司令雷中田及伪军500余人,俘敌200余人,彻底粉碎了敌军的反攻。

伪军反攻失败后,傅作义部趁势向锡拉木楞庙挺近。锡拉木楞庙在百灵庙东面70余里,位于四子王旗北部。驻在此地的伪军将领金宪章和石玉山均分别派人秘密向傅作义部接洽投诚。12月6日,晋绥军对锡拉木楞庙一线伪军王英所部发动进攻。8日,包围石玉山部驻地哈拉伊力根。经过联络,石部当即宣布在阵前反正。10日,金宪章部也正式宣告投诚。19日,我军进占锡拉木楞庙。伪军纷纷投诚,有的甚至不待赴归绥联系投诚的代表返回,即与绥军取得联系,宣布反正。王英被迫带着残余部队逃回张北,被日军全部缴械。至此,"大汉义军"彻底覆灭。

绥远抗战历时5个月,三战三捷,共歼灭和瓦解伪军一个师又四个旅,

---

① 《手谕请与阎锡山商讨对日方针后电告》(1936年11月27日),何智霖编《陈诚先生书信集——与蒋中正先生往来函电》(上),第230页。
② 《徐永昌日记》第3册,第498页。
③ 《蒋介石电阎锡山谈战略攻守和政略成败》(1936年11月29日),《蒋中正总统档案》,00202020000025169。

击毙操纵伪军的日本顾问30余名，收复了百灵庙、锡拉木楞庙等战略要点多处，肃清了绥远境内的全部伪军，挫败了日军西侵绥远的计划，是中国局部抗战诸役中，唯一以胜利而告终的。

第四节 西安事变

一 西北"三位一体"局面的形成

1936年底的西安事变，发生于多种因素综合作用之下，其中，张学良、杨虎城与中共达成的"西北大联合"局面，对促成事变起到关键作用。

1933年2月，日本进攻热河，兵不血刃直占承德，热河省主席汤玉麟不战而逃。热河轻易失陷，全国舆论哗然，南京政府遭受激烈指责，华北实际控制者张学良更成众矢之的。3月7日，张学良向国民政府电请辞职。9日，蒋介石北上保定与张学良见面，蒋介石日记载："子文以军队安置甚难，去汉卿甚有难色，汉卿亦不甚愿去职。余与之决定，劝其辞职，且速离平。"① 3月12日，南京政府发布命令，批准张学良辞职，任命何应钦兼代北平军分会委员长。此前，蒋介石已致电张学良，答应"兄行后各机关一如旧状，毫不变更"。为使张学良辞职，对全国舆论有所交代，蒋、张之间实际有私下约定，蒋介石承诺张学良离开后，完整保存东北军："部队除照兄意编配外，所有补充团可否归寿山（即冯占海——引者注）部先行补充"。② 4月，张学良以考察名义离国去欧洲。

1934年，暂避风头后的张学良回到国内，从蒋介石手里接回东北军，出任豫鄂皖三省"剿匪"总部副司令，总司令是蒋介石。回国后，张学良一度组织"四维学会"，以意大利法西斯领袖墨索里尼为榜样，宣传"拥护领袖"，表达对蒋的效忠和推崇。但是，张学良的公开表态并不意味着双方关系的融洽，事实上，蒋、张始终保持着一种微妙的关系。曾几何时，张学良曾是一方霸主，对蒋介石并不真心臣服。1934年，张学良甫回国内，在与胡汉民代表密谈时就表示："已下决心为将来北方之主动，目

---

① 《蒋介石日记》，1933年3月9日。
② 《蒋介石致张学良告以何应钦暂代北平军分会委员长职权电》（1933年3月10日），《长城抗战资料选辑》，第41页。

前则仍与汪蒋敷衍，免其猜忌。"① 此后，他和国内各地方实力派始终保持密切接触。热河失守前后，张在致蒋介石政治对手胡汉民函中谈道，九一八"负最终之责任者当别有人在"，② 暗示东北沦陷的责任应由蒋承担。20世纪30年代曾参与反蒋各方密谋的徐永昌，在日记中数次留下张学良参加活动的记载。1935年6月，两广方面代表携陈济棠白绫传书，策划请蒋下野，称："张汉卿早已同情"。③ 刘定五则告诉阎锡山："今日一通电报蒋即下野，张汉卿已与西南同意，至时电蒋同引罪下野，再由西南政会留张逐蒋。"④ 张、蒋间大有貌合神离之态。

导致张学良对蒋不满的原因很复杂，从事后回忆看，张学良内心中，从不以为热河失陷后的短暂下野有自身责任在内，而是认为蒋介石欲借机削夺其实力，这应该是双方结束自中原大战后短暂蜜月的最重要原因。另外，蒋自我中心的安内政策应该也是不容忽视的因素。作为地方实力派首领，张学良有其生存需要，蒋介石的消融异己政策始终对其构成威胁。而丧失东北的家国之恨，尤使张学良痛切希望掌握一支复地雪耻的力量。但是，张的这一愿望并不为蒋所谅解。1935年底，东北军奉命调驻陕西，参加对西北红军的"围剿"后，迭遭失败，蒋介石却没有安慰的表示。相反，其遭遇痛击的两个师的部队番号被撤销。东北军的这一遭遇，连作壁上观的徐永昌也为之不平，认为："何立中、牛元峰两师进剿失利以至于覆没，他军何尝关怀一顾，且也责其无能，轻其将弁。宋如轩至截扣其两师底饷，中央也以为应当，似此情形，纵张汉卿顾全大局不之较，其如部下不平何？"⑤ 切身之痛，加上对蒋中共政策及漠视民众、压制舆论措施的反感，使张学良对蒋的信心不断下降。

张学良被调到西北负责"剿共"后，从寻求出路的目标出发，衡诸国内外大势，做出联苏联共的重要决策。张学良深知，日本而外，当时可以对中国局势发挥直接影响的就是与中国广泛接壤的苏联，在与苏联关系上获得主动权，将使其在国内政局中获得更加举足轻重的地位，而联苏的入

---

① 转引自杨天石《胡汉民的军事倒蒋密谋及胡蒋和解》，《抗日战争研究》1991年第1期。
② 转引自杨天石《胡汉民的军事倒蒋密谋及胡蒋和解》，《抗日战争研究》1991年第1期。
③ 《徐永昌日记》第3册，第271页。
④ 《徐永昌日记》第3册，第296页。
⑤ 《徐永昌日记》第3册，第453页。

手点就是此时正与其对峙的中共。正因此，1936年初开始，张学良利用其身处前线的机会，与中共之间频繁接触。

中共瓦窑堡会议确立抗日民族统一战线政策后，从现实角度出发，把建立统一战线的目光投向了陕北周围的东北军，决定从争取东北军入手，打开团结抗战的新局面。为此，中共中央在瓦窑堡会议后专门成立了东北军工作委员会，周恩来为书记，具体负责对东北军的工作。

对东北军的统战工作，首先从高福源身上找到了突破口。高福源是东北军的一位团长，1935年10月被中共俘虏。被俘后自告奋勇地愿做沟通红军与东北军关系的使者。周恩来从中共中央联络局局长李克农处了解到这一情况后，当即决定利用高福源的特殊身份，同意他回去做张学良的工作。

1936年初，高福源返回洛川东北军驻地，向张学良谈了他在苏区的见闻。张学良也正要寻求与红军接触，高福源传递过来的消息，可谓正中下怀。1月16日前后，高福源受张学良之托，到甘泉红军驻地邀请中共派正式代表赴洛川会谈。19日，李克农在高福源的陪同下赴洛川，20日晚，与张学良进行了3个小时的会谈。21日，李克农自洛川致电周恩来等，汇报会谈情况：张学良表示愿意为成立国防政府奔走，对"剿共"态度消极，愿意各守原防，并在可能范围内恢复通商。尽管张在会谈中还有所保留，表示国民党内同情于国防政府者颇不乏人，如中共能站在诚意方面，他愿为此而奔走，但其实更多只是不愿立即交出底牌的策略。

2月25日，李克农再次前往东北军驻地洛川谈判。由于张学良去南京公干，李克农先同六十七军军长王以哲会谈，磋商红军与六十七军局部合作问题。28日，双方达成互不侵犯、恢复通商等五项口头协议。3月3日，张学良返回西安，次日即飞洛川。张学良在会谈中，提出希望与毛泽东、周恩来等中共主要领导人会谈，径直磋商合作抗日大计，并说会谈时间由中共定，地点设在肤施城（即延安城）。

3月16日，中共中央在东征前线石楼听取李克农的汇报后，认为张学良是有抗日合作诚意的，决定派周恩来为全权代表前往，并于当天致电王以哲并转张学良，告以中央的上述决定。4月6日，毛泽东、彭德怀致电王以哲并转张学良，告以周恩来的行期和联络办法，并提出准备商谈的问题，让张学良妥为考虑："一、停止一切内战，全国军队不分红白一致抗日救国问题。二、全国红军集中河北，首先抵御日帝迈进问题。三、组织国防政府、抗日联军具体步骤及其政纲问题。四、联合苏联及先派代表赴莫斯科问题。五、贵我双方订立互不侵犯及经济通商初步协定问题。"①

4月8日，周恩来和李克农等到达肤施，与张学良谈判。会谈结果，双方都相当满意。据周恩来致中共中央电，张学良在会谈中曾做如下表示：完全同意停止内战一致抗日，同意组织国防政府和抗日联军，愿参与酝酿；同意红军集中河北，但认为红军在山西恐难立足，出河北太早，最好出绥远；答应可使驻陕甘的东北军为红四方面军北上让路。蒋介石现在歧路上，虽不会彻底抗日但有可能争取与其合作，目前他尚做不到反蒋，如蒋降日，他当离开蒋；在他公开抗日之前，他不能不遵蒋令进驻苏区。拟派代表赴苏联，中共方面的他负责护送至新疆。② 肤施会谈标志着中共与东北军全面合作关系的建立。

此后，由于迫切的联合以求生存、发展要求，双方立场很快接近，中共从张学良这里得到不少物资援助，而张学良也从中看到通过中共与实力大国苏联接近的前景。在共同对日同时也是为与南京政府抗衡的旗帜下，以张学良和中共的结合为基础，西北渐渐形成一个松散的联合局面，中共致电共产国际时提到："许多方面经常向我们提出苏联是否援助他们的问题，近来问得更加多了。打通国际路线已成了张学良、杨虎城、阎锡山、傅作义一班人的口头语了。"③ 在张学良看来，他和中共之间在对日问题上有很强的结合点，苏联此时也面临日本的北进威胁，日本占领东北又直接影响到苏联在东北的权益，因此，他和中共、苏联在对日这一问题上完全可以相互结成一根链条。所以张学良曾明确向中共建议："红军应立即开始实施打通苏联，以便推动西北国防政府的建立。"④ 对建立一个有着苏联背景的西北对日联合体抱有厚望。

西北联合体的建立当然离不开陕西的地方实力派杨虎城。蒋介石让东北军入陕时，本希望张、杨会因各自利益相互倾轧，可坐收渔人之利。但张、杨作为地方实力派，相近的利益需求倒使二者相互接近。和张学良一

---

① 《毛泽东年谱（1893—1949）》（上），第532页。
② 中共中央文献研究室编《周恩来年谱》，中央文献出版社，1989，第305—306页。
③ 《中共中央书记处1936年10月26日致共产国际电》，转引自杨奎松《西安事变新探》，台北，东大图书公司，1995，第232页。
④ 《潘汉年1936年8月7日报告》，转引自杨奎松《西安事变新探》，第143页。

样,杨虎城与中共也多有来往。

杨虎城青年时代参加辛亥革命及反对袁世凯的战争。1926年因坚守西安孤城8个月而闻名。1929年蒋冯战争中,通电响应南京中央。后在唐生智反蒋时,率部袭击唐生智的后方驻马店,对唐形成重大打击,为南京讨唐战争立下战功。1931年任西安绥靖公署主任兼十七路军总指挥。1933年,杨虎城和他所属的十七师师长孙蔚如,曾派参谋、中共秘密党员武志平到川陕苏区与红四方面军商定"巴山为界,互不侵犯,共同反蒋抗日"。之后,红四方面军也派出川陕军委参谋部主任徐以新到汉中,同孙蔚如密谈,达成了上述密约。双方根据这一密约,互不侵犯达两年之久。对此,陈果夫的特务系统当时即有报告:"三原泾县各县共党红军游击队肆意活动杨不之顾,对学校暴动之共党彼对雪竹言非共党,同时将所呈之证物扣留不交法院。"①

1935年12月上旬,中共中央派汪锋携毛泽东亲笔信到西安与杨虎城商谈合作问题,并带去毛泽东给杜斌丞、邓宝珊的信。中旬,杨和汪谈话,消除了对红军的一些误会,双方确定了联合抗日的原则。12月下旬,中共中央北方局又派负责人王世英到西安,与杨虎城反复商谈后,达成合作抗日协议,主要内容是:(1)红军与十七路军各守原防,互不侵犯,必要时,打假仗以应付环境;(2)双方互派代表,在杨处建立电台与中共中央联系;(3)十七路军建立交通站,帮助红军运送物资和掩护中共人员来往;(4)双方同时做抗日准备工作,先从对部队进行抗日教育开始。

1936年4月5日,周恩来在中央政治局会议上报告了东北军、十七路军的情况,说杨虎城过去和中共有关系,这两支军队不仅有可能联合反蒋,而且可能联合陕甘其他部队及孙殿英、宋哲元等部。会议认为杨虎城是可靠的同盟者,应真诚地同他谈判,加强东北军、西北军的工作。②

1936年9月,中共中央派张文彬到西安与杨虎城继续谈判,达成了口头协议,主要内容是:(1)互不侵犯,双方在防区取消敌对行动;(2)取消经济封锁,设贸易站保障苏区贸易,十七路军负责掩护,苏区不禁止群

---

① 《陈果夫电蒋中正转呈周学昌电陈陕西政军各费用同混一起杨虎城对共党活动似有左袒之意》(1933年3月12日),《蒋中正总统档案》,002080200072081。
② 《周恩来年谱》,第305页。

众供应十七路军粮食；（3）建立军事联络，双方军事行动事先通报等。协议确定后，张文彬作为红军代表驻在西安，对外以十七路军总指挥部政治处主任秘书名义活动。西安、宜川、洛川等地设有秘密交通站，与苏区和其他地区联络。

中共和张、杨的联络及张、杨相互接近，使西北大联合隐然成形，基础则是对日抗战。张学良、杨虎城和中共的联合，就实力言，当然以张学良为首，收复东北是张此一时期的主要诉求，而这又得到杨虎城和中共的深切同情。11月，杨虎城在纪念西安围城十周年的讲话中说："十七路的官兵同志们，十年前既然能为革命而牺牲，有坚守西安的伟大精神，本人相信，今日就更能以这样的精神来坚守中国的国土，一寸一分都是不让与人的。"① 这明显是在呼应张学良不断发出的收复失地的呼吁。

与中共建立联系后，张学良对蒋介石的自我中心政策表示出越来越多的疑虑。1936年6月他在王曲军官训练团演讲时提出，"我们要想全民动员，长期抗战，马上就要积极努力于唤起民众，组织民众的工作"，强调："抗日与统一，统一与抗日，这两件事情是具有不可分离的连环的关系。"这其中包含的集中民众力量的要求及抗日统一必须有机结合的判断和蒋介石单纯强调集中统一及服从的基本立场已有明显区别。集中全国力量，一方面是充分发挥民众的爱国力量，在这一问题上，张对与其颇有接触的"七君子"的抗日爱国主张表示同情；同时政治解决中共问题，发挥中共力量，尤其是借此充分利用苏联的力量也是题中应有之义。正如与张学良多有接触的徐永昌在日记中所反映的："张汉卿对抗日热烈极，大有宁为玉碎不顾一切之概，甚至不主张剿共。以为在我抗日下共匪必无如我何。"②

张学良的态度，蒋介石当然不是毫无所知。1936年3月，当张学良部开始与中共接触时，戴笠手下的特工就送上密报："李克农来洛川与王军长订立多项口头协定"。对此，蒋介石在日记中写下他的担忧："汉

---

① 《西安围城纪念十周年告第十七路官兵书》（1936年11月28日），西安事变研究会编《杨虎城文集》，中国文史出版社，2013，第280页。
② 《徐永昌日记》第3册，第430页。

卿对匪态度之可虑。"① 后来，汤恩伯在与红军作战时，获取的文件中也有东北军与中共接触的报告。9月18日，贺衷寒又报告："最近盛传张氏渐有希图以旧东北军势力为中心，后方与新疆省联络，单独在西北方面树立亲俄政权之意。"② 对这些，蒋介石并未做过分解读，因为当时几乎很难找到哪个地方实力派不与中共接触，姑不论身处北方的阎锡山、冯玉祥及一直与中共保持联系的陈铭枢等，就连华南的陈济棠、李宗仁也在寻求与中共接触。1936年7月，潘汉年就报告："陈济棠、李宗仁和白崇禧都希望同我进行谈判，但是眼下未必能达成具体的协议，因为他们都希望弄清楚有关苏联援助的可能性问题。"③ 何况蒋介石自己此时也正和中共谈判。

9月，东北大学校长冯庸应张学良之邀赴西安，张与冯谈话后，冯在路过武汉时向陈诚转达张学良的谈话，向陈诚提出"与其剿匪损失，不如抗日覆灭"，并称准备单独"实行抗日，预定出绥远"，④ 间接对蒋介石强烈施压。陈诚转达的张学良电文，对蒋介石形成一定刺激。他敏感地在日记中写道："东北军之隐患，所谓联共抗日，自由行动之企图，乃因桂事和平解决而消乎。如果对桂用兵则不测之变不得伊于胡底，天翼等主张彻底讨桂者，实不知己之弱点也。"⑤ 陈诚也在电文中谈道："职意汉卿此举，比两广之抗日，尤为严重。钧座如认为抗日时机已至，则明白领导之。如认为尚非其时，则须力阻之。绝不可听之而处于被动，使整个国家陷于万劫不复也。"⑥

从台湾保存的蒋介石档案可以看出，对冯庸转达的意见，蒋介石有一连串动作：一方面直接致电张学良，询问冯庸之言的来龙去脉；同时电令

---

① 《蒋介石日记》，1936年3月24日。
② 《国民党中央检查新闻处贺衷寒致蒋介石告张学良有独立联俄之意电》（1936年9月18日），西安事变研究会资料室编《西安事变电文选》，陕西师范大学出版社，1986，第3页。
③ 《潘汉年给王明的信》（1936年7月1日），《共产国际、联共（布）与中国革命档案资料丛书》第15卷，第221页。
④ 《电呈据报张学良企图行动并呈对策》（1936年9月19日），何智霖编《陈诚先生书信集——与蒋中正先生往来函电》（上），第213页。
⑤ 《蒋介石日记》，1936年9月20日。
⑥ 《电呈据报张学良企图行动并呈对策》（1936年9月19日），何智霖编《陈诚先生书信集——与蒋中正先生往来函电》（上），第214页。

陈诚亲赴西安面询张学良有否托冯庸转告之事；又去电陕西省主席邵力子令其当面探询张学良与冯庸之言的关系。经过一系列的活动，加上张学良否认冯庸代表其本人后，蒋介石有所放松，致电陈诚说："再四研究，冯庸之言实不可靠。以其人平时本甚夸妄而又非汉卿信任之人，何以托其转达如此要言，望注意。"① 在当天和稍后几天的日记中，他也一改接到冯庸消息后对张学良的谨慎态度，开始自我宽慰："研究对汉卿办法，自悟昨夜之过虑，以汉卿性质与环境之核实，现时自由行动，非所能也。"② "汉卿有联俄连共脱离中央之趋势，而不敢实现，此乃以诚制诈之效乎，实对内最大之隐患而竟得破除。"③ 其实，倒是陈诚比蒋介石看得更清楚，他致电蒋介石时判断："冯庸之言，深望其不可靠。惟以汉卿前在太原与阎副座及诸将领所谈，及其冲动情形，可以证明冯之所言绝非虚造。万一不幸所言非虚，则其此举，名为抗日，实则脱离中央，而走入联共投俄之途径，前汤军长恩伯在陕北所获东北军与共匪联络文件，亦不为无因。故职认为汉卿此举，较之两广问题更为严重，亦即此也。"④

当然，蒋介石的看法，也不能说毫无道理，因为就张学良而言，西北的联合固有对抗蒋介石之意，但并不必然把蒋介石作为假想敌，在共产国际指示采取联蒋抗日政策，而中共与国民党间又颇有接触的情况下更是如此。当时，张学良希望实现全国一致的团结抗日，把联合中共尤其是争取苏联支持作为实现这一目标的重要出发点，同时他也希望在西北站住脚，获得自主自立的地位。满足这两个要求，张学良的问题也就迎刃而解，因此，如果蒋介石善用力量的话，西北大联合未尝不可为蒋所用。

但是，当年的蒋介石只看到了张学良仍有可能为自己所用的一面，没有进一步想到张学良还有为自身发展铤而走险的可能。按照蒋介石的个性，陕西作为其寄予厚望的西南大后方的重要屏障，势必要最终控制在自己手里。如他在西安事变善后时所说："中央无论如何决不能放弃西北。

---

① 《蒋中正电告陈诚冯庸之言不可靠望注意》（1936 年 9 月 21 日），《蒋中正总统档案》，002010200165047。
② 《蒋介石日记》，1936 年 9 月 21 日。
③ 《蒋介石日记》，1936 年 9 月 26 日。
④ 《电呈张学良可能意图》（1936 年 9 月 21 日），何智霖编《陈诚先生书信集——与蒋中正先生往来函电》（上），第 215 页。

中央数年以来，确认西北尤其陕西为北方国防之根据。关于开发西北与建设西北之事业，无不本于国防之见地，按照计划尽力进行……中央如放弃西北，即无异放弃国防，亦即无异于自弃其职责，故无论任何困难牺牲，势不能不确实掌握此重要之国防根据。"① 对这样一个战略要区，蒋的自我中心立场决定了他不可能将其长期交给张学良，张之入陕，在蒋计划中，当是谋陕前驱。1936年8月，中共就注意到："蒋介石有于西南问题解决后分化东北军撤换张学良之企图。"② 毛泽东等中共领导人甚至致函提醒张学良："不要再去南京了，并要十分防备蒋的暗害阴谋。"③ 促其警惕蒋的分化手段。与张学良同处陕西并已结盟的杨虎城也告诫部下："大批中央军进入陕西之后，一纸命令，甚至几句话，就会把我们和东北军调到河南、安徽那些地方，三天一改编，两天一归并，很快就会被肢解消灭。你们必须注意提高警惕，不要认为蒋介石的目的只是为了对付共产党，要看到这里暗藏着蒋介石排除异己的祸心。"④ 杨虎城这一说法，从西安事变事前事后一些情况看，并不完全是空穴来风。

正因如此，张、杨的逐渐接近，尤其是张、杨与中共之间接触，形成"三位一体"局面，为蒋介石始料未及，在他看来是严重的失控局面，对其西北及整体战略形成巨大威胁。因此，尽管1936年底，关于西安可能发生异动的讯息接二连三传到蒋介石耳中，但他仍然选择前往西安，催促张学良"进剿"红军，而且准备了把东北军调离的预案："东北军调赴陕北之利害如何，与其在陇东妨碍进剿，则不如令其调防也。"⑤ 正是这样的举动，最终触发了西安事变的引信。

二 蒋介石前往西安与西安事变的爆发

1936年12月初，蒋介石决定前往西安，就近协调"剿共"战事。此时，蒋介石对西安张学良方面的状况并非毫无了解，苏方报告写道："蒋

---

① 《蒋介石1937年1月19日致杨虎城函》，中国第二历史档案馆等合编《西安事变档案史料选编》，档案出版社，1986，第133—134页。
② 《林育英、张闻天等致朱德、张国焘、任弼时电》（1936年8月30日），《中国共产党关于西安事变档案史料选编》，第121页。
③ 《毛泽东年谱（1893—1949）》（上），第567页。
④ 孔从洲：《孔从洲回忆录》，解放军出版社，1989，第147页。
⑤ 《蒋介石日记》，1936年11月26日。

介石了解张学良与红军领导的默契，所以他不相信张"；① 但 10 月全国的祝寿，11 月的百灵庙大捷使他的信心空前高涨，对内对外的良好势头，使其信心倍增，尽管 11 月底还在日记中担忧："防东北军之变乱"，② 但他仍然对东北军能否真的对他不利将信将疑。中国青年党的李璜回忆，他 11 月 27 日曾应曾琦（慕韩）之命，专程赴洛阳，向蒋"转告慕韩对西安现状颇为忧虑之意，请蒋慎重处理，不宜轻视共党的渗透与挑拨，尤宜重视张学良与杨虎城的内心状态云云。但蒋其时一心只在消灭中共残部，并不以西安环境为意。犹忆答我不过半月工夫，便可收剿匪的全功了。言下兴高采烈，并约我同他一路前往西安看看"。③ 12 月 2 日，张学良到洛阳面见蒋介石，敦请蒋到西安鼓励士气，蒋此时正准备到西安坐镇部署"围剿"红军，便欣然应允，同日在日记中写道："此月内察北匪伪未通，倭寇交涉将裂，而陕甘边区残赤将渡河西窜而未窜之时，东北军以为察绥战事动摇，我将功溃一篑，实为国家安危最后之关键，故不可不进驻西安镇摄，生死早置度外矣。"④ 无论是李璜还是中国驻日使馆乃至戴笠情报系统关于张学良将有大胆举动的消息，都不足以改变蒋介石前往西安的决定。

12 月 4 日上午 9 时许，蒋介石由洛阳出发，晚 9 时抵达临潼，以华清池作为"行辕"。蒋抵西安后，立即派蒋鼎文为西北前敌总司令，卫立煌为东路总司令，采取掺沙子策略，胁迫张学良、杨虎城执行"进剿"红军的命令。12 月 7 日，张学良再次向蒋介石哭谏，痛陈红军问题可用政治方法解决；当前只有对外，才能安内，但蒋仍严词拒绝。12 月 9 日，蒋介石致函邵力子："可密嘱驻陕《大公报》记者发表以下之消息：蒋鼎文、卫立煌先生皆到西安。闻蒋委员长已派蒋鼎文为西北剿匪军前敌总司令，卫立煌为晋陕绥宁四省边区总指挥。陈诚亦来谒蒋，闻将以军政部次长名义指挥绥东中央各部队云。但此消息不必交中央社及其他记者，西安各报亦不必发表为要。"⑤ 12 月 12 日，西安事变当天，

---

① 《鲍格莫洛夫致苏联外交人民委员斯托莫尼亚科夫的电报》（1936 年 11 月 6 日），《苏联对外政策文件集》第 19 卷，第 542 页。
② 《蒋介石日记》，1936 年 11 月 25 日。
③ 李璜：《学钝室回忆录》（增订本）下卷，香港，明报月刊社，1982，第 426—427 页。
④ 《蒋介石日记》，1936 年 12 月 2 日。
⑤ 《蒋介石致邵力子函》，西安华清池展览室藏。

《大公报》在要闻版以《陈诚指挥绥东军事》为题刊出这一消息,且称:"蒋鼎文对剿匪总司令职表示谦辞,但愿短期内在陕帮助进剿。据闻残匪之消灭仅属时间问题。"① 蒋介石此举,显然有利用非官方报纸为撤换张、杨制造舆论,向张、杨施加压力之意。而此前蒋会见东北军将领等一系列举动也使张对蒋的目的发生怀疑,"思蒋公对良不加信任,已不重视矣"。② 12月8日晚,张、杨痛下决心,决定采取非常措施——捉蒋"兵谏"。10日,蒋介石在日记中留下事变前对张的最后观感:"一、对汉卿说话不可太重,但于心不安。二、此人小事精明,心态不定,可悲也。"

12月12日,震惊中外的西安事变爆发。张、杨发动兵变,拘押正在西安的蒋介石及南京方面军政要员陈诚、蒋鼎文、朱绍良、卫立煌等十余人,发表对时局通电,提出抗日救国八项政治主张:改组南京政府,容纳各党各派,共同负责救国;停止一切内战;立即释放上海被捕之爱国领袖;释放全国一切政治犯;开放民众爱国运动;保障人民集会结社一切政治自由;确实遵行总理遗嘱;立即召开救国会议。③ 这一通电的主旨在于国内政治的改革,改组政府、停止内战、开放政治等要求,实际都是对南京政府实行的专制政策的反对,指向的是南京政府片面的、自我中心的对日政策,所以张学良说:"良等此举,意在促成全国真正之觉悟,全体动员;盖对日作战,必须军民并用,仅恃徒知服从之军队,绝不足以济事也。"④ 也就是说,虽然南京政府的政策也具有走向抗日的可能和条件,但由于其"弃绝民众"、排斥异己,"未能将抗日力量十分发扬",⑤ 实际仍然是误国的,这一判断,正是张、杨要扣蒋而又从一开始对蒋安全即注意保证的根本原因。后来,毛泽东谈到事变时,在肯定"国民党进步虽极缓慢,但一致抗日的前途是存在的"基础上,明确指出:"西安事变是国民

---

① 《陈诚指挥绥东军事》,天津《大公报》1936年12月12日。不少著作认为蒋介石这件密嘱未发出。《西安事变资料》第1辑、王菊人《记西安事变前后的几件事》、杨奎松《西安事变新探》均持此观点。但从《大公报》报道看,该信件显然已发出。
② 张学良:《西安事变回忆录》,毕万闻主编《张学良文集》第2册,第1201页。
③ 《张学良杨虎城关于救国八项主张的通电》(1936年12月12日),《西安事变档案史料选编》,第3页。
④ 《阎锡山致赵芷青等转述张杨复电》(1936年12月17日),转引自李云汉《西安事变始末之研究》,台北,近代中国出版社,1982,第173页。
⑤ 《国民党军事委员会高等军法会审关于张学良的审判笔录》,《西安事变档案史料选编》,第82页。

党内部在抗日问题与国内改革问题上，因政见不同而发生的。"①

发出通电的同时，张、杨致电中共中央："蒋之反革命面目已毕现。吾等为中华民族及抗日前途利益计，不顾一切，今已将蒋及重要将领陈诚、朱绍良、蒋鼎文、卫立煌等扣留，迫其释放爱国分子，改组联合政府。兄等有何高见？速复。并望红军全部速集于环县一带，以防胡敌北进。"②毛泽东和周恩来当即复电说："恩来拟来兄处，协商大计。"张、杨并邀请中共派代表团到西安，共商抗日救国大计。接着，宣布撤销"西北剿匪总司令部"，成立"抗日联军临时西北军事委员会"，张、杨分任委员会正、副主任。改组陕西省政府，解散国民党陕西省党部，成立"民众运动指导委员会"，释放西安政治犯等。13日，张学良致电宋子文，解释其发动事变动机："日寇深入，凛念覆亡，此间所有举措，皆为增强抗战力量，决非从事内争。事态昭然，区区苦衷，当为诸公所共谅。上海系全国金融枢纽，未容紊乱。诸公关切邦国，尤负金融界之众望，希力予维持，并转向金融界同人详切说明此间举动，决无肇启纠纷之意。务使安定照常，不稍恐慌。"③

西安事变突然发生，使国内外大受震动，形成了一种极其复杂紧张的政治局面。事变使南京政府陷入一片混乱。当晚，国民党中央常务委员会与中央政治委员会召开紧急会议，讨论应付西安事变的对策。冯玉祥日记载，各人对事变的态度是："一、协和主张安全介石为主，二、陈璧君主安全，三、陈公博亦然，四、朱益之主打，五、何敬之主打，六、叶楚伧主打，七、戴季陶主打。"④ 会议通过决议：行政院由副院长孔祥熙负责；军事指挥及调动，归军事委员会常务委员、军政部长何应钦负责；张学良应先褫夺本兼各职，交军委会严办，所部军队归军事委员会直接指挥。何应钦随即下令陕、甘、宁、绥、豫之中央军做战略性移动，开赴潼关等地，对西安取包围态势。16日，何应钦任"讨逆军"总司令，指挥刘峙部

---

① 《毛泽东同志与美国作家史沫特莱谈西安事变》，西北大学历史系中国现代史教研室等编《西安事变资料选辑》，编者印行，1979，第1—3页。

② 《张学良关于已将蒋介石及其重要将领扣留的来电》（1936年12月12日），《中国共产党关于西安事变档案史料选编》，第400页。

③ 《张学良致宋子文等密电》（1936年12月13日），《西安事变档案资料选辑》，《历史档案》1981年第1期。

④ 《冯玉祥日记》第4册，1936年12月12日，第847—848页。

5个师开进潼关，进逼渭南，同时派飞机飞临西安上空示威。与此同时，宋子文、宋美龄、孔祥熙等则力主用政治方式和平解决，反对武力讨伐和轰炸西安。12日当天，孔祥熙致电张学良：

> 顷由京中电话告知我兄致弟一电，虽尚未得读全文而大体业已得悉。保护介公绝无危险，足征吾兄爱友爱国，至为佩慰。国势至此，必须举国一致，方足以救亡图存。吾兄主张，总宜委婉相商，苟属有利国家，介公患难久共，必能开诚接受。如骤以兵谏，苟引起意外枝节，国家前途更不堪设想，反为仇者所快。辱承契好，久共艰危。此次之事，弟意或兄痛心于失地之久未收复，及袍泽之环词呼请，爱国至切，另有不得已之苦衷。尚希格外审慎，国家前途，实利赖之。①

宋美龄要求各方面检束、忍耐，勿使和平绝望，并派曾任张学良、蒋介石私人顾问的英籍澳大利亚人端纳（D. W. Henry）飞西安探测动向，直接向蒋报告南京情况。13日上午，端纳乘飞机离开南京，14日上午，抵达西安。端纳到达西安后，先后会见了张学良、杨虎城，了解西安事变的真相和他们的意图，随后在张学良陪同下见了蒋介石，端纳告诉蒋，张、杨二位将军并无加害之意，只是要求停战抗日，而且强调这不仅是张、杨两将军的主张，也是全中国人的主张，英美方面也表示同意。他还递交了宋美龄的亲笔信。端纳的话及带来的信，使蒋介石的态度开始转变，当晚他同意移居张学良东北军控制下的高桂滋公馆。

张学良、杨虎城发动事变后，对蒋介石的安全力予保证。正如阎锡山所说的："前在洛阳时，汉卿曾涕泣而道，以为介公有救国之决心而方法上有所矛盾。"② 尽管其间夹杂着各种复杂考虑，但行动的第一目标显然还是尽力迫蒋接受其立即抗日的主张。17日，阎锡山致电孔祥熙称："顷汉卿派人乘机来晋，面称近来每天三次跪求介公采纳其主张，如蒙允准，彼情愿随介公赴京请罪。一面先集合所部，切实告以如中央认彼应受国法，

---

① 《孔祥熙致张学良密电稿》（1936年12月12日），《西安事变档案资料选辑》，《历史档案》1981年第1期。
② 《贺国光转阎锡山质张学良电文致顾祝同密电》（1936年12月15日），《西安事变档案史料选编》，第72页。

不准有一人抗命。倘不蒙采纳，彼当率同所部与介公一同牺牲于抗日阵线。嘱此间派员赴陕看视介公起居实况。"① 张学良这种软中有硬、硬中有软的表态，大致反映了他当时的真实想法。

虽然张、杨和中共密切接触，但西安事变前中共未与闻此事。事变发生后，中共中央在给刘少奇的电文中指示：

（甲）张学良、杨虎城配合全国西北与西安革命势力的发展，逮捕了蒋介石、蒋鼎文、陈诚、万耀煌、钱大均［钧］、陈继承、卫立煌等祸国罪魁，发表抗日救亡通电。

（乙）我们的任务是：

（一）揭发蒋介石对外投降，对内镇压民众与强迫其部下坚持内战之罪状，拥护张、杨等之革命行动。

（二）号召人民起来，要求张、杨南京及各实力派，立即召集抗日救亡代表大会，在西安开会讨论抗日救亡大计。

（三）号召人民及全国军队，积极注意日本与汉奸之行动，防止并准备抵抗他们乘机侵犯上海、南京、青岛、华北与晋绥。

（四）推动南京及各地政权中之抗日派响应西安起义，并严重对付亲日派。

（五）稳定西西派、黄埔派，推动欧美派、元老派及各实力派，积极站在抗日救亡方面。

（六）号召人民及救亡领袖要求南京明令罢免蒋介石，并交人民审判。

（七）推动宋子文、孙科、孔祥熙、蔡元培、李石曾等，争取英、美、法三国谅解与赞助。②

13日上午，中共中央在保安的领导人召开政治局扩大会议，讨论对于此一事变的估计与对策。毛泽东首先做报告，肯定"这次事变是有革命意

---

① 《阎锡山致孔祥熙密电》（1936年12月17日），《西安事变档案资料选辑》，《历史档案》1981年第1期。
② 《中央书记处致胡服电——关于西安事变后我们的任务的指示》（1936年12月12日），《西安事变电文选》，第66—67页。

义的,是抗日反卖国贼的,它的行动、它的纲领都有积极意义,就是在它自卫的出发点上也是革命的"。对蒋介石的处理,是讨论的核心问题,毛泽东认为,蒋介石最近的立场严格说来还是中间性的,并非投降的或亲日的,可惜的是,"在剿共一点上还是站在日本方面的。这一立场对他的部下是有很多矛盾的,所以他是被这样的矛盾葬送了";既然事变已经发生,"在我们的观点,把蒋除掉,无论在哪方面都有好处",提议,目前"我们应以西安为中心来领导全国,控制南京"。周恩来主张:"在政治上不采取与南京对立"的形式,可以考虑在西安召开抗日救亡代表大会和成立抗日援绥委员会之类的组织,将来西安"或以陪都形式出现,更为有利"。张闻天明确提出:"我们不采取与南京对立方针,不组织与南京对立方式(实际是政权形式)"的组织,还是应当"尽量争取南京政府正统"。① 讨论的结果,没有形成完全一致的意见。不过,对西安事变的积极意义,张闻天、毛泽东等中共领导人都毫无异议,都主张采取有效步骤,予以全力支持,会议决定:致电张、杨,建议做好军事部署,以免西安腹背受敌;红军南下,策应东北军、西北军行动;派周恩来等去西安与张、杨共商大计。15日,由毛泽东、朱德等15位红军将领致电南京国民政府,指出事变爆发"实蒋氏对外退让、对内用兵、对民压迫三大错误政策之结果"。对此"绝不可负气横决,反而发动空前内战"。否则"日本乘机入寇","全国丧亡";提出:"公等而果欲自别于蒋氏,复欲自别于亲日派,谓宜立下决心,接受张、杨二氏主张,停止正在发动之内战,罢免蒋氏,交付国人裁判,联合各党、各派、各界、各军,组织统一战线政府。"②

由于苏联和共产国际在当时对中国革命实际居于指导地位,苏联和共产国际对事变的态度至关重要。事变后,苏联从保持中国抵抗力出发,反对事变有可能导致中国分裂的倾向,主张继续维护蒋介石的领袖地位,促进他领导全国抗日。

西安事变发生当日,中共中央便从保安向共产国际执委会先后发出三次电报,报告事变情况及中共中央准备采取的行动计划,电报提出:"请你们

---

① 《毛泽东关于西安事变问题在中央政治局会议上的发言》(1936年12月13日),《中国共产党关于西安事变档案史料选编》,第179页。
② 《红军将领关于西安事变致国民党国民政府电》(1936年12月15日),《中国共产党关于西安事变档案史料选编》,第200—201页。

支持我们的上述行动,特别是:(一)在世界舆论方面援助我们;(二)争取英、法、美三国赞助中国革命政府与革命的军队;(三)苏联积极援助中国。"电报含蓄地询问可不可以"要求南京罢免蒋介石,交人民审判"。同时说明,为了减少日本汉奸的造谣,中国共产党数日内不发表公开宣言。

以斯大林为首的苏联领导人和以季米特洛夫为总书记的共产国际收到中共中央的数次电报后,没有采纳中共关于西安事变原因的分析和它的革命性的判断,反而猛烈抨击事变为日本和投降派汪精卫的阴谋。12月14日,苏联《真理报》发表社论说:"中国西北发生的这一事变是极其值得注意的征兆。值此日本对华侵略日益严重之际,张学良部举行兵变并扣押蒋介石,其性质尤为特殊。渴望中国抗日的各种力量正在实行空前规模的联合。这一联合过程是在最近几个月来日趋激烈的抗日运动的推动下发展起来的。……南京政府当务之急是要努力谋求中国的统一,使处于分裂状态的各个地区联合起来,团结全中国人民同外国侵略者作斗争。可是,反动势力在中国人民的敌人的代理人唆使下,竭力破坏这种努力。"《真理报》社论甚至指责:"毫无疑问,张学良部队举行兵变的原因,应当从不惜利用一切手段帮助日本帝国主义推行奴役中国的事业的那些亲日分子的阴谋活动中去寻找。臭名昭著的日本走狗汪精卫的名字同陕西省发生的张学良部兵变紧密相连,这也绝非偶然。"[①]

12月15日,李维诺夫会见中国驻苏大使蒋廷黻,声明:"我们极为目前形势担忧,并认为张学良的举动是很大的不幸。我不认为张学良与日本人有联系,我认为他上了某人心怀叵测别有用心的建议的当。我们一贯主张中国统一,从不同情中国将军内战。我们对最近南京政府为扩大根据地做出的努力和给予亲日的满蒙分子的打击特别感到高兴。"[②] 此前一天,苏联塔斯社奉命将《真理报》《消息报》社论和它的辟谣声明发往中国,可是南京当局的新闻检查机关禁止中国报刊登载,而京沪等地的中国报纸却登载了苏联与西安事变有关的言论,这激怒了苏联。16日,苏联外交人民委员部电令驻华临时代办斯皮利瓦涅克向中国方面提

---

① 《中国发生事变》,《共产国际、联共(布)与中国革命档案资料丛书》第17卷,第406—407页。
② 《苏联外交人民委员李维诺夫与中国驻苏大使蒋廷黻谈话记录》(1936年12月15日),李嘉谷编《中苏国家关系史资料汇编(1933—1945年)》,第32页。

出声明:"1. 苏联政府接到西安事变的消息后,立即采取了明确的谴责张学良行动的立场,张的行动客观上只能有利于力图肢解和奴役中国的中国之敌人。2. 苏联政府授权您以全权而明确地声明,我政府,不言而喻,同西安事变不仅过去没有、现在也没有任何关系。况且我政府自日军占领东北之后,从未同张学良有任何直接或间接的往来。3. 鉴于虚假而诬蔑性的报道仍继续散播,苏联政府授您全权再做声明,我政府对中国红军的行动不能担负责任。4. 中国的敌人造出下流的诬蔑之辞,说什么苏联政府似乎与西安事变有某种关系,而中国也有个别人和几家报纸重弹这种论调,苏联政府对此极表惊诧和愤慨。苏联政府对此表示抗议,并希望中国政府采取措施制止这类诬蔑性谣言的传播。"① 苏联的态度对南京政府予重要支持。17日,孔祥熙致张学良的电报中说:"陕变起后,全国各地公私法团、全军袍泽,无不愤慨。昨日全国报界宣言,尤足表示各地舆情。……且欧美各国舆论,无不一致斥责。英文《泰晤士报》,想兄处当经阅悉。日前苏联舆论,亦称陕变以反日运动为投机,实际为敌作伥。可见无论中外,对兄此举,皆持反对。"②

由于共产国际和中共的关系,对西安事变,共产国际直接予以指导。14日,共产国际书记处决定,建议斯大林向中共提出如下意见:"采取自主的立场,宣布反对内讧,坚持和平解决冲突,争取和解和协同行动。"③ 12月16日,共产国际执行委员会给中共中央发来了由季米特洛夫签发的电报,被称作"莫斯科回电"。电报说:

答复你们的来电,我们建议采取以下立场:

1. 张学良的行动,无论其意图如何,在客观上只能有损于中国人民的力量结成抗日统一战线,并助长日本对中国的侵略。

2. 既然这次行动已经发生,就应该考虑实际情况,中国共产党要坚决主张以下述条件为基础和平解决事变:(1)通过吸收几名抗日运动的代表和维护中国领土完整和国家独立的人士参加政府的办法改组

---

① 《斯托莫尼亚科夫致斯皮利瓦涅克电》(1936年12月16日),《〈中苏外交文件〉选译》(上),李玉贞译,《近代史资料》总79号,第248—249页。
② 《团结报》第1161号,1991年1月2日,第2版。
③ 〔保〕季米特洛夫:《季米特洛夫日记选编》,第49页。

政府；(2) 保障中国人民的民主权利；(3) 停止实行消灭红军的政策，并与红军实行合作抗击日本侵略；(4) 与同情中国人民反击日本帝国主义进攻下的国家实行合作。最后，我们建议不要提出与苏联联合的口号。收到此电后请速确认。①

对西安事变，日本方面由于对事态发展状况不明，采取的是静观的态度。1936年12月13日下午，日本外务省在外相官邸召集紧急会议，外相有田八郎、次官堀内谦介、东亚局长桑岛主计、欧亚局长东乡茂德等均出席。经过数小时磋商，达成一致意见：西安事变虽然可能有共产党的介入，但是由于获得的情报还不清楚，而且为"回避易招误解之行动"起见，决定日本政府"只监视事态之转移"，"回避积极的行动"。日本陆军省也做出表态："坚持日本不动之国策，只严重监视事态之推移，期间苟侵害日本权益及日侨生命财产安全之场合，惟有出以断然适宜之措施而已。"② 随后，日本内阁也协商确认各方提出的静观意见。23日，日本首相广田在枢密院会议报告："对西安事变决采不干涉方针，倘国府与张学良以容共为妥协条件，日本则断然抨击。"日本的这一方针至事变结束没有大的变化。

中共领导人盱衡全局并注意到苏联反对动摇南京政府和蒋介石地位的态度，开始对事变的出路、蒋的处理采取现实的立场。17日，毛泽东致电张学良："唯远方政府目前为应付外交，或尚不能公开赞助我们。"毛泽东并安慰张学良等："若远方知此次事变及事变后之进展不是单纯军事行动，而是与民众联系的，估计当寄以同情。"③ 另一个层面解读，这应该是毛泽东从各种途径得悉苏联态度后的反应。18日，中共中央给共产国际发电称：接连两电"勤务组弄错了，完全译不出，请即检查重发，至要"。与此同时，共产国际出面批评中共领导人采取了错误的步骤："实际上党在执行分裂国民党而不是同它合作的方针。同蒋介石和南京达成的协议被视为蒋介石和南京的投降。同西安人的合作搞成了反对南京的联盟，而不是同他们的

---

① 《共产国际执行委员会书记处给中共中央的电报》，《共产国际、联共（布）与中国革命档案资料丛书》第15卷，第265—266页。
② 《盛京时报》1936年12月15日。
③ 《毛泽东关于迂回部队突击京汉陇海线等问题给张学良电》(1936年12月17日)，《中国共产党关于西安事变档案史料选编》，第212页。

联合行动,反对共同的敌人。所有这一切,助长了亲日派的气焰。"① 斯大林并亲自草拟电报,请中共驻共产国际代表团转告中共中央:"应该首先了解到:蒋介石是抗日的,打倒蒋介石,必会引起内战,而内战只能有利于日本侵略者。"斯大林还解释说,张学良分量不够,怎能做全国抗日领袖,中共也一时没有领导抗日的能力。蒋介石虽是一个"可憎的敌人",但他是中国唯一有希望的抗日领袖。埃德加·斯诺(Edgar Snow)在《红色中国杂记》一书中介绍了他在1937年11月与×(即宋庆龄)的一次谈话:"×曾把斯大林的电报转给毛。电报宣称,如果中国共产党不利用他们的影响使蒋获释,莫斯科将斥责他们为'土匪',并将在全世界面前予以谴责。"②

三 西安事变的和平解决

12月17日,周恩来、秦邦宪、叶剑英等组成的中共代表团到达西安。随后与张学良会谈。张学良首先说明了扣蒋的原因以及蒋被扣后的态度,表示只要蒋介石同意停止内战、一致抗日,就送他回南京,继续拥护他做抗日领袖。周恩来肯定了张、杨二人的爱国热情,表示愿予以积极的实际的支持,随后对事变的性质、前途及处理方针提出了意见。他说,蒋介石虽然被扣,但其实力却原封未动,西安与南京已处于敌对状态,因此,对蒋介石的处理要慎之又慎。双方商讨了对抗南京方面武力讨伐的军事部署,同意:"为缓和蒋系进兵,使我集中分化南京内部,推广全国运动,在策略上答应保蒋安全是可以的,但声明如南京进兵挑起内战,则蒋安全无望。"③ 引人注目的是,在会谈后周恩来给中共中央的报告中,首先提到:"张同意在内战阶段不可避免围攻西安前行最后手段。"④ 同日,蒋鼎文持蒋介石停止轰炸西安手令被从西安放出,南京与西安间的和平解决交涉进入实质阶段。

---

① 《共产国际执委会书记处致中国共产党中央委员会电》(1937年1月19日),《共产国际、联共(布)与中国革命档案资料丛书》第17卷,第362—363页。
② 〔美〕埃德加·斯诺:《红色中国杂记》,群众出版社,1983,第11页。
③ 《周恩来关于到西安后与张学良所谈情况给毛泽东并中央电》(1936年12月17日),《中国共产党关于西安事变档案史料选编》,第214页。
④ 《周恩来关于到西安后与张学良所谈情况给毛泽东并中央电》(1936年12月17日),《中国共产党关于西安事变档案史料选编》,第213页。

鉴于宋子文即将来西安探寻和平解决事变的出路，周恩来和张学良商定了与其谈判的五项条件：（1）立停内战，中央军全部开出潼关；（2）下令全国援绥抗战；（3）宋子文负责成立南京过渡政府，肃清一切亲日派；（4）成立抗日联军；（5）释放政治犯，实现民主，武装群众，开救国会议，先在西安开筹备会。① 据此，中共中央于次日发出致国民党中央电，指出对西安方面进行"武力的讨伐，适足以杜塞双方和解的余地"，"为国家民族计，为蒋氏个人计"，国民党应该履行召集全国各党各派的抗日救国代表大会、停止一切内战、一致抗战等五个步骤，声明只要履行上述建议，那么"不但国家民族从此得救，即蒋氏的安全自由当亦不成问题"。② 这是中共中央在西安事变后第一次公开发表宣言。

18日，国民党中央常委、各院院长、军事当局集会讨论事态发展，从西安返回之蒋鼎文亦参加，"密谈解决之法，如派宋子文驰赴西安与张面洽并由阎锡山居中斡旋等。因中央讨伐令既下，不能再谈调停，而实际上如能获得调解使蒋先生立复自由亦未尝不可，但恐无结果，故宜密行之。实际上即政治军事双管齐下之解决法也"。③ 同日，周恩来致电中共中央，报告国内各派对事变的反应。电报称："南京亲日派目的在造成内战，不在救蒋。宋美龄函蒋'宁抗日勿死敌手'。孔祥熙企图调和，宋子文以停战为条件来西安，汪将回国。""蒋态度开始表示强硬，现亦转取调和，企图求得恢复自由，对张有以西北问题、对红军求降求合完全交张处理之表示。"④ 该电还报告了包括阎锡山、冯玉祥、韩复榘、宋哲元、刘湘、李宗仁、白崇禧、余汉谋、何键等各地方实力派对事变的态度。同日，周恩来和杨虎城会谈后，致电中共中央："宜极愿听我们意见，尤愿知国际意见，彼衷心甚虑因此内战绵延，有碍抗战。我已明告国际及苏联意见虽尚不知，但如日本及汉奸硬要挑起内战，我们只有在坚决防御下坚持抗日动员，争取同情，分化南京，孤立汉奸，缩小内战，并连接到抗战上去。""杨认开火可

---

① 《周恩来关于到西安后与张学良所谈情况给毛泽东并中央电》（1936年12月17日），《中国共产党关于西安事变档案史料选编》，第213—214页。
② 《中共中央关于西安事变致国民党中央电》（1936年12月18日），《中国共产党关于西安事变档案史料选编》，第218—219页。
③ 《王子壮日记》第3册，台北，中研院近代史研究所，2001，第353—354页。
④ 《周恩来关于国民党各派人物的表现及蒋介石态度给毛泽东并中央电》（1936年12月18日），《中国共产党关于西安事变档案史料选编》，第220页。

团结内部,失利可放弃西安,以甘为后方,但对持久战则无把握。杨知其部下不固,又不敢急切改造,现须多下功夫。"①

12月19日,中共中央政治局召开扩大会议,确定和平解决西安事变的方针。中共中央随后发出的指示信中认为,西安事变"是中国一部分民族资产阶级的代表,也是国民党中的实力派之一部,不满意南京政府的对日政策,要求立刻停止'剿共',停止一切内战,一致抗日,并接受了共产党抗日主张的结果,因此,这次发动是为了要抗日救国而产生的,是要以西北的抗日统一战线去推进全国抗日统一战线的开始";"但是因为这一发动采取了多少军事阴谋的方式,扣留了南京最高负责人蒋介石及其主要将领,以致把南京置于西安的敌对地位,而造成了对于中国民族极端危险的新的大规模内战的可能。因此,这一发动又妨害了全国反日力量的团结"。对此,中共的立场是:"(一)坚持停止一切内战一致抗日的组织者与领导者的立场,反对新的内战,主张南京与西安间在团结抗日的基础上,和平解决。(二)用一切方法联合南京左派,争取中派,反对亲日派,以达到推动南京走向进一步抗日的立场,揭破日寇及亲日派利用拥蒋的号召,发动内战的阴谋。(三)同情西安的发动,给张杨以积极的实际的援助(军事上的与政治上的),使之彻底实现西安发动的抗日主张。(四)切实准备讨伐军进攻时的防御战,给讨伐军以严重的打击,促其反省,这种防御战不是为了要以扩大内战的方针代替一致抗日的方针,而依然是为了促成全国性抗日统一战线的建立与全国性抗日战争的发动。"② 同日,毛泽东致电周恩来,要其转达"张、杨必要坚持,更有前途,一点不须气馁"。③ 同时致电滞留南京的中共谈判代表潘汉年,令其"向南京接洽和平解决西安事变之可能性,及其最低限度条件,避免亡国惨祸"。④

---

① 《周恩来关于张学良、杨虎城情况给毛泽东并中央电》(1936年12月18日),《中国共产党关于西安事变档案史料选编》,第221页。
② 《中央关于西安事变及我们的任务的指示》,《中共中央文件选集》第11册,中共中央党校出版社,1991,第127—128页。
③ 《毛泽东关于张学良、杨虎城要坚持更有前途给周恩来电》(1936年12月19日),《中国共产党关于西安事变档案史料选编》,第229页。
④ 《毛泽东关于向南京接洽和平解决西安事变问题给潘汉年电》(1936年12月19日),《中国共产党关于西安事变档案史料选编》,第232页。

12月20日，宋子文由端纳陪同飞抵西安，与张、杨会晤。张学良向宋子文讲述了西安东北军、十七路军、中共三方面和平解决事变的方针，要宋劝蒋介石同意停止内战，团结抗日。宋子文两次见蒋，告知南京局势。蒋授意一面和平谈判，一面不放松武力威胁，以达到早日离开西安的目的。当晚8时，毛泽东电告周恩来，转述共产国际电文如下："既然发动已成事实，当然应当顾及实际的事实，中国共产党在下列条件基础上，坚决主张用和平方法解决这一冲突。（1）用吸收几个反日运动的代表即赞成中国统一和独立的分子参加政府的方法，来改组政府；（2）保障人民的民主权利；（3）停止消灭红军政策并与红军联合抗日；（4）与同情中国人民反抗日本进攻的国家建立合作关系，但不要提联合苏联的口号。"① 西安事变发生后，苏联和共产国际对事变一度持反对和谴责态度，这种态度忽视了事变的积极意义，却也防止了长期处于国共对立状态下的中共对蒋介石做出过于激烈的举动，阻遏事变导致内战的可能；中共在苏联表明态度后，坚持肯定和支持事变，表现出了自己基于中国现实的独立判断，同时苏联和共产国际的提醒，也使中共逐渐克制自己的冲动，引导事变向和平解决的方向发展。共产国际的20日来电，意味着两者的立场终于获得统一，一致向着和平解决方向努力。

12月21日，宋子文飞返南京汇报、磋商。宋子文来陕基本情况，周恩来给中共中央有报告："宋对义举同情，对我们表示好意，但又不敢见我，又不敢表示态度，恐宁方知后扣留他。""宋与蒋谈未得结果。蒋表示，张、杨主张，交蒋提三中全会，东北军可援绥，陕西交杨。故宋下午走，拟带宋美龄再来，以和缓内战，促南京及黄埔分化。"② 同日，中共中央来电提出西安方面应该在谈判中采取的步骤：（1）南京政府中增加几位抗日运动的领袖人物，排除亲日派，实行初步改组；（2）剥夺何应钦等之权力，停止讨伐，讨伐军退出陕甘，承认西安的抗日军；（3）保障民主权利；（4）停止"剿共"政策，与红军联合抗日。（5）与同情中国抗日运动的国家建立合作关系。（6）在上述条件有相当保证时，恢复蒋介石之自

---

① 《毛泽东关于共产国际主张和平解决西安事变给周恩来电》（1936年12月20日），《中国共产党关于西安事变档案史料选编》，第240页。
② 《周恩来关于宋子文对西安事变的行动表现给张闻天、毛泽东等电》（1936年12月21日），《中国共产党关于西安事变档案史料选编》，第246页。

由，并在上述条件下赞助中国统一，一致抗日。①

22日，宋子文偕宋美龄等抵西安。宋子文日记中记录了当晚他和蒋介石的谈话："委员长说，我必须要求周（恩来）同意废除：（一）中国苏维埃政府；（二）取消红军名义；（三）阶级斗争；（四）愿意接受委员长之领导。去告知周，他无时无刻都在思考重组国民党的必要性。如果需要，他会要求蒋夫人签订保证书，保证在三个月内召开国民大会。但在此之前，他必须要求国民党大会把权力交给人民。国民党重组后，他将：（一）同意国共联合——假如共产党愿意服从他，正如同他们服从总理；（二）抗日，容共，联俄；（三）同时他愿意给汉卿收编共产党的手令，而收编进来的伙伴都会配备良好的武器。"②蒋确认：对于商定的条件，他以"领袖的人格"做保证，不做任何书面签字。

12月23日，宋子文代表蒋介石，与张学良、杨虎城、周恩来正式谈判。会谈中，周恩来提出了中共及红军的六项主张：（1）停止内战，中央军撤至潼关外；（2）改组南京政府，驱逐亲日派，加入抗日分子；（3）释放政治犯，保障民主权利；（4）停止"剿共"，联合红军抗日，共产党公开活动；（5）召开各党各派各界各军救国会议；（6）与同情抗日国家合作。只要蒋介石接受并保证实行以上诸项，中共和红军则赞助他统一中国，一致对日。随后，双方就改组政府、撤兵释蒋、抗日联军等问题展开了讨论。关于政府改组问题，宋子文提议先组织过渡政府，待三个月后抗日面幕揭开时，再"彻底改组"。对此，西安方面原则上同意，并要宋负责。双方还就过渡政府的人选交换了意见。关于撤兵释蒋问题，宋子文提议，只要蒋下令撤兵，即应允其回南京，待其返京后再释放"爱国七君子"；周恩来等则坚持中央军须先撤至潼关外，释放爱国领袖，蒋方可回京。关于抗日联军问题，周恩来等提议，在过渡政府时期，西北联军先成立，以东北军、十七路军、红军成立联合委员会，在张学良的领导下进行抗日准备，实行训练补充，由南京负责接济。宋答此事可转蒋。③对于这

---

① 《中共中央关于和平解决西安事变问题致周恩来电》（1936年12月21日），《中国共产党关于西安事变档案史料选编》，第244页。
② 转引自邵铭煌《宋子文西安事变日记》，台北《近代中国》第157期，2004年6月。
③ 《周恩来与宋子文谈判情况》（1936年12月23日），《中国共产党关于西安事变档案史料选编》，第262页。

次会谈,宋子文日记的记载是:"下午,张、杨、周恩来来见,讨论新内阁人事。我一再被逼迫,但我告诉他们,基于政治及个人因素,我将不会担任行政院长一职,也不愿参与新内阁。他们坚持要我接受财政部长职务,这样他们就有信心拿到他们的经常费用。他们担心,外交部长不应该是亲日派。我跟他们讨论到许多人,提议徐新六……铁路部长,他们不要亲日派的张公权,海军不要陈绍宽。"①

当晚,周面见蒋介石,这是国共两党领袖十年对立后的第一次晤面。晚亥时,周恩来致电中共中央:"在宋子文、宋美龄担保下,蒋如下令停战撤退,允许回南京后实行我们提出的六项,是否可以放蒋回京,我认为是可以的。张、杨都急望此事速成。"② 24 日,双方继续会谈。宋美龄参加。国共谈判代表达成如下协议:(1)孔、宋改组行政院,肃清亲日派。(2)中央军撤兵并调离西北。(3)蒋允许归后释放爱国领袖。(4)苏维埃、红军仍旧。两宋担保蒋确停止"剿共",并可经张学良手接济。三个月后抗战发动,红军再改番号,统一指挥,联合行动。(5)开放政权,召集各党各派救国会议。(6)分批释放政治犯。(7)抗战发动,共产党公开。(8)联俄,与英、美、法联络。当晚,周恩来再次见蒋,蒋做三点表示:停止"剿共",联红抗日,统一中国,受他指挥;由宋子文、宋美龄、张学良全权代表他与周恩来解决一切;他回南京后,周恩来可直接去谈判。

12 月 25 日下午,蒋介石在张学良陪同下飞离西安。周恩来报告蒋离开的状况:"宋坚请我们信任他,他愿负责去进行上述各项,要蒋、宋今日即走。张亦同意并愿亲自送蒋走。杨及我们对条件同意。我们只认为在走前还须有一政治文件表示,并不同意蒋今天走、张去。但通知未到张已亲送蒋、宋、宋飞往洛阳。"③ 毛泽东在给彭德怀的电报中谈到释蒋经过及其判断:"在五个条件下,恢复蒋之自由,以转变整个局势的方针,是我们提出的。谈判结果,蒋与南京左派代表宋子文完全承认。昨夜电恩来,须待先决条件履行及局势发展到蒋出后不再动摇才释放。但他们今日已经释放(蒋介石、

---

① 转引自邵铭煌《宋子文西安事变日记》,台北《近代中国》第 157 期,2004 年 6 月。
② 《周恩来关于放蒋的条件及我军组织人数等问题给中央书记处电》(1936 年 12 月 23 日),《中国共产党关于西安事变档案史料选编》,第 264 页。
③ 《周恩来、博古关于与宋子文、宋美龄谈判结果给中央书记处电》(1936 年 12 月 25 日),《中国共产党关于西安事变档案史料选编》,第 273 页。

宋子文、张学良、宋美龄今日同机飞洛）。依情势看，放蒋是有利的，但是否已达完全有利，尚待证明。"① 蒋介石在脱险回南京后的日记中写道："全国庆祝余脱险回京之热烈，实自有史以来所未曾有，无论穷乡僻处男女老幼，其爆竹与喜乐之热忱，毫无所异，未知此生何以报答国民也。"②

张学良陪送蒋介石到南京后，即遭软禁。其后，杨虎城先被撤职留任，1937年5月被迫出国，同年12月回国后被逮捕关押。西安事变以轰轰烈烈始，以无声无息终。但是，经由此一事变，停止内战、共同抗日却成为不可逆转的历史趋势。正如毛泽东所言："如果没有十二月二十五日张汉卿送蒋介石先生回京一举，如果不依照蒋先生处置西安事变的善后办法，则和平解决就不可能。兵连祸结，不知要弄到何种地步。必然给日本一个最好的侵略机会，中国也许因此亡国，至少也要受到极大损害。"③

从1927年的国共分裂到西安事变及其后的两党会谈，历史似乎走了一个循环。事实上，面对外敌入侵的历史难局，国共作为中国最具实力的政治力量，共同的利益和目标迟早都会让他们重新走到一起。西安事变起于捉蒋，却终于释蒋，一捉一放，远远不是张学良的个人意志那么简单。西安的这十几天，牵动的是中国近代历史的神经。

第五节　国共谈判与第二次国共合作的形成

一　西安事变后的国共谈判

西安事变使蒋介石遭受了肉体的痛苦，更严重挫伤了他的自尊，因此，蒋对事变难以平心静气，陈布雷执笔的《西安半月记》批评这次事变："为我国民革命过程中一大顿挫。八年剿匪之功，预计将于二星期（至多一个月）可竟全功者，竟坐此变，几全隳于一旦。而西北国防交通、经济建设，竭国家社会数年之心力，经营敷设，粗有规模，经此变乱，损失难计。欲使地方秩序、经济信用恢复旧观，又决非咄嗟可办。质言之，

---

① 《毛泽东关于释放蒋介石的情况致彭德怀任弼时电》（1936年12月25日），《第二次国共合作的形成》，第171页。
② 《蒋介石日记》，1937年1月2日。
③ 《毛泽东同志与美国作家史沫特莱谈西安事变》（1937年3月1日），《西安事变资料选辑》，第1页。

建国进程，至少要后退三年，可痛至此！"① 但是，西安事变中，全国所表现出的抗日热忱，对蒋介石触动也很大。他甫回南京后即通电表示："此次事变，我全国同胞一致爱护国家之热诚，已显示伟大无比之力量。此种伟力，在今日为奠定危局之主因，在将来必为我民族复兴成功之保障。"② 从这一意义上说，由于各方的努力，西安事变不仅未动摇中央政府的威望与信誉，反而加快了中国民族力量的凝聚进程。事变中，各党各派捐弃成见，达成了空前的统一。连冯玉祥也在日记中写道："此为国家民族之安危甚重，希介石之早归也。"③

1937年1月5日，根据蒋介石的指示，"剿共"军事行动中止，国民政府明令撤销西北"剿匪"总司令部，另设军事委员会西北行营，以顾祝同为主任。原来调驻西北的"剿共"军队，开始陆续外调。1937年1月初，国民党方面致电中共，邀请周恩来去南京，与蒋介石"面商一切"，对此，中共中央断然拒绝，表示："蒋在西安时，恩来已与商定各项大纲，无再去宁之必要。"④ 随后，毛泽东又接连致电周恩来，强调："在撤兵释张改组政府实行后，即证明南京尚愿顾全信义时，可去南京一行；此时则无人能证明恩来去宁后，不为张学良第二。"⑤ 1月11日，周恩来致函蒋介石说："来承召谈，只以大兵未撤，汉卿先生未返，暂难抽身。一俟大局定，当即入都应约。如先生认为事宜速决，请先生以手书见示，保证撤兵释张，则来为促进和平、赞助统一，赴汤蹈火亦所不辞。"⑥

2月8日，中央军进驻西安。同日，蒋介石致电国民政府军事委员会西安行营主任兼第一集团军总司令顾祝同，令其与周恩来谈判。⑦ 次日，顾祝同面见周恩来，表示同意红军在西安设办事处，保证不迫害民众团体

---

① 《西安半月记》，秦孝仪主编《先总统蒋公思想言论总集》第35卷，第167、168页。
② 《蒋介石回南京通电》，《西安事变档案资料选编》，第79页。
③ 《冯玉祥日记》第4册，1936年12月18日，第855页。
④ 《中央书记处对潘汉年关于西安事变的善后解决办法与两党谈判方针问题的复示》（1937年1月4日），《第二次国共合作的形成》，第175页。
⑤ 《毛泽东关于与张冲谈判的原则问题致周恩来博古电》（1937年1月5日），《第二次国共合作的形成》，第175页。
⑥ 《周恩来书信选集》，中央文献出版社，1988，第127页。
⑦ 《蒋中正电顾祝同对周恩来动之以旧情并派亲信询其就抚后最低限度与统一之法要求其实行三民主义不作赤化宣传工作等》（1937年2月8日），《蒋中正总统档案》，002080200276068。

等，并说蒋介石推迟了原约定周恩来10日赴杭州谈判的计划，要他先同周谈。随后，国共分别以顾祝同、张冲、贺衷寒及周恩来、博古、叶剑英为代表，在西安开始第一次商谈。

对与国民党方面的谈判，中共做了充分准备。2月9日，中共致周恩来电中显示了中共的要求：关于政治，以中共中央致国民党五届三中全会电为准；关于军事，编4个军，12个师，组成一路军，设正副总司令，朱德任总司令，彭德怀任副总司令；关于党的问题，"求得不逮捕、不破坏组织即可，红军中组织领导不变"。①次日，电告谈判的补充内容，提出中共应参加"（一）军事机关如军委会、总司令部、国防会议等。（二）政治集会如各派各党之代表会议、国民大会等。（三）抗日时参加政府"。②蒋介石也于2月8日密电顾祝同，强调："最要注意之点，不在形式之统一，而在精神实质之统一。一国之中，决不能有性质与精神不同之军队。简言之，要其共同实行三民主义，不作赤化宣传。若在此点同意，则其他当易商量。"③2月初的日记中，蒋介石列举近期五件大事是："一、对内不造成内战。然一遇内乱，则不放弃戡乱平内之机。二、政治、军事仍应渐进，由近及远，预定三年至五年为统一时间。三、不说排日，而说抗战。四、加强军队。五、分省物色人才与正绅。"④虽仍有所保留，但避免内战、准备抗战已成难以动摇的方针。

11日，谈判开始。中共代表坚持致国民党五届三中全会电所提五项要求、四项保证的原则立场。政治方面，中共代表宣布承认三民主义及国民党在中国的领导地位，取消暴动政策及没收地主之土地政策，停止赤化运动，要求国民党政府分批释放被捕之共产党员，容许共产党在适当时期公开。陕甘宁边区问题上，中共宣布取消苏维埃政府，将红军驻在地区改为陕甘宁行政区，执行中央统一法令与民选制度，其行政人员经民选推荐，由国民政府任命。在最关键的红军改编问题上，红军名称取消，改编为国民革命军，服从国民政府军事委员会统一指挥。12日双方初步达成如下协

---

① 《我方与宁方谈判的主要内容》（1937年2月9日），《文献和研究》，第206页。
② 《我方与宁方谈判的补充内容》（1937年2月10日），《文献和研究》，第207页。
③ 重庆市政协文史资料研究委员会等编《抗战时期国共合作纪实》（上），重庆出版社，1992，第327页。
④ 《蒋介石日记》，1937年2月5日。

议：中共承认国民党在全国的领导地位，停止武装暴动及没收土地政策，坚决实行御侮救亡的统一纲领，国民政府分期释放政治犯，对中共党人及组织不再逮捕、破坏，允许中共适时公开；取消苏维埃制度，改为中华民国特区政府，受国民政府指导，实施普选制度，区内行政人员由地方选举，中央任命；红军改编为国民革命军，接受军委会与蒋介石的统一指挥和领导，其人员编制饷额和补充，照国民革命军待遇，其领导人员，由其推荐军委会任命，其政训工作由其自做，但中央派少数人员任联络，其他各边区赤色游击队，编为地方团队；中共派代表参加国民会议，军队派代表参加国防机关；希望国民党三中全会对中共提出的和平统一团结御侮及容许民主自由、改善人民生活的主张，有进一步的表示。

2月13日，顾祝同将会谈达成的草案及有关情况报告蒋介石："与周谈。彼：红军改编为国民革命军，接受军事委员会的指挥和领导，其人员编制饷项和补充，照国军待遇。领导人员由推荐军事委员会任命。政训工作由其自做，中央派少数人员任联络。其他各边区赤色游击队，编为地方团队。"① 16日，蒋介石回电，指示："对第三者处理方针，不可与之说款项多少，只可与之商准留编部队人数之几何为准，当西安事变前只允编3000人，后拟加为5000人，但5000人之数尚未与之明言也。今则时移情迁，彼既有诚意与好意之表示，中央准编其四团制师之两师，照中央编制，八团兵力当在15000人。以上之数，不能再多，即可以此为标准，与之切商。其余人数，准由中央为之设法编并与安置，但其各师之参谋长与师内各级之副职，自副师长乃至副排长人员，皆应由中央派充也。此仅对军事而言，至于其他关于政治者，待军事办法商妥后，再由恩来来京另谈可也。"② 同日蒋介石在日记中写下其对共、对日方针："编共而不容共"，"抗日而非排日"。

接到蒋介石的密电后，贺衷寒的态度为之一变，要求红军压缩到两个师，这和中共最初提出的12个师差距甚大，中共坚决反对副职人员一律由国民党"派充"，如确有必要，也只可派人负责联络。国共双方围绕着改编这一焦点问题，争执不下。

---

① 《顾祝同致蒋介石电》(1937年2月13日)，秦孝仪主编《中华民国重要史料初编——对日抗战时期 第五编》(1)，第262—263页。
② 《蒋介石致顾祝同密电》(1937年2月)，《第二次国共合作的形成》，第321页。

1937年2月15日至22日，国民党五届三中全会在南京举行。为推动第二次国共合作早日形成，中共中央于1937年2月10日发出《给中国国民党三中全会电》，表示在国民党停止内战、团结抗日前提下，中共愿做出保证："（一）在全国范围内停止推翻国民政府之武装暴动方针；（二）工农政府改名为中华民国特区政府，红军改名为国民革命军，直接受南京中央政府与军事委员会之指导；（三）在特区政府区域内，实施普选的彻底民主制度；（四）停止没收地主土地之政策，坚决执行抗日民族统一战线之共同纲领。"① 全会经过激烈争论，实际接受了中国共产党关于国共两党合作抗日的条件。会议最后通过《宣言》，确认了停止内战、准备抗战的方针，明确表示："至于国内，则和平统一，数年以来，为全国共守之信条。"声明："对外则决不容忍任何侵害领土主权之事实，亦决不签订任何侵害领土主权之协定。遇有领土主权被侵害事实之发生，如用尽政治手段而无效，危及国家与民族之根本生存时，则必出以最后牺牲之决心，绝无丝毫犹豫之余地。"强调："吾人始终若一之目的，厥为对内求自立，对外求共存，即使蒙受损害，超过忍耐之限度，而决然出于抗战，然亦只有自卫之心，绝无排外之意。"② 这是国民党正式文件中首次出现"抗战"字眼。22日，蒋介石在大会上发言，承诺在一定条件下开放言论自由，释放政治犯，集中人才。至此，国共两党合作抗日的局面初步形成。

2月24日，鉴于国民党五届三中全会后出现的国内政治和平发展的新形势，周恩来致电张闻天、毛泽东，提出促进谈判的五项原则："一、可以服从三民主义，但放弃共产主义信仰绝无谈判余地。二、承认国民党在全国领导，但取消共产党绝不可能。惟国民党如能改组成民族革命联盟性质的党（蒋在西安有改组党的发轫），则共产党可整个加入这一联盟，但仍保持其独立组织。三、红军改编后，人数可让步为六七万，编制可改为四个师，每师三个旅六个团，约一万五千人，其余编某路军的直属队。四、红军改编后，共党组织饰〔引者按：原文如此〕为秘密，拒绝国民党组织，政训人员自行训练，可实施统一的政训纲领，但不能辱骂和反对共产党。五、苏区改特别区后，俟共党在非苏区公开后，国民党

---

① 《中共中央文件选集》第11册，第157—158页。
② 《第五届中央执行委员会第三次全体会议宣言》，荣孟源主编《中国国民党历次代表大会及中央全会资料》下册，第428—429页。

亦得在特别区活动。"① 中共中央书记处第二天复电表示同意。

三中全会后，国共谈判进程加快。2月26日，参加国民党三中全会的张冲返回西安继续谈判。张冲带来了蒋介石有关谈判的新提议，主要内容为：中共服从三民主义；释放政治犯；特别区改名为行政区；军队改编人数可定为3师9团。和月初蒋介石只答应红军改编至15000人相比，这次在人数上做了让步，答应可加倍，已和中共实际武装力量相近。此后，双方焦点集中在改编后的军队人数问题。中共为促成谈判，降低了原来编4个军12个师的要求，提出愿将现有红军中之最精壮者编为3个国防师，计6旅12团，每师1.5万人，在3个国防师之上，设某路军总指挥部，总部下设数个直属营。另外还提出了参加国民大会、国防会议、军事委员会和停止对西路军的军事进攻等要求。谈判期间，应中共方面要求，国民政府向红军提供了一些物质接济。

3月8日，周恩来、叶剑英与顾祝同、贺衷寒、张冲再次会谈。由于双方意见大体趋于一致，决定由周恩来将一个月来的谈判情况写成总结性条文，送蒋介石最后决定，此即所谓"三八协议"。协议共3款15条。其主要内容为：（1）中共承认服从三民主义的国家和国民党的领导地位，彻底取消暴动政策和没收地主土地政策，停止赤化运动；国民政府分批释放监禁中的中共党员，容许共产党在适当时期内公开。（2）取消苏维埃政府及其制度，将目前红军驻在地区改为陕甘宁行政区，执行国民政府统一法令与民选制度，其行政人员经民选推荐，由国民政府任命，行政经费由行政院及省政府规定。（3）红军取消，改编为国民革命军，服从国民政府军事委员会及蒋介石的统一指挥，其编制人员、给养及补充与国民革命军同等待遇，其各级人员由其自己推选，呈请军委会任命，政训工作由中央派人联络；将红军中最精壮者改编为3个国防师，计6旅12团及其他直属之工、炮、通信、辎重等部队，在3个师上设某路军总指挥部附特务营、工兵营等直属队；将红军的地方部队改编为地方民团或保安队；红军学校办完本期后结束；此外，在河西走廊令马步芳、马步青部停止对红军西路军的进攻。②

---

① 《同国民党谈判的方针》（1937年2月24日），《周恩来书信选集》，第129—130页。
② 《周恩来关于一月来与国民党谈判结果向中央的报告》（1937年3月8日），《第二次国共合作的形成》，第195—196页。

周恩来的总结规定红军可以编为 12 个团，而这和 3 月 4 日蒋介石给张冲的指示"允编九团为最多额，决不能编为十二团，否则各将领更起不平，青宁尤然，无法两全",① 明显相悖。从这个电文中可以看出，作为全国最高领导人，蒋介石和中共谈判时，不仅要照顾到中共的利益，还要顾虑各方的反应，尤其是和中共相邻而处、刚刚还与中共冲突过的西北地方实力派的反应。更重要的，蒋介石对中共存有极大戒心，千方百计限制中共的生存权，其在日记中写道："对赤匪收抚不可迁就之条件：甲、不能设立总部；乙、不能成立特区；丙、不能留编地方警甲为武力暴动之张本；丁、对其高级干部保护其自由权，如其愿出洋，则可由政府资送；戊、政党组织必须在国民大会之后。"② 因此，对周恩来起草的方案，蒋介石指示要予以修改。3 月 10 日，顾祝同约张冲、贺衷寒和周恩来、叶剑英一同修改谈判总结条文。双方在如何确定红军领导权问题上又发生了激烈争论。顾不同意周起草的方案，决定由贺衷寒另行起草。11 日，贺起草了谈判总结提案。提案中要求红军缩编至 2 万余人，红军改编后，副职干部由国民党方面派遣；取消红军中的政治工作人员，服从国民党方面的一切命令等。这其实是对红军"收编"的提案，企图把红军置于国民党的绝对控制之下。周恩来严词拒绝，并迅即报告给中共中央。中共中央书记处于 12 日、13 日两次给周回电，指出贺、顾所改各点"企图在于欲使我党放弃独立性，而变成资产阶级政党之附属品"，对此"必须坚持自己的立场，绝对不能迁就"。③ 中共中央要求见蒋介石本人来解决此问题。谈判陷入僵局。按照中共中央指示，周恩来约见张冲，指出由于国民党代表在谈判中横生枝节，影响谈判的进行，表示：中共对顾、贺提案不能承认，但对两党团结救国和拥护蒋委员长的根本方针，并不因此而动摇。由于这些问题不是西安的国民党谈判人员所能解决得了的，周恩来要求见蒋介石来解决。至此，西安谈判便宣告结束。这次谈判未解决主要问题，但达成了红军改编成 3 个师，在西安设立中共办事处，从 3 月起国民党开始接济红军

---

① 《蒋中正电示张冲允最多编九团决不能编为十二团》（1937 年 3 月 4 日），《蒋中正总统档案》，002010200173004。
② 《蒋介石日记》，1937 年 3 月 10 日。
③ 《中共中央书记处关于与国民党谈判方针给周恩来的指示》（1937 年 3 月 12 日），《第二次国共合作的形成》，第 197 页。

的军饷等协议。

3月中旬，针对中共中央的要求，蒋介石致电张冲，要其转告："恩来兄廿二至廿五日到沪再约地相晤，一切皆应严守秘密"。① 由于谈判取得某些进展，周恩来与中共中央决定接受蒋介石邀请。22日，周与张冲同机飞赴上海，周到上海后，首先会见了宋美龄，把中共中央关于国共谈判的15项条件拟成书面意见交给了宋美龄，请其转交蒋介石。接着又与宋子文、蒋鼎文会晤，向他们口头说明中共关于谈判的15项内容。随即转往杭州，与等候在那里的蒋介石会谈。

3月下旬至3月底，周恩来与蒋介石在杭州会谈。周恩来向蒋介石重申了中共方面关于国共合作的原则立场，并表示了中共愿意与国民党合作抗日的诚意，同时，根据中共给国民党五届三中全会电文的精神及西安谈判中双方争论的问题，提出11项书面要求和保证及6项口头声明。周恩来提出口头声明六点：（1）陕甘宁边区须成为整个行政区，不能分割。（2）红军改编后的人数须达四万余人。（3）三个师上必须设总部。（4）关于副佐及政训人员不能派遣。（5）红校必须办完本期。（6）红军防地须增加。② 蒋介石在会谈中承认：中共是有民族意识的，是新兴力量，大家一致致力和平，一定有很好的前途。1927年国共分家，造成北伐中挫，军阀割据，国共两党都有错误。他还表示，自己最大的错误，就是没有培养出一批好的干部，希望中共能与他个人永久合作，并商量一个永久合作的办法。具体问题，他认为是小节，容易解决。中共可以参加国防会议。行政区要整个的，中共可推荐一个南京方面的人来做正的以应付各方；副的以下均归中共，他不来干涉，军队人数不争，总的司令部可以设，决不破坏中共部队，只是联络而已，粮食接济令顾祝同设法，即使永久合作的办法尚未商定他也决不再打。③ 这是蒋介石一个比较缓和的表态，不过后来事实证明，具体落实还有困难。26日，蒋介石在日记中记有会谈情况："本日与周恩来讨论共党问题之根本办法。余独注重于其内部组织之改正，与根本政策

---

① 《蒋中正电嘱张冲约周恩来二十二至二十五日到沪相晤并严守秘密》（1937年3月16日），《蒋中正总统档案》，002010200173016。
② 《中央关于同蒋介石谈判经过和我党对各方面策略方针向共产国际的报告》（1937年4月5日），《中共中央文件选集》第11册，第180页。
③ 《中央关于同蒋介石谈判经过和我党对各方面策略方针向共产国际的报告》（1937年4月5日），《中共中央文件选集》第11册，第181页。

之决定，以及认定领袖之地位各点，彼乃出于意外，以为余彼相见只谈对共收降条件之枝节问题也。"

4月4日，中共中央召开政治局扩大会议，听取周恩来关于杭州谈判的汇报。会议根据两党谈判以来的情况，讨论了国内形势与党的任务，认为国民党"三中全会是国民党国策基本转变的开始"，此后，"停止内战的旧阶段已经过去，而转入以争取民主权利为中心内容的新阶段"，"民族矛盾超过国内阶级矛盾。党今后应坚持民族的统一战线方针，不为局部变动而动摇"。会议还强调："我党必须在各种斗争中努力争取领导权。"① 关于蒋介石在杭州谈判中所提的合作纲领问题，政治局会议决定由周恩来拟定一个方案，在下次会谈时向蒋介石提出。

4月25日，周恩来、张云逸等前往西安，准备再次南下与蒋介石会谈。抵达西安后，周恩来于27日约见顾祝同和张冲，告以共同纲领已经拟好，要其电蒋请示会晤确期。蒋回电要求顾祝同先就近与周恩来磋商红军改编问题，再约期会晤。② 顾、张等并提议先派一个视察团去苏区调查，以证实中共支持国内和平和团结抗日的诚意。对国民党谈判代表的提议，周恩来当即表示可以考虑。

5月，经过国共双方代表商定，国民党当局派遣考察团进入陕甘宁苏区，29日到达延安。30日参加延安各界民众纪念五卅大会。毛泽东在会上发表讲话，强调："第一次大革命时代是由国共两党干起的，现在比那个时候更加不同了，民族比那时更危险。两党一致团结，在今天比以前合作的意义与作用是更增加了。过去十年两党没有团结，现在情形变了，如两党再不团结，国家就要灭亡。中央考察团此来，使两党团结进入新的阶段，其意义是很重大的。"③ 林彪、冯文彬、刘长胜也代表各界讲话。考察团由叶剑英、陈赓陪同，到洛川、云阳、庆阳参观步兵学校及陕甘宁部队，一路得到边区军民的热烈欢迎。

5月9日，蒋介石致电顾祝同，令其"请问恩来兄除其交兄之纲领

---

① 金冲及主编《周恩来传》，中央文献出版社、人民出版社，1989，第358页。
② 《蒋中正电示顾祝同先与周恩来切商其所拟方案待十日后再约期相晤》（1937年4月30日），《蒋中正总统档案》，002010200174033。
③ 毛泽东：《在欢迎国民党考察团晚会上的欢迎词》，转引自李良志等编《抗战时评》，河南大学出版社，2005，第154页。

以外，是否再无其它合作办法，如另有其它办法，亦请其先与兄开诚洽商为要"。① 下旬，国共两党围绕下一次会谈电函往还，双方约定到庐山继续谈判。29日，蒋介石在日记中写道："对共问题，如其要公开，则应取消党名。"31日，又记下其对中共问题的处理态度："对共条件：甲、国大会前，宣传与组织停止活动。乙、应防军阀与倭寇借口容共为名攻击中央，故暂不公开。丙、组织国民革命会，双方各推代表五人。丁、共党宣言中须提停止宣组一节。""对共方针：甲、经济从宽；乙、政治次之；丙、军事严定限制；丁、主张坚决，绝对不能迁就；戊、行动须令一致；己、区域与军官仅施监察亦可；庚、勿准联合各党各派主张；辛、勿准宣传；壬、改党名，誓行三民主义；癸、领袖权责。"②

5月底，周恩来由西安乘飞机来到上海，后转赴庐山。6月8日至15日，周恩来同蒋介石多次会谈，宋美龄、宋子文和张冲也参加。会谈前，蒋介石在日记中就提到其关注的重点："一、对共警告：甲、不能提不必做之言与不能做到之事；乙、绝对服从与一致，不得擅自宣传；丙、不得任意活动与组织；丁、对第三国际之限制。二、国民革命同盟会之组织。三、对倭之攻守。四、对各党各派之断绝。"③ 会谈开始后，周恩来先将中共中央草拟的《关于御侮救亡、复兴中国的民族统一纲领（草案）》交给蒋介石。纲领包括三部分内容：争取民族独立，反对日本帝国主义；实现民权，保障人民自由；实现民生幸福，建立国防经济。蒋介石在这次会谈中的态度，比杭州谈判时后退了一大步，他撇开中共中央提出的纲领草案，另提出成立国民革命同盟会的主张，具体办法是："（一）成立国民革命同盟会由蒋指定国民党的干部若干人，共产党推出同等数量之干部合组之，蒋为主席，有最后决定之权。（二）两党一切对外行动及宣传，统由同盟会讨论决定，然后执行。关于纲领问题，亦由同盟会加以讨论。（三）同盟会在进行顺利后，将来视情况许可扩大为国共两党分子合组之党。（四）同盟会在进行顺利后，可与第三国际发生代替共产党关系，并由此坚定联俄政

---

① 《蒋中正电示顾祝同与周恩来洽商其它合作办法》（1937年5月9日），《蒋中正总统档案》，002010200175017。
② 《蒋介石日记》，1937年5月31日。
③ 《蒋介石日记》，1937年6月5日。

策,形成民族国家间之联合。"① 显然,蒋企图利用"国民革命同盟会"把共产党融合到国民党中去,从而取消共产党的独立性。对红军改编问题,蒋同意红军编为3个师,每师1.5万人,但不答应红军在3个师以上设总司令部,而设"政治训练处指挥之",并公然说:"请毛先生、朱先生出洋",各边区的武装也要"实行编遣,其首领须离开"。对陕甘宁边区政府,仍坚持由国民党"派正的官长"。周恩来严肃表示:有关国民革命同盟会的组织问题,须请示中共中央后定;有关红军指挥机关和边区人事安排等问题不能同意。这次谈判没有取得结果。蒋介石在会谈后写道:"一、对共党之要点:甲、优容与严厉监督;乙、夺取群众之禁止;丙、陕北政治之中央统一;丁、毛泽东出洋;戊、民主口号与各党各派联合口号之取消;己、不得为外国而抗日。二、国民大会后对各党派是否允其活动,并严令其范围。"② 6月19日,周恩来回到延安。

6月底,中共中央为了推动国共合作的发展,经研究后,提出新方案15点。新方案在一些重要问题上又做出让步。首先,在两党合作形式问题上,中共原则上同意组织国民革命同盟会,但要求先确定共同纲领,以便奠定同盟会及两党合作的政治基础。在承认共同纲领的基础上,可同意国共两党各推出同等数量的人组织最高会议,以蒋介石为主席,承认其依据纲领有最后决定权;同盟会将来发展之趋势及与第三国际关系问题,为了不使它成为国共合作的障碍,中共不加反对,但必须保持共产党的独立组织及政治宣传和讨论之自由。其次,在人事任命上,中共推荐从张继、宋子文和于右任三人中择一人任边区正职长官。力争朱德为红军改编后的指挥员。再次,在军事上继续坚持请蒋同意设立总的军事指挥部,如万一不成,则要求设立具有军事指挥机关的组织和权力的政治训练处,如再不同意,则自行改编红军为3师4.5万人,另编地方部队1万人。同时中共中央还认真起草了国民革命同盟会的组织原则和民族统一战线纲领草案。国民革命同盟会组织原则的主要内容为:国共双方推选同等数目之干部组织最高会议,以蒋为主席,依据共同承认之民族统一纲领,决定两党共同行动事项,并调整两党关系,蒋依据共同纲领有最后决定之权。但同盟会不

---

① 《中共中央关于与蒋介石第二次谈判情况向共产国际的报告》(1937年6月17日),《中共中央文件选集》第11册,第265页。
② 《蒋介石日记》,1937年6月17日。

干涉两党内部事务，两党均保留各自组织之独立性及政治批评和讨论之自由权，而任何有违共同纲领之议案，两党之一方可拒绝讨论。民族统一战线纲领草案的主要内容为：（1）必须发动和实行反对日本帝国主义之战争，收回一切失地，修改不平等条约并整理外债，联合世界上平等待我之国家民族，共同努力反对侵略，争取民族独立，维护世界和平。（2）释放一切政治犯，保障人民言论、出版、集会、结社、居住、信仰之完全自由，修改国民大会组织法及选举法，建立没有财产、文化、性别、民族和信仰等限制之普遍平等直接无记名投票的选举制度，以产生民主国会与民主的中央政府，实行民权自由。（3）全力发展国防工业，鼓励民族工商业，实行保护税制和统一累进税，取消一切苛捐杂税，切实改善工人农民生活。为使国民党在红军改编等问题上同意中共的方案，在边区政府人选问题上，中共继续有所让步，提出边区政府的9人名单，其中有国民党代表张冲、民主人士杜斌丞。国民党方面则提出由丁惟汾出任边区行政长官。双方未达成共识。

6月26日，南京方面来电，催促周恩来再上庐山，继续谈判。中共中央决定，待国共两党合作宣言拟好后，周再去见蒋。根据中共中央的意见，周恩来于7月初拟就了《中共中央为公布国共合作宣言》。7月4日，他携带拟好的宣言，和博古、林伯渠从延安到达西安。7日，周恩来一行转乘飞机抵达上海。这一天，正当卢沟桥事变爆发。

二　西安事变后的新形势

1937年前后，随着日本对华北地区影响力的日渐增长，进一步实现对华北的控制成为日军下一步的行动目标。1936年8月制定的1937年对华作战计划中，日军大幅度扩大预想中的作战规模："去年度计划充作对华作战的兵力为九个师团，而昭和十二年度（1937）增加到十四个师团"。而且，在华北的作战，不再限于占领平津地区，"必要时还可能在华北五省进行作战"。对华中作战的目标，也由占领上海扩大为"实现占领和确保上海、杭州、南京三角地带"。[①] 日本对华发动全面战争的危险已迫在

---

① 日本防卫厅防卫研究所战史室：《中国事变陆军作战史》第1卷第1分册，齐福霖译，中华书局，1980，第92—93页。

眉睫。

1935年策动"华北自治"后,日本继续拉拢和逼迫宋哲元,谈判所谓"共同防共",并要求达成协议。1936年3月14日,日本驻北平的大使馆辅佐武官今井武夫访宋,商谈"防共问题"。29日,宋由北平赴天津,与日本天津驻屯军司令官多田骏就"共同防共"进行交谈。4月18日,双方开始正式谈判,中方代表为二十九军总参议兼天津市市长萧振瀛、冀察政委会外交委员会主任陈中孚,日方代表为驻屯军参谋长永见俊德、司令部部附松室孝良。谈判时断时续,南京参谋本部当时所获情报显示,日方提出的"防共协定"内容大纲是:"一、防共委员会隶属冀察政务委员会,人选由华方自觅,日方担任顾问等职。二、共军未侵入冀察边区时,防共一切任务由该委员会主持,日方从旁协助。三、如共军侵入冀察边区,冀察境内华军应开赴边区防剿。平津由小部华军与大部日军共同维持后方治安。四、冀察境内飞机场,日方得于必要时借用。五、防共军需物资,在双方同意原则下,可由日方协助。"① 日本提"共同防共"的真正目的,在于取得在华北的更大范围的驻军权,确立对二十九军的控制,使冀察政权傀儡化。宋哲元虽有借助日方力量对付红军的企图,但更担心日军扩大在冀察驻军会威胁他的统治地位。因而,宋提出"防共协商仅接受物质援助,并不需要武力增援",② 而且要求把取消冀东防共自治政府作为达成"共同防共"的先决条件。由于双方立场存在差距,到5月谈判实际中断。6月,蒋介石致函萧振瀛,对华北作为予以嘉许:"张参谋长等来京,俱悉吾兄处境艰难,坚忍奋勉,中实有荣也。"③

通过成立冀察政务委员会,宋哲元基本实现了对平津地区的控制,其与国民政府的利益冲突明显减小,相反,无论从民族利益还是个人利益言,宋与欲图控制华北的日军渐渐显出距离。1936年10月,日本天津驻屯军举行秋季大演习后,二十九军为显示与日军对抗之决心,11月12日,在河北固安一带和察哈尔张家口、宣化举行大演习,冯治安、赵登禹、刘

---

① 《参谋本部以华北中日防共协定内容致外交部通报》(1936年5月7日),秦孝仪主编《中华民国重要史料初编——对日抗战时期 第六编》(2),第178页。

② 《华北日报》1936年4月29日。

③ 《1936年6月15日蒋介石致萧振瀛的信》,萧振瀛:《华北危局纪实》,中国国际广播出版社,1989,第149页。

汝明3个师均参加，人数在日军演习部队的3倍以上。

1936年底绥远抗战和援绥运动的兴起，尤其是西安事变的发生及和平解决，南京政府转向国内和平和抗日，宋哲元和冀察当局的政治态度更加明确地转向抗日方向。1937年1月20日，宋哲元发表《告同志书》，同时冀察政务委员会、冀察绥靖公署发表《通令》。在《告同志书》中，宋提出的前两项政策是："一、拥护国家统一，推行中央命令，誓以自力图强，实现政治修明之象。二、国家三大要素，即主权、土地、人民；誓尽军人天职，尽力保护之。"① 在《通令》中，明确宣告：在内政方面，"枪口不对内，中国人不打中国人，换言之，即不参加内战"。对于外来侵略，凡是"侵占我土地，侮辱我人民，即是我们的敌人，我们一定要打他"。这是华北当局首次以正式文告的方式着重表明抗日御侮的立场。宋哲元的态度得到南京中央的肯定，1937年6月，蒋介石致函宋哲元，内称："中夙信兄公忠体国不负中央付托之重任，兹闻近状，益信兄苦撑精神久而弥笃，幸为自慰。冀察之事，盼兄酌情处理，此间只有为兄负责设法解除困难，决不使兄独任其难，独受群谤，一切望沉着应付，努力前进，成败毁誉，愿与相共。外间挑拨离间之言，别有作用，此后必更加甚。唯在彼此心照，均不置信而已。总之，中央倚畀吾兄之重有加无已，而中对吾兄公私俱切，更不待言。长城在望，吾无北顾忧矣。"② 日本驻北平特务机关部辅佐官寺平忠辅则哀叹："现在的华北和以前我在华北时的情况完全不同。不仅如此，连去年（1936年）华北处理要纲公布时气氛和今年就已有极大的差别。特别是上个月（1937年2月）三中全会以后，抗日的空气骎骎乎弥漫京津一带，总之，已是大祸临头，没有时间试行五省联盟之构想。如何使宋哲元逃不出我们的掌握，乃是北平特务机关应尽全力的任务。"③

在中国和华北政局发生急剧变化时，日本方面经历了一个波折时期。1937年2月1日，广田内阁辞职，陆军大将林铣十郎继任首相，组新内阁。这时，在对华关系上，日本政府面临着十分严峻的形势：历时已近一

---

① 《正风半月刊》第3卷第12期，1937年2月1日。
② 《蒋介石致宋哲元亲笔函》（1937年6月22日），李惠兰等主编《七七事变前后——抹去灰尘的记忆》，中国档案出版社，2007，第104页。
③ 秦德纯：《七七芦沟桥事变经过》，《七七事变——原国民党将领抗日战争亲历记》，中国文史出版社，1986，第13页。

年的中日"调整国交"谈判,中国政府持前所未有的强硬态度,日本政府以"广田三原则"为中心的对华交涉归于失败。绥远战争中,晋绥当局和南京政府的抗战态度出乎日本当局的意料,伪蒙军遭到惨败。而特别引起日本当局忧虑的是西安事变的爆发及和平解决,中国开始出现全国团结抗战的局面。在日本和德国签订"反共产国际协定"前后,中国政府与苏联的关系更为接近,苏联与外蒙古签订了旨在对付日本的互助协定。这使日本当局感到有再一次变换和施展外交谋略的必要。3月8日,新任外相佐藤尚武在议会宣称,在中日谈判陷于僵局的情况下,"我以为对等或不对等观念,应予放弃或代之以促膝谈心之态度,充分考虑中国之要求,以及与中国有密切关系之权利,同时与日有密切关系之利益,亦应诚挚予以解说"。他表示,日本对中国要在"平等地位为根据的谈判之范围内,保持协调的精神",并且要"将过去一切,付诸东流,而重新以平等地位,进行谈判"。和日本政府台面上的缓和姿态相对应,日本军方的战争鼓噪从未停止,日本海军情报官员写道:"在中国全国抗日、侮日的思潮和抗日战备的进展情况下,不是全部让步后退,就是决一死战。如今进行什么调整邦交、经济扩张的方案都是不可能有成功希望的。莫如以开战来整顿一切战备,和指导适应国际形势的外交,乃为良策。此次中央提示的方策,看起来即使在两三年前按中国的现状都已经晚了。"①

6月1日,近卫文麿内阁继林铣十郎内阁而登台,广田重任外相。近卫内阁鉴于佐藤尚武的活动未能奏效,于是又重新强调以强硬姿态对华。同月20日,日本外务省向驻华大使川越发出训令,强调对华外交要"自主积极地推进",并提出要对"佐藤外交的后退色彩予以修正"。对于对华交涉,训令指出以"广田三原则"为最后目标,但不拘于该原则形式,"从解决悬案着手","着重于经济工作,不急于解决政治悬案"。对华外交要"与对英对苏(外交)并行互进"。"佐藤外交"很快被日本政府和军部视为具有"后退色彩"而"予以修正"掉了。根据中国方面得到的情报,日本川越大使在东京述职时,被明确告知:"该大使于活动上,应注意华北日军长官及南满铁路代表松冈之意志……未得到南满铁路代表及华

---

① 《日海军情报官员向日海军省报告华北形势》(1937年5月20日),李惠兰等主编《七七事变前后——抹去灰尘的记忆》,第97页。

北日军长官之同意前，无权讨论或解决华北问题。"① 日本军方染指华北乃至进一步向中国内地深入的图谋昭然若揭。重光葵谈道："军部内那些与中国问题有关系的人们，则把华北工作、进而把整个中国问题的处理，放在重要位置上。那些一向关注中国问题的将校也赞同这一观点。很多人想通过第二次满洲事变，建立'功勋'，成就功名心。"②

西安事变后，中国政府对日备战工作进一步加紧，但一直没有放弃和平努力，尽管对日态度更趋强硬，但尽力避免与日本摊牌仍然是中国政府对日外交的基本方针。1937年1月20日，外交部部长张群与日本驻南京总领事须磨晤谈时，希望日本："凡由于非法手段所造成之事实，务请贵国从速取消，同时对于足以引起未来纠纷之策动，今后务请严予避免。"③随后，在与日本驻华使馆武官雨宫巽的会晤中，张群再次强调："我国政府对日主张调整邦交，决根据既定方针努力继续做去，决不致有所变更。但日本对华态度如何，影响甚巨，故我国一方面决由外交途径进行，调整交涉，而同时在他方面也不能放弃抗日之准备也。至于如何调整邦交一层，约言之，不外二端：一为取消过去非法手段所造成之事实，二为避免今后足以引起纠纷之策动。华北问题为调整邦交之中心问题，故满洲问题纵可暂置勿谈，但华北现状，则急须加以改善，此为我方最低限度之调整方针，做到此点，然后始可以言其他积极的调整工作。剿共政策为我国一贯之方针，决不因西安事件而有所变更，贵国可以放心。"④

4月初，日本外务省训令驻华大使川越设法解决中日之间的基本政治问题，并提出几点意见："一、中国应承认'满洲国'存在之事实，并承认'满洲'为已失之领土。二、中国应与日本签订特殊协定，保证于将来不侵犯日本在华权益。于远东发生战争时，中国应对日本保持亲善之中立态度。三、中国应同意日本在华北享有之特权。关于内蒙问题，中国应注意日本意旨。"4月5日，新任外长王宠惠发表谈话，公开抨击日本鼓吹的所谓"经济提携"。张群于19日会晤川越茂，对川越提出的所谓解决两国

---

① 《参谋本部呈蒋中正日本川越大使使华任务中对华北的政治经济问题相关情报》（1937年7月2日），《蒋中正总统档案》，002080200280001。
② 〔日〕重光葵：《日本侵华内幕》，第112页。
③ 陈志奇辑编《中华民国外交史料汇编》第9册，台北，渤海堂文化公司，1996，总第3775页。
④ 陈志奇辑编《中华民国外交史料汇编》第9册，总第3780页。

问题办法做出答复,表示:"甚望中日双方能互相顾全对方之立场而努力开辟一具体共同之途径。于贵国无益而于我国有害之事,务请设法力避。对于华北问题与经济提携问题,宜同时加以全盘之研究,不必分前别后。双方如能满意此项原则,则更能进行具体的商议。"① 6月14日,中国外交部就驻沪日军擅自进出上海特区及越界至我国内地苏州等处,向日本政府提出强烈抗议。南京政府至此已拒绝接受屈辱条件,中日外交关系遂呈互不退让的僵持状态。同时,南京当局采取积极步骤,改善与苏联的关系,密切同英美的联系。4月2日,行政院副院长孔祥熙与海军部部长陈绍宽、行政院秘书长翁文灏衔蒋介石之命赴英,以祝贺英王加冕为名,到欧美各国进行外交联络活动,商洽借款及购置武器,以为抗日做准备。孔祥熙先后在伦敦、巴黎、柏林、华盛顿与英、法、德、美各国当局进行接触,探询对日本的态度,表明中国抗日的意志,寻求对方支援。翁文灏还奉蒋介石之命专程赴莫斯科,与苏联外交部长李维诺夫晤谈。苏方提议为对付日本,应当速即订立互不侵犯条约和中苏交换货物的合同。

由于日本方面不断逼迫,中日之间已经被逼到战争的悬崖边上,一场大战可谓一触即发。

中国共产党为迎接全国抗战的到来进行了不懈的努力。1937年1月,中共中央机关由保安迁往延安。3月27—31日,中共中央在延安召开政治局扩大会议,分析和讨论了西安事变和平解决和国民党五届三中全会后中国抗日民族统一战线的新形势及中共的新任务。会议指出,国民党开始转变,但还没有彻底转变,中共的任务是促使国民党进一步转变,并在抗日运动中发挥中国共产党的领导作用。为准备全国抗战到来,使全党明确认识当前的形势、任务以及党的政策、策略,做好迎接大转变的思想准备,中共中央于1937年5月召开中共全国代表会议(当时称为苏区代表会议)。张闻天在开幕词中指出:中国共产党目前的迫切任务,就是"巩固国内和平,争取民主权利,与实现对日抗战"。他号召全党:"积蓄我们的雄厚的力量准备持久战,使中国革命得到最后的胜利。"② 毛泽东在会上做

---

① 《外交部长张群会见川越大使谈话记录》(1937年4月19日),秦孝仪主编《中华民国重要史料初编——对日抗战时期 绪编》(1),第695页。
② 张闻天:《中国共产党苏区代表会议的任务》(1937年5月2日),《张闻天文集》第2卷,第179—181页。

报告，分析了中日矛盾上升为主要矛盾，以及国民党的政策由内战、独裁和对日不抵抗开始向和平、民主和抗日转变的总形势，提出巩固和平、争取民主和早日实现抗战三位一体的任务。中共全国会议批准红军改编为国民革命军，苏维埃政府改为民主政府，为迎接全国抗日战争做了政治上和组织上的重要准备。

紧接着全国代表会议，中共又召开白区代表会议。刘少奇在会上做《关于白区的党和群众工作》的报告，张闻天做《白区党目前的中心任务》的总结报告。会议总结了八七会议特别是瓦窑堡会议以来华北地区白区工作的经验教训，着重批评"左"倾关门主义错误，确定新形势下，中共在整个白区工作中的基本方针和策略。张闻天在会上提出："我党在中国革命新时期内的中心任务是建立全民族的统一战线战胜日寇，实现民主共和国，并在这一统一战线内与民主共和国内取得共产党的领导权。"①

为准备对日抗战，中共党组织十分重视扩大军队。到全国抗战爆发前，正规红军、地方红军、游击队和东北抗日联军发展到10万人左右。部队的政治教育和军事训练都有所加强。1937年初，陕甘宁苏区面积约13万平方公里，人口约200万。边区以中共中央所在地延安为中心，包括陕、甘、宁三省各一部分地区，共20余县。到1937年7月初，陕甘宁地区的主力红军和地方红军总数已发展到7.4万余人。

三　第三次庐山训练

1937年的庐山训练是前两次庐山训练的继续。实际主持三次训练的陈诚追述，二次庐山训练之后，1935年"军事委员会乃扩大其训练范围，筹办庐山暑期训练团，召全国党政军教等文武各界干部集中海会训练。是二十四年暑期训练团之筹办，即为本届训练之胚胎。旋因川滇祸难未靖，委员长驻节锦城，不克分身，遽尔终止。后在峨嵋改办军官训练团。"② 1936年5月，蒋介石再令筹办庐山训练团，但随之两广事变发生，筹办事宜"又即停止"。③ 经过两次筹办的半途而废后，1937年第三次庐山训练终告实现。

---

① 张闻天：《白区党目前的中心任务》（1937年6月6日），《张闻天文集》第2卷，第182页。
② 《庐山暑期训练团实记导言》（1937年8月），台北"国史馆"藏《陈诚文物档案》，00801070300018001。以下不再标明藏所。
③ 《本团创办之经过及其使命》（1937年7月4日），《陈诚文物档案》，008010100200006025。

作为前两次训练的延续，1937年的庐山训练从体制上沿袭了前两次训练的框架，但内容和目标却发生重大变化。对此，酆悌在有关训练的呈文中说得很清楚："前数期庐训，偏重对内求统一与剿匪工作之训练，今后则须为抗战的国防工作之训练，是为庐训第二阶段之主要目的。"① 这次训练，国内政治环境和当年大不相同，两广、西南归顺，南京中央对全国的控制力进一步加强；国共关系出现明显转机，特别是西安事变后，国共开展合作谈判，此次庐山训练前后，国共在庐山的谈判也在进行，因此训练已经不再有针对中共的内容，而是把复兴民族、抵御外侮作为训练的直接目标。训练团组织纲要明确规定，训练团"设立之目的，在使全国受训之党政军学等工作人员，恪遵总理遗教，服从革命纪律，锻炼健全体格，增进服务智能，以期领导全国国民，完成国民革命，复兴中华民族"。训练纲要中军事组的要求是："统一军队教育，发扬国军精神，以完成整军御侮之使命。"② 针对外侮的目标已经毫无隐讳。关于训练的这一目标，蒋介石在对训练团官长的训词中解释得非常直白："就是要训练我们如何尽量贡献我们的聪明才智和生命自由给国家，如何用我们的血汗来培养并充实救国的力量，以突破帝国主义者所加于我们的一切不平等条约的束缚，洗刷国家近百年来所蒙受的一切奇耻大辱，使我们的国家能够真正自由独立强盛起来，再扼要的说一句，这一次训练，就是国家争自由、民族争生存的最后战斗的训练。"③ 当时，刘茂恩和郭汝瑰都参与训练，一为教官，一为学员，二人后来一去台湾，一留大陆，但他们在回忆中都明确指出："这种训练是为动员抗战作准备，是一种机会教育。"④ "这次训练中，没有再讲'剿共'战术，而主要是宣传抗日了。"⑤

1937年5月，第三次庐山训练正式开始筹办。5月1日，训练团筹备处在南京开始办公。军政部常务次长陈诚兼庐山暑期训练团筹备主任，叶楚伧、王世杰、陈立夫等为筹备委员。5月6日，庐山军官训练团筹

---

① 《酆悌呈谨拟本届庐山暑训应注意之点刍见》〔1937年（月日不详）〕，《蒋中正总统档案》，002080102122002。
② 《庐山暑期训练团组织纲要》（1937年5月24日），《陈诚文物档案》，00801070300010005。
③ 《建国要素精神和必成的信心》，秦孝仪主编《先总统蒋公思想言论总集》第14卷，第565页。
④ 刘茂恩口述，程玉凤撰著《刘茂恩回忆录》（下），台北，台湾学生书局，1996，第509页。
⑤ 《郭汝瑰回忆录》，中共党史出版社，2009，第71页。

备委员会第一次会议商定团名、训练期限、训练单位及受训人员资格等事项。13 日，庐山暑期训练团筹备委员会召开第一次全体会议，确定训练对象为全部师旅长及前西北"剿匪"部队连长以上军官，和各省党部委员、中学校长、训导员、军训人员以及各地专员与各县教育、民政科长等。随之又将"连长以上军官"改为"团长以上"。24 日，确定训练团组织纲要，规定："受训人员，以现任党务、军事、教育、县政、警政、军训、政训各级工作人员及童军干部、新运干部各一部为限，分别编入第一第二两总队，施行训练。各机关派送受训人员，女性除外。"① 训练团直属国民政府军事委员会，训练共分三期，训练地址设于庐山海会寺，另以一部设于牯岭。

第三次庐山训练筹备期间，由于在西安事变中身体受伤，蒋介石未能事事亲力亲为，但仍予以悉心指导。1937 年 5 月，他在日记中记下当月大事预定表，其中第一条就是："暑期训练班之设计（西北党政人员）。"② 5 月 1 日，训练团筹备刚开始，他亲电江西省主席熊式辉，提出训练团将以九江和星子两县作为实地考察基地，令其准备接待。③ 2 日，致电陈诚强调筹备委员应"另增党部、内政、教育各部人选，中央党部并须多增几人"。④ 随后，蒋亲自核定训练团的筹办计划，5 月 15 日，他在日记的一周总结中记有："暑假训练计划已定。"⑤

蒋介石对训练课程的制定和老师聘请十分重视，亲自规定课程，指示训练团课程时数："以学科占十分之六，术科占十分之四。"⑥ 陈诚在回答学员问题时明确谈道："本团各种课程，多半是由团长手订的。"⑦ 蒋尤其重视训练老师的聘请，亲电交代："暑期训练应预约讲演之教师，其课目重要者：一、管理法与办事效率，请杨绰安。二、颜习斋哲学与程朱陆王

---

① 《庐山暑期训练团组织纲要》（1937 年 5 月 24 日），《陈诚文物档案》，00801070300010005。
② 《蒋介石日记》，1937 年 5 月 1 日。
③ 《蒋中正电熊式辉本年庐山暑期各班训练欲借星子与九江县为实地考察》（1937 年 5 月 1 日），《蒋中正总统档案》，002020200017029。
④ 《手谕庐训团筹委应增党部内政教育各部人选》（1937 年 5 月 2 日），何智霖编《陈诚先生书信集——与蒋中正先生往来函电》（上），第 264 页。
⑤ 《蒋介石日记》，1937 年 5 月 15 日。
⑥ 《委座寒机沪电》（1937 年 5 月 14 日），《庐山暑期训练团筹备委员会第二次全体会议纪录》，《陈诚文物档案》，00801070300016003。
⑦ 《毕业赠言》（1937 年 7 月 18 日），《陈诚文物档案》，00801010200007007。

哲学之分析，请胡适之讲，共约三小时，请以中之名义属王雪艇先生代约。三、逻辑学。四、统计学。五、地方财务行政。六、地赋。七、土地制度与中央新通过之大纲可商果夫兄。八、林垦矿务之重要与筹备可商实业部长。"① 为保证老师聘请到位，蒋介石于5月、6月，相继亲电或转电胡适、吴稚晖、戴季陶、汪精卫等，邀请他们上庐山为训练团讲课。

反映着蒋介石事必躬亲的性格，其关于训练团的指示可谓巨细靡遗，为营址事，致电陈诚，令设立海会寺与牯岭两个训练营址，"文人与年岁较老不能扒山者驻牯岭"。② 临开训前，交代陈诚准备向学员备送书籍："康济录、自卫新知、科学与学庸（即科学的学庸）等书应早预备印行"。③ 其所列三种书中，《科学的学庸》是他本人在第二次庐山训练时的讲稿，《康济录》是中国古代论述赈济、救荒方略的重要著作，《自卫新知》则汇辑历代防御战略、战术及其得失评断。后两种书在第二次庐山训练时已有推荐，此时作为备送书籍推出，当然和这两本书讲述国家防御和灾难应对主旨有关，既显示出训练的抗战意向，也传递出蒋对抗战路径、前途的思索。

第三次庐山训练时，前一年两广事变平息，两广半独立状态结束。西安事变及随之而来的一系列变化又使南京政府对西北的控制大大加强，因此，训练团对两广及西北干部特别注重，蒋介石指示："对于西北陕甘各省之中小学校长、训育员与专员、县长、党委、保安团队长，应多令加入受训，尤应着重于陕北各县。"④ 同时，蒋对力行社员的训练仍相当重视，1937年5月26日日记中记有："力行社员皆参加暑训。" 28日，特电要求："力行社员皆须到庐山暑训。"⑤

---

① 《蒋中正条谕陈诚暑期训练应预约讲演教师及重要课目十六项》（1937年5月29日），《蒋中正总统档案》，002020200017034。
② 《蒋中正电陈诚暑期训练人员驻地军警有关人员驻海会文人驻牯岭》（1937年6月6日），《蒋中正总统档案》，002020200017037。
③ 《蒋中正条谕陈诚暑期训练团分送各书籍如康济录等书应早预备印行》（1937年7月3日），《蒋中正总统档案》，002020200017047。
④ 《军事委员会委员长蒋中正电军政部常务次长兼庐山暑期训练团筹备主任陈诚关于庐山暑期训练团西北陕甘各省干部应多令加入受训及西北全体党员教员之训练拟令康泽主持筹办》（1937年5月16日），《陈诚文物档案》，00801020200078019。
⑤ 《蒋中正电郑介民联络四维学会东北重要会员及力行社员至庐山暑训》（1937年5月29日），《蒋中正总统档案》，002010200175082。

1937年7月4日，经过两个月的筹备，第一期训练开始。初期计划将受训人员编为九组分三期受训，每期15天，各期分别为：第一期，7月4日至18日；第二期，7月26日至8月9日；第三期，8月17日至31日。训练主要由教育长陈诚主持。蒋两次出席毕业典礼。7月18日，蒋日记记有："上午到海会暑训团，行毕业典礼，在赤暑之下主讲二小时之久，不觉甚倦，可知身体复元矣。"8月9日，蒋又亲临主持第二期毕业典礼。由于抗战已经爆发，7月31日，蒋介石给陈诚下了一道手令："第三期训练拟停办"，① 训练团在举办两期后即提前结束。

由于身体原因及全国抗战爆发，蒋介石现身第三次庐山训练的次数不多，教育长陈诚自始至终主导着训练的进行。在多达二三十次的训话中，陈诚除就训练具体问题做出说明外，谈得最多的是训练的目标和宗旨。他向训练团干部阐述训练目标："中华民族之生死存亡，在当前实遭遇有史以来所未有之难关，故抵御外侮，复兴民族之要求，比较任何问题，更为重要，比较任何时期，更为迫切，而其责任，实肩在吾人与全国国民身上。决不能躲闪，亦决不能诿卸。这是领袖此次召集全国党政军警教育各界的干部，举行庐山暑期训练之所由来。"② 6日，卢沟桥事变爆发前一天，给训练团学员的讲词明确谈及抗日问题，他强调："现在我们到此来训练，也就是建国救国的训练，我们要建国救国，将来非同日本一战不可，换句话说，就是抗日训练。"③

卢沟桥事变后，训练团目标更为明确单一，陈诚简单明快地告诉学员："说打仗容易是自欺欺人，可是我们决不能够听人宰割呀。老实说败也打，除了我们死了便不谈了。"在《抗战的最高原则及国民任务》等讲词中，他给学员分析抗战形势，讲授抗战的方法，指出："日本利于速战速决，我们就用持久战以困之。部分的得失，与全局没有多大关系。""我们同日本帝国主义打仗，绝对不是一天两天的事情，而是一个艰苦而又持久的血战。"应该说，对日抗战必将是持久战，这在当时几乎是共识，陈诚的认识代表了当时多数人的看法。同时，他提出达成持久的方法："只要我们能够扎硬

---

① 《手谕停办暑期第三期训练》（1937年7月31日），何智霖编《陈诚先生书信集——与蒋中正先生往来函电》（上），第283页。
② 《本身训练之要领》（1937年6月24日），《陈诚文物档案》，00801010200006023。
③ 《如何抗日救国》（1937年7月6日），《陈诚文物档案》，00801010200007002。

寨,打死仗,与日本拖到三年五年,则最后的胜利,一定是属于我们的。"① 这样的认识和后来毛泽东从战略全局高度提出的持久战略尚难相提并论,但也在一定程度上代表了战争刚刚爆发时人们对日抵抗的决心。

第三次庐山训练有对日反侵略战争准备的强烈现实目标,因此军事训练在其中占有很重要的地位,为应对全国抗战爆发的形势,训练团二期编印了数十万言的《各国军备概况》,介绍各国军事最高机构、兵力及军区、陆军之编制及装备、陆军之人事制度、兵役制度、军事教育、国民军训、军需工业等,②将其散发给学员,使之对各国军备和军事力量状况获一初步了解,争取做到知己知彼。不过和前两次庐山训练以军官为训练对象不完全相同,第三次庐山训练中,教育和地方行政干部占有一半左右的比例,因此,训练的内容更为广泛,蒋介石规定的训练科目中予以经济、政治行政等内容以很重要的地位:"本年暑期训练要目:一、经济建设。二、国防教育。三、军警整理。四、政治常识与技能。以管教养卫四项而以管理与考核为最要。五、党务精神以服务牺牲爱人救人助人为旨。"强调:"对苏联五年计划之研究应特别注重。"③ 为加强经济和管理方面的训练,蒋介石在筹备期间特地亲电陈立夫,要求其准备好为学员讲述孙中山《实业计划》。④ 训练期间,蒋在训练团发表的有限几次讲演中,和陈诚主要谈论军事不同,将重点放在讨论行政能力的培育上,要求加强教育行政干部的培养:"这种革命中坚干部,如何才能够造就成功呢?第一、要教以组织的知能。……第二要增进管理的能力。"⑤ 这和他后来强调的抗战建国可谓一脉相承。

四 国共两党抗日民族统一战线的形成

七七事变后,中国共产党于7月8日发布《中国共产党为日军进攻卢

---

① 本段引文均出自《〈对于卢沟桥事件应取之方针及处置如何〉之讲评》(1937年8月8日),《陈诚文物档案》,00801010200007020。
② 《各国军备概况》(庐山暑期训练团编印,1937年8月),《陈诚文物档案》,00801070300001001-11。
③ 《蒋中正电陈诚本年暑期训练要目经济建设国防教育军警整理等》(1937年6月9日),《蒋中正总统档案》,002020200017036。
④ 《蒋中正电陈立夫研订暑期训练讲述总理实业计划方案内容及实施步骤》(1939年6月16日),《蒋中正总统档案》,002020200017043。
⑤ 《建国训练的要点和实际的目标》,秦孝仪主编《先总统蒋公思想言论总集》第14卷,第534—535页。

沟桥通电》，指出："必须立刻准备应付新的大事变"，"只有全民族实行抗战，才是我们的出路"。同时，毛泽东、朱德、彭德怀等致电蒋介石，要求"严令二十九军奋勇抵抗"，"立即实行全国总动员，保卫平津、保卫华北、收复失地"，并表示"红军将士，诚愿在委员长领导之下，为国效命，与敌周旋以达保土卫国之目的"。① 当天中共中央还派南汉宸以毛泽东和红军代表名义同华北当局及各界领袖协商团结抗日的具体办法。7月9日，红军将领彭德怀、贺龙、刘伯承、徐向前、叶剑英等致电蒋介石，表示"红军愿即改名为国民革命军，并请授命为抗日前驱，与日寇决一死战"。同日，中共中央要叶剑英答复救国会及各方领袖，请他们努力同政府、国民党党部协商，迅速组成对付大事变的统一战线。

7月14日，中共中央向南京方面表示，愿在蒋指挥下努力抗战，红军主力准备随时出动抗日；已令各军10天内准备完毕，准备担任平绥线国防。15日，中共中央向国民党递送了由周恩来起草的《中国共产党为公布国共合作宣言》。

7月13日，周恩来、秦邦宪、林伯渠到达庐山，准备与国民党代表会谈。14日，蒋介石约见周恩来，周向蒋递交《中国共产党为公布国共合作宣言》，要求国民党中央通讯社立即发表。蒋不置可否。17日，周恩来、秦邦宪、林伯渠在庐山同蒋介石、张冲、邵力子继续谈判。在谈判中，蒋介石虽然承认陕甘宁边区，但在红军改编后的指挥问题上，则坚持3个师以上设政训处，直属行营领导，不设某路军总司令部或总指挥部。3个师的参谋长由南京指派。指定周恩来为政治部主任，康泽为副主任，3个师的经营教育，直属行营。周恩来根据中共中央的指示，在红军统帅机关名义上暂作了让步，在人事任命问题上则坚持了"国民党不准插入一个人"的原则，拒绝国民党派人参与军事指挥。

在谈判陷入僵局后，张闻天、毛泽东于7月20日致电周恩来、秦邦宪、林伯渠："日军进攻之形势已成，抗战有实现之可能。""我们决采取蒋不让步不再与谈之方针"。② 27日，蒋鼎文向周恩来转告蒋介石的意见：红军迅速改编，出动抗日。周恩来、秦邦宪随即在28日返回延安，与中共

---

① 《红军将领为日寇进攻华北致蒋委员长电》（1937年7月8日），《第二次国共合作的形成》，第234页。

② 张培森主编《张闻天年谱（修订本）》（上），中共党史出版社，2010，第326页。

中央商议红军改编出动抗日事宜，决定主力红军在三原迅速改编，编为3个师，4.5万人，上设总指挥部，朱德为总指挥，彭德怀为副总指挥。29日，蒋在日记中已把"共部之编组"列入行动计划。

7月30日，北平、天津失陷，全国形势骤变。8月1日，蒋介石致电蒋鼎文，令其转电周恩来："约同朱毛诸先生即来京面商大计。"① 中共中央经研究，毛泽东不去，由周恩来、朱德、叶剑英赴南京，参加蒋介石召开的国防会议，同时与国民党谈判。6日，周恩来、朱德到西安，与西安行营主任蒋鼎文谈判，双方基本达成妥协，商议："共军出发，实在万赶不及，已决定已编者真日出发，其余一面大概编并，一面陆续出发。"② 9日，周恩来等从西安飞抵南京，参加国防会议。共产党在南京实际上取得了公开合法活动的地位。同时，周恩来、朱德、叶剑英同蒋介石进行第一次南京谈判。谈判的主要内容是发表宣言和红军改编问题。中共方面建议将《中国共产党为公布国共合作宣言》作为两党合作的政治基础，并由国民党将《宣言》尽早发表。但蒋介石迟迟不予发表，交给康泽修改。康泽把《宣言》中中共提出的政治主张全部删掉，只保留中共的基本保证。此外在有些提法上百般挑剔，如将《宣言》中"已经与国民党获得谅解"一语改为"获得中央谅解"，将"取得了国民党的同意"一语改为"取得了政府同意"，千方百计贬低和抹掉中共的合法地位。8月12日，蒋介石派康泽见周恩来，对《宣言》提出许多修改要求，不同意提"民主"，要求一律改"民生"，不同意提同国民党获得谅解而共赴国难等。周恩来等当即表示：有的可以研究，有的不能同意，主张暂缓发表《宣言》。

8月13日，"八一三"战事发生，蒋介石迫切需要红军开赴抗日前线共同作战。同时也认识到如不让步，红军即将自行改编赴前线作战。19日，蒋介石同意把红军改编为八路军，任命朱德和彭德怀担任正、副总指挥。22日，国民党政府正式发布改编命令。在达成协议的当天，周恩来、朱德返回延安，叶剑英留南京继续交涉。

9月中下旬，博古、叶剑英和蒋介石、康泽举行第二次南京谈判。这

---

① 《蒋中正电嘱蒋鼎文转知周恩来并约同朱德毛泽东来京面商大计》（1937年8月1日），《蒋中正总统档案》，002010300002001。
② 《蒋鼎文致蒋介石电》（1937年8月7日），秦孝仪主编《中华民国重要史料初编——对日抗战时期　第五编》（1），第278页。

次谈判主要围绕宣告稿的修改问题展开激烈斗争,最后以"我们奋斗之总的目标"提出中国共产党的三项政治主张。21日,博古、叶剑英和蒋介石、康泽、张冲在孔祥熙的公馆里会谈。蒋介石同意发表《宣言》。双方通过《宣言》基本内容后,博古代表共产党,康泽代表国民党,在《宣言》上签了字。这次南京谈判,终于就实现国共合作共同抗日的一些具体问题达成了协议:(1)国民党同意了中共中央送交的国共合作宣言,由国民党中央通讯社在红军改编开赴山西前线后发表,并由蒋介石发表谈话承认中国共产党的合法地位。(2)国民党同意红军改编后设总指挥部。由朱德、彭德怀任正、副总指挥。(3)关于红军出兵抗日问题。蒋介石同意红军任战略游击支队,只作侧面战,不作正面战,协助友军,扰乱与钳制敌人大部,并消灭敌人一部的作战方针。此外,国民党方面同意由中共派人到其他边区传达改编方针;同意中共在南京、上海等地设立办事处;同意立即分批释放在狱共产党员;同意红军三师主力于8月下旬起陆续开赴前线等。这些协议的达成,对已经兴起的抗日民族战争和第二次国共合作的正式形成起了极大的鼓舞和推动作用。

9月22日,国民党中央通讯社发表了《中国共产党为公布国共合作宣言》。《宣言》宣告:"我们为着挽救祖国的危亡,在和平统一团结御侮的基础上已经与中国国民党获得了谅解,而共赴国艰了";"在民族生命危急万状的现在,只有我们民族内部的团结,才能战胜日本帝国主义的侵略,现在民族团结的基础已经定下了,我们民族独立自由解放的前提也已创设了"。《宣言》还向全国人民提出中国共产党"奋斗之总的目标":(1)争取中华民族之独立自由与解放。首先须切实地迅速地准备与发动民族革命抗战,以收复失地和恢复领土主权之完整。(2)实现民权政治,召开国民大会,以制定宪法与规定救国方针。(3)实现中国人民之幸福与愉快的生活,首先须切实救济灾荒,安定民生,发展国防经济,解除人民痛苦,改善人民生活。①

9月23日,蒋介石在庐山发表《对中国共产党宣言的谈话》,宣称:"此次中国共产党发表之宣言,即为民族意识胜过一切例证。宣言中所举诸项,如放弃暴动政策与赤化运动,取消苏区与红军,皆为集中力量,救亡御

---

① 《中共中央为公布国共合作宣言》(1937年7月15日),中共中央文献编辑委员会编《周恩来选集》(上),人民出版社,1980,第76—77页。

悔之必要条件，且均与本党三中全会之宣言及决议案相合；而其宣称愿为实现三民主义而奋斗，更足证明中国今日只能有一个努力之方向。余以为吾人革命，所争者不在个人之意气与私见，而为三民主义之实行，在存亡危急之秋，更不应计较过去之一切，而当使全国国民彻底更始，力图团结，以共保国家之生命与生存。"① 谈话事实上承认了中国共产党的合法地位和两党合作。中国共产党的宣言和蒋介石谈话的发表，标志着以国共两党合作为基础的抗日民族统一战线的正式形成，毛泽东评价道：

> 共产党的这个宣言和蒋介石氏的这个谈话，宣布了两党合作的成立，对于两党联合救国的伟大事业，建立了必要的基础。共产党的宣言，不但将成为两党团结的方针，而且将成为全国人民大团结的根本方针。蒋氏的谈话，承认了共产党在全国的合法地位，指出了团结救国的必要，这是很好的；但是还没有抛弃国民党的自大精神，还没有必要的自我批评，这是我们所不能满意的。但是不论如何，两党的统一战线是宣告成立了。这在中国革命史上开辟了一个新纪元。这将给予中国革命以广大的深刻的影响，将对于打倒日本帝国主义发生决定的作用。②

1937年9月，中国共产党又提出了新的边区政府9人名单，即林伯渠、张国焘、博古、董必武、徐特立、谢觉哉、郭洪涛、马明方、高岗，坚持边区政府亦完全由中共包办的原则。在边区政府问题上，国共谈判一直未能达成协议。1937年10月12日，国民政府行政院第333次会议正式通过决议承认陕甘宁边区，并任命行政长官，后来又把它束之高阁，一直未予公布，实际上默认了既成事实。

第二次国共合作的正式形成和抗日民族统一战线的建立，是中共中央采取一系列正确政策和措施的结果，是全国人民强烈要求国共两党合作抗日的结果，也是国民党顺应历史潮流以民族大义为重而转变政策的结果。抗日民族统一战线的形成，为全民族对日抗战的发动、坚持与最终胜利，奠定了坚实的基础。

---

① 《集中力量挽救危亡》，秦孝仪主编《先总统蒋公思想言论总集》第38卷，第95页。
② 《国共合作成立后的迫切任务》，《毛泽东选集》第2卷，第363—364页。

主要参考文献

一 档案

黑龙江齐齐哈尔市档案馆馆藏档案
辽宁省档案馆馆藏档案
美国斯坦福大学胡佛研究所藏《蒋介石日记》
台北"国史馆"藏《蒋中正总统档案》、《陈诚文物档案》、《阎锡山档案》
台北中国国民党中央党史馆藏档案
台北中研院近代史研究所档案馆藏国民政府外交档案
台北中研院近代史研究所郭廷以图书馆馆藏资料
中国第二历史档案馆藏国民政府及国民党中央各部会档
中国社会科学院近代史研究所图书馆藏档抄件
国立公文書館・アジア歴史資料センター

二 报刊

《北大旬刊》、《边事研究》、《晨报》（北平）、《大公报》（天津）、《大众生活》、《党的文献》、《党史研究资料》、《东方杂志》、《斗争》（上海）、《斗争》（西北中央局）、《独立评论》、《革命史资料》、《国民政府公报》、《国闻周报》、《红旗》、《红色中华》、《华北日报》、《近代史资料》、《救亡情报》、《军事杂志》、《开发西北》、《抗日救国》、《抗日旬刊》、《抗战与交通》、《民国档案》、《民国日报》（上海、汉口、广州、南宁）、

《民声周报》、《民族》、《求实月刊》、《山西省新生活运动促进会会刊》、《申报》（上海）、《申报月刊》、《生活知识》、《生活周刊》（上海）、《盛京时报》、《时事新报》（上海）、《时事周报》、《外交部公报》、《外交月报》、《西北史地》、《新生活周刊》、《益世报》（北平）、《再生》、《正风半月刊》、《中央半月刊》、《中央党务月刊》、《中央导报》、《中央日报》（上海、南京）、《中央周报》

三 资料汇编、文集、日记、年谱、回忆录等

〔美〕埃德加·斯诺：《红色中国杂记》，群众出版社，1983。

北京师范大学、上海市档案馆编《蒋作宾日记》，江苏古籍出版社，1990。

毕万闻主编《张学良文集》第1、2册，新华出版社，1992。

《蔡廷锴自传》（上），黑龙江人民出版社，1982。

《陈布雷回忆录》，台北，传记文学出版社，1967。

陈公博：《苦笑录》，香港大学出版社，1979。

陈志奇辑编《中华民国外交史料汇编》第9册，台北，渤海堂文化公司，1996。

〔日〕重光葵：《日本侵华内幕》，齐福霖等译，解放军出版社，1987。

重庆市政协文史资料研究委员会等编《抗战时期国共合作纪实》，重庆出版社，1992。

邓文仪：《冒险犯难记》，台北，台湾学生书局，1973。

董其武：《戎马春秋》，中国文史出版社，1986。

《冯玉祥选集》，人民出版社，1998。

复旦大学历史系编译《日本帝国主义对外侵略史料选编（1931—1945）》，上海人民出版社，1983。

复旦大学历史系中国近代史教研组编《中国近代对外关系史资料选辑（1840—1949）》下卷第1分册，上海人民出版社，1977。

高宗武：《日本真相》，湖南教育出版社，2008。

《革命文献》第27、36、38、68辑，台北，中国国民党中央委员会党史史料编纂委员会，1963、1965、1965、1975。

龚古今、恽修编《第一次世界大战以来帝国主义侵华文件选辑》，三联书店，1958。

〔日〕古屋奎二：《蒋总统秘录》第9、10册，台北，中央日报社，1977。

《顾维钧回忆录》第1、2分册，中国社会科学院近代史研究所译，中华书局，1983、1985。

《郭汝瑰回忆录》，中共党史出版社，2009。

《国际联合会调查团报告书》第1—8章，国民政府外交部译，1933，第2版。

国难会议秘书处编《国难会议纪录》，台北，文海出版社，1978。

何应钦将军九五纪事长编编辑委员会编《何应钦将军九五纪事长编》（上），台北，黎明文化事业股份有限公司，1984。

何智霖编《陈诚先生书信集——与蒋中正先生往来函电》（上），台北，"国史馆"，2007。

《胡汉民先生归国后之言论》（二），先导社，1936。

虎口余生编《日军侵据东北记》，出版者不详，1931。

华振中、朱伯康编《十九路军抗日血战史料》，上海书店，1991。

《欢迎蒋委员长剿赤凯旋特刊》，军事委员会政治训练处编印，1933。

《黄仁霖回忆录》，台北，传记文学出版社，1984。

黄绍竑：《五十回忆》，岳麓书社，1999。

吉林省档案馆编《东北沦陷十四年档案史料丛编·九一八事变》，档案出版社，1991。

〔保〕季米特洛夫：《季米特洛夫日记选编》，马细谱等译，广西师范大学出版社，2002。

蒋介石：《苏俄在中国》，台北，中央文物供应社，1957。

蒋介石：《新生活运动言论集》，正中书局，1940。

《蒋廷黻回忆录》，台北，传记文学出版社，1979。

蒋纬国：《抗日御侮》第1卷，台北，黎明文化事业公司，1978。

《蒋中正总统档案·事略稿本》第12—36册，台北，"国史馆"，2004—2008。

金士宣：《铁路与抗战及建设》，商务印书馆，1947。

金问泗等：《黄膺白先生故旧感忆录》，台北，文星书店，1962。

康泽等：《康泽自述及其下场》，台北，传记文学出版社，1998。

《孔从洲回忆录》，解放军出版社，1989。

孔祥熙：《孔庸之先生演讲集》（上），台北，文海出版社，1972。

李璜：《学钝室回忆录（增订本）》下卷，香港，明报月刊社，1982。

李惠兰等主编《七七事变前后——抹去灰尘的记忆》，中国档案出版社，2007。

李嘉谷编《中苏国家关系史资料汇编（1933—1945年）》，社会科学文献出版社，1997。

李云汉编《九一八事变史料》，台北，正中书局，1977。

李云汉编《抗战前华北政局史料》，台北，正中书局，1982。

李良志等编《抗战时评》，河南大学出版社，2005。

刘茂恩口述，程玉凤撰著《刘茂恩回忆录》，台北，台湾学生书局，1996。

刘维开编《国民政府处理九一八事变之重要文献》，台北，近代中国出版社，1992。

《庐山训练集》，新中国出版社，1947。

《马占山卫队长杜海山回忆录》，未刊本。

《毛泽东选集》第1卷，人民出版社，1991。

《民国二十四年全国新生活运动》，新运促进总会，1936。

南开大学历史系、唐山档案馆编《冀东日伪政权》，档案出版社，1992。

南开大学马列主义教研室中共党史教研组编《华北事变资料选编》，河南人民出版社，1983。

戚继光：《纪效新书》，军事委员会南昌行营编，中华书局，1935。

戚继光：《练兵实纪》，军事委员会南昌行营编，中华书局，1935。

《秦德纯回忆录》，台北，传记文学出版社，1967。

秦孝仪编《西安事变史料》下册，台北，正中书局，1985。

秦孝仪主编《先总统蒋公思想言论总集》，台北，中国国民党中央委员会党史委员会，1984。

秦孝仪主编《中华民国重要史料初编——对日抗战时期 第六编》（1）（2）（3），台北，中国国民党中央委员会党史委员会，1981。

日本防卫厅防卫研究所战史室：《中国事变陆军作战史》第1卷第1分册，齐福霖译，中华书局，1980。

日本防卫厅防卫研究所战史室编《日本海军在中国的作战》，天津市政协编译委员会译，中华书局，1991。

日本防卫厅防卫研究所战史室编纂《日本军国主义侵华资料长编——〈大本营陆军部〉摘译》（上），天津市政协编译委员会译校，四川人民出版社，1987。

日本政府参谋本部编《满洲事变作战经过概要》第1、2卷，田琪之译，中华书局，1982。

荣孟源主编《中国国民党历次代表大会及中央全会资料》下册，光明日报出版社，1985。

沙千里：《漫话救国会》，中国文史资料出版社，1983。

上海社会科学院历史研究所编《"九·一八"—"一·二八"上海军民抗日运动史料》，上海社会科学院出版社，1986。

上海市中共党史学会编《上海抗日救亡运动资料选编》，编者印行，1985。

沈云龙编著《黄膺白先生年谱长编》下册，台北，联经出版事业公司，1976。

沈云龙访问，贾廷诗等纪录《万耀煌先生访问纪录》，台北，中研院近代史研究所，1993。

世界知识出版社编《国际条约集（1924—1933）》，编者印行，1961。

世界知识出版社编《中美关系资料汇编》第1辑，编者印行，1957。

《斯大林文选》，人民出版社，1962。

《宋庆龄选集》上卷，人民出版社，1992。

台北"国史馆"等编《蒋中正先生年谱长编》第4册，编者印行，2014。

台北"国史馆"审编处编《蒋中正总统文物·革命文献（四）·中日关系史料》，编者印行，2002。

〔美〕唐德刚、王书君：《口述实录·张学良世纪传奇》，山东友谊出版社，2002。

天津市政协编译委员会编译《重光葵外交回忆录》，知识出版社，1982。

〔日〕土肥原贤二刊行会编《土肥原秘录》，天津市政协编译组译，中华书局，1980。

《汪精卫先生抗战言论集》，独立出版社，1938。

王铁崖编《中外旧约章汇编》第3册，三联书店，1962。

王仰清、许映湖标注《邵元冲日记》，上海人民出版社，1996。

《王子壮日记》第3册，台北，中研院近代史研究所，2001。

〔美〕韦罗贝：《中日纠纷与国联》，薛寿衡译，商务印书馆，1937。

文史资料选辑，全国及各省市。

《吴铁城回忆录》，台北，三民书局，1968。

西安事变研究会编《杨虎城文集》，中国文史出版社，2013。

西安事变研究会资料室编《西安事变电文选》，陕西师范大学出版社，1986。

西北大学历史系中国现代史教研室等编《西安事变资料选辑》，编者印行，1979。

萧振瀛：《华北危局纪实》，中国国际广播出版社，1989。

袖风：《马占山将军抗战史料》，油印本，1941。

徐菜编《马占山将军抗日战》，中北印书局，1933。

《徐永昌日记》，台北，中研院近代史研究所，1990—1991。

《一二九运动回忆录》第1集，人民出版社，1982。

《榆关抗日战史》，中国国际宣传社，1943。

余子道、黄美珍编选《王明言论选辑》，人民出版社，1982。

云南省档案馆编《国民党军追堵红军长征档案史料选编（云南部分）》，档案出版社，1987。

张公权：《抗战前后中国铁路建设的奋斗》，台北，传记文学出版社，1974。

张家裕主编《毛泽东军事年谱》，广西人民出版社，1994。

张培森主编《张闻天年谱（修订本）》（上），中共党史出版社，2010。

张其昀主编《先总统蒋公全集》，台北，中国文化大学，1984。

中共安顺地委等编《王若飞文集》，贵州人民出版社，1996。

中共北京市委党史资料征集委员会编《一二九运动》，中共党史资料出版社，1987。

中共中央党史研究室第一研究部译《共产国际、联共（布）与中国革命档案资料丛书》第13—18卷，中共党史出版社，2007。

中共中央统一战线工作部、中共中央文献研究室编《周恩来统一战线文选》，人民出版社，1984。

中共中央统战部、中央档案馆编《中共中央抗日民族统一战线文件选编》，档案出版社，1985。

中共中央文献编辑委员会编辑《周恩来选集》（上），人民出版社，1980。

中共中央文献研究室、中国人民解放军军事科学院编《周恩来军事文选》，人民出版社，1997。

中共中央文献研究室编《毛泽东年谱（1893—1949）》，中央文献出版社，2002。

中共中央文献研究室编《毛泽东书信选集》，人民出版社，1983。

中共中央文献研究室编《毛泽东文集》第1、2卷，人民出版社，1993。

中共中央文献研究室编《周恩来年谱》，中央文献出版社，1989。

中共中央文献研究室编《周恩来书信选集》，中央文献出版社，1988。

中国第二历史档案馆编《冯玉祥日记》，江苏古籍出版社，1992。

中国第二历史档案馆编《中华民国史档案资料汇编》第五辑，江苏古籍出版社，1994。

中国第二历史档案馆等合编《西安事变档案史料选编》，档案出版社，1986。

中国国民党中央委员会党史委员会编《胡汉民先生文集》，编者印行，1978。

中国国民党中央委员会党史委员会编《宋哲元先生文集》，编者印行，1985。

中国人民银行上海市分行金融研究所编《上海商业储蓄银行史料》，上海人民出版社，1990。

中国人民政治协商会议河北省委员会文史资料研究委员会编《冯玉祥与抗日同盟军》，河北人民出版社，1985。

中国人民政治协商会议全国委员会文史资料研究委员会编《从九一八到七七事变》编审组编《从九一八到七七事变》，中国文史出版社，1987。

中国人民政治协商会议全国委员会文史资料研究委员会《七七事变》编审组编《七七事变——原国民党将领抗日战争亲历记》，中国文史出版社，1986。

中国人民政治协商会议全国委员会文史资料研究委员会编《张治中回忆录》（上），文史资料出版社，1985。

中国社会科学院近代史研究所翻译室编译《共产国际有关中国革命的文献资料》第2辑，中国社会科学出版社，1982。

中国社会科学院近代史研究所中华民国史研究室编《长城抗战资料选辑》，中华书局，1989。

中国社会科学院近代史研究所中华民国史研究室编《中华民国史资料丛稿大事记》第21辑，中华书局，1981。

中国文化建设协会编《十年来的中国》，商务印书馆，1937。

《中国现代革命史资料丛刊·一二九运动资料》第1辑，人民出版社，1981。

《中国现代史资料丛刊·一二九运动》，人民出版社，1954。

"中华民国"史事纪要编辑委员会编《中华民国史事纪要（初稿）》，台北，"中华民国"史料中心，1971。

"中华民国外交问题研究会"编纂《中日外交史料丛编》（三）《日军侵犯上海与进攻华北》，台北，中国国民党中央委员会党史委员会，1965。

中山大学校友会编《邹鲁全集》，台北，三民书局，1976。

中央档案馆编《中共中央文件选集》，中共中央党校出版社，1989—1991。

中央档案馆编《中国共产党关于西安事变档案史料选编》，中国档案出版社，1997。

中央档案馆等编《九·一八事变》，中华书局，1988。

中央档案馆等编《日本帝国主义侵华档案资料选编》第2、17卷，中华书局，2000、1995。

中央党史研究室张闻天选集传记组编《张闻天文集》第2卷，中共党史出版社，2012。

《周佛海、陈公博回忆录合编》，香港，春秋出版社，1971。

周开庆编著《一九三六年之中日关系》，台北，学生书局，1985。

周天度、孙彩霞编《救国会史料集》，中央编译出版社，2006。

周一士：《中国公路史》，台北，文海出版社，1982。

邹鲁：《回顾录》台北，三民书局，1976。

左舜生：《近三十年见闻杂记》，台北，文海出版社，1967。

有馬勝良編『満鉄研究資料シリーズ』第1巻（満鉄の設立命令書と定款）、竜溪書舎、1984。

外務省編『日本外交文書　満州事変』第1卷第2、3册、原書房、1977、1978。

外務省編『日本外交年表並主要文書（1840—1945）』下卷、原書房、1978。

外務省編『日本外交文書　昭和期Ⅱ』第2部第2卷、外務省、1997。

小林竜夫等編『現代史資料7·満州事変』みすず書房、1965。

島田俊彦·稲葉正夫編『現代史資料8·日中戦争.1』みすず書房、2004。

下村富士男編『明治文化資料叢書』第4卷外交編、風間書房、1962。

對支功労者伝記編纂会編『對支回顧録』上卷、大日本教化図書、1936。

林久治郎『満州事変と奉天総領事：林久治郎遺稿』原書房、1978。

福沢諭吉『福沢諭吉全集』第10卷、岩波書店、1960。

防衛庁防衛研修所戦史室『大本営陸軍部1　』朝雲新聞社、1969。

牧野喜久男編『昭和史事典』毎日新聞社、1980。

南満州鉄道株式会社総裁室地方部残務整理編『満鉄附属地経営沿革全史』上卷、南満州鉄道株式会社、1939。

芳井研一解説『満州事変日誌記録』第1、2册、不二出版、2009。

Foreign Relations of the United States, Diplomatic Papers, Washington：U. S. Government Printing Office.

四　著作

〔苏〕B. 阿瓦林：《帝国主义在满洲》，北京对外贸易学院教研室译，商务印书馆，1980。

白拉都格其等编《蒙古民族通史》第五卷下册，内蒙古大学出版社，2002。

步平、王希亮：《日本右翼问题研究》，社会科学文献出版社，2005。

陈鉴波：《中华民国春秋》（上），台北，三民书局，1989，第4版增订本。

陈觉编著《九一八后国难痛史》，辽宁教育出版社，1991。

〔美〕戴维·贝尔加米尼：《日本天皇的阴谋》（上），张震久、周郑等译，商务印书馆，1984。

《东亚三国的近现代史》共同编写委员会：《东亚三国的近现代史》，社会科学文献出版社，2005。

〔美〕傅虹霖：《张学良的政治生涯》，王海晨、胥波译，辽宁大学出版社，1988。

高书全等：《中日关系史》，社会科学文献出版社，2006。

〔日〕关宽治、岛田俊彦：《满洲事变》，王振锁、王家骅译，上海译文出版社，1983。

关捷等主编《中日甲午战争全史》第1、2、4卷，吉林人民出版社，2005。

金冲及主编《周恩来传》，中央文献出版社、人民出版社，1989。

金以林：《国民党高层的派系政治》，社会科学文献出版社，2009。

〔日〕井上清：《日本帝国主义的形成》，宿久高等译，人民出版社，1984。

〔日〕井上清：《日本军国主义》，尚永清等译，商务印书馆，1985。

〔日〕井上清：《日本历史——"国史"批判》，阎伯纬译，三联书店，1957。

《抗战前十年国家建设史研讨会论文集》（上），台北，中研院近史所，1984。

李秉刚：《辽宁人民抗日斗争简史》，辽宁人民出版社，1997。

李剑白等编《抗日英烈传》，中国大百科全书出版社，1995。

李君山：《全面抗战前的中日关系》，台北，文津出版社，2010。

李新总编《中华民国史》，中华书局，2011。

李云汉：《宋哲元与七七抗战》，台北，传记文学出版社，1973。

李云汉：《西安事变始末之研究》，台北，近代中国出版社，1982。

梁敬錞：《日本侵略华北史述》，台北，传记文学出版社，1984。

刘进：《中心与边缘：国民党政权与甘宁青社会》，天津古籍出版社，2004。

刘维开：《国难期间应变图存问题之研究》，台北，"国史馆"，1995。

〔日〕前田哲男：《从重庆通往伦敦、东京、广岛的道路》，王希亮译，中华书局，2007。

司马桑敦：《张学良评传》，台北，传记文学出版社，1989。

苏崇民：《满铁史》，中华书局，1990。

〔日〕藤原彰：《日本近现代史》第3卷，伊文成、李树藩、南昌龙、赵春元译，商务印书馆，1992。

汪朝光：《中国近代通史 第六卷 民国的初建（1912—1923）》，江苏人民出版社，2007。

王鸿宾等：《马占山》，黑龙江人民出版社，1985。

王铁汉：《东北军略史》，台北，传记文学出版社，1980。

王希亮：《李杜将军传》，黑龙江人民出版社，1985。

王晓荣：《国共两党与察哈尔抗日》，人民出版社，2005。

王芸生编著《六十年来中国与日本》，三联书店，2005。

吴廷璆编著《日本史》，南开大学出版社，2000。

吴相湘：《第二次中日战争史》（上），台北，综合月刊社，1973。

徐曰彪：《中苏历史悬案的终结》，中共党史出版社，2010。

严如平、郑则民：《蒋介石传稿》，中华书局，1992。

杨奎松：《西安事变新探》，台北，东大图书公司，1995。

杨奎松：《中国近代通史 第八卷 内战与危机（1927—1937）》，江苏人民出版社，2007。

杨天石：《近代中国史事钩沉——海外访史录》，社会科学文献出版社，1998。

杨天石：《找寻真实的蒋介石》，山西人民出版社，2009。

余子道：《长城风云录——从榆关事变到七七抗战》，上海书店出版社，1993。

俞辛焞：《近代日本外交研究》，天津古籍出版社，2006。

臧运祜：《七七事变前的日本对华政策》，社会科学文献出版社，2000。

张德良等编《东北军史》，辽宁大学出版社，1987。

张福全：《辽宁近代经济史》，中国财政经济出版社，1989。

张篷舟主编《近五十年中国与日本》第1、2卷，四川人民出版社，1985。

张同乐、郭贵儒：《华北抗日战争史》第1部第1卷，河北人民出版社，2012。

张同新：《国民党新军阀混战史略》，黑龙江人民出版社，1982。

赵东晖、孙玉玲主编《苦难与斗争十四年》上卷，中国大百科全书出版社，1995。

赵东辉等：《"九·一八"全史》第1卷，辽海出版社，2001。

赵东辉主编译《九一八事变与日本外交》（东北沦陷十四年史翻译丛书），东北沦陷十四年史辽宁编写组，1997。

周一士：《中国公路史》，台北，文海出版社，1957。

NHK"キュメント昭和"取材班編「十字架上の日本」『ドキュメント昭和：世界への登場 8』角川書店、1987。

会田勉『川島浪速翁』文粋閣、1936。

石原莞爾『世界最終戦論』新正堂。

臼井勝美『満州事変：戦争と外交と』中央公論社、1978。

海野芳郎『国際連盟と日本』原書房、1972。

江口圭一『十五年戦争の開幕』小学館、1982。

大江志乃夫『日本の参謀本部』中央公論社、1991。

大塚健洋『大川周明：ある復古革新主義者の思想』中央公論社、1995。

楓元夫『震撼の昭和政治 50 年：その栄光と転落・屈折と回帰の半世紀』、日新報道、1975。

鹿島平和研究所編『日本外交史 18・満州事変』鹿島研究所出版会、1973。

黒竜会編『東亜先覚志士記伝』原書房、1966。

高橋正衛『二・二六事件：「昭和維新」の思想と行動』中央公論社、1972。

天道是『右翼運動 100 年の軌跡：その抬頭・挫折・混迷』立花書房、1992。

戸川猪佐武『近衛文麿と重臣たち』講談社、1982。

日本国際政治学会・太平洋戦争原因研究部編『太平洋戦争への道：開戦外交史 1　』朝日新聞社、1963。

ねず・まさし『現代史の断面・満州帝国の成立』校倉書房、1990。

馬場伸也『満州事変への道』中央公論社、1972。

原田勝正『満鉄』岩波書店、1981。

藤村道生『日清戦争：東アジア近代史の転換点』岩波書店、1974。

藤村道生『山県有朋』吉川弘文館、2009。

古川万太郎『近代日本の大陸政策』東京書籍、1991。

古屋哲夫『日露戦争』中央公論社、1966。

『目撃者が語る昭和史』新人物往来社、1989。

森克己・沼田次郎編『対外関係史』(体系日本史叢書5)、山川出版社、1978。

山室信一『キメラー満洲国の肖像』中央公論社、1993。

渡辺竜策『大陸浪人』徳間書店、1986。

人名索引

A

阿部信行　67

阿列克赛耶夫（Y. Alekseyev）　42

埃德加·斯诺（Edgar Snow）　441

爱新觉罗·载漪　31

爱因斯坦（Albert Einstein）　354

安厚斋　330

安藤辉三　110

安玉珍　102

庵谷忱　100

B

巴布扎布　53

白崇禧　86，87，154，209，225，362，429，442

白川义则　63，165

白尔福（Arthur Balfour）　55

白坚武　328，330

白君实　117，118

白文俊　132

白逾桓　310

白子峰　115

百利南（J. F. Brenan）　156

百武晴吉　128，129

柏正材　40

坂本忠助　108

板垣征四郎　84，92，98，128，145，191，320

包干臣　33

保罗·彭古（Paul Boncour）　155

鲍刚　202，211

鲍格莫洛夫（Bogomolov）　274，276—282，341，432

鲍文樾　318

北白川宫能久　31，33—37，39，41，84

北一辉　83，84，107

本庄繁　98—102，112，123，137

币原喜重郎　72—74，96，102

博古　386，387，406，446，448，449，458，471—473

C

才鸿猷　136，137

蔡公时　69

蔡介石　113

蔡廷锴　88，151，152，163，164，166，222，382

蔡元培　85，171，191，436
仓冈繁　114
曹汝霖　56，57，343
草场辰巳　84
长谷部照吾　100，124，125，132
常荫槐　83
朝香宫　84
车向忱　111，140，142
陈璧君　327，434
陈波儿　351
陈诚　186，302，363，365，369，410，
　415—417，421，422，429，430，432—
　434，436，464—469
陈登科　32
陈东山　130—132，136，139
陈赓　455
陈公博　86，87，171，174，434
陈公培　382
陈光甫　171
陈果夫　269，409，427
陈季同　31，32
陈济棠　85，151，154，205，209，225，
　357，362，393，424，429
陈继承　436
陈觉生　325，333，343
陈开亿　40
陈立夫　183，353，401，403—406，408，
　409，411—413，465，469
陈铭枢　151—154，159，161，162，165，
　205，381，429
陈庆云　305，372
陈绍宽　153，446，463
陈树德　23
陈先舟　142

陈小坤　35
陈兴亚　97
陈仪　338
陈友仁　148，153，218，269
陈振新　164
陈中孚　343，459
陈卓林　372
陈子鄂　119，120，136
谌小岑　405，407，408
诚允　119，128
程克　343
程潜　358，362，406
程志远　121，136
池城亲方　16
池袋正釟郎　107
池宗墨　336，337
赤松则良　14
重光葵　2，73，145—147，157，167，170，
　234，242，310，319，462
重藤千春　146
重藤千秋　91
出渊胜次　67，103
褚辅成　172
川村景明　36
川岛芳子　145
川岛浪速　46，47，53
川岛义之　329
川越茂　311，395—398，416，419，461—
　463
慈禧　30，79
崔时亨　24
崔兴武　182
村冈长太郎　78
村谷彦治郎　415

村井仓松　146，150，156，270
村中孝次　110

D

大川周明　82—84，107，108
大村益次郎　8
大岛义昌　28
大井久　322
大久保利通　13—15
大鸟圭介　26，27
大桥忠一　128，129，131，270
大山纲良　13
大山岩　20
大隈重信　14
大院君　22，27
大月桂　322
戴戟　151，152，168
戴季陶　85，149，268，434，467
戴笠　428，432
岛津家久　16
岛田繁太郎　168
德川庆喜　7
德璀琳（Gustav von Detring）　30
德朗（C. E. De Long）　13
德穆楚克栋鲁普（德王）　298，299，396，399，415，418，420，422
邓宝珊　427
邓铿　151
邓世昌　29
邓铁梅　115—117，140
邓文　136，137，201，206，207，209，211
邓文仪　230，232，278，400—405，408
邓锡侯　198

邓秀琳　119
邓哲熙　197，200，211
丁昌　311，316
丁超　129—134，136
丁汝昌　23，28，29
丁文江　227，228，303
东宫铁男　79，80
东条英机　84，91
东乡茂德　440
董必武　473
董福亭　182
董健吾　405，406
董平舆（董昆吾）　95，96
董其武　418，419
窦联芳　122
杜斌丞　427，458
杜界雨　114
杜威（John Dewey）　354
杜聿明　185
杜重远　262
渡边锭太郎　110
渡久雄　91
端纳（D. W. Henry）　435，444
段祺瑞　54
多田骏　328—330，459

E

儿玉秀雄　63

F

法肯豪森（Alexander von Falkenhausen）　306，363
樊山璞　120
饭冢朝吾　121
方振武　69，202，203，206，211，213，214

芳泽谦吉 67，74，77，81，82，103，267，270

风间丈吉 108，109

酆悌 465

冯秉权 97

冯钦哉 203，208

冯文彬 455

冯仙洲 114

冯雪峰 386，406

冯庸 141，363，429，430

冯玉祥 62，63，72，77，85—90，143，153，159，160，196—206，208—212，216，219，225，353—355，357，358，362，392，406，413，429，434，442，448

冯占海（冯寿山） 101，118，119，128，130—136，143，184，201，204，209，211，423

冯治安 212，330，459

福田力之助 108

福田彦助 69

福泽谕吉 7，9

副岛种臣 11—13

傅殿臣 143

傅冠军 101

傅斯年 341

傅作义 181，184，190，213，299，362，399，415—422，426

富春 201，206

富村顺一 100

G

盖文义 121

冈村宁次 84，91，107，246，247

冈田启介 255，261

高崇民 140—142

高岛鞆之助 23

高福源 406，425

高岗 473

高桂滋 180，417，435

高凌霨 343

高鹏 140，142

高鹏振 113

高桥是清 110

高桥坦 310—312，314，315，317，318，321，325，330，332，333

高桥贞树 109

高仁绂 142

高山公通 53

高杉晋作 7

高文斌 114，115

高玉山 139

高宗武 253，264，395

格兰特（Ulysses S. Grant） 18

葛雷（E. Grey） 47

根本博 84，192

耿继周 113，140

宫长海 134—136

勾践 220，229，287

辜显荣 33

古贺传太郎 111，112

古贺清志 108

谷干城 14

谷实夫 322

顾孟馀 148，249，286，287，373

顾名 351

顾维钧 57，148，238，252

顾正红 65

顾祝同　362, 435, 448—450, 452—456
关麟徵　185, 214, 415
关梦觉　142
关玉衡　95—97
广津弘信　19
广田弘毅　260—264, 266, 312, 329, 333, 334, 358—360, 440, 460, 461
郭洪涛　473
郭怀堂　136
郭景珊　115, 116
郭明秋　345, 346
郭汝瑰　465
郭松龄　62—64, 67, 72, 74
郭泰祺　167, 168, 170, 278, 339
郭增恺　322
锅岛直彬　18
锅山贞亲　109

H

韩复榘　86, 87, 154, 200, 332, 335, 362, 396, 442
韩圭稷　23
郝鹏举　245
郝永德　93
何键　442
何立中　424
何其巩　301
何如璋　17, 18
何遂　209
何香凝　355
何一飞　316
何应钦（何敬之）　86, 148, 150, 152—155, 158, 159, 161, 162, 164, 165, 181, 184—186, 189—196, 201, 203—212, 214, 222, 223, 245—247, 269, 286, 311—319, 321, 323—325, 327, 328, 331, 333, 334, 337—339, 342, 343, 357, 362, 366, 367, 372, 394—396, 400, 416, 423, 434, 444
何柱国　178, 179, 185
河本大作　78—80, 84
贺国光　394, 435
贺龙　470
贺耀组　285, 365, 372
贺衷寒　429, 449, 450, 452, 453
赫尔（Cordell Hull）　244, 255, 339, 340
鹤冈永太郎　100
黑田清隆　19, 20
黑岩浅次郎　145
黑泽大二　107
亨贝克（S. K. Hornbeck）　192, 244
洪英植　23
后藤芳平　145
后藤新平　61
胡恩溥　310
胡汉民　85, 141, 199, 209, 222, 238, 247, 283, 358, 392, 423, 424
胡嘉猷　34, 35
胡秋原　401
胡若愚　89
胡适　228, 237, 238, 341, 346, 467
胡愈之　238, 355
胡毓坤　343
胡子婴　355
胡宗铎　87
胡宗南　413
花房义质　23
桦山资纪　31, 32, 37, 41

荒木五郎　79
荒木贞夫　107，110，241
黄秉衡　372
黄郛　70，191—196，204，208，244—249，251，252，311，313，314，321，336，360
黄光锐　372
黄汉梁　153
黄强　168
黄仁霖　295，296
黄荣邦　37，39，40
黄少谷　204
黄绍竑　86，87，188，191
黄守中　206
黄显声　111，114
黄炎培　142
黄宇宙　140
霍维周　140

J

矶部浅一　110
矶谷廉介　84，91，332，376
矶林真三　24
吉川康　100
吉鸿昌　202，203，206，207，213，214
吉田茂　63，67，75
吉田松阴　21
吉野作造　66
汲汉东　201
纪亭榭　140，142
季米特洛夫（Dimitrov）　384，388，399，402，412，413，438，439
加拉罕（Karakhan）　70，266，267，270
加藤高明　48，49

贾秉彝　113，115
贾德干（A. G. M. Cadogan）　265，337，393
贾德耀　343
简成功　37，39
简精华　37，39
建川美次　78，79，91
江国辉　35
江藤源九郎　109
江自康　29
姜绍祖　34
蒋百里　306
蒋伯诚　174，204，301
蒋鼎文　161，432—434，436，441，442，454，470，471
蒋光鼐　151，152，160，162，164—166，382
蒋介石（蒋中正）　66—70，77，78，80，85—90，103—106，141，147—151，153—155，158—167，170，171，174—180，182—195，198—206，208—225，227—233，235—247，249，251—253，255—265，268，269，271—308，311—319，321，329，331，333—336，338，339，342，343，348，352—369，372，373，375—377，384，386—406，408—413，415—424，426—438，440—457，459，460，462—473
蒋梦麟　192，341
蒋廷黻　265，266，276，277，281，341，358，411，438
蒋孝先　311，312，316
蒋作宾　148，157，158，165，167，168，241，242，262—264，266，312
今村均　91

今井武夫　330，459

金恩祺　140

金谷范三　102

金山好　113

金世铭　132

金宪章　422

金玉均　22—25

金子明　113

近卫文麿　6，242，461

靳云鹏　79

井杉延太郎　95

井上角五郎　23

井上良馨　19

井上清一　116

井上日召　107，108

井上馨　19，20，24

井上准之助　107

景振清　121

酒井隆　68，311，312，314，317，318，
　323，324，330

居正　150，200，358

菊池武夫　109

橘孝三郎　108

K

康亚夫　119

康泽　301，302，306，394，467，470—472

柯庆施　202，213

克劳德（Henri Claudel）　234

克里孟梭（Georges Clemenceau）　56

克宁翰（E. S. Cunningham）　156

孔祥熙　159，227，277—279，281，286，
　304，305，362，376，396，405，434—
　436，439，442，463，472

堀本礼造　23

堀井德五郎　415

堀内谦介　440

堀田正昭　67

L

蓝普森（M. Lampson）　167—170，192

雷寿荣　246，325

雷中田　197，198，422

冷家骥　343

黎元洪　53，54

李秉瑞　31，32

李春润　115，116

李纯华　114，140

李杜　118—120，128—133，135，136，
　139，140

李顿（A. G. Lytton）　158，234—238，273

李服膺　417

李辅堂　136

李公朴　351，352，355

李桂林　133

李海峰　113

李海青　137，138

李海天　336，337

李鸿章　10—12，14，15，17，18，20，
　23，25—28，30，41

李华堂　136

李璜　432

李际春　245，246

李济深　85，86，151，153，159，160，
　165

李经芳　30，32

李俊襄　311

李克农　425，426，428

李烈钧（李协和） 80，353，434
李梦兴 140
李启东 118，119
李清海 69
李升熏 93
李石曾 268，283，436
李守信 207，320，326，396，399，415，418
李寿山 117
李天德 136，137
李廷玉 343
李维汉 405
李维诺夫（Maxim Litvinov） 266，267，271—275，281，438，463
李维义 37
李文柄 135
李文范 171
李仙得（C. W. Le Gendre） 12—14
李向之 119
李云集 136
李允声 336，337
李兆麟 114
李振声 128
李忠义 201，206，207，209，211
李滋罗斯（F. W. Leith-Ross） 234，264，265，337，341，360，361，376，377，393
李子荣 117
李宗仁 85—88，153，225，357，362，429，442
立花小一郎 46
栗野 43
栗又文 142
良弼 46

梁世风 115
梁锡福 115，116
林彪 455
林伯渠 405，406，458，470，473
林久治郎 80—82，93，96，102，129
林昆冈 40
林权助 81，82
林森 153，183，199，272，355，358，376
林铣十郎 3，99，110，460，461
林义成 37
林义秀 125
林永升 29
林振清 115
林子升 113
铃木贯太郎 110
铃木率道 84
铃木一马 78
铃木贞一 84
凌印清 114
菱沼五郎 107
刘宝麟 132
刘伯承 470
刘步升 40
刘长胜 455
刘崇杰 192
刘春荣 87
刘纯启 112
刘定五 424
刘桂堂 206，207，209，213
刘海泉 113
刘化南 136
刘景文 117
刘澜波 142

刘茂恩 465

刘仁 202

刘汝明 187

刘少奇 349，386，413，436，464

刘升允 124

刘万魁 136

刘文辉 300

刘翔阁 115

刘湘 300，302，306，362，394，400，442

刘曜庭 250

刘翼飞 201

刘永福 32，33，36—41

刘郁芬 86

刘毓崑 134

刘哲 79，343

刘峙 285，362，366，396，434

柳原前光 10—12，14

龙云 228，302，308，362

泷内礼作 108

卢广绩 111，140—142

卢士杰 114

卢致德 363

鲁涤平 85，86

陆奥宗光 25

陆志韦 341

陆宗舆 57

鹿钟麟 87

吕振羽 405—407

栾法章 115

罗斯福（Franklin D. Roosevelt） 192，244

罗素（B. A. W. Russell） 354

罗文幹 148，153，162，163，181，182，192，244，272，273

洛巴诺夫（Lobanof，又译罗拔诺夫） 41

M

马步芳 197，198，452

马鸿宾 197，198

马兼才 16，17

马建忠 23

马柯迪（Aldrovandi-Marescotti） 234

马麟 197，198

马明方 473

马文车 197，198

马宪章 129，131，132，136

马相伯 350—352

马休·佩里（Matthew Calbraith Perry） 6

马玉琨 29

马占山 53，118，119，121—127，131，133，135—137，139—141，143，266

马子丹 113

麦考益（F. R. McCoy） 234

毛邦初 372

毛凤来 16，17

毛维寿 151

毛泽东 226，232，349，380，383，384，386—392，403，406，409—411，413，414，425—427，431，433，434，436，437，440—444，446—448，451，455，457，463，469—471，473

梅津美治郎 315，317—319，328

梅贻琦 341

美浓部达吉 66，109

门炳岳 417

门致中 343

米春霖 111

米夫 379

米井三郎　112
闵妃　22，23，27
闵台镐　23
闵泳穆　23
明治天皇　6，7，12，20—22，27，28，44，84
缪澂流　187
莫德惠　75，79，267
木村锐市　67
木户孝允　10，13
木泽畅　53
牧野伸显　110
穆麟德（P. G. von Möllendorff）　23

N

乃木希典　40
奈良本　137
南次郎　67，91，107，323，329，330，332
南汉宸　470
南廷哲　23
内田康哉　173，242，267
尼古拉二世（Nicholas II）　41，42
聂士成　25
乜玉岭　213
宁匡烈　142
牛场卓造　23
牛元峰　424

O

区寿年　151，152

P

潘复　79
潘庚祺　140

潘汉年　232，383，390，401—405，408，409，411—414，426，429，443，448
潘良　34
潘毓桂　343
庞炳勋　180，205，208，211，214
彭德怀　382，387，406，411，413，425，446，447，449，470—472
彭涛　345，346
彭毓斌　418，419
彭镇国　140
片仓衷　3，95
朴炳珊　121，124
朴永孝　23，24
溥仪　54，178，218，242，248

Q

戚继光　230
齐恩铭　79，113
齐燮元　343
齐亚诺（G. G. Ciano）　168
钱昌照　285，361
钱大钧　189，436
桥本彻马　109
桥本欣五郎　84，107
秦德纯　212，321，323—325，328，331，333，338，342，343，347，460
秦真次　82
覃振　405，406
青柳腾敏　53
清水八百一　123
丘逢甲　31，32
邱山宁　212
全瑃准　24
犬养毅　108，239

R

仁礼景范 23
任鸿隽 341
日置益 49
荣臻 97—100,111
入江种矩 53
阮玄武 206
若槻礼次郎 66

S

三谷末次郎 100
三木一郎 34
三上卓 108
三田村四郎 109
桑岛主计 332,440
涩泽荣一 8
森恪 67
森山茂 19
森宪二 107
沙千里 350—352,355
山本条太郎 75
山本信亲 322,415
山根信成 35—37,41
山下奉文 84
山县有朋 20,21,47
山胁正隆 91
杉村浚 25
善耆 46
商震 180,181,185,187,214,280,313,328,330,332,333,335,343
尚泰 16—18
邵力子 430,432,470
邵友濂 30
邵元冲 149

申永钧 93
神田奉之助 79
神田泰三 79
沈葆桢 15
沈光汉 151
沈鸿烈 396
沈钧儒 142,220,227,228,350—356
沈克 180
沈兹九 351,355
施肇基 57,102
石本权四郎 175
石敬亭 217,343
石野芳男 79
石友三 86—88,98,104,121,191,202,245,313,328
石玉山 422
石原莞尔 84,92,107,295
史良 351,352,355
史量才 142
史汀生（H. L. Stimson） 103,156
守田福松 100
寿山 123
衰田胸喜 109
水上秀雄 145,146
斯大林（J. V. Stalin） 267,438,439,441
斯皮利瓦涅克（I. I Spilwanek） 438,439
斯托莫尼亚科夫（B. S. Stomonyakov） 277—280,432,439
四元义隆 107
寺岛宗则 17
寺内正毅 47,54
松本益雄 128
松冈洋右 90,461

松井清助 53
松井源之助 249,321,323,324,326
松室孝良 414,459
松田道之 16
松尾秀治 112
宋光占 69
宋九龄 113
宋黎 140,142,348
宋美龄 89,372,435,442,444—447,454,456
宋庆龄 352—355,405,411,441
宋希濂 164
宋哲元（宋明轩） 86,180—182,184—188,191,200,203—206,208,211—213,217,278,299,320—324,329,331—339,342—344,347,362,386,398,427,442,459,460
宋子文 149,153,174,176,179—181,192,222,244,286,289,297,405,406,434—436,442,444—447,454,456,457
苏炳文 121,122,138,139,143
苏振声 113
孙长胜 418,420
孙朝阳 118,119
孙传芳 68
孙德荃 208
孙殿英 87,180,185,201,205,427
孙科（孙哲生） 148,183,210,219,244,269,270,283,353,357,358,406,436
孙兰峰 418,420
孙良诚 86,206
孙其昌 133
孙蔚如 198,427
孙秀岩 116
孙永勤 311,312
孙元良 164

T

谭启东 119
谭延闿 85,283
谭钟麟 41
檀自新 211,213
汤恩伯 416,417,429
汤尔和 343
汤仁贵 40
汤玉麟 83,111,173,174,181—183,201,213,423
唐景崧 31—33
唐聚五 115,116,118,140,143,213
唐生智 86,153,189,284,362,427
唐有壬 253,318,334
陶尚铭 249
陶行知 142,351,352,355
滕代远 382
藤村国吉 145
天崎启升 145,146
天羽英二 254
田仓利之 107
田代皖一郎 168
田霖 115,143
田中邦雄 107
田中隆吉 79,145,146,422
田中清玄 109
田中新一 84
田中义一 66,67,81
畑英太郎 67

铁良　46

町野武马　79

佟麟阁　202, 203, 206, 212, 213

头山满　107, 109

土肥原贤二　84, 96, 100, 128, 130, 131, 320, 323—325, 329, 330, 332, 333, 335, 336, 338, 339

土井市之进　53

团冢磨　107

W

万福麟　83, 121, 122, 181, 182, 186, 328, 343

万国宾　121, 122

万选才　87

万耀煌　232, 436

汪锋　427

汪凤藻　25, 26

汪精卫（汪兆铭）　85—87, 89, 141, 148, 153, 159, 160, 165, 166, 172, 174—177, 193, 195, 196, 199, 204, 208, 209, 220, 224, 241, 242, 244—246, 248, 249, 251, 253, 261, 263, 264, 272, 283, 297, 300, 310—312, 314, 315, 318, 321, 326, 327, 358, 384, 438, 467

汪荣宝　74

汪雅臣　120

王长春　241

王宠惠　57, 85, 261—263, 282, 462

王大桢　241

王德标　39

王德林　118, 133, 136, 137, 139, 143

王法勤　204

王凤阁　115, 116, 118, 140

王赓　163

王化一　140, 141

王家烈　302

王家桢　82, 89

王稼祥　403

王靖国　417, 418

王克敏　313, 343

王懋功　204

王　明　232, 278, 379—381, 383, 384, 401—404, 412, 413, 429

王瑞华　132

王厦才　336, 337

王世杰　358, 465

王世英　406, 427

王树常　89, 90

王铁汉　62, 98, 99

王彤轩　115

王显庭　113

王一伦　142

王揖唐　343

王以哲　98, 99, 185, 425

王　英　416, 418, 422

王造时　351, 352, 355

王曾思　270, 271

王正廷　71, 148

王之佑　128, 131, 133, 134

威尔逊（T. W. Wilson）　55

威妥玛（T. F. Wade）　15

韦礼德（H. A. Wilden）　168

为成养之助　108

维特（S. Witte）　41

卫立煌　165, 432—434, 436

尾崎升　108

魏兴华 140
翁同龢 30
翁文灏 285，358，361，463
翁照垣 152
吴长庆 23
吴德林 138
吴国华 33
吴化之 202
吴俊升 79
吴亮平 406
吴佩孚 191，198
吴彭年 36，37，40
吴三胜 113
吴松林 121，123，125，136，137
吴汤兴 34，36，37
吴铁城 89，141，146—150，158，159，163，171，396
吴兆有 23
吴稚晖 268，286，467
武藤信义 3，67，181，187，189，190
武藤章 84
武田丈夫 79
武宜亭 330
武止戈 202

X

西川虎次郎 53
西馆仁 108
西田税 84，107—109
西乡从道 14，24
西乡隆盛 13
西园寺公望 55
西原龟三 54
希孟（M. Hymans） 168

希尼（Heinrich Schnee） 234
熙洽 100—102，119，128，130，134
向德宏 18
项青山 113，114
萧三发 38—40
萧振瀛 180，333，336，338，342，343，459
小川又次 20
小村寿太郎 26，27
小幡酉吉 73
小谷三郎 35
小矶国昭 53，246，414
小林多喜二 108
小畑敏四郎 84
小沼正 107
肖翰林 93
谢持 87
谢觉哉 473
谢珂 119，122，123，138，139
谢文东 120，121
谢子长 202
辛青山 136
星野一夫 112
邢占清 128，130—134，136
熊斌 196
熊飞 114，140
熊式辉 149，161，162，165，296，466
休士（Charles Hughes） 58
须磨弥吉郎 395，398，462
须田太郎 107
徐邦道 33
徐宝珍 121，123
徐达山 115
徐景隆 122

徐名鸿 383

徐特立 473

徐庭瑶 184，185，188，193，209，373

徐惟烈 206

徐骧 34，36，37，39，40

徐向前 470

徐新六 446

徐以新 427

徐永昌 154，204，232，298，417，422，424，428

徐子勋 34

许克诚 142

许权中 202，213

许世英 359，360，439

许埔 203

宣侠父 202，213，214

薛岳 302

Y

岩仓具视 9，13，16

岩田义道 108

盐泽幸一 147，150，157

阎宝航 111，140—142

阎红彦 202

阎生堂 117

阎锡山 77，80，85—87，89，90，153，198，199，204，205，208，213，312，334，343，347，357，358，362，387，396，415—422，424，426，429，433，435，436，442

阎泽溥 79

颜惠庆 155，167，169，267，270—274，278

杨恭时 142

杨虎城 198，297，362，386，410，423，426—428，431—433，435，436，442，443，445，447

杨杰 181，184，276，363

杨靖宇 117，118

杨树藩 134，135

杨文豹 40

杨耀钧 131，136

杨永泰 284，300

杨宇霆 63，64

杨质彬 133，134

杨紫云 36

姚景川 201

姚棱九 142

姚文栋 31

姚依林 345

野村吉三郎 157

野津道贯 26

叶楚伧 150，249，262，355，356，434，465

叶剑英 441，449，452，453，455，470—472

叶志超 25，28，29

伊达宗城 10，11

伊藤博文 24，30

仪我诚也 248，311，323

奕䜣 15

荫昌 46

殷汝耕 247，249，336，337，395

殷体新 336，337

殷同 246—249

应占斌 131

英若愚 115

永见俊德 322，459

永津佐比重　189，194，246
永田铁山　84，91，107，110
有吉明　251，260，334，335，358，359
有田八郎　75，359，360，398，419，440
于百恩　113，140
于琛澂　130
于德霖　113
于国翰　79
于镜涛　128
于学忠（于孝侯）　89，90，181，245，310—314，316，323
于毅夫　142
于右任　106，295，297，358，406，457
于珍　100
于芷山　115，116
余汉谋　362，442
余清胜　34
余翔麟　253
俞大维　305，363
俞飞鹏　190，373
俞鸿钧　150
俞济时　164
俞明震　31—33
俞作柏　86
宇垣一成　63
雨宫巽　338，422，462
袁国平　382
袁锦清　37
袁庆荣　420
袁世凯　23，25，26，49，51—54，64，427
袁锡清　40
原加寿雄　138
苑崇谷　123—125
苑凤台　112
岳开先　321

Z

载仁　110
臧式毅　96，98—100
曾扩情　311，312，316
曾琦　432
曾喜照　32，33
曾养甫　405—412
查良钊　142
斋藤良卫　67
斋藤实　110，138，243，254，255
翟文选　83，100
詹森（N. T. Johnson）　168
张冲　401，408，411，448，449，452—456，458，470，472
张存实　202
张殿九　121，138，139
张发奎　86—88，151
张公权　373—375，446
张光前　23
张国焘　409—411，431，473
张海鹏　121—124，127，207，208
张海天　113，114
张浩（林育英）　384，385，431
张厚琬　313
张继　73，74，141，181，297，357，437，457
张景惠　128，131
张静江　150，286，358
张九卿　203
张居正　200
张厉生　183

张砺生　203，206，207

张凌云　206，207，213

张慕陶　202，213，214

张庆余　330，336，337

张群（张岳军）　67，89，149，150，174—177，192，193，281，300，334，359，360，362，395—398，419，462，463

张人杰　202，211

张恕　133

张廷谔　312，316

张文彬　427，428

张闻天（洛甫）　384—387，390，391，406，410，411，431，437，444，451，463，464，470

张希尧　142

张学良（张汉卿）　63，74，75，80—83，85，87—91，96，98—100，105，106，111，114，116，121，122，126，128，140—142，153，154，173，184，221，223，224，237，305，313，357，362，384，386，405，406，408—410，414，423—426，428—436，438—448

张勋　54

张雅轩　140，142

张炎　164

张砚田　336，337

张燕卿　102

张荫桓　30

张樾亭　322

张云逸　455

张允荣　197，203，326

张兆麟　34，36

张振亚　202

张之洞　19

张治邦　128，131

张治中　163—166，222，284

张子华　405，406，409—411

张自忠　343

张宗昌　68，69

张宗周　116

张祖德　322

张作霖　47，53，61—64，67，68，74，75，77—81，100

张作相　83，93，94，100，111，128，181，182

张作舟　129，130

章乃器　227，350—352，354，355

章宗祥　56，57

昭和天皇　3，78，80，83，84，91，92，102，107—110，112，129，189，262

赵秉甲　24

赵承绶　417—419

赵大中　113

赵登禹　324，459

赵殿良　113，140

赵尔巽　47

赵敬时　193

赵雷　336，337

赵力钧　202

赵尚志　118—120

赵侗　117

赵亚洲　113

赵毅　128，130—132，134

赵镇藩　98

赵仲仁　122，123

赵濯华　119

真崎甚三郎　110

郑大章　363

郑桂林　113，140
郑经十　114
郑永邦　25
郑子丰　114
支应遴　201，202，213
植木枝盛　7
植田谦吉　163—165，168
中村觉　53
中村震太郎　95—97
中岛花　138
中江兆民　7，8
中山祥一　194
周恩来　142，225，382，384，386，390，391，406，407，409—412，425—427，434，437，441—446，448，449，451—458，470—472
周小舟　405—408
周亚卫　363
周义宣　207
周至柔　372，396，420
周作民　343
朱德　382，387，403，406，409—411，431，437，449，457，470—472

朱光沐　100
朱霁青　143
朱家骅　251，252，305
朱乃昌　40
朱培德　86，148，149，153，154，159，189，269，284—286，362，365，372
朱庆澜　111，142，143，186，202
朱绍良（朱逸民）　161，433，434
竹添进一　18，23
竹下义晴　78，79
卓特巴扎布　326
邹鲁　87
邹韬奋　142，345，350—352，355
邹作华　363
左宝贵　29
左宗棠　19
佐分利贞男　73
佐久间亮三　92，93
佐藤鹤龟人　96
佐藤尚武　461
佐藤喜男　182
佐藤重男　139
佐野学　109